Bodie Thoene

Die Rückkehr nach Zion

Verlag der Francke-Buchhandlung GmbH
Marburg an der Lahn

Für den Dichter,
meinen einzigen ...

„Meine Seele entflieht mir,
um einen Blick von dir zu erhaschen.
Wie kann ich ohne dich leben?
Ich kann es nicht."

*Als der Herr das Los der Gefangenschaft Zions wendete,
da waren wir wie Träumende ...*
Psalm 126,1

CIP-Titelaufnahme der Deutschen Bibliothek

Thoene, Bodie:
Die Rückkehr nach Zion / Bodie Thoene. [Dt. von Traute Reil-Kaczorowski]. – Marburg an der Lahn : Francke, 1990
  (Edition C : E, Die goldene Reihe ; Nr. 74)
  Einheitssacht.: The return to Zion ‹dt.›
  ISBN 3-88224-757-6
NE: Edition C / E

Alle Rechte vorbehalten
Originaltitel: The Return to Zion
© 1987 by Bodie Thoene
Published by Bethany House Publishers, Minneapolis, USA
© der deutschsprachigen Ausgabe
1990 by Verlag der Francke-Buchhandlung GmbH
3550 Marburg an der Lahn
Deutsch von Traute Reil-Kaczorowski
Umschlaggestaltung: Reproservice Jung, Wetzlar
Umschlagillustration: Dan Thornberg
Satz: Druckerei Schröder, Wetter/Hessen
Druck: St.-Johannis-Druckerei, Lahr

Edition C, Nr. E 74

Inhaltsverzeichnis

Prolog 7

Teil 1 Das Geheimnis 12

  1. Kontrollpunkt 13
  2. Das Geschenk 25
  3. Die Einladung 40
  4. Vorbereitungen 53
  5. Die Trauung 67
  6. Hochzeitsnacht 78
  7. An der Palestine Post 98
  8. Nachrichten 108
  9. Wo ist Gott? 122

Teil 2 Der Traum 129

10. Pläne 130
11. Angela 145
12. »Auch wenn die Zeit vergeht« 155
13. Abschied von Jerusalem 163
14. Vergebung 176
15. Totenwache 195
16. Die Rettung 211
17. Die Enthüllung 225
18. Der armenische Bäcker 236
19. Korn und Kugeln 246
20. Verrat 263
21. Schabbatopfer 275

Teil 3 Die Tat 286

22. Für den Frieden Jerusalems 287
23. Eine Zeit, etwas zu wagen 301
24. Hoffnung in der Bedrängnis 312
25. Die Informanten 322
26. Purim 330
27. Unerwartete Hilfe 342
28. Die Bombe 352
29. Der Schatten 364

30. Die Entführung	372
31. Die Flucht	379
32. Jehudits Plan	386
33. Aus dem Grab erstanden	394
34. Montgomery	405
35. Warten	417
36. Der Flug des Storchs	424
37. Das Wunder	432
Epilog	442
Erläuterungen und ergänzende Informationen	444
Verzeichnis der Bibelstellen und religiösen Zitate	465

PROLOG
Jerusalem – Tempelberg
Der neunte Tag des Ab, 70 n. Chr.

Anaias wußte genau, daß es keine Hoffnung mehr auf ein Entrinnen gab. Es war zwar noch Vormittag, aber der dichte Rauch, der den Himmel verdeckte, hüllte alles in Dunkelheit und verbarg die endgültige Zerstörung des Tempels von Zion vor den trauernden Augen des Himmels.

Der achtzehnjährige Anaias war, wie zahlreiche andere jüdische Pilger, die aus allen Teilen der Welt zusammengeströmt waren, nach Jerusalem gezogen, um in eben diesem Tempel das Passahfest zu feiern. Der junge Mann war zwar erst das zweite Mal in Jerusalem, aber er wußte, daß es das letzte Mal war. Es ging das Gerücht um, daß mehr als hunderttausend Menschen bei der Belagerung den Tod gefunden hätten. Die Täler rings um die Stadt quollen über vor Toten, und der Gestank, der von den in der Sommerhitze verwesenden Leichen aufstieg, war unerträglich geworden. Und nun war selbst der Tempelplatz – die letzte Zuflucht der Juden vor Titus' Legionen –, übersät von Toten und Menschen, die ebenfalls bald den Tod finden würden.

Anaias lehnte sich gegen eine Säule im Vorhof der Priester und dachte daran, mit welcher Begeisterung er vor sechs Monaten den Tempel betrachtet hatte. In Weiß und Gold glitzernd, hatte er in der Morgendämmerung wie die Kuppe eines schneebedeckten Berges ausgesehen. Als ihn die Morgensonne dann in ihr erstes Licht getaucht hatte, da hatte Anaias seine Augen von der gleißenden Helligkeit dieses heiligen Gebäudes abwenden müssen. Mit geschorenem Kopf und beseelt von seinem Gelübde, war er klopfenden Herzens durch die großen korinthischen Tore gegangen, um sein Dankopfer darzubringen und sich auf das Passahfest vorzubereiten. Aber all das schien in unvordenklich fernen Zeiten gewesen zu sein.

Danach hatten sich die jüdischen Rebellen, von den Römern verfolgt, in die Stadt zurückgezogen und sich hinter den schweren Toren verbarrikadiert. Anaias schloß vor Grauen die Augen, als die Erinnerung daran in ihm wieder wach wurde. Er hatte nicht einmal Zeit gehabt, seinen Mantel zu holen, geschweige denn, sich in den umliegenden Hügeln zu verstecken. Dann war die Stadt langsam gestorben.

Die Kampfgruppen von Johannes und Simon waren nicht in der Lage gewesen, die tosende Flutwelle des römischen Zorns zurückzuhalten, und die Menschen, die aus der Stadt geflohen waren, um die Römer um Gnade zu bitten, waren gekreuzigt oder aufgeschlitzt worden, weil die Soldaten Goldstücke oder Juwelen in ihrem Inneren vermuteten.

Unter den Zurückgebliebenen hatte eine furchtbare Hungersnot gewütet und die Menschen solange zu Tausenden niedergemäht, bis schließlich die Stadtmauer der Wucht des feindlichen Ansturms nicht mehr standgehalten hatte. Und nun wußte Anaias, daß dies der letzte Tag war, daß nun auch der Tempel fallen würde. Vor sechs Tagen hatte er sich den letzten Überlebenden angeschlossen, die sich im Vorhof der Priester verschanzt hatten. Acht starke Männer waren nötig gewesen, um die hölzernen Tore zu schließen, die den Hof schützten. Aber nun leckte das von den römischen Legionären gelegte Feuer an dem Gold, das Anaias noch vor einem halben Jahr geblendet hatte. Geschmolzenes Metall rann an den Toren hinunter und entzündete das darunter liegende Holz zu roter Glut. Und der Wind wirbelte die Funken so hoch in die Luft, daß nun auch der Tempel selbst bedroht war.

Die jüdischen Soldaten, die noch die Kraft hatten, ein Schwert zu tragen, gingen zwischen den Überlebenden einher, um deren Leben ein Ende zu setzen, bevor die Tore zu Asche zerfielen und die Römer den Hof stürmten. Immer wieder winkte jemand mit kraftloser Hand einen Soldaten herbei und bat ihn um einen schnellen Tod. Denn nicht nur Anaias wußte, daß die Römer die wenigen, die das Gemetzel überleben würden, verschleppen würden, um sie für ihre grausamen Spiele zu benutzen. Die letzten Überlebenden ganzer Familien von frohen Pilgern boten daher nun ihren Hals dem Schwert dar und legten sich Seite an Seite zum Sterben nieder.

Ein tödliche Stille hatte sich über den Tempel gelegt.

Unter seinem Umhang trug Anaias ein kleines, silbernes Kästchen. Darin lag der Tallith, den ihm sein Vater vor der Reise geschenkt hatte. Ein bitterer Zug trat auf seine Lippen, als er an seine Eltern in Antiochia dachte. Würden auch sie durch die Hände der römischen Eroberer umkommen? *Wie es auch kommen mag*, dachte er schweren Herzens, *wenn es so sein soll, dann werden wir zumindest gemeinsam vor unserem Heiland stehen. Und es geschieht hier nichts, was er nicht vorausgesagt hat. Aber ich hätte nie gedacht, daß ich selbst bei der Zerstörung des Tempels dabeisein würde.*

„Es brennt!" schrie plötzlich ein Soldat vom Portikus her und deutete zum Dach des Tempels. „Der Tempel brennt!" Anaias folgte dem ausgestreckten Schwert des Soldaten mit den Augen und sah winzige Flammen auf dem Dach der heiligen Stätte züngeln. Eine der noch lebenden Frauen stieß einen hohen, schrillen Klageschrei aus, dem sich auch die anderen Sterbenden anschlossen, so daß es schien, als steige ein einziger Schrei mit dem Rauch gen Himmel.

„Mein Gott!" weinte Anaias, der das sichere Gefühl hatte, das Ende der Welt mitanzusehen. „Wir sind ja alle bereit zu sterben, aber laß unsere Heilige Stätte nicht untergehen! Komm und mach unserem Elend ein Ende, Herr!" flehte er so laut, daß er die Schreie und Rufe der anderen übertönte. Tatsächlich richteten einige ihren Blick zum rauchgeschwärzten Himmel, als erwarteten sie von dort das Erscheinen des Messias. Aber der Himmel hüllte sich in Schweigen.

Das Inferno um sie herum loderte immer stärker, und der dicke Qualm, der sich auf sie herabsenkte, nahm selbst den Kräftigsten die Luft. Anaias fühlte, wie ihm die Sinne vor der Unausweichlichkeit des Todes zu schwinden begannen. „Vater!" rief er aus. „Ich habe noch nicht in meinem neuen Tallith gebetet. Er wird heute mein Leichentuch werden. Aber das wäre er auch geworden, wenn ich nach einem langen, erfüllten Leben gestorben wäre!" Das Kästchen fiel klappernd zu Boden, es sprang auf, und das feine, weiße Gebetstuch entfaltete sich zu seinen Füßen. Anaias hob es, sich mühsam an der Säule abstützend, wieder auf und hielt es hoch über seinen Kopf, so daß es im Winde flatterte. Hier war das letzte Reine in der Stadt. Sein strahlendes Weiß hob sich wie ein Banner der Hoffnung von der rauchgeschwärzten Umgebung ab. Seine Borte in hellem Davidsblau erinnerte ihn daran, daß es trotz allem einen Himmel über ihnen gab und Gott auf Seinem Thron regierte.

„Aber ich habe keinen Anteil daran!" schrie er, von Zweifeln gequält. „Und heute stirbt das Haus Israel zusammen mit mir!" Heftig weinend barg er sein Gesicht im Geschenk seines Vaters. Dann wurde er wieder teilnahmslos. Das Stöhnen der Sterbenden nahm er nur wie aus weiter Ferne wahr. Er legte sich das Gebetstuch sorgfältig über die linke Schulter. „Höre, o Israel, der Ewige, unser Gott, ist einzig." Dann schlang er es über seinen Rücken und verhüllte seinen Kopf mit dem Rest des Talliths. Die Augen fest auf die großen Tore gerichtet, die zum Allerheiligsten und zum Altar selbst führten, bahnte er sich Schritt für Schritt, mit wehendem Tallith, wie eine weiße Engelsgestalt, seinen Weg über die Leichen hinweg. Die Sterbenden schrien bei seinem Anblick auf. Als Anaias die vierzehn Stufen zu dem Tisch der Schaubrote und zu der goldenen Menorah hinaufstieg, rief ihn ein Soldat an und wollte ihn, ein bluttriefendes Schwert in der Hand, zur Rede stellen: „Halt! Wo willst du hin?"

Doch Anaias ging wortlos weiter, während hinter ihm die Flammen röhrend ihren Sieg über das korinthische Tor verkündeten. Dann sackten die riesigen Balken in sich zusammen, Funken stoben auf und wurden vom Wind davongetragen. Über die gepflasterten Straßen rannen Ströme flüssigen Metalls. Mühsam schleppte sich Anaias bis zur obersten Stufe. Dort sah er sich um. In der glühenden Hitze, die von dem brennenden Tor ausströmte, standen römische Soldaten – in Rüstung, mit Schwertern und stoßbereiten Lanzen – und warteten auf das letzte Gemetzel. „Wie schnell waren diese Tore geschlossen, und die römischen Legionen haben sechs Monate gebraucht, um sie wieder zu öffnen", murmelte Anaias vor sich hin.

Er starrte die Männer, die sein Schicksal besiegeln würden, noch einen Moment lang an. Dann ging er auf das Tor zum Allerheiligsten zu. Als er den Raum betrat, verriet sein Gang, daß er an innerer Sicherheit gewonnen hatte. Er sah die Gruppen goldener Trauben, die in Mannesgröße von der Decke hingen, und Schleier aus Gold, Purpur und Azurblau, deren miteinander verschmelzende Farben Himmel, Erde und Meer symbolisierten.

Anaias zog seinen Tallith enger um sein Kinn und ging, während der Lärm der letzten Schlacht vom Hof hereinschallte, um den ersten Schleier herum. Zu seiner Rechten befand sich der goldene Tisch, auf dem das Schaubrot gestanden hatte, nicht weit davon entfernt die riesige Menorah, der Leuchter, der vor dem Allerheiligsten brannte. Genau gegenüber stand ein Tisch, auf dem die Rauchopfer dargebracht worden waren. Anaias atmete tief den Zimtgeruch ein, der hier viele Jahre lang aufgestiegen war. Und vor ihm befand sich der Altar, der durch den purpurnen Schleier vom Allerheiligsten getrennt war. Ein Gefühl der Ehrfurcht durchrieselte Anaias. Er lächelte trotz der Schreie, die von draußen hereinschollen. Hier – im Herzen des Tempels – war Frieden. Anaias wußte allerdings sehr wohl, daß Gott nicht mehr an diesem Ort weilte, aber er wußte auch, daß er hier früher einmal seine Heimstatt gehabt hatte.

Während der junge Mann sich langsam um sich selbst drehte und die Schönheit des verbotenen Raumes in sich aufnahm, vernahm er klirrende Schritte auf der Außentreppe und rauhe, fremdländische Stimmen im Vestibül auf der anderen Seite des Schleiers. Er atmete heftig. Sein junges Herz schrie danach zu leben, obwohl schon so lange keine Hoffnung mehr bestand.

Er umklammerte heftig den Rand seines Talliths und wünschte, daß er noch seine Gebetsriemen besäße, die er sonst immer zum Beten um Arme und Stirn gewunden hatte. Aber diese hatte er bereits vor Monaten verkauft, um sich Lebensmittel zu verschaffen. Er trat an den Altar heran und legte seine Hände darauf. „Oh, Herr!" schrie er. „Ich kann dir kein anderes Opfer darbringen als den Dank für den Einen, den du für mich hingegeben hast! Nimm mein Leben! Nimm meine Seele! Ich flehe dich an!"

„Wer ist da hinten?" rief eine harte Stimme. „Da ist ein Jude drin! Los, den holen wir uns!"

Anaias neigte den Kopf und sank vor dem Altar auf die Knie, während sich der Schleier hinter ihm teilte und römische Schwerter sichtbar wurden. Er war nach Zion gekommen, um zu beten und zu danken. Zu guter Letzt war seine Reise also doch nicht vergeblich gewesen. Während er die Kühle des Altars und die Weichheit seines Talliths spürte, wurde dieser ihm zum Leichentuch.

Teil 1
Das Geheimnis

„Dies ist das Geheimnis, das ich vor allen Menschen verberge: Ich bin nur Präsident über Jungen und Bettler ... mit Träumen."

Theodor Herzl

1. Kontrollpunkt

3. Februar 1948

Ein strahlend blauer Himmel wölbte sich über Jerusalem. Vor zwei Tagen hatte der Wind auf Südost gedreht und warme Luft aus der riesigen Negev-Wüste mitgebracht. Sie hatte den gefrorenen Boden aufgetaut und den frierenden Wachtposten der Haganah Erleichterung gebracht. Heute, am dritten Februar, standen sie sogar in Hemdsärmeln an den Kontrollpunkten, die die Jewish Agency sicherten. Sie streckten sich wohlig in der spätnachmittäglichen Sonne und unterbrachen ihre heiteren Gespräche nur ab und zu, um Pässe und Papiere zu kontrollieren oder die klapprigen Wagen der Agency mit einem Handzeichen an den Sandsackwällen und Stacheldrahtverhauen vorbeizuwinken.

Obwohl, zumindest theoretisch, die gesamte King George Avenue zum jüdischen Jerusalem gehörte, war es jedoch praktisch so, daß es in der ganzen Stadt keinen Fleck gab, der vor den arabischen Terroristen und Bombenlegern sicher war. Diese hatten sich raffinierte Wege ausgedacht, um die jüdischen Sperren zu überwinden und ihren selbstgemachten Sprengstoff als Visitenkarte zu hinterlassen. Daher waren jetzt nur noch Diplomaten von einer gewissenhaften Durchsuchung durch die jüdischen Wachtposten befreit, von denen noch viele vor kurzem Ladenbesitzer, Taxifahrer oder Studenten der Hebräischen Universität gewesen waren. Ganz Jerusalem war in ein Schlachtfeld verwandelt, und jeder Jude – ob Mann, Frau oder Kind – hatte den Auftrag, die heilige Stadt gegen die überlegenen muslimischen Kampftruppen Haj Amin Husseinis zu verteidigen.

Vor einem der Kontrollpunkte standen zwei olivgrüne Wagen der Jewish Agency, die einen ramponierten Eindruck machten – das Ergebnis zehnjährigen Gebrauchs unter widrigen Bedingungen. Vor dem Krieg zum privaten Gebrauch eines britischen Offiziers nach Palästina gebracht, hatte man sie dann auch während der Verdunkelungszeiten benutzt, die angeordnet worden waren, als die deutschen Truppen Palästina bedrohten. Die Kotflügel der Wagen hatten dabei Narben von engen Begegnungen in der Schlucht von Bab el Wad davongetragen. Die Bremsen kreischten wie ungebärdige Kinder, und die Gänge kratzten und krachten bei jedem Schalten. Zu guter Letzt waren die Wagen von den Engländern abgestoßen und für einen

Schrottplatz in der Nähe des Bahnhofs bestimmt worden, wo alle ausgemusterten britischen Armeebestände aus dem Hafen von Haifa abgeladen wurden. Von zwei erfinderischen jüdischen Mechanikern gerettet, wurden die Autoruinen schließlich zu den beiden wichtigsten Fahrzeugen im Wagenpark der Jewish Agency.

Nun schützten Panzerplatten ihre Karosserie, und so wirkten sie wie urzeitliche Käfer, wenn sie über die Hügel Jerusalems krochen. An diesem Tag heizte die Sonne ihr Inneres so stark auf, daß sich die Chauffeure den Schweiß von der Stirn wischten und ihre Hemdkragen aufknöpften. Beide Fahrer warteten voller Ungeduld darauf, daß die vor ihnen stehenden Wagen endlich die Reihe der Zivilgardisten passieren konnten, die mit den Reisenden und mit den Fahrern ausgiebig schwatzten.

Das Ziel der beiden Wagen war der jüdische Stadtteil Rehavia, der gleich hinter der King George Avenue und der Ramban Street begann. Die Strecke war also kaum mehr als anderthalb Kilometer lang, würde aber wahrscheinlich mindestens eine halbe Stunde in Anspruch nehmen.

Johann Pelz, der Chauffeur des ersten Fahrzeugs, starrte, mürrisch und gelangweilt vom langen Warten auf die Abfertigung, auf das Steuerrad seines Wagens, in dessen langer und wechselhafter Geschichte die Lenkradnabe abhanden gekommen war, so daß sich jetzt an deren Stelle nur zwei Drahtenden befanden. Ärgerlich schnaufend hupte er, indem er die beiden Drahtenden mehrmals kurz aneinander hielt, und stellte dann mit zufriedenem Lächeln fest, daß er die Aufmerksamkeit der Gardisten an der Barrikade auf sich gelenkt hatte. Doch nach einem erstaunten, gereizten Blick in seine Richtung nahmen diese ihre Unterhaltung mit der stattlichen Dame wieder auf, die den ersten der drei vor ihm stehenden Wagen lenkte. Johann machte seiner Wut über das hartnäckige Hindernis Luft, indem er die beiden Drahtenden ein zweites Mal aneinander hielt. Wenn er nur morsen könnte, dann würde er denen da vorn schon was erzählen!

Nun erst recht festen Willens, ihm keine Beachtung zu schenken, ließen die Männer an der Barrikade zwar den ersten Wagen durch, jedoch nur, um den Fahrer des nächsten Wagens in aller Ruhe um eine Zigarette und um Feuer zu bitten.

Erbost nahm Johann unter dem Ächzen des Getriebes den Gang heraus und zog die wenig vertrauenswürdige Handbremse an. Dann sprang er aus dem Wagen, schüttelte drohend die Faust in der Luft und rief: „Es geht um die Agency, ihr Schmucks! Ihr Schlimel! Ihr idiotischen Mamzer! Eine offizielle Angelegenheit der Jewish Agency! Laßt uns durch!"

Nun bekamen die Wachtposten rote Köpfe, kontrollierten dienstbeflissen die Papiere der Wagen vor ihm und knieten sich eilig hin, um deren Unterboden zu inspizieren. Als Johann die Drahtenden noch einmal aneinander hielt, eilten zwei hagere, gewissenhaft aussehende junge Männer von der anderen Seite der Sandsackbarrikade herbei, um Johanns Wagen zu überprüfen.

„Papiere!" meinte der größere der beiden kurz angebunden.

Mürrisch zeigte Johann seine Ausweispapiere, doch nur so lange, daß der junge Mann sie eben überfliegen konnte. „Offizielle Angelegenheit", wiederholte er.

„Wollen Sie durch arabisches Gebiet fahren? Dann muß ich Sie darauf hinweisen, daß dort wieder Gewalttaten verübt werden. Habe gerade vor einer Stunde einen Bericht erhalten. Das Wetter gefällt nicht nur den Schmetterlingen, sondern auch den Hornissen, nicht wahr?"

„Wir fahren nur bis Rehavia und wieder zurück. Und wir sind in Eile. Wenn es Ihnen also nichts ausmacht...?"

Der zweite Wachtposten schaute unter den Wagen und auf den Rücksitz. Autobomben waren inzwischen ein bevorzugtes Mittel der Spießgesellen des Muftis geworden, und Papiere konnten gefälscht sein. Dieser Bursche hatte es den Wachtposten etwas zu eilig.

„Rehavia!" rief der Posten aus. „Eine offizielle Angelegenheit, sagen Sie? Das sind ja nur ein paar hundert Meter. Da hätten Sie auch zu Fuß gehen können. Schön genug ist der Tag dafür."

„Was geht Sie das an?" schrie Johann.

„Ihre Schlüssel, bitte!" Der Posten blieb unerbittlich und war ernst geworden. Plötzlicher Argwohn hatte ihn ergriffen.

„Verdammt! Verdammt noch mal!" kochte Johann. Er ergriff den abgenutzten Lederbeutel, der neben ihm lag, und wedelte dem Wächter damit unter der Nase herum. „Ich sagte, eine offizielle Angelegenheit! Eine Nachricht vom Chef! Von Ben-Gurion persönlich!"

„Wir haben Befehl, den Kofferraum eines jeden verdächtigen Wagens zu durchsuchen – auf Sprengstoff hin", beharrte der Wachtposten und hielt Johann unbeirrt seine offene Hand hin.

Im Rückspiegel sah Johann, wie sein Kumpan Dan hinter dem Steuerrad des zweiten Wagens der Agency hervorkletterte. Sein Gesicht spiegelte deutlich seine Verdrossenheit über das bürokratische Verhalten dieser Halbtagsmiliz wider.

„Was ist denn los?" Er zündete sich betont gelassen eine Zigarette an und schlenderte gemächlich zu dem blockierten Fahrzeug.

„Dieser Mamzer will meine Schlüssel!" rief ihm Johann entgegen.

„Dann gib dem Mamzer doch deine Schlüssel", erwiderte Dan lakonisch, während er sich an das Auto lehnte.

Zwei Wächter, die mit dem vor Johann stehenden Wagen davor beschäftigt waren, sahen auf und gingen mit düsterer Miene auf Johann zu.

Dieser zog den Zündschlüssel ab, warf ihn einem der jungen Männer vor die Füße und rief: „Wer hat hier das Kommando? Wir haben eine dringende Nachricht für Professor Howard Moniger von der Amerikanischen Schule für Orientforschung! Von Ben-Gurion persönlich! Diese Verzögerung ist – ist –" in seiner Erregung fing er an zu stottern, „ich verlange, daß Sie mir Ihre Namen nennen! Wir haben hier zwanzig Minuten gestanden und mitansehen müssen, wie Sie sich in der Sonne aalen und quatschen! Ich verlange, daß Sie mir Ihre Namen nennen!"

„Die Papiere, bitte!" meinte seufzend einer der jungen Wachtposten, der allem Anschein nach den Oberbefehl hatte. „Also los, Philip! Du durchsuchst das Wageninnere!" wies er seinen jungen Kameraden an. „So lautet der Tagesbefehl, egal, wie rot dieser Bursche im Gesicht ist." Dann wandte er seinen Blick dem erregten Fahrer zu. „Was haben Sie bitte in Rehavia zu tun?"

„Wir sollen dort jemanden abholen", unterbrach Dan mit ruhiger Stimme. „Auf Befehl Ben-Gurions. Ich finde es gut, daß ihr eure Pflicht tut, aber wir hinken schon ein bißchen hinter unserem Zeitplan her. Hier –" er übergab dem Kommandeur der Gruppe seine Schlüssel –, „aber beeilen Sie sich ein bißchen, ja?" Er lächelte und tat noch einen langen Zug an seiner Zigarette, bevor er sie auf den Boden warf und mit dem Fuß zertrat.

„Tun nur unsere Pflicht. Es ist nämlich in letzter Zeit zuviel durchgeschmuggelt worden", meinte der Wachtposten entschuldigend, während er die Schlüssel an den rangniedrigeren Soldaten weitergab.

Dan lächelte wohlwollend. „Natürlich." Er tätschelte den immer noch erregten Johann beruhigend durch das Wagenfenster. „Ruhig Blut, Johann. Sie tun nur ihre Pflicht. Genauso wie wir, nicht wahr?"

„Wir werden zu spät kommen und Ärger mit dem Chef kriegen. Nur weil die sich in der Sonne fläzen, kommen wir zu spät!"

„Es läßt sich nun mal nicht leugnen, daß wir Krieg haben", meinte der junge Kommandeur mit unverkennbar britischem Akzent. „Man kann nicht vorsichtig genug sein."

„Sie sagen, man kann nicht vorsichtig genug sein?" ereiferte sich Johann, während auf der anderen Seite der Barrikade die lange, schnittige Limousine des amerikanischen Konsulats majestätisch vorfuhr. Die kleinen amerikanischen Standarten flatterten lebhaft auf den Kotflügeln über den Scheinwerfern. „Und was ist mit denen da?" fuhr Johann mit einer ausholenden Armbewegung zu der Limousine fort, während der arabische Chauffeur nur kurz die Bremsen antippte und der amerikanische Diplomat auf dem Rücksitz lächelte.

„Die sind auf dem Weg zur Agency", erklärte der Wachtposten in einem Tonfall, als ob jeder weitere Kommentar lächerlich sei.

„Ach ja? Aber wir *fahren* sogar Fahrzeuge der Agency! Wir *kommen* sogar von der Agency, du Schmuck! Und uns haltet ihr auf, während ihr einen amerikanischen Wagen mit einem arabischen Chauffeur einfach durchfahren laßt!" Er bekam allerdings vor Staunen große Augen, als der Wagen unter dem heiteren Winken des amerikanischen Diplomaten tatsächlich unbehelligt davonglitt.

„Wir führen nur Befehle aus!" meinte der junge Wachtposten barsch. „Wenn Sie daran etwas auszusetzen haben, machen Sie das mit Ben-Gurion aus! Uns ist bereits heute morgen ein Besuch von der amerikanischen Botschaft angekündigt worden. Es heißt, der Chauffeur arbeitet schon so lange für die Amerikaner, daß er praktisch Amerikaner ist! Sie dagegen – von *Ihnen* hat uns niemand etwas mitgeteilt. Und meiner Meinung nach benehmen Sie sich außerdem auffällig."

Johann schlug sich ernüchtert mit der Hand gegen die Stirn. „Seit acht Jahren bin ich nun bei der Agency!" erklärte er. „Aber Sie habe ich noch nie in meinem Leben gesehen. Oj, Gewalt! Wie lange sind Sie schon Wachtposten?" fragte er in anklagendem Ton.

„Seit letztem Schabbat! Und wir führen nur Befehle aus."

„Nun, das erklärt vieles. Ich bin diesen Weg seit vier Tagen nicht mehr gefahren."

„Reg dich bitte jetzt nicht auf, Johann", ermahnte ihn Dan, bevor er zu seinem Wagen zurückging.

Johann nickte grollend und schwieg, während einer der Wächter die Kofferraumklappe zuschlug und ihm die Schlüssel in den Schoß warf. „Für meine Begriffe übertreiben die's einfach", murmelte Johann, während er den Motor anließ. „Auch unsere eigenen Leute."

Dann winkten die vier Soldaten sie vorbei, als sei einer für diese Tätigkeit nicht ausreichend. „Schalom, Leute!"

Noch zweimal wurden die klapprigen Fahrzeuge angehalten. Eingedenk des Ratschlags seines Kameraden, schaltete Johann jedoch nun gleich den Motor aus, hielt die Schlüssel baumelnd aus dem Fenster und hüllte sich in Schweigen, bis der Wagen von den unbewaffneten Leuten an den Barrikaden inspiziert worden war. Die Wange in die Hand gestützt, starrte er untröstlich auf den Lederbeutel, der auf dem Sitz neben ihm lag. *Es ist dringend!* hatte Ben-Gurion gesagt. *Sehen Sie zu, daß Sie das dem Professor möglichst schnell und persönlich übergeben! Dann laden Sie alle in den Wagen: Rabbi Lebowitz, seinen Enkel Jakov, David Meyer und die Journalistin Ellie Warne. Sie kann etwas für die amerikanische Presse daraus machen!* Johann schaute auf seine Armbanduhr und trommelte ungeduldig mit den Fingern auf das Steuerrad, während der Kofferraum zum dritten Mal geöffnet wurde. Er konnte sich kaum enthalten, die Drahtenden noch einmal aneinanderzuhalten, aber er beherrschte sich. In dieser Zeit waren alle gereizt, und es hatte keinen Sinn, sich von seinen strapazierten Nerven unterkriegen zu lassen und so die Sache noch mehr zu verzögern. *Immer ruhig bleiben, Johann. Nur ruhig,* sagte er zu sich selbst.

* * *

Ein Mobile aus gebrochenen Keramikstücken klapperte geräuschvoll an die Fensterscheibe von Ellies Zimmer. Dazu erklang, ernst und unregelmäßig, das Ticken ihres alten grünen Weckers, als wolle er sie daran erinnern, daß es beinahe schon vier Uhr nachmittags war und sie immer noch kein vernünftiges Wort zu Papier gebracht hatte.

Das Kinn in die Hand gestützt, saß Ellie über die altersschwache Schreibmaschine gebeugt und starrte trübsinnig mal auf das weiße Blatt Papier, das in der Maschine eingespannt war, und dann wieder auf die warme, ungeöffnete Flasche Coca-Cola, die daneben stand.

Nachdem die Hausgemeinschaft wochenlang von Linsensuppe und dünnem Tee gelebt hatte, hatte Ellie einmal erwähnt, sie sehne sich nach einem Hamburger mit Zwiebeln und Pommes Frites und einem Sechserpaket Coca-Cola ganz für sich allein. Als David dann letzte Nacht um drei Uhr von einem Noteinsatz nach Haifa wieder in Jerusalem gelandet war, hatte er die Cola triumphierend aus seinem Matchbeutel geholt und gerufen: „Hamburger mit Zwiebeln und Pommes Frites und eine Cola! Hier sind die Pommes. Hier die Zwiebeln. Und da der Hamburger. Du mußt dich leider mit der letzten

Cola in ganz Palästina begnügen, Schatz!" Dann war er ins Bett gefallen, um drei Nächte Schlaf nachzuholen.

Nun betrachtete Ellie ihren Schatz voller Schuldbewußtsein. Auf dem arabischen Schwarzmarkt bekäme sie dafür zwei Hähnchen und ein halbes Dutzend Eier. Aber sie konnte den Gedanken nicht ertragen, daß sich vielleicht einer von des Muftis Leuten über ihre Cola hermachen würde. Nicht einmal um den Preis, daß sie auf diese Weise zwei Hühnchen in den Kochtopf bekämen.

Die Flasche stand immer noch genauso unberührt da wie die Schreibmaschine. Denn Ellie wollte die Cola erst trinken, wenn sie den Artikel beendet hatte, der zusammen mit ihren Aufnahmen vom Überlebenskampf der Juden in die Staaten, in die Redaktion des LIFE-Magazins, geschickt werden sollte. Die einzige Schwierigkeit war nur, daß ihr keine Idee kam, wie sie anfangen sollte, die Ereignisse hier in Jerusalem zu schildern.

An der Uni in Los Angeles hatte sie nur so viele Vorlesungen über Journalismus gehört, wie zur Ausbildung als Photojournalistin nötig war. Und Schreiben war nicht gerade ihre starke Seite. Ihre photographischen Fähigkeiten waren dagegen inzwischen allgemein anerkannt und erfreuten sich einer regen Nachfrage. So waren ihre Aufnahmen von den Kämpfen zwischen Juden und Arabern hier in Palästina in den letzten zwei Monaten groß im LIFE-Magazin herausgebracht worden.

Die sommersprossige junge Studentin, die vorher für ihren Onkel an archäologischen Ausgrabungsstellen Aufnahmen von alten Tontöpfen gemacht hatte, gehörte seit zwei Monaten zum Phototeam dieser Zeitschrift. Vor drei Tagen war dann plötzlich die Nachricht eingetroffen, daß der Korrespondent der Zeitschrift in der Nähe von Tel Aviv verwundet worden war.

„Bitte Lücke füllen bis Ersatz eintrifft STOP Erbitten Text, ungefähr 1500 Wörter, mit Photos STOP Stu Mebane Redakteur STOP."

Seitdem war sie immer wieder auf und abgewandert und hatte grübelnd aus dem Fenster auf die kahlen, windgebeugten jungen Bäume gestarrt, die die Straße säumten. Zweimal war sie mit David über das belagerte jüdische Viertel der Altstadt geflogen, um medizinisches Versorgungsmaterial abzuwerfen. Einmal hatte sie flüchtig gesehen, wie Rachel und Mosche ihnen zuwinkten.

Die beiden lebten nur ein paar hundert Meter von der Stelle entfernt, an der sie jetzt saß, und doch waren sie so weit weg, als lebten sie in einem anderen Jahrhundert oder in einer anderen Welt. – „Womit soll ich nur anfangen?" fragte sich Ellie laut, um ihre Gedanken in Schwung zu bringen. Sie seufzte schwer, denn sie hatte das Gefühl, daß die Cola-Flasche wohl nie geöffnet werden würde.

Sie nahm ein Bündel Photographien zur Hand, die am nächsten Morgen in die Vereinigten Staaten geschickt werden sollten. Auf den Luftaufnahmen war deutlich das isolierte jüdische Viertel hinter den wuchtigen, zerklüfteten Mauern der Jerusalemer Altstadt zu erkennen. Um die winzige Ansammlung von Synagogen und kuppelförmigen Dächern erhoben sich nach Norden hin die hohen Türme der muslimischen Minarette. Im Osten stand auf dem Berg Moriah das riesige Heiligtum der Moslems. Dort hatte sich einst der Große Hebräische Tempel befunden, und dort hatte auch Jesus von der Liebe Gottes zu den Menschen gepredigt; dort hatte er vorausgesagt, daß der Tempel eines Tages dem Erdboden gleichgemacht werden würde. Im Osten des Felsendomes befand sich der Ölberg. Westlich des jüdischen Viertels lag das armenische Viertel und in dessen Norden die Kirchen und die heiligen Stätten der Christen.

Aus Furcht vor dem Mufti Haj Amin Husseini und seinen fanatischen Anhängern waren armenische und christliche Araber zu Tausenden aus ihren Häusern geflohen. Gleich danach waren die muslimischen Krieger in die Viertel hineingeströmt, hatten die Tore in die Altstadt vor den jüdischen Verteidigern verschlossen und in der letzten Zeit sogar Lebensmittelkonvois den Einlaß verweigert. Obwohl hier und da ein einsamer britischer Vorposten auf einem Dach Wache hielt und die Briten erst im Mai abziehen sollten, hatte Ellie den Eindruck, daß es ihr Ziel sei, die Aggressivität der Araber, die die engen Grenzen Jerusalems bedrängten, möglichst zu ignorieren. „Die möchten gerne lebend nach Hause kommen", hatte David ihr einmal erklärt und hinzugefügt: „Ich kenne das Gefühl, und ich kann nicht sagen, daß ich ihnen daraus einen Vorwurf mache."

Außerhalb der Altstadtmauern erstreckte sich die Neustadt von Jerusalem, eine merkwürdige Mischung aus arabischen und jüdischen Vierteln. In einigen Blocks waren die beiden Völker sogar direkte Nachbarn gewesen.

Ellies Photographien zeigten deutlich die Punkte, die zur Zielscheibe der Leute des Muftis geworden waren. Der rauchgeschwärzte Schutt auf der Ben Yehuda Street kennzeichnete die Stelle, an der Davids Hotel gestanden hatte, das kürzlich in die Luft gesprengt worden war. Und wenige Blocks davon entfernt lagen die Überreste des jüdischen Geschäftsviertels.

Noch immer empfand Ellie Erstaunen über die unglaubliche Standfestigkeit dieses Volkes, das sie lieben und bewundern gelernt hatte. *Kein Wunder*, dachte sie, *daß man diese Menschen Gottes auserwähltes Volk, seinen Augapfel, nennt. Es ist etwas Besonderes an ihnen, das sie in die Lage versetzt, all das durchstehen zu können.*

Von Norden nach Süden zogen sich, deutlich erkennbar, arabische Viertel wie ein Kranz von kleinen Bastionen an der Altstadtmauer entlang. Die Araber, die sich Haj Amins Politik der starken Hand widersetzt hatten, waren von eben den Männern aus ihren Häusern vertrieben worden, die zuvor lauthals verkündet hatten, für sie kämpfen zu wollen. So war auf den stadtauswärts führenden Straßen ein Strom von arabischen Palästinensern zu sehen. Sie waren nun Flüchtlinge, Opfer ihrer eigenen politischen Führer. Ihren Platz nahmen Bauern und Kämpfer ein, die in der Schuld des Hauses Husseini standen und mit ihm verbündet waren. Sie hatten es nicht versäumt, bereits auf ihrem Weg in die Stadt die Wasserleitungen zu sprengen, die in jüdische Viertel führten. Und jetzt plünderten sie sogar die Häuser christlicher und muslimischer Araber, die vor dem fanatischen Schrei „Jihad! Jihad! Jihad!" geflohen waren.

Was Ellie schreiben wollte, stand also eigentlich klar und deutlich vor ihrem geistigen Auge. Doch sie war einfach nicht in der Lage, es in Worte zu fassen. Wie konnte sie dem amerikanischen Volk mitteilen, daß in diesem Teil der Welt immer noch Hitlers Ideen regieren? Wie konnte sie ihm sagen, daß ohne die Hilfe des amerikanischen Volkes kein Jude in Palästina überleben würde? Daß die Bedrohung durch den Holocaust noch bei weitem nicht vorüber war?

Draußen hatte der Wind unvermittelt aufgehört. Ellie sah verärgert auf ihren Wecker. Gleich schon halb fünf. David hatte einmal um die Uhr geschlafen, und Onkel Howard war mit Rabbi Lebowitz und Jakov schon seit drei Stunden außer Haus. Sie hatte gehofft, den Artikel bei ihrer Rückkehr fertig zu haben, und nun hatte sie nicht einmal ein einziges Wort zu Papier gebracht. „Lieber Gott", seufzte sie in einem verzweifelten Bittgebet. Aber sie war auch jetzt nicht in der Lage, die richtigen Worte zu finden, um ihr Gebet zu beenden.

Da ertönte ein lautes Klopfen an der Haustür.

„David!" rief Ellie, die keine Lust hatte, aufzustehen, um ihre frustrierende Tätigkeit zu unterbrechen.

Erneutes Klopfen. *Das ist sicher Onkel Howard. Hat wahrscheinlich den Schlüssel vergessen.* „David!" rief sie noch einmal. „Steh auf! Es ist halb fünf! Geh bitte an die Tür!"

Sie hörte weder Davids Antwort aus seinem Zimmer noch seine Schritte auf dem Flur.

„Mist!" brummte sie und strich sich ihr langes rotes Haar aus dem Gesicht. Als das Klopfen noch drängender wurde, zog sie sich schnell ihren Morgenmantel über und warf im Spiegel noch kurz einen prüfenden Blick auf ihr Gesicht. „Ziemlich verschlafen", murmelte sie. „Halb fünf und immer noch nicht angezogen. Rabbi Lebowitz wird nicht entzückt sein."

„Ist ja schon gut!" rief sie. „Nur keine Eile, Onkel Howard! Ich komme ja schon!" Auf dem Weg durch den Flur klopfte sie kräftig an Davids Tür. „Steh auf, David! Onkel Howard ist da!" Sie entriegelte die Haustür und öffnete sie schwungvoll.

„Es wird aber auch Zeit –" begann sie und brach ab, als sie die Gesichter zweier fremder Männer vor sich sah, die auf der obersten Stufe standen und sie verwirrt ansahen. Es dauerte eine Weile, bis sie sich gegenseitig gemustert hatten: Ellie in Socken, Blue Jeans und einem Frotteemorgenmantel; die beiden Männer in grünen Cordhosen und weißen, kurzärmeligen Hemden. Dann sah Ellie entgeistert an ihnen vorbei zu den unförmigen Klapperkisten, die am Bordstein parkten. „Sie sind nicht Onkel Howard", war das einzige, was sie schließlich herausbrachte.

Johann blinzelte zunächst erstaunt und lächelte dann. „Nein. Ich glaube nicht. Bist du Onkel Howard, Dan?" fragte er seinen Kameraden. Dieser zuckte die Achseln. „Jedenfalls nicht, als ich zuletzt nachgesehen habe." Er streckte Ellie seine Hand entgegen. „Dan Schellen. Jewish Agency. Und dies ist Johann Pelz. Ebenfalls Jewish Agency."

„Ellie Warne. Entschuldigen Sie, ich hatte meinen Onkel erwartet."

„Sie sollten darauf achten, wem Sie die Tür öffnen, junge Dame", wies Johann sie zurecht. „Man weiß nie, ob es nicht vielleicht die Jihad-Moqhaden sind, die anklopfen."

„Da haben Sie recht. Natürlich", pflichtete Ellie erschrocken bei und trat zur Seite, um die beiden Männer eintreten zu lassen. „Wie kann ich Ihnen behilflich sein?"

„Ihr Onkel, Howard Moniger, ist nicht da?" fragte Johann, während er sich in der Eingangshalle umsah und einen Blick nach rechts ins Wohnzimmer warf. Er klopfte nervös auf den Lederbeutel.

„Nein, leider nicht. Er hat zwei unserer Gäste zur Untersuchung ins Hadassah gebracht. Aber ich erwarte ihn jeden Augenblick zurück. Möchten Sie vielleicht warten?"

„Wir haben eine Nachricht für ihn. Eigentlich für Sie alle. Der Chef,

Ben-Gurion, möchte Sie alle sehen. Ist David Meyer im Hause?" fragte Dan.

„Ja, aber er schläft."

„Ah, ja. Das war aber auch eine Nacht für ihn!" warf Johann ein. „Er ist beinahe schon ein Held." Er senkte seine Stimme, als er das Wohnzimmer betrat. „Nur schade, daß die Gewehre, die er über einem Kibbuz abgeworfen hat, durch ein Dach in die einzige Badewanne dort gefallen sind und sie zertrümmert haben."

„Aber es hat zu der Zeit zumindest niemand ein Bad genommen", ergänzte Dan rasch mit einem liebenswürdigen Lächeln.

„Sind Sie gekommen, um uns das zu erzählen?" fragte Ellie, die im Türrahmen stehen geblieben war.

„Es tut mir leid, aber die Nachricht, die ich habe, soll zuerst Ihr Onkel lesen, Miss Warne. Obwohl Sie und die anderen auch mitkommen sollen." Dan sah betont auf ihre Socken, die unter ihren Jeans hervorschauten. „Vielleicht wollen Sie sich ..." Er lächelte beinahe entschuldigend.

„... umziehen, ja?" beendete Johann den Satz hilflos.

„Nun, ich glaube, daß keiner von uns irgendwohin fahren wird, bevor wir nicht wissen, was los ist! Jewish Agency hin oder her!" Ellies Stimme hatte nun einen gereizten Tonfall angenommen. Sie hatte es nicht gern, in dieser Weise an der Haustür überrascht zu werden, und erst recht nicht, wenn der Abgabetermin für ihren Artikel drohend bevorstand und ein schwerer Fall von geistiger Blockade vorlag.

„Wir haben Weisung, dem Herrn Professor den Brief persönlich zu übergeben, sobald er kommt", meinte Dan entschuldigend. „Soviel will ich Ihnen wenigstens verraten, wenn Sie das dazu bringt, sich umzuziehen ..."

„Halt den Mund!" schnappte Johann.

„Es hat ein bißchen mit einigen Ihrer Freunde in der Altstadt zu tun", fügte Dan hinzu, ohne Johanns zornigem Gesichtsausdruck Beachtung zu schenken.

„Rachel? Mosche? Was ist passiert?"

„Tja, das weiß ich selbst nicht", seufzte Dan. „Es ist nur eine Nachricht über sie eingetroffen. Etwas Wichtiges. Der Chef schien ziemlich erregt. Sagte, Sie sollten Ihre Kamera mitbringen und –"

„Du hast ein Mundwerk wie Jonas Wal!" meinte Johann vorwurfsvoll. Er sah auf seine Armbanduhr, dann in Ellies verwirrtes, besorgtes Gesicht. „Also ziehen Sie sich bitte um, und beeilen Sie sich, sonst haben wir bald keine Zeit mehr."

Ellie drehte sich der Magen um, und ihr wurde übel vor Angst und düsteren Vorahnungen. Sie eilte aus dem Zimmer über den Flur, hämmerte wieder laut gegen Davids Tür und öffnete sie einen Spaltbreit: „David! Steh auf! Wach doch auf! Es ist etwas mit Rachel und Mosche! Wir sollen zur Agency. David, beeil dich! Eine Nachricht von Ben-Gurion!"

2. Das Geschenk

Dov rückte seine Nickelbrille zurecht und inspizierte die siebenundzwanzig Jungen der Chaim-Thoraschule, die, nach der Größe aufgestellt, vor Ehud und ihm stramm standen wie kampferprobte Soldaten: die Jarmulken verwegen auf dem Kopf, mit strähnigen Schläfenlocken und dunklen Trauerrändern mit dem Schmutz der Jerusalemer Altstadt unter den Fingernägeln. Der Älteste war kaum mehr als fünfzehn, der Jüngste etwas über fünf Jahre alt. Die Größeren hatten zu kurze Hosen und Mäntel an, und die von den älteren Brüdern und Kusins übernommene Kleidung der Jüngeren war voller Flicken und fadenscheinig. „Einen zerlumpten Haufen haben wir hier, Captain!" rief Dov aus, während er seine Hände hinter dem Rücken verschränkte und auf den Zehen wippte.

Bei seinen Worten schlugen die Jungen die Hacken ihrer eisenbeschlagenen Schuhe zusammen, strafften ihre knochigen Schultern und reckten sich.

Der riesige, herzensgute Ehud überragte seinen zwergenhaften, gelehrten Kameraden wie ein grauhaariger Bär und wurde von allen Jungen, die nun vor ihm standen, angebetet. Es war ihm kaum möglich, durch die engen Gassen des Viertels zu gehen, ohne eine Schar von Jungen anzuziehen, die ihm folgte wie ein Schwarm kreischender Seemöwen einem überladenen Fischkutter. „Erzähl uns eine Geschichte! Bitte, Captain Ehud!" riefen sie dann, voller Verlangen, einen Hauch von Abenteuer mitzubekommen. Ehud hielt seine Geschichten immer so lange zurück, bis die enttäuschten Seufzer ihren Höhepunkt erreicht hatten. Erst dann kam er kopfschüttelnd den Bitten nach und gab noch einmal eine seiner beliebten Geschichten zum besten – oder erfand vielleicht auch eine neue dazu. Nachdem die Jungen einen Monat lang die Abenteuer ihres geliebten und jetzt an Land gefesselten Kapitäns gehört hatten, gab es von zehn Jungen nicht einen im Viertel, der nicht von einem Leben auf dem stürmischen Mittelmeer träumte. Und jeder von ihnen sehnte sich danach, für wert befunden zu werden, an der Seite dieses starken Helden Dienst zu tun. So wurden diejenigen von ihnen, die das Vorrecht genossen, Ehud während seiner Mitternachtswache eine Tasse Kaffee bringen zu dürfen, allgemein bewundert und erhielten die Ehrenbezeichnung *Chawer*, Freund, des Captains.

Ehud strich sich nachdenklich übers Kinn und zupfte sich den Bart, während er seine Versammlung junger Krieger einer kritischen Betrachtung unterzog. Sie hatten ihre Augen starr auf die Rückwand des Kellergeschosses des Tipat Chalev gerichtet, und ihre Mägen knurrten ungeduldig bei dem köstlichen Duft nach Borschtsch, der aus den dampfenden Kesseln der Gemeinschaftsküche zu ihnen herüberwehte.

„Nun?" fragte Dov und schaute erwartungsvoll zu Ehud empor. „Was meinst du?" Auch sein Magen meldete sich inzwischen. „Die Truppe ist natürlich sehr jung, aber immerhin schon disziplinierter als zu Beginn der Ausbildung, nu?"

Ehud räusperte sich lautstark und unterdrückte ein Lächeln, während er einem Achtjährigen die Jarmulke zurechtrückte und Dov beipflichtete: „Oj! Wirklich ein bunter Haufen! Aber man kann sie wohl trotzdem als Soldaten durchgehen lassen, nu?"

„Das sind also die zukünftigen Talmid Chachamim von Jerusalem. Wenn man bedenkt, daß vor uns die Weisen und Gelehrten von Morgen stehen – sensible, ruhige und bescheidene Heilige, die uns vielleicht neue Erkenntnisse aus dem großen Meer der Weisheit des Talmud verschaffen werden! Oj, Gewalt! Wenn man bedenkt, daß wir mit diesen Jungen unser Viertel gegen die Araber verteidigen werden!"

Die Jungen reckten sich voller Stolz, doch Ehud war gar nicht wohl bei dem Gedanken an die Schwäche ihrer Verteidigung und an Tausende von arabischen Milizionären, die sie umzingelten. Er zupfte nachdenklich an seinem Bart. Die winzige Gruppe der hundert Haganah-Soldaten, die in die Altstadt geschmuggelt worden war, war tatsächlich darauf angewiesen, daß ihnen diese Jungen in einem offenbar hoffnungslosen Fall zur Hand gingen: bei der Rettung der heiligen Stätten des jüdischen Jerusalem.

Plötzlich kramte ein rotwangiger, fünfjähriger Junge in seinen Taschen und hielt Ehud seine Hände hin: „Sieh mal, Captain, ich habe heute acht Gewehrpatronen gestohlen!" rief er. „Aber der Rabbiner hat gesagt, daß ich kein Goniv bin, sondern ein Patriot, nu?"

„Genau wie die Leute, die im Warschauer Ghetto gekämpft haben."

Als ein größerer Junge vortrat, die Hände ebenfalls voll gestohlener britischer Munition, löste sich die Ordnung mit einem Mal auf. Die kleinen Soldaten umschwärmten Ehud und Dov voller Eifer: „Ich habe fünf Kugeln!" „Und ich neun." „Ich habe nur vier, aber ich strenge mich nächstes Mal noch mehr an!"

„Der Rabbiner sagt, daß Gott in einem Fall von Pikuach Nefesch, von Leben oder Tod, sogar wünscht, daß wir diese englischen Kugeln stehlen, um unser Leben und die heiligen Stätten zu verteidigen", bemerkte ein schlacksiger, rothaariger Halbwüchsiger und zog seine Jacke aus, um einen kompletten Patronengurt zu präsentieren, der darunter versteckt war.

Ein erstaunter Laut der Bewunderung ging durch die Gruppe. „Gut gemacht, Joseph!" meinte Dov und klopfte dem Jungen anerkennend auf die Schulter. „Wenn du als Schüler genauso gut bist wie als Dieb, dann bist du sicher der Beste in deiner Klasse!"

Joseph errötete und erwiderte mit einer zwischen Piepsen und Brummen wechselnden Stimme, die noch dabei war, männliche Tiefe zu gewinnen: „Im Talmud steht, daß es unsere Mizwah, unsere Pflicht gegenüber dem heiligen Gesetz Gottes, ist, zu überleben und unser Volk zu retten."

Joseph legte seinen Schatz vorsichtig in die halb mit Munition gefüllte Kiste. „Um des Gesetzes willen dürfen wir nicht sterben, nicht wahr? Und um Gottes und seines Wortes willen müssen wir leben. Wenn ein Mann nicht manchmal das Gesetz mißachten würde, um sein Leben oder das seiner Frau und seiner Kinder zu retten, gäbe es wahrscheinlich schon jetzt keine Juden mehr auf der Welt, nu?"

„Gut gesprochen, Rabbi!" erwiderte Ehud dröhnend und hielt den kleinen Jungen den Patronengurt hin, damit sie ihn einmal anfassen konnten.

„Na also", meinte Dov lächelnd. „Wenn wir also jetzt für kurze Zeit die Rolle von Dieben spielen müssen, können wir dadurch gemeinsam unsere Häuser erhalten und dann für den Rest unseres Lebens als Gelehrte leben, nicht wahr?" Er seufzte. „Ach, wenn man doch ungestört als Jude leben könnte! Das wäre das Paradies!"

„Aber nicht für Leo!" schrie ein dunkelhäutiger Zehnjähriger und schlug seinem Bruder die Jarmulke vom Kopf. „Für meinen Bruder Leo, diesen *Mamzer*! Er *will Dieb* werden, wenn er groß ist!" Gleich darauf wichen die beiden Jungen unter Gekreisch einander blitzschnell aus und jagten hintereinander her, um und durch die Beine des Captains, dann die Treppe hinauf und durch die Tür in den Eßsaal. Mit Ausnahme der wenigen, die keinen der beiden Kepses leiden konnten, johlten und feuerten die übrigen den jeweiligen Lieblingsbruder an.

Ehud hielt sich wegen des ohrenbetäubenden Echos im Kellerraum die Ohren zu. „Ein Sturm! Ein Orkan! Oj! Ein Hurrikan auf dem Meer wäre leiser als dieser Lärm hier!"

Dov schob seine Brille hoch, kletterte hurtig auf einen Holztisch in der Mitte des Raumes und schrie gegen den Lärm an: „STILLL-GEE-

STAAN-DEN!" Sofort war Schluß mit dem Gejohle und nur noch das Scharren von Füßen zu hören, während sich die Jungen erneut formierten: links der Größte und dann die Kleineren, bis sie wie die Orgelpfeifen standen. „Die sind wirklich dazu geschaffen, Jerusalem zu retten", murmelte Dov mit einem Blick auf die leeren Plätze, die die beiden Brüder hinterlassen hatten.

„Oder einen um den Verstand zu bringen", ergänzte Ehud und räusperte sich mißbilligend.

Die kleinen Soldaten standen mit vorgewölbtem Brustkorb, hoch erhobenem Kinn und starrem Blick unbeweglich wie Statuen da, als die beiden abtrünnigen Brüder kreischend und türenknallend wieder oben auf dem Treppenabsatz erschienen. Der jüngere der beiden hatte gerade heftig an der Schläfenlocke seines Bruders gezogen. Doch beim Anblick ihrer Kameraden, die dort unten so diszipliniert standen, erstarb den beiden der Schrei auf den Lippen. Sie lösten sich rasch voneinander, gaben ihren Jarmulken wieder die rechte Würde und hasteten die Treppe hinunter, um ihren Platz zwischen den anderen einzunehmen.

„Ha!" rief Ehud aus und verschränkte die Hände hinter dem Rücken. „Also! Sind wir ein lärmender Haufen? Ein Mob? Oder sind wir Soldaten, hm?"

Die Antwort erfolgte einstimmig und in ohrenbetäubendem Einklang: „SOLDATEN!"

Ehud steckte seinen dicken Zeigefinger ins rechte Ohr und wackelte damit darin herum, um anzudeuten, daß er erst sein Gehör wiederfinden müsse. „Hmmm. Tja. Na dann."

Dov hüstelte, runzelte die Stirn und schob, ohne den Tisch zu verlassen, nachdenklich die Unterlippe vor. „Ja. Soldaten, glaube ich. Na also! Und deshalb haben wir heute abend eine Pflicht zu erfüllen." Die Jungen blickten ihn erwartungsvoll an. „Es ist ganz sicher eine freudige Pflicht, und Gott sagt ja, daß es unsere Mizwah ist, uns zu freuen, nu? Obwohl die Zeiten hier in der Altstadt sehr schwierig sind, werden wir also heute nacht fröhlich sein und dem Mufti zeigen, daß unsere Herzen noch immer voller Dankbarkeit und Glück sind!"

„Das Leben geht weiter! Das Leben geht weiter!" sagte Ehud laut und fuhr fort: „Die Älteren von euch sind zur Ehrenwache auserkoren worden. Und zwar sollt ihr auf den Dächern Wache stehen. Wenn die Prozession beginnt, ist es von äußerster Wichtigkeit, daß ihr nach Heckenschützen und arabischen Patrouillen Ausschau haltet. Ihr werdet die normalen Wachen der Haganah unterstützen. - Leider gibt es nur wenige Kerzen. Alle, die zehn oder elf Jahre alt sind, heben mal eben die Hand." Sieben Jungen zeigten auf.

Ehud zählte schnell nach. „Sieben! Beim Ewigen! Sieben Jungen! Eine gute Zahl – sieben. Das ist ein gutes Zeichen. Sieben Kerzen bei der Prozession!"

„Gut!" rief Dov aus. „Und nun die wichtigste Pflicht für die jüngeren Soldaten. Es ist Brauch, bei einer Hochzeit das glückliche Paar mit Reis und Nüssen zu überschütten, nu?" Allgemeines Nicken. „Tja, allerdings haben wir keine Nüsse im Viertel und kaum Reis zum Essen, geschweige denn zum Werfen." Er hüstelte und wartete, bis sich alle der Bedeutung seiner Bemerkung bewußt geworden waren. „Aber was ist eine jüdische Hochzeit ohne Reis! Da könnten wir genausogut den Trauhimmel oder den Rabbiner weglassen!"

„Oder den Klarinettisten erschießen!" warf Ehud ein und schüttelte vor Entsetzen über einen solchen Gedanken den Kopf.

„Gott behüte! Und Gott behüte, daß wir eine richtige Hochzeit ohne Reis feiern. Deswegen haben wir von den Köchen hier im Tipat Chalev ein halbes Pfund Reis ergattert, das bei der Hochzeit geworfen werden soll – unter der Bedingung, daß wir auch das letzte Körnchen wieder zurückbringen, wenn wir damit fertig sind. Reis ist nämlich so kostbar wie Kugeln, wenn wir dem Feind standhalten wollen."

„Kugeln könnte man aber einfacher wieder aufsammeln", warf einer der beiden streitbaren Kepses ein.

„Du Mamzer!" schrie sein Bruder. „Du Schmuck! Bei einer Hochzeit wirft man doch keine Kugeln!" Er unterstrich seine Meinung mit einem kräftigen Rippenstoß. Dann brachen die Linien erneut auf, während die Brüder den Punkt kreischend und schlagend diskutierten.

* * *

„Nicht an deinem Hochzeitstag, Rachel", schalt die alte Schoschanna, während sie die kleine Tikvah in den Armen wiegte und einen zornigen Blick auf Schaul warf, der erwartungsvoll an der Tür stand. „Eine Braut sollte im Hause bleiben, in Stille fasten und darüber nachdenken, welchen Segen Gott ihr hat zuteil werden lassen." Ihr altes, runzeliges Gesicht spiegelte ihre Mißbilligung deutlich wider, während Rachel mit einem entschuldigenden Lächeln ihren Mantel zuknöpfte. „Es schickt sich nicht für dich, an einem solchen Tag allein auszugehen. Und vielleicht ist es obendrein noch gefährlich! Willst du, daß dich der Teufel so glücklich sieht? Du ziehst den bösen Blick auf dich!"

Während sie sich den Schal über den Kopf legte, betrachtete Rachel einen Augenblick lang fasziniert das Gesicht, das ihr aus dem Spiegel entgegenlächelte. „Aber ich *bin* glücklich!" erwiderte sie. „Egal, wohin ich jetzt auch gehe, Schoschanna. Ich bin ja nicht allein. Gott geht doch mit mir."

„Oj, Gewalt!" rief Schoschanna aus und verdrehte ärgerlich die Augen. „Hört nur, wie sie darauf aus ist, daß der Böse sie findet!" Sie legte nach altem Brauch die Finger mit einer Geste an die Lippen, die den Teufel, den Satan, abhalten sollte.

„Ich nehme den Hund mit, wenn dich das beruhigt", erwiderte Rachel und kraulte Schauls breiten Kopf.

„Dann nimm ihn mit! Ich habe schon immer gesagt, ein Hund ist der Fluch eines jüdischen Hauses! Er verschreckt die Armen und die Bettler." Sie wiegte Tikvah heftiger. „Ich bin eigentlich selbst ziemlich arm", erwiderte Rachel. „Aber er verschreckt mich kein bißchen." Der Hund sprang auf und wackelte mit seinem schwanzlosen Hinterteil. Er hatte in den Wochen seit seiner Verwundung deutlich Gewicht und Muskeln verloren, aber unter Rachels Fürsorge bereits einen großen Teil seiner Kraft wiedergewonnen, und seine Hingabe an sie hatte sich verdoppelt. „Mir wird schon nichts passieren", meinte Rachel beruhigend zu Schoschanna. „Wenn ich nicht gehen darf, kann ich auch nicht das Päckchen suchen, von dem Großvater mir geschrieben hat, und dann bekommt Mosche kein Hochzeitsgeschenk. Ich muß einfach gehen! Es dauert ja nur ein paar Minuten. Gibst du bitte auf das Kind acht?"

Schoschanna schüttelte resigniert den Kopf. „Dann geh schon! Aber halte dein Gesicht bedeckt, damit der Teufel nicht sieht, wie du lächelst!"

„Ja, Schoschanna." Aus Ehrerbietung vor den Wünschen der Alten bedeckte Rachel ihre untere Gesichtspartie mit dem Schal und fragte dann: „Wie findest du das?"

„Gut! Nun siehst du aus wie eine Mohammedanerin. Da wird dich der Satan nicht belästigen. In diesem Krieg ist er nun mal auf der Seite der anderen, nu?" Die Alte sah augenzwinkernd hinter Rachel her, die aus dem Zimmer heraus und auf die warme, helle Straße eilte. Eigentlich war es gar nicht kalt genug, um einen so dicken Mantel zu tragen, aber auch sie hatte das Gefühl, daß es besser sei, möglichst unerkannt durch das Viertel zu gehen. Denn Schoschanna hatte natürlich recht.

Es schickte sich wirklich nicht für sie, an ihrem Hochzeitstag durch die Stadt zu gehen. Aber Großvater hatte in seinem Brief an sie ein ganz besonderes Geschenk für den Bräutigam erwähnt: in seiner Wohnung lag in einem schlichten Holzkästchen ein blauer Samtbeutel, in dem sich das einzig richtige Geschenk befand, das eine Braut ihrem Bräutigam machen konnte. Großvater hatte es vor mehr als einem halben Jahrhundert von Rachels Großmutter bekommen, als er mit ihr unter dem Trauhimmel gestanden hatte. *Erzähle Deinem jungen Mann aber nicht, daß du etwas für ihn hast,* hatte er ihr geschrieben. *Der Junge ist so sehr in Dich verliebt, daß er geschworen hat, sich weder aus einer Mitgift noch aus einem Geschenk etwas zu machen, sondern nur aus Deiner Liebe. (Ja, ich erinnere mich, daß ich vor fünfzig Jahren genauso für meine wunderschöne Esther empfand, obwohl ich sie vor der Hochzeit nur einmal gesehen hatte.) Er bittet um nichts, will nichts außer Dir, meine liebe Rachel. Doch selbst wenn das Haus Lebowitz arm ist, so sind wir doch zu stolz, um unsere Töchter ohne Geschenk in die Ehe zu geben. Und deshalb wirst Du in dem Schrank über dem Waschbecken ein Kästchen finden. Darin liegt ein Gebetstuch, das die Großmutter Deiner Großmutter in Polen während ihrer Brautzeit eigenhändig gestickt hat. Ich trage es voller Stolz an den heiligen Tagen Pessach, Rosch ha-schanah, Jom Kippur. Aber jetzt bin ich furchtbar alt. Und Deine Großmutter hat im Traum zu mir gesprochen und mir gesagt, daß dieser Tallith für Mosches starke Schultern bestimmt ist. Möge der Ewige Euch beide segnen, mein Kind. Dein Dich liebender Großvater, Rabbi Schlomo Lebowitz.*

Rachel lächelte glücklich bei dem Gedanken an die Liebe und Fürsorge, die Großvater in seinem Brief zum Ausdruck gebracht hatte. Mosche hatte ihn ihr zwar eigenhändig überbracht, aber nicht im Traum daran gedacht, was darin stehen könnte. Der Brief hatte auch noch ein Postskriptum, das der alte Mann hastig auf die Rückseite geschrieben hatte: *Bei dem Tallith liegt auch noch ein kleiner Lederbeutel. Deine Mutter hat ihn mir damals geschickt, als die ersten Schwierigkeiten aufkamen. Sie hoffte, den Inhalt einmal als Lösegeld verwenden zu können. Wenn ich darüber nachdenke, dann ist das Geld jetzt vielleicht besser als Mitgift für Dich angebracht. Nimm es, Kind! Es ist wenig genug. Mein Herz ist ganz bei Dir, wenn Du unter dem Trauhimmel stehst. Großvater.*

Das Herz quoll Rachel über vor Glück, als sie die Tür zur Kellerwohnung öffnete. Fast zwei Wochen lang hatte sie den Inhalt des Briefes vor Mosche geheimgehalten. Und heute, am Tage ihrer Hochzeit, war sie zum ersten Mal lange genug allein, um sich davonstehlen zu können. Normalerweise postierte Mosche, wenn er nicht bei ihr sein konnte, zwei Haganah-Soldaten als Wache in ihrer Wohnung. Aber sie hatte ihn gebeten, ihr an ihrem Hochzeitstag etwas Zeit für sich allein zu lassen – Zeit ohne Männer, die sie ständig beobachteten und sie daran erinnerten, daß ihr neues Leben mitten im Krieg beginnen sollte.

Dicht gefolgt von Schaul, schloß sie die Tür des feuchten, dunklen Raumes hinter sich und entzündete gleich den Kerzenstumpf auf dem wackeligen Holztisch. Dann warf sie ihren Schal aufs Bett und lächelte vor Glück. „Ich werde ihm nicht mit leeren Händen gegenübertreten!" sagte sie zu ihrem zottigen Begleiter, der sich vor Freude wand, um sie herum tänzelte und sich schließlich erschöpft vor dem alten Ölofen auf den Boden fallen ließ. Mit den Augen folgte er ihr jedoch zum Schrank.

Der alte Kiefernschrank hatte nur zwei Einlageböden. Auf dem unteren standen neben zwei silbernen Kerzenleuchtern einige wenige Porzellanstücke. Daneben lag ein gesticktes Sabbattischtuch, das wahrscheinlich mindestens so alt war wie das Geschenk, um dessentwillen sie hergekommen war. Auf dem darüberliegenden Brett standen ein paar ledergebundene Bücher und vier langstielige, kristallene Weingläser. Das Haus Lebowitz war nicht immer arm gewesen.

Rachel strich behutsam über die Gläser. Sie hatte mit einem Mal das Gefühl, daß ihre Familie um sie herum versammelt sei – mit lächelnden Gesichtern und freudig ausgestreckten Händen. Mama umarmte sie und Papa stand stolz, aber ein bißchen traurig, neben ihr. *Massel Tov! Massel Tov!* schienen sie alle zu sagen. *Unsere Kleine schon so erwachsen und heute Braut!* Sie nahm zwei Gläser vom Brett und hielt sie gegen das Licht des Kerzenstummels.

„Vielleicht hat Mama am Abend ihrer Hochzeit aus diesem Glas getrunken. Und Papa vielleicht aus dem anderen." Sie betrachtete einen Augenblick lang versonnen das Muster der Gläser und schloß dann die Augen. „Ich danke dir, Herr", flüsterte sie leise, während glückliche Erinnerungen an Sabbatmahlzeiten und Familienzusammenkünfte ihr Herz durchströmten. „Dies ist der schönste Tag meines Lebens, und ich bin nicht allein. Ich danke dir", wiederholte sie noch einmal und fügte freudig hinzu: „Massel Tov, meine liebe Familie! Danke, daß ihr gekommen seid!"

Dann stellte sie die Weingläser ehrfürchtig wieder an ihren Platz und nahm ein hölzernes Kästchen von der linken Seite des Brettes. Das

Kästchen war aus schlichtem, poliertem Olivenholz. Seine Eleganz lag in seiner äußersten Einfachheit. Ober- und Unterteil waren mit solcher Präzision aufeinandergesetzt, daß es kaum zu erkennen war, ob es sich vielleicht nur um ein einziges Holzstück handelte. Rachel sah keine Scharniere, doch als ihre Daumen einen leichten Druck nach oben ausübten, hob sich der Deckel mühelos.

Es verschlug ihr vor Überraschung und Staunen den Atem, als sie den weichen Samtbeutel erblickte, in dem sich der Tallith befand. Der Davidsstern darauf war so fein und filigran mit Goldfaden gestickt, wie sie es noch nie gesehen hatte. *So muß der Davidsstern aussehen,* dachte sie, während sie sich mit Schaudern an das grobe gelbe Abzeichen erinnerte, das die Juden auf Befehl des Führers einmal hatten tragen müssen. Aber selbst damals war sie, genau wie ihre Eltern, stolz darauf gewesen, dem jüdischen Volk anzugehören.

Unter dem Stern erkannte Rachel deutlich die Buchstaben des *Sch'ma Jisrael:* „*Höre, Israel, der Ewige, unser Gott, der Ewige ist einzig!*" las sie. „*Du sollst den Ewigen, deinen Gott, lieben mit deinem ganzen Herzen und deiner ganzen Seele und deinem ganzen Vermögen...*"

Sie fuhr mit dem Finger jeden Buchstaben des Gebetes nach und lächelte erneut in dem Bewußtsein, daß Gott sie liebte. „Ich will versuchen, nach diesem Gebet zu leben, Herr, weil du mir deine Liebe offenbart hast..." *Und diese Worte, die ich dir heute gebiete, sollen dir ins Herz geschrieben sein, und du sollst sie deinen Kindern einschärfen...* Dieses Gebet, das Schema, war es gewesen, das jeder gläubige Jude, der durch die Hände der Nazis umgekommen war, auf den Lippen gehabt hatte. Rachel mußte lächeln, als sie daran dachte, daß die Deutschen geglaubt hatten, die Worte bedeuteten ,*Lang leben die Juden!*' Irgendwie hatten sie ja recht gehabt. „Zumindest nach deinem Plan, Herr, nicht wahr?"

Sie drückte den blauen Samtbeutel an ihr Herz und befühlte dann die goldene Mesusah, die sie an einem Lederband um den Hals trug. „*Ich habe dich mit immerwährender Liebe geliebt.*" Rachel wiederholte den Vers, der in die Mesusah eingraviert war. Dieses Amulett hatte Mosche ihr an jenem ersten Tag im jüdischen Viertel geschenkt, an dem er ihr von Gottes ewiger Liebe erzählt hatte.

Bis zu jenem Tag hatten für sie Worte über Gott nicht Trost, sondern nur Leid bedeutet. Aber Mosches Verhalten war ein lebendiges Zeugnis der Liebe, von der er sprach. Und seine Liebe zu ihr war der Spiegel, in dem sie die Liebe Gottes erkannt hatte. So war es ihr auch nicht schwergefallen zu glauben, daß Jeschua Gottes sanfter Gesalbter, daß

Er der Messias war, auf den sie gehofft, nach dem sie sich gesehnt hatte.

In Jeschua hatte Rachel den Frieden der Vergebung und eine Lebensfreude gefunden, die sie längst vergessen hatte. Durch Ihn waren Träume, die sie längst zerronnen geglaubt hatte, wieder wachgeworden. An diesem Abend würde sie neben Mosche unter der *Chuppa*, dem Trauhimmel für die Hochzeitszeremonie, stehen. Sie würden sich das Jawort geben und vor Gott und den Menschen ihre Liebe bekennen. Sie fühlte sich wie neugeboren, so, als ob sie weder Leid noch Jahre der Furcht und des Verlustes gekannt hätte. *Gott wird die Jahre, die die Heuschrecken vernichtet haben, wieder ersetzen*, hatte Mosche ihr tröstend gesagt, als sie wegen ihrer verlorenen Jahre mit ihrem Schicksal gehadert hatte. Von jenem Moment an hatte Rachel gewußt, daß es für sie, Mosche und die kleine Tikvah nur eine Zukunft gab und die grausame Vergangenheit ein und für alle Mal begraben war.

Rachel öffnete das Zugband des Beutels vorsichtig und zog einen weißen Seidentallith heraus, der hell im Schein der Kerze schimmerte und dessen königsblaue Randstreifen an den Thron Gottes erinnern sollten, der nach der Überlieferung mit funkelnden, blauen Saphiren besetzt ist. Rachel hatte noch ganz deutlich das Bild ihres Vaters vor Augen, wie er im Glanz seines wehenden Talliths am Abend des Jom-Kippur-Festes auf den Stufen der Synagoge in Warschau stand, sich tief zu ihr hinabbeugte und sagte: *Eines Tages, meine Kleine, wird dein Bräutigam den Tallith tragen, den du ihm an deinem Hochzeitstag schenkst. Natürlich wird er wissen, daß das Weiß und das Blau Symbole für den Thron Gottes sind. Aber ganz bestimmt wird er in dem Blau auch die Farbe deiner Augen und in dem Weiß die Makellosigkeit deiner Haut erkennen. Wenn ein Mann und eine Frau heiraten, kleine Rachel, dann berühren sie mit ihrer Liebe den Thron Gottes!*

Rachel schüttelte verwundert den Kopf darüber, wie genau sie sich noch an die Worte ihres Vaters erinnern konnte, so, als habe er sie ihr eben erst zugeflüstert. „Ich denke an deine Worte, Papa", sagte sie laut und wurde sich in diesem Augenblick der Bedeutung der Worte bewußt. „Ich will Mosche eine gute Frau sein. Mein Leben soll ihn Gottes Thron näherbringen", gelobte sie. „Und in der blauen Farbe meiner Augen soll er immerwährende Liebe erkennen."

Am Halsteil des Talliths befand sich eine kunstvolle *Atara*, eine Borte aus feiner Brokatstickerei. Darüber war in blauer Farbe die Anordnung aus Num. 15,39 gestickt: *damit ihr, wenn ihr sie seht, aller*

Gebote des Herrn gedenket. Die schimmernde Seide, das Blau und die Goldstickerei machten diesen Tallith zum schönsten Gebetstuch, das Rachel je gesehen hatte. *Das ist ein Geschenk, wie es ein solch sensibler und außergewöhnlicher Mann wie Mosche verdient,* dachte sie beglückt mit geröteten Wangen und klopfendem Herzen. In wenigen Stunden würde sie es ihm überreichen. Während sie versonnen über das weiche Gewebe strich, malte sie sich aus, wie es auf Mosches breiten Schultern sanft im Winde flattern würde. „Ich danke dir, Gott!" sagte sie mit erhobenem Kopf dem Thron zugewandt, den sie ganz nahe wußte.

Sie legte den Tallith sorgfältig aufs Bett und suchte dann noch in der Samttasche nach dem kleinen ledernen Geldbeutel, den Großvater in seinem Brief erwähnt hatte. Ihr Herz klopfte freudig, als sie fühlte, wie schwer der weiche Wildlederbeutel war. *Wieviele Jahre ist es her, daß Mama Großvater dies geschickt hat, weil sie hoffte, eines Tages ihr Leben damit erkaufen zu können?* Rachel schüttete seinen Inhalt auf das Bett und betrachtete verwundert die Goldmünzen, die herauskullerten. Das mußten die gesamten Ersparnisse ihrer Eltern gewesen sein. Doch als das Geld Palästina erreicht hatte, war es bereits zu spät gewesen. Nur Jakov war als Säugling dem Konzentrationslager, dem Tod und der Erniedrigung entgangen. Was ihre Eltern gespart und voller Hoffnung dem Großvater geschickt hatten, sollte nun ihre Mitgift werden. Lange betrachtete sie die Münzen und dachte mit Wehmut daran, daß die fröhlichen Gesichter ihrer Familie heute abend bei ihrer Hochzeit fehlen würden. Mama und Papa lebten nicht mehr. Die Brüder lebten nicht mehr. Nur Jakov und Großvater waren ihr geblieben. Doch diese konnten nicht in die Altstadt, auch wenn sie noch so nah waren. Wie gerne gäbe sie ihre ganze Mitgift dafür her, sie heute abend bei sich zu haben, nur ihre Stimmen hören zu können. Sie schloß die Augen und faßte sich wieder. Dies war nicht der Augenblick, sich in Trauer zu ergehen. Zu reich hatte Gott sie gesegnet, und sie wollte ihn nicht dadurch kränken, daß sie auch nur für einen Moment undankbar erschien! So betete sie: „Bitte laß sie wissen, wie glücklich ich heute bin, Gott! Und teile meine Freude mit denen, die ich liebe, auch wenn sie nicht bei mir sein können!"

Sie faltete den Tallith liebevoll zusammen und schob ihn wieder in die Samthülle. Anschließend zählte sie vierzehn Goldmünzen in den Lederbeutel. Und während sie sich vorstellte, wie sich Mama, Papa und ihre Brüder um Gottes Thron mit den blauen Saphiren scharten, empfand sie im Herzen wieder Frieden und Glück. *Höre, Israel!*

Ja, dachte sie, als sie den Samtbeutel wieder in das Kästchen legte und die flackernde Kerze ausblies, *es gibt wirklich viel, wofür ich heute dankbar sein muß.* Viele Frauen des Viertels hatten Rachels Mutter im Umkreis der Synagogen und der Jeschiva-Schulen Jerusalems aufwachsen sehen. Sie hatten vor Freude über ihre Hochzeit getanzt und Tränen vergossen, als sie mit ihrem jungen Ehemann, einem Rabbiner, nach Polen gegangen war. Als sie in einem Brief von Rachels Geburt berichtete, hatten sie ihn in ihrem Nähkreis laut vorgelesen. Selbst Rachels erste Schritte in Warschau waren in Jerusalem gefeiert worden. *Habt ihr schon gehört? Die kleine Rachel, die Enkelin von Rabbi Lebowitz, läuft schon! Was ist sie doch für ein intelligentes Kind! Und so niedlich! Sie sieht genau aus wie ihre Mutter in dem Alter, nu?* Das Bild von Rachel war von einer begeisterten jiddischen Mutter zur nächsten gereicht worden. Als Rachels Familie im Moloch der Nazis verschwunden war, hatten dieselben Frauen um sie getrauert. Und als der kleine Jakov in den Armen eines jüdischen Flüchtlings in Palästina angekommen war, mit einem Schild um den Hals, das ihn als Jakov Lubetkin, Enkel von Schlomo Lebowitz, Rabbiner in der Jerusalemer Altstadt, auswies, hatten sie darum gewetteifert, ihn zu bemuttern.

Jahre später wiederum, als Rachel aus dem Grabe erstanden war, hatten diese Frauen ihre Liebe und Sorge auch auf sie übertragen, sorgsam darauf bedacht, nicht zu viele Fragen zu stellen. Bis auf wenige Ausnahmen hatten alle sie als eine Tochter Zions angenommen, die ein unaussprechlich und unfaßbar schweres Schicksal hinter sich hatte. Bis auf wenige Ausnahmen hatten alle sie ohne Aufhebens in die Geborgenheit ihrer Zuneigung aufgenommen, obwohl sie selbst täglich am Rande der Vernichtung lebten. Ja, Rachel war hier wirklich zu Hause.

Sogar als sich der Schatten eines Krieges abzeichnete, hatten die Frauen aus dem Viertel an einem Hochzeitskleid und einer Aussteuer für Rachel gearbeitet. Und als Rabbi Akiva sie als Nazi-Prostituierte verurteilte, verschlossen sie ihre Ohren und verurteilten ihn und seine Anhänger anstelle Rachels, weil sie erkannt hatten, daß sie durch eine Hölle gegangen war. Rachel würde ihre Hochzeit in Weiß feiern, und das war ihr letztes Wort in dieser Angelegenheit.

So hatten die Frauen, die Rachel umsorgten wie ihr eigenes Kind, aus den feinsten Schabbattischdecken und Spitzen der Altstadt ein wunderschönes Hochzeitskleid für sie genäht. Und heute war für sie alle ein Tag der Hoffnung und der Freude. Rachel Lubetkin war nach Hause gekommen, um im selben Viertel zu heiraten, in dem auch ihre Mutter ihr Jawort gegeben hatte. An diesem Abend würden die

Bewohner des jüdischen Viertels in Hörweite des Muftis und der Verbrecher, die ihn umgaben und die sie gefangen hielten, tanzen und singen und feiern. Für das jüdische Viertel war Rachel ein einsamer Schimmer der Hoffnung im Dunkel ihrer Wirklichkeit geworden. Wenn selbst *sie* nach allem, was sie durchgemacht hatte, glücklich werden konnte, vielleicht ...

Rachel atmete Großvaters Pfeifentabak noch ein letztes Mal tief ein, bevor sie Schaul von seinem Lager rief und dann die Tür hinter sich und dem Hund verschloß.

Sie verhüllte wieder ihren Kopf und eilte die Stufen hinauf zur Straße. Aus den Fenstern über ihr, an denen in wenigen Stunden die Hochzeitsprozession vorbeiführen würde, hingen schon jetzt farbenprächtige Fahnen, ungeachtet der Sprache, die die Sandsäcke und Barrikaden auf den Straßen darunter sprachen. Rachel wußte, daß die Prozession gut bewacht werden würde. Die wenigen Waffen, die es im Viertel gab, waren unter den Dachziegeln versteckt worden, für den Fall, daß es Schwierigkeiten geben würde. Außerdem wurde zusätzliche Munition gesammelt und so plaziert, daß sie für die Verteidiger der Haganah leicht erreichbar war. Ihr Blick fiel auf eins der Dächer, auf dem ein junger Jeschiva-Schüler Wache stand und das arabische Viertel nach Heckenschützen absuchte. Als er sie erkannte, bekam er vor Überraschung große Augen.

„Weiß Mosche, daß du hier bist?" rief er ihr gutgelaunt zu.

„Pscht." Sie legte einen Finger an die Lippen und eilte weiter. „Ich mußte noch sein Hochzeitsgeschenk holen!" fügte sie erklärend hinzu.

Er nickte, winkte und rief: „Massel Tov, Tochter Zions!"

Rachel strahlte über das ganze Gesicht und bog errötend um die nächste Ecke, wo sie die Steinstufen der Straße der Treppen hinaufstieg. Schaul folgte ihr hechelnd.

Kurz vor Rachel trat gerade Hannah Cohen, rundlich und mit rosigen Wangen, aus der Tür ihres fast leeren Gemischtwarenladens, der ungefähr auf der Hälfte der Prozessionsstrecke lag, und fegte die gepflasterte Straße vor dem Laden. Sie ging dabei so konzentriert und emsig zu Werke, daß sie vor Anstrengung die Unterlippe vorgeschoben und das Gesicht in Falten gelegt hatte und es ganz so aussah, als würde sie mit dem Schmutz auch zugleich die oberste Schicht der Pflastersteine abtragen. Als sie Rachels Schritte vernahm, blickte sie auf und stemmte mißbilligend die Hände in die Hüften. „Warum bist du nicht zu Hause?" rief sie Rachel entgegen, als diese ihr winkte. „Willst du, daß dich der Teufel so glücklich draußen herumlaufen sieht?" schalt sie. „Sieh sich einer nur an, wie sie lächelt! Es ist nicht gut, wenn jemand so glücklich ist! Du ziehst den bösen Blick auf dich, Rachel Lubetkin! Deine Mutter selig wäre nicht damit einverstanden, dich an deinem Hochzeitstag draußen herumlaufen zu sehen!"

„Ich mußte noch Mosches Hochzeitsgeschenk holen", erklärte Rachel etwas außer Atem. „Es war in Großvaters Wohnung." Sie öffnete ihren Mantel gerade so weit, daß Hannah das polierte Olivenholzkästchen sehen konnte.

„Den Tallith deines Großvaters?" rief Hannah zustimmend. „Es gibt keinen feineren im ganzen Viertel!" Sie lehnte ihren Besen gegen den Türrahmen und umarmte Rachel überschwenglich. „Massel Tov, meine Liebe! Deine Mutter wäre heute so stolz auf dich – Gott behüte ihre Seele! Sie sieht auf dich vom Himmel herab, nicht wahr? Da ist sie Gott nahe, so daß er ihre Gebete für dich hören kann."

„Das habe ich auch gedacht", erwiderte Rachel freudestrahlend.

„Also!" Hannah entließ sie aus der Umarmung und gab ihr einen sanften Klaps. „Nur noch ein paar Stunden! Geh jetzt schnell nach Hause! Du hast noch viel zu tun!"

„Schoschanna paßt für mich auf Tikvah auf!" rief Rachel ihr noch im Weggehen zu.

Hannah machte eine beifällige Handbewegung und rief hinter ihr her: „So ein entzückendes Kind! Dein Mosche kann sich glücklich schätzen, an einem Tag so eine Frau und so ein Kind zu bekommen. Mach dir ihretwegen heute abend keine Gedanken –" ihre Stimme wurde noch lauter –, „Schoschanna wird schon auf sie aufpassen, während ihr euch etwas näher kennenlernt, nu?"

Rachel errötete und lief noch schneller ihrer Wohnung entgegen. Sie hoffte, weitere Begegnungen mit den Bewohnern des Viertels vermeiden zu können. Denn sie war sicher, daß sonst die Kunde, daß sie allein in der Nähe von Großvaters Wohnung gesehen worden sei, an Mosches Ohren dringen würde. Und ihr Herz war so voller Freude über seine Liebe, daß sie das Gefühl hatte, nicht einmal einen Moment der Mißbilligung von ihm ertragen zu können. Sie verbarg wieder die untere Gesichtshälfte im Schal und hielt ihren Blick nur noch auf die Pflastersteine gerichtet.

„Hallo, Schaul!" rief da der Fleischer Isch Kischo hinter seinem leeren Stand. „Ist leider heute nichts für dich da!" Er zupfte an seinem grauen Bart und klopfte sich auf seinen runden Bauch unter der Schürze. Aber dann hielt er vor Überraschung die Luft an. „Das ist doch nicht etwa Rachel Lubetkin? Die *Braut* höchstpersönlich? Oj, Gewalt! Das hätte Ihr Zukünftiger bestimmt nicht gern, Sie an Ihrem Hochzeitstag allein draußen zu sehen!"

„Ich weiß, Herr Kischo", erwiderte sie entschuldigend. „Aber ich mußte noch etwas für die Hochzeit besorgen."

„Sie dürfen nicht so lächeln! Am Hochzeitstag bedeutet das Pech!" rief er noch hinter ihr her. „Und passen Sie auf Schaul auf! Dies ist ein sehr wichtiger Tag, und wir haben das letzte Lamm des Viertels geschlachtet!" Als Rachel um die Ecke bog, hörte sie noch, wie er ihr nachrief: „Massel Tov! Massel Tov, Rachel Lubetkin!"

Sie fragte sich, ob der Mufti wohl die Freude hören konnte, die durchs Viertel zu schallen begann. Sie hatte keine Angst vor dem Bösen. Sie war jetzt ein Kind Gottes, und sie lächelte für ihn. Und sie hoffte, daß irgendwo die Kräfte des Bösen über das Glück trauerten, das im alten jüdischen Viertel von Jerusalem lebte. Sie war ganz fest davon überzeugt, daß in den Straßen des Himmels auf jeden Fall Freude herrschte. Und in dieser Freude lag der Sieg.

3. Die Einladung

Howard Moniger, dem die Brille auf die Nasenspitze gerutscht war, las aufmerksam den Brief von der Jewish Agency. Ellie und David sahen ihm, auf den Kanten ihrer Stühle sitzend, gespannt dabei zu, und Jakov schmiegte sich an seinen Großvater.

Als er zu Ende gelesen hatte, lächelte Howard über das ganze Gesicht und schüttelte verwundert den Kopf. „Es scheint", er reichte dem Großvater den Brief weiter, „daß wir alle zu einer Hochzeit geladen sind."

„Tatsächlich?" fragte David und lehnte sich erleichtert zurück. „Rachel und Mosche?"

Ellie sah die beiden Fahrer mit einem strengen Blick an, so daß ihnen das Lächeln verging, und meinte entrüstet: „Sie hätten uns zumindest sagen können, daß es sich um eine *gute* Nachricht handelt. Ich dachte schon, es sei ihnen etwas zugestoßen!"

Johann wandte sich an Dan. „Da hast du's. Du hast sie mit deinem Geschwätz nur beunruhigt. Das wird der Chef nicht gerne hören!" Dan rutschte unruhig hin und her und zuckte die Achseln.

„Nun, gelobt sei Gott, daß es ihnen gutgeht!", warf der Großvater ein und hob seine Hand. „Beiden geht es gut, und heute abend feiern sie Hochzeit! Du wirst nun einen Bruder haben, Jakov! Mosche heiratet heute abend deine Schwester!"

„Aber wie sollen wir denn zur Hochzeit kommen?" wollte Jakov wissen. „Es ist doch niemandem erlaubt, an den arabischen Wächtern vorbei in die Altstadt zu gehen."

„Durch ein Wunder, Jakov!" erwiderte der alte Rabbiner ernst. „Über das Radio, das Mosche mit in die Altstadt genommen hat, können wir die Zeremonie mitverfolgen, das heißt von der Jewish Agency aus können wir sie über das Radio zumindest hören, wenn sie auf unserem Platz im jüdischen Viertel getraut werden, nu?" Er wandte sich an Ellie, deren Verärgerung inzwischen Erleichterung gewichen war. „Aber Sie werden bei der Hochzeit dabei sein und sogar Photos machen."

„Ich?" Ellie sah überrascht zu Howard, da sie das Gefühl hatte, daß man sie ordentlich zum Narren halten wolle. Doch dieser deutete dem alten Rabbiner durch ein zustimmendes Achselzucken an, daß er weiterreden solle.

„Und Sie" – der Großvater richtete seinen Blick auf David –„ werden Ellie im Flugzeug hinbringen, nu?" Er zupfte sich zufrieden schnaufend an einer Schläfenlocke.

„Natürlich. Kein Problem", erwiderte David überrascht. „Aber was ...?" Er sah unschlüssig vom Großvater zu Howard.

„Ganz einfach", meinte Howard. „Das nennt man Politik. Politik in der Form von Public Relations. Unser Freund, der Mufti, hat es nämlich beinahe geschafft, die Welt davon zu überzeugen, daß er und seine Bande die Juden Jerusalems bereits geschlagen haben. Der Verkehr ist lahmgelegt, und terroristische Gewaltakte und Angriffe aus dem Hinterhalt sind an der Tagesordnung. Was die Vereinten Nationen anbetrifft, so ist ihre Hoffnung, Jerusalem zu internationalisieren, so gut wie zunichte gemacht. Und in dem Maße, wie diese Hoffnung schwindet, wird auch ihre Unterstützung für den Teilungsplan schwinden. Ja, es kann sogar sein, daß sie den gesamten Plan für einen jüdischen Staat widerrufen, wenn wir nicht deutlich zu erkennen geben, daß wir noch leben, ja, wohlauf und fest entschlossen sind zu überleben, egal, was uns die Araber auch antun. Aber wir verfügen nur über eine verschwindend geringe Zahl von Waffen – ich bin sicher, du verstehst, was ich meine, Ellie."

Sie nickte lächelnd. „Das soll also heißen, daß wir diesen Krieg führen wie ein Presseagent aus Hollywood, der hinter einem Oscar her ist, ja?"

Howard räusperte sich. „In gewisser Weise schon. Ich möchte es so formulieren: David Ben-Gurion ist sehr von der Macht der Presse überzeugt. Es hat ihn stark beeindruckt, was deine Photos bisher bewirkt haben. Und da die Araber mit ihrem Schrei nach Blutvergießen und ihrem Heiligen Krieg unsere Rufe aus Jerusalem offensichtlich übertönen, hat der Chef wohl das Gefühl, daß eine Hochzeit in der belagerten Altstadt eine ganz gute Titelgeschichte abgeben könnte, die eine andere Seite der hiesigen Situation beleuchtet."

„Da hat er recht", pflichtete ihm Ellie voller Erleichterung darüber bei, daß das Problem mit ihrem Artikel auf diese Weise gelöst war.

„Da der Mufti terroristische Mittel benutzt, um der Welt zu verdeutlichen, daß die Juden nicht überleben können und daß ihre Hoffnung auf einen eigenen jüdischen Staat zunichte ist", fuhr Howard fort, „ist es also unsere Aufgabe, die Welt vom Gegenteil zu überzeugen und ihr unsere Hoffnung und unser Durchhaltevermögen zu dokumentieren. Terrorismus ist im Grunde nichts anderes als Propaganda. Sein Ziel ist es, zugleich mit den Unschuldigen auch den Mut und die Hoffnung derer zu zerstören, die gegen den Terrorismus sind. Dieser Krieg Haj

Amin Husseinis ist ein schmutziges Geschäft. Er will den Sieg um jeden Preis. Meine arabischen Freunde haben mir mit Tränen in den Augen erzählt, daß das Haus Husseini nicht nur Juden, sondern auch Araber aus dem Weg räumt, damit dieser Wahnsinnige die Alleinherrschaft über Palästina erlangen kann."

„Er ist der Teufel in Person", pflichtete ihm der alte Rabbiner bei.

David veränderte seine Sitzhaltung und meinte: „Auf eins können wir uns jedenfalls verlassen: heute abend findet nicht irgendsoeine normale Hochzeit statt wie in Friedenszeiten. Da die Burschen von der Gegenpartei das Gerücht verbreiten, daß das jüdische Viertel dabei ist, aufzugeben, wird ihnen das nicht gefallen. Nicht die Bohne. Denn das wird ihre Propagandamaschine ganz schön durcheinanderbringen, wenn ihr wißt, was ich meine."

* * *

Großvater und Jakov hatten sich schnell für die kurze Fahrt zur Jewish Agency umgezogen. Der Großvater trug einen neuen schwarzen Mantel und einen Strejmel. Beides hatte Howard ihm vor einer Woche in dem neuen Geschäft eines jüdischen Schneiders gekauft, der sein Haus während des ersten Aufruhrs nach der Ratifizierung der Teilung verloren hatte. Der alte Rabbiner stand stolz vor dem großen Spiegel und richtete seine Kappe.

„So! Wieder einmal eine Hochzeit im Hause Lebowitz!" rief er aus. Dann zupfte er Jakov eine Fluse vom Mantel und rückte ihm die Jarmulke zurecht. „Ein Tag der Freude! Dienstag ist der beste Tag für eine jüdische Hochzeit, Jakov. Der dritte Tag der Schöpfung. Und Gott sah, *daß es gut war*. Dienstag ist der beste Tag für eine Hochzeit. Stimmt's? Natürlich stimmt's!"

David, der in dem Zimmer, das zur Straße hin zeigte, mit den beiden Chauffeuren allein war, schaute durch die Gardinen auf die Straße hinunter. Dort stand einen halben Häuserblock entfernt, im Sonnenlicht funkelnd, ein makellos glänzender, schwarzer Wagen, auf dessen Vordersitzen zwei Männer saßen. Der unrasierte Mann hinter dem Steuer blies gerade Rauch aus dem halb geöffneten Fenster, während sein Begleiter, der wie ein Schlägertyp wirkte, in einer Zeitung blätterte. David betrachtete die Wagen eine Weile schweigend und meinte dann lachend: „Sieht da unten allmählich aus wie auf einem Gebrauchtwagenmarkt. Ich glaube, das gibt eine richtige Prozession zur Agency."

„Das ist auch der Grund, warum wir mit zwei Wagen gekommen

sind", meinte Dan gähnend und sah sich im Zimmer um. „Wir werden uns nämlich aufteilen. Der Chef möchte wissen, wem die Männer folgen. Denn der Nachrichtendienst hat immer noch nicht herausgefunden, wer der Drahtzieher ist oder was er im Schilde führt."

David ließ die Gardinen los. „Ich kann euch genau sagen, wer die Drahtzieher sind. Amerikaner. Die sind mir schon seit Wochen auf den Fersen, außer, wenn ich in der Luft bin – in letzter Zeit leide ich deswegen schon richtig unter Verfolgungswahn. Wir hatten nämlich Besuch von der amerikanischen Botschaft. Man hat mich darauf hingewiesen, daß ich meiner Staatsbürgerschaft verlustig gehen könnte, wenn ich als Söldner für eine ausländische Macht arbeitete. Und ich konnte ihnen leider nicht klarmachen, daß die Jewish Agency zwar ausländisch ist, aber keine Macht hat und daß ich kein Söldner sein kann, wenn ich keine Mäuse kriege. – Aber warum sprecht ihr überhaupt dauernd von einem ‚Er', wenn doch zwei Kerle im Wagen sitzen?"

„Das ist uns alles schon bekannt", erwiderte Johann, der Davids Worte mit einer Handbewegung abtat. „Es geht um mehr als nur darum, für wen David Meyer fliegt. Es ist nämlich noch jemand anderes an allem interessiert, was im Hause des Professors vor sich geht."

„So? Wer denn?"

„Schauen Sie noch mal aus dem Fenster", meinte Johann mit deutlich gelangweilter Stimme. „Gleich um die Ecke, neben der Straßenlampe."

Neugierig schob David die Gardinen erneut eine Handbreit beiseite. Direkt an der Straßenkreuzung am Ende des Häuserblocks stand ein leerer Wagen, der genauso staubig und heruntergekommen aussah wie tausend andere Wagen in der Heiligen Stadt. Sein heller Lack kaschierte zwar etwas die Tatsache, wie dringend er eigentlich einer Wäsche bedurfte, aber die Windschutzscheibe war eindeutig fleckig und voller Schmier. „Der helle Wagen da?" fragte David. „Was ist damit?"

„Er geht sehr unauffällig im allgemeinen Verkehr unter. Aber der Kerl, der ihn fährt, hat dieses Haus beobachtet." Dan streckte sich träge. „Wir wollen einfach wissen, wem er folgen wird. Ihnen und dem Mädchen oder dem Professor da drinnen. Das ist alles."

„Und wer ist es, der uns beobachtet?" fragte David stirnrunzelnd.

„Das wissen wir noch nicht. Unser Mann ist ihm erst gestern nachmittag auf die Spur gekommen. Die arabischen und britischen Diplomaten haben einen ziemlichen Stunk um die Schriftrollen gemacht, die

Professor Moniger und Professor Sachar in die Hände gefallen sind. Die Araber behaupten, daß sie den Beduinen gestohlen worden seien, und die Briten, daß die Rollen von Rechts wegen ins Britische Museum gehören, weil sie noch während ihrer Mandatszeit entdeckt worden sind. In der Agency schlagen die Wogen deswegen ziemlich hoch. Die Telefonleitungen laufen heiß –"

„Und ihr glaubt, daß das der Grund der Beschattung ist? Aber der Professor hat die Schriftrollen doch gar nicht."

„Das weiß schließlich jeder", erwiderte Dan achselzuckend. „Aber wir sind trotzdem der Meinung, daß es vielleicht ganz nett wäre, herauszubekommen, wem der Kerl folgt: Ihnen oder –"

In diesem Augenblick trat Howard Moniger mit glänzendem Schädel ins Zimmer. „Seid ihr so weit? Ich glaube, wir sind für die Hochzeit gerüstet!"

„Der Professor", brach Dan seine Ausführungen lakonisch ab.

* * *

Howard, Jakov und Rabbi Lebowitz setzten sich hinten in Dans Wagen, David und Ellie fuhren vorne bei Johann im Auto mit. Der glänzende Chrom des Wagens der amerikanischen Botschaft war unverkennbar im Rückspiegel zu erkennen, als Johann hinter Dan um die Ecke bog, um dann jedoch sogleich an der nächsten Ecke noch einmal abzubiegen, während Dans Wagen auf einer anderen Route weiterfuhr. David warf einen Blick in den Seitenspiegel, weil er hoffte, etwas von dem hellen, staubigen Wagen zu sehen. Aber nur der glänzende Wagen der Botschaft folgte ihnen. So fuhren sie Straße für Straße langsam und auf verschlungenen Wegen in Richtung Agency. Währenddessen plauderte Ellie munter mit David und merkte zunächst gar nicht, daß ihnen der Wagen mit Howard, Jakov und Großvater gar nicht mehr folgte. Doch als sie das majestätische YMCA-Gebäude passierten, rief sie unvermittelt: „Heh! Wenn Sie Taxifahrer wären, hätte ich gesagt, daß Sie versuchen, das Fahrgeld in die Höhe zu treiben! Wo ist überhaupt Onkel Howards Wagen?"

„Wir umgehen nur die Barrikaden", erwiderte Johann lächelnd und wechselte dann das Thema: „Diese amerikanischen Agenten!" meinte er laut und verächtlich zu David gewandt. „Das merkt doch jeder!"

„David meint, daß gerade das ihre Absicht ist", erwiderte Ellie. „Das ist ihre Einschüchterungstaktik. Da David bei uns zu Hause ziemlich berühmt ist, möchten sie verhindern, daß er anderen Amerikanern die

Idee in den Kopf setzt, für ein anderes Land kämpfen zu wollen. Das Außenministerium ist sehr beunruhigt, weil es so aussieht, als ob die Vereinigten Staaten Leute hierher schicken, die mit den Juden gegen Araber *und* Briten kämpfen. Ihrer Meinung nach macht das einen schlechten Eindruck, besonders bei einem Starpiloten wie David."

David sah über ihren Kopf hinweg und meinte zu Johann gewandt: „Entweder geht dieser Bursche, von dem Sie meinen, daß er uns folgen müßte, ziemlich geschickt bei seiner Aufgabe vor, oder Sie können mich von seiner Liste streichen. Die einzigen, die hinter uns herfahren, sind diese beiden Schlägertypen von der amerikanischen Botschaft. Wenn wir Zeit hätten, würde ich gerne hier am King David halten und sie auf einen Drink einladen. – Du meine Güte, die haben aber ein Durchhaltevermögen!"

Johann nickte. „Das ist es ja eben!" Er fuhr weiter durch den Julian Way, ließ den YMCA hinter sich und bog dann in die Mamillah Street ein, wo sich auf der rechten Seite die verwitterten Grabsteine und Monumente des Mamillah-Friedhofs erhoben, der die Grenze zwischen dem jüdischen Teil der Neustadt und dem von Moslems bewohnten Gebiet markierte. Dahinter lagen die Ruinen des früher so blühenden jüdischen Geschäftsviertels, in dem sich Ellie und Jakov während des ersten Aufruhrs nach der Teilung aufgehalten hatten. David spürte, wie sie erschauerte, als sie sich umschaute, immer noch in sprachlosem Erstaunen darüber, daß sie dieses entsetzliche Erlebnis überstanden hatte. Er ergriff zärtlich ihre Hand, als er daran dachte, welch schreckliche Ängste er selbst dabei ihretwegen ausgestanden hatte. Für den Bruchteil einer Sekunde, während er sich an ihr rauchgeschwärztes Gesicht erinnerte, wünschte er mehr denn je, daß sie zu Hause in Kalifornien und fern von diesem Chaos sei.

Er betrachtete eingehend ihr Profil: eine leicht aufwärts zeigende, sommersprossige Nase, volle Lippen, die von einem Augenblick zum nächsten lächeln oder schmollen konnten, große, grüne Augen, die die Welt um sich herum mit einer Intensität wahrnahmen, die deren scheinbar kindliche Unschuld Lügen straften. Er hatte gerade erst begriffen, welche Tiefgründigkeit sich hinter der mädchenhaften Schönheit dieser Frau neben ihm verbarg, und er wünschte sich ein ganzes Leben, um deren Licht und Schatten ergründen zu können.

Während er sie so betrachtete, verloren seine Gesichtszüge ihre Härte, und er berührte unwillkürlich ihr welliges, rotes Haar. Sie reagierte mit einem strahlenden, unbeschwerten Lächeln. Doch als sie an seinem Blick erkannte, was er empfand, wurde auch ihr Gesichtsausdruck zärtlich, und ihr sehnsüchtiger Blick verriet, was ihr Herz fühlte. Sie konnten nicht laut über ihre Gefühle sprechen, aber beide verstanden auch ohne Worte die Botschaft des anderen.

„Man soll's nicht glauben!" meinte David schließlich augenzwinkernd und strich ihr dabei über die Wange: „Mosche und Rachel knüpfen also das Band der Ehe."

„Der Rabbiner sagt, Dienstag ist der beste Tag zum Heiraten", erwiderte Ellie leise, ohne ihren Blick von dem seinen zu lösen.

„Daran müssen wir denken", meinte David mit hochgezogenen Brauen und legte seine Stirn an die ihre.

„Oj, Gewalt!" rief Johann. Sie waren an der Barrikade zwischen Mamillah Street und King George Avenue angekommen. „Sehen Sie sich das an!" Er deutete auf eine funkelnde, mit zwei amerikanischen Standarten versehene schwarze Limousine, die ihnen entgegenkam. „Das müssen Sie sich jetzt mal ansehen! Bei uns wird es zwanzig Minuten dauern, bis wir die Straßensperre hinter uns haben, und dieser Mamzer mit seinem arabischen Chauffeur wird einfach durchrauschen!" Er kurbelte seine Scheibe herunter und rief den Wachen, die ihnen entgegenkamen, zu: „Dies ist ein Fahrzeug der Agency! Offizielle Angelegenheit! Wir sind in Eile."

„Die Papiere, bitte!" erwiderte der junge Wachsoldat, der sich ihnen langsam mit ausgestreckter Hand näherte.

***

David Ben-Gurion macht seinem Namen – David, Sohn des Löwen – wirklich alle Ehre, dachte Ellie, während sie ihn an seinem Schreibtisch beobachtete. Sein weißes Haar stand in Büscheln wie eine Mähne um seinen Kopf, und in sein Gesicht hatte sich in diesen Tagen ein grimmiger Ausdruck eingegraben, der sein aufbrausendes Temperament widerspiegelte. So hatte er sie alle – Jakov und dessen betagten Großvater, Onkel Howard, David und sie selbst – auch nicht aus reiner Freundlichkeit in sein Büro gebeten. In Jerusalem hatten in diesen Tagen alle Handlungen einen sorgfältig abgewogenen Zweck. Sie wurden alle nach ihrem Nutzen für die Geburt des jüdischen Staates beurteilt.

„Sie haben Ihre Kamera doch mitgebracht, junge Frau?" schossen ihr seine Worte wie eine Maschinengewehrsalve entgegen. Ellie hob den Photoapparat leicht an, und der Alte knurrte zustimmend. „Gut. Sie können Luftaufnahmen machen?"

„Ja."

„Und werden wir auch genau erkennen können, was sich alles in dem photographierten Gebiet befindet?"

„Wenn David tief genug fliegt, damit ich aus der Nähe schießen kann ..."

„Es geht hier nicht um einen Luftangriff, sondern um eine Hochzeit."

„Ich wollte damit sagen, daß meine Bilder mehr Details aufweisen, wenn David tiefer fliegt. Und dann kann ich die Bilder natürlich noch vergrößern", erklärte Ellie, die das Gefühl hatte, daß es noch keine Hochzeit gegeben hatte, die so photographiert worden war wie diese oder der eine derartige Aufmerksamkeit von der Presse geschenkt worden war.

„Gut." Ben-Gurion wandte sich unvermittelt an den Großvater und sagte in nüchternem Ton: „Als wir von Mosche die verschlüsselte Nachricht erhielten, haben wir hin und her überlegt, ob es überhaupt sinnvoll ist, die Batterien des Kurzwellenradios zu verbrauchen, nur um eine Hochzeit groß herauszubringen. Aber wir werden sehen, was Miss Warne für eine Geschichte daraus macht, nu?"

„Eine jüdische Hochzeit ist immer eine besondere Geschichte, nu, Adoni Ben-Gurion?" Der Großvater zupfte an seinem grauen Bart und betrachtete voller Interesse den Mann, der das vitale Haupt der Provisorischen Jüdischen Regierung war.

„Umso mehr, wenn sie hinter den Mauern einer belagerten Stadt stattfindet, Rebbe Lebowitz. Sie verstehen, was ich meine." Ben-Gurion strich sich müde über die Stirn. „Mosche ist wie ein Sohn für mich", fügte er seufzend hinzu. „Heute abend will ich mit Ihnen zusammen das Glas erheben und auf seine Braut anstoßen. Und ich hoffe, daß auch die übrige Welt ihre Gläser erheben wird, um auf den Mut und die Entschlossenheit der Juden zu trinken, die sich nicht unterkriegen lassen, egal, wie schwer die Araber ihnen das Leben hier in Jerusalem machen."

„Dann sind wir einer Meinung", erwiderte der Großvater ruhig. „Und wenn Mosche wie ein Sohn für Sie ist, werden wir nach dem heutigen Abend miteinander verwandt sein, nu?"

Zum ersten Mal, seitdem sie sein Büro betreten hatten, lächelte der Sohn des Löwen. „Altstadt und Neustadt, aber wir sind beide Juden." Ein Funken des Einverständnisses sprang zwischen den beiden so völlig verschiedenen Männern über: Großvater, der mit seinem schwarzen Mantel und dem Strejmel das Traditionelle der verstreuten Nation

Israel repräsentierte, und Ben-Gurion, salopp gekleidet im weißen Hemd mit offenem Kragen, der die Last der Gegenwart auf seinen Schultern trug. Aber beide waren beseelt von der Hoffnung auf eine gemeinsame Zukunft: *dieses Jahr in Jerusalem!*

Doch so plötzlich wie sie gekommen war, wich die Wärme in Ben-Gurions Augen und machte einer nicht ausgesprochenen Sorge Platz, die er hinter Barschheit verbarg. „Nun denn", meinte er und schlug entschlossen mit den Händen auf das Durcheinander, das seinen Schreibtisch bedeckte. „Der Radioraum ist am anderen Ende der Eingangshalle. Und daneben befindet sich ein weiterer Raum, falls Sie Kaffee möchten, während sie warten, nu? Ich komme dann später nach." Er warf einen hastigen Blick auf seine Armbanduhr, während sich die anderen erhoben.

Bevor Jakov den Raum verließ, wandte er sich noch einmal nach dem überlasteten Führer um, tippte grüßend an seine Augenklappe und winkte ihm zu. Ben-Gurions finsteres Gesicht hellte sich auf, und er winkte dem Jungen, der die ganze Zeit in stiller Ehrfurcht vor ihm gesessen hatte, augenzwinkernd zurück. Dann richtete er seinen Blick auf David, der als letzter hinausging.

„David!" rief er. „Bitte noch einen Augenblick, ja? Und schließen Sie bitte die Tür!"

David machte die Tür hinter Ellie zu und lehnte sich dann mit gekreuzten Armen an ein Bücherregal. Ben-Gurion wartete mit leicht geneigtem Kopf, bis die Schritte der anderen verhallt waren. „Was soll das alles, Chef?" fragte David. „Warum den ganzen Wirbel um eine Hochzeit? Was versprechen Sie sich davon?"

Der Löwe strich sich müde über die Stirn und seufzte schwer. „Wir sind drauf und dran, die Altstadt an den Mufti zu verlieren", erwiderte er mit tonloser Stimme. „Es besteht sogar die Möglichkeit, daß wir auch noch die Neustadt verlieren, wenn nicht irgendetwas geschieht. Wir spielen die Tapferen, aber das ist auch schon alles. Und Mosche, seine Braut und die Menschen um sie herum sind leider die Opfer."

David schnaubte unwillig. „Und warum dann der ganze Aufwand? Was soll das alles?"

„Mit ihrer Zivilcourage erkaufen sie uns Zeit. Und wenn sie dann doch fallen, werden sie uns in der Welt Sympathien einbringen. Bis dahin wird aber der Staat Israel wiedergeboren sein und auf jeden Fall eine Überlebenschance haben."

„Eine bessere Chance als die, die Sie Mosche und Rachel geben."

„Sie kennen beide das Risiko. Mosche ist sich genau bewußt, welchem Schicksal sie möglicherweise entgegengehen."

„Aber er bleibt. Verrückt. Der Bursche ist verrückt."

„Er hat Mut und eine Überzeugung."

„Und Selbstmordgedanken, wenn Sie mich fragen."

„Ich habe Sie aber nicht gefragt", erwiderte Ben-Gurion barsch. „Wie ich bereits gesagt habe: wir gewinnen Zeit durch sie. Mitgefühl für ihre hoffnungslose Lage wird die Juden in den Vereinigten Staaten eher bereit machen, uns mit ihrem Geld zu helfen. In eben diesem Augenblick reist Golda Meir durch Amerika, um Geld für Waffen und Fahrzeuge aufzutreiben."

„Und Flugzeuge?"

„Auch. Und das ist der Punkt, an dem Sie gefragt sind. Sie sind ein recht berühmter amerikanischer Pilot. Ein Starpilot. Sie kennen Leute in hohen Positionen der Flugzeugindustrie und haben Einfluß auf andere amerikanische Piloten."

„Noch mehr Public Relations, wie?" warf David sarkastisch ein, weil ihm Ben-Gurions Bemerkungen über Mosches und Rachels Schicksal nicht aus dem Kopf gingen.

„In gewisser Weise ja. Unsere Sache erfordert es, daß Sie in die Vereinigten Staaten zurückkehren. Dieses Mal werden Sie allerdings Geld zur Verfügung haben. Sie sollen Flugzeuge kaufen. Transportflugzeuge."

„Und wer soll die Dinger fliegen?"

„Sie werden schon Leute finden."

„Heh, ich bin aber nur Pilot." David veränderte unbehaglich seine Stellung. „Ich bin hierher gekommen, um zu fliegen."

„Überlassen Sie es Ihren Freunden, die Post abzuliefern und das Versorgungsmaterial über den Kibbuzim abzuwerfen. Sie brauchen wir für eine dringendere Aufgabe: wenn die Briten abgezogen sind, müssen Piloten und Flugzeuge auf verschiedenen Flughäfen in ganz Europa stationiert sein und im selben Augenblick, in dem der Staat Israel ausgerufen wird, nach Palästina fliegen. Die Flugzeuge werden unsere Rettung und unser Überleben in ihren Frachträumen transportieren, und Sie werden der Leiter der Aktion sein."

„Nun aber mal langsam!" protestierte David. „Sie wissen doch sehr gut, daß ich nicht zuletzt auch aus persönlichen Gründen hier bin."

Ben-Gurions Mund verzog sich zu einem Lächeln, und er sah zur Tür, wo Ellie noch vor einigen Minuten gestanden hatte. „Das verstehe ich wohl, aber sie wird nun mal hier gebraucht, David."

„Als Mitglied der Alamo", konstatierte David matt. „Ich verstehe. Und was ist, wenn ich mich weigere?"

„Dann wird Gott jemand anderen finden, der dazu bereit ist. Aber meiner Meinung nach sind Sie genau der Mann, den wir brauchen." Ben-Gurion ordnete gedankenverloren die Sachen auf seinem Schreibtisch. „Was Sie tun, kann über unser Überleben oder unseren Untergang entscheiden. Es gibt ein altes aramäisches Sprichwort: *Jakum purkan min schemaja*. Es bedeutet: *Die Rettung kommt vom Himmel*. Das ist ein Sprichwort, an das Sie glauben, David."

David wich seinem durchdringenden Blick aus. „Ja, wahrscheinlich."

„Aber ja! Wie oft haben Sie in diesem Raum gestanden und sich für einen verstärkten Einsatz der Luftwaffe ausgesprochen? Sie und Ihr amerikanischer Freund Michael! Sie waren es doch, der dieses Sprichwort als erster wiederbelebt hat, nu?"

„Aber es könnte doch auch ein anderer gehen. Ein Flugzeug kann jeder kaufen."

„Wäre ein anderer ... irgendein x-beliebiger Pilot in der Lage, die amerikanischen Besatzungen genauso stark zu begeistern, für uns zu fliegen, wie Sie? Das amerikanische Außenministerium ist in größter Sorge, daß Sie Ihren Standpunkt öffentlich äußern und die Neutralität der Vereinigten Staaten gegenüber den Briten kompromittieren könnten."

David zuckte hilflos die Achseln. Er hatte verloren, und er wußte es. Aber er fürchtete sich davor, Ellie in einem Land zurücklassen zu müssen, in dem Opfer an der Tagesordnung waren.

„Kommt Michael Cohen mit mir?"

„Wir haben ihn schon holen lassen."

„Wieviel Geld haben wir zur Verfügung?"

„Momentan fünfundvierzigtausend amerikanische Dollar."

„Was? Eine einzige neue Constellation kostet ja schon eine Million! Wo sollen wir denn neue Flugzeuge für die paar Mäuse bekommen?"

„Wir sprechen nicht von neuen."

„Aber immerhin von vernünftigen."

„Wir sprechen auch nicht von vernünftigen. Wir sprechen davon, daß sie fliegen sollen, nu?"

David schnaubte verärgert. „Diese ganze Angelegenheit ist total verrückt. Und das wissen Sie auch, nicht wahr?"

„Es ist nicht unbedingt notwendig, daß man verrückt ist, um Zionist zu sein, aber es hilft."

„Das werde ich mir merken", murmelte David.
Ben-Gurion kniff die Augen zusammen. „Na, dann ist ja alles geregelt. Das Überleben des jüdischen Volkes liegt in Ihren Händen."
„Ich wette, das sagen Sie jedem."
Der Alte zuckte gleichgültig die Achseln. „Das tue ich tatsächlich." Er schlug wieder auf das Durcheinander auf seinem Schreibtisch und gab damit zu verstehen, daß das Gespräch zu Ende war. „Noch irgendwelche Fragen?"
„Bis ich alle meine Fragen gestellt hätte, Chef, säße inzwischen der Mufti an Ihrem Schreibtisch."
„Das ist leider möglich – in wenigen Tagen werde ich deshalb unser Hauptquartier nach Tel Aviv verlegen. Wenn irgendetwas anliegt, nehmen Sie über die üblichen Kanäle mit uns Kontakt auf."
„Verlassen Sie das sinkende Schiff? Vor zwei Monaten hat uns Schimon Devon bereits den Rat gegeben, Jerusalem zu evakuieren!"
„Nein! Keinen Zentimeter Boden werden die Araber kampflos bekommen! Nicht einmal den hoffnungslosesten Vorposten!" Der Alte blitzte David verärgert an. „Wenn ich könnte, würde ich die Jewish Agency auf der Spitze der Nissan-Bak-Synagoge stationieren, um die Jihad-Moqhaden über die Mauer hinweg anzuspucken! Aber das wäre dann auch *alles*, was ich tun könnte. Also gehe ich dahin, wo ich mich am besten nützlich machen kann – wohin ich eigentlich gar nicht gehen möchte. Genau wie Sie! Wie Mosche und das Mädchen, das er heute abend heiratet! Und jeder von uns wird sein Leben geben, wenn es nicht anders geht – weil es keinen anderen Weg gibt, Leben zu retten!"
„Sie haben recht." David nahm seine Jacke und streckte sich. „Entschuldigen Sie." Einen Moment lang hielt er den Türgriff in der Hand und überlegte, ob noch irgendetwas zu sagen sei. Ben-Gurion nahm einen Stapel Papier und vertiefte sich darin. „Wenn Sie hinausgehen, sagen Sie doch bitte Dan und Johann, sie möchten in mein Büro kommen." Das Gespräch war augenscheinlich zu Ende.
„Mach' ich." David ging leise hinaus und winkte Dan und Johann zu, die mit grimmigen Gesichtern auf den einzigen beiden Stühlen im Flur saßen.
Johann sah erwartungsvoll auf. „Na, sieht so aus, als ob unser Freund in dem hellen Wagen keinem von uns gefolgt wäre."
David nickte. „Seid ihr auch sicher, daß er überhaupt das Haus des Professors beobachtet hat?"
„Wer kann das in diesen Tagen schon sagen?" meinte Johann mißge-

launt. „Neunundneunzig Prozent aller Menschen in Jerusalem haben irgendetwas im Sinn. Vielleicht hat der Mann eine Freundin, die in Ihrer Nähe wohnt. Vielleicht versucht er auch nur, seiner Frau auf die Schliche zu kommen. Wer weiß?" meinte er.

„Stimmt. Ich habe in letzter Zeit schon Angst vor meinem eigenen Schatten", erwiderte David grinsend. „Der Alte will euch übrigens sprechen. Und ich hab' ihn schon mal in 'ner bess'ren Stimmung geseh'n. Also seht euch vor."

Dan und Johann tauschten Blicke. „Na, das hört man ja gern!" meinte Dan.

4. Vorbereitungen

Mosche schaute voller Ungeduld aus dem Fenster der winzigen Einzimmerwohnung am Warschauer Platz, während die Sonne noch einen Augenblick über dem Horizont verharrte, bevor sie langsam versank.

Zum ersten Mal in seinem Leben verging ihm die Zeit zu langsam. Er hatte Rachel seit dem Vortag nicht mehr gesehen, und die Minuten erschienen ihm wie Tage.

„Nun?" ließ sich Ehud dröhnend aus der Ecke vernehmen, während er seinen geborgten Mantel überzog. „Ich bin angezogen – für eine Hochzeit oder auch für eine Beerdigung –, ich weiß nie, ob es das eine oder das andere ist, wenn ich den Bräutigam sehe. Guter Gott! Du bist ja bleich wie der Tod!"

Mosche drehte sich um und betrachtete Ehud prüfend von Kopf bis Fuß. „Du aber auch. Ich habe mich schon immer gefragt, welche Farbe du wohl unter deinem verkrusteten Bug hast."

„Inzwischen haben sich alle Jungen im Viertel blitzblank gewaschen – zumindest Hände und Gesicht. Es ist jetzt zu spät, es dir noch anders zu überlegen, Mosche. Sie haben sich nur deiner Hochzeit zuliebe gewaschen. Wenn du dich jetzt drückst, werden sie dich lynchen. – Ja, ja, die Ehe!" meinte er dann mit einem gespielten Seufzer, während er Mosche seinen *Kitl* zuwarf. „Eine gesegnete Zeit." Als Mosche den Kitl übergezogen hatte, stapfte Ehud mit anerkennenden Blicken um ihn herum. „Na ja, wenn man den Kitl mit deiner Haut vergleicht, merkt man doch, daß du nicht ganz so tot aussiehst." Er tätschelte schelmisch Mosches Wange. „Etwas Farbe ist ja noch da."

Mosche lächelte unbehaglich. Ihm war nicht nach Ehuds übersprudelndem Humor zumute. Er betrachtete sich forschend in dem gesprungenen Spiegel über dem Waschbecken und erkannte sein Gesicht kaum wieder. Nein, das war wirklich nicht das Gesicht, das ihm noch vor einigen Wochen entgegengeblickt hatte! Sein dichter, schwarzer Bart ließ ihn älter erscheinen als sein vormals glatt rasiertes Gesicht. Und seine großen, braunen Augen blickten ihn mit besorgtem Ausdruck an. „Wird sie mich wohl wiedererkennen?" fragte er leise, halb zu sich selbst.

„Dich wiedererkennen?" dröhnte Ehud. „Wieso? Ihr habt euch doch erst gestern abend getrennt! Der Mann hat seinen Verstand verloren!"

„Nein." Mosche war plötzlich verlegen. „Es ist nur, weil ich noch nie bemerkt habe, wie sehr ich meinem Vater ähnlich sehe. Ich habe ihn nie ohne Bart gesehen. Er war Sacher, Koscher-Fleischer, keine fünf Häuserblocks von hier entfernt. Seitdem ich die Universität von Oxford verlassen habe, habe ich keinen Bart getragen. So ist das."

„Na, Bräutigam. Es wäre auch nicht koscher, wenn du dich jetzt rasiertest, nicht wahr? Du bist hier immerhin im Lande der Chassidim. Und wenn wir noch länger hierbleiben, wachsen uns sogar noch Schläfenlocken!" Ehud klopfte ihm freundschaftlich auf den Rücken. „Der Bart wird deine Braut bestimmt nicht stören, wenn erst einmal die Kerze aus ist."

Mosche räusperte sich verlegen und wandte sich ab. „Wo ist mein Hut?"

„Auf deinem Kopf. Wo ist dein Verstand?"

„Ehud, fühlt sich jeder Mann so vor seiner Hochzeit?"

„Ich denke, das hängt von den Umständen ab, nicht wahr?"

Mosche hob seine Hände in einer Geste der Hilflosigkeit. „Du und ich, wir haben doch schon eine Menge zusammen erlebt, Ehud. – Ich muß einen Augenblick ernsthaft mit dir reden."

„Ah, verstehe." Aller Schalk war aus Ehuds breitem, grauhaarigen Gesicht gewichen. „Hast du vielleicht Bedenken?"

„Nein! Das heißt, ja. Ich meine ... Ich ... Ich habe Bedenken, weil ... eine Ehe in dieser Zeit und an diesem Ort ... ihr gegenüber unfair ist. Dies ist kein Leben. Alles ist so unsicher, Ehud. Wir wissen doch noch nicht einmal, was uns der nächste Tag bringen wird."

„Mosche Sachar, ich kenne dich jetzt seit zehn Jahren. Wir waren Blockadebrecher und haben gegen die Nazis und die Engländer gekämpft, nu? Das Leben ist für uns immer unsicher gewesen."

„Deshalb habe ich auch vorher nie an Heirat gedacht."

„Du hast vorher noch nie richtig geliebt, mein Freund." Ehud kraulte nachdenklich seinen Bart und schürzte die Lippen. „Ich weiß es, denn ich habe meine Frau geliebt, wenn es das Leben gut mit uns meinte und auch, wenn es anders war. Als sie verhaftet wurde und ich entkam, hat mich die Trauer fast umgebracht. Sie und die Kinder sind jetzt im Himmel, aber ich liebe sie immer noch. Und ich will dir etwas sagen: ich möchte die Stunden des Glücks, die wir genossen haben, nicht gegen diese ganze Welt und noch ein weiteres Leben eintauschen, wenn das hieße, daß ich leben müßte, ohne sie gekannt zu haben. Ja, durch die Liebe entsteht oft Leid, Mosche. Aber sie ist es wert. Ja. Sie ist die einsamen Stunden wert."

„Ich habe Angst davor, ihr wehzutun", sagte Mosche mit schmerzlichem Blick, „wenn ich mit ihr zusammenlebe und auch, wenn Gott mich ruft, damit ich ihm durch meinen Tod diene."

„Darüber brauchst du dir keine Gedanken zu machen. Wenn es Gottes Wille ist, daß du stirbst, wird er sich schon darum kümmern! Aber wie er sich dein Leben vorstellt, darüber solltest du nachdenken! Also versuch, glücklich zu sein! Es gibt keinen Mann, der nicht wenigstens einen Arm opfern würde, um mit einer solchen Schönheit unter dem Trauhimmel zu stehen!" Ehud schlug Mosche aufmunternd auf den Rücken. „Also mach sie glücklich, so gut es geht, und hör auf, dummes Zeug zu reden. Das paßt nicht zu dir, Mosche. Nur Mut, Mann! Und nun ein Lächeln auf das bleiche Gesicht des Bräutigams, wenn ich bitten darf. Los! Beeil dich, sonst kommst du zu spät zum *Bedecken der Kalle!*" Bevor Mosche noch etwas erwidern konnte, hatte ihn Ehud auf den dämmerigen Hof hinausgeschoben. An der Warschauer Synagoge erwarteten ihn Dutzende von kleinen Jungen, Jeschiva-Schülern und Haganah-Leuten. Sie jubelten ihm ausgelassen zu, als er sich zu seiner vollen Höhe aufrichtete und eine Hand zum Gruß hob.

Als zu Beginn der Prozession die ersten Töne der Klarinette hoch über die Häuser davongetragen wurden, hatten die blauen und lavendelfarbenen Töne des Himmels in der zunehmenden Dämmerung bereits eine kräftigere Tönung angenommen. Sieben flackernde Kerzen wurden in die Höhe gehalten, zur Erinnerung an den Blitz, der auf dem Berge Sinai erstrahlt war, als Gott Israel zu seiner Braut erwählte. „Am dritten Tag, im Morgengrauen, begann es zu donnern und zu blitzen. Schwere Wolken lagen über dem Berg", flüsterte Mosche die Verse aus dem Exodus, wie es schon Jahrhunderte vor ihm Bräutigame getan hatten. *Lehre mich, sie zu lieben, Herr,* betete er dann leise. *Zeige mir, wie ich sie in meiner Liebe glücklich machen kann. Und wenn es dein Wille ist, daß wir diesen Ort lebend verlassen, schenke uns ein langes, gemeinsames Leben als Mann und Frau. Omaine.*

Es wäre ihm lieber gewesen, wenn die Hochzeit im Haus stattgefunden hätte, aber Rachel hatte dazu nur traurig gelächelt und davon gesprochen, daß ihre Eltern auf dem Platz der Altstadt unter den Sternen geheiratet hatten. „Ich will nur einmal im Leben heiraten", hatte sie nachdrücklich erklärt. „Laß doch den Mufti unsere Freude hören! Vielleicht bekommt er dann Magenschmerzen!" hatte sie hinzugefügt und dabei gelacht. Dadurch hatte sie seine Zustimmung gewonnen, und der Augenblick des Kummers darüber, daß ihr Großvater und ihr

Bruder nicht bei der Hochzeit anwesend sein konnten, hatte ihn sogar zu noch etwas anderem bewogen. Er hatte das Kurzwellenradio, das die einzige Verbindung des Viertels mit der Außenwelt darstellte, heimlich unter dem Tisch anbringen lassen, auf dem die beiden Kelche für die Trauungszeremonie standen.

Während Mosche gemessenen Schrittes mit der Prozession durch die Gassen ging, stellte er sich lächelnd vor, was für ein Gesicht Rachel machen würde, wenn sie den alten Rabbiner über den Lautsprecher hören würde. Seine Stimme würde zusammen mit hundert anderen Massel Tovs knackend auf dem Platz widerhallen und den zerlumpten Rest Israels zu neuem Leben, zu neuem Anfang, begrüßen. Mehr als irgendetwas anderes auf der Welt wünschte sich Mosche, daß Rachel glücklich würde. Die Erfüllung dieses Wunsches war sein Ziel, sein Gebet vor allen anderen geworden.

In der Dämmerung, die sich immer deutlicher über die alten kopfsteingepflasterten Gassen senkte, leuchteten die Kerzen noch heller, klang die Musik noch lieblicher als zuvor. Und von den Fenstersimsen über den Straßenbögen hingen wie Zuckergußtropfen an einem Festtagskuchen blau-weiße Banner, die im Winde flatterten. Die Prozession führte auch unter den Fenstern Rabbi Akivas vorbei. An seinem dunklen, freudlosen Hause war jedoch kein Zeichen des guten Willens angebracht worden. Mosche tröstete sich bei dem Anblick mit dem Gedanken, daß er nur einer von wenigen war, die Rachel haßten und sie wegen ihrer Vergangenheit, über die sie ja nicht selbst hatte bestimmen können, verurteilten. Akiva war auch einer der letzten Bewohner des Viertels, die immer noch glaubten, daß Verhandlungen mit dem Mufti zum Nutzen der Heiligen Stätten geschähen. Akivas Bündnis mit dem moslemischen Viertel wie auch seine dogmatische Opposition gegen einen jüdischen Staat hatten ihn zu einem bitteren, gebrochenen Menschen gemacht.

Obwohl er ihnen heute abend nichts Gutes wünschen würde, empfanden Rachel und Mosche doch Vergebung und Mitgefühl für ihn. Der weiße Kitl, den Mosche trug, und das weiße Kleid, in dem Rachel ihm entgegenkommen würde, standen beide für ihre Reinheit vor Gott. Sie hatten zusammen geschworen, daß sie ihr neues Leben ohne Haß gegen irgendjemanden beginnen würden.

Liebe Rachel, dachte Mosche, während er das schwere Holztor vor Akivas Hof betrachtete. Sie hatte sogar zu dem ehemals geachteten Rabbiner gehen wollen, um ihm zu erzählen, was ihr Leben verändert hatte. „Das kannst du nicht", hatte Mosche eingewandt. „Ihm zu sagen, das du unseren Messias gefunden hast, würde ihm nur Grund dazu geben, dich zu fürchten und zu hassen. Wir dürfen nichts überstürzen, mein Liebes. Du weißt ja selbst, daß der Name Jeschua unserem Volk seit jeher Furcht eingeflößt hat. Zuerst müssen wir so *leben* und die Menschen so *lieben*, wie er es getan hat. Dann werden unsere Worte etwas bei ihnen bewirken."

Sowohl Akiva als auch seine Tochter Jehudit hatten eine persönliche Einladung zur Hochzeit bekommen. Doch beide Briefe waren ungeöffnet zurückgesandt worden. Rachel hatte deswegen geweint – nicht um ihrer selbst, sondern um der beiden willen: „Sie sind in ihrem eigenen Gefängnis gefangen", hatte sie erklärend hinzugefügt.

* * *

Im Kleiderraum der Synagoge lief ein halbes Dutzend Frauen aus dem Viertel geschäftig hin und her. Sie halfen Rachel beim Ankleiden oder verwahrten abwechselnd Tikvah, die die Änderung ihrer täglichen Routine mit Protestgeschrei quittierte. Hannah Cohen wich nicht von Rachels Seite und war gerade dabei, mit Seidenbändern winzige weiße Blüten in Rachels lange schwarze Locken zu flechten.

Rachel betrachtete mit ehrfürchtigem Staunen ihr Spiegelbild in einem runden, versilberten Handspiegel: ihre blauen Augen strahlten vor Glück, und ihre Haut schimmerte im Licht der Lampen wie Perlmutt.

„Wo hast du nur diese Blumen gefunden, Hannah?" rief sie freudig.

„Das sind winzige Schneeglöckchen, die vom Herrn des Himmels mit dem warmen Wind geschickt worden sind", erwiderte diese mit einem fröhlichen Augenzwinkern. „Sie sollen dir zeigen, daß er deine Heirat billigt. Er sorgt schon für uns, wenn wir etwas brauchen, nu? Schließlich braucht niemand Schneeglöckchen nötiger als eine jüdische Braut, nicht wahr?"

Rachel drehte ihren Kopf bewundernd vor dem Spiegel hin und her und mußte einfach über ihr im Lichtschein erglänzendes Haar lächeln. „Was, denkst du, wird Mosche wohl sagen, wenn er mich sieht?" fragte sie lebhaft.

Die alte Schoschanna, die Tikvah beruhigend den Rücken klopfte, verzog den Mund zu einem zahnlosen Lächeln. „Er wird nicht den Schleier über dich legen wollen – das denke ich!"

„Und er wird es kaum abwarten können, ihn wieder abzunehmen", fügte eine andere Frau im Weggehen hinzu.

„Ich danke dir!" sagte Rachel überschwenglich zu Hannah und umarmte sie stürmisch. Dann sah sie von einer lächelnden Frau zur anderen und fügte hinzu: „Ich danke euch allen! Es gab einmal eine Zeit, da dachte ich, daß ich nie wieder glücklich sein würde. Aber jetzt bin ich so glücklich wie noch nie in meinem Leben!"

„Ach ja!" meinte Schoschanna versonnen. „Deine Mutter selig wäre heute stolz auf dich. Ich erinnere mich noch gut an den Tag, an dem sie heiratete! Sie war so aufgeregt! Oj! Wie sie zitterte! Genau in diesem Raum hier war es."

Rachel streckte ihre Hände aus. Sie waren ganz ruhig. „Seht!", sagte sie heiter. „Ich bin heute nur glücklich!"

„Es hat noch niemals eine hübschere Braut gegeben!" flötete Hannah. „Nicht einmal deine selige Mutter."

„Omaine!" schloß Schoschanna in einem Ton, der gleichzeitig ihre Erleichterung darüber kundtat, daß die Kleine endlich aufgehört hatte zu schreien.

Da klopfte es heftig. Eins der Schulmädchen steckte ihr fröhliches, rundes Gesicht zur Tür herein und flüsterte, als ob sie ein streng gehütetes Geheimnis verkünde: „Sie kommen!" Dann fiel ihr Blick auf Rachel, und ihre Augen weiteten sich vor Bewunderung. „Ooooh!" rief sie aus und konnte ihren Blick nicht von ihr wenden, bis Schoschanna sie hinausscheuchte und die Tür hinter ihr schloß.

„Bist du fertig, Kind?" fragte Hannah Rachel und glättete noch eben den Satin ihrer Puffärmel.

Plötzlich wurde es Rachel doch flau, und sie streckte ihre Hände noch einmal prüfend aus. Ihre Finger zitterten leicht: das Bewußtsein, daß endlich der Moment gekommen war, in dem sie ihr neues Leben beginnen sollte, überwältigte sie. „Ich – ich", stammelte sie. „Ich glaube, ja."

„Sie kommen!" rief da das Kind wieder und stürzte in den Raum. „Hört doch!"

Augenblicklich brach das geschäftige Treiben im Ankleideraum ab, und die Frauen spitzten die Ohren, um zu hören, was jenseits der halbgeöffneten Tür vor sich ging. Immer deutlicher war das Lied des *Bedeckens*, der Verschleierungszeremonie, zu hören. Seine Mollakkorde schienen nicht nur den Raum, sondern auch die Herzen der Braut und der anderen Frauen, die in glücklicheren Zeiten selbst einmal Bräute gewesen waren, ganz auszufüllen. In ihren Augen waren unausgesprochene Erinnerungen zu lesen, und aus den Gesichtern der jungen Mädchen sprach das ungeduldige Verlangen, eines Tages selbst einmal ein weißes Kleid mit einer Krone aus Schneeglöckchen und Seidenbändern zu tragen. Und im Zentrum ihrer Gedanken stand Rachel, Rachel, die – gerade und hoch aufgerichtet, die Lippen leicht geöffnet – mit großen, erwartungsvollen Augen durch die Wand zu sehen und auf den Klängen der Musik an Mosches Seite zu schweben schien. In ihrem Herzen gab es weder Vergangenheit noch Zukunft, nur das *Jetzt* – diesen Augenblick des Neubeginns, in dem Gott ihr Leben mit dem Mosches verweben würde wie die Schneeglöckchen mit den seidenen Bändern verwoben waren.

„Wo ist mein Geschenk für Mosche?" flüsterte sie plötzlich ihren verzauberten Helferinnen mit bebender Stimme zu.

„Es dauert nicht mehr lange, Liebes!" erwiderte Hannah, die Rachels Aufregung mißdeutete. „Sie sind ja schon auf dem Weg!"

„Der Tallith!" sagte Rachel nun lauter. Von jäher Angst ergriffen, wühlte sie hastig in ihren Kleidern, die auf einem Stuhl lagen, und warf sie dabei zu Boden. Hannah sammelte sie rasch wieder ein und verstaute sie in einem Schrank. Rachel hatte inzwischen das Olivenholzkästchen gefunden, warf einen hastigen Blick hinein und stellte es auf den runden Tisch in der Mitte des Raumes.

Da stürzte ein weiteres Mädchen in den Ankleideraum, mit fliegenden Zöpfen und vor Aufregung völlig außer Atem.

„Er ist da! Der Bräutigam ist da, Rachel! Rabbi Vultch steht schon vor der Synagoge. Mosche sieht in seinem weißen Kitl richtig gut aus, und Ehud ist sein Begleiter! Fräulein Rachel, stellen Sie sich vor! Captain Ehud hat sich sogar *gewaschen*!"

Rachel vergaß für einen Moment ihre Aufregung und lachte herzlich über die Verwunderung des Kindes. Doch Hannah schob Rachel hastig neben den Tisch und stellte sich dann zu den anderen Frauen an die Wand. Dem Kind flüsterte sie dabei schnell zu: „Komm du auch hierher, damit du nicht im Weg stehst."

Gleich darauf verstummte die Musik vor der Synagoge, und Stille legte sich über den kleinen Raum. Rachel horchte mit angehaltenem Atem auf die sich nähernden Schritte. Dann klopfte es dreimal vernehmlich an die Holztür, und eine rauhe Stimme rief: „Der Bräutigam ist da. Wer läßt ihn ein?"

Hannah warf noch einmal einen prüfenden Blick auf Rachel, bevor sie ihm öffnete.

Mosches hohe, kräftige Gestalt füllte fast den gesamten Türrahmen aus. Seine Augen erblickten Rachel wie jemand, der blind gewesen ist und zum ersten Mal sieht. Während er schweigend darauf wartete, daß sie zu sprechen begann, konnte er sich nicht sattsehen an ihrer Schönheit, und er sprach mit innigem Blick zu ihrem Herzen.

Sie holte tief Luft und streckte ihm ihre Hand entgegen. „Du bist der, den ich erwartet habe. Sei willkommen, Mosche Sachar, in meinem Gemach."

Mosche trat vor. Er stand ihr nun gegenüber, während Ehud und Rabbi Vultch im Hintergrund blieben. Von diesem Augenblick an versanken Rachels und Mosches Blicke ineinander und vermochten sich nicht mehr voneinander zu lösen. Von der Welt um sich herum nahmen sie nur noch ferne Stimmen wahr. Obwohl sie sich nicht berühren konnten, war es Rachel, als läge sie in Mosches Armen.

„Mosche Sachar, du hast zugestimmt, die anwesende Rachel Lubetkin ohne Mitgift anzunehmen. Also nur sie allein. Sie kommt nämlich zu dir ohne materielles Gut oder *Chattel*. Du hast zugestimmt, sie zu lieben wie dein eigenes Fleisch. Für sie zu sorgen. Und sie für immer als deine Frau anzunehmen. Mögen Gott und die Menschen Zeugen dieser *Ketubbah* sein. – – Wen führst du als Zeugen an, der sich für dich verbürgt?"

„Ehud Schiff", erwiderte Mosche, während seine Augen weiter zu Rachel sprachen.

„Und Rachel, wen nennst du als Zeugen?"

„Hannah Cohen", antwortete sie, „und die Mitglieder meiner Familie, die uns ganz bestimmt vom Himmel aus zusehen."

Nun traten Hannah und Ehud vor, um das Pergament, das offen auf dem Tisch lag, zu unterzeichnen.

„Ist noch etwas zu dieser Vereinbarung hinzuzufügen?" fragte der Rabbiner, nur um die Form zu wahren.

„Ja", sagte Rachel und mußte über Mosches überraschten Gesichtsausdruck lächeln. Denn schließlich waren die Bedingungen schon vor Tagen nach den Anweisungen, die Rachels Großvater in seinem Brief gegeben hatte, geregelt worden.

„So?" wunderte sich der Rabbiner. „Aber das Dokument ist doch fertig aufgesetzt!"

„Nur eine Sache. Das Haus Lubetkin ist zwar vom Erdboden verschwunden, aber mein Vater hat mich trotzdem nicht unbemittelt zurückgelassen. Zu seinen Lebzeiten, als ich noch ein kleines Mädchen war, haben er und meine Mutter so viel gespart, wie sie konnten und dann das Ersparte hierher geschickt, um es einmal für unsere Rettung zu verwenden. Aber es kam anders, und nun sind ihre Ersparnisse zu meiner Mitgift geworden, so daß das Haus Lubetkin seine Tochter voller Stolz in die Ehe geben könnte."

„Aber Rachel, ich will doch nur dich", wandte Mosche ein.

„Mein Vater hatte seinen Stolz. Er hätte mich nie völlig mittellos ein neues Leben beginnen lassen." Rachels Augen hatten während ihrer Erklärungen einen bittenden, beinahe flehenden Ausdruck angenommen. „Wenn mein Vater noch lebte, wäre es sein Wunsch, den Mann, der sein Schwiegersohn sein soll, zu unterstützen. Es fügt sich alles ineinander: Gott hat diesen Tag vorausgesehen und das Gold, das jetzt meine Mitgift ist, für diesen Augenblick bestimmt."

Mosche schwieg und betrachtete prüfend Rachels Miene. Es war ganz unverkennbar, wie wichtig es ihr war, daß er das Geschenk, das ihm aus dem Grab angeboten wurde, ehrerbietig annahm. Er wußte ja, wie wichtig es einem Brautvater ist, eine Zeitlang für die Neuvermählten sorgen zu können.

„Nimmst du diese neue Bedingung an?"

„Du stammst aus einer guten Familie", erwiderte Mosche deshalb lächelnd zu Rachel gewandt, „dessen Oberhaupt, Aaron Lubetkin, nicht nur für seine Weisheit und für sein Verständnis der Thora, sondern auch für seine Mildherzigkeit und seine freundlichen Ratschläge bekannt war. Mir wäre es zwar lieber, ihn mit Rat und Tat zur Seite zu haben, als eine Mitgift zu bekommen, aber da das nicht möglich ist, danke ich dem Vater meiner Braut von ganzem Herzen für seine Großzügigkeit und gelobe, daß ich mich mit aller Kraft darum bemühen will, für sie zu sorgen. Ich nehme die Bedingung an."

Rachel faßte unweigerlich an die Mesusah, die sie um den Hals trug. Ja, sie glaubte an das Versprechen, das Mosche gegeben hatte.

„Wenn die Bedingungen genannt und angenommen sind, können wir also mit der Verschleierung beginnen", meinte Rabbi Vultch, klatschte entschlossen in die Hände und wippte auf den Zehenspitzen.

„Ich habe noch ein Geschenk für meinen Bräutigam", wandte Rachel leise ein und nahm das Olivenholzkästchen vom Tisch.

Mosche hob überrascht die Augenbrauen, als wolle er sagen: „Für mich?"

Sie hielt ihm das Kästchen schüchtern hin. „Ruth sagte zu Boas: ,*Breite deine Decke über deine Magd; denn du bist Löser ...*'" Als Mosche das Kästchen öffnete, kam die davidsblaue Samthülle des Talliths zum Vorschein. Ein anerkennendes Gemurmel ging durch die Gruppe der Umstehenden. „Wenn jede Braut in Israel ihrem Mann einen Tallith schenkt –, kann ich da weniger tun?"

„Rachel!" rief Mosche überwältigt aus. „Wie *wunder*schön!" Er zog den Tallith heraus und hielt ihn in die Höhe, so daß er im Licht schimmerte. „Wie wunderschön", wiederholte er noch einmal leiser. Dann hielt er ihn ihr über den Kopf, und während das Kerzenlicht durch die Seide auf ihre Haut fiel, flüsterte er: „Wie es geschrieben steht beim Propheten Ezechiel: ,... *siehe, deine Zeit war gekommen, die Zeit der Liebe. Ich breitete meinen Mantel über dich* ...'"

Ihre Blicke waren in einem innigen Einverständnis verschlungen, das alle anderen Versammelten ausschloß. Lange hielt Mosche den Tallith über sie ausgebreitet. Dann ließ er ihn langsam sinken und reichte ihn Ehud. „Bitte, geh damit schnell zum Platz. Ich möchte, daß dieser Tallith heute der Trauhimmel ist, unter dem Rachel und ich uns das Jawort geben."

Ehud nahm das Tuch wortlos entgegen, verneigte sich kurz und eilte davon, während Hannah den langen Spitzenschleier von einer Stuhllehne nahm und ihn Rabbi Vultch reichte. „So!" sagte dieser mit einem überschwenglichen Nicken und schob seine Brille hoch. „Bevor wir mit der Verschleierungszeremonie beginnen, möchte ich noch fragen, ob der Bräutigam ein Geschenk für seine Braut hat."

„Nur dies", antwortete Mosche, nahm Rachels Hände in die seinen und neigte seinen Kopf, um ihr in die Augen zu sehen. „Meine Hingabe. Mein Leben. Alles, was ich bin ..."

Rachel lächelte diesen starken, zärtlichen Mann mit Tränen in den Augen an.

„... und noch etwas", fügte Mosche mit verschmitztem Lächeln hinzu. „Heute abend werden ihr Bruder und ihr Großvater der Zeremonie am Radio beiwohnen. Heute abend werden uns nicht nur ihre Herzen sehr nahe sein, sondern wir werden auch hören, wenn sie uns *Massel Tov*! wünschen. Was sagt die Braut dazu?" Er strahlte über das ganze Gesicht, als er sah, wie die Freude sie überwältigte.

„Oh, Mosche!" rief sie aus und fiel ihm im Überschwang der Gefühle um den Hals.

In diesem Moment begann Tikvah wieder zu schreien, und Rabbi Vultch sah stirnrunzelnd zu ihr hin. Dann trennte er Mosche und Rachel behutsam und meinte verlegen hüstelnd: „Nun, dafür ist sicher später noch Zeit genug, nicht wahr?"

Rachel löste sich strahlend von Mosche und schüttelte, sprachlos über sein Einfühlungsvermögen, den Kopf. Er sah sie jedoch nur achselzuckend an, als wolle er sagen: *das war doch nichts Besonderes.* Aber er wußte ja, daß es für Rachel genau das war, was diesen Abend vollkommen machte.

Rabbi Vultch hatte inzwischen die Passagen aus der Genesis zu Ende gelesen, doch Mosche, offenbar nicht willens, Rachels Schönheit zu verbergen, machte noch keinerlei Anstalten, seine Braut zu verschleiern. „Ja, Mosche. Du solltest nun eigentlich die Braut verschleiern, nu? Und das nächste Mal, wenn du sie zu Gesicht bekommst, ist sie deine Frau."

„Wenn das so ist", meinte Mosche lächelnd und legte nun doch den Schleier über Rachels Kopf.

Rabbi Vultch schloß die Augen, erhob seine Hände und versuchte bei seinem Segen Tikvahs Geschrei zu übertönen: „Schwester! Mögest du die Mutter von Tausenden werden!" Er ließ seine Hände sinken und klopfte dann Rachel und Mosche scherzend auf die Schulter: „Es sieht ganz so aus, als ob deine Braut schon einen tüchtigen Vorsprung gehabt hätte, was Mosche?"

Durch das schallende Gelächter, das auf diese Worte folgte, geriet das Kind nun völlig außer sich, und Schoschanna hatte ihre liebe Not, es durch beruhigende Laute und Tätscheln wieder zu besänftigen.

* * *

Ein dürrer junger Mann mit braunem Lockenkopf und einem schuljungenhaften Gesicht kurbelte unter den erwartungsvollen Blicken Davids, des Großvaters, Jakovs und Onkel Howards am Knopf für die Sendewahl des Kurzwellenradios, das den kleinen Raum am Ende der Eingangshalle der Jewish Agency mit seinem Knarren und Pfeifen erfüllte.

Ellie, die an der Tür zum Flur stand, beobachtete durch den Sucher ihrer Kamera, wie Ben-Gurion, dicht gefolgt von Dan und Johann und eine mit Rotwein gefüllte Glasflasche in der Hand, mit gesenktem Kopf an winzigen Büroräumen mit Milchglasscheiben vorbeieilte. Seine beiden Begleiter trugen Ständer mit Wassergläsern, damit sie alle auf das große Ereignis anstoßen konnten. Ellie lächelte, als sie bemerkte, daß die Rotweinflasche einen Schraubverschluß anstelle eines Korkens hatte, und fragte sich, ob der Wein wohl aus Ben-Gurions hauseigener Kelterei stammte. Als Ben-Gurion einmal aufsah, drückte Ellie schnell auf den Auslöser. Der Blitz tauchte das Gesicht des Alten zischend in grelles Licht. Er blinzelte heftig und fragte dann streng: „Sollten Sie nicht eigentlich in der Luft sein, um Aufnahmen zu machen? Ihretwegen hätte ich fast die Flasche fallen lassen."

„Die Hochzeit findet doch auch hier statt", entgegnete Ellie. „Und wir brauchen mindestens ein Bild, auf dem man sieht, wie Sie hier Ihre Gläser auf die Braut und den Bräutigam erheben." Er drückte sich seitlich an ihr vorbei in das überfüllte Kabuff. „Ja, das ist wahr. Hier in der Jewish Agency feiern wir natürlich auch", pflichtete er ihr bei und fuhr dann fort: „Ja, dies ist ein bedeutender, publikumswirksamer Augenblick!" Seine Stimme hatte dabei einen Ton von Fröhlichkeit angenommen, der derart aufgesetzt klang, daß sich Ellie mit fragendem Blick David zuwandte. Doch dieser lehnte an der gegenüberliegenden Wand und starrte nur mit grimmigem Blick auf die gesprungenen Bodenfliesen. Als Ellie zu Dan und Johann hinsah, die in der Tür standen, hatte sie das unbestimmte Gefühl, daß deren freudlose Gesichter ein Wissen und eine Vorahnung widerspiegelten, die nicht zu dem freudigen Anlaß paßten.

Der Großvater und Jakov merkten jedoch nichts von der dunklen Strömung, die die Stimmung beeinträchtigte. Während Jakov dem Radiotechniker zappelnd vor Ungeduld über die Schulter schaute, betrachtete Großvater mit Kennermiene Ben-Gurions Wein.

„Aus eigenem Anbau?" fragte er mit anerkennendem Lächeln.

Ben-Gurion reichte ihm die Flasche. „Massel Tov, Rabbi Lebowitz. Aus den Trieben des ersten Weinberges, den ich in meinem ersten Jahr hier im Jischuv mit angepflanzt habe. Damals gab es hier fast nur Sumpfland."

„Ach ja, das ist wahr. Ich erinnere mich", pflichtete ihm der Großvater bei, öffnete den Verschluß und sog den Duft des Weines tief ein. „Ein guter Wein für den Schabbat oder eine Hochzeit."

„Nun denn" – Ben-Gurion nahm Dan und Johann die Gläser ab –, „wir sollten zumindest die Gläser füllen, damit Miss Warne unseren Toast aufnehmen und dann verschwinden kann, bevor es zu dunkel wird." Er reichte jedem ein Glas.

„Ich habe auch etwas Außergewöhnliches", sagte Ellie und kramte tief in ihrer Jackentasche. „Hab' es für eine ganz besondere Gelegenheit aufgehoben." Sie hielt ihre Cola-Flasche in die Höhe. „Die letzte in Palästina, müssen Sie wissen. Für die Abstinenzler unter uns. Onkel Howard?"

Howards Gesicht hellte sich zu einem Lächeln auf. Ellie wußte, daß Coca-Cola zu trinken, für Howard das höchste der Gefühle war. „Ich hatte gehofft, daß du sie nicht allein trinken würdest. Aber ich traute mich nicht zu fragen."

„Und Jakov?"

Das Gesicht des Jungen leuchtete auf. „Du hättest sie auf dem Schwarzmarkt verkaufen können", war seine Antwort. „Für mindestens zwei Hähnchen."

„Und David?" fragte Ellie erwartungsvoll. „Willst du den Gastgeber spielen?" Als sie ihm die Flasche reichte, schien sich seine Miene etwas aufzuhellen. „Das gibt dir die Gelegenheit, dich ein bißchen hervorzutun", meinte Ellie neckend.

David sah Jakov bedeutungsvoll an und sagte: „Jetzt sieh mal gut zu, Kleiner"- er hob die ungeöffnete Flasche an den Mund –, „ein kleiner Trick, den ich bei der Air Force gelernt habe." Er faßte den Rand des Flaschendeckels mit den Zähnen und bog den Deckel ab.

„Zeig mir, wie das geht!" rief Jakov voller Bewunderung.

„Nee, nee. Du machst dir nur die Zähne kaputt", entgegnete David. Er verschob dem Jungen augenzwinkernd die Jarmulke. Dann goß er dessen Glas zu einem Drittel voll und teilte den Rest zwischen Howard und Ellie auf.

„Haben Sie's endlich geschafft?" fragte Ben-Gurion den Radiotechniker ungeduldig.

Der junge Mann nickte, und im selben Augenblick ging das hohe Pfeifen des Radios in den lauten, fast melodischen Klang einer entfernten Klarinette über. Die kleine Gruppe stieß einen Freudenschrei aus, und alle erhoben ihre Gläser. Ellie stellte ihre Kamera ein.

„Nun, sind wir alle soweit?" fragte Ben-Gurion. Er nickte Ellie kurz zu. „Miss Warne?"

„Jederzeit", erwiderte sie. Sie sah, wie Großvaters Gesicht einen liebevollen Ausdruck annahm, als er den rubinroten Wein in die Höhe hielt. Seine Augenlider flatterten kurz, während er sich sammelte, um die richtigen Worte zu finden, die all die Segenswünsche enthielten, die er für Rachel und Mosche im Herzen trug. *Je'hey Sch'lomo Rabbo Min Sch'majo, Vechajim Oleynoo Ve'al Kol Jisroale. Omaine!* sagte er in das Mikrophon hinein, das ihm der Radiotechniker dicht vor den Mund hielt. Dann wiederholte er den Segen noch einmal auf Englisch: „Möge der Himmel Frieden im Überfluß bringen und Leben für uns und ganz Israel. Omaine!"

„Omaine" wiederholten alle in dem kleinen Raum Versammelten, und gleich darauf war die weit entfernte Antwort einer Menschenmenge durch das Knacken des Radios hindurch zu hören.

Der alte Rabbiner wandte sich nach Osten, zur Altstadt hin, und hob sein Glas noch etwas höher. „Meine liebe Enkelin", begann er mit leicht bebender Stimme. „Möge der, der Frieden an Seinem Hohen

Ort bereitet, auch dir und deinem Mann und ganz Israel Frieden schenken! Darauf sagen wir alle: Omaine!"

Nun setzten alle im Raum die Gläser an die Lippen, und jeder schien einen Moment lang Hoffnung zu schmecken – Hoffnung für Rachel und Mosche und Hoffnung für ein neues Israel. Ellie photographierte den Großvater dabei, wie er genießerisch den Wein trank und ein stilles, privates Gebet für die junge Frau sprach, die so viel durchgemacht hatte und nun diesen Augenblick der Freude erleben durfte. Dann hielt sie die Kamera auf Ben-Gurions Gesicht und unterdrückte die Angst, die sie überkam, als sie den sorgenvollen Ausdruck auf seinem Gesicht sah. Sie drückte auf den Auslöser und war dankbar, daß der Blitz Ben-Gurion wieder auf andere Gedanken brachte.

„Nun denn!" rief der Großvater glücklich. „Ist da meine Rachel auf der anderen Seite des Apparates? Bist du da, Rachel?"

Nach einer kurzen Pause erklang Rachels frohe Stimme im Raum: „Ja! Ja. Ich bin hier, Großvater!"

„Geht es dir gut, mein Liebes?" fragte er.

„Besser denn je, Großvater!" antwortete sie.

„Dann sollten wir jetzt vielleicht mit der Trauung beginnen, nu?" Er klatschte in die Hände und schaute sich so beglückt um, als seien sie tatsächlich alle um den Trauhimmel im Glanze des Jerusalem-Platzes hinter den Mauern der Altstadt versammelt.

5. Die Trauung

Das Purpur der sinkenden Sonne vermischte sich am Abendhimmel mit schimmernden Bannern von Dunkelblau und Violett. Und als die Segenssprüche des Großvaters knackend über den Platz im jüdischen Viertel hallten, verschwand der glühende Sonnenball endgültig hinter dem Horizont. Gleich darauf erschallte in donnerndem Einklang der Ruf „Omaine".

Rabbi Vultch trat an den Trauhimmel heran und öffnete sein in Silber gebundenes Gebetbuch.

„Wie Gott, der Bräutigam, kam damals zum Sinai, um Israel zu begegnen und als seine Braut zu erwählen", sagte er leise, „so wird nun Mosche vortreten, um Rachel unter dem Trauhimmel zum ersten Mal zu begegnen."

Das Licht fiel sanft durch den seidenen Tallith, der sich als Trauhimmel leicht im Wind bauschte und die tiefe Stille nur durch ein leises Flattern unterbrach.

Die Menschenmenge, jeder einzelne eine Kerze in der Hand, teilte sich, um Mosche vorbeizulassen, der von Ehud an seinen Platz auf der linken Seite unter dem Trauhimmel geleitet wurde. Dort angekommen, faltete er die Hände und sah sich nach Rachel um, die wartend am Ende des Platzes stand. Er lächelte Ehud zu. Alle Nervosität war von ihm gewichen, und ein tiefer Frieden strahlte aus seinen Augen.

Auf den Kuppeldächern der niedrigen Häuser rings um den Platz hielten junge Haganah-Wächter und Jeschiva-Schüler Wache, ein Auge auf die Straßen des arabischen Viertels und das andere Auge neidvoll auf den Trauhimmel und Mosche gerichtet.

Dann setzte erneut Musik ein. Obwohl es leise, zarte Töne waren, wurden sie dennoch hoch über den Platz bis weit über die Mauer hinaus davongetragen. Es war ein Lied, das schon mehr als tausend Jahre lang für eine Million jüdischer Bräute gespielt worden war und in dessen Melodie alle Hoffnungen und Träume für die Zukunft lagen. Geige und Klarinette vereinten sich zu einem harmonischen Zusammenklang und verkündeten einer zweifelnden Welt, daß das Leben hinter diesen belagerten Mauern immer noch weiterging und daß man dort sein Leben immer noch auf die Hoffnung gründete, die in der Verbindung von Mann und Frau ihren deutlichsten Ausdruck findet.

Die Umstehenden dachten zurück an andere Trauungen, die sie miterlebt hatten. Eine Frau, die schon bei der Trauung von Rachels Mutter dabeigewesen war, weinte sogar in ihr Taschentuch, als Rachel, rechts von Hannah und links von Schoschanna eingerahmt, zum Trauhimmel schritt. Alle Blicke richteten sich auf sie, deren strahlende Augen selbst noch unter dem Schleier zu erkennen waren. Obwohl ihre Hände leicht zitterten, schritt sie ruhig und im Takt zu der in Moll gehaltenen Melodie des Trauungsliedes voran. Mit jedem Schritt wuchs ihr Herz Mosche entgegen. Seine Augen hielten sie gleichsam aufrecht und zogen sie wie ein Magnet zu sich heran. Ihr war, als gäbe es niemand anderen auf der ganzen Welt – niemanden, außer Mosche, ihr und Gott, der ihre beiden Seelen ineinanderwob. Kurz vor dem Traualtar blieb sie auf ein Zeichen Hannahs hin, wie hypnotisiert von Mosches Blicken, stehen und wartete, bis die Musik verstummte.

Erneut legte sich tiefstes Schweigen über den Platz. Eine Heilige Gegenwart schien ganz dicht über ihnen zu schweben. *Es ist die Schekinah*, dachte Rachel und schaute zum purpurfarbenen Schleier des Himmels empor. Mosche folgte ihrem Blick und nickte dann, als wolle er sagen, daß auch er sie spüre.

Gleich darauf nahmen Schoschanna und Hannah Rachel wieder am Arm, begleiteten sie nach vorn und schritten zusammen mit ihr sieben Mal um Mosche herum – so, wie auch der Altar des Tempels während der Heiligen Tage umkreist worden war. Die Umstehenden sahen so ehrfürchtig zu, als sei dies die erste Trauung, ja, die einzige Trauung, die jemals auf der Welt vollzogen worden war. Jeder Schritt, jedes Wort und jede Bewegung war so alt und doch so neu und zeitlos.

Nachdem Rachel das siebte Mal um Mosche herumgegangen war, reichte er ihr die Hand, und die beiden alten Frauen traten zurück. Rachel hatte die Vergangenheit abgestreift, und es gab nur noch Gegenwart und Zukunft. Während sie ihren Platz zur rechten Mosches einnahm, sagte Rabbi Vultch: „Die Königin steht zu deiner Rechten in prächtigem Gold aus Ophir." Mosche sah zu ihr hinab und blinzelte ihr zu, als wolle er sagen: *Wir haben es endlich geschafft, nicht wahr?* Sie neigte ihren Kopf verständnisinnig und hätte vor Glück am liebsten laut gejubelt, während aus der Ferne plötzlich das Summen eines Flugzeugmotors zu hören war. Die Worte, die sie einander und Gott sagten, drangen nicht nur in die Empfänger der Kurzwellenradios in Tel Aviv, sondern auch in das ganz in der Nähe gelegene Hauptquartier des Muftis. Aber dennoch waren die Gelübde ihre eigenen. Sie tranken beide aus dem Kelch der Freude und dem Kelch des Leids und wußten damit, daß sie Freud und Leid gleichermaßen tragen würden.

Wenn du Leid empfindest, will ich es mit dir teilen. Wenn ich Freude empfinde, wird sie sich im gemeinsam Erlebten vervielfältigen.

Während der Rabbiner die traditionellen Segenswünsche verlas, nahm Mosche Rachels rechte Hand und steckte ihr einen schlichten goldenen Ring auf den Zeigefinger. Sie überließ ihre Hand seinem sanften, aber starken Griff, bis der Rabbiner geendet hatte, und Mosche schließlich leise sagte: „Nicht einmal der Tod wird uns scheiden, Rachel."

Als Mosche den Schleier lüftete und sie zärtlich küßte, glänzten Tränen des Glücks in seinen Augen.

Der Rabbiner schloß sein Gebetbuch und nickte kurz. Dann nahm er Ehud ein in weißes Leinen gehülltes Glas ab und hielt es in die Höhe, um es der Versammlung zu zeigen, bevor er es vor Mosche auf den Boden legte.

Dieser nahm Rachels Hand, hob den Fuß und zerschlug dann das Glas mit einem kräftigen Tritt, worauf die Versammlung in ein lautes „Massel Tov" ausbrach, das über die Dächer und die Altstadtmauern davongetragen wurde. Gleich darauf setzte die Festmusik ein, die von lautem Klatschen und Gesang begleitet wurde. Während Mosche und Rachel Sachar auf die Schultern ihrer Freunde gehoben wurden, hörte man die dröhnende Stimme Ehuds durch den Lärm hindurch: „So, kommt her, Jungs, und fangt an! Aber merkt euch eines: Ihr müßt jedes Körnchen wieder für die Küche aufsammeln!"

Mit leuchtenden Gesichtern, die fast bis zur Unkenntlichkeit sauber geschrubbt worden waren, rannten die kleinen Soldaten vom Tipat Chalev nach vorn, die Hände voll des kostbaren Reises, und riefen: „Massel Tov!" Sie warfen die Körner so hoch in die Luft, daß sie in einem Schauer über Rachel und Mosche niedergingen. „Massel Tov! Massel Tov! Massel Tov!"

Ehud, seine kräftigen Arme stolz über der Brust gekreuzt, stand glücklich im Hintergrund. Und als das letzte Korn gefallen war, befahl er mit lauter Stimme: „Einen Schilling für den Jungen, der am meisten aufsammelt! Einen Schilling, Jungs!"

Der Platz hallte wider vom vergnügten Gekreisch der Jungen, die auf den Knien aufsammelten, was wahrscheinlich für das nächste Abendessen bestimmt war.

* * *

Haj Amin Husseini, der Mufti von Jerusalem, preßte seine Handflächen zusammen und verfolgte mit seinen stahlblauen Augen in schweigendem Abscheu, wie Gerhardt zornig im Zimmer auf und ab ging. Gerhardt, sein bester Sprengstoffexperte, Gerhardt, der Anführer der Jihad-Moqhaden, Gerhardt, wahnsinniger und krankhafter Mörder von Juden war nur noch von einem Gedanken besessen: die jüdische Hure zu vernichten, die ihm entkommen war.

„Die machen sich über mich lustig!" rief er haßerfüllt und schlug mit der Faust gegen die Wand des Arbeitszimmers. „Diese Hochzeit! Diese Farce, die heute abend im jüdischen Viertel stattfindet. Damit wollen sie mich nur kränken! Mich beleidigen – mich, Friedrich Gerhardt! Ihretwegen habe ich diese Nummer auf meinem Arm. Ihretwegen habe ich unter diesem Gesocks in Ravensbrück gelebt!"

Haj Amins starrer Blick trübte sich nachdenklich. Wäre er nicht so wertvoll für ihn, würde Gerhardt auf der Stelle sterben, dieser Wahnsinnige, der wegen einer Frau am liebsten alles über Bord werfen würde!

„Ich verlange Rache! Erlauben Sie mir, Haj Amin, heute abend nur mit ein paar Männern ins jüdische Viertel zu gehen. Ich will sie beim Tanz töten!"

„Und zulassen, daß mich die Welt beschuldigt, eine Braut vor dem Altar ermordet zu haben?" fragte Haj Amin leise und beherrscht. Er ließ die Hände in den Schoß sinken und kniff die Augen zusammen. „Du bist ein Narr, Gerhardt", meinte er mit sanfter, aber haßerfüllter Stimme.

„Ein Narr!" wiederholte Gerhardt entrüstet.

„Ja. Und außerdem vergißt du, in wessen Gegenwart du dich befindest!" erwiderte Haj Amin und brachte Gerhardt mit seinen sorgfältig gesetzten Worten zum Schweigen. Gerhardt stand da wie ein vom Scheinwerferlicht geblendetes Kaninchen. „Du siehst nur das Offensichtliche. Du sagst nur das Offensichtliche. – Die Juden der Altstadt feiern also heute abend eine Hochzeit. In ihren abgetragenen Mänteln trotzen sie der Macht des Muftis. Wir aber werden vor den Augen der Welt ein zivilisiertes Verhalten an den Tag legen. Wir möchten, daß die Welt erkennt, wie *großzügig* wir sind. Wir möchten, daß diese Vagabunden *leben* bleiben. Darum erlauben wir ihnen, die Altstadt unter sicherem Geleit zu verlassen."

Gerhardt starrte ihn mit ausdruckslosem Gesicht an, unfähig, den Plan zu verstehen. „Aber ich sage, die machen sich über mich lustig!"

„Nicht über dich, Gerhardt." Haj Amins Lippen verzogen sich zu einem Lächeln. „Sie machen sich lustig über sich selbst mit dieser Farce. Sie fordern uns dazu heraus, zum Schlag gegen sie auszuholen, damit wir dann vor der Welt als gefühllose Attentäter dastehen." Er lachte über diesen absurden Gedanken. „Es ist ihre Absicht, sich selbst als tapfer und uns als Schurken darzustellen. Nein, Gerhardt. So dumm sind wir nicht. Wenn sie die Aufmerksamkeit der Welt auf ihre heutige Komödie ziehen wollen, dann werden wir einfach die Augen ihrer Zuschauer auf einen anderen Punkt in Jerusalem richten. *Heute abend* die Altstadt angreifen? Niemals. Die Rache, die du suchst, hat persönliche Gründe, Gerhardt, und deine Dummheit ermüdet allmählich meine Langmut."

„Aber, Haj Amin! Morgen wird diese Komödie in jeder Zeitung der westlichen Welt Schlagzeilen machen!"

Haj Amin seufzte verärgert. „Nicht, wenn wir die Schlagzeilen mit anderen Nachrichten füllen." Er hüstelte in sein Taschentuch und klatschte dann befehlend in die Hände. Gleich darauf öffneten sich die schwarzen, reich verzierten Türen einen Spaltbreit, und das graumelierte Gesicht seines Leibdieners erschien. Er nickte abwartend. Haj Amin straffte sich ein wenig und richtete dann in wohlüberlegter Höflichkeit das Wort an ihn: „Basil, sei bitte so nett und schicke unseren jungen Neffen herein!"

Der Diener nickte wieder, ging rückwärts aus dem Zimmer und schloß geräuschlos die Tür hinter sich.

„Wer ist dieser Mensch, den Sie in unsere geheimen Überlegungen miteinbeziehen wollen?" fragte Gerhardt gereizt.

In Haj Amins Augen blitzte Zorn auf. Doch dann neigte er leicht den Kopf und lächelte so heiter, als habe er Gerhardts Arroganz gar nicht bemerkt. „Der Sohn einer Kusine ersten Grades. Er ist ein fähiger junger Mann. Den Berichten zufolge, von schneller Auffassungsgabe und, was am wichtigsten ist, jemand, der mir in bedingungsloser Loyalität dienen wird."

Ein kurzes Klopfen ertönte, und die Türen öffneten sich wieder. Der Diener trat erneut ein und verneigte sich vor dem Mufti. „Haj Amin, Ihr Neffe, Jassar Tafara."

„Gut, gut. Komm, herein, mein junger Neffe, und sei willkommen!" Er breitete die Arme aus, als der junge Mann hereinkam. Er war von bäurischem Äußeren: das Kinn umrahmt von einem Stoppelbart, über dicken, lächelnden Lippen eine Knollennase und hervortretende Augen. Er verneigte sich majestätisch und tippte sich mit den Fingern grüßend an die Stirn. „Salaam, Haj Amin. Meine Mutter sendet dir Grüße."

Haj Amin erhob sich zwar nicht, reichte ihm aber die Hand. Gerhardt lehnte mit finsterer Miene an der Steinwand unter einem der Bogenfenster. „Salaam, junger Jassar. Wir haben einen Platz für dich in Jerusalem gefunden, genau, wie deine liebe Mutter es wünschte. Geht es ihr gut?"

„Sie verzehrt sich wie alle wahren Patrioten vor Zorn über die Juden, die in unser Land einfallen. Sie sagt, wenn sie ein Mann –"

„Sie ist aber keiner. Und aus diesem Grund hat Allah ihr einen starken Sohn geschenkt, der uns dienen kann." Haj Amin machte eine ausholende Handbewegung zu Gerhardt hin, der mürrisch zu Boden sah. „Du befindest dich hier in der Gegenwart eines der großen unter unseren Kriegern. Dieser Mann ist Friedrich Ischmael Gerhardt."

Der junge Mann verneigte sich und lächelte den Mann an, dessen Name jedem Jihad-Moqhaden vertraut war. Gerhardt, voller Zorn über den Eindringling, zeigte keine Reaktion. Sein eigener Zorn hatte keine Beachtung gefunden, und nun wußte er, daß sich Haj Amin genauso über ihn lustig machte wie die Juden.

Der Mufti beobachtete, wie das Lächeln des jungen Mannes erstarb, weil der Mann, vor dem er sich verbeugte, nicht reagierte. „Wir brauchen deinen Rat", begann Haj Amin und unterbrach das peinliche Schweigen.

„Meinen Rat?" Der junge Mann tippte sich erstaunt an die Brust und trat einen Schritt vor. „Meinen Rat?" wiederholte er ungläubig.

„Wir sind zu Zeiten so isoliert", sagte Haj Amin und verscheuchte die Bescheidenheit des jungen Mannes mit einer Handbewegung. „Es gibt Zeiten, in denen unser Denken in der ewigen Gleichheit der Leute, die uns umgeben, träge wird. Wir brauchen frisches Blut."

„Das Blut der Altstadtjuden", knurrte Gerhardt.

„Schweig!" herrschte Haj Amin ihn an. Die Augen des jungen Bauern weiteten sich vor Entsetzen über den Zorn seines Führers. Er bewegte sich rücklings auf die Tür zu. „Du *schweigst!*" zischte Haj Amin zu Gerhardt gewandt und funkelte ihn an. Dann lächelte er wieder heiter und völlig ruhig. „Ja, Jassar", meinte er. „Wie du weißt, lassen die Juden eine Trauung, die im jüdischen Viertel der Altstadt gefeiert wird, im Radio übertragen, zweifellos, um der Öffentlichkeit die Illusion zu vermitteln, daß hinter den Toren der Stadtmauer alles seinen normalen Gang geht. Dies ist eine Illusion, die zunichte gemacht werden muß, bevor sie überhaupt entsteht. Einige sagen, wir sollten sie angreifen und bei ihrer Feier vernichten." Er warf aus dem Augenwinkel einen Blick auf Gerhardt. „Andere wiederum ... erwägen andere Maßnahmen. – Deine Mutter hat dich uns als intelligenten Burschen empfohlen. Was meinst du zu der Angelegenheit?"

„Juden bei einer Hochzeit töten?" sagte Jassar nach einer langen, nachdenklichen Pause. „Würde dann nicht die ganze Welt Haj Amin und das Haus Husseini als Barbaren bezeichnen? Juden zu töten, sagt der Prophet, ist ehrenvoll. Aber bei einer Hochzeit? Beim Gebet? – Ich glaube nicht."

Haj Amin schob triumphierend das Kinn vor und lächelte. „Was würdest du denn tun?"

„Es ist doch unser Ziel, der Welt zu zeigen, wie hoffnungslos der Widerstand der Juden ist. Ist es nicht so?" meinte Jassar achselzuckend, während Haj Amin beifällig nickte. „Dann sollten wir vielleicht heute abend ihr närrisches Verhalten von den Titelseiten verdrängen? Ja?"

„Das ist ein Punkt, der bereits diskutiert worden ist", entgegnete Haj Amin ungeduldig.

„Nun, dann ist die Strategie ja klar", fuhr Jassar heiter fort. „Dann würde ich die Zeitung in die Luft sprengen. Die *Palestine Post*!" Er lachte entzückt über seinen brillanten Einfall.

Haj Amin beugte sich vor und meinte: „Richtig – ein Ziel, das auch unser Kommandeur Gerhardt bereits vorgeschlagen hat."

Gerhardt blinzelte, während diese Worte den Schleier seiner Rachegedanken durchdrangen. „Das ist ein guter Plan", flüsterte er, schon damit befaßt, sich eine Möglichkeit auszudenken, wie er durchzuführen sei. „Morgen früh wird es in der Zeitung keinen Bericht über die Hochzeit geben. Denn es wird keine *Post* mehr geben."

„Du bist in der Tat ein heller Kopf." Haj Amin blieb Gerhardt gegenüber weiterhin reserviert und meinte zu Jassar gewandt: „Ich möchte, daß du unseren Freund, Friedrich Gerhardt, begleitest."

„Ich brauche keine Hilfe!" protestierte Gerhardt.

„Du wirst der Mentor des Jungen sein!" Haj Amin hob die Hand, um jede weitere Diskussion zu unterbinden. „Er wird von dir lernen, und du wirst ihn unversehrt zurückbringen. Habe ich mich klar ausgedrückt?"

Gerhardt ballte verbissen seine Fäuste, aber er schwieg.

Der junge Bauer machte eine tiefe Verbeugung vor Gerhardt. „Ich würde mich überaus geehrt fühlen, wenn ich unter der Obhut des Kommandeurs bleiben dürfte. Schon früher habe ich seinen wagemutigen Einsatz für das Deutsche Reich und für die Sache Haj Amin Husseinis sehr bewundert. Wie glücklich wäre ich, wenn ich Ihr Genie nur als stiller Schatten beobachten dürfte."

Gerhardt betrachtete ihn voller Argwohn, aber das großmütige Lob des Bauern besänftigte schließlich den Zorn und den Groll, die in ihm brodelten. „Gut denn", meinte er. „Aber du siehst nur zu und tust nichts, bevor ich es dir nicht sage."

Haj Amin legte seine Hände aneinander und lächelte wohlwollend. „Gut. Dann ist ja alles geregelt. Geh nun, Gerhardt! Sage meinen Leuten, was du für unser kleines Abenteuer heute brauchst."

Gerhardt ging wortlos aus dem Zimmer, in Gedanken schon bei Drähten, Sprengsätzen und Dynamitstangen.

„Danke, Haj Amin, daß Sie mir Gelegenheit geben, meine Fähigkeiten unter Beweis zu stellen", sagte Jassar und verneigte sich noch einmal. „Ich werde alles lernen, was man von Kommandeur Gerhardt lernen kann."

Haj Amin zog eine Augenbraue hoch und sprach mit einer Stimme, die so leise und tödlich klang wie nie zuvor: „Lerne nur seine Methoden! Lerne Techniken! Lerne sie, bis du sie besser beherrschst als er selbst! Aber eigne dir nicht seine Art zu denken an! Hüte dich vor seinem Wahnsinn! Es hat keinen Sinn, den Haß, der seine Seele verzehrt, dämpfen zu wollen."

Jassar schaute verwirrt Gerhardts sich entfernender Gestalt nach. „Aber er ist ein großer Mann. Ein tapferer Mann."

„Er ist ein Mann ohne Perspektive", entgegnete Haj Amin. „Er ist ein Narr, der nur lebt, weil der Engel des Todes ihn dazu benutzt, jüdische Seelen zu ernten", entgegnete Haj Amin und entließ den jungen Mann mit einer Handbewegung. „Bitte sage Basil auf deinem Weg nach draußen, daß ich den Kaffee hier im Arbeitszimmer serviert haben möchte."

* * *

Arm in Arm gingen Jakov und sein Großvater beschwingt durch den Flur. „Das war eine Hochzeit!" sagte Rebbe Lebowitz laut zu allen Bediensteten der Agency, die zufällig an ihnen vorbeigingen. „Haben Sie gehört, daß meine Enkelin heute abend in der Altstadt geheiratet hat? Was für eine Hochzeit! Direkt vor der Nase des Muftis, nu? Oj, und die Musik! Wunderbar! Einfach wunderbar! Wenn ich nur dabeisein könnte, um mit ihnen zu tanzen! Vielleicht können wir etwas hören, wenn wir auf den Stufen zum Haus des Professors stehen? Was meinst du, Jakov? Vielleicht können wir von dort aus etwas hören."

Jedes neue „Massel Tov" veranlaßte den alten Rabbiner zu weiteren, glücklichen Ausführungen, bis sie das Gebäude schließlich verlassen hatten.

„Ich wäre nicht überrascht, wenn es heute noch eine weitere Hochzeit gäbe", meinte er vertraulich zu Ben-Gurion. „David versucht schon seit Monaten, Ellie zu überreden, seine Frau zu werden. Sie müssen wissen, daß nichts so sehr den Widerstand einer Frau, oder auch eines Mannes, herabsetzt wie eine Hochzeit. Da bekommt selbst ein eingerosteter alter Junggeselle wie ich einen verschleierten Blick."

„David reist morgen ab", erwiderte Ben-Gurion tonlos.

Howard sah ihn mit besorgter Miene an. „Ach? Davon wußte ich noch gar nichts." Der Tonfall seiner Stimme deutete eine Fülle von unausgesprochenen Fragen an. Inzwischen nahm der Großvater vor ihnen eine Sekretärin in Beschlag, die voller Interesse seinen Ausführungen über die Hochzeit zuhörte, während sie eine Tasse Kaffee trank.

„Ja. Leider. Zurück in die Staaten." Ben-Gurion fuhr sich mit der Hand durch sein zerzaustes Haar. „In einer wichtigen Angelegenheit." Sie näherten sich seinem Büro. Er nahm Howard am Arm und fügte leiser hinzu: „Einen Augenblick bitte, Herr Professor." Er nahm ihn beiseite, ging in sein Büro und lehnte sich dann mit gekreuzten Armen an die Kante seines Schreibtisches. Jede Faser seines Gesichtes war von Sorge gezeichnet.

Howard blieb an der Tür stehen, unsicher, ob er sich setzen oder stehen bleiben sollte. „Wie kann ich helfen?" fragte er und hob hilflos die Arme.

Ben-Gurion atmete geräuschvoll aus. „Die Schriftrollen", erwiderte er nur. „Sie wissen, zu welchen politischen Verwicklungen sie geführt haben. Die Araber bleiben dabei, daß Sie die Beduinen darum betrogen, daß Sie sie, mit anderen Worten, gestohlen haben." Er lachte bitter auf. „Und die Briten wollen sie für ihr Nationalmuseum. Und nun haben auch wir vielleicht politische Verwendung für sie."

Howard kniff nachdenklich die Augen zusammen und ließ sich auf dem Holzstuhl neben Ben-Gurions Schreibtisch nieder. „Ich verstehe nicht ganz. Sie wissen doch sehr genau, daß Mosche und ich bestimmt haben, daß sie zum Nutzen der Hebräischen Universität verwendet werden sollen. Natürlich hatten *wir* das Glück, auf sie zu stoßen. Aber zu allererst gehören sie *Gott* und dann dem Staate Israel – solange wir das Recht haben, unsere Funde zu wissenschaftlichen Zwecken zu untersuchen. Welche politische Bedeutung können die Rollen schon haben, außer, daß die Araber und die Briten in ihren Besitz kommen wollen? Alle wollen sie haben. Das ist ja auch kein Wunder."

„Sie haben sie doch an einem sicheren Ort versteckt?" fragte Ben-Gurion und strich sich müde mit der Hand über die Wange.

„Aber natürlich. An einem so sicheren Ort, wie es in Jerusalem nur möglich ist. Seit dem Tag, an dem wir mit ihnen aus Bethlehem zurückgekommen sind, haben weder Mosche noch ich sie wiedergesehen. Wir haben nicht einmal gewagt, uns auch nur in ihre Nähe zu begeben."

„Wir brauchen die Rollen, Herr Professor. Die Zukunft des Staates Israel macht es unerläßlich, daß Sie uns die Schriftrollen zur Verfügung stellen."

„Aber warum? Welchen –"

„Das kann ich Ihnen nicht sagen."

„Sie können doch nicht erwarten, daß ich sie der Jewish Agency einfach so, ohne irgendeine Erklärung, aushändige!" Howards Gesicht spiegelte deutlich die Überraschung über eine solche Zumutung wider. „Dazu sind sie bei weitem zu kostbar."

„Wie kostbar?"

„Unschätzbar. Man kann einen solchen Fund nicht mit Geld aufwiegen."

„Meinen Sie, daß sie wohl eine jüdische Heimat wert sind? Die Geburt eines neuen Israel?"

„Das ist vermessen!"

„Nicht im mindesten, Herr Professor. Und das sage ich Ihnen: sie sind vielleicht der Strohhalm, an dem in den nächsten Monaten unsere Rettung hängt."

Howard saß eine geschlagene Minute schweigend da, während von draußen die jubelnde Stimme des Großvaters hereinklang und das eintönige Ticken einer Uhr deutlich machte, wie langsam die Sekunden verstrichen. „Dazu hat Mosche ebensoviel zu sagen wie ich."

„Sie wissen aber, wie seine Antwort lauten würde", erwiderte der Alte und sah Howard durchdringend und mit unverminderter Gewißheit an.

„Ja, vielleicht." Howard starrte auf seine Schuhspitzen. „Er würde Sie z. B. fragen, wie Sie gedenken, die Schriftrollen aus Jerusalem hinauszuschmuggeln, ohne daß sie den Briten in die Hände fallen oder

der Mufti sie schnappt und sie öffentlich verbrennt. Haben Sie einen Plan?"

„Noch nicht. Aber ich sage Ihnen eins mit Gewißheit: dieses unser Land wird durch eine Reihe von kleinen Wundern geboren. Diese Schriftrollen sind unser Trumpf, und wir werden schon einen Weg finden, sie hier hinauszubringen."

„Um sie wohin zu bringen?"

„In die Vereinigten Staaten. Nach Amerika."

6. Hochzeitsnacht

Das kleine Flugzeug flog noch ein letztes Mal im Tiefflug über den Altstadtplatz, dann drehte es steil nach Südosten ab und flog so dicht an der Klagemauer und am Felsendom vorbei, daß Ellie das Gefühl hatte, sie brauche nur die Hand auszustrecken, um sie berühren zu können.

„Merkwürdig", schrie sie gegen den Motorenlärm an, „von hier oben sieht alles so klein aus. In der Dämmerung wirkt es, als trennte nur das schmale Band der Klagemauer die Juden von den Moslems."

David schaute kurz zu ihr hinüber und nickte. Dann steuerte er das Flugzeug wortlos in Richtung Süden und hüllte sich in Schweigen, bis sie Bethlehem überflogen. Ellie drückte ihre Stirn an die Scheibe und betrachtete versonnen die friedlich glitzernden Lichter in der Tiefe. Es schien, als sei Palästina ein großer See, in dem sich die Sterne spiegelten, die nun groß und hell am Himmel standen, nachdem die Sonne untergegangen war und das letzte Tageslicht mit sich genommen hatte.

„In New York geht jetzt gerade die Sonne auf", brach David, mit unverkennbarer Trauer in der Stimme, schließlich das Schweigen. „Und in San Francisco liegen die Leute noch warm und mollig in ihren Betten und horchen vielleicht auf die Nebelhörner in der Bucht." Er wußte immer noch nicht, wie er ihr beibringen sollte, daß er morgen abend abreisen und sie in einer Stadt zurücklassen würde, in der die Nächte von Gewehrschüssen und vom unablässigen Geheul der Sirenen widerhallten.

Sie legte ihm eine Hand auf die Schulter und streichelte ihn liebevoll. „Du hast Sehnsucht, nicht wahr?"

Er räusperte sich. „Nicht nach New York. Auch nicht nach San Francisco." Er sah sie sehnsüchtig an. „Nach dir hab' ich Sehnsucht."

Sie verdrehte ärgerlich die Augen. „David! Was ist nur los mit dir? Immer, wenn du mit dem Flugzeug in der Luft bist, wirst du so sentimental! Wie kannst du denn Sehnsucht nach mir haben, wenn ich direkt neben dir sitze?" Doch als sie ihm ins Gesicht sah, wurde sie ernst. Und als er schließlich nach Westen abdrehte, sagte sie leise: „Du fliegst nach Hause, nicht wahr?"

Er nickte.

„*Wann?*" Ihre Frage war ein Schrei.

„Morgen abend."

„Oh, David! *Warum?*"

„Sieht so aus, als brauchten sie mich, damit ich noch'n paar Piloten und Transportflugzeuge auftreibe. Der Alte scheint zu glauben, daß ich der einzige bin, der so was kann."

„Dann mußt du auch gehen", sagte sie schweren Herzens.

„Komm mit mir!"

„Das kann ich nicht!"

„Ich wußte, daß du das sagen würdest", erwiderte er mit einem Anflug von Ärger.

„Wenn ich doch könnte ..." Tränen stiegen ihr in die Augen. Sie streichelte seinen Arm. „Ich wünschte, ich könnte es!"

„Dann laß uns wenigstens heiraten!" flehte er.

„Ich dachte, das hätten wir geklärt. Du weißt doch, daß ich dich liebe."

„Ich meine, laß uns *heute abend* heiraten! Bevor ich fliege. Dann haben wir den heutigen Abend für uns. Und morgen auch noch. Und wenn ich zurückkomme und das alles hier vorbei ist, bleiben wir unser ganzes Leben lang zusammen. Aber der heutige Abend gehört dann auf jeden Fall uns ganz allein." Seine Worte überstürzten sich, und er ergriff heftig ihre Hand. Im Licht des Armaturenbrettes sah sie, wie schmerzlich sein Blick war. „Ich liebe dich, Ellie! Es hat für mich nie eine andere gegeben. Das weißt du. Und jetzt bitte ich dich! Bitte! Laß uns heute abend heiraten!"

Sie sah ihn schweigend an, während das Flugzeug dröhnend weiterflog. Sein Gesicht blieb ihr zugewandt, jede Linie gezeichnet von seiner Frage. Schließlich wandte sie ihre Augen ab und ließ sie über das sternenbeglänzte Palästina schweifen. „Du sagst das alles nur wegen Rachel und Mosche", meinte sie seufzend. „Auf mich hat eine Hochzeit die gleiche Wirkung. Ich möchte dann alles – und zwar sofort. Aber, David, das ist einfach nicht vernünftig."

„Meinst du etwa, es ist *vernünftig*, wenn die beiden heute in der Altstadt heiraten?" gab David heftig zurück. „Der Alte hat mir gestanden, daß wir die Altstadt verlieren werden."

„Nein!" stieß Ellie hervor und schaute ihn entgeistert an.

„Es ist auch nicht gerade vernünftig, sich für eine jüdische Heimstatt einzusetzen. Vernünftig wäre es, wenn wir nach Hause flögen, bei Bullocks Wilshire ein Hochzeitskleid kauften und dann in der Westwood Presbyterian Church zum Traualtar gingen. Das hätten wir sowieso schon vor drei Jahren tun sollen, bevor ich nach Europa gegangen bin. Dann würdest du dich jetzt um unsere Kinder kümmern, und ich flöge die Postroute zwischen Bakersfield und Los Angeles!" Seine Stimme schien so voller Bedauern, daß Ellie einen Moment lang glaubte, er würde anfangen zu weinen. „Aber wir haben's nun mal nicht getan. Und nun sind wir hier und – verdammt! Ich weiß, daß wir hier sein *sollen*! Gott hat jede Kleinigkeit vorausgesehen. Ich glaube jetzt daran, Ellie! Aber komm mir nicht mit Vernunft. Es ist eben einfach alles nicht –" Seine Gefühle überwältigten ihn, und er zuckte hilflos die Achseln. „... vernünftig!" beendete Ellie den Satz für ihn. „Du hast natürlich recht. Mit allem! Weißt du eigentlich, wie oft ich nachts im Bett gelegen und über dich und mich nachgedacht habe? Ich habe schon die Wohnungszeitschriften gelesen und mir ausgemalt, wie wir unser Haus einrichten würden, wenn wir je heiraten sollten. Ich wollte in einem langen, weißen Kleid heiraten, Mary und Julie sollten meine Brautjungfern sein, und Dad sollte mich zum Traualtar führen –"

„Hör mal zu, Schatz, das können wir doch alles noch tun! Wir können später noch einmal richtig heiraten, wenn dir das zu Hause immer noch wichtig ist. Aber heute abend ... Laß mich nicht abreisen, ohne daß ich mein ganzes Herz bei dir zurücklassen kann. *Du* bist meine Heimat, Els! Ich glaube, daß Gott auch das vorhergesehen hat."

Ellie atmete heftig und rieb sich mit der Hand über die Augen. „Ich weiß nicht, was die Höhenluft für einen Einfluß auf das menschliche Gehirn ausübt", sagte sie schließlich in gespielter Resignation und fügte dann entschlossen hinzu: „Gut. Gut, dann heiraten wir eben heute abend. Aber bevor wir unsere Hochzeitsreise beginnen, muß ich noch meinen Artikel fertigschreiben und die Bilder entwickeln."

Davids Gesicht hellte sich auf, und er reichte ihr strahlend die Hand. „Einverstanden. Du bist das Warten wert."

Sie besiegelten ihre Abmachung mit einem Händedruck, und dann lehnte Ellie sich mit einem enormen Gefühl der Erleichterung und des Friedens in ihrem Sitz zurück. „Hast du schon einen bestimmten Pfarrer im Sinn?" fragte sie leise.

Statt einer Antwort bog David nach Norden ab. „Haifa", erwiderte er. „Das ist ein jüdischer Hafen. Dort können wir sogar vernünftig essen, bevor wir wieder nach Jerusalem zurückfliegen!" Seine Stimme klang belebt. „Mein Gott, Els!" Er beugte sich zu ihr hinüber und küßte sie überschwenglich auf die Wange. „Es ist ja erst kurz nach sieben. Bis halb neun können wir verheiratet sein und gut zu Abend gegessen haben. Und gegen zehn können wir dann wieder in Jerusalem bei der *Palestine Post* sein! Wie lange wird es dauern, bis du die Bilder entwickelt hast?"

„Vielleicht eine Stunde!" erwiderte sie, nun richtig aufgeregt.

„Tja, ich hab' bereits ein Zimmer im King David Hotel bestellt", warf David mit triumphierendem Unterton ein. „Ich fand das ganz passend, wegen des Namens und auch sonst."

„Willst du damit etwa sagen, du wußtest, daß du mir heute abend einen Heiratsantrag machen würdest? – und daß ich ja sagen würde?" Sie lehnte sich betroffen zurück und sah ihn ungläubig an.

„Der Mensch lebt von der Hoffnung", erwiderte er lakonisch und zog nachdenklich seine Stirn kraus, bevor er hinzufügte: „Und außerdem wollte ich nicht, daß du mir den Vorwurf der Ungestümheit machen konntest."

„Aber nein! Schließlich habe ich schon länger auf diesen Augenblick gewartet." Und während sie sich bei ihm unterhakte und ihren Kopf beglückt an seine breite Schulter lehnte, fügte sie leise hinzu: „Danke!" Doch das Dröhnen der Motoren verhinderte, daß ihre Stimme an sein Ohr drang.

* * *

Unter dem Lärmen der Feiernden stiegen Rachel und Mosche die Treppen zu der kleinen Veranda vor ihrer winzigen Wohnung hinauf. Während Mosche noch mit dem Schlüssel am Schloß nestelte, schaute Rachel, plötzlich verlegen geworden, zum leuchtenden Vollmond auf. Schließlich öffnete Mosche schwungvoll die Tür und gab den Blick auf die Wohnung frei, die einladend für den Empfang des jungen Paares hergerichtet worden war: im Schein der Kerzen sah Rachel, daß der geblümte Bettvorhang zurückgezogen, die Kopfkissen aufgeschüttelt und die Bettdecke zurückgeschlagen waren. Doch Rachel gefror das Lächeln auf den Lippen, und sie zögerte, einzutreten.

„Nun?" fragte Mosche und löste sanft ihre Hand vom Geländer. „Nun, Frau Sachar?" fügte er mit Stolz in der Stimme hinzu, während er sein Gesicht zu ihr herabneigte und ihr Kinn leicht anhob. Sie erstarrte bei seiner Berührung, von plötzlicher Furcht ergriffen.

„Mosche ..."

Er beugte sich noch tiefer zu ihr herab, suchte ihr Gesicht und strich ihr zärtlich über die Wange. „Ich tu' dir nicht weh", sagte er verständnisvoll und sprach damit ihre unausgesprochenen Ängste aus. „Ich werde dir niemals wehtun, Rachel. Komm." Er zog sie leicht an sich.

„Mosche ..." begann sie erneut, aber bevor sie weitersprechen konnte, verschloß er ihr mit seinen Lippen den Mund und brachte all ihren Widerstand zum Schweigen – überwand all ihre Angst. Sie schloß die Augen und überließ sich – von glücklicher Wärme durchflutet – seiner Umarmung, die so kräftig war, daß ihr der Atem verging. Doch da hob er sie schon hoch und trug sie über die Schwelle. Er stieß die Tür mit dem Fuß zu, hielt Rachel aber noch eine Weile auf den Armen und flüsterte ganz dicht an ihrer Wange: „Was ist denn, mein Liebling, meine Frau?"

„Mosche", wiederholte sie leise, nun damit zufrieden, einfach seinen Namen zu sagen. „Mosche."

Er strahlte sie mit seinen warmen braunen Augen an. „Du bist die erste, die meinen Namen ausspricht! Du rührst mich an wie sonst nichts auf der Welt! Du bist die andere Hälfte meiner Seele! Ach, Rachel!" Er küßte sie erneut und legte sie dann aufs Bett. „Sprich noch einmal meinen Namen aus, dann sterbe ich vor Glück." Er barg sein Gesicht in ihrem Nacken und legte sich neben sie.

„Dann will ich ihn nie wieder aussprechen!" erwiderte sie lachend und fuhr sanft mit ihrem Finger die Linien seines kantigen, sonnengebräunten Gesichtes nach. *Er ist so stark*, dachte sie, *und doch wieder so kindlich in seiner Liebe zu mir.* Aus seinen Augen sprach jetzt Schmerz, der Schmerz eines überwältigenden, unaussprechlichen Glücks. „Was ist dir?" fragte sie und strich ihm zärtlich die Haare aus der Stirn.

Er hob seine Brauen in einer Geste der Hilflosigkeit und erwiderte dann kopfschüttelnd: „Seit dem Tag, da ich dich zum ersten Mal gesehen habe, träume ich von diesem Augenblick, davon, daß du eines Tages mein sein würdest. Seit jenem nebligen Morgen, als du am Strand schliefst und ich glaubte, du seist ein Traumbild. Ich habe dich oft heimlich beobachtet, und dann hatte ich jedesmal ein schmerzhaftes Verlangen danach, dich zu berühren." Er ließ seine Fingerspitzen von ihrer Wange über ihren Hals bis zum obersten Knopf ihres hochgeschlossenen Spitzenkragens gleiten und nestelte dann unbeholfen daran, um ihn zu öffnen.

„Laß, ich helfe dir." Rachel schob seine Hand sanft beiseite und begann selbst, ihr Kleid aufzuknöpfen.

Er hob die Hand, um die Kerze zu löschen, aber Rachel hielt ihn zurück.

„Ich möchte dein Gesicht sehen, Mosche", sagte sie verlegen. „Ich möchte dir in die Augen sehen."

Er nickte lächelnd. „Das verstehe ich."

Sie knöpfte ihr Kleid auf, ohne ihren Blick von ihm zu wenden und lächelte, als Tränen des Glücks seinen Blick verschleierten. „Du bist ein Geschenk Gottes für mich", flüsterte er und sog ihren Duft tief in sich ein. Dann ergriff er ihre Hand und küßte sie zärtlich. „Liebling", flüsterte er. „Meine einzige Liebe. Rachel, meine Frau." Er öffnete ihren Kragen und liebkoste ihren Hals mit den Lippen.

„Komm!" seufzte sie.

Er küßte sie leidenschaftlich, und sie erwiderte seine Gefühle. Es war ein neuer Anfang für sie, das erste Mal. Das erste Mal, daß sie geküßt wurde, das erste Mal, daß jemand sie in den Armen hielt, das erste Mal, daß sie das Feuer wahrer Leidenschaft spürte. Ihre Liebe war ein gemeinsames Dankgebet an Gott.

* * *

Nur drei Kilometer nördlich von Jerusalem klebte das arabische Dorf Schofat klein und schmutzig an einem staubigen Hang. Wie Schatten glitten die Frauen des Dorfes in ihren langen, schwarzen Gewändern durch die dunklen, ungepflasterten Gassen und versammelten sich vor der Moschee, um dort für den Erfolg der nächsten Aktion des Muftis zu beten. Sie sahen flüsternd zu den beiden Männern hinüber, die sich an einem gestohlenen jüdischen Taxi zu schaffen machten, das an der gegenüberliegenden Straßenseite stand.

„Seht ihr den da?" sagte eine der Frauen und deutete auf Jassar. „Er ist vom Mufti dazu auserwählt worden, heute abend die große Aktion durchzuführen."

Jassar hielt die riesige Taschenlampe höher, um Gerhardt, der im Fußraum lag und mit geschickten Fingern an einer Zündschnur hinter dem Armaturenbrett des alten Taxis bastelte, Licht zu geben.

„Hast du das gehört?" fragte er Gerhardt nervös.

Gerhardt knurrte bejahend. Er fädelte die Zündschnur durch das Loch, in dem sich vorher ein Radioknopf befunden hatte, und schnauzte dann ungehalten: „Ich seh' nichts!"

Augenblicklich richtete Jassar seine Aufmerksamkeit wieder von der ernsten Zuschauermenge auf Gerhardts Tätigkeit und lenkte den Lichtstrahl erneut auf Gerhardts Hände. „Wenn selbst die Frauen in diesem Dorf darüber Bescheid wissen, daß heute abend in Jerusalem etwas passiert, werden es dann nicht auch die Juden herausfinden? Oder vielleicht die Briten oder die Polizei?"

Gerhardt warf ihm einen drohenden Blick zu. „Deshalb steckst du ja in der Uniform eines palästinensischen Polizisten, Idiot! Was sollst du sagen, wenn dich jemand anhält?"

Jassar strich sich mit seiner verschwitzten Hand über seine khakifarbene Polizeiuniform. Er fühlte sich unbehaglich ohne das Gewand und die Kopfbedeckung seiner Vorfahren. Er tippte sich an den Rand seiner Mütze. „Ich – ich soll sagen, daß ich auf Streife bin und nach verdächtigen Fahrzeugen Ausschau halte. Wir haben einen Hinweis bekommen, daß heute nacht ein Bombenanschlag verübt werden soll."

„Is' ja prima", meinte Gerhardt spöttisch. „Und was tust du, wenn Brown das Taxi vor der *Post* abstellt und weggeht?" setzte er seine Prüfung fort, während er die Zündschnur in die richtige Position brachte.

Jassar tastete seine Brusttasche nach der kleinen Blechpackung mit den John-Player-Zigaretten ab. „Ich stelle den Polizeilieferwagen dahinter ab", rekapitulierte er zögernd. „Dann steige ich aus und zünde mir eine Zigarette an – nicht wahr? –, gehe gemächlich zur Taxe und tue so, als ob ich sie inspizierte, öffne die Tür und beuge mich hinein –"

„Ja, ja", unterbrach ihn Gerhardt ungeduldig. Er hatte seine Arbeit beendet und setzte sich blinzelnd auf. „Hier ist die Zündschnur." Er riß Jassar die Taschenlampe aus der Hand und richtete den Strahl auf das Ende der Zündschnur, das aus dem Armaturenbrett heraushing. „Du nimmst deine Zigarette und hältst sie an die Zündschnur. Nur ganz kurz. Dann werden kleine, muntere, aber tödliche Funken sprühen. – Und du hast noch zwei Minuten Zeit, Idiot. Nur zwei, aber das ist eine Ewigkeit."

Jassar nickte gehorsam. Seine hervorstehenden Augen traten noch weiter aus dem Kopf hervor, als er versuchte, sich das Schauspiel vorzustellen. „Und dann muß ich zurück in den Polizeiwagen und abfahren."

Gerhardt beugte sich vor und packte den ängstlichen, jungen Bauern am Hemdkragen. „Idiot! Du läßt Brown an der nächsten Straßenecke einsteigen! Laß ihn bloß nicht zurück, sonst wird er womöglich gefaßt und plaudert noch deine Identität aus! Oder er kommt bei der Explosion um, und ich habe einen wertvollen Kurier eingebüßt. Verstanden?"

Jassar nickte und schluckte. – Eine andere Frage brannte ihm noch auf der Zunge. „Kommandeur Gerhardt..." begann er.

Gerhardt spuckte ihm vor die Füße, knipste die Taschenlampe aus und stieg aus dem Wagen. „Wenn du nicht ein Vetter von Haj Amin wärst –" murmelte er.

„Kommandeur Gerhardt?"

„Was? Was ist denn?"

„Ich – ich..." stammelte Jassar und tastete verlegen nach der Zigarettenpackung. „Ich habe noch nie geraucht", fuhr er verlegen fort. „Ich weiß gar nicht, wie das geht."

Gerhardt bleckte die Zähne und riß seinem zitternden, jungen Kameraden mit einem verächtlichen Blick die Zigarettendose aus der Tasche. „Das ist doch ganz einfach." Er steckte sich eine Zigarette zwischen die Lippen und zündete ein Streichholz an. Im Schein der Flamme trat das Böse in seinen Augen deutlich hervor. Er hielt die Flamme an die Zigarette, inhalierte tief und blies Jassar den Rauch ins Gesicht. Der junge Mann rang nach Luft und wurde von einem Hustenkrampf geschüttelt. „Du siehst also, Idiot, das ist genauso einfach, wie eine Zündschnur anzuzünden."

Jassar stiegen vom Rauch Tränen in die Augen, und er hörte, wie die Frauen, die sie beobachteten, kicherten. Nachdem er seine Lungen wieder mit frischer Luft gefüllt hatte, fragte er mit erstickter Stimme: „Und was ist, wenn wir gefaßt werden?"

„Dann hast du deinen Vetter, den Mufti, im Stich gelassen."

„Und wenn die Bombe nicht losgeht?"

Gerhardt zog den jungen Mann am Hemd zu sich heran und stieß eine Warnung zwischen den Zähnen hervor: „Bei mir ist noch nie etwas schiefgegangen. Und nun hältst du gefälligst deine Zunge im Zaum, Emporkömmling, oder du findest dich ohne Zunge wieder!" Dabei strömte mit jedem Wort dämonischer Qualm aus seinem Mund.

Jassar hustete erneut, aber hielt gleich darauf entgeistert die Luft an, als er das grelle Scheinwerferlicht eines Polizeilieferwagens entdeckte, der gerade oben auf dem Berg angekommen war und nun direkt auf sie zukroch. „Sind wir denn so schnell entdeckt worden?" jammerte er.

Gerhardt stieß ihn verächtlich zu Boden und schritt über ihn hinweg. Er winkte dem Fahrer mit dem nichtssagenden Gesicht flüchtig zu. Gleich darauf gingen die Scheinwerfer aus, und der Wagen hielt unweit der Stelle, wo Jassar noch im Staub lag. „Das ist Brown. Er hat den Wagen. Steh auf, Bauer!" befahl Gerhardt und stieß die Zigarettendose mit dem Fuß zu Jassar zurück.

Dieser kroch zu der Büchse hin, schob sie wieder in seine Brusttasche und erhob sich.

„Als wenn man 'nem Kind das Spielzeug weggenomm' hätt'!" hörte er hinter dem Wagen die aufgeregte Stimme des Fahrers flüstern. Es war die Stimme eines Engländers, aber nicht die gepflegte Sprechweise eines Offiziers, sondern eher der Jargon der gemeinen Soldaten, wie

Jassar sie schon oft in seinem Dorf gesehen hatte. „Aber wir ham nich' viel Zeit. Die wer'n bald meld'n, daß der Wagen weg is', un' der Himmel steh' uns bei, wenn der Bursche in dem Schmuckkästchen gefunden wird. Aber verdammt! Der hat sich angestellt, wie wenn man 'nem Kind sein Spielzeug weggenomm' hätt'!"

„Jassar!" zischte Gerhardt. „Komm her!"

Jassar eilte um die Motorhaube des Wagens herum und rückte sich noch im Laufen die Mütze zurecht. „Jawohl, Kommandeur."

Browns bleiches Gesicht schimmerte hell in der Nacht. Seine schwarzen Augen funkelten vor Begeisterung, und sein Atem roch stark nach Whisky. Es ging das Gerücht um, daß diese britischen Deserteure für ihre tödlichen Botengänge im Dienste Haj Amins gut bezahlt wurden – auf jeden Fall besser als die arabischen Freiwilligen, deren einziger Lohn ihre eigene Befriedigung war. Obwohl der Engländer Gerhardts Bomben in den letzten Monaten ein halbes Dutzend Mal sachgerecht an verschiedenen Punkten der Stadt plaziert hatte, empfand Jassar gegenüber diesem übelriechenden Verräter ein instinktives Mißtrauen.

„Das ist der Bursche, der dir helfen wird, Brown", stellte Gerhardt Jassar vor. Er hustete in die Hand und warf Jassar dabei einen verächtlichen Blick zu.

Brown legte sein Gesicht in nachdenkliche Falten, so daß er aussah wie ein nasenloser Mops, und musterte Jassar unverhohlen von Kopf bis Fuß. „Mann! Das is' aber'n Häßlicher!" rief er aus. „Kuck dir mal die Nase an! So'n Polyp hab' ich noch nie in Jerusalem rumlaufen seh'n. Mann! Der's so häßlich, daß er wahrscheinlich noch damit durchkommt!"

Jassar kniff die Augen zusammen und knirschte vor unterdrückter Wut mit den Zähnen.

Gerhardt warf lachend den Kopf zurück. „Tja. Er ist eben ein Vetter von Haj Amin", berichtete er Brown.

„Was de nich' sagst!"

„Doch", bekräftigte Gerhardt, während er mit der Taschenlampe Jassars finsteres Gesicht anstrahlte. „Und an deiner Stelle wäre ich in Zukunft vorsichtig mit dem, was du über ihn sagst, Brown. Er soll dich immerhin heute abend in Sicherheit bringen und versteht außerdem sehr gut Englisch."

Brown lachte verlegen und tätschelte begütigend Jassars glattrasierte Wange. Dieser wich vor dessen Berührung und dessen übelriechendem Atem zurück. „Tatsächlich?" meinte Brown. „Na, ich will dir mal was sag'n, Kumpel." Er grinste Jassar anzüglich an. „Wenn ich du wär', würd' ich mir so schnell wie möglich'n Bart wachs'n lass'n. Mein Gesicht versteck'n, das würd' ich!" Dann lachte er röhrend und schlug Jassar auf den Rücken.

Dieser verzog angewidert den Mund und musterte den angetrunkenen Engländer abfällig. „*So einer* steht also im Dienste Allahs und meines Vetters, des Muftis?" fragte er verächtlich auf Arabisch. „Und was bekommt dieser Sohn eines Kamels als Lohn dafür, daß er unserer gerechten Sache dient?"

Gerhardt antwortete ebenfalls auf Arabisch: „Er bekommt englischen Whisky und englisches Geld. Er ist sehr nützlich für uns, selbst wenn er betrunken ist – sonst wäre er nicht mehr am Leben." Warnend fügte er hinzu: „Ich brauche ihn noch. Also sieh bloß zu, daß du ihn im Wagen mitnimmst, wenn du deinen Teil erledigt hast!"

„Dann freue ich mich auf die Zeit, wenn ich ihn entfernen kann wie Kot, in den ich getreten bin."

„Mannomann!" rief inzwischen der Engländer und wischte sich die Lachtränen aus den Augen. Er betrachtete noch einen Moment lang Jassars Gesicht und meinte dann ernst: „Nu' komm schon, Mann! Wir müss'n diesen widerlichen zionistischen Juden noch eins auswischen, stimmt's? Ich werd' meine Zunge im Zaum halten. Auf Ehre!" Er schlug Jassar auf die Schulter und führte ihn zu dem wartenden Taxi. „Wenn ich aussteige, geh' ich in aller Gemütsruhe zur Ecke. Gib mir'n paar Minuten Zeit, ja? Ich will auf jeden Fall außer Sichtweite sein. Abgemacht?"

„Du bist besoffen", erwiderte Jassar mit unterdrücktem Zorn.

„Jawoll! Bin ich. Ich bin besoffen", pflichtete Brown ihm bei, während er sich auf den Fahrersitz des präparierten Wagens setzte.

„Sind Sie auch sicher, daß dieser besoffene Engländer überhaupt ein Taxi fahren kann? Ist der denn überhaupt in der Lage, die *Palestine Post* zu finden und vom Wagen aus zur nächsten Straßenecke zu laufen?" fragte Jassar Gerhardt.

„Nett von dem Bursch'n, sich mein'tweg'n Sorg'n zu mach'n!" lachte Brown gutgelaunt.

Gerhardt sagte leise zu Jassar gewandt: „Das ist er. Er ist immer betrunken, wenn er einen Auftrag ausführt. Deshalb kann er auch nicht die Zündschnur zünden. Seine Hände zittern nämlich zu sehr. Du erledigst einfach deinen Teil und bringst ihn anschließend hierher zurück, sonst wirst du nicht nur deinem Vetter, dem Mufti, Rede und Antwort stehen müssen, sondern auch mir, verstanden?" Er schob

Jassar zum Lieferwagen hin. „Jetzt steig ein, und denk daran, wem du dienst."

Der junge Bauer kletterte hinter das Steuer des Polizeilieferwagens und ließ röhrend den Motor an. Als er die Scheinwerfer einschaltete, eilten die schwarzgekleideten Frauen, die ihnen vom Straßenrand aus zugesehen hatten, auf die beiden Wagen zu und stießen jene schrillen, an- und abschwellenden Schreie aus, mit denen arabische Krieger schon seit tausend Jahren in die Schlacht geschickt wurden. Eine alte Frau, deren Augen nur noch als Schlitze hinter faltiger, lederner Haut zu erkennen waren, löste sich aus der Gruppe. Sie trug eine große Schüssel mit Ziegenmilch, die sie mit einem lauten Schrei zwischen die Räder von Jassars Lieferwagen schüttete: „Zum Ruhm Allahs und des Islams!"

„Zum Ruhm des Islams", erwiderte Jassar, während er die Kupplung kommen ließ und davonfuhr. „Allah hat sogar Verwendung für einen betrunkenen, englischen Deserteur."

„Allah akbar!" riefen die Frauen hinter ihm her. „Allah ist groß! Jihad! Jihad! Jihad! Jihad!"

* * *

Captain Luke Thomas streckte seine langen Beine weit von sich, lehnte sich auf seinem Stuhl bequem zurück und rieb sich die Augen. Dann probierte er das klägliche Ergebnis von Howards Versuch, Kaffee zu machen, und verzog angewidert das Gesicht.

Aber dann meinte er gutgelaunt zu Howard, der ihm gegenübersaß: „Nur noch drei Wochen, Howard, dann geht's nach Hause! Eins werde ich auf keinen Fall vermissen: diese labberige Brühe, die du Kaffee nennst. Ach, einmal wieder eine Tasse heißen Tee mit echter Sahne und Zucker, nicht wahr?" meinte er lächelnd in dem Versuch, die düstere Aura zu verscheuchen, die Howard umgab. Er trank verlegen noch einen Schluck, verzog erneut das Gesicht und stellte Tasse und Untertasse klirrend ab. „Nun gut. Noch drei Wochen", meinte er schließlich. „Wir hatten abgemacht, daß ich sie am Ende meines Aufenthaltes herausgebe. Bald ist es also soweit."

Howard schüttelte düster den Kopf. „Sie brauchen sie sofort, Luke. Nicht erst in drei Wochen."

„Nun, ich kann sie schließlich nicht meiner Mutter in einer Hutschachtel nach Hause schicken", meinte Luke und zwirbelte dabei die Enden seines dichten Schnauzbartes. „Sie würde sie sicher zum Feueranzünden benutzen, fürchte ich."

Howards Augen weiteten sich vor Entsetzen bei diesem Gedanken, und Luke lachte herzlich über den Gesichtsausdruck seines Freundes.

„Mach bitte nicht solche üblen Scherze!" rief Howard aus.

„Na, na, Howard", meinte Luke beschwichtigend. „So schlimm ist es nun auch wieder nicht. Sie werden schon eine Möglichkeit finden. Du kennst sie doch!"

„Ich wäre nur gerne sicher, daß es überhaupt nötig ist. Das ist alles. Mein ganzes Leben lang habe ich damit verbracht, nach solchen Kunstschätzen zu suchen; nach Dingen, von denen uns die Bibel berichtet, nach einem Beweis, daß sie uns tatsächlich das unleugbare Wort Gottes überliefert –"

„Glaubst du denn wirklich, daß der Herr einen Fürsprecher braucht, Howard? Oder daß du im Besitz des einzigen Gegenstandes bist, der bezeugt, daß er tatsächlich Gott ist?" fragte Luke mit einem feinen Lächeln. „Wir kennen uns schon lange, Howard, aber ich kann mir nicht vorstellen, daß du eine so große Aufgabe auf dich nimmst. Denn der Herr ist selbst sein bester Fürsprecher. Es stimmt zwar, daß die Schriftrollen ein wichtiger Beweis dafür sind, daß das Wort Gottes seit der Zeit Christi unverändert geblieben ist, aber ich habe das Gefühl, daß dieser Fund vielleicht aus einem bedeutenderen Grunde in deine Obhut gegeben worden ist."

Howard sah den hageren, wettergegerbten Captain fragend an: „Und der wäre?"

„Ich habe die ganze Zeit über gedacht, daß die Schriftrollen in deine Hände gelangt sind, weil du der einzige bist – das heißt natürlich ihr beide, du und Mosche, – also, daß ihr die einzigen seid, die einzigen Menschen, die sie als das erkennen konnten, was sie sind. Diese Aufgabe hast du erledigt, und nun hat Gott ihnen noch eine andere Bestimmung zugedacht, verstehst du?"

„Der wichtigste historische Fund unserer Zeit – aller Zeiten – steht in Gefahr, als Lösegeld mißbraucht zu werden! Als regelrechte Bezahlung!" warf Howard ärgerlich ein. „Und ich kann ihn nicht davor bewahren."

„Betrachte die Schriftrollen bitte als Bezahlung für eine ganze Nation, Howard. Vielleicht hast du damit nur eine Rolle auf einer Seite eines großen Drehbuches gespielt. Du und Mosche, ihr habt zwar euer Leben für diese Schriftrollen eingesetzt, aber du darfst nicht vergessen, wem sie ursprünglich gehörten. Der Herr verfolgt seine Ziele auf wunderbaren Wegen."

Howard nickte zwar zustimmend, aber er konnte dennoch seine

Niedergeschlagenheit darüber nicht ganz unterdrücken, daß solche Schätze einem unbekannten Schicksal entgegengehen sollten. „Ich habe dem Alten gesagt, daß ich ihm Bescheid geben würde; daß ich nicht sicher sei; daß ich – es sei denn, er habe einen absolut sicheren Weg, sie aus Palästina hinauszuschmuggeln –, den Gedanken nicht einmal in Betracht ziehen würde."

„Dann kannst du aufhören, dir Sorgen zu machen. Wenn der Herr einen Plan hat, dann wird er auch einen Weg finden. Und du brauchst dich deswegen nicht weiter zu beunruhigen."

* * *

Rachel lag reglos in der Dunkelheit und horchte auf Mosches tiefe, friedliche Atemzüge. Sie hatte Angst davor, einzuschlafen, Angst davor, daß das Glück, das sie jetzt empfand, sich als Traum herausstellen und wenn sie die Augen wieder aufschlug, verschwunden sein könnte. Sie schmiegte sich eng an seinen Körper, eine Wange an seinem breiten Rücken und einen Arm um seine Taille, und dachte: *Wir passen ideal zusammen.* Sie küßte ihn glücklich zwischen die Schulterblätter. *Wir sind füreinander bestimmt, und ich danke dir dafür, Herr*, betete sie im stillen, von Mosches regelmäßigem, kräftigen Herzschlag beruhigt. *War ich einmal eine andere? Ich gehöre ihm erst seit heute nacht, und doch kann ich mich nicht daran erinnern, ihm irgendwann einmal nicht angehört zu haben.* Sie tastete nach der dunklen Linie, wo sich sein Haar im Nacken lockte. Er seufzte zufrieden bei ihrer Berührung und flüsterte dann ihren Namen.

„Rachel? Schläfst du nicht, Liebes?" Seine Stimme klang verschlafen, aber glücklich.

„Nein", erwiderte sie einfach und hatte dabei das Gefühl, daß selbst ihre Stimme jetzt irgendwie anders klang – wie die Stimme einer Frau, die *zu jemandem gehörte.*

Er drehte sich auf den Rücken, nahm sie in die Arme und zog sie fest an sich. „Kannst du nicht schlafen?"

„Ich habe nur nachgedacht", erwiderte sie leise.

„Wegen der Kleinen? Sie ist bei Schoschanna gut aufgehoben", beruhigte er sie.

„Das ist es nicht allein", sagte sie und lächelte über seine Einfühlsamkeit.

„Es geht dir doch gut?" fragte er besorgt und zog sie noch fester an sich.

„Ich habe nur über dich nachgedacht", murmelte sie und küßte sein Kinn. „Und über mich – über uns. Und damit wollte ich nicht aufhören, nicht einmal, um einen kleinen Augenblick zu schlafen. Ich bin so glücklich, Mosche, daß ich nie mehr schlafen möchte." Sie strich mit den Fingerspitzen über seine Lippen. Er ergriff ihre Hand und küßte ihre Handfläche.

„Und ich hatte Angst, aufzuwachen", sagte er. „Ich hatte Angst, daß ich nur geträumt hätte und du nicht mehr da wärst, wenn ich die Augen aufschlage."

Rachel kuschelte sich eng an ihn und legte ihren Kopf dicht unter sein Kinn. „Dann kannst du ja auch nachempfinden, warum ich gar nicht erst einschlafen wollte."

Lange lagen sie so nebeneinander, jeder mit seinen Gedanken beschäftigt, während der Primusofen in der Ecke behaglich zischte und knisterte. Plötzlich seufzten sie beide gleichzeitig wohlig und brachen dann beide gemeinsam in Gelächter aus. „Siehst du", meinte Mosche lachend. „Wir atmen schon im gleichen Rhythmus!"

„Und unsere Herzen schlagen im gleichen Takt."

„Aber deins flattert wie ein kleiner Vogel." Mosche legte seine Hand auf ihr Herz.

Sie legte ihre Hand auf seins. „Und deins ist ruhig und stark."

Er küßte sie zärtlich.

„Ach, Liebster", seufzte sie. „Können wir nicht die Welt anhalten? Wenn diese Nacht doch ewig dauern würde!"

„Aber dann", wandte er ein und streichelte dabei ihre Wange, „müßten wir ohne die Freude auskommen, nebeneinander aufzuwachen... ohne das Glück zu wissen, daß wir kein Traum sind, nicht wahr? Ich möchte" – er suchte nach Worten – „ich möchte jede Nacht hundert Mal aufwachen, einfach, um meine Hand nach dir auszustrecken und mich zu versichern, daß du neben mir liegst", sagte er innig. „Mein ganzes Leben lang möchte ich, wenn ich nach Hause komme, dein Gesicht sehen und sagen: *Es ist kein Traum!* Ich möchte mich umdrehen und in deine Augen sehen und sagen: *Sie ist wirklich mein!* Solch ein Geschenk ist deine Liebe!" Er zog sie wieder enger an sich. „Rachel, meine Frau, meine einzige Liebe!"

Als sie ihre Wange sanft an sein Gesicht legte, spürte sie, das es naß von Tränen war. *Ich danke dir, Herr,* betete sie wieder – ganz sicher, daß dieses Gebet nie enden würde.

* * *

Der Wind hatte auf Nordwest gedreht und erinnerte mit seiner Kälte daran, daß es immer noch Winter war. Er trieb die kleine Piper vor sich her, zurück nach Jerusalem, als Vorbote des herannahenden großen Sturms.

Im Cockpit hakte Ellie sich bei David unter und lehnte ihren Kopf an seine Schulter. Sie schmiegte sich so eng an ihn, wie sie nur konnte, und atmete zufrieden den altvertrauten Geruch seiner abgewetzten ledernen Fliegerjacke ein. Am Ringfinger ihrer linken Hand steckte ein zierlicher, goldener, mit winzigen Rubinen besetzter Ring, in den noch Rosen eingraviert waren. David hatte seit Beginn ihres Rückflugs von Haifa kaum ein Wort gesprochen, aber ab und zu suchte er mit einem zufriedenen Seufzer nach ihrer Hand und spielte mit dem Ring an ihrem Finger. Das sonore Dröhnen des Flugzeugmotors und die abermillionen Sterne über ihnen verliehen der Szene eine traumhafte, zeitlose Atmosphäre.

Ellie schloß die Augen und kuschelte sich wohlig an seine Schulter. „Ach, David, du hattest doch recht", meinte sie seufzend.

„Nun, das überrascht mich nicht. Das habe ich meistens", erwiderte er mit einem ironischen Lächeln und küßte sie zärtlich auf das Haar. „Und in welcher Angelegenheit habe ich recht?"

„Du bist wirklich der eingebildetste, egoistischste ...", begann sie und hob den Kopf, um ihn scherzhaft auszuschimpfen.

„Du hast recht."

„Aber das wollte ich eigentlich gar nicht sagen." Sie nahm wieder ihre vorherige Haltung ein. „Dies hier ist wirklich der friedlichste Ort der Welt, nicht wahr?"

„Hier und jetzt, mit dir, ja." Er streichelte zärtlich ihre Wange. „Ich glaube, ja."

„Können wir nicht hier oben bleiben? Können wir nicht unsere Flitterwochen hier oben verbringen?"

„Das habe ich mir auch schon seit unserem Abflug von Haifa überlegt!" lachte er. „Aber du hast mir ein Versprechen gegeben – zuerst mußt du doch deinen Artikel fertigschreiben, nicht wahr? Erst die Arbeit. Ich möchte unser gemeinsames Leben nicht mit einem Wortbruch beginnen. Außerdem, sieh mal da unten!"

Ellie beugte sich zur Seite und starrte in die Tiefe. Tausende von Lichtern blinkten zu ihnen herauf. „Jerusalem?"

„Genau unter uns! Und ich möchte die erste Nacht mit meiner geliebten Frau in der Stadt Davids verbringen." Sein Gesicht glühte ihm Licht des Armaturenbrettes, und er zwinkerte ihr verschmitzt zu.

Doch sie antwortete mit einem koketten Lächeln: „Liebling, überall, wo du bist, ist doch die Stadt Davids."

Sie schmiegte sich wieder an ihn und genoß den Augenblick mit geschlossenen Augen. Über so vieles hatten sie noch nicht gesprochen, und doch spürte sie bereits, wie ihr Herz mit dem seinen verwoben war. Alle Zweifel waren wie weggeblasen: David war der Mann, den Gott dazu auserwählt hatte, sein Leben mit ihr zu verbringen. Es schien, als wären jeder Gedanke und jede Handlung in ihrem Leben nur eine Vorbereitung auf diese Stunde gewesen, auf den Zeitpunkt, an dem sie beide aus zwei Leben eines machen würden. Sie war voller Ehrfurcht vor dem Wirken Gottes: schon bevor sie sich dessen bewußt gewesen war, hatte er den Entwurf ihres Lebens bereits fertig gehabt, deutlich und unmißverständlich. *Wenn wieder einmal schwere Zeiten kommen,* betete sie schweigend, *dann möchte ich mich gerne an diesen Augenblick erinnern, an diese Gewißheit, daß mein Leben in deinen Händen liegt. Ich danke dir, daß du mich kennst. Ich danke dir dafür, daß du mich liebst und mir David geschenkt hast. Ich möchte für ihn das Beste sein, was er in seinem Leben erfährt.*

Schließlich unterbrach David ihre Träumereien und ergriff wieder das Wort. „Du hast mir noch nicht gesagt, ob er dir gefällt."

„Im Augenblick gefällt mir alles", erwiderte sie träumerisch.

„Ich meine den Ring", entgegnete er mit verhaltenem Stolz.

Sie hielt ihre Hand ins Licht und betrachtete den matten Goldschimmer mit tiefer Befriedigung. Aber dann, als fiele es ihr wie Schuppen von den Augen, rief sie aus: „Aber wann hast du ihn denn gekauft? Ich meine, wieso hast du zufälligerweise einen Ehering genau in der Nacht in deiner Tasche, in der wir ganz spontan nach Haifa fliegen und aus einer Laune heraus heiraten? Ganz zu schweigen von der Tatsache, daß der Pfarrer dich *kannte* und nicht im mindesten überrascht war, als ich hinter deinen Rockschößen auftauchte und –"

David lachte aus vollem Halse. Dann warf er einen Blick auf ihr entsetztes Gesicht und lachte von neuem. „Tja. Ich bin eben wirklich impulsiv."

„Du *wußtest* es!" Sie schlug ihm mit scherzhafter Entrüstung auf die Schulter, rückte dann in gespieltem Widerwillen von ihm ab und lehnte sich mit schmollendem Gesichtsausdruck an die Flugzeugtür.

David zuckte nur die Achseln und lachte wieder. „Den Ring habe ich nur sechs Monate mit mir herumgetragen. Ich habe ihn bei dem kleinen Juwelier im Chinesenviertel in San Francisco machen lassen.

Du weißt schon, bei dem kleinen, kahlköpfigen Chinesen gegenüber dem Café des Fernen Ostens."

„Der, der kein Englisch spricht?" Sie hielt den Ring entzückt in die Höhe und betrachtete ihn mit erhöhter Wertschätzung. „Und du hast ihn die ganze Zeit bei dir getragen?"

„Ja. Ich bin ja nach Palästina gekommen, um dich zu suchen. Als ich dich dann am Heiligabend im Flugzeug mitnahm, hoffte ich, daß du meinen Heiratsantrag annehmen würdest. Aber du bist in dieser Besatzung diejenige, die so unglaublich impulsiv ist, Els – ich mußte den Pfarrer bis heute warten lassen."

„Du!"

„Du hast dich lange genug meinen Wünschen widersetzt und deinen eigenen Willen durchgesetzt. Gerade lang genug, daß mir noch klarer geworden ist, was für eine unglaubliche Frau du bist. Habe ich dir eigentlich schon gesagt, wie sehr ich deine Tätigkeit bewundere?"

Ellie spürte, wie ihr die Röte in die Wangen stieg. David sagte ihr nicht oft etwas Positives über ihre Arbeit. „Weißt du", erwiderte sie heiter, „ich habe darüber nachgedacht, daß wir vielleicht später, wenn das hier alles vorüber ist, gemeinsam ein Atelier für Luftaufnahmen eröffnen könnten. Alle Welt will doch heutzutage Dinge aus der Luft aufgenommen haben, nicht wahr? Geschäfte und Städte und Berge. Und dann können wir Kinder haben und das kleine Haus, von dem wir gesprochen haben, und..." Sie schlang ihre Arme um seinen Hals und küßte ihn stürmisch, wodurch das Flugzeug ein bißchen ins Schwanken geriet. „Und ich liebe dich, David Meyer", schloß sie leise.

„Und ich liebe dich, Ellie Meyer", erwiderte er.

„Soll das nun heißen, daß unsere Kinder jüdisch erzogen werden?" fragte sie lächelnd.

„Nee. Die Rabbiner sagen, daß das von der Mutter kommen muß. Nicht mal ich zähle da, weil nur mein Großvater Jude war. Das Judentum wird nämlich über die mütterliche Linie vererbt. Aber ich habe einen Spruch in deinen Ring eingravieren lassen. Es ist der Ausspruch einer nichtjüdischen Frau, einer Ahnfrau Jesu."

„Ich möchte den Ring nicht abnehmen", sagte sie zärtlich. „Sag mir bitte, wie der Spruch heißt."

David räusperte sich. „Die Stelle steht im Buch Ruth, Kapitel eins, Vers sechzehn und siebzehn." Er dachte einen Augenblick nach und begann dann: *Dränge mich nicht, dich zu verlassen und umzukehren. Wohin du gehst, dahin gehe auch ich, und wo du bleibst, da bleibe auch ich. Dein Volk ist mein Volk, und dein Gott ist mein Gott. Wo du stirbst, da sterbe auch ich, da will ich begraben sein. Der Herr soll mir dies und das antun – nur der Tod wird mich von dir scheiden.* Als er geendet hatte, sah er sie erwartungsvoll an. „Nun? Wie findest du das? Als ich den Spruch eingravieren ließ, fürchtete ich noch, du wolltest vielleicht nichts von mir wissen, Els, und würdest mir sagen, ich solle mich zum Teufel scheren. – Els, ich möchte immer bei dir bleiben! Mein ganzes Leben lang." Er stockte und sah sie voller Innigkeit an.

Ellie strich zärtlich über den Ring und legte dann ihre Hand auf seinen Arm. „Diese Nacht gehört uns, David", sagte sie zärtlich. „Und dann gehören wir uns für immer. Ich danke dir, und ich bin glücklich, daß du mich wiedergefunden hast. So glücklich!"

David hielt sich die Hand vor den Mund und hustete, als habe er einen Kloß im Hals. „Natürlich konnte Mr. Wong nicht den ganzen Wortlaut eingravieren. Nur die Versangabe. Leider hat er Ruth R-U-F geschrieben. Ich hätte es ihm aufschreiben sollen."

„Und was hättest du gemacht, wenn ich dir einen Korb gegeben hätte?" neckte Ellie ihn. „Hättest du den Ring dann einem anderen Mädchen geschenkt?"

Er machte ein ernstes Gesicht und wiegte den Kopf. „Nein. Denn ich habe unsere Namen hinter die Versangaben setzen lassen. *Für Ellie. In Liebe, David.*" Ellie drehte den Ring voller Ehrfurcht über Davids tiefe Zuneigung am Finger. Es war ihr vorher nie bewußt geworden, wie tief er für sie empfand, obwohl sie schon immer gewußt hatte, daß es ihm schwerfiel, über seine innersten Gefühle zu sprechen.

Während er eine Nachricht nach Jerusalem morste, sagte sie leise: „Du bist einfach prima. Und du weißt das auch, nicht wahr?" Er nickte. „Ja. Und auch immer im Recht." Er flog einen Bogen über die schlafende Stadt und sagte dann: „Schau mal dort unten. Gleich siehst du die Lichter unserer Landebahn."

Während sie noch über die Altstadt flogen und Ellie in die dunklen Straßen starrte, sprach sie ein kurzes Gebet für Rachel und Mosche. Sie mußte dabei im stillen darüber lächeln, daß sie zwar Bilder von der Hochzeit der beiden, nicht aber von ihrer eigenen hatte. Da leuchteten auch schon an beiden Enden der schmalen Graslandebahn Lichter auf. Es waren die Scheinwerfer der beiden Wagen der Agency, die zu diesem Zweck in der Nähe des Hangars standen. „Dort sind sie!" rief Ellie.

„Weiß nicht, was wir machen werden, wenn die Batterien dieser Wagen einmal leer sind." David lenkte den kleinen Vogel in die Tiefe, behutsam zwischen Dächern und Türmen hindurchsteuernd, deren Standorte er inzwischen auswendig kannte. „Halt dich fest."

Die Umrisse von Gebäuden flogen vorüber, und das Fahrgestell kam dem Dach des einen Wagens am Ende der Landebahn bedenklich nahe. Ellie hielt den Atem an und klammerte sich an ihrem Sitz fest, bis sie am sanften Rumpeln und Davids schnellen Handgriffen merkte, daß sie wieder einmal den Boden der Heiligen Stadt erreicht hatten. David ließ das Flugzeug ausrollen und schaltete die knatternde Maschine ab. Eine dunkle Gestalt rannte auf das Flugzeug zu. Im grellen Scheinwerferlicht erkannte Ellie eine blaue Jeansjacke und den kahlen Schädel von Davids Freund, Michael Cohen.

David lehnte sich zurück und sah Ellie lange an. „Tut mir leid, daß wir wieder runter kommen mußten."

„Solange wir zusammen herunter kommen ... Mach die Tür auf. Michael ist da unten."

Durch die dünnen Blechwände des Flugzeugs hindurch hörten sie bereits, wie Michael ihnen fröhlich etwas in seinem New Yorker Akzent zurief. „Heh, Blechmann! Heh! Mach auf! Fliegt einfach davon und angelt sich 'ne Frau, noch dazu, ohne mich mitzunehmen!"

David kniff Ellie noch schnell liebevoll in die Wange, bevor er die Cockpittür öffnete. „Jetzt is' es aus mit der Ruhe", murmelte er dabei. Als ihm Michael seine fleischige Hand entgegenstreckte, begrüßte er seinen Freund: „Na, lange nich' geseh'n!"

„Massel Tov! Massel Tov! Fliegt einfach davon und angelt sich 'ne Frau, ohne mich als Trauzeugen mitzunehmen! Da hat der Blechmann also schließlich doch noch Dorothy geheiratet, und ich war nich' dabei, um zuzuseh'n!"

David kletterte aus dem Cockpit und half Ellie auf den Boden. „Tja, ich hatte sie nun mal g'rad da oben und wollte ihr keine Zeit geben, es sich anders zu überlegen!"

Michael schlug ihm herzlich auf den Rücken und umarmte Ellie. „Darf ich der Braut einen Kuß geben?" Ohne auf eine Antwort zu warten, küßte er sie schallend auf den Mund und rief wieder: „Massel Tov! Wie hat er es geschafft, dich rumzukriegen? Was hat er dir erzählt? Alles Lügen!" neckte er sie. „Fliegst du übrigens morgen mit uns in die Staaten?"

„Nein", erwiderte Ellie leise. „Ich bleibe hier."

„Tatsächlich?" fragte Michael und war ehrlich verwirrt.

„Sie ist Kriegsberichterstatterin", erklärte David und legte einen Arm um Ellies Taille.

Michael stand einen Augenblick lang wie vom Donner gerührt. „Tja. Hmmm. Tja. Nun, ich paß' schon für dich auf ihn auf. Wann fahrt ihr denn in die Flitterwochen?"

„Heute abend", murmelte David. „Wenn die Arbeit in der *Palestine Post* erledigt ist."

„Tja", meinte Michael erneut und kratzte sich seine kahle Stelle. „Das is' 'ne Hochzeitsnacht, was?"

Ellie hakte sich bei Michael unter. „Hört mal. Ich muß halt noch was erledigen. Warum setzt ihr Jungs mich nicht einfach ab und trinkt unterdessen einen Kaffee oder irgendetwas anderes? Ich brauche nicht länger als eine Stunde. Michael, du kannst David Gesellschaft leisten. Er wird dir dann alles über die Hochzeit erzählen."

Michaels Blick fiel auf Ellies Hand, und sein Gesicht leuchtete auf. „Ah! Er hat dir den Ring gegeben! Is' der nich' hübsch? Er hat ihn monatelang mit sich rumgetragen, weißt du. Toll, nich'? Daß ihr zwei euch in das Joch der Ehe begeben habt! Nur, daß der Chinese, der den Ring gemacht hat, statt Ruth R-U-F geschrieben hat! Der Blechmann hätt' es ihm aufschreiben sollen!"

David schlug Michael scherzhaft auf die Schulter. „Das hab' ich ihr schon erzählt."

„Und sie wollte den Ring trotzdem?"

„Ich hab' es ihr erst erzählt, *nachdem* ich ihn ihr angesteckt hatte!"

Michael lachte und führte die beiden, die ihm händchenhaltend folgten, zum Wagen.

7. An der Palestine Post

Des langen Wartens überdrüssig und ausgekühlt von dem frischen Wind, der inzwischen aufgekommen war, saßen Johann und Dan in ihrem unbeleuchteten Wagen und beobachteten die Landung der Piper. Seit Stunden hatten sie auf die Rückkehr von Ellie und David gewartet, die sie, wie ihnen der Chef als einzige Anweisung aufgetragen hatte, „im Auge behalten" sollten. Die ersten zwei Stunden hatten sie sich damit vertrieben, sich erschöpfend über ihre Frauen und Kinder zu unterhalten. Dann hatten sie nur noch schweigend geraucht, wie auch jetzt, als sie beobachteten, wie David und Ellie mit Michael Cohen in dessen Auto stiegen und über den Acker nach Norden, in Richtung Gaza Road, davonfuhren. Johann ließ den Wagen an, warf seine letzte Zigarette aus dem Fenster und wollte gerade die Scheinwerfer einschalten, als Dan ihm die Hand auf den Arm legte und sagte: „Warte noch! Wir wollen ihnen noch etwas zusehen."

Während sich die Scheinwerfer von Michael Cohens Wagen hüpfend und tanzend entfernten und in der Gaza Road verschwanden, wurde in einiger Entfernung ein weiteres Scheinwerferpaar eingeschaltet, das dem ersten langsam folgte.

„Das sind die Amerikaner", sagte Johann. „Aber was soll's."

Dan hielt ihn immer noch zurück und schaute angespannt den beiden Wagen nach. „Warte noch", sagte er leise.

„Worauf denn?" gab Johann ungehalten zurück. „David Meyer und Miss Warne sind im ersten Wagen. Dann kommen die Amerikaner ..." Er stockte, weil noch ein weiteres Scheinwerferpaar am Ende des Ackers erschien.

„Warte!" wiederholte Dan.

Johann runzelte die Stirn und wischte sich mit dem Handrücken aufgeregt über die Lippen. „Wer ist denn das nun?" fragte er.

„Vielleicht unser Freund in dem hellen Wagen? Schwer zu sagen bei dieser Beleuchtung, aber sieh doch nur."

Er beugte sich mit zusammengekniffenen Augen vor. „Wahrscheinlich folgt er ihnen, nu?"

Die Scheinwerfer lösten sich aus der schmalen Zufahrt zum Kreuzkloster und hielten sich in sicherer Distanz von dem schwarzen Sedan der Amerikaner, der David folgte. „Das ist ja eine regelrechte Prozession", meinte Johann mit einem belustigten Kopfschütteln.

„Dann sind wir jetzt dran, uns anzuschließen." Dan schaltete die

Scheinwerfer ein. Johann fuhr am Ramban vorbei in Richtung Gaza Road. Die unbeleuchtete Straße wand sich in einem sanften Bogen durch den Stadtteil Rehavia zur King George Avenue. Während Johann fuhr, starrte Dan, die Ellbogen auf das Armaturenbrett gestützt, aufmerksam auf die Rücklichter des vor ihnen fahrenden Wagens. Das Fahrzeug, das vom Kloster abgefahren war, hatte tatsächlich eine helle Farbe, und sein Fahrer trat immer genau dann auf die Bremse, wenn die Bremslichter des amerikanischen Wagens aufleuchteten.

„Vor uns ist die Barrikade", sagte Johann leise. „Wollen sehen, was er macht."

Einen ganzen Häuserblock vor dem breiten Wall aus Sandsäcken und Stacheldraht, der das Gebäude der Jewish Agency schützte, verlangsamte der Klosterwagen seine Fahrt und schlug einen anderen Weg ein als David und die Amerikaner.

„Falscher Alarm", meinte Johann mit einem Seufzer der Erleichterung. „Sieh mal, er ist in den Ramban gebogen."

Dan starrte argwöhnisch hinter dem davonfahrenden Wagen her. „Ramban?" rief er aus. „Wenn der Bursche in den Ramban wollte, warum ist er uns dann anfangs nicht entgegengekommen? Warum ist er diesen großen Umweg gefahren?"

„Na ja, dieser meschugge Michael Cohen ist doch am Steuer!" meinte Johann erklärend. „Der kommt doch aus New York. Du kannst von ihm nicht erwarten, daß er sich hier auskennt!" Dan kratzte sich nachdenklich am Kopf und sah hinter dem Wagen her, der seine Fahrt wieder verlangsamte und in eine Nebenstraße einbog.

Johann zuckte gelangweilt die Achseln. „Das war wohl nichts."

Statt einer Antwort lehnte sich Dan entspannt in seinem Sitz zurück. Sie näherten sich der Barrikade, die der schwarze Sedan gerade passierte. Johann zeigte den Wachen lächelnd ein vom Alten persönlich unterzeichnetes Papier vor, woraufhin diese schweigend salutierten und sie vorbeiwinkten.

Als sie schließlich mit großer Geschwindigkeit an der Ben Yehuda Street und am Zion-Platz vorbeifuhren, meinte Johann: „Das ist wirklich eine lächerliche Situation. David weiß, daß ihm die Amerikaner folgen. Und sie wissen, daß er es weiß. Beide Parteien wissen, daß wir ihnen folgen, und wir wissen, daß sie es wissen. Wo ist also das große Geheimnis? Wir sollten alle anhalten und zusammen einen Kaffee trinken! Wo bleibt denn da die Logik?"

Dan steckte sich schweigend eine neue Zigarette an, während

Johann seinen Wagen so parkte, daß er die Amerikaner und Michael Cohens Wagen, der direkt vor dem roten Backsteingebäude der *Palestine Post* anhielt, gut im Blick hatte. David stieg auf der Beifahrerseite aus, half Ellie aus dem Sitz und ging mit ihr die Eingangsstufen hinauf. Vor dem Hauptportal gab er ihr einen langen Kuß und ließ sie eintreten. Als sie im Inneren des Gebäudes verschwunden war, drehte er sich um, machte eine tiefe Verbeugung zur Straße hin und winkte zuerst den Amerikanern, dann Johann und Dan zu. Anschließend sprang er die Stufen hinunter, klopfte gutgelaunt auf die Kühlerhaube von Michaels Wagen und stieg zufrieden wieder ein. Als Michael Cohen davonfuhr, glitt der schwarze Sedan sanft hinterher.

Johann verdrehte die Augen und meinte gereizt. „Wie lange noch, oh Herr?" Er wollte den Wagen anlassen.

„Halt mal!" sagte Dan ruhig. „Vielleicht sollten wir die Amerikaner eine Weile allein hinter David herfahren lassen. Der Alte hat uns doch aufgetragen, beide im Auge zu behalten, nu? Er meinte also auch das Mädchen. Laß uns hierbleiben! David wird schon zurückkommen. Wenn sie hier ist, wird er nicht weit sein. Nicht wahr?"

Sie hatten gerade zwanzig Minuten gewartet, als ein dunkles Taxi durch die Straße fuhr. Es fuhr so langsam, als suche der Fahrer eine Hausnummer. Hinter der *Palestine Post* hielt er schließlich an. Doch nach einem Moment des Zögerns setzte er den Wagen wieder bis zur *Palestine Post* zurück. Dort parkte er mit zwei Rädern auf dem Bürgersteig direkt vor den Eingangsstufen.

„Sie hat wohl ein Taxi gerufen", vermutete Dan.

„Noch dazu mit einem betrunkenen Fahrer", fügte Johann zynisch hinzu. „Ist wohl auch aus New York und kennt sich nicht aus."

Dan sah kopfschüttelnd zu, wie der Taxifahrer ausstieg. Er schien einen Augenblick zu schwanken und mußte sich an der Stoßstange des Wagens abstützen.

„Betrunken", kommentierte Johann gereizt. „Eine Schande. Schreib dir die Nummer von dem Mamzer auf, Dan!"

Dan schüttelte den Kopf bei dem Gedanken, daß ein jüdischer Taxifahrer betrunken sein sollte. „Na, mit dem können wir sie doch nicht nach Hause fahren lassen", meinte er. „Auf diese Weise kommt sie schneller um als bei einem Spaziergang durch das arabische Viertel."

Der Betrunkene blickte angestrengt in Richtung King George Avenue. Einen Augenblick sah es so aus, als würde er das Gesicht zu einem Lächeln verziehen, dann drehte er sich auf dem Absatz um und wankte davon. Die Wagentür ließ er weit offen stehen.

„Und was nun?" fragte Johann, während der Mann rasch im Schatten der *Post* verschwand.

„Tja, dann müssen *wir* sie eben nach Hause bringen. Wenn sie kommt, sagen wir ihr, daß wir den Auftrag hatten, sie aus Sicherheitsgründen zu beschatten –"

Ehe Dan zu Ende sprechen konnte, hielt ein Lieferwagen, auf dem in großen Lettern *Palästinensische Polizei* stand, hinter dem Taxi.

„Jemand hat ihn schon gemeldet", sagte Johann. Dan nickte zustimmend. „Dem werden sie jetzt das Taxi abschleppen, und wenn der morgen früh zurückkommt, ist sein Wagen weg."

„Ich hoffe, wir sind nicht mehr so lange hier, daß wir das noch erleben", meinte Dan gähnend.

Beide Männer verfolgten mit jenem Interesse, das aus abgrundtiefer Langeweile entsteht, wie dem Lieferwagen ein schmächtiger Polizist entstieg, der einen nervösen Eindruck machte: es schien beinahe so, als suche er die Straßen verstohlen mit den Augen ab, und als sein Blick ihren Wagen streifte, drehte er sich hastig um und suchte in seiner Brusttasche nach einer Zigarette. Selbst von seinem Standort auf der anderen Straßenseite konnte Johann deutlich erkennen, daß die Hände des Beamten leicht zitterten, als er sich eine Zigarette zwischen die Lippen steckte und dann seine Taschen nach Streichhölzern abtastete. „Na, der braucht seine Zigarette aber dringend", bemerkte Johann trocken.

„Vor allem braucht er Feuer", fügte Dan lachend hinzu, als er sah, wie hektisch der Polizist seine Taschen absuchte und einen gehetzten Blick in die Richtung warf, in der der Taxifahrer verschwunden war.

„Du lieber Himmel, Dan, steig doch aus und gib dem Mann Feuer", meinte Johann und versetzte seinem Begleiter einen auffordernden Rippenstoß. „Ich hab' dich auch schon mal so süchtig nach einer Dosis Nikotin gesehen. Hab doch ein bißchen Mitleid, Mann!"

„Selber", entgegnete Dan mißmutig. „Es ist draußen kalt geworden. Außerdem kommt der sowieso gleich her und fragt."

„Nicht mehr nötig." Johann machte eine leichte Handbewegung zum Bürgersteig hin, wo gerade ein schlanker Mann in einem dunklen Anzug gemächlich auf den verzweifelten Polizisten zuging. Sein Gesicht war unter der breiten Krempe einer Fedora verdeckt, und seine Hände waren in den Taschen vergraben. Er nickte dem Polizisten kurz zu und zog ein silber-glänzendes Feuerzeug aus seiner Anzugtasche. Eine kleine Flamme zuckte auf und brannte ruhig weiter, während sich der dankbare Polizist über sie beugte und kräftig an der Zigarette sog. Aber sogleich wurde er von einem Hustenkrampf geschüttelt. Der Mann im Anzug blieb noch einen Moment unschlüssig stehen, bevor er weiterging und in der Dunkelheit verschwand.

„Der ist aber in einer schlechten Verfassung", bemerkte Johann, der den Polizisten mit zusammengekniffenen Augen musterte. „Jemand mit einem solchen Husten sollte das Rauchen aufgeben, nu?"

„Das solltest du mal seiner Mutter erzählen." Dan wandte sich ab, sichtlich gelangweilt von dem ganzen Vorfall.

„Nun sieh dir mal an, wie der pafft! Wie'n Anfänger!" Johann verfolgte mit verächtlichem Blick, wie der Polizist auf das Taxi zuging. „Na, gib dem Mamzer schon ein Strafmandat! Widerrechtlich abgestelltes Fahrzeug. Trunkenheit am Steuer."

„Mir doch egal", meinte Dan gelangweilt. „Hol das Mädchen und sag ihr, daß wir sie nach Hause bringen müssen."

„Augenblick!" Etwas in Johanns Stimme ließ Dan aufhorchen, und er sah unwillkürlich zu dem Polizisten, der sich durch die offenstehende Wagentür ins Taxi beugte. „Was hat der denn vor?"

Doch bevor die beiden noch irgendwelche Überlegungen anstellen konnten, hatte sich der Polizist schon wieder aufgerichtet, schlug die Wagentür zu, warf hastig seine Zigarette auf den Bürgersteig und eilte zum Lieferwagen zurück, dessen Motor noch lief. Er schwang sich auf den Fahrersitz und war in Windeseile mit brausendem Motor davongefahren. Im selben Augenblick ging Dan und Johann ein Licht auf.

„Guter Gott!" rief Johann und war mit einem Satz aus dem Wagen. „Ich versuche die Zündschnur zu finden! Du warnst das Mädchen! Lauf, Dan! Lauf!"

Mit einem Aufschrei sprang Dan die Stufen hinauf und warf sich gegen die Eingangstür der Post, die krachend aufsprang. „Alle hinlegen! Alle auf den Boden!"

Im selben Augenblick, in dem Johann die Tür des Taxis aufriß und auf den Fahrersitz sprang, zerriß ein furchtbarer Blitz die Dunkelheit, und eine ohrenbetäubende Detonation zerschmetterte die Fensterscheiben in einem Umkreis von acht Wohnblocks.

* * *

David wollte seine leere Tasse gerade der vorbeieilenden Kellnerin reichen, als eine entfernte Explosion die Fenster und die Tellerstapel des Atara-Cafés zum Klirren brachte.

Michael fluchte laut und setzte geräuschvoll seine Tasse ab. „Nich' schon wieder!" rief er erbittert aus. „Heilige Makrele! Blechmann, is' es nich' schön, von diesem Mist hier für'n paar Wochen wegzukommen?"

Eine Gruppe von Gästen sprang auf und rannte auf die Straße, um den Horizont nach Flammen abzusuchen und einen Hinweis auf das Ziel des neuesten Bombenanschlags zu erhalten.

David horchte auf ihre entsetzten Ausrufe und gehetzten Fragen und meinte dann mit ärgerlichem Augenaufschlag gepreßt: „Du weißt, daß das wahrscheinlich unsere Pläne zunichte machen wird. Ich habe immerhin eine photographierende Krankenwagenjägerin geheiratet!" Er fuhr sich frustriert mit den Fingern durch sein kurzgeschnittenes Haar. „Zu allem Überfluß ist sie auch noch in der *Post*. Glaub nur ja nicht, daß die sie weglassen, ohne ihr den Auftrag zu geben, die Katastrophe im Bild festzuhalten."

„Vielleicht is' es ja nur 'ne Gasleitung", meinte Michael beruhigend.

David hob resigniert die Hände. „Wir werden ja sehen." Er stand auf und kramte in seiner Tasche nach einer Münze. „Ich werd' sie mal anrufen. Wir sollten in dieser Ehe von Anfang an keine falschen Vorstellungen aufkommen lassen. Ich werde hart sein und ihr sagen, daß diese Explosion nicht Teil unserer Abmachung war." Er ging durch das inzwischen menschenleere Café zur Telefonzelle im Hinterzimmer.

„Sieht so aus, als ob die Stadtmitte betroffen wäre", rief ein verstörter Mann in einem zerknitterten Anzug durch die Tür, während David die Nummer der *Post* wählte. Am anderen Ende der Leitung ertönte ein Besetztzeichen. David wartete einen Augenblick und wählte noch einmal. Wieder das Besetztzeichen. Er knallte mißmutig den Hörer auf die Gabel und wartete eine halbe Minute. Er konnte sich denken, daß nun jeder, der sich in Hörweite der *Post* befand, dort anzurufen versuchte, um das Unglück zu melden. Draußen auf den Straßen rasten heulend Krankenwagen vorbei, und David sah, wie Erschrockene und Neugierige sich zu großen Menschentrauben zusammendrängten. Er überprüfte die Nummer und wählte dann sorgfältig noch einmal. Wieder erklang das Besetztzeichen. Während er den Hörer abwartend vom Ohr weghielt, beobachtete er, wie der verstörte Mann im zerknitterten Anzug den Kopf durch die Eingangstür des Cafés steckte und mit vor Entsetzen weit aufgerissenen Augen rief: „Die *Post*! Sie haben die *Palestine Post* in die Luft gejagt!"

✲ ✲ ✲

Wie in einem Alptraum, von Sirenen und Schreien umgeben, deren Echo hohl in den Straßen widerhallte, drängte sich David hastig durch die Menge der Verletzten und Zuschauer, die die Halosel Street und den Zion-Platz blockierten. Verwundete Angestellte wankten aus einem klaffenden Loch, an dessen Stelle sich noch vor kurzer Zeit das Eingangsportal der *Post* befunden hatte. Das Eingangsschild der Zeitung war verkohlt und zerbrochen und hing wie eine zerrissene Fahne zwischen den Trümmern.

Schwefelgeruch biß David heftig in den Augen, und ihm liefen in Strömen die Tränen über die Wangen. Aber es hätte nicht erst des Geruches bedurft, um seine Tränen fließen zu lassen. Irgendwo hinter sich, in dem schreienden menschlichen Elend und dem Heulen der Sirenen, hörte er Michael seinen Namen rufen. Und er hörte auch jemanden ohne Unterlaß Ellies Namen rufen. – Es war seine eigene Stimme, die bis zur Unkenntlichkeit entstellt war.

Unter seinen Füßen knirschten Glasscherben. Balkons hingen in grotesken Formen über den Köpfen der Menge. Polizisten und Freiwillige drängten die Menschen mit der Warnung zurück, die Fassade des inzwischen brennenden Gebäudes könne einstürzen. Und wohin man sah, überall war Blut: Blut auf den Gesichtern der weinenden Verwundeten; Blut an den Händen derer, die ihnen halfen; Blut, das in kleinen Rinnsalen über den Bürgersteig floß und sich zu klebrigen Lachen verdichtete. Und ringsumher Rauch und Lichter, Polizisten, Weinen und Schreie.

„Ellie! Ellie!" schrie und schluchzte David abwechselnd. Doch seine Rufe gingen im Tumult unter und vermischten sich mit diesen zu einem allgemeinen Stöhnen. „Ellie!"

„Haben Sie Ellie gesehen?" fragte er blutüberströmte Angstellte, die er kannte. Doch diese schüttelten nur stumm die Köpfe. „Haben Sie Ellie noch nach der Explosion gesehen? Haben Sie –" Ohne auf eine Antwort zu warten, arbeitete er sich zu einer anderen Gruppe von Verletzten durch, die sich ihre gebrochenen Gliedmaßen oder blutenden Köpfe hielten und zusammengekauert auf einen freien Krankenwagen warteten.

„Zurück! Zurück!" rief da ein Polizist und bemühte sich, die Mensch von dem einsturzgefährdeten Gebäude zurückzudrängen, auf dessen Dach bereits die Flammen tanzten. „Einsturzgefahr! Zurück bitte!"

„Ellie!" brüllte David wieder. Plötzlich erkannte er die gebeugte Gestalt der mütterlichen Sekretärin, die sich immer so gerne um Ellie gekümmert hatte. Ihre Kleider waren zerrissen, und sie wischte sich mit einem rußverschmierten Taschentuch die Augen. Obwohl allem Anschein nach nur leicht verletzt, weinte sie leise vor sich hin, während sie in das Inferno starrte, das nun hinter den Fenstern des ersten Geschosses wütete. David drängte sich durch ein Knäuel von Menschen in ihre Nähe.

„Haben Sie Ellie gesehen?" rief er flehend. „Ellie Warne? Haben Sie sie gesehen?"

„So sinnlos!" sagte sie tonlos. „So sinnlos." Dann deutete sie mit zittriger Hand in Richtung Post. „Dort drinnen", weinte sie. „Sie war dort drinnen."

Wie ein Faustschlag traf es David in die Magengrube. Er fuhr herum und schrie wie ein waidwundes Tier: „NEIN! Nein! Ellie!" Er wollte zu dem wankenden Gebäude rennen, doch zwei palästinensische Polizisten hielten ihn mit starken Händen zurück.

„Sie können da nicht hinein", warnte ihn der eine. „Dort drinnen ist niemand mehr am Leben."

„Ellie! Aber meine Frau ist da drin!" David hatte bei der infernalischen Hitze das Gefühl, er befinde sich in einem Alptraum oder sei gestorben und schmore im Höllenfeuer. Aber diese äußeren Qualen waren nichts im Vergleich zu denen in seinem Inneren, die seine Seele versengten und seine Hoffnung zunichte machten. „Begreifen Sie doch!" flehte er. „Meine Frau!"

„Nein, mein Sohn", erwiderte der andere Polizist und legte beruhigend einen Arm um Davids Schulter. „Sie können unter keinen Umständen da hinein." Er redete ruhig auf ihn ein und führte ihn wie ein Kind aus der Gefahrenzone.

„David!" rief da Michael, dessen Kopf plötzlich in der wogenden Menge auftauchte. Als er ihn bei dem Polizisten entdeckte, winkte er seinem Freund heftig zu und drängte sich zu ihm durch.

„David!" rief er atemlos. „Ich habe dich überall gesucht!" David reagierte nicht, sondern starrte nur unverwandt in die Flammen.

„Er sagt, seine Frau ist da drinnen", erklärte der Polizist und musterte das Gebäude mit düsterer Miene.

Michael nickte zustimmend und nahm David am Arm. „Komm, Kumpel", sagte er sanft. „Du kannst hier nichts mehr tun."

Davids Kopf sank herab, und er fuhr sich vernichtet mit der Hand übers Gesicht. Wie ein Dolchstoß durchfuhr ihn die grausame Wirklichkeit des Geschehen und hinterließ eine tödliche, schwärende Wunde. Er hatte es aufgegeben, weiter ihren Namen zu rufen, und sah nun vor seinem geistigen Auge all das vor sich, was er an ihr so geliebt hatte: ihr lächelndes Gesicht, ihr kupferfarbenes Haar, das in der Sonne glänzte, und ihre weichen Arme, die um seinen Hals geschlungen waren.

Michael faßte ihn behutsam am Arm und führte ihn durch die Menge der Verwundeten und Neugierigen fort aus der Hitze des Infernos. Hinter ihnen schlugen jetzt die Flammen hoch empor und taten röhrend ihren Sieg über das Gebäude kund, das schließlich wie ein Kartenhaus zusammensackte. Der Gedanke, Ellie nie wiederzusehen, nie wieder ihre Stimme hören zu können, erfüllte David mit einer tödlichen Leere und Abgestumpftheit. *Vielleicht ist das alles nur ein böser Traum*, dachte er. *Vielleicht ist all das gar nicht wirklich passiert.*

Michael führte ihn zu einer dunklen Straßenecke, die abseits vom Unglücksort lag. „Bleib hier, Kumpel. Ich geh' eben und hol' das Auto, ja?"

David nickte apathisch und lehnte sich an den kalten Mast einer Straßenlaterne. Michael lief rasch die Straße hinunter und verschwand um die Ecke. Gleich darauf wurde David von den Scheinwerfern eines Wagens geblendet, der sich ihm mit großer Geschwindigkeit näherte und mit quietschenden Bremsen am Bordstein hielt.

Ein stattlicher Mann mit einem runden Gesicht stieg aus und blieb neben der offenen Tür des Wagens stehen. „David Meyer?" fragte er.

David nickte schweigend und erwiderte nur: „Ich spiele nicht mehr mit! Keine Polizisten und keine Banditen mehr. Egal, wer Sie sind, was Sie wollen –"

Der Mann zog seine Brieftasche heraus, klappte sie auf und ging damit auf David zu. „Feldstein. Jewish Agency", sagte knapp. „Bitte kommen Sie mit!"

„Nein, danke. Ich hab' schon eine Fahrgelegenheit. Den ganzen Weg zurück in die Staaten."

„Sie kommen bitte mit", wiederholte der Mann beharrlich. „Sie sind möglicherweise in Lebensgefahr."

David betrachtete ihn mit verschleiertem, geistesabwesendem Blick. „Mein Leben ist verwirkt, Feld- oder was auch immer. Also lassen Sie mich in Ruhe!" Er sprach mit schwerer Zunge, als habe er getrunken.

„Sie sind ja betrunken", entgegnete der Mann scharf. „Steigen Sie ein, sage ich!"

„Hau'n Sie ab!"

Der Mann senkte seine Stimme zu einem warnenden Flüsterton: „Steig ein, du Narr!"

„Laß mich in Ruhe!" schrie David, stürzte sich auf den Mann und packte ihn an der Kehle. „Hab' ich nicht genug getan – genug gegeben? Und wofür?"

„Hören Sie auf!" schrie der Mann mit sich überschlagender Stimme. „Lassen Sie mich los, und steigen Sie ein!"

David stieß ihn heftig auf den Beifahrersitz und ließ sich selbst auf den Rücksitz des Wagens fallen. „Klar", murmelte er müde. „Was macht das schon für einen Unterschied?"

Gerade als der Wagen davonfuhr, bog Michael Cohen langsam um die Ecke. Er suchte mit den Augen die Stelle ab, an der er David zurückgelassen hatte, und hielt dann fluchend an. Er sprang aus dem Wagen und suchte vergeblich nach seinem Kameraden. „Ich hätt' ihn nich' allein lassen dürfen", murmelte er dabei verzweifelt vor sich hin. „Niemals."

8. Nachrichten

Mosche und Ehud schauten Dov gespannt über die Schulter, der im trüben Licht einer Lampe im Keller des *Tipat Chalev* am Kurzwellenradio herumbastelte, dessen Empfänger so laut knisterte und rauschte, daß nur zeitweilig leise Stimmen daraus zu vernehmen waren.

„Bist du *sicher*?" fragte Mosche. Sein Gesicht war starr und von tiefer Sorge gezeichnet. „Bist du sicher, daß du dich nicht verhört hast, Dov?"

„Lies doch selbst", entgegnete Dov und reichte ihm ein zerfetztes Stück Notizpapier. „Ich habe alles aufgeschrieben, was ich verstehen konnte."

Mosche starrte unverwandt auf die hastig geschriebene Notiz. Er war kaum in der Lage, sich auf die Worte zu konzentrieren, geschweige denn seinen Geist zu zwingen, sie zu akzeptieren.... *Photographin... Auftrag... LIFE-Magazin... getötet... Bombenanschlag auf die „Palestine Post"... Leichnam in die Vereinigten Staaten... Benachrichtigung der Angehörigen... US-Außenministerium...*

„Gott", sagte Mosche leise. „Gütiger Gott." Er schloß fassungslos die Augen und preßte eine Hand gegen seinen schmerzenden Kopf. Ehud nahm ihm den Zettel aus der Hand und las den Text immer wieder von vorne. Es herrschte ein tödliches Schweigen im Raum, während die drei Männer ihren Gedanken nachhingen. Nur das Rauschen des Radios war noch zu hören. Schließlich wandte sich Dov wieder dem Senderwahlknopf zu und bearbeitete ihn mit äußerster Sorgfalt, um noch genauere Informationen zu bekommen.

Ehud, dessen kantiges Gesicht plötzlich ganz eingefallen war, legte Mosche mitfühlend eine Hand auf die Schulter und flüsterte heiser: „Mein Gott, Mosche, das tut mir aber leid. Das kann doch nur die kleine Schickse sein, nicht wahr? Deine Ellie Warne." Er klopfte Mosche unbeholfen auf den Rücken. Mosche verharrte in seiner Stellung, als habe er noch die Hoffnung, daß er vielleicht nur träume, daß dies ein Alptraum sei, der bei Licht wie eine Seifenblase zerplatzt. Schließlich aber begann er gepreßt: „Was..." Er suchte nach Worten. „Wie soll ich das Rachel beibringen?"

Bei dem starken Rauschen des Radios merkten die Männer nicht, daß Rachel hinter ihnen die Leiter herunterkam.

„Rachel *was* beibringen?" fragte sie heiter. Mosche sah im Schein der Lampe, daß sie lächelte und über dem Arm einen Weidenkorb trug, dessen Inhalt mit einer roten Serviette abgedeckt war. Da Mosches Gesicht im Dunkel lag, konnte Rachel jedoch umgekehrt seinen Gesichtsausdruck nicht erkennen und fügte, während sie von der Leiter stieg, fröhlich hinzu: „Ich bringe euch das Frühstück. Man hat mir gesagt, daß ihr hier seid und daß im Radio etwas –"

Er ließ sie nicht ausreden, sondern nahm sie stumm in die Arme und barg sein Gesicht an ihrem Hals. *So voller Leben. So schwungvoll. So voller Freude und Liebe. Konnte solch ein Mensch einfach nicht mehr sein?* Vergeblich versuchte er, die Bilder von der heiteren, tapferen kleinen Rothaarigen zu verdrängen, die ihm inzwischen so viel bedeutete.

Rachel war von Mosches Schmerz so ergriffen, daß sie nur den Wunsch hatte, ihn zu trösten. Sie ließ den Korb fallen und wiegte Mosche wie ein Kind in den Armen. Eine volle Minute verstrich, ohne daß jemand sprach. Ehud lehnte voller Verzweiflung an der feuchten Kellerwand und starrte mit ausdruckslosem Blick auf den Boden, während sich Dov still verbissen weiter am Radio zu schaffen machte. Rachel fuhr Mosche mit der Hand durchs Haar und wagte lange nicht zu fragen, was für ein Schmerz ihn in dieser Grabesatmosphäre befallen habe.

Doch schließlich faßte sie sich ein Herz und flüsterte: „Was ist dir?" Als Antwort legte Mosche nur seinen Kopf auf ihre Schulter, und sie spürte die Nässe seiner still geweinten Tränen auf ihrem Kleid. Sie wandte sich hilfesuchend an Ehud: „Ehud...?"

Als dieser den Kopf hob, hatte sie den Eindruck, daß sein Gesicht plötzlich um Jahre gealtert war. Ein schmerzlicher Zug hatte sich tief in jede seiner Falten eingegraben, und seine Mundwinkel hingen herab. Zögernd reichte er ihr das Papier.

Sie nahm es zwar an, wagte jedoch lange nicht, einen Blick darauf zu werfen. Doch schließlich nahm sie ihren Mut zusammen und las die grausame Nachricht hastig durch: *... LIFE ... getötet ... Bombenanschlag.* Sie stöhnte tief getroffen auf.

Ellie war tot! Eine abgrundtiefe Leere tat sich in ihrem Herzen auf: nie wieder würde sie ihre Freundin sehen, nie wieder die heitere Stimme hören, die sie freundschaftlich zur Vorsicht ermahnte. „Mosche!" schrie Rachel auf, als eine Ahnung davon in ihr Bewußtsein gedrungen war, was Ellies Tod für sie bedeutete. Das Papier entglitt ihrer Hand und fiel wie ein welkes Blatt zu Boden. „Oh, Mosche!" Erst jetzt wurde Mosche in aller Schärfe bewußt, wie sehr Rachel der Verlust treffen mußte, und er drückte sie fester an sich. „Ich wollte sie nicht mit mir in die Altstadt lassen! Ich hatte Angst, daß ihr etwas passieren könnte. Ich hatte Angst um sie, und ich wollte nicht mehr Abschied nehmen. Ich wollte nie wieder ... Mosche! Mosche!" brach es aus ihr heraus, und ihre schmalen Schultern wurden von einem Weinkrampf geschüttelt. Immer wieder rief sie weinend seinen Namen. Er hielt sie im Arm und strich ihr zärtlich übers Haar.

„Ruhig, mein Liebes, ruhig, meine süße Rachel. Sie ist jetzt in Sicherheit. Unsere kleine Ellie ist zu Gott heimgegangen."

Ehud wandte sich ab und wischte sich mit seiner schwieligen Hand die Tränen aus dem Gesicht. Dov dachte mit gesenktem Kopf daran, wie sich Rachel und ihre rothaarige Freundin zum letzten Mal umarmt hatten, bevor Rachel in die Altstadt gegangen war.

Schließlich ertönte im Radio klar und deutlich eine Stimme mit britischem Akzent:

> „Die Heilige Stadt Jerusalem ist gestern abend wieder einmal Schauplatz einer Tragödie geworden, als eine Autobombe den Sitz der *Palestine Post* im jüdischen Teil der Neustadt zerstörte. Die Sprengkraft der Bombe, die um 23.15 Uhr explodierte, war so groß, daß die Fensterscheiben im Umkreis von acht Wohnblocks zerschmettert wurden. Der Bombenanschlag auf die *Palestine Post* ist nur einer aus einer Serie von Anschlägen, die in der letzten Zeit auf die Stadt verübt wurden. Trotz der späten Stunde gab es zahlreiche Verletzte. Zwei Angestellte wurden getötet. Eine amerikanische Photographin, die für das LIFE-Magazin tätig war, kam ebenfalls um, als die Dunkelkammer, in der sie gerade arbeitete, über ihr zusammenbrach. Der Leichnam der Amerikanerin soll zur Bestattung in die Vereinigten Staaten gebracht werden. Ihr Name bleibt allerdings bis zur Benachrichtigung ihrer Angehörigen in den Staaten ungenannt. Das US-Außenministerium ließ durch einen Sprecher mitteilen, daß der Ehemann, der hier in Palästina für die Jewish Agency tätig gewesen ist, wahrscheinlich den Leichnam seiner Frau begleiten wird."

„Genügt das?" fragte Dov und schaltete das Radio aus. Sein Kinn zitterte vor Mitleid mit seinen Freunden, für die dieses grausame Ereignis einen tiefen Einschnitt in die Freude des vorigen Abends bedeutete.

„Ja", erwiderte Mosche mit tonloser Stimme. „Das genügt." Er hob zärtlich Rachels Kinn, sah ihr liebevoll in die Augen und strich ihr hilflos über die tränennassen Wangen.

„Ich hätte sie mit mir kommen lassen sollen", weinte Rachel leise. „Mosche, ich hätte sie mitkommen lassen sollen."

Er schüttelte den Kopf und zwang sich zu einer Antwort. „Nein. Ihr Leben war in Gottes Hand. Wie deins und meins. Denn Er bestimmt doch, wann es für uns an der Zeit ist, zu ihm zu kommen, nicht wahr?"

„Ach, Mosche!" rief Rachel und klammerte sich heftig an ihn. „Bitte versprich mir eins! Versprich mir, daß du nicht mehr ohne mich von hier fortgehst! Bitte laß mich hier nicht allein, nicht noch einmal! Laß mich nicht noch einmal allein!"

Mosche holte tief Luft und schaute zu Ehud. „Kannst du dich eine Weile um alles hier kümmern? Ich möchte sie nach Hause bringen."

„Ja, bleib nur bei ihr", stimmte Ehud mit weicher, belegter Stimme zu. „Wir kommen schon zurecht."

„Gut. Vielleicht kannst du die Leute die Kellerdurchgänge fertig machen lassen." Er drückte Rachel noch einen Augenblick fest an sich und küßte sie dann auf die Wange. „Komm jetzt, mein Liebes. Ich bringe dich nach Hause."

Ehud ging zur Leiter hin und streckte seine starken Hände aus, um ihr hinaufzuhelfen. „Gott segne dich, Rachel!" rief er hinter ihr her. Dann fügte er seufzend hinzu: „Ich habe schon zu lange gelebt!"

Mosche klopfte ihm auf den Rücken und sagte. „Bleib' bitte noch ein bißchen am Leben!" Dann stieg er hinter Rachel die Leiter hinauf.

Dov rief hinter ihm her. „Heh, Mosche, möchtest du, daß ich das bei der Agency bestätige?"

Mosche blieb unschlüssig auf einer Sprosse stehen und schaute mit düsterem Gesicht in die Dunkelheit hinunter. „Nein", sagte er dann bestimmt. „Die sagen uns nur wieder, was wir nicht hören wollen."

* * *

Sergeant Hamilton kreuzte die Arme vor der Brust und lehnte sich schwerfällig gegen die Fensterbank in Lukes Wellblechbüro. Er starrte mit ärgerlich zusammengekniffenen Augen auf die leuchtende Skala von Lukes altem Philco-Radio.

„... Photographin, die für das LIFE-Magazin arbeitete, kam ebenfalls um, als die Dunkelkammer, in der sie tätig war, über ihr zusammenbrach."

„Ja, diese Rowdies vom Mufti schreib'n ihre Sprüche mit'm Blut von unschuldig'n Menschen, das steht fest, Capt'n! Was war die Miss Warne doch für'n nettes Mädchen! Wußten Se schon, daß die dem jüdischen Mädchen, das noch inne Altstadt gegang'n is', nach'm Busunglück ihr'n Mantel und ihre Stiefel gegeb'n hat? Bei so'm Wetter! Ich und die Jungs haben schon gemerkt, was das für'n nettes Mädchen war. Das steht fest! Das ist kaltblütiger Mord, ist das!" Er sah sich suchend nach einer Stelle um, wo er hinspucken konnte. Als er keine fand, zog er das Fenster hoch und spuckte verärgert nach draußen.

Luke verfolgte mit trübem Blick, wie der stattliche Sergeant das Fenster wieder zuknallte und dann das Radio bedrohlich anfunkelte, in dem wohl schon zum hundertsten Mal an diesem Morgen die Nachricht verkündet wurde, deren grausame Gewißheit sowohl Hamilton als auch Luke nicht akzeptieren konnten ...

„... Mann war einer der ersten, der am Unglücksort ankam. Der amerikanische Pilot war allerdings für ein Presseinterview nicht aufzufinden ..."

„Kein Wunder", murmelte Ham. „Hab' gehört, daß der arme Teufel sie nich' mal mehr wiedererkenn'n würd'! Jawoll! Das würd' reichen, um 'nen Gesund'n inne Klapsmühle zu bring', Mann!" Ham schauderte, und Luke bat ihn mit einem flehenden Blick, endlich mit seinen Äußerungen aufzuhören. „Tut mir leid, Capt'n", meinte Ham und zog geräuschvoll die Nase hoch.

„... das US-Außenministerium mitteilte, hat der Flieger seine Tätigkeit bei der Jewish Agency aufgegeben und will mit dem Leichnam seiner Frau in die Vereinigten Staaten zurückkehren ..."

„Der arme David", flüsterte Luke. Und während Ham vor sich hin brütete und die Nachrichten weitergingen, betete er im stillen: *Gott, tröste ihn! Er ist zwar genauso Soldat wie ich, aber Ellies völlig sinnloser Tod muß für ihn die Grenze des Erträglichen sein. Gib ihm Kraft, Herr! Erinnere ihn an die einzig wahre Hoffnung!*

Seit Beginn seiner Zeit als Soldat hatte Luke mit vielen Männern zusammen gekämpft. Sie waren ihm in die Schlacht gefolgt und hatten unter Fluchen und Beten geschossen. Viele von ihnen waren dabei umgekommen. Wie oft hatte er anschließend den Toten die Augen geschlossen oder sich darum gekümmert, daß die Verwundeten von einem Sanitäter versorgt wurden? Wie oft hatte er nicht einmal genügend Zeit gehabt, Atem zu schöpfen, sondern sich sofort wieder aus dem Dreck erhoben und weitergekämpft? Aber was hier nun geschah, überstieg sein Fassungsvermögen. „Das kann einen schon müde machen, Ham", seufzte er schwer. „Man fragt sich, was für ein Sinn in solchen Gewaltakten liegen soll."

„Jawoll, Capt'n Thomas. Das fragt man sich." Hams Gesicht, das gewöhnlich eine rosige Farbe hatte, war nun blaß und wächsern. „Aber gucken Se sich mal das hier an!" Er hielt die Faksimileausgabe eines Zeitungsblattes in die Höhe, auf der das Emblem der *Palestine Post* prangte. Die Schlagzeile auf dem Blatt lautete: *Jihad-Terroristen bombardieren Post!* „Ja, das is' was, was man bewundern kann, Capt'n Thomas. Wie's die Juden schaffen, weiterzumachen. Terry hat mir erzählt, die ham den Vervielfältigungsapparat aus'm Schutt gezog'n und ihn in 'nem klein'n Haus am Ende der Straße aufgestellt. Und seh'n Se sich das an! Die Araber jag'n de *Post* inne Luft, aber trotzdem kamman se an jedem Zeitungskiosk kauf'n! Die ham nichts weiter als ihr'n Mut, aber davon ham se genug, um 'ne Nation aufzubau'n. Das is' meine Meinung."

Er reichte Luke den kläglichen Rest einer Zeitung. „Sie haben recht", pflichtete Luke dem Sergeant mit einem feinen Lächeln bei. „Diese Männer und Frauen muß man wirklich bewundern."

„Na ja. Die ham bestimmt auch ihre Gangster in ihr'n eig'nen Reih'n. Ich vergeß' ganz bestimmt nich' den Bombenanschlag am Jaffa-Tor. Aber ich glaub', es werd'n nich' die Gangster sein, die den jüdischen Staat am Ende regier'n. Und wenn der *Mufti* gewinnt", rief er aus, „dann ham Se Ihr'n Mörder! Und der würd' sich selbst zum König mach'n."

„Ja. Ich dachte, wir hätten im letzten Krieg gekämpft, um all die kleinen Hitlers loszuwerden. Ich kann nicht verstehen, warum unsere Regierung den Tatsachen einfach nicht ins Auge sieht."

„Ach, das Parlament!" schnaubte Ham angewidert. „Die sollt'n ma'n Tag inner Altstadt verbring'n! Wo dieser Capt'n Stewart, der Ihre Stelle übernomm' hat, die Araber mach'n läßt, was se woll'n, un' die alt'n Rabbiner zappeln läßt! Man fragt sich, ob's außer *dem hier* – er holte aus der Sammlung von Geschoßresten auf Lukes Bücherregal das größte Stück heraus – überhaupt noch 'ne Gerechtigkeit gibt! Bei dem hier wußten wir wenigstens, womit wir zu rechn'n hatt'n! Stimmt's, Capt'n? Das is' was and'res als'n Paket TNT unter der Motorhaube!"

Ham wiegte das große Geschoß prüfend in seinen Armen. „Ich weiß noch wie heut', als die hier heulend ankam, was, Capt'n?"
„In der Schlacht von El Alamein."
„Jawoll, un' wir wußt'n, wir war'n erledigt. Die hielt auf uns zu! Kam heulend auf uns zu! Traf nur'n paar Meter von uns auf. Rums! Das war alles. Rums! Un' Sie rappelten sich aus'm Dreck auf un' sagten zu uns –"
„Klopft euch den Staub ab, Jungs. Gott hat sich entschieden, uns noch etwas länger hier zu lassen", führte Luke den Satz zu Ende. Er hatte den Vorfall noch in lebhafter Erinnerung.
„Jawoll. Un' nach 'er Schlacht ham Se den entschärften Blindgänger in eine leere Geschoßhülse gepackt und alle von uns, die übrig geblieben war'n, um sich versammelt, un' dann sind wir vor Dankbarkeit auffe Knie gefallen." Er schüttelte die schwere Hülse. „Was ham Se'n jetzt da drin, Capt'n?"
„Persönliche Unterlagen."
„Na, das is' 'ne schöne Erinnerung an den, der den Oberbefehl hat." Ham legte die Hülse wieder zu der Sammlung. „155 Millimeter", sagte er ehrfürchtig. „Die hätte'n ganz'n Block von *Palestine Posts* inne Luft jagen könn'n, wenn der Herr nicht aufgepaßt hätte, was, Capt'n? Das hat mich zum Glauben bekehrt."
Luke räusperte sich und sagte leise: „Dann müssen wir auch glauben, daß er das Leben all seiner Kinder in seiner Hand hält, Ham. Beten Sie für David Meyer, wenn Sie daran denken, ja? Und für meinen lieben Freund Howard Moniger, Ellies Onkel. Die beiden müssen völlig vernichtet sein."
„Jawoll. Ich werd' darum beten, daß Gott sie tröstet. Schrecklich. Un' wenn's je'n Augenblick gegeben hat, wo man sich fragt, ob's 'ne Vorsehung gibt, dann bei so was." Er schüttelte nachdenklich den Kopf und stützte das Kinn in die Hand. „Ja. Ich werd' drum beten, daß Gott diesem Leid 'n Sinn gibt."
Ein lautes Klopfen unterbrach das Gespräch der beiden. Ein junger Soldat öffnete die Tür und steckte den Kopf in den kleinen, vollgepfropften Raum. „Captain Thomas?" Er hielt Luke einen weißen Briefumschlag hin. „Eine Botschaft für Sie, Sir."
„Danke. Schalten Sie bitte das Radio aus, Ham?", bat Luke den Sergeant und bedeutete dem Soldaten, einzutreten.
„Ein kleiner jüdischer Junge hat sie abgegeben." Der Soldat trat ein und legte den Umschlag auf Lukes Schreibtisch. „Ein kleiner jüdischer Junge mit einer Augenklappe über dem einen Auge. Er sagte, es

sei für Sie persönlich, und Sie möchten es bitte sofort lesen. Ich wollte Sie eigentlich nicht stören, aber ..."

Luke, sorgfältig darauf bedacht, seine Gefühle unter Kontrolle zu halten, faltete ruhig die Hände und entließ Ham und den Boten mit einem Kopfnicken. Dann erwiderte er den militärischen Gruß der beiden und fügte zu dem Sergeant gewandt leise hinzu: „Ich danke Ihnen, Sergeant. Ich weiß Ihre Äußerungen zu der Angelegenheit zu schätzen." Ham ging hinaus und schloß die Tür hinter sich.

Als Luke allein war, starrte er die schwarze Schrift auf dem Umschlag mit unguten Gefühlen an. Es war Howards Handschrift. Sein Magen krampfte sich einen Augenblick lang zusammen. Er atmete einmal tief durch, bevor er den Brief mit spitzen Fingern ergriff und ihn behutsam öffnete, indem er den Umschlag mit einem gebrochenen Bajonett aufschlitzte, das als Brieföffner diente. Es lag ein einmal gefaltetes Notizblatt darin, das Luke mit dem Wissen um Howards Schmerz auseinanderfaltete und wortlos durchlas: „Mein Freund! *Die Zeit ist gekommen, den Herrn zu preisen und die Munition weiterzugeben. Goldmann-Leichenhalle vor Anbruch der Dunkelheit. Howard.*" Luke erhob sich langsam und zog den Sonnenschutz vor seinem Fenster herunter. Dann schloß er die Tür und verharrte minutenlang in schweigender Betrachtung der Geschoßhülsen auf seinem Regal. „Sie haben also einen Weg gefunden", sagte er schließlich. Er spürte den regelmäßigen Schlag seines Herzens in den Ohren, als er das große Geschoß ergriff, das Ham erst vor wenigen Minuten nichtsahnend in der Hand gehalten hatte. Er zog das Projektil ab und legte es auf den Schreibtisch. Dann griff er tief in die Hülse hinein und zog ein sorgfältig verpacktes und versiegeltes Paket aus ihrem Inneren. Er legte es behutsam auf seine Schreibtischunterlage und betrachtete es voller Ehrfurcht, nicht nur vor dem Alter und der Herkunft, sondern vor allem vor der Bedeutung der darin enthaltenen Schriftrollen, und flüsterte: „Du hast also einen Weg gefunden, sie zu retten, Gott. Einen Weg, sie sicher aus Jerusalem hinauszuschmuggeln. Ich danke dir, Herr." Er hatte Tränen in den Augen. „Danke."

* * *

Haj Amin beendete sein Morgengebet mit einer tiefen Verneigung auf dem Gebetsteppich, einem Geschenk seines Vaters. Während das Sonnenlicht glitzernd durch die hohen Fenster seiner Privatmoschee schien, erklang draußen auf dem Platz vor dem Felsendom der Ruf des

Muezzins. Haj Amin verneigte sich ehrfürchtig ein letztes Mal gen Osten, erhob sich dann langsam und sah einem seiner Leibwächter dabei zu, wie dieser den ihm so wertvollen Teppich einrollte. Haj Amin lächelte heiter in dem Gefühl, daß Allah seine Gebete erhört hatte und mit den Jihad-Moqhaden war, die inzwischen aus jedem arabischen Dorf der benachbarten arabischen Nationen, sogar aus dem fernen Irak, herbeiströmten. Die Zerstörung der *Palestine Post* am Vorabend war ein Triumpf gewesen, ein betäubender Sieg, der bewies, daß es für die Juden Jerusalems keine Hoffnung mehr gab, wenn die Briten erst einmal abgezogen waren. Der Mufti wußte, daß am nächsten Tag alle Zeitungen der Welt in ihren Leitartikeln Anklagen gegen die Idee der Teilung und gegen ein internationalisiertes, von den Vereinten Nationen regiertes Jerusalem erheben würden. Mit jedem neuen, von den palästinensischen Nationalisten verübten Terroranschlag schrumpfte die Entschlossenheit der Welt, sich für eine jüdische Heimstätte einzusetzen, weiter in sich zusammen. Die Angst war eine Waffe, die letzten Endes einen größeren Tribut fordern würde als Kugeln.

Er wandte sich mit einem zufriedenen Seufzer um und betrachtete die Mosaiken seiner Moschee so aufmerksam, als sähe er sie zum ersten Mal. Schon bald würden die Juden um Frieden flehen. Schon bald würde die Welt ihn darum ersuchen, die allem Anschein nach ungeplant, spontan auftretende Gewalt zu besänftigen. Denn er allein war in der Lage, die verärgerten Bauern Palästinas wieder zur Ordnung zu rufen. Er betrachtete die Stelle, an der die durch die Scheiben gebrochenen Lichtstrahlen auf den gefliesten Boden fielen. Sie wirkten wie Leitern, die in den Himmel führten. *Solch ein Tag muß es gewesen sein*, dachte er, *als der Prophet Mohammed von hier aus auf seinem Pferd ins Paradies aufgestiegen ist. Er war es, der den Juden den Krieg erklärt hat, und ich, Haj Amin Husseini, werde ihn zu einem siegreichen Ende bringen.*

Der Weg zu seiner Residenz war kurz: eine kühle, alte Treppenflucht führte bis zu einem Durchgang, der den Tempelberg mit dem Jerusalemer Wohnsitz des Muftis verband, auf dessen Fundamenten vor nahezu zweitausend Jahren bereits das Versammlungshaus des jüdischen Sanhedrin gestanden hatte. Hier hatten doch die Juden über den Mann, den man den Christus nannte, und auch über den, der Paulus genannt wurde, heimlich zu Gericht gesessen? Und nun bin ich es, der Mufti von Jerusalem, der von diesem Ort aus seine Macht ausübt – ein weiterer Beweis dafür, daß Allah der einzige Gott und Mohammed sein Prophet ist. Haj Amin betrachtete zufrieden die alten Steinsäulen und die Stufen, die in sein Arbeitszimmer hinaufführten. Sieben Männer folgten ihm schweigend in einem Ritual, das alle Muftis seit den Tagen Saladins beibehalten hatten. Da die Steintreppe kein Geländer hatte, stützte sich Haj Amin an der feuchten Wand ab, die durch die Berührung von tausend muslimischen Herrschern, die an diesen Wänden morgens und nachmittags auf ihrem Weg zum Gebet Halt gesucht hatten, blank geworden waren. *Wie kommen die Juden dazu, dieses Land zu beanspruchen?* fragte sich Haj Amin, während er daran dachte, welch alte Rechte die Araber auf Jerusalem und ganz Palästina hatten. *Es ist nur der Gnade und Güte der Nachfolger des Propheten zu verdanken gewesen, daß diesen Bettlern überhaupt der Zugang zur Westmauer gestattet worden ist. Wir waren es, die ihnen erlaubt haben, ihre armseligen Hütten im Schatten ihres ehemaligen Ruhms zu bauen. Aber die Ungerechtigkeit der Juden hat die Gutmütigkeit der Araber über Gebühr strapaziert. Und nun werden sie gehen oder an Ort und Stelle sterben.* Palästina, das so lange von Herrschern aus aller Herren Länder regiert worden war, würde wieder vereint werden, hatte Haj Amin an diesem Morgen in seinem Gebet gelobt. Unter seiner Führung würde es als Königreich Haj Amin Husseinis geeint werden!

Er drehte den Messingknauf der Tür, die sich am Ende der Treppe befand, und stand in seinem Arbeitszimmer. Dort erwartete ihn, neben seinem Schreibtisch stehend, ein Diener, der in der einen Hand eine dampfende Kaffeekanne und in der anderen ein silbernes Tablett hielt, auf dem eine kleinen Schale mit Gebäck stand. Auf seinem Schreibtisch lag bereits eine Ausgabe einer Kairoer Tageszeitung und der lokalen arabischen Ausgabe von Jerusalem.

Als sein kleines Gefolge den Raum verlassen hatte, ließ sich Haj Amin in dem großen Ledersessel nieder und schlug die Zeitung auf. *Jüdisches Zeitungsgebäude zerstört! Amerikanische Photographin bei Explosion getötet!* Der Name Ellie Warne wurde zwar nicht genannt, aber Haj Amin wußte ganz genau, welche Amerikanerin nun zerfetzt in der Goldmann-Leichenhalle lag. Er lachte leise, während der Diener ihm Kaffee einschenkte.

„Die Nachrichten erheitern Eure Exzellenz?" fragte der Diener, der einen Turban auf dem Kopf trug.

„Sehr!" sagte Haj Amin, während er die Seiten überflog. „Der Sohn meiner Kusine hat gute Arbeit geleistet! Er hat es nicht nur fertiggebracht, das jüdische Propagandablatt zu zerstören, sondern auch, diese lästige amerikanische Journalistin umzubringen. Wir hatten zwar gehofft, daß sie uns vielleicht zu den Schriftrollen führen könnte, aber das ist nicht so tragisch. Es gibt ja noch andere, die uns den Weg zu ihnen weisen können." Er setzte die Tasse an den Mund und verzog das Gesicht, weil er sich an dem heißen, schwarzen Getränk die Lippen verbrannt hatte. „Sind Gerhardt und Jassar in der Nähe?" fragte er dann und nahm sich etwas von dem honiggefüllten Gebäck.

„Im vorderen Warteraum, Exzellenz", erwiderte der Diener nikkend und zog sich, unbeachtet von Haj Amin, rücklings zur Tür zurück und verschloß diese hinter sich.

Kurz darauf, der Mufti studierte gerade die Berichte mit den dazugehörigen Photographien, klopfte es leise: Jassar und Gerhardt traten geräuschlos ein und nahmen an der gegenüberliegenden Wand Platz. Es dauerte geraume Zeit, bis Haj Amin in ihre düsteren Gesichter sah. Ein Lächeln huschte über seine Lippen, als er sagte: „Ich sehe, daß ihr euch immer noch nicht mögt." Er machte eine wegwerfende Handbewegung, als wolle er diese unbedeutende Angelegenheit damit abtun. „Es ist völlig unerheblich, was ihr denkt. Ihr habt eure Sache gut gemacht. Ihr beide. Man kann euch gratulieren: die Amerikanerin ist tot, die *Post* lahmgelegt."

„Nicht ganz, Haj Amin", entgegnete Gerhardt mürrisch und zog ein zusammengefaltetes Blatt Papier aus der Brusttasche seines Hemdes. Er strich es sorgfältig glatt und legte es dem Mufti auf die Schreibtischunterlage. Dieser ergriff es zögernd an einer Ecke und fluchte leise, als er den Zeitungsnamen auf dem oberen Teil des Blattes erkannte und das Datum las: *Palestine Post. 3. Februar 1948*. Durch die Schlagzeile ging ein Aufschrei: *Jihad-Terroristen bombardieren Post!* Ärgerlich betrachtete der Mufti die schwach gedruckten Worte auf der Faksimile-Ausgabe der jüdischen Zeitung. Als er sich gefaßt hatte, meinte er: „Offensichtlich haben wir noch nicht genug von ihnen beseitigt." Sein Atem ging heftig. „Aber wir haben immerhin unsere Meinung deutlich zum Ausdruck gebracht."

„Und sie ihre", entgegnete Gerhardt mit versteinerter, ergrimmter Miene. „Sie sagen, daß sie weiterkämpfen werden, egal, was für Maßnahmen wir ergreifen."

„Dann müssen wir noch einmal betonen, daß es keinen sicheren Ort für sie gibt", erwiderte der Mufti, dessen Stimme einen tiefen, drohenden Ton angenommen hatte. „Bist du nicht auch dieser Meinung, Jassar?"

„Ha! Dieser Schwachkopf! Er war kaum in der Lage –" begann Gerhardt und wollte Jassar der Lächerlichkeit preisgeben.

„Genug!" herrschte Haj Amin ihn an. „Einer unserer Agenten hat mir gestern abend Bericht erstattet. Jassar hat nicht versagt. Er war unerschrocken und, was das Wichtigste ist, hat den Auftrag ausgeführt! Du schweigst von nun an!"

Bei den Worten Haj Amins strafften sich Jassars Schultern. Er sah Gerhardt herausfordernd ins Gesicht und meinte dann, forsch geworden: „Ich glaube, wir sollten nächstes Mal noch kühner sein und – und vielleicht Ben-Gurion beseitigen. Die Jewish Agency selbst zu zerstören, das wäre ein würdiges Ziel!"

Gerhardt verdrehte ärgerlich die Augen und lehnte sich an die Wand. Alles an seinem Wesen drückte aus, welch tiefe Verachtung er für diesen dicklippigen Günstling Haj Amins empfand. „Und wer wird ihm dieses Mal die Zigarette anzünden?" begehrte er verächtlich auf. „Wenn nicht Mont-"

„Schweig!" brüllte Haj Amin. Er sprang erzürnt auf und verschüttete dabei den starken, schwarzen Kaffee über die Zeitungen. „Du hast diesen Namen nicht zu erwähnen! Unter keinen Umständen!" fügte er mit gedämpfter Stimme hinzu. Die Augen rot vor Zorn und die Lippen zusammengepreßt, rang er um seine Selbstbeherrschung. „Du Narr!" fügte er aufgebracht hinzu. „Ein einziges Wort genügte, und du wärst von der Erdoberfläche verschwunden! Deine Indiskretion hat mich schon zuviel gekostet! Ich weiß nicht, wie lange ich noch die Geduld aufbringe, deine unverschämte Dummheit zu ertragen!" Er schlug mit der Hand auf den Schreibtisch und sank langsam wieder in seinen Sessel zurück.

Gerhardt war alle Farbe aus dem Gesicht gewichen, nicht nur aus Angst vor dem Zorn, sondern auch vor der Macht des Mannes, dem er diente. Jassar hingegen kreuzte überlegen die Arme vor der Brust und lächelte zufrieden über den Tadel, der Gerhardt von Haj Amin erteilt worden war. Alle Beleidigungen, die er am Abend zuvor in Schofat hatte hinnehmen müssen, kamen ihm im Vergleich dazu geringfügig vor.

Haj Amin erlangte seine Fassung wieder und bemerkte erst jetzt die umgekippte Tasse. „Jassar", sagte er leise, „du bist entlassen. Rufe bitte Basil und sage ihm, daß in meinem Büro ein kleines Mißgeschick passiert ist."

Jassar nickte und ging zur Tür. Er öffnete schon seine fleischigen Lippen, um Gerhardt triumphierend anzulächeln, als Haj Amin heiter hinzufügte: „Ach ja, und noch etwas, Jassar. Ich würde mich freuen, wenn du den Umgang mit Tabak erlerntest."

„Jawohl, Haj Amin", erwiderte dieser demütig und fragte sich, woher Haj Amin über die Ereignisse des vorigen Abends Bescheid wußte. Dann eilte er zur Tür hinaus, und Haj Amin richtete seinen Haß wieder auf Gerhardt.

„Du bleibst nur so lange unter meinem Schutz, wie du für mich von Nutzen bist. Wenn du deinen Mund einmal zuviel aufmachst, Gerhardt, kann es sein, daß es das letzte Mal war. Ich habe zwei gute Leute verloren, weil du unbedingt diese jüdische Hure verfolgen wolltest – ein völlig nutzloses Unterfangen. Denn du wußtest genauso gut wie ich, daß wir ihren Körper besitzen werden, wenn uns der jüdische Teil der Altstadt zufällt. Was ohnehin bald genug sein wird! Außerdem wünsche ich nicht, daß du dich auf Kosten meines Verwandten mit deinen Leistungen brüstest." Dann fuhr er beherrscht, beinahe sanft fort, so, als erkläre er einem Kind ein schwieriges Problem: „Du wirst Jassar kein Haar krümmen! Du wirst deine Verachtung bezwingen und ihm all jene Dinge beibringen, die du im Dienst des Führers gelernt hast. Habe ich mich klar ausgedrückt, Gerhardt?"

„Natürlich", erwiderte dieser eingeschüchtert.

„Und was die andere Sache anbetrifft: Montgomery ist für uns in diesem Punkte von größerer Bedeutung als du. Du wirst diesen Namen weder noch einmal in den Mund nehmen noch auch nur denken. Es steht zuviel für dich auf dem Spiel, als daß du alles durch ein unbedachtes Wort zunichte machen solltest. Ist das klar?"

Gerhardt veränderte unbehaglich seine Stellung und nickte in völliger Demut. „Vergebung, Haj Amin", winselte er. „Sie müssen verstehen, es ist diese Frau. Diese Erniedrigung. Sie wollten mich in den Abwasserkanälen dem Tod überlassen. Tagelang bin ich darin umhergeirrt und mein Geist ... ich habe vergessen, wofür wir kämpfen. Ich habe mein Ziel aus den Augen verloren!"

„Vielleicht möchtest du eine Zeitlang außerhalb Jerusalems verbringen?" fragte Haj Amin. „Ja? Vielleicht flössen deine Gedanken leichter, wenn du das Problem der Jewish Agency überdächtest ... Vielleicht wärst du glücklicher, wenn du eine Zeitlang mit Kadar zusammenarbeiten könntest?"

Gerhardt hob rasch den Blick. Feindseligkeit und Zorn traten wieder an die Stelle der Reue, und er schrie unbeherrscht: „Er ist kein richtiger Patriot!"

„Weil er die Juden nicht so brennend haßt wie du?" war Haj Amins amüsierte Reaktion. „Nun gut, vielleicht kannst du ihm dabei helfen, seine wahre Leidenschaft zu entdecken. Er hält jetzt den Bab el Wad und sichert die Straße gegen jüdische Konvois ab. Es ist unser Wunsch, daß du dich ihm im Dorf Kastel anschließt und deine große Begabung dazu verwendest, jeglichen Verkehr nach Jerusalem zu unterbinden. Und wenn du dir einen Plan für die Jewish Agency ausgedacht hast, bist du uns in Jerusalem wieder herzlich willkommen." Seine Worte waren mit solch einer Endgültigkeit gesprochen, daß Gerhardt in hilfloser Zustimmung die Achseln zuckte.

Als der Diener herbeieilte, um das Ergebnis von des Muftis Zorn zusammenzukehren, machte Gerhardt eine tiefe Verbeugung und verließ mit einer schwungvollen Geste den Raum, in dem nach dem Willen seines Wohltäters Gehorsam oder Tod regierte.

9. Wo ist Gott?

„Ich komme, um Tikvah zu holen", flüsterte Rachel verstört.

Die alte Schoschanna stand wie eine Statue in ihrer Wohnungstür und betrachtete prüfend das hübsche, junge Gesicht, das am Abend zuvor noch solche Freude ausgestrahlt hatte. Nun waren Rachels Gesichtszüge von Kummer gezeichnet, und an ihren Wimpern hingen Tränen. „Was ist los, Kind?" fragte die Alte mitleidig. „Mein Liebes? Hat er dir wehgetan?"

Rachel schüttelte den Kopf, und es zuckte um ihre Lippen, während sie mit den Tränen kämpfte. Hinter Schoschanna tauchte Schaul auf, der sich erhoben hatte und sich streckte. Er stellte sich neben Rachel und stupste mit der Nase gegen ihre Beine. „Es ist nicht –" begann Rachel mit erstickter Stimme.

Schoschanna tätschelte sie liebevoll. „Du bist nicht die erste Braut, die am Morgen nach ihrer Hochzeit weint", sagte sie leise. „Und wirst auch nicht die letzte sein. Aber es wird besser werden, du wirst schon sehen", fügte sie seufzend hinzu. Dann fiel ihr Blick, an Rachel vorbei, auf Mosche, der ihnen auf der Straße entgegenkam. Sie betrachtete sein düsteres Gesicht voller Unmut.

„Bitte", flüsterte Rachel schwer atmend, „kann ich bitte mein Kind haben?"

Doch die Alte hob nur ihr Kinn, sah Mosche über ihre Nasenspitze hinweg an und schob in deutlicher Mißbilligung ihre Unterlippe vor. Für sie stand unzweifelhaft fest, daß es Mosche gewesen war, der ihrer süßen Rachel Kummer bereitet hatte.

„Na, hier kommt ja dein Bräutigam", meinte sie frostig.

Mosche war außer Atem. „Rachel –" sagte er liebevoll und wollte sie in die Arme nehmen. „Ich bin untröstlich!"

Sie sank an seine Brust und flüsterte: „Sprich nicht so zärtlich zu mir, sonst weine ich noch hier auf der Straße."

Er wandte sich Schoschanna zu und sagte gepreßt: „Guten Morgen!"

„Tatsächlich?" versetzte sie mit einem schützenden Blick auf Rachel. „Nun. Der Meinung bin ich nicht."

„Nein, Schoschanna." Rachel wischte sich eine vorwitzige Träne ab. „Ich weiß, was du jetzt denkst. Es ist nicht wegen Mosche. Nein. Es ist –" Sie konnte den Satz nicht zu Ende sprechen, weil der Schmerz ihr den Hals zuschnürte.

„Wir haben schlechte Nachrichten", fügte Mosche zu Schoschanna gewandt erklärend hinzu, während er Rachel beruhigend übers Haar strich.

„Nicht der Rabbi, Gott behüte!" rief die Alte, und ihr Gesichtsausdruck war im Nu von Zorn in Sorge umgeschlagen. „Nicht Rebbe Lebowitz oder der kleine Jakov."

„Eine Freundin. Eine liebe Freundin in der Neustadt. Die kleine Schickse, die neulich mit Rachel und Jakov hergekommen ist. Erinnerst du dich?"

„Das rothaarige Mädchen?" fragte Schoschanna und schnalzte bedauernd mit der Zunge. Dann tätschelte sie Rachel mitleidig. „Oj! Und was passiert als Nächstes?" rief sie aus. „Was ist das nur für eine Zeit! Ach, mein Liebes, mein Liebes!"

Nun konnte Rachel ihre Gefühle nicht länger unterdrücken und fing haltlos an zu weinen. „Ellie!" rief sie unter Tränen. „Oh, Mosche! Sag doch, daß das nicht wahr ist!" flehte sie und klammerte sich, von einem Weinkrampf geschüttelt, an ihn.

„Ich bringe sie nach oben", sagte Mosche leise. „Holst du bitte die kleine Tikvah?"

„Natürlich", erwiderte Schoschanna und tätschelte Rachel wieder beruhigend. „Die Kleine wird helfen." Mit diesen Worten ging sie davon, und Mosche führte Rachel die Treppe zu ihrer Wohnung hinauf. Schaul schlich niedergedrückt hinter ihnen her.

Klein-Tikvah strampelte unwillig, als Schoschanna ihr die Windel wechselte, verzog ihr Gesichtchen und tat mit kräftiger Stimme ihren Ärger darüber kund, daß sie mitten in ihrem friedlichen Morgenschlaf gestört worden war. „Pscht, Kleine, deine Mama muß dich jetzt einmal im Arm halten. Du bist ihre Freude in einer Welt des Kummers, kleine Perle. Also komm. Pscht." Schoschanna wickelte die Kleine in eine warme, weiche Decke und eilte, den Kopf des Kindes schützend an ihre Schulter gelehnt, zur Tür hinaus und die Treppe hinauf. Oben angekommen, klopfte sie einmal und trat dann ein, ohne auf eine Antwort zu warten. Tikvah greinte noch immer, als spüre sie, daß irgendein Unheil geschehen sei. Mosche, der die Rollos hochgezogen hatte, wollte der Alten das Kind abnehmen. Doch Rachel kam ihm zuvor und nahm es mit ausgestreckten Armen entgegen.

Sie wischte sich mit dem Ärmel die Augen und wiegte Tikvah, die sie nun mit unverwandtem Blick betrachtete, sanft in ihren Armen. „So, meine Kleine, nicht weinen. Nicht mehr weinen, kleine Tikvah. Mama ist ja jetzt bei dir." Mosche und Schoschanna sahen hilflos zu, wie Rachel im Zimmer auf und ab ging. Doch obwohl ihr die Tränen in Strömen über die Wangen liefen, übte der Liebreiz des Kindes bereits eine beruhigende Wirkung auf sie aus.

„Ich komme gleich und hole die Sachen der Kleinen", sagte Mosche zu der Alten, während er sie zur Tür hinaus geleitete. „Danke für deine freundliche Hilfe!"

„Nichts zu danken", erwiderte Schoschanna flüsternd. „Sie wird es schon schaffen." Sie strich über Mosches Arm. „Sie ist stark und jung." Sie folgte Rachel, die noch immer auf und ab ging, mit den Augen und rief dann klagend: „In was für einer Zeit leben wir nur?" Und mit einem bitteren Lachen fügte sie hinzu: „Aber für Juden sind die Zeiten ja nie anders gewesen."

Mosche nickte zustimmend und schloß die Tür hinter der Alten mit einem Gefühl der Dankbarkeit für ihre Fürsorge. Dann wandte er sich um und lehnte sich hilflos an den Türrahmen. Er wußte nicht, wie er Rachel trösten sollte. Seine eigene Trauer erschien ihm unbedeutend im Vergleich zu dem überwältigenden Schmerz, der von dem Leben seiner geliebten jungen Frau Besitz ergriffen hatte. *Gott, gib mir tröstende Worte ein!* betete er inständig.

Rachel setzte sich in den Schaukelstuhl und drückte das Kind gegen ihre Wange. Tikvah seufzte wohlig in einem Gefühl der Geborgenheit, und Schaul, der unter dem Fenster in der Sonne lag, beobachtete die Szene mit seelenvollen, aber verständnislosen Augen.

Das einförmige Ticken der Uhr zeigte an, wie langsam die Minuten vergingen, und das Quietschen des Schaukelstuhls gab den Takt dazu an. Mosche verharrte schweigend in seiner Stellung, bis Rachel schließlich ihren Blick hob und ihn ansah. Dann meinte er niedergeschlagen: „So habe ich mir den ersten Morgen unserer Ehe nicht vorgestellt."

„Was soll nur aus uns werden?" fragte Rachel gequält. „In was für eine Welt wird mein Kind hineinwachsen?"

„In eine bessere, hoffe ich, als die, die uns unsere Eltern hinterlassen haben. Vielleicht in eine weisere Welt. Eine Welt, die eines Tages sagt: *Nie wieder.*"

„Wann soll das sein?"

„Vielleicht noch zu Tikvahs Lebzeiten." Mosche trat an das nun schlafende Kind heran und küßte sein Samtköpfchen. „Darum sind wir hier, an diesem Ort und zu dieser Zeit. Darum haben so viele Menschen so lange gelitten und den Tod gefunden. Weil wir alle hoffen, daß eines Tages –"

„Warum nicht jetzt?" unterbrach ihn Rachel. Ihre Stimme klang verzagt und verloren.

„Das habe ich mich auch jedesmal beim Anblick eines Kindes gefragt, das leiden mußte, oder beim Anblick einer Frau, die Mann und Kinder verloren hatte und nun allein durchs Leben gehen mußte. Und auch, wenn ich an deinen Leidensweg dachte, habe ich Gott gefragt, *warum*. Aber ich weiß keine Antwort außer der, Rachel –"

„Gibt es darauf überhaupt eine Antwort?" unterbrach sie ihn erneut. Aus ihrer Stimme klangen Müdigkeit und alte Zweifel und Ängste. „Wie lange hat unser Volk gewartet und gelitten und den Messias gesucht, der kommen und uns erlösen sollte? Wann wird er kommen, Mosche? Worauf wartet er?" Und zornig fügte sie hinzu: „Wann wird dieses Warten ein Ende haben?"

Mosche setzte sich Rachel gegenüber auf die Bettkante. Er faltete seine Hände und beugte sich vor, um ihr ins Gesicht sehen zu können, während er nach den richtigen Worten suchte. „Du glaubst doch genau wie ich, Rachel, daß die Propheten von unserem Messias gesprochen haben. An das, was Isaiah in Kapitel dreiundfünfzig sagt: daß er die Sünden aller Menschen auf sich nehmen würde. Und genau das hat er ja getan. Er hat sein Leben bereitwillig für uns hingegeben, um uns von unseren Sünden zu erlösen."

„Das glaube ich, Mosche", sagte Rachel voller Überzeugung und betrachtete mit tränenfeuchten Augen Mosches starke Hände.

„Soweit ist Gottes Wille also erfüllt. Aber wie traurig, daß die Menschen Gottes Vorsehung seit zweitausend Jahren immer wieder durchkreuzt haben, bis schließlich die wunderbare Einfachheit des göttlichen Planes zerstört war. Aber die Welt ist nun mal so, nicht wahr?"

Rachel lächelte traurig. Sie dachte an die Menschen, die die grausame Behandlung der Juden damit entschuldigt hatten, daß sie die Juden Christusmörder nannten. „An so etwas habe ich mich noch nie gewöhnen können", sagte sie nachdrücklich. Ihr fehlte noch immer jegliches Verständnis für solche Akte barbarischer Brutalität.

„Erinnerst du dich nicht an das alte Sprichwort: *Wenn Gott auf Erden lebte, würden ihm die Menschen die Fenster einwerfen?*"

Rachel nickte lächelnd. „Das hat mein Vater oft gesagt."

„Unter dieser Voraussetzung ist es nur natürlich, daß der Messias, der zuerst am Kreuz eines gewaltsamen Todes gestorben ist, später, nachdem das Christentum Anerkennung gefunden hatte, der Anlaß zu weiteren Morden wurde. Es stimmt zwar, daß wir in einer schrecklichen Zeit leben. Aber es ist heutzutage nicht anders, als es immer gewesen ist. Jeschua hat gesagt, sein Reich sei nicht von dieser Welt. Er hat unsere Sünden auf sich genommen, damit wir Teil eines größeren Königreiches würden, Rachel. Aber leider müssen wir jetzt noch in dieser Welt leben. Wir müssen leiden wie er, weil die Welt dem Erzfeinde Gottes, dem Satan, gehört. Er hat im Namen des Heiligen von Israel getötet und gemordet. Und warum? Damit selbst Gottes eigenes Volk den Namen des Messias fürchtet und vor ihm flieht. In dieser Welt herrscht Krieg, Rachel. Aber dieser Krieg ist noch grausamer, als wenn es nur um den Besitz eines Landes ginge. In diesem Krieg wird mit Angst und Verzweiflung, Haß und Lügen gekämpft. Schließlich wird er um die Ewigkeit geführt, und der Preis sind die Seelen der Menschheit."

Rachel legte ihre Wange an die Tikvahs und atmete tief den süßen Atem des Kindes ein. „Aber so viele Unschuldige sind dabei grausam ums Leben gekommen, Mosche. Wo ist Gott bei all dem?"

„Er ist immer noch da und läßt sich in diesem Reich der Dunkelheit nicht unterkriegen", erwiderte Mosche unbeirrt. Doch dann runzelte er die Stirn und sammelte sich einen Moment, um seine tiefste Überzeugung deutlich zum Ausdruck zu bringen. „Als ich vor einiger Zeit über einen Friedhof ging", sagte er nachdenklich, „entdeckte ich einen winzigen Grabstein, auf dem der Name eines Kindes, eines kleinen Mädchens, stand, das schon im Alter von drei Jahren gestorben war. Auf dem Grabstein war ein Lamm dargestellt, und unter dem Namen des Kindes stand: *Ihr erstes Wort* und das Datum, an dem sie ihr erstes Wort gesprochen hatte. Dann: *Ihr erster Schritt* und das Datum, an dem sie zum ersten Mal gelaufen war. Und darunter die Worte: *Zum Himmel gegangen* und das Datum ihres Todes." Während er Rachel prüfend betrachtete, verdüsterte sich ihr Gesicht, und sie drückte Tikvah noch fester an sich.

„Welche Trauer muß die Mutter empfunden haben!" sagte Rachel voller Schmerz und Mitleid mit der unbekannten Frau, die ihr geliebtes Kind zu Grabe getragen hatte.

Mosche nickte. „Das habe ich auch gedacht", pflichtete er ihr bei, „als ich am Grab der Kleinen stand und ihr Todesdatum las. Es war, glaube ich, 1907."

„So lange her."

„Ja, und ich dachte an die Tränen und das Leid, die dieses Grab gesehen hatte. Dann fiel mein Blick auf den Grabstein, der neben dem Lämmchen stand." Er ergriff lächelnd Rachels Hand. „Neben dem

Grab der Kleinen war das ihrer Eltern, und die Inschrift auf deren Grabstein lautete ganz einfach: *Vereint.*"

Rachel schwieg lange und ließ Mosches Worte auf sich wirken. Ein tiefer Frieden erfüllte sie bei dem Gedanken an ihre eigene Familie.

„Ich glaube, ich verstehe", sagte sie schließlich nachdenklich.

„Die Zeit heilt alle Wunden, Rachel. Und der Herr hat uns versprochen, daß er unsere Tränen eines Tages mit seiner eigenen Hand trocknen will. Alle unsere Tränen. Dann wird es keine Tränen und kein Leid mehr geben, nicht wahr?"

„Aber in der Zwischenzeit leben wir hier", sagte sie leise. „Und warten."

„Ja. Und als Jeschua auf dieser Erde einherging, weinte auch er – um uns. Weil er wußte, daß wir unseren Kampf nicht gegen Fleisch und Blut, sondern gegen die Mächte der Dunkelheit führen, die danach trachten, unser Leben auf ewig zu zerstören. Eines Tages werden wir auch vor Gott stehen, Rachel, und dann wird er uns fragen, ob wir es geschafft haben, Verzweiflung und Hoffnungslosigkeit zu besiegen. Dann wird der Satan zu ihm sagen: *Da siehst du es! Ich habe ihnen all das in deinem Namen angetan, und so haben sie dich verflucht!* Aber der Herr wird sich von ihm abwenden und sagen: *Obwohl du meiner Dienerin Rachel Böses angetan hast, hat sie ihren Glauben an mich nicht verloren. Sie hat dennoch nicht davon abgelassen, meinen Namen anzurufen. Hinweg, Satan! Meine Krieger haben die Schlacht für mich gewonnen.*"

Rachel schloß, dankbar über die Heilung, die ihr Mosches Worte gebracht hatten, die Augen. Und ihr fielen die Worte Hiobs ein, der von seinen Freunden der Sünde bezichtigt worden war, weil er ohne erkennbaren Grund leiden mußte, und sie zitierte leise: *„Doch ich, ich weiß, daß mein Erlöser lebt, als letzter erhebt er sich über dem Staub."*

„Vielleicht eher als wir glauben", meinte Mosche zustimmend. „Aber die Propheten haben gesagt, daß zuerst der Rest Israels von allen Enden der Welt heimkehren, daß er die Wüste erblühen lassen würde, nicht wahr? Dieses Mal werden wir unseren Messias als König nach Zion heimkehren sehen. Das hat uns Gott in seinem Wort versprochen. Vielleicht schon zu Tikvahs Lebzeiten. Vielleicht werden auch wir es noch erleben."

„Das hoffe ich sehr, Mosche", sagte Rachel mit einem Blick auf das schlafende Kind. „Ich werde inständig darum beten."

„Wir dürfen nicht aufhören, darauf zu vertrauen, mein Liebes, daß alles einem Sinn und einem Plan unterliegt. Gott wacht über uns.

Auch wenn wir jetzt Schmerz empfinden, so ist uns doch noch nicht der Dinge letzter Schluß bekannt." Mosche nahm Rachel das schlafende Kind ab und legte es behutsam in sein Bettchen. Dann ergriff er die Hand seiner jungen Frau, zog sie zu sich heran und schloß sie innig in die Arme. „Und was die jetzige Zeit anbetrifft, so haben wir nicht nur diesen kurzen Moment hier auf der Erde, sondern auch die Hoffnung, daß die Liebe, die wir hier füreinander empfinden, nur ein Schatten der Freude ist, die uns in der Ewigkeit erwartet. Ich liebe dich, Rachel Sachar", flüsterte er ihr ins Ohr. „Ich liebe dich mit immerwährender Liebe."

Teil 2
Der Traum

"Traum und Tat sind nicht so verschieden, wie viele Menschen meinen. Alle Taten von Menschen sind zuerst Träume und werden am Ende wieder zu Träumen ..."

Theodor Herzl

10. Pläne

Ram Kadar starrte den Mufti und Gerhardt mit versteinerter Miene über den Tisch hinweg an. Erst vor zwei Stunden hatte ihn im Fort Kastel, oberhalb des Bab el Wad, die Aufforderung erreicht, sofort nach Jerusalem zu kommen. Um dieser Aufforderung umgehend Folge leisten zu können, hatte sich Kadar, der unter seinem Hemd das halbmondförmige, silberne Medaillon der mit besonderen Ehren versehenen Diener des Muftis trug, schnell sein langes, fließendes Gewand über seine verdreckte Khakiuniform geworfen, eine Walter-Pistole in den Gürtel gesteckt und das Kommando einem jungen Offizier übergeben. Im Grunde war ihm die Ablösung von der monotonen Pflicht, die er dort oben vier kalte Wochen lang erfüllt hatte, ganz gelegen gekommen. Aber während er nun den dünnen Kaffee trank und Haj Amins wohlwollende Worte hörte, bereute er, gekommen zu sein.

„... und deshalb haben wir das Gefühl, daß uns Kommandeur Gerhardt in Kastel gute Dienste leisten kann. Die Konvois werden unter seinen begabten Händen einer noch besseren Vernichtung sicher sein."

Kadar blickte starr auf seine Tasse und klopfte mit einem Finger ungeduldig gegen deren zierlichen Henkel, wie eine Katze ihren Schwanz hin und her schlägt, wenn sie erregt ist. „Kein jüdischer Konvoi von Tel Aviv hat den Bab el Wad passiert. In den ganzen vier Wochen nicht. Nicht ein einziger."

Gerhardt korrigierte ihn: „Doch, zwei. Mit Hilfe der Briten."

„Das waren britische Konvois. Wir haben nicht gewagt, sie offen anzugreifen, da sie unserer Sache schon durch ihr neutrales Verhalten dienen", entgegnete Kadar mit verärgerter Stimme. Er schluckte schwer und hob dann die Tasse zitternd vor Erregung an die Lippen.

Haj Amin beugte sich vor und legte die Fingerspitzen aneinander. „Ob es nun jüdische oder britische Lastwagen sind, fest steht auf jeden Fall, daß die Juden Jerusalems noch nicht verhungert sind. Und die Geschichte lehrt uns, daß man eine Schlacht dann verloren hat, wenn die Speisekammer leer ist. Wenn die Juden also hungrig genug sind, werden sie sich uns schon ergeben. Erinnerst du dich noch daran, Gerhardt, wie es war, als die Gestapo den Juden in Warschau Brot und Marmelade versprochen hat?"

Gerhardt warf den Kopf in seltenem Lachen zurück. „Da haben sie sich zu Tausenden bereitwillig zu einer Reise nach Auschwitz aufgestellt! Diese Idee hatte der Führer höchstpersönlich. Und als sie erst mal in Auschwitz waren, gab es nur noch einen Ausweg – durch den Kamin!"

Kadar lächelte nachsichtig über diese Worte und sagte dann zu Haj Amin gewandt: „Ich halte es für wichtiger, die Vereinten Nationen wissen zu lassen, daß wir zusammen mit dem Paß auch den Lebensmittelfluß nach Jerusalem überwachen, nicht, daß wir Barbaren sind, die es darauf abgesehen haben, jeden einzelnen Juden auszurotten."

„Solange sie leben, stellen sie eine Bedrohung für uns dar!" funkelte Gerhardt ihn an. „Der Koran fordert von uns, daß wir die Juden und alle anderen Ungläubigen vernichten!"

„Wir wissen sehr wohl, was der Koran lehrt, Friedrich", lenkte Haj Amin ein. „Ihr seid beide dazu auserwählt worden, gegen den *Feind* zu kämpfen und nicht gegeneinander." Er lehnte sich zurück und betrachtete die beiden wohlwollend. „Dann ist die Angelegenheit also geregelt. Wir haben unsere Ansicht hier in Jerusalem deutlich gemacht. Und wenn wir den Bab el Wad erst vollständig unter Kontrolle haben, wird die Welt wohl erzittern. Vielleicht stellen sich dann auch die 100.000 Juden Jerusalems um Brot und Marmelade an."

„Um sich anschließend im Meer oder im Kamin wiederzufinden", ergänzte Gerhardt.

„Dazu ist später noch Zeit genug", erwiderte Haj Amin, um Kadars Widerwillen zu beschwichtigen, der ihm deutlich im Gesicht geschrieben stand. „Wenn man uns gibt, was wir wollen, ist es durchaus möglich, daß wir sie sogar mit Lebensmitteln versorgen. Eine Zeitlang. Aber im Augenblick müssen wir unsere Macht demonstrieren. Stimmst du darin mit mir überein, Kadar?"

„Inch Allah", murmelte dieser. „Wenn es sein Wille ist."

„Und auch mein Wille", erwiderte Haj Amin kalt.

Kadar drückte mit einer leichten Verneigung seine Zustimmung aus. „Natürlich."

„Nun gut. Es scheint also alles geregelt zu sein. Gerhardt, gehst du bitte jetzt nach Hause und suchst alles zusammen, was du brauchst! Morgen wirst du die Stadt in aller Stille mit Kadar verlassen."

Gerhardt stand auf, verneigte sich tief und tippte sich dabei grüßend an die Stirn. „Ich bin sogar bereit, Ihnen mit meinem Leben zu dienen", sagte er mit neuer Begeisterung.

„*Al-hamdu lillah*! Allah sei gelobt, daß ich einen solch willigen und geschickten Diener habe", erwiderte Haj Amin und nickte in demütiger Anerkennung der Fähigkeiten Gerhardts.

Dieser machte auf dem Absatz kehrt und verließ hoch erhobenen Hauptes den Raum in der sicheren Überzeugung, daß er die Gunst des Muftis wiedererlangt hatte.

Während Haj Amin ihm nachsah, ging sein Lächeln allmählich in einen Ausdruck der Unzufriedenheit über. Und als er schließlich sicher war, daß sich Gerhardt außer Hörweite befand, sagte er mit haßerfüllter Stimme: „Eine weiche Zunge kann auch von einer Löwin Milch trinken. Schmeicheleien sind Balsam für Gerhardts Wunden. Er ist meine Kreatur. Mit Zuckerbrot und Peitsche haben wir ihn an uns gebunden." Er beugte sich vor und lächelte Kadar, dessen Miene sich bei diesen Worten besänftigt hatte, unverhohlen an. „Du haßt ihn."

„Ein mildes Wort für ein so starkes Gefühl", erwiderte Kadar kalt. Er hatte inzwischen Haj Amins Verfügung akzeptiert, daß Gerhardt ihn zum Paß begleiten sollte, obwohl ihn die bloße Gegenwart dieses Wahnsinnigen zutiefst anwiderte. Er hatte das Halbblut Gerhardt zwar auch früher nicht als vollwertigen Menschen betrachtet, aber seitdem dieser illegal nach Palästina gekommen war, weil auch er eine KZ-Nummer auf seinem Unterarm trug, war Kadar zu der Überzeugung gelangt, daß keine Spur von Menschlichkeit mehr in Friedrich Gerhardt war.

Ihn als Tier zu bezeichnen, erschien ihm noch als mildes Urteil. Gerhardt war eher ein verzerrter Schatten, der vom Schlund des Hades heimtückisch herübergrinste. Sein Atem roch nach Tod, und seine Augen fanden Gefallen an den größten Grausamkeiten. Nein, er war kein islamischer Patriot! Der Begriff *Jihad! Heiliger Krieg* war für ihn nur ein Vorwand zum Mord. Er war kein Soldat! Er war vielmehr ein Automat, der so selbstverständlich mit Sprengsätzen und tödlichen Waffen spielte, wie ein Schuljunge Männchen auf einen Block malt, wenn er sich im Unterricht langweilt. Zerstörung war nicht Gehardts zweite Natur, sie war sein Wesen und Existenzgrund. Und doch wurde dieser Dämon von den Männern, die zusammenströmten, um gegen die Juden zu kämpfen, respektiert und gefürchtet.

„Gerhardt ist für uns von großem Nutzen", unterbrach Haj Amin Kadars Gedanken. „Ein großes Vorbild an Wagemut und Furchtlosigkeit." Als Kadar dazu schwieg, trank Haj Amin noch einen Schluck Kaffee und fügte dann hinzu: „Natürlich kann die Löwin auch manchmal bösartig werden, selbst wenn sie eine weiche Zunge hat. Es besteht auch kein Zweifel darüber, daß Gerhardt wahnsinnig ist. Und wenn dies nicht eine Zeit des großen Kampfes wäre, hätten wir ihm schon längst eine ruhige Zelle gesucht und den Schlüssel fortgeworfen."

„Ich traue ihm nicht", sagte Kadar mürrisch.
„Wir ebensowenig", pflichtete ihm der Mufti bei.
Wenn die Nachricht, daß Gerhardt ihm zum Bab el Wad folgen sollte, Kadar gründlich die Stimmung verdorben hatte, dann waren die Worte, die Haj Amin ihm nun zuflüsterte, dazu angetan, seine Laune wieder zu heben.
Haj Amin lehnte sich zurück und betrachtete zunächst nachdenklich das schattige Deckengewölbe. Dann beugte er sich wieder vor und stützte sich mit den Ellenbogen auf den Tisch. „Unser Genosse Gerhardt hat beinahe die Grenze seiner Nützlichkeit erreicht. Deshalb haben wir ihm einen Lehrling zur Seite gestellt, einen Angehörigen meiner Familie, der zweifellos bald Gerhardts Funktion übernehmen kann. Ich werde den jungen Mann mit ihm nach Kastel schicken. Und du sollst über ihn wachen! Denn ich fürchte, daß Gerhardt danach trachtet, ihm in irgendeiner raffinierten Weise das Leben zu nehmen. Der Junge hat gestern abend eine Zündschnur gezündet, die den Sprengsatz bereits nach fünfzehn Sekunden explodieren ließ, obwohl sie zwei Minuten lang brennen sollte. Kein Zufall, dessen bin ich sicher."
„Gerhardt ist auf jeden eifersüchtig."
„Er ist beliebt. Ein Held."
„Ein Schlachter."
„Er wäre ein guter Märtyrer für unsere Sache. Meinst du nicht auch?"
Kadar nickte und lächelte dünn. „Ein geeignetes Ziel."
„Sein Tod würde die Leidenschaften der Massen entfachen." Haj Amin lehnte sich so zufrieden zurück, als sei dies bereits eine vollendete Tatsache. „Er ist von diesem Gedanken besessen, diese Frau, diese Jüdin, zu besitzen. Sein Wahnsinn hat mich bereits zwei meiner besten Leute gekostet, und wenn es nach ihm gegangen wäre, hätte er gestern abend die jüdische Hochzeit mit dem Maschinengewehr gesprengt. Er ist nicht mehr in der Lage, zwischen politischen Zielen und persönlicher Rache zu unterscheiden. Bevor es seinetwegen zu Unannehmlichkeiten kommt..." Er überlegte einen Moment. „Du mußt mir eine Nachricht zukommen lassen, wenn du der Meinung bist, daß sein Assistent genügend Fertigkeiten erworben hat."
„Ich hoffe, bald."
„Es muß der Eindruck entstehen, als ob Gerhardt einen tapferen, ja ungerechten Tod durch die Hände der Juden erlitte. Du verstehst, was ich meine."

„Wir werden ihn sterben lassen, wie es einem Märtyrer gebührt."

„Gut. Und das Volk wird erst trauern, dann rasen, und so kann Gerhardt vielleicht im Tod seine Ziele noch besser verfolgen als zu Lebzeiten mit seinen Bomben." Haj Amin seufzte zufrieden. Eine schwierige Angelegenheit war mit einem Minimum an Stress gelöst worden. Er glättete den Brokatrand seiner Jacke und beendete das Thema mit einer Handbewegung. „So", sagte er dann, um sich einem neuen Punkt zuzuwenden. „Da ist noch etwas anderes, was unsere Aufmerksamkeit erfordert." Er ließ die Bemerkung wie einen Köder im Raum stehen, um Kadars Neugier zu erregen.

„Ja?"

„Deine Freundin Montgomery ist wieder in Jerusalem." Er lächelte unverhohlen über Kadars erstauntes Gesicht. „Eine solche Dienerin ist für uns hier von größerem Nutzen, als wenn sie in Kairo am Hof der britischen Marionette König Faruk herumscharwenzelt. Diese Domäne ist uns im Augenblick keine große Hilfe. Dort wimmelt es von britischen Marionetten, deren Schnüre bald zerschnitten werden." Er machte mit dem Finger ein unzweideutiges Zeichen an seinem Hals. „Faruk wird sterben. Wie Gandhi in der vergangenen Woche. Wenn das Land vom britischen Empire in die Unabhängigkeit entlassen wird, werden die eigenen Leute ein Attentat auf Faruk verüben. Genau, wie es das indische Volk mit Gandhi getan hat."

„Es heißt, der Kerl, der Gandhi getötet hat, war ein Wahnsinniger."

„Zu so einer Tat braucht man eben einen Wahnsinnigen. Wie unseren Freund Gerhardt", sagte Haj Amin und seufzte. „Ach, ja." Dann klatschte er in die Hände, und gleich darauf trat ein Diener mit einer dampfenden Kaffeekanne ein. „Ja, wie ich schon sagte, deine Freundin weilt wieder unter uns." Er wartete, bis der Diener leise wieder hinausgegangen war, und zog dann eine Schublade seines reich verzierten Schreibtisches auf. „Heute abend wirst du Montgomery sehen und dies hier für sie mitnehmen." Er warf Kadar einen schweren Beutel Münzen zu.

„Eine nette Bezahlung." Kadar öffnete den Beutel und betrachtete die Goldmünzen.

„Sozusagen ein kleines Zeichen für eine Nettigkeit."

Kadar nickte lächelnd. „In der Tat."

„Schon jetzt hat sich Montgomerys Gegenwart positiv ausgewirkt. Aber ich habe noch ein weiteres Geschenk zu vergeben." Er entnahm der Schublade noch ein kleines, goldenes Kästchen und überreichte es

Kadar. „Öffne es; nun mach schon!" drängte er, sehr zufrieden mit sich selbst.

An den Seiten und auf dem Deckel des Kästchens wanden sich filigrane Rosen und Dornen um ein Pflanzenspalier. Am Gewicht des Kästchens spürte Kadar, daß es aus Gold war. Als er den Deckel öffnete, kam ein halbmondförmiges Medaillon zum Vorschein, der Form nach wie seins, nur mit dem Unterschied, daß es aus Gold und mit winzigen Diamanten besetzt war. Kadar sah den Mufti erstaunt an und flüsterte dann beeindruckt: „Wunderschön!"

„Ein angemessenes Geschenk für jemanden, der unserem zukünftigen Königreich solch große Dienste erwiesen hat. Bitte übermittle Montgomery unsere Zufriedenheit, wenn du sie siehst. Wir bekommen beinahe stündlich Berichte von den kleinen Wanzen, die an unsere Schwelle gekrochen kommen. Aber wir werden diejenige, die sie uns schickt, wahrscheinlich nicht vor Ende des Krieges zu Gesicht bekommen."

„Das war schließlich Teil der Übereinkunft, die Montgomery mit Ihnen geschlossen hat, bevor sie in Ihre Dienste trat, nicht wahr?"

„Ich habe nicht so viel Vertrauen zu diesen Wanzen, daß ich ihnen die Übergabe überlassen möchte" – Haj Amin deutete auf das Kästchen –, „ich wage es nicht, ihnen mein Vertrauen zu schenken. Aber da du so lange und so gut mit ihr bekannt bist – ursprünglich hatte ich zwar daran gedacht, ihr das Medaillon bei einer besonderen Zeremonie zu überreichen, aber wer weiß, wann das sein wird, und nach dem Dienst, den sie mir gestern abend und heute morgen erwiesen hat..."

Kadar ließ den Deckel des Kästchens zuschnappen und sah nervös auf seine Armbanduhr. „Die Zeit..."

„Natürlich", erwiderte Haj Amin und nickte, während sich Kadar erhob. „Die Zeit vergeht schnell. Immer zu schnell."

* * *

Ben-Gurion saß an seinem Schreibtisch, hielt den Telephonhörer zwischen Ohr und Schulter geklemmt und blätterte die vor ihm aufgestapelten Berichte und Gesuche durch, während ihm der Botschafter der Vereinigten Staaten die endgültigen Vereinbarungen für die Überführung der sterblichen Überreste Ellie Warnes in ihr Heimatland bestätigte. Der Sarg würde in Davids Begleitung nach Tel Aviv und von dort nach Rom reisen. Dann würde er mit einem Linienflug weiter nach New York überführt werden.

Der Alte nickte und notierte eilig die Flugnummern sowie die An- und Abflugzeiten. „Ja", sagte er. „Michael Cohen wird Captain Meyer und den Leichnam begleiten. Und in New York werden sie von unseren dortigen Vertretern der Jewish Agency in Empfang genommen."

Während am anderen Ende der Leitung der Botschafter weitersprach, las Ben-Gurion rasch einen Brief durch und erwiderte dann: „Ja, natürlich. Wir hatten ganz stark den Eindruck, daß die junge Frau zu uns gehörte. Es ist wirklich eine große Tragödie. Wir haben den Eltern des Mädchens unser Beileid ausgesprochen. Ja." Er warf einen Blick auf Howard, der vor seinem Schreibtisch nervös auf und ab ging. „Nein. Ich glaube, ihr Onkel möchte hier in Jerusalem bleiben. Es ist schließlich in den letzten zwanzig Jahren seine Heimat gewesen."

Howard reagierte nicht auf die Erwähnung seines Namens, sondern fuhr fort mit gesenktem Blick und grimmiger Miene auf und ab zu wandern. „Ich werde es ihm ausrichten, wenn ich ihn sehe", erwiderte Ben-Gurion und legte den Hörer auf.

Howard blieb stehen und ließ sich dicht vor dem Alten in einen Sessel fallen. Sein sonst so fröhliches Gesicht war von tiefen Furchen der Erschöpfung und Anspannung durchzogen. „Nun?" fragte er bedrückt.

„Der amerikanische Botschafter spricht Ihnen sein Beileid aus."

„Und?"

„Und der Sarg wird den amerikanischen Zoll versiegelt passieren. Wie es in Rom werden wird, kann ich allerdings nicht sagen. Ich habe ihnen erklärt, daß von dem Körper für eine Durchsuchung nicht genug übrig ist."

Da Howard die Stirn runzelte und sich unbehaglich über den Kopf strich, versuchte Ben-Gurion seine Bedenken zu zerstreuen, indem er hinzufügte: „Wenn Sie lieber auch mitfliegen wollen ..."

Howard schüttelte den Kopf und erwiderte mit belegter Stimme: „David schafft das schon. Ich mache mir nur Sorgen wegen Ellies Eltern. Wenn Sie hören –"

„Wir haben ein verschlüsseltes Telegramm von Tel Aviv nach Rom geschickt, das augenblicklich von dort nach New York weitergeleitet wird. Es sollte binnen einer Stunde in Los Angeles ankommen. Unser Mann wird persönlich mit Miss Warnes Eltern sprechen –"

„Mrs. Meyers Eltern. Denn gestern nacht ist sie Mrs. Meyer geworden", verbesserte Howard.

„Wie dem auch sei, sowie die Nachricht eintrifft, wird unser Mann die Eltern aufsuchen. Ob Sie es glauben oder nicht, Herr Professor, unser eigenes Nachrichtensystem arbeitet viel schneller als das offizielle. Die Eltern werden von uns viel eher Nachricht erhalten, als es die amerikanische Botschaft schaffen wird, ihnen Ellies Tod mitzuteilen."

„Gut. Denn sie müssen vorgewarnt werden. Ich möchte nicht, daß durch diese Sache mehr Kummer entsteht, als unbedingt nötig ist."

„Es tut mir leid, daß es auf diese Weise geschehen muß", lenkte Ben-Gurion mit einem entschuldigenden Achselzucken ein. „Wenn Sie eine andere Idee haben, wie man die Schriftrollen hinausschmuggeln könnte..."

Howard schüttelte verneinend den Kopf. „Aber Sie können vielleicht meine Skrupel verstehen. Mir wäre es einfach am liebsten, wenn diese scheußliche Sache gar nicht geschehen müßte."

„Niemand wird irgendwelche Fragen stellen. Niemand wird Interesse daran haben, den Sarg eines Bombenopfers zu öffnen. Und ich glaube, David ist jung genug, daß er damit fertigwerden kann."

„Er war ein wandelndes Gespenst." Howard schloß bei dieser Vorstellung einen Moment lang die Augen. „Es wird ein paar Tage dauern, bis er den Schock überwunden hat. Und ich nehme an, bis das vorbei ist, wird er mit bleichen Wangen umherlaufen. Wenn nicht dieser Dan gewesen wäre, hätte sie tatsächlich in dem Sarg liegen können."

„Das ist richtig", erwiderte Ben-Gurion und sah mit starrem Blick auf seine Hände. „Wir haben nicht einmal eine Spur von Johann Pelz finden können."

„Wird Dan durchkommen?"

„Er hat ziemlich viel Blut verloren. Das hat mir die Klinik vor einer halben Stunde telefonisch mitgeteilt. Wegen der Glassplitter mußten über hundert Nähte gemacht werden. Aber er ist bei Bewußtsein und spricht – es geht ihm, mit anderen Worten, den Umständen entprechend, ganz gut. Er kann sich allerdings nur noch vage daran erinnern, wie er Ellie durch all den Rauch und das Durcheinander hierher gebracht hat. Er sagt, er habe während der ganzen Zeit das Gefühl gehabt, der dritte Mann, der Bursche, der die Zigarette angezündet hat, sei vielleicht noch hinter Ellie her. Ja, vielleicht war sie sogar das Ziel des Anschlags. In diesem Punkt haben wir noch keine Klarheit. Auf jeden Fall ist es jetzt besser für sie, wenn sie für tot gehalten wird, nicht wahr? Später können wir sie dann außer Landes bringen."

Howard nickte müde. „Falls wir sie von Jerusalem loseisen können."

„Nach dem, was letzte Nacht passiert ist, hat David doch sicher auch ein oder zwei Worte mitzureden, oder?"

„Wahrscheinlich weniger, als Sie meinen. Sie Sind sich wahrscheinlich nicht darüber im klaren, daß Ellie sich nur unter der einen Bedingung bereiterklärt hat, die Rolle der Toten zu spielen, daß Sie die LIFE-Redaktion in einem Telegramm darüber informieren, daß sie in Wirklichkeit gesund und munter ist und im geheimen an der größten Geschichte aller Zeiten mitarbeitet."

„In gewisser Weise hat sie ja recht."

„Sie hat Angst, daß die Redaktion ihre Stelle mit einem anderen Photographen besetzen könnte."

Ben-Gurion legte die Hand auf die Photomappe, die auf seinem Schreibtisch lag. „Wenn sie diese Bilder sehen", sagte er mit einem bewundernden Kopfschütteln, „werden sie das nicht wagen. Und David kann ihr letztes Werk höchstpersönlich abgeben, zusammen mit dem Artikel, den sie gerade posthum schreibt." Er lachte belustigt und lehnte sich zufrieden zurück.

„Ja", erwiderte Howard, einerseits stolz auf Ellies Courage, andererseits jedoch unglücklich über die Gefahr, in die sie dadurch geriet. „Sie ist leider schon immer eine Draufgängerin gewesen. Ich wünschte, diese Eigenschaft wäre bei ihr etwas weniger ausgeprägt. Dem armen David geht es genauso. Ich glaube nicht, daß es noch jemanden auf der Welt gibt, der eine ähnlich schlimme Hochzeitsnacht verlebt hat."

„Das Wichtigste an der Sache ist, daß sie sich in Sicherheit befindet. Und wir werden eine Gruppe von Leuten damit beauftragen, die Identität des dritten Mannes herauszufinden. Er kann zwar genauso gut ein Passant gewesen sein, der gar nichts mit ihr zu tun hatte, aber es ist immer besser, auf Nummer sicher zu gehen, nicht wahr? Wir werden sie hierbehalten, bis der Sarg durch den Zoll ist und sich der Schatz in sicheren Händen befindet. Bis dahin dürften wir auch Klarheit darüber haben, ob Ihre Nichte das Ziel des Anschlags war oder sich einfach zur falschen Zeit am falschen Ort befand."

„Sie hat eine bemerkenswerte Fähigkeit, in Abenteuer hineinzuschlittern", sagte Howard niedergeschlagen. „Deshalb besteht sie wohl auch darauf, immer eine Kamera bei sich zu tragen."

„Diese Sache" – der Alte beugte sich vor und ergriff einen Bleistiftstummel –, „gibt ihr möglicherweise Gelegenheit, über die größte Geschichte aller Zeiten zu berichten." Er pochte ungeduldig mit der Bleistiftmine auf die Landkarte von Palästina, die ausgebreitet auf seinem Schreibtisch lag. Immer wieder tippte der Stift auf eine rote Linie, die die schmale Schlucht Bab el Wad markierte, die von den Arabern gehalten wurde und die einzige Verbindungslinie zwischen Jerusalem und Tel-Aviv darstellte. „Es ist durchaus möglich, daß Jerusalem ein zweites Leningrad, ein zweites ..." Die Stimme versagte ihm.

„Ein zweites Alamo wird?" führte Howard den Satz zu Ende.

Ben-Gurion nickte. „Wenn wir die arabischen Armeen nur so lange in Schach halten können, bis die Briten abgezogen sind und wir den Rest des Jischuws mit Waffen versorgt haben." Er sah Howard mit seinem durchdringenden Blick offen an. „Ja. Wie das amerikanische Alamo. Welcher Journalist hätte da nicht mittendrin sein wollen, nicht wahr?"

„Kein Zweifel. Wenn meine Nichte damals in Texas gewesen wäre, hätte sie die Gesichter der wenigen Männer, die der mexikanischen Armee standhielten, bestimmt im Bild festgehalten. Irgendwann einmal werden Photographen Archäologen überflüssig machen."

„Und warum will dieser Archäologe", fragte Ben-Gurion und kniff neugierig die Augen zusammen, „wenn er weiß, was passieren kann, wenn fünf Armeen diese Stadt belagern ... warum will dieser Archäologe dann diese Stadt nicht verlassen?"

Howard erwiderte spontan: „Haben Sie es nicht eben selbst an meiner Statt dem amerikanischen Botschafter erklärt?" Er beugte sich lächelnd vor und legte einen Arm auf den Schreibtisch des Alten. „Dies ist meine Heimat. Mein Leben. Dreißig Jahre lang habe ich hier gelebt und gearbeitet. Wenn ich gehe, sehe ich Jerusalem vielleicht nie wieder. Wenn ich bleibe, habe ich noch mehr Grund, darum zu beten, daß hier Frieden einkehrt."

„Sie sind vielleicht kein Jude, Herr Professor, aber Sie sind allem Anschein nach trotzdem Zionist."

Howard nickte und starrte schweigend aus dem Fenster, dorthin, wo die Morgensonne die Mauern der Altstadt in ein rosafarbenes Licht tauchte. „Mein Herz hat hier eine Heimat gefunden", erwiderte er, „zwischen den Schatten des Ruhms von einst und dem Ruhm, der einmal wieder hier herrschen wird. Und in dieser schrecklichen Stunde sage ich mir einfach, daß wir alle – alle ohne Ausnahme – auf die Erfüllung einer Verheißung warten, die Gott vor langer, langer Zeit gemacht hat. Das ist doch auch der Grund, warum Sie hier sind, nicht wahr?" Howards Augen begegneten dem ruhigen Blick des Alten und hielten ihn fest.

„Natürlich", erwiderte dieser. „Solch ein Traum läßt alles andere belanglos erscheinen. Selbst wenn ich diesen Traum mit meinem Leben bezahlen müßte, wäre dies kein zu hoher Preis dafür. Und doch kämpfen wir letztlich, um Leben zu *erhalten*. Wir können die Hände sein, die Gott dabei helfen, kleine Wunder zu vollbringen. Und wenn wir mit unseren Fähigkeiten am Ende sind, dann wird er die größeren Wunder tun. Es wird eine sichere Heimstätte für uns geben", sagte er nachdrücklich und legte seine Fingerspitzen aneinander. „So lautet die Verheißung. Aber sie kann nicht in Erfüllung gehen, wenn Männer und Frauen nicht bereit sind, das zu opfern, was ihnen das Liebste ist. Ich betrachte Ihre Bereitschaft, uns die Schriftrollen zu leihen, als eins dieser Opfer, als eins dieser kleinen Wunder."

„Ich wünschte, ich könnte das Verdienst dafür in Anspruch nehmen", erwiderte Howard lächelnd. „Aber die Explosion ist wieder einmal ein Beispiel dafür, daß Gott eine schlechte Tat für einen guten Zweck nutzt. Als Sie mich gestern abend anriefen und mir erklärten, was passiert war und was für einen Plan Sie hatten, konnte ich einfach nichts anderes tun, als ja und amen dazu zu sagen. Wenn David und Ellie damit einverstanden sind, steht es mir da an, nein zu sagen?"

Es klopfte leise an der Tür, und der gutmütig aussehende Mann, der David am Vorabend auf der Straße aufgelesen hatte, schaute zur Tür herein. „Sie ist fertig", verkündete er nüchtern. „Captain Meyer ist bei ihr. Möchten Sie mit ihr sprechen, Chef? Oder mit dem Captain? Er ist immer noch ziemlich aufgelöst."

Der Alte seufzte schwer und führte Howard wortlos drei Treppen hinunter in den kalten, feuchten Kellerlagerraum, in dem man Ellie wenige Minuten nach der Explosion versteckt hatte.

Eine einzige Glühbirne hing von der mit Wasserflecken übersäten Decke und verbreitete nur spärliches Licht in dem winzigen Raum. In einer Ecke waren Kisten aufgestapelt, und an einer Wand stand ein Tisch mit einer schweren, altmodischen Schreibmaschine, neben der auf der einen Seite ein sauber getippter Artikel und auf der anderen Photos von der Hochzeit und den ersten Eindrücken nach dem Bombenanschlag auf die *Palestine Post* lagen.

Erschöpft von den Strapazen, die die Bombardierung mit sich gebracht hatte, und der sich daran anschließenden Nachtarbeit, lag Ellie eng an David geschmiegt am Boden und schlief. Sie war in eine grobe Armeedecke gehüllt, die ihre zerfetzten und schmutzigen Kleider bedeckte. David, verschwitzt und beschmiert mit Ruß und dem Blut der Verletzten, wirkte zornig – zornig auf die Araber, auf die Zionisten, ja, sogar auf Howard und sich selbst, weil sie sich auf ein solches Vorhaben eingelassen hatten, und nicht zuletzt auch auf Ellie, weil sie sich hier aufhielt, anstatt in der Sicherheit der Vereinigten Staaten zu sein. Gepaart mit diesem Zorn war jedoch auch ein enormes

Gefühl der Erleichterung darüber, daß er sie unverletzt in der Dunkelkammer der Jewish Agency vorgefunden hatte, schon damit beschäftigt, den Film zu entwickeln, den sie gerettet hatte, bevor die Flammen ihren Tribut hatten fordern können. Doch nun fühlte sich David völlig ausgelaugt und wünschte sich nichts sehnlicher als eine warme, dunkle Ecke, in der er sich – selbstverständlich mit Ellie – ungestört zusammenrollen konnte. Als der Alte und Howard die Tür öffneten, sandte er den beiden einen düster-drohenden Blick zu, legte den Zeigefinger an die Lippen und bedeutete ihnen, leise zu sein, damit seine junge Frau nicht gestört würde.

Der Alte nickte und ging auf Zehenspitzen zu dem Artikel, der neben der Schreibmaschine lag. Während er ihn durchblätterte, beschäftigte sich Howard eingehend mit den Photos, voller Ehrfurcht vor dem, was Ellie im Bild festzuhalten vermocht hatte. Das erste Photo mußte wohl Sekunden nach der Explosion aufgenommen worden sein: das Innere des Gebäudes wies noch keine Spuren des Feuers auf, wenn man davon absah, daß überall Papier, Einrichtungsgegenstände und Menschen auf dem Boden lagen. Auf dem nächsten Bild der Serie waren die Angestellten gerade dabei, sich mühselig zu erheben und ihren verletzten Kollegen behilflich zu sein. Das nächste Photo zeigte eine kleine, züngelnde Flamme auf der Kellertreppe. Auf dem folgenden Bild war das blutverschmierte, entgeisterte Gesicht Dans zu sehen, der verstört auf die Kamera zuwankte. Und auf der letzten Aufnahme, die Ellie, sich noch einmal umdrehend, gemacht hatte, während sie mit Dan zur Hintertür hinauseilte, loderten bereits jene hohen Flammen, die wenig später das gesamte Gebäude verschlungen hatten. Später berichtete sie, daß die Dunkelkammer, in der sie gearbeitet hatte, fast völlig von der Explosion verschont geblieben war. Und da der blutende Agency-Wächter sie eilends vom Schauplatz des Unglücks weggebracht hatte, war sie sozusagen mit Kopfschmerzen davongekommen.

Ben-Gurion fuhr sich mit der Hand über die Lippen, während er ihren Artikel zu Ende las, und sagte ergriffen: „Noch ein kleines Wunder. Und dieses Mädchen behauptet, nicht gut schreiben zu können?" Er reichte Howard den Artikel, der seinerseits Ben-Gurion die Bilder gab. Dieser stieß bei der Betrachtung einen leisen, bewundernden Pfiff aus. „Sie ist wirklich eine bemerkenswerte Frau!"

„Eine Anwärterin für den Pulitzer-Preis, würde ich sagen", pflichtete ihm Howard bei.

Ellie seufzte mit geschlossenen Augen und fragte dann schlaftrunken: „Wenn das Lob ist, was ich da höre, dann kann ich wohl aufwachen." Sie setzte sich blinzelnd auf.

Der Alte hielt ihre Photos in die Höhe. „Recht bemerkenswert, junge Dame. Wirklich."

Sie sah David an. „Wieder so ein Fall von richtigem Ort und falscher Zeit, was, David?"

„Ganz bestimmt", erwiderte er. „Ich hatte selbst ein Feuerwerk für gestern abend geplant. Aber irgendjemand ist mir zuvorgekommen und hat es etwas übertrieben."

„Oh!" rief Ellie plötzlich und setzte sich kerzengerade auf. „Wie geht es Dan? Der Ärmste blutete aus so vielen Wunden. Aber er dachte nur daran, wie er mich vor dem Feuer retten konnte. Er sollte eine Medaille oder einen Orden bekommen."

„Er wird wieder gesund werden. – Johann hatte natürlich nicht so ein Glück."

„Furchtbar!" sagte Ellie bedrückt und lehnte sich wieder an David. Nach einer Weile des Schweigens streckte sie ihre linke Hand aus und betrachtete mit schmerzlichem Blick ihren leeren Ringfinger. „Und ich! Ich habe geweint, weil ich meinen Ehering verloren habe."

„Sie gehören zu denen, die Glück hatten", erwiderte der Alte. „Und außerdem wird Ihnen hier bestimmt nichts passieren." Er sah sich in dem winzigen Raum um.

„Na, das ist hier nicht gerade viel komfortabler als eine Zelle im Acre-Gefängnis", meinte David stirnrunzelnd mit einem Blick in die Runde.

„Es ist natürlich nicht das King David Hotel, aber ich werde mich hier schon ganz wohl fühlen, bis du wiederkommst", lenkte Ellie ein und sah dann Ben-Gurion bedeutungsvoll an. „Solange ich deswegen nicht meine Arbeit verliere! Und vergessen Sie bitte nicht, daß ich die erste sein sollte, der Sie ein Exklusiv-Interview geben. Ja?"

„Ich bin Ihnen zu großem Dank verpflichtet, junge Frau," erwiderte er mit einer zackigen Verbeugung.

„In diesem Fall" – sie streckte sich gähnend –, „David, brauche ich alle meine Zane-Grey-Romane und *Krieg und Frieden* von Onkel Howard und ein paar Nachthemden und Kleider. Und meine Bibel." Sie sah ihm lächelnd in sein unrasiertes Gesicht und klapperte schelmisch mit den Augenlidern.

„Sonst noch was? Seht sie euch an! Gerade erst zwölf Stunden verheiratet und hat mich schon zum Sklaven gemacht."

„Das warst du auch vorher schon", behauptete sie, küßte ihn auf die Wange und fügte hinzu: „Und da du nun schon mal fragst, Liebling" – sie betonte das Wort *Liebling* nach bester Greta-Garbo-Manier –, „könntest du eigentlich gleich noch ein Bad nehmen, ja?"

David erhob sich achselzuckend. „Na gut. Wahrscheinlich soll ich dir auch noch deinen Ehering suchen, was?" meinte er ironisch.

Howard klopfte ihm mitfühlend auf den Rücken und meinte: „Genau wie ihre Mutter."

„Bin selber schuld", entgegnete David. „Ich habe mich auf lebenslänglich verpflichtet und nicht damit gerechnet, daß ich die ersten Stunden meiner ehelichen Wonnen in einem Luftschutzbunker verbringen würde." Er schüttelte ernüchtert den Kopf. „Das ist wie Humphrey Bogart in *Casablanca*. ‚Aus all den Ecken in der Welt mußte sie ausgerechnet in meine finden'." Dabei warf er ihr einen spitzbübischen Blick zu, aus dem zugleich Erleichterung sprach. „Nachthemden. Zane Grey. Bibel. Richtig?"

„Und Zahnbürste", ergänzte sie.

„Und, noch eins David", setzte der Alte warnend hinzu, „passen Sie auf sich auf! Die Straßen sind voller Journalisten –"

„... die sich bestimmt auf den trauernden Ehemann stürzen wollen", warf Ellie ein.

„Denken Sie daran, daß sie in Trauer sind, ja? Je weniger Sie sagen, desto besser", riet Ben-Gurion und hielt David zum Abschied die Hand hin.

Dieser nickte. „Wenn ich in Schwierigkeiten komme, denke ich nur daran, wie ich mich gestern abend gefühlt habe, als das Gebäude einstürzte." Er wandte sich wieder Ellie zu und nahm noch einmal ihr lächelndes Gesicht in sich auf. „Ich dachte schon, es wär' aus mit ihr. Nein, ich brauche nicht zu schauspielern, Leute. Die Angst hat mich fast um den Verstand gebracht!"

„Ihr kann jetzt nichts mehr passieren, David", beruhigte ihn der Alte. „Die Agency ist eine Festung. Ich habe Ellie zwei Wachen zugedacht. Und wir tun unser Bestes, um die Identität des Burschen herauszubekommen, der den Terroristen geholfen hat."

„Das sollte eigentlich alles beruhigend klingen. Aber irgendwie..."

Da erhob sich Ellie und ging, die Decke hinter sich her schleppend, zu David. Sie sah ihm in sein besorgtes Gesicht und sagte mit tränenglänzenden Augen: „Hör mal, Junge, ich bin hier gut versorgt. Ich und Zane Grey. Wer weiß, vielleicht lassen sie mich wegen guter Führung auch schon eher hier raus. Aber du gehst hinaus auf die Straßen, stimmt's? Und wenn sie hinter mir her waren, dann haben sie es vielleicht auch auf dich abgesehen."

„Auf wen? Auf mich? Ich habe doch abgedankt", erwiderte er augenzwinkernd und nahm sie in die Arme, irgendwie amüsiert, daß sie sich um seine Sicherheit genauso sorgte wie er um ihre. „Wieviele deutsche Kampfflugzeuge habe ich abgeschossen? Meinst du, nach all dem, was ich durchgemacht habe, um am Leben zu bleiben, lasse ich mich von irgend so 'nem Araber schnappen?"

Sie kuschelte sich an ihn. „Wer spricht denn von Arabern?" fragte sie, als sie ihre Rührung überwunden hatte. „Aber nimm dich vor der Presse in acht, ja?"

11. Angela

Während ein britischer Armeebulldozer unter lautem Röhren die Trümmer auf der Straße vor der *Palestine Post* beiseite schaffte, durchkämmten David und eine Menge anderer Menschen, Aufräumtrupps und Leute, die die Gunst der Stunde nutzen wollten, den schwelenden Schutt im Inneren der Ruine nach Ellies Ehering. Obwohl David einhundert amerikanische Dollar als Finderlohn ausgesetzt hatte, war ihre Suche bisher erfolglos gewesen.

David stieg vorsichtig über eine verkohlte Schreibmaschine und drehte diese dann mit der Fußspitze um. Schwarze Asche stob auf. Als er den Blick hob und den Ascheteilchen nachsah, nahm er zum ersten Mal seit einer halben Stunde mit Bewußtsein das heillose Durcheinander um ihn her wahr und schüttelte seufzend den Kopf. „Sinnlos", murmelte er. „Ein sinnloses Unterfangen."

In diesem Augenblick vernahm er hinter sich eine sanfte Frauenstimme, die ihn mit unverkennbar britischem Akzent ansprach: „Suchen Sie etwas, Captain Meyer?"

David wandte sich um und stand einer großen, schlanken Frau von ungefähr fünfundzwanzig Jahren gegenüber. Über einem Tweed-Rock trug sie eine lange Jacke und dazu braune Pumps, die an diesem Ort der Zerstörung in geradezu gefährlicher Weise unpassend wirkten. Ihr kastanienbraunes Haar war zu einem Knoten zurückgekämmt, und ihr großer, voller Mund öffnete sich zu einem teilnahmsvollen Lächeln. David wurde sich erst richtig bewußt, wie verdreckt und ungepflegt seine eigene Erscheinung war, als er sein Spiegelbild in den Gläsern ihrer Sonnenbrille sah. Sie war hübsch und sah intelligent aus, und an jedem anderen Tag hätte David zweimal hingesehen. Aber nicht an diesem Morgen. Er starrte sie nur einen Augenblick lang müde an, drehte sich dann wortlos um und ging langsam zum hinteren Teil des Gebäudes.

„Captain Meyer", rief sie hinter ihm her. „Ich war eine Freundin von Ellie Warne!" Er blieb stehen und straffte sich innerlich. *Presse*, dachte er. „Ich suche ihren Ehering", erwiderte er.

„Darf ich Ihnen helfen?" fragte sie beinahe flehend.

„Klar", erwiderte er bitter. „Einhundert Kröten demjenigen, der ihn findet." Er lachte kurz auf.

„Haben Sie schon in der Dunkelkammer nachgesehen?" fragte sie leise, während sie vor ihm her ging und jeden Schritt mit Bedacht setzte wie eine Katze, die durch eine Pfütze geht.

Er wandte sich um und musterte sie erneut. „Sie sind wohl extra hergekommen, um mir zu helfen, Ellies Ehering zu suchen, wie?" fragte er spöttisch.

„Nein. Ich habe Ihnen doch gesagt, ich war mit ihr befreundet." Er blickte fragend auf. „Tatsächlich?" Er machte nicht einmal den Versuch, den sarkastischen Unterton in seiner Stimme zu unterdrücken. „Wie war doch Ihr Name?" fügte er dann mit einem so zornigen Klang in seiner Stimme hinzu, daß sie unvermittelt stehen blieb und ihn, erstaunt über seine Feindseligkeit, mit zur Seite geneigtem Kopf ansah.

„Angela St. Martain."

„Nie gehört", erwiderte er barsch. „Natürlich von der Presse. Herrjeh! Ich riech' euch Geier schon zwei Meilen gegen den Wind." Er warf einen vorwurfsvollen Blick auf den gelben, linierten Notizblock, der aus ihrer Tasche hervorschaute.

„Nun, ja. Ich arbeitete für den *Thames Courier*, aber –"

„Kein Aber, Mädchen. Hau'n Sie ab! Verzieh'n Sie sich! Ich hab' euch doch gesagt, daß ich keinen Kommentar abgebe." Er war laut geworden. Mehrere Männer, die dabei waren, die Trümmer beiseite zu räumen, sahen alarmiert auf.

„Aber ich kannte Ihre Frau vom Studium her", protestierte sie und sah aus, als ob ihr gleich die Tränen kommen wollten.

„Waren wohl mit ihr in Stanford zusammen, was?" meinte David lauernd, der an Ellies Warnung dachte, sich vor der Presse in acht zu nehmen.

Die Frau zog die Stirn kraus und sah ihn fragend an. „Stanford? Nein. An der UCLA, der Uni von Los Angeles. Ich war ein paar Semester über ihr, aber ich erinnere mich noch gut, was für eine ausgezeichnete Photographin sie schon am Anfang des Studiums war."

David musterte die Frau kritisch, immer noch nicht bereit, seine Vorsicht beiseite zu lassen. Sie schien Ellie tatsächlich zu kennen – oder zumindest etwas über sie zu wissen. „Da können Sie mal seh'n, was ihr das eingebracht hat." Er trat so heftig gegen einen Balken, daß eine Aschenwolke aufstob. „Dies ist kein Ort für eine Frau. Und sie werden Ellie hier nicht finden. Sie sollten besser wieder an die UCLA gehen oder nach England oder wo immer Sie herkommen..."

Sie nickte heftig und sah auf die verkohlten Trümmer am Boden. „Ich wollte mich nicht aufdrängen. Entschuldigen Sie, Captain Meyer. Dies ist eine furchtbare Situation für Sie." Sie sah sich mit raschem Blick in dem zerstörten Büroraum um. „Für uns alle. Sie war wirklich eine große Photographin, und eine unglaublich ..." Die Stimme versagte ihr. David setzte unbeeindruckt davon seine Suche schweigend fort. Auf seinem Gesicht spiegelte sich Zorn wider, da ihm von neuem bewußt geworden war, wie haarscharf Ellie dem Tod entronnen war.

Die Frau betrachtete ihn lange Zeit schweigend. Dann sagte sie teilnehmend: „Die Dunkelkammer ist da hinten." Sie deutete in die entsprechende Richtung.

David sah zu dem kleinen Raum hin, der an der Rückwand des Gebäudes, gleich neben dem Hinterausgang, mit Ytong-Steinen abgemauert war. Die Wände waren rußgeschwärzt, und die schwere Metalltür war teilweise herausgerissen und hing nur noch an den beiden unteren Türangeln. Bei diesem Anblick wurden sofort wieder Davids Erinnerungen an den vorigen Abend aufgewühlt. Er schwankte und griff sich, von einem Gefühl der Schwäche überwältigt, an die Stirn. Unterdessen war die Frau, von ihm unbemerkt, zu ihm hingegangen, legte ihm mitfühlend die Hand auf die Schulter und sagte freundlich: „Ich werde für Sie suchen, Captain Meyer." Dann ging sie mit raschen Schritten zur Dunkelkammer.

David sah ihr dabei zu, wie sie die abgemauerte Wand der Dunkelkammer befühlte und die obersten Steine musterte, als wolle sie sie auf ihre Sicherheit hin überprüfen. Dann schob sie sich vorsichtig an der Tür vorbei ins Innere des Raumes, das, wenngleich übersät von Entwicklungsschalen und zerbrochenen Chemikalienflaschen, doch zumindest von dem Inferno verschont geblieben war, das in den übrigen Teilen der *Palestine Post* gewütet hatte.

David nahm sich zusammen und ging hinter der Frau her, die sich einen Weg durch das zerschmetterte Interieur der Dunkelkammer bahnte. Ihm wurde erneut flau bei der Vorstellung, daß seine geliebte Ellie noch vor wenigen Stunden an diesem Ort der Zerstörung gewesen war, und er mußte sich an den Türrahmen lehnen.

„Wonach suchen wir genau, Captain Meyer?" fragte die Frau behutsam.

„Ehering, klein, Gold mit Rubinen. Wir haben nämlich gestern abend geheiratet", äußerte er nun ganz bereitwillig, als habe seine Vorsicht durch ihre Freundlichkeit etwas nachgelassen. Doch sogleich brach wieder die alte Schärfe durch, und er fügte mit zusammengekniffenen Augen hinzu: „Haben Sie vor, das zu veröffentlichen?" Sie gab mit keiner Regung zu erkennen, daß sie seine bittern Worte gehört hatte.

Mehrere Minuten lang setzte sie ihre Suche schweigend fort. Dann hob sie plötzlich einen umgekippten Trockenständer hoch und stieß einen leisen Freudenschrei aus: inmitten von Glassplittern lag der Ehering, den Ellie nur kurze Zeit getragen hatte. „Hier ist er, Captain!" rief die Frau, hob ihn ehrfürchtig auf und hielt ihn mit spitzen Fingern in der Hand. Sie ging zu ihm hin und legte ihn David in die offene Hand.

„Danke", flüsterte er ergriffen. Er dachte daran, mit welcher Freude er ihn Ellie geschenkt hatte. „Ich nehme an, ich schulde ihnen jetzt hundert Dollar", meinte er mit einem unsicheren Lächeln.

„Vielleicht spendieren Sie mir irgendwann einmal eine Tasse Kaffee?" erwiderte sie freundlich. „Das würde schon genügen."

„Werden Sie darüber schreiben?" fragte er, nun ohne zornigen Unterton in der Stimme.

„Ich glaube nicht."

„Dann schulde ich Ihnen noch mal so viel." Seine Hand schloß sich fest um den Ring, und er steckte ihn in die Tasche.

„Vielleicht haben Sie eines Tages mal wirklich eine Geschichte für mich." Sie klopfte sich den Staub von den Händen und ging an ihm vorbei. Er spürte, daß sie verletzt war, und er schämte sich. Ellie würde es nicht gutheißen, wenn er so mit einer ihrer Freundinnen sprach.

„Sicher. Vielleicht später mal. Wenn Sie in die Staaten kommen und über einen ehemaligen Kampfflieger schreiben möchten, der nun für kommerzielle Zwecke fliegt, oder so etwas in der Richtung." Er zuckte die Achseln und strich sich unbehaglich mit der Hand über die Wange. „Sehen Sie..." begann er. „Es tut mit leid, daß ich vorhin so grob zu Ihnen war. Ich habe nur... Es ist einfach eine schreckliche Nacht gewesen. Verstehen Sie das?"

„Das verstehe ich", sagte sie voller Wärme. „Und es tut mir so leid für Sie, Captain. Sie war eine sehr begabte Frau."

David nickte seufzend. „Alles Gute." Er vermied es, ihr in die Augen zu sehen.

Die Frau hob zum Abschied ihre Hand. „Ich werde Sie eines Tages noch einmal auf die Tasse Kaffee ansprechen."

David lächelte etwas gezwungen und deutete mit den Fingern einen Abschiedsgruß an. „Viel Glück." Er sah ihr zu, wie sie über die Trümmer in Richtung Halosel Street davonging, wo immer noch der Bulldozer röhrte. Einmal drehte sie sich um und winkte ihm zu, darauf bedacht, nicht zu offensichtlich zu lächeln. Sie ging in Richtung Stadtzentrum und entschwand schließlich seinen Blicken. Er seufzte vor Erleichterung tief auf und wischte sich den Schweiß von der Stirn.

Dann klopfte er auf seine Tasche und verkündete laut: „Die Suche ist vorbei, Jungs! Wir haben ihn gefunden."

* * *

Die letzte Entscheidung darüber, wer über Ellies Aufenthaltsort Bescheid wissen sollte und wer nicht, war am vorhergehenden Abend im trübe beleuchteten Büro des Alten getroffen worden. Dabei hatte man sich auf die Devise geeinigt: je weniger bei dieser Farce mitspielten, desto besser; je mehr echter Schmerz in der Öffentlichkeit gezeigt und von der Presse zur Kenntnis genommen wurde, desto besser. Denn nicht nur Ellies Sicherheit, sondern auch die der Fracht in dem Sarg hingen davon ab. David war durch die Ereignisse so tief getroffen, daß er nicht daran zweifelte, die Rolle des trauernden Ehemannes überzeugend spielen zu können. Michael Cohen hingegen sollte vom Wissen um den wahren Sachverhalt ausgenommen werden. Er würde nicht erfahren, daß Ellie lebte und sich wohlbehalten in der Jewish Agency befand.

David war sich zwar dessen bewußt, daß diese Entscheidung an seelische Grausamkeit grenzte, aber die abschließende Einschätzung der Persönlichkeit Michaels hatte ergeben, daß dies die einzig sichere Entscheidung war. Denn in den fünf Jahren ihrer Freundschaft hatte David die Erfahrung gemacht, daß es für Michael in seiner geradlinigen Offenheit nahezu unmöglich war, jemand anderem etwas zu verschweigen, was dieser nicht wissen durfte. David war davon überzeugt, daß Michael zu den Menschen gehörte, die schon als Kind dafür bestraft wurden, daß ihr Bruder die Keksdose stibitzt hatte, nur weil ihnen die Schuld des Wissens auf der Stirn geschrieben stand. Andere Menschen hatten nicht nur keine Skrupel, jemandem eine faustdicke Lüge aufzutischen, sondern dachten hinterher auch mit keinem Gedanken mehr darüber nach. Zwar war auch Michael Cohen durchaus in der Lage, etwas Falsches zu erzählen, nur mit dem Unterschied, daß bei ihm anschließend die Wahrheit unweigerlich aus jeder Faser seines Wesens sprach und somit seinem Gesprächspartner den Floh des Argwohns ins Ohr setzte. Michael war einfach *ein Mann ohne Falsch*.

Da sie jedoch in einer Zeit lebten, in der Falschheit der bessere Teil der Tugend war, lag Ellie also, zumindest was Michael anbetraf, still und leblos in einem kalten Metallsarg in einem der hinteren Räume der Goldmann-Leichenhalle. Und die tiefe Trauer, die aus Michaels offenem Gesicht sprach, war mithin echt. Er war ständig kurz davor, in Tränen des Mitgefühls auszubrechen, und er bebte vor Zorn, wenn er darüber nachdachte, daß David ein gebrochener Mann war, ein Mann in einem Schockzustand, ein Freund, der des Schutzes vor diesen Geiern bedurfte, die sie in ihrer ewigen Suche nach einer Story umkreisten.

Man war in diesem gefährlichen Unterfangen also übereingekommen, daß der ehrliche Schmerz Michael Cohens mehr aussagen würde als tausend Falschheiten. David würde der Einfachheit halber gar nicht sprechen, und sein Schweigen würde denen, die ihn beobachteten, hoffentlich die gewünschte Botschaft übermitteln. Wenn die Zeit gekommen war, das heißt, wenn sich sowohl Ellie als auch die Schriftrollen in Sicherheit befanden, würde David seinen Freund in aller Verschwiegenheit über den wahren Sachverhalt in Kenntnis setzen. David spielte also wieder einmal den herzlosen Blechmann, während Michael die Rolle der beschränkten Vogelscheuche zugefallen war. David hoffte nur, daß Michael dafür Verständnis aufbringen und ihm vergeben würde, wenn die Wahrheit schließlich ans Licht kam.

So saß Michael also an diesem Morgen in Schlips und Anzug – beides geborgt – und eine Wange in die Hand gestützt, unbehaglich in einem taubenblauen viktorianischen Samtsessel im Foyer der Goldmann-Leichenhalle und betrachtete das Ölgemälde an der gegenüberliegenden Wand. Zwei lächelnde Engel standen neben einem leeren Sarg und grüßten mit erhobenem Arm zwei Frauen, die sich erschrocken vor ihnen verneigten. Michael blinzelte und rutschte unbehaglich hin und her, da ihm bewußt wurde, daß er sich im nichtjüdischen Foyer einer Einrichtung befand, die sowohl von Nichtjuden als auch von Juden, wenn auch durch verschiedene Eingänge, benutzt wurde. Einmal hatte er Gelegenheit gehabt, im jüdischen Teil zu warten, wo den Trauernden ein Gemälde von Moses auf dem Sinai Trost spendete. Michael hatte bei Ellie nie das Gefühl gehabt, daß sie eine Nichtjüdin sei. Aber er mußte ehrlicherweise zugeben, daß er selbst kein sattelfester Jude war. Gemessen an den Maßstäben religiöser Juden, war er sogar ein *Apikorsim*, ein Abtrünniger. Das wurde ihm bei solchen Gelegenheiten immer bewußt. Dennoch wäre ihm wohler gewesen, wenn er Moses auf dem Sinai hätte betrachten können.

Er saß hier, um die Familie zu repräsentieren: David. Bis jetzt hatte er drei würdigen Pressemitgliedern mitgeteilt, daß kein Kommentar abgegeben werde, daß die Familie mit ihrem Schmerz allein fertigwerden wolle, daß David sich an einem ungenannten Ort ausruhe und er,

Michael, dem Sarg mit David zusammen das Geleit in die Vereinigten Staaten geben werde. Ja, David habe seine Tätigkeit bei der Jewish Agency aufgegeben. Alles, was er noch begehre, sei etwas Frieden und Ruhe, um sich von dem schweren Schlag zu erholen, also danke sehr und auf Wiedersehen. Daraufhin hatten sich die Reporter, mit einem verständnisvollen Nicken, zurückgezogen und respektvoll erst auf dem Bürgersteig mit der Niederschrift ihrer Notizen begonnen.

Vor wenigen Minuten war Howard Moniger erschienen und kurz darauf ein hochgewachsener britischer Captain, der eine Aktentasche unter dem Arm trug. Beide waren durch die dunkle Walnußtür über einen langen Flur durch eine weitere Tür geführt worden. Was David anbetraf, so war sich Michael ziemlich sicher, daß er gar nicht herkommen würde.

Plötzlich schwang die Eingangstür auf: eine hochgewachsene junge Frau in einem braunen Tweedkostüm betrat das Foyer und riß ihn aus seinen Gedanken, die ihm während seiner makabren Wache im Kopf herumgingen. Sie trug eine große Sonnenbrille, die den größten Teil ihres Gesichtes verdeckte und nur die herabgezogenen Mundwinkel erkennen ließ. Sie preßte ihre Handtasche krampfhaft an sich und blieb stehen, während die Tür hinter ihr zufiel. Sie lächelte nervös in die beklemmende Stille hinein. Schließlich wandte sie sich an Michael.

„Verzeihen Sie", sagte sie mit entschuldigendem Tonfall. „Ich war eine gute Freundin von Ellie Warne."

Michael schnellte empor, rückte seinen Schlips zurecht und streckte ihr die Hand entgegen. „Ich ... Ich bin auch ... Ich bin mit der Familie befreundet", erwiderte er stockend. „Man hat mich gebeten ..."

„Ich würde gerne Abschied nehmen", sagte die junge Frau mit gebrochener Stimme. Sie nahm ein Taschentuch aus ihrer Handtasche und tupfte sich damit die Augen.

Michael strich sich über den Kopf und sah hilfesuchend zur Decke, als ob ihm eine höhere Macht eingeben könne, wie er sich dieser allem Anschein nach erschütterten Frau gegenüber verhalten solle. Zeitungsleute waren eine Sache, aber die Tränen einer Frau eine ganz andere. Er ging seufzend auf sie zu. „Wollen Sie ... Setzen Sie sich doch!" forderte er sie freundlich auf.

Sie nahm sein Angebot wortlos an und ließ sich graziös in seinem Sessel nieder. Als sie die Beine übereinanderschlug, zwang sich Michael, in eine andere Richtung zu sehen, da er sich schämte, in solch einer Situation überhaupt auf Beine achten zu können. „Mein Name ist Michael Cohen", stellte er sich daher rasch vor.

„Michael", sagte sie gefühlvoll. „Natürlich. Sie hat oft von Ihnen gesprochen."

„Tatsächlich?" Er spürte einen Kloß im Hals.

„Natürlich", sagte sie und schnupfte heftig. „Sie sind ... Sie waren ..."

„Ihr Mann und ich waren zusammen beim Militär", half er ihr. „Sie war schon was Besond'res, das Mädchen." Er schürzte nachdenklich die Lippen. „Sie war schon jemand!"

Die junge Frau nickte. „Wir waren zusammen an der Uni." Sie steckte ihr Taschentuch in die Tasche. „An der UCLA."

„Im Ernst?" lächelte Michael. „Das hätt' ich nie gedacht. Sie mit Ihrem Akzent und so."

„Ach ja", seufzte sie und lehnte sich zurück. „Als der Krieg ausbrach, haben mich meine Eltern nach Amerika zur Schule geschickt. Der Blitzkrieg, wissen Sie."

„Ja. Mein Onkel Sam hat mich nach Europa geschickt", erwiderte er lächelnd.

„Und dort haben Sie David kennengelernt?"

„Jaa. Er ist schon ein toller Kerl." Er senkte die Augen. „Das ist furchtbar. Furchtbar. Er ist nicht mehr er selbst. Als ob er auf die ganze Welt zornig wär'."

„Daraus kann man ihm keinen Vorwurf machen." Sie nahm wieder ihr Taschentuch. „Und wo ist er jetzt?"

„Ich weiß nicht. Vielleicht zu Hause. Sich ausschlafen. Ich weiß nicht. Wir haben in den nächsten Tagen noch eine ziemliche Reise vor uns."

„Wann reisen Sie ab?"

„Heute abend. Glaube ich jedenfalls. Wenn alles erledigt ist."

Die junge Frau ließ ihren Blick zu der schweren Walnußtür schweifen, die zu den Schauräumen führte. „Ich verstehe", flüsterte sie. „Glauben Sie, ich könnte ... sie sehen?" fragte sie mit kaum hörbarer Stimme.

Michael schüttelte bedächtig den Kopf und wischte sich dann mit dem Handrücken über die Augen. „Nein. Der Sarg ist nämlich versiegelt."

Die Frau beugte sich vor und schlug die Hände vors Gesicht. „Ach, liebe Ellie! Im Radio haben sie gesagt, daß die Dunkelkammer über ihr eingestürzt ist! Arme Ellie! Liebe Ellie!"

Michael trat zu ihr und klopfte ihr unbeholfen auf die Schulter. „Ja, es ist schrecklich", pflichtete er ihr bei und schnalzte bedauernd mit der Zunge. „Ich weiß, was Sie empfinden. Ihr Onkel ist jetzt bei ihrer Leiche. Regelt die Einzelheiten." Die Frau schwieg weiter. „Wir reisen heute abend nach Tel Aviv ab. Dann nehmen wir morgen abend um einundzwanzig Uhr von Rom aus einen Transatlantikflug nach New York." Die Frau hielt sich ihr Taschentuch vors Gesicht und schwieg weiter, während Michael fortfuhr: „Ich habe gehört, sie wollen den Sarg versiegelt durch den Zoll bringen. Sie wollen nicht mal, daß die *Zollbeamten* den Sarg öffnen." Er schüttelte ernst den Kopf. „Ich nehme an, die Leiche wird nicht einmal hergerichtet... na, Sie wissen schon. Das ist alles nicht sehr schön. David ist halb von Sinnen. Gestern abend haben ihn ein paar Leute von der Jewish Agency einfach auf der Straße aufgelesen, als ich ihn gerade für einen Augenblick allein gelassen hatte, um den Wagen zu holen. Das hätte ja sonstwer sein können, und er wäre einfach mitgegangen. Ich hab' ihn stundenlang gesucht und schließlich in der Agency gefunden. Da saß er und starrte einfach vor sich hin. Hat nicht ein Wort mit mir geredet. Nicht ein Wort. Der Alte sagte, ich sollte ein Bad nehmen, und hat dann diesen Anzug irgend 'nem Angestellten vom Leib gerissen. Und hier sitz' ich nun und wimm'le die Reporter ab. Jeder einzelne von ihnen auf der Jagd nach 'ner Geschichte." Er runzelte die Stirn und hörte erst auf, ihr begütigend auf die Schulter zu klopfen, als sie sich die Augen hinter ihrer Sonnenbrille wischte und sich langsam erhob.

„Die Welt wird sie vermissen", seufzte sie.

„Sie sind mit ihr zusammen an der Uni gewesen, wie?" griff Michael eine ihrer Bemerkungen auf, als ihm plötzlich bewußt wurde, daß er die ganze Zeit ununterbrochen geredet hatte.

„An der UCLA, Fachbereich Journalismus."

Michael kratzte sich verlegen am Kopf. „Dann sind Sie also –"

„*Thames Courier*." Sie nahm eine Puderdose aus ihrer Tasche und betrachtete sich kurz im Spiegel. „Ich bin einige Monate in Kairo gewesen und wollte auf der Durchreise die Gelegenheit nutzen, meine alte Freundin einmal wiederzusehen."

„Wollen Sie mir einen Gefallen tun?" fragte Michael unangenehm berührt. „Tun sie mir den Gefallen und schreiben Sie nichts über das, was ich Ihnen eben erzählt hab', nein? Ich meine, ich sollte eigentlich nicht –"

„Mr. Cohen, ich hoffe nicht, daß Sie eine so schlechte Meinung von mir haben! Ich bin nicht wegen eines Artikels hierher gekommen." Ihr Gesicht verdüsterte sich erneut, und sie fügte mit abgewandtem Gesicht hinzu: „Danke." Sie biß sich auf die Lippe. „Sie waren mir ein

Trost." Sie hielt sich die Hand vor den Mund und wandte sich langsam ab.

„Gern geschehen", erwiderte er traurig, während sie bereits zur Tür hinausging. Er sank in den Sessel und merkte erst dann, daß sie ihm gar nicht ihren Namen verraten hatte.

12. „Auch wenn die Zeit vergeht"

Mit einem Bündel unter dem Arm ging David die Metalltreppe in den Keller der Jewish Agency hinunter und durchquerte den breiten, trübe beleuchteten Flur mit laut hallenden Schritten. Dicke Stahlrohre hingen wie riesige Girlanden so tief von der niedrigen Decke herab, daß er mehrere Male den Kopf einziehen mußte.

Von den Heizungsrohren stieg zischend heißer Dampf auf, und durch die Abwasserleitungen rauschte das Wasser. Nackte Glühbirnen hingen in Abständen von einigen Metern wie glänzende Tropfen aus dem Gewirr der Rohre heraus und erzeugten eine ähnlich bedrückende Atmosphäre, wie David sie schon einmal in der Verhörszene eines Kriminalfilms gesehen hatte.

Auf beiden Seiten des Flures befanden sich graue Stahltüren. Neben einer dieser Türen waren Kisten mit Schreibmaschinenpapier aufgestapelt, und an einer weiteren lehnte ein lädierter Schreibtischstuhl, der so verstaubt war, daß David vermutete, er müsse wohl schon sehr lange an diesem düsteren Ort gestanden haben. Zehn Meter weiter spielten zwei muskulöse, grobschlächtige Wächter im Licht einer Glühbirne Karten. Der Tritt seiner Schritte ließ sie nur kurz den Kopf heben, dann wandten sie sich wieder ihren Karten zu. Sie machten auf David den Eindruck, als seien sie in eine tiefe Grube gefallen, aus der sie sich durch eigene Anstrengung nicht wieder befreien konnten. Ihre Augen waren vor Müdigkeit rotgerändert, und ihren Stoppelbärten sah man an, daß die beiden sich seit Tagen nicht mehr rasiert hatten. Außerdem knallten sie ihre Karten mit einer solchen Wucht auf den Tisch, als hätten sie seit Wochen nichts anderes zu tun gehabt. Der größere der beiden hatte eine kalte Zigarre zwischen den Lippen, besaß Arme wie Baumstämme und Finger so dick wie Bratwürste.

„Hallo, Leute!" rief David den beiden schon von weitem gutgelaunt zu.

Sie blickten nicht von ihren Karten auf.

„Ihr spielt wohl Gin, was?" machte David einen neuen Versuch, sie aus ihrer Reserve zu locken, und stieß dabei mit dem Kopf an eine Glühbirne, die sich daraufhin wild im Kreise drehte.

„Paß du nur auf!" murmelte der größere der beiden vor sich hin.

„Kommst wohl aus New York, wie?" meinte David. „Den Akzent hör' ich immer 'raus."

„Na und?" schnauzte der Kräftige und knallte eine Karte auf den Tisch.

„Dich haben se wohl bei der Mafia abgeworben, was?" meinte David grinsend zu dem Wächter, der ihn argwöhnisch mit blutunterlaufenen Augen betrachtete, während sein Partner bedächtig zuerst die abgelegte Karte und dann sein Blatt studierte. „Stimmt. Und wer bist'n du?"

„Der Ehemann", erwiderte David gutgelaunt.

„Ah-ha!" gab der zweite von sich, der endlich seine Überlegungen beendet hatte, und schnappte sich die abgeworfene Karte. „Ich hab's! Kreuz drei! GIN!" Er knallte sein Blatt aufgedeckt auf die Kiste.

Doch der Große beachtete ihn nicht, sondern sprang, über Davids Worte erzürnt, vom Stuhl. „So? Der Ehemann? Wir ham Befehl, niemand rein und niemand raus zu lassen. Außer, wenn du beweisen kanns', wer du bis', sonst dürf'n wa niemand rein lass'n, kapiert?" Er ballte seine Fäuste und wirkte dabei wie ein Grizzly, der seine Beute verteidigt.

David strich sich mit der Hand über seine frisch rasierte Wange und sah von einem der ergrimmten Wächter zum anderen. „Prima, daß ihr eure Aufgabe so ernst nehmt! Bei euch wird ihr bestimmt nichts passieren."

Die beiden schwiegen zwar, aber der Kleinere kam einen Schritt auf David zu, während sich der Große mit gekreuzten Armen zwischen David und der Tür aufbaute. Mit der Unterlippe bearbeitete er den Zigarrenstummel, der aggressiv vorgestreckt auf David zeigte.

„Hört mal, Leute. Ich bin ehrlich der Ehemann!" beteuerte David mit treuherzigem Gesicht.

„Ja, ja. Aber 's soll niemand rein. Die Leute soll'n nun ma glau'm, sie's tot", erklärte der Kleinere.

David betrachtete unschlüssig die Tür und wandte sich dann wieder den beiden zu. „Hört mal, Leute, ihr wollt doch wohl nich', daß ich zu Ben-Gurion gehe oder so was." In diesem Moment bewegte sich der Türknauf, die Tür öffnete sich einen Spaltbreit, und Ellie steckte ihr lächelndes Gesicht heraus. Ihr rotes Haar und die lebhaften grünen Augen bildeten einen reizvollen Kontrast zu der düsteren Umgebung. „Ellie! Liebling! Ich hab' deine Sachen mitgebracht! Sag diesen Kerlen, wer ich –"

„Is' es jetz' soweit, Ellie?" unterbrach der Große mit sanfter Stimme, und sein Gesicht zerschmolz bei ihrem Anblick zu hündischer Anbetung.

„Danke, Leute", erwiderte sie heiter. „Es dauert nicht mehr lange; du kannst ihn gleich reinlassen, Eddy."

Plötzlich waren die beiden Wächter wie umgewandelt, und ihre bulldoggenhaften Gesichter drückten schlagartig überschwengliche Freude über Davids Ankunft aus. „Massel Tov!" rief der Hüne und schüttelte David herzhaft die Hand. „Massel Tov, Captain Meyer! Se ham'n prima Mächen da drin, wiss'n Se das?"

„Tjaa." David, erleichtert und verwirrt zugleich, wußte nicht so recht, was er sagen sollte.

„Mach die Augen zu, David!" rief Ellie temperamentvoll. „Haltet ihn noch einen Augenblick zurück, bis ich euch Bescheid sage!" fügte sie zu den Wächtern gewandt hinzu und zog sich wieder zurück. David schloß gehorsam die Augen. Er kam sich vor wie ein Kind an seinem Geburtstag. Die Wächter glucksten verschwörerisch und hielten ihn an den Armen fest.

„Heh, Els!" rief David laut. „Wann kann ich die Geschenke auspacken?"

„Nur noch'n Aug'nblick, Captain Meyer. Das dürf'n Se ihr nich' vadern. Se hat sich nämich'n ganz'n Morg'n abgemüht."

David spürte ein nervöses Kribbeln in der Magengegend und wippte aufgeregt immer wieder auf den Zehen. „Heh, Els!" rief er erneut.

Doch da vernahm er hinter der Tür das Knistern eines Grammophons und dann eine weiche Stimme, die sich vor dem Hintergrund eines Orchesters erhob.

You must remember this,
A kiss is still a kiss,
A sigh is still a sigh ...

Während sich David von den Wächtern mit geschlossenen Augen führen ließ, hörte er, wie sich die Tür öffnete und die Musik lauter wurde.

„In Ordnung, Jungs", sagte Ellie energisch, „ich hab' ihn." Sie nahm ihn bei der Hand und zog ihn zu sich in den Raum, wobei sie den beiden Männern noch ein „Danke!" zurief, bevor sie die Tür hinter David schloß. „Laß bloß die Augen zu", warnte sie ihn.

Parfümgeruch und die Klänge des Liedes benebelten seine Sinne, und er streckte sehnsüchtig seine Arme nach ihr aus. Doch sie stieß seine Hände zurück und wich ihm aus.

„Els, Liebling", bat er und taumelte blind durch das Zimmer.

„Mach bloß noch nicht die Augen auf! Sonst verdirbst du alles." David hörte die Sprungfedern quietschen, als sie sich aufs Bett setzte.

> *A kiss is still a kiss ...*
> *A sigh is still a sigh ...*

wiederholte der Sänger gefühlvoll. Durch die Augenlider nahm David einen schwachen Lichtschein wahr und wandte sich ihm zu.

> *As time goes by ...*

„So, König David", sagte Ellie mit leiser, beruhigender Stimme, „jetzt darfst du die Augen aufmachen."

David gehorchte und war sprachlos vor Erstaunen über die Veränderung, die in dem winzigen Raum vor sich gegangen war: auf einem Spitzentuch, das über eine Holzkiste gebreitet war, stand eine hohe, schlanke Kerze und verbreitete ein anheimelndes sanftes Licht. Ellie, die auf einem alten Bett saß, trug einen seidenen, hellblauen Morgenmantel, der ihre hübsche Figur betonte, und strahlte über die gelungene Überraschung. David stieß einen leisen, bewundernden Pfiff aus und konnte seinen Blick nicht von ihr wenden. Er warf das Bündel mit ihren Sachen neben sie aufs Bett und ging um den provisorischen Tisch herum auf sie zu.

„Du bist einfach wundervoll", sagte er zärtlich.

„Aber du hast ja das Schild noch gar nicht gesehen!" Sie zeigte auf die Wand hinter sich.

David bemerkte erst jetzt, daß zwischen Bildern von den Pyramiden und dem Eiffelturm ein großes Plakat aus Butterbrotpapier hing, das die Aufschrift HOCHZEITSSUITE KING DAVID HOTEL!!! trug. Der ganze Raum war mit Blumenbouquets aus Toilettenpapier geschmückt, und in einer Ecke stand ein heruntergekommenes mechanisches Grammophon, auf dem knisternd und knackend eine Platte lief. Außerdem standen eine Flasche Rotwein, ein frischer Laib Weißbrot und in dünne Scheiben geschnittener Käse auf einem runden Silbertablett bereit.

David ergriff ihre Hand und schüttelte überwältigt den Kopf. „Aber wie –"

„Die Sekretärin des Chefs", unterbrach sie ihn. „Ich hatte ihr erzählt, daß wir vorgehabt hatten, die vergangene Nacht im King David Hotel zu verbringen", sagte sie wehmütig. „Nun", fuhr sie mit festerer Stimme fort, „sie war einfach wundervoll. Und der Alte hat sogar noch eine Flasche von dem Zeug lockergemacht, das er Wein nennt. Ich hab' mal dran geschnuppert, und ich glaub', es ist wohl sicherer, wenn wir es ins Waschbecken kippen. Vielleicht sollten wir versuchen, jemanden zu finden, der Wein wieder in Wasser verwandelt ..."

Doch David hörte gar nicht mehr, was sie sagte, sondern nur noch den Klang ihrer Stimme. Er streichelte ihr überwältigt die Wange, beugte sich zu ihr hinunter und küßte sie aufs Haar.

> „... *and when two lovers woo,*
> *they still say ...*
> *„I love you-u-u.*
> *On that you can rely ...*
> *The fundamental things apply,*
> *As time goes by-y-y*",

sang David völlig unmelodisch weiter.

„Du weißt doch, daß Humphrey Bogart gar nicht erst versucht hat, der Bergmann das Lied vorzusingen", neckte ihn Ellie. „Er hat dafür einen Klavierspieler engagiert."

„Das hab' ich wirklich nicht erwartet!" David zog sie zu sich heran und nahm sie fest in die Arme. „Du weißt doch, was der Alte gesagt hat: ich sollte eigentlich in Trauer sein."

„Warte nur, bis es ans Abschiednehmen geht", erwiderte sie. „Dann brauchst du dich nicht mehr zu verstellen." Sie bewegten sich zwischen der Kiste und dem Bett hindurch im Rhythmus der Musik, und Ellie, ihren Kopf an seine Brust gelehnt, summte dabei die Melodie des Liedes vor sich hin.

„Ich hatte gedacht, unsere Flitterwochen könnten erst beginnen, wenn ich wieder zurück bin", flüsterte er ergriffen.

„Ich wollte nicht zwei Wochen darauf warten", erwiderte sie kaum hörbar und wandte ihm ihr Gesicht zu. Er suchte ihre Augen und küßte sie zärtlich. „Ich verspreche dir aber, David", flüsterte sie, „daß wir es, wenn du möchtest, nach deiner Rückkehr noch einmal wiederholen können."

David seufzte zufrieden. „Dann engagiere ich aber auch einen Klavierspieler."

* * *

Vier Stunden später stand er mit bloßen Füßen mitten in dem kleinen Raum und meinte seufzend: „Du hattest recht. Wenn ich dich so zurücklassen muß, brauche ich die Trauer wirklich nicht vorzutäuschen. Aber sobald ich wiederkomme, werden wir es uns auf keinen Fall nehmen lassen, im King David Hotel zu übernachten."

„Darauf freue ich mich schon jetzt", sagte sie und kam in seine ausgestreckten Arme.

„Ich würde dich so unheimlich gerne mit nach New York nehmen – in deinem jetzigen Zustand natürlich – und noch einmal so einen Nachmittag mit dir verleben, und zwar im Biltmore Hotel."

„Ich würde dich ja gerne beim Wort nehmen" erwiderte sie überschwenglich. Doch dann sah sie ihn plötzlich fragend an: „Wen nehmt ihr denn überhaupt mit nach New York?" Sie trat einen Schritt zurück und erbleichte ein wenig bei dem Gedanken, daß tatsächlich jemand in dem Sarg lag.

„Einen alten Bock", grinste David.

„Wie respektlos, David! So über ein menschliches Leben zu sprechen! Einen alten Bock!" Sie war ehrlich entrüstet.

„Nun mal langsam, Els." Er ließ sich auf das ächzende Bett fallen und zog Socken und Stiefel an. „Ich meine das ganz wörtlich. Wir haben einen alten Ziegenbock in den Sarg getan. Es geht doch das Gerücht um, daß der Leichnam derart zerfetzt sei, daß man ihn nicht einmal mehr zur Leichenschau freigeben könne, stimmt's?"

„Worauf willst du hinaus?" Sie legte nachdenklich die Stirn in Falten und schürzte fragend die Lippen.

„Wenn so ein schlauer Bursche den Sarg durchsuchen will, wird er zutiefst bereuen, daß er ihn überhaupt geöffnet hat. – Das hoffen wir zumindest."

Sie verzog angewidert das Gesicht. „I-ba! Die werden aber denken, daß ich das bin!"

„Zugegeben, nicht sehr schmeichelhaft. Aber es sollte den gewünschten Erfolg haben. Es ist nämlich ein reifer alter Bock." Er lachte, während Ellie mit bleichem Gesicht neben ihm aufs Bett sank.

„Sprich bitte nicht weiter!" Sie schluckte. Dann legte sie sich nachdenklich ihre Hand an die Lippen und meinte stirnrunzelnd: „Das arme alte Vieh. War es schon tot, oder haben sie es extra deswegen getötet...? Wie schrecklich!"

„Du mußt es als Helden betrachten! Der unbekannte Sündenbock. Wir werden ihm ein Denkmal errichten."

„Na, ich glaube, es ist so zumindest besser als anders herum", sagte Ellie leise. „Um ein Haar wäre tatsächlich ich diejenige gewesen, die in dem Sarg gelegen hätte."

David wurde mit einem Schlag ernst. „Das ist wahr. Um ein Haar wäre dein Leben einfach ausgelöscht worden", fuhr er nach einer langen Zeit des Schweigens fort. „Ich habe die ganze Zeit an nichts anderes denken können. Und als ich heute morgen zur Post gegangen bin, um deinen Ring zu suchen ..."

Ihr Gesicht nahm einen zärtlichen Ausdruck an. „Das hast du getan?"

„... und mich mit deiner Reporterfreundin unterhalten habe, wurde mir richtig übel. Schwindlig, weißt du? Einfach nur, weil ich den Gedanken an gestern nacht nicht abschütteln konnte."

„Was für eine Reporterfreundin von mir?" fragte Ellie alarmiert.

„Irgendsoein Weibsbild. Sagte, sie sei mit dir zusammen an der Uni gewesen. Sah prima aus."

„Wer?"

„Sie heißt Angela Saint irgendwas ... britischer Akzent. Ich hatte den Eindruck, daß sie große Stücke auf dich hält –"

„Angela St. Martain?" unterbrach ihn Ellie verblüfft. „Hier in Jerusalem?"

„Du kennst sie also wirklich?" grinste David achselzuckend. „Ich war nicht gerade sehr herzlich zu ihr."

„Nun, sie war immerhin die beste Reporterin an der UCLA. Hat zwei Jahre vor mir Examen gemacht und rauschte dann davon, um Kriegsberichterstatterin zu werden. Italien. Kreta. Kairo. Mein Gott, wie wir sie alle beneidet haben!" Ellie lächelte wehmütig. „Und du meinst also, sie erinnerte sich an mich?"

„Du hättest hören sollen, wie sie von deiner Arbeit schwärmte ... Was für einen Nachruf sie auf dich schreiben wird!" neckte er sie.

Ellie warf ein Kissen nach ihm. „Es ist immerhin nett, wenn man noch zu Lebzeiten gewürdigt wird."

David sah sie ergriffen an. „Das kannst du mir glauben!" Er legte eine Hand an ihre Wange. So standen sie eine ganze Weile ineinander versunken da.

Schließlich brach Ellie das Schweigen. „Du bist also zur Post gegangen, um meinen Ring zu suchen?"

Er holte ihn aus seiner Tasche und hielt ihn triumphierend in die Höhe. „Ich wollte wieder eine ehrbare Frau aus dir machen", sagte er lächelnd. Daß Angela den Ring gefunden hatte, behielt er jedoch für sich.

„David!" flüsterte Ellie ergriffen, nahm den Ring und führte ihn an die Lippen.

„Du sollst ihn tragen, nicht essen."

„Steckst du ihn mir bitte noch einmal an?"

„So oft du willst." Er nahm ihre linke Hand und sah ihr dabei innig in die Augen. „Mit diesem Ring gelobe ich dir Treue, solange ich lebe", sagte er und steckte ihn ihr an den Finger. Und während er ihre Hand noch zärtlich umfaßt hielt, fügte er leise hinzu: „Herr, ich danke dir, daß du mich so reich beschenkst! Und dir, Els, danke ich dafür, daß du meine Frau geworden bist! – Ich glaube, ich wäre der glücklichste Mensch auf Erden, wenn ich nicht gleich gehen müßte!"

Ellie nickte und biß sich auf die Unterlippe, um ihre Rührung zu verbergen. „Komm nur bald zu mir zurück, David!" Sie lächelte tapfer, aber als sie sein unglückliches Gesicht sah, stiegen ihr doch die Tränen in die Augen. „Gott schütze dich für mich..." Sie legte seufzend ihren Kopf an seine Schulter.

Da klopfte es heftig an der Tür, und eine Stimme sagte laut: „'s is' Zeit, Captain Meyer."

„Ja!" erwiderte David barsch. „Komme schon." Dann sagte er leise zu Ellie: „Diese Burschen müssen Wächter vor den Todeszellen von Sing-Sing gewesen sein. So fühle ich mich jedenfalls. Mir ist, als ob ich mein Leben hier bei dir in der Zelle zurückließe."

„Und meins geht mit dir hinaus." Sie schlang ihre Arme um seinen Hals. „Paß auf dich auf, ja?"

Er nickte schweigend und küßte sie wehmütig und drückte sie fest an sich. Erst als es erneut, diesmal drängender, an der Tür klopfte, löste sie sich aus seinen Armen und reichte ihm seine Lederjacke. Er wollte sie gerade anziehen, da besann er sich plötzlich und gab sie ihr zurück.

„Halt dich damit warm, bis ich wiederkomme", sagte er knapp, doch der Blick seiner klaren blauen Augen war beredter, als es Worte hätten sein können.

Ellie nickte. Sie zog die Jacke an und krempelte die Ärmel über ihren zierlichen Händen auf. „Das werde ich!"

„'s is' Zeit, Captain Meyer!" drängte die Stimme wieder.

„In Ordnung!" rief er zornig. Es war ganz still in dem kleinen Raum, und David nahm Ellie noch ein allerletztes Mal in die Arme. Sie fühlte sich klein und schwach. Dann küßte er sie aufs Haar, wandte sich ohne ein weiteres Wort um und ging hinaus.

Sie blieb mit schlaff herabhängenden Armen zurück, mit dem dumpfen Geräusch des Grammophons als einziger Gesellschaft.

13. Abschied von Jerusalem

Ein rauher Wind war aufgekommen und hatte die freundliche Wärme der Sonne vertrieben. Der schwere, bleigraue Streifen, der den nachmittäglichen Horizont überzogen hatte, verdichtete sich nun zu steilaufragenden schwarzen Schauerwolken, die vom Meer her in Richtung Jerusalem jagten und die Berge rund um Zion innerhalb kürzester Zeit einhüllten.

David stand in der Nähe der Rampe, die von der Leichenhalle herunterführte, und blickte starr zum bedrohlichen Himmel auf. Howard stand mit verschränkten Armen neben ihm und verfolgte mit düsterem Blick, wie der versiegelte Metallsarg zum Leichenwagen gefahren wurde. Ihnen gegenüber, eifrig kritzelnd und photographierend, stand eine Gruppe unerschrockener Journalisten. Ihr Tun wurde von den vier kräftigen Wächtern der amerikanischen Botschaft und den acht Mitgliedern der Jewish Agency, die sich als Hilfskräfte zur Verfügung gestellt hatten, allerdings mit mißbilligenden Blicken quittiert.

Als der Sarg schließlich sanft in den langen Leichenwagen glitt, rückte David seine Sonnenbrille zurecht und trat dann zur Seite, damit die Türen geschlossen werden konnten. Michael wischte sich eine Träne aus dem Gesicht und klopfte David, der bemüht war, unverwandt auf den Bürgersteig zu starren, aufmunternd auf den Rücken. Die beiden Männer von der amerikanischen Botschaft, die David und Ellie seit Wochen beschattet hatten, gingen gemeinsam zu David und drückten ihm unter dem Blitzlichtgewitter der Kameras ihr Beileid aus. David nickte nur und sah noch abwesender aus. Mit einem kurzen Blick in die Runde stellte er fest, daß das Gesicht Miss St. Martains nicht unter den Anwesenden war. Unterdessen schob ein kleiner, korpulenter Reporter seine dicken Brillengläser hoch, löste sich aus der Gruppe der Umstehenden und eilte, sein rosiges, rundes Gesicht in düstere Falten gelegt, auf Howard zu. Sein Hemd spannte sich über dem Bauch und sein Schlips hing in grotesker Weise quer über dem massigen Brustkorb.

„Professor Moniger!" rief er. „Mr. Meyer! Verzeihen Sie, Captain Meyer!" Während sich seine Kollegen erst langsam in Bewegung setzten und um sie zu scharen begannen, fing er bereits an, die beiden mit Fragen zu bombardieren.

David hob jedoch nur hilflos die Arme, um anzudeuten, daß er nichts sagen könne. Howards Reaktion war etwas entgegenkommender: „Entschuldigt, Leute. Dies ist ein schwerer Schlag gewesen. Wir können uns im Moment nicht äußern. Vielleicht später." Doch die Journalisten ließen sich nicht beeindrucken, und der Ansturm der Fragen riß nicht ab.

Schließlich zerrte Michael mit dem Zeigefinger an seinem gestärkten Hemdkragen, reckte unbehaglich seinen Hals und schnappte zornig: „Packt euch endlich!" Er stellte sich schützend vor seinen Freund. „Verzieht euch! Seht ihr denn nich', daß das 'ne schwierige Zeit für ihn is'? Heilige Makrele! Habt ihr denn keinen Anstand im Leib?" Er führte David hastig zur wartenden Limousine der amerikanischen Botschaft und schob ihn hinter Howard her auf den Rücksitz. Als die Tür zuknallte, stellte er sich wie eine Glucke, die ihre Küken gegen Raubtiere verteidigen will, vor den Wagen, breitete schützend seine Arme aus und nahm noch einige Schimpfnamen zu Hilfe, die er zweifellos in seiner harten Jugend in der New Yorker West Side aufgeschnappt hatte. Schließlich schloß er seine Tirade aufgebracht mit den Worten: „... So, das könnt ihr in euren beschissenen Zeitungen abdrucken, ihr Penner!" David strich sich mit der Hand über den Mund, um ein Lächeln zu verbergen.

„Du hattest recht mit Michael", meinte Howard treuherzig und mit verschmitztem Augenzwinkern.

„Er ist einfach phantastisch, nicht wahr?" pflichtete David ihm leise bei. „Aber ich wage nicht daran zu denken, mit welchen Ausdrücken er *mich* bedenken wird, wenn wir ihm unser Geheimnis beichten."

In diesem Augenblick öffnete der Fahrer der Botschaft die Tür und setzte sich wortlos auf den Fahrersitz. David stellte fest, daß er zwar Araber, jedoch wie ein Amerikaner gekleidet war. Als er im Rückspiegel einen Blick auf David und Howard warf, glaubte David einen Moment lang in den teilnahmsvollen braunen Augen des Mannes ein kollektives Schuldbewußtsein zu erkennen. David verspürte plötzlich das spontane Verlangen, ihm beruhigend auf die Schulter zu klopfen und ihm zu sagen, daß alles in Ordnung sei. Doch er wußte, daß er dieses Bedürfnis unterdrücken mußte, solange Michael und er während ihrer langen Heimreise im Blickpunkt der öffentlichen Aufmerksamkeit standen. Er würde sich der Einfachheit halber gar nicht äußern. Aber Michael würde zweifellos so viel reden, daß es für beide reichte.

Während die kleine Karawane der Begleitfahrzeuge dem Leichenwagen durch die Stadt folgte, bemerkte David mit Erstaunen und Rührung, daß die Menschen am Straßenrand stehen blieben und Ellie Warne auf die eine oder andere Art die letzte Ehre erwiesen: einige winkten; britische Soldaten standen still und salutierten; Mütter machten ihre Kinder auf den Leichenzug aufmerksam; bärtige alte Männer starrten dem Wagen mit ernstem Blick nach, und junge Frauen wischten sich über die Augen. Ellies Arbeit war in der Heiligen Stadt nicht nur bekannt gewesen, sondern auch bewundert worden. David nahm sich vor, ihr nach seiner Rückkehr von ihrem Leichenzug zu berichten.

Die Wächter an den Barrikaden bildeten am Straßenrand ein Spalier und streckten ihre Hände aus, um ehrfürchtig den Leichenwagen zu berühren, der die sterblichen Überreste jener kleinen amerikanischen Schickse enthielt, die so viele von ihnen im Bild festgehalten hatte.

„Das würde sie freuen", flüsterte Howard, Davids Gedanken erratend. Bei diesen Worten warf der Fahrer im Rückspiegel einen Blick auf die beiden Männer.

„Der Botschafter fand, das sei eine nette Idee", erwiderte David mit Trauer in der Stimme. „Er hat dies als eine Art Abschiedsfahrt durch die Stadt gedacht." David war überzeugt, daß der Fahrer diese Worte an entsprechender Stelle verlautbaren würde. „Sehr einfühlsam von ihm." Doch der tiefere Sinn dieser Prozession lag darin, daß auf diese Weise die Angelegenheit am besten publik gemacht werden konnte. Die Ereignisse des Tages würden nun an jedem moslemischen Treffpunkt berichtet werden, und so auch am Wohnsitz des Muftis. Zweifellos würde er daraufhin seine Hunde – zumindest für eine Weile – zurückpfeifen und David und Michael auf diese Weise Zeit geben, ihre Fracht sicher ans Ziel zu bringen.

Als sie in die King George Avenue einbogen, ragte der Turm des YMCA-Gebäudes hoch vor ihnen auf. Sein Anblick erinnerte David an einen anderen Turm, den er in Kürze sehen würde. Er mußte daran denken, wie er mit Ellie oben auf dem Empire State Building in New York gestanden hatte, nicht ahnend, daß sie eines Tages den sechsundvierzig Meter hohen Aussichtsturm des YMCA-Gebäudes in Jerusalem besteigen und dabei feststellen würden, daß dieser vom selben Architekten entworfen worden war, der auch das Empire State Building konzipiert hatte. „Die Welt ist klein", wiederholte David Ellies damalige Worte. „Wir sitzen alle im gleichen Boot, nicht wahr?"

Howard nickte, obwohl er nicht ganz sicher war, welche Bedeutung Davids Bemerkung hatte. Andererseits wollte er auch nicht nachfragen. Unter den rhythmischen Bewegungen der Scheibenwischer fuhr die Fahrzeugkolonne durch einen feinen Nieselregen über die Ramban Street zum Flugplatz. Dort angekommen, beobachteten David und Howard vom Wagen aus, wie die Männer der Jewish Agency den Sarg ausluden und ihn zu der bereitstehenden Stinson trugen. Es war zwar schon ein Sitz entfernt worden, um Platz zu schaffen, aber die Männer mußten immer noch vorsichtig manövrieren, um den Sarg im Frachtraum unterzubringen.

Der Fahrer stieg unterdessen aus und blieb ehrerbietig neben der vorderen Stoßstange stehen. Michael stand unter der Tragfläche und gab Anweisungen. Sein geliehener Anzug war durchnäßt, und das Haar hing ihm in feuchten Strähnen wirr um die Glatze. Am anderen Ende des Flugplatzes stand eine Gruppe von Journalisten eng unter schwarzen Regenschirmen zusammengedrängt.

Michael zog ein Taschentuch heraus und schneuzte sich die Nase. Dann sah er mit einem verlorenen Blick zu David und Howard.

„Ich glaube, das bedeutet, daß wir aussteigen sollen", sagte David und wollte schon die Tür öffnen. Doch Howard hielt ihn zurück und meinte mit einem vielsagenden Lächeln: „Tu mir einen Gefallen! Laß deinen Freund nicht länger leiden als nötig, ja?"

David hob nach Pfadfinderart die Finger: „Ehrenwort, Howard. Aber du mußt doch zugeben, daß der Bursche großartig ist, oder?" Er schüttelte den Kopf vor Rührung über die ehrliche Trauer, die aus jeder Faser von Michaels Wesen sprach. „Wer könnte da Zweifel haben?"

„Ellie wird ihm einen Kuchen backen oder ihm sonst was Nettes antun müssen, wenn ihr zwei wieder zurück seid."

„Nicht doch, Howard! Erzähl doch nicht so was! Es ist auch so schon schlimm genug!" erwiderte David beschämt, konnte sich aber ein Lächeln nicht verkneifen.

Howard legte hastig einen Finger an die Lippen, um David zum Schweigen zu bringen, da sich hinter diesem die Tür öffnete und Michael seinen Kopf in den Wagen steckte. „Alles klar, Kumpel." Er streckte David seine Hand entgegen, um ihm aus dem Wagen zu helfen. „Die Fracht ist verladen. Wir machen uns besser aus'm Staub, bevor das Wetter noch schlimmer wird."

„Bleib bitte im Wagen, Howard", sagte David leise. „Du brauchst nicht auch noch naß zu werden."

Howard atmete einmal tief durch, während er an David vorbei auf den trübe schimmernden Sarg blickte. *Zweitausend Jahre, Herr*, betete er im stillen. *Zweitausend Jahre lang hast du sie sicher aufbewahrt...* Weiter kam er nicht einmal in Gedanken. Doch selbst wenn das Gebet unvollendet blieb, war es eine Bitte an Gott, diese kleine

Mission unter Seinen Schutz zu stellen. „Paß auf dich auf!" sagte er bewegt zu David und schüttelte ihm die Hand. „Gott mit dir!"
„Und mit dir", erwiderte David. Die beiden Männer wechselten einen langen, verständnisinnigen Blick: David nahm Howards Herz mit nach Amerika und ließ seins in Jerusalem zurück. Ellie hatte recht gehabt: es würde ihm nicht schwerfallen, den trauernden Ehemann zu spielen.

„Kommt bald zurück!" rief Howard noch hinter David her, als dieser schon die Tür zugeschlagen hatte und durch den Regen zum Flugzeug rannte.

* * *

Eine blaßblaue Rauchwolke schwebte über den Köpfen der Männer, die im Café „Zum Sohn des Propheten" in der Doud Street der Altstadt Unterschlupf vor dem Regen gefunden hatten. An einem der Tische saß Ram Kadar und ließ sich starken türkischen Mokka in den typischen winzigen Tassen servieren und eine hohe Wasserpfeife bringen, deren Mundstück der Kellner in kochendheißes Wasser tauchte, bevor er sie ihm mit einer schwungvollen Geste überreichte.

Kadar trug eine rote durchnäßte Keffijah und ein traditionelles Beduinengewand, dessen Schulterpartie ebenfalls naß war. Er sah damit aus wie die tausend anderen Bauern, die in Scharen nach Jerusalem strömten, nur verbreitete er eine solche Aura von Autorität, daß dem Kellner das Lächeln auf den Lippen gefror und er sich tiefer als gewöhnlich verbeugte. Kadar war in dieser unauffälligen Verkleidung hergekommen, um sich, unbeachtet von der Öffentlichkeit, mit Montgomery zu treffen – mit derselben Montgomery, mit der er schon vor dem Krieg in Kairo auf sehr vertrautem Fuß gestanden hatte. Doch Kadar wußte, daß nicht er, sondern sie ihn an diesem öffentlichen Platz ausfindig machen würde. Montgomery, Meisterin in der Kunst des Verkleidens und der Täuschung, würde ihn wieder einmal mit einer völlig neuen Identität überraschen. *Es ist ein Spiel geworden*, sinnierte Kadar, während er den kühlen Rauch der Wasserpfeife ausblies. Zur Zeit der Besetzung durch die Nazis war Kadar der einzige Verbindungsmann zwischen Montgomery und der deutschen Führung gewesen. Wichtige Informationen über die Militäroperationen der Briten in der weiten Wüste von Nordafrika waren von einer

Person namens Montgomery sorgfältig gesammelt und dann bei solchen Treffen wie dem heutigen heimlich weitergegeben worden. Jedesmal hatte Kadar die Gesichter, die Gangart und die Haltung aller im Raum Anwesenden einer eingehenden Betrachtung unterzogen, war jedoch trotz seiner Kenntnis der wahren Identität Montgomerys nie imstande gewesen, herauszufinden, wer sich aus der Menge lösen und zu ihm kommen, sich leise neben ihn setzen, ein verziertes silbernes Feuerzeug – ein Geschenk des Führers – herausholen und sich eine John-Player-Zigarette anzünden würde. Vielleicht, dachte Kadar, *sind selbst die Wanzen, die dem Mufti seine Informationen überbracht haben, gar keine Boten gewesen, sondern nur verschiedene Gesichter ein und derselben Person, deren wahre Gesichtszüge hinter Schminke, Puder und abgetragenen Kleidern verborgen waren.* Kadar schaute prüfend umher und schloß dabei die sichtlich Beleibten und die Spindeldürren aus dem in Frage kommenden Personenkreis aus. Die fleischigen Hände der Korpulenten und die knochigen Finger der Alten waren schwierig zu imitieren. Schultern konnten ausgestopft, ein kräftig ausschreitender Schritt in ein Hinken umgewandelt werden, aber *Hände* waren nahezu unnachahmlich. Montgomery würde ihre Hände, das wußte Kadar, tief in den Taschen vergraben haben und dann, wenn es so weit war, ihre kräftigen, schlanken Finger mit dem Feuerzeug spielen lassen. Erst dann würde in ihm der letzte Zweifel über ihre Identität beseitigt sein.

Es war eng und stickig im Café geworden, denn inzwischen hatte sich eine Unzahl von Männern eingefunden, um Abu Nafur, den Rawi oder Geschichtenerzähler, zu hören, der seine Zuhörer allabendlich mit einer neuen Geschichte faszinierte. Kadar saß auf einer langen Holzbank zwischen zwei alten Männern in langen Gewändern, die jeder einen roten Tarbusch auf dem Kopf trugen. Er sah die beiden einen Moment lang prüfend von der Seite an und war zufrieden, als er herausgefunden hatte, daß es sich bei keinem der beiden um die Person handeln konnte, auf die er wartete.

„Das Wetter ist wieder einmal schlecht", meinte einer der beiden lächelnd als Reaktion auf Kadars prüfenden Blick. „Siebzig Winter habe ich schon erlebt, aber so wankelmütig wie dieser war keiner. Das Gute daran ist nur, daß die zionistischen Lastwagen nicht durch den Matsch kommen, nicht?" Er sog zufrieden an seiner Pfeife. „Allah ist weise und gerecht. Und er gibt uns Kamele, mit denen wir unseren Nachschub transportieren können."

Als der Rawi schließlich eintrat und langsam die Stufen zu der hölzernen Plattform hinaufstieg, hinter der ein reich gemusterter Perserteppich als Kulisse herunterhing, kehrte Stille im Raum ein. Abu rückte seinen Fes zurecht und setzte seine Nickelbrille auf. Dann schlug er das Buch von Antar auf und begann mit dröhnender Stimme die Geschichte des Mannes zu lesen, der aus Liebe zu einer Frau ein großer Eroberer wurde. Kadar betrachtete unterdessen forschend die Gesichter der Zuhörer, die mit großen Augen gespannt den Worten des Rawi lauschten. Wenn Montgomery in dieser Runde wäre, würden ihre selbstsicheren Augen zweifellos gelangweilt dreinblicken, dachte Kadar. *Vielleicht kann ich sie an ihrem Gesichtsausdruck ausfindig machen.*

„Um der jungen Abla seine Liebe zu beweisen, wollte Antar gegen einen Löwen kämpfen ..."

„Ahhhhh!"

„Aber damit dieser nicht davonlief, hatte Munsar, der furchtbare Schurke, seine Füße zusammengebunden ..."

„Ya Allah!" rief die Menge im Chor. „Oh, Gott!"

„Der Löwe sprang und wirkte im Sprung so groß wie ein Kamel, aber Antar traf ihn in der Luft mit seinem Schwert und hieb ihn entzwei!"

„Ya Allah! Ya Allah! Ya Allah!"

Kadar lehnte sich seufzend zurück. Er hatte keine Bedenken, daß Montgomery ihn finden würde. Während er stumm und abwartend in der rufenden und jubelnden Menge saß, quetschte sich ein alter, durchdringend nach Schafsdung riechender Araber zwischen Kadar und den alten Araber zu seiner Rechten. Kadar wich dem aufdringlichen Geruch unwillkürlich aus. Rein gewohnheitsmäßig betrachtete er die Hände des Mannes. Sie entsprachen dessen altem, sonnengegerbten Gesicht. Seine Haut wirkte ledern, und seine nasse Keffijah war von der Sonne verblichen. Kadar widmete sich wieder der Betrachtung der anderen Männer. In der dunklen Ecke auf der anderen Seite des Raumes stand ein schlanker Mann, dessen saubere weiße Keffijah und makelloses Gewand nicht zu den einfachen Männern im Café passen wollten. Er trug eine Brille mit dicken Gläsern, in denen sich das Licht der Plattform spiegelte, und betrachtete den Rawi mit verschränkten Armen und gelangweilter Miene.

„Ya Allah!" rief der kleine Mann neben Kadar. „Möge Allah ihre Köpfe spalten!"

Kadar betrachtete den Mann in der Ecke sehr aufmerksam, aber er konnte dessen Hände nicht sehen. Sie waren unter dem Gewand verborgen. *Das muß* ... Der Mann begegnete neugierig Kadars unverhohlenem Blick. *Das ist ganz bestimmt Montgomery!* Kadar wollte sich gerade erheben, als ihn die welke Hand des alten Beduinen zurückhielt. Er deutete auf den Kopf von Kadars inzwischen erkalteter Wasserpfeife.

„Ich sehe", zischte er, „die Glut ist Ihnen ausgegangen. Aber Sie brauchen keine neue zu holen." Er hielt seine faltige, mit Leberflecken übersäte Hand in die Höhe. Dann griff er in seine Tasche und holte ein silbernes Feuerzeug hervor.

Montgomery! Schieres Entsetzen spiegelte sich in Kadars Gesicht. Er schaute erneut zu dem Mann in der Ecke, dann wieder in die belustigten braunen Augen, die ihn hinter der faltigen Haut anlachten.

Das Feuerzeug flackerte auf, und der Alte beugte sich vor, um Kadars Tabak zu entzünden. „Schon gut", flüsterte die Stimme. „Alles unter Kontrolle."

Unterdessen rief und jubelte die Menge ihrem Helden weiter bei seinen Abenteuern zu.

„Erstaunlich", flüsterte Kadar beeindruckt.

„Die Hände, meinst du?" kam die Antwort in perfektem Arabisch. „Du hast dich ja immer über die Hände beklagt."

„So alt", wunderte sich Kadar.

„Das ist gar nicht so schwierig", kam die gedämpfte Antwort. „Und darunter unverändert."

„Du machst mir Angst." Kadars Miene verdüsterte sich, während er das fremde wie eine Landkarte zerfurchte Gesicht neben sich betrachtete, auf dem sich nun ein Lächeln andeutete. „Das sollte auch so sein. – Hast du mir etwas mitgebracht?"

Kadar nickte und kramte in seiner Tasche nach der Bezahlung, die ihm Haj Amin mitgegeben hatte. „Alles, worum du gebeten hast und noch mehr", flüsterte er verstohlen, während er den Beutel und eine kleine, schwere, mit Zimt gefüllte Tasche weitergab. „Ein Geschenk. Unter dem Gewürz."

Montgomery ließ die beiden Teile in den ausladenden Taschen ihres Gewandes verschwinden. Es war so üppig geschnitten, daß es die Gestalt des Körpers darunter völlig verbarg.

Ihre Worte wurden von der lauten Stimme des Rawi übertönt: „... Antar ritt zwischen ihnen, und sein Schwert blinkte in der Sonne ..."

„Übermittle ihm meinen Dank", erwiderte Montgomery. „Es ist leider nicht alles, wie es sein sollte. Der Tod des amerikanischen Mädchens. Ich verlasse die Stadt. Sag ihm, daß ich vielleicht mit einem

Geschenk für ihn wiederkomme." Die Gestalt des alten Mannes erhob sich. Ihre Zusammenkunft war beendet, und Montgomery schlurfte durch die Menge der Zuhörer davon. Kadar sah der Gestalt des alten Beduinen nicht nach, sondern starrte den Rawi an, der beim Vorlesen der Abenteuer Antars ins Schwitzen gekommen war. Als Kadar kurz darauf seinen Blick noch einmal auf die Stelle richtete, an der er Montgomery zuletzt gesehen hatte, konnte er keine Spur mehr von dem betagten Beduinen entdecken, der die kostbaren Geschenke Haj Amins mitgenommen hatte. Für einen Moment nagte der Zweifel an ihm, ob es vielleicht gar nicht Montgomery gewesen war. Er runzelte nachdenklich die Stirn und sog dabei an dem Mundstück seiner Wasserpfeife. Der Tabak glühte auf. Und als er an das Feuerzeug dachte, atmete er erleichtert auf.

„... Antar hatte geschworen, daß er für seine Dame sterben würde. Doch Allah hatte bestimmt, daß er kämpfen, nicht sterben sollte..."

„Allah akbar! Allah akbar!"

* * *

Der Flug nach Rom verlief im wesentlichen schweigend. Hin und wieder seufzte Michael und warf aus dem Augenwinkel einen besorgten Blick auf David. Einmal fragte er seinen Freund mit einfühlsamer Stimme: „Möchtest du darüber reden, Blechmann?"

David blickte nur kurz von den Kontrolleuchten auf und zog die Brauen hoch, während er mit finsterer Miene erwiderte: „Nein. Und du auch nicht! Mit keinem Menschen! Und schon gar nicht mit der Presse. Verstanden?"

Beleidigt und kein bißchen schuldbewußt wegen des Gesprächs, das er mit der Frau in der Leichenhalle geführt hatte, zuckte Michael die Achseln und lehnte sich gegen die Flugzeugtür. „Klar. Was glaubst du denn, was ich sagen könnte?" Dann starrte er für die restlichen drei Flugstunden aus dem Fenster in die Dunkelheit unter ihnen.

Es gab viel, was David Michael später erzählen würde, aber zum jetzigen Zeitpunkt war es besser, so wenig wie möglich zu sagen. Ellie hatte auf jeden Fall recht gehabt. David brauchte keine Trauer vorzutäuschen! Sie waren erst wenige Stunden getrennt, und schon spürte er den Trennungsschmerz am ganzen Körper. Er war gereizt und ärgerlich über die Farce, die daran schuld war, daß er sie nicht bei sich haben konnte.

Als er noch einmal an den Nachmittag dachte, den sie gemeinsam in dem kleinen Raum in der Jewish Agency verbracht hatten, begann er die Melodie „As Time Goes By" vor sich hin zu summen. Michael sah ihn dabei so traurig an, daß David glaubte, er werde gleich in Tränen ausbrechen. David verstummte und wagte von da ab nur noch, über die Wetterverhältnisse und den Gegenwind zu reden, der nicht nur dafür sorgte, daß die Treibstoffvorräte schnell zur Neige gingen, sondern auch dafür, daß sie nur langsam vorwärtskamen. Als schließlich die Lichter des Flughafens von Lido auftauchten, sah Michael auf seine Armbanduhr und krächzte: „Gleich Mitternacht. Wann fliegt denn die Maschine nach New York ab?"

„Um drei", erwiderte David gähnend.

„Dann hast du ja'n bißchen Zeit, die Augen zuzumachen", meinte Michael mitleidig und fürsorglich. „Ich ... hm ... Ich kann auf ... hm ... " Er suchte nach Worten. „Ich pass' schon auf, daß sie den hm ... den ..."

„Sarg?" fragte David. „Versuchst du die ganze Zeit, Sarg zu sagen, Michael?"

„Ja." Michael wand sich unbehaglich. „Ich kann ja dafür sorgen, daß er in die New Yorker Maschine umgeladen wird."

„Nichts wirst du tun", sagte David bestimmt, während er die Landebahn anflog. „Ich bleibe bei ihr."

„Natürlich, Blechmann", schluckte Michael und kratze sich verlegen an der Nase, nun entschlossen, nichts mehr zu sagen, bis David von sich aus das Wort ergriff.

Als die hellen Leuchtfeuer der Landebahn rasch auf sie zukamen, bemerkte dieser schließlich: „Ich könnte gut ein Sandwich und eine Tasse Kaffee vertragen."

Michael, dadurch ermutigt, daß sein trauernder Freund wieder menschliche Regungen zeigte, erwiderte erleichtert: „Klar, Blechmann! Wir holen dir ein Sandwich. Cola oder Kaffee? Was immer du willst, Kumpel!"

„Sie mochte Coke", sagte David sentimental und konnte dem Drang nicht widerstehen zu beobachten, wie Michael schluckte und sein Gesicht schmerzlich verzog. David war nun sicher, daß Michael das Wort Coke nicht mehr erwähnen würde, bis er wußte, daß sie nicht darin war.

Das Flugzeug setzte sanft auf der Landebahn auf, und David ließ es bis zu einem kleinen Hangar am Rande des Flugplatzes rollen. Aus dem Fenster des winzigen Büros schimmerte Licht, und noch bevor die Propeller zum Stillstand gekommen waren, wurden David und Michael freundlich von zwei Männern, Claudio und Irving, begrüßt. Die beiden waren die ganze Besatzung dieses einsamen Vorpostens, der der europäische Stützpunkt der zionistischen Luftwaffe werden sollte. Heute war die Stinson allerdings noch das einzige Flugzeug im Hangar.

Claudio, der aus Rom kam, sprach nur wenig Englisch. Irving dagegen war ein im New Yorker Stadtteil Brooklyn geborener Jude, der fließend Italienisch sprach und Claudios Kommentare mit einem schweren Brooklyner Akzent dolmetschte.

David vermutete zwar, die beiden Männer seien darüber informiert worden, daß sich in dem Sarg gar nicht die sterblichen Überreste Ellie Warnes befanden, aber keiner der beiden verlor ein Wort darüber. Sie unterhielten sich über das Wetter und das politische Klima in Italien, während David die Brote verzehrte, die ihm Claudios Frau appetitlich serviert hatte. Michael dagegen hüllte sich wegen des mangelnden Taktgefühls, das die beiden in Gegenwart seines trauernden Freundes an den Tag legten, in mißbilligendes Schweigen.

„Es kann sein, daß die italienische Polizei auftaucht", erklärte Irving irgendwann im Verlauf der Unterhaltung und stopfte sich dabei eine Scheibe Salami in den Mund. „Um den Sarg zu inspizieren."

Michael warf ihm einen erzürnten Blick zu. Irving hatte das Wort gesagt. „Warum sollten sie?" entgegnete er barsch.

„Keine Ahnung. Vielleicht weil sie nich' ganz dicht sind. Ha!" Irving trank einen Schluck Kaffee. „Nee, hab' nur Spaß gemacht. Das ganze Land hier is' rein vonne Socken, müßt ihr wiss'n. Wahlen! Christen gegen Kommunisten, und das ganze Land hier is' schier aus'm Häuschen weg'n den Roten. Wer kennt sich da noch aus? Die mein' vielleicht, daß ihr Gewehre oder so was schmuggelt. Darum ham wir ja auch den alt'n Claudio hier."

Claudio reckte sich bei der Erwähnung seines Namens. „Si."

David starrte unbeteiligt auf sein Sandwich. Irving versetzte Michael einen Rippenstoß und meinte feixend: „Die werd'n 'ne ganz schöne Überraschung erleb'n, wenn se den Sarg aufmach'n, was?"

Michael kniff bei Irvings Worten angewidert die Augen zusammen. Der hatte es offensichtlich nötig, sich auf Kosten anderer zu amüsieren! „Jawoll. Claudio kann mit Bullen umgehen. Stimmt's Claudio?"

„Si!" Claudio goß sich noch eine Tasse Kaffee ein und bemerkte dann, daß ein kleiner, motorisierter Gepäckwagen zum Hangar zökkelte. Claudio sagte ein paar hastige Worte auf Italienisch zu Irving, der sogleich aufsprang, zur Tür hinauseilte und dabei vor sich hin murmelte: „Na, das wird sich ja nun bald zeigen!"

Neben dem Fahrer des Gepäckwagens saß ein untersetzter Offizier in hohen Stiefeln. Sobald der Wagen angehalten hatte, sprang er herunter und eilte mit großen Schritten ins Büro. Claudio formulierte seine Überraschung auf Italienisch, und Irving übersetzte.

„Er möchte eure Pässe sehen." Der Offizier streckte abwartend seine Hand aus und schnipste ungeduldig mit den Fingern, bis David und Michael ihre Pässe gefunden hatten. Während er die Dokumente überprüfte, bombardierte er sie regelrecht mit Fragen, die Claudio beantwortete, so schnell er konnte.

„Er möchte wissen, warum ihr den Leichnam nach Rom gebracht habt", übersetzte Irving. „Claudio hat ihm schon gesagt, daß ihr ihn zur Beerdigung weiter in die Vereinigten Staaten bringen wollt. Er sagt, eure Pässe sind in Ordnung. Aber er möchte wissen, ob die Tote Jüdin war."

David schüttelte den Kopf. „Nein."

Der Offizier sah ihn an und nahm ihn mit weiteren Fragen unter Beschuß.

„Er fragt, ob du der Ehemann bist. Und ob du Jude bist", dolmetschte Irving leise weiter.

„Sag ihm si und si", nickte David.

Der Offizier rümpfte mißbilligend die Nase und gab die Pässe zurück. Dann fügte er noch etwas hinzu, wobei er David scharf ansah.

„Er möchte wissen, warum jemand, der kein Jude ist und einigermaßen bei klarem Verstand, in dieser Zeit nach Palästina geht", übersetzte Irving, den die Art der Fragen allmählich verärgerte. Diese Frage überstieg Claudios Kompetenz, und er wandte sich über Irving an David: „Paß auf mit dem, was du ihm antwortest. Das Beste ist, wenn du weiterhin lächelst, Kumpel, selbst wenn du dem Kerl eins auf die Nase geben möchtest."

David runzelte nachdenklich die Stirn. „Sag ihm, daß sie eine überzeugte Katholikin war, die an einer seltenen Krankheit litt und vor ihrem Tod noch eine Pilgerreise nach Palästina machen wollte."

Als Davids Antwort übersetzt wurde, bekreuzigte sich der Offizier, und sein Verhalten wechselte mit einem Schlag in rücksichtsvolle Aufmerksamkeit.

Während die Männer sich abmühten, die sperrige Fracht aus dem Frachtraum der Stinson herauszuholen, klopfte er David zweimal aufmunternd auf die Schulter. Und als der Metallsarg behutsam auf den

Gepäckwagen gestellt und dann zu der bereitstehenden DC-4 gerollt wurde, hielt er respektvoll die Mütze in der Hand.

David ging dicht hinter dem Sarg her und sah zu, wie dieser in den Frachtraum gehoben wurde. Danach rief der Offizier den Trägern etwas zu, woraufhin sich diese ebenfalls bekreuzigten. Irving versetzte David einen Rippenstoß und flüsterte ihm zu: „Er hat ihnen gerade erzählt, daß sie auf einer Pilgerreise nach Jerusalem gestorben ist. Viel Glück, Kumpel. Und bring uns ein paar schöne Stücke für den Hangar mit, ja?"

Als der Sarg im Laderaum verschwunden war, wischte Michael sich eine Träne aus den Augen. Er hatte sich die Taschen mit Sandwiches für die Reise vollgestopft und hielt zwei Flaschen Cola in den Händen. „Ich hab'n paar ... diese hier", sagte er betreten zu David.

„Du meinst Cola?" erwiderte David und mußte unwillkürlich lächeln. „Bist'n guter Kerl, Michael. Wenn Ellie hier wäre, würde sie dich vor denen da bewahren."

„Ich wünschte nur, sie könnte es, Blechmann", schnupfte Michael, als die Tür zum Frachtraum zugeschoben wurde.

„Das tun wir beide, du und ich", sagte David in ehrlicher Überzeugung, denn er vermißte sie plötzlich mehr denn je.

Er zog fröstelnd den dünnen Kragen seiner Jacke hoch.

„Wo is'n deine Fliegerjacke?" fragte Michael, dem mit einem Mal auffiel, daß David gar nicht die Jacke trug, die fast zu seinem Erkennungszeichen geworden war.

„Ich hab' sie bei Ellie gelassen", erwiderte er leise und war im selben Augenblick entsetzt über die Bemerkung, die ihm da entschlüpft war.

Doch Michael fand an Davids Antwort ganz und gar nichts Merkwürdiges. „Ja, Kumpel", pflichtete er ihm leise bei, „ich kann versteh'n, daß sie etwas Besond'res mit ins – hm – Grab nehmen soll, nich'?"

Michael schluckte heftig, und dann rollten ihm die Tränen über die Wangen. Von nun an gehörte auch Jacke neben Sarg und Coke zu den Wörtern, die er nicht mehr über die Lippen bringen würde. In David verfestigte sich das Gefühl, daß der vierzehn Stunden lange Flug nach New York lang und unangenehm werden würde.

14. Vergebung

Mosche schlug die Augen auf und blieb reglos in der Stille liegen. An dem schummerigen Licht, das durch das Fenster hereinfiel, erkannte er, daß die Dämmerung noch nicht eingesetzt hatte. Rachel, einen Arm um seine Taille geschlungen und an seinen Rücken geschmiegt, schlief noch fest. Mosche traute sich nicht, seine Lage zu verändern – aus Angst, sie zu stören. Er ergriff nur behutsam ihre Hand. Bei seiner Berührung schmiegte sie sich noch enger an ihn und seufzte zufrieden, wie Tikvah, wenn sie nach einer guten Mahlzeit ins Reich der Träume hinüberglitt. *Meine zwei kleinen Mädchen*, dachte Mosche lächelnd.

Es war kalt im Raum, denn der Primusofen war schon vor langer Zeit verstummt und erkaltet. Schließlich hielt es Mosche nicht länger im Bett. So löste er sich ganz behutsam aus Rachels Umarmung, setzte seine nackten Füße fröstelnd auf den kalten Boden und deckte Rachel, die im Schlaf seinen Namen murmelte, wieder gut zu.

„Schlaf weiter, Liebes", flüsterte er. „Ich seh' nur mal nach der Kleinen."

Sie drehte sich seufzend um und schlief weiter. Mosche griff zwischen die Decken am Fußende des Bettes, wo er seine Kleidung warmgehalten hatte, zog seine Hose hervor und streifte sie schnell über. Nachdem er noch eilig Hemd und Socken angezogen hatte, ging er zu Tikvahs Bettchen und beugte sich über sie. Nur ihr Kopf schaute noch unter den Decken hervor, und diesen hatte Rachel durch eine Wollmütze vor der Kälte geschützt. Mosche hob die Decken leicht mit dem Daumen an, um das Gesicht der Kleinen zu betrachten. Ihre langen, schwarzen Wimpern erinnerten ihn sehr an Rachels, und die schwarzen Haarsträhnen, die unter dem rosafarbenen Mützchen hervorschauten, umrahmten ein Gesichtchen, das dem seiner geliebten Rachel sehr ähnlich war. Ihr zarter Teint und die rosigen Wangen strahlten Gesundheit und Zufriedenheit aus.

Die Kleine seufzte tief und atmete stoßweise aus. Dabei bewegte sich ihr Rosenmund, als träume sie von einer Flasche mit warmer Milch. Mosche deckte sie behutsam wieder zu. Dann schaute er eine Weile versonnen zwischen Tikvah und Rachel, deren Haar fächerartig über das Kissen gebreitet war, hin und her und flüsterte ergriffen: „Gott! Aus dem ganzen Reichtum deiner Schöpfung hast du mir diese beiden geschenkt!" Er fand keine Worte, um seiner Dankbarkeit Ausdruck zu verleihen.

Er fröstelte in der Morgenkälte und nahm seine Jacke vom Schaukelstuhl. Er wollte den Ofen erst anzünden, wenn Rachel aufgewacht war, denn er wagte nicht, das kostbare Kerosin unnötig zu verbrauchen. Er starrte auf den Primusofen und den daneben stehenden fast leeren Zehn-Liter-Kanister und wurde von banger Sorge ergriffen. Da nun keine Konvois mehr in die Altstadt kamen, blieben die Häuser aus Mangel an Kerosin kalt. Um Brennstoff zu sparen, und wegen der rationierten Lebensmittel, wurden die Mahlzeiten gemeinsam im Tipat Chalev eingenommen. Jede Woche wurde nur so viel Brennstoff ausgegeben, wie nötig war, um vielleicht eine Kanne Tee zu kochen oder etwas Wasser zu erhitzen, mit dem man sich in der morgendlichen Kälte waschen konnte. Mosche hatte schwer an seiner Verantwortung zu tragen, nicht nur, weil ihm diese beiden kostbaren Menschen anvertraut waren, sondern auch weil er die Verantwortung für alle Bewohner des Viertels trug, die in dieser verzweifelten Zeit hilfesuchend zu ihm aufblickten. Er wußte zwar, daß die Jewish Agency alles Erdenkliche tat, um die Verbindung mit den Juden in der Altstadt aufrechtzuerhalten, aber er wußte auch, daß kein Konvoi den Weg von Tel Aviv in die Neustadt von Jerusalem schaffen konnte. Und selbst wenn die arabische Liga und die Briten einmal pro Woche einen Konvoi zur Neustadt passieren lassen sollten, würden dann genügend Vorräte übrigbleiben, um sie in das belagerte jüdische Viertel der Altstadt schicken zu können? Bevor Mosche in die Altstadt gegangen war, hatte er persönlich bei der Entwicklung des Versorgungsplans für die gesamte Stadt Jerusalem mitgewirkt und wußte daher genau, wie unglaublich knapp die Vorräte waren. *Was wir brauchen, ist ein Wunder,* betete er stumm. Doch er würde zu niemandem ein Wort darüber verlieren, wie dringend sie dieses Wunders bedurften. Denn in der augenblicklichen Situation waren viele Menschen im Viertel nahe daran, in Panik auszubrechen. Und so gestattete Mosche es sich nur zu dieser frühen Morgenstunde, da noch alle schliefen und die Sorgen auf seinem Gesicht nicht sehen konnten, um sein Volk und um diese beiden Menschen zu weinen, die sein Leben geworden waren.

Er ließ sich schwerfällig in den Schaukelstuhl fallen. Es war so kalt im Raum, daß sein Atem als kalte Dunstsäule emporstieg, während er im Halbdunkel des Raumes um Hilfe und Eingebung angesichts ihrer verzweifelten Lage betete. Erneut wanderten seine Gedanken zu Rachel. Selbst wenn es auf der ganzen Welt nur sie allein gäbe, würde ihn die Sorge um ihr Wohl völlig ausfüllen. Wie gern würde er sein Leben für sie opfern! Aber auch für Tikvah, für die heiligen Mauern Zions und die Menschen, die innerhalb dieser Mauern lebten! Im

Augenblick jedoch konnte er ihnen mehr damit dienen, daß er für sie lebte und sich um ihren Schutz bemühte.

Schmerzliche Rührung erfaßte ihn, während er weiter in dem kalten, stillen Raum saß und zu Rachels friedlichem Gesicht hinüberschaute – zu ihr, die endlich die leere Stelle in seinem Herzen ausgefüllt hatte, die er immer schon geliebt und gesucht hatte, bevor er ihr überhaupt begegnet war. Wie sehnte er sich danach, sie zu berühren! Doch er wagte nicht, sie zu stören. Wie sehnte er sich danach, ihr jetzt von der Freude und der Erfüllung zu erzählen, die sie in sein Leben gebracht hatte! Aber die Sprache besaß keine Worte, die der Tiefe seiner Gefühle hätten Ausdruck verleihen können. Rachel hatte ihn mit Hoffnung erfüllt, aber es war eine Hoffnung, in deren Schatten die Angst lauerte. *Es war leichter,* dachte er, *bevor ich liebte. Es war viel einfacher, als es nur mich und die Sache gab, für die sich zu sterben lohnte. Nun möchte ich leben. Um ihretwillen und um des Kindes willen möchte ich leben!* In einer Welt der Unvollkommenheit und der Grausamkeit war Rachel für ihn mit ihrer Schönheit und Zärtlichkeit zu einem Anker geworden, an dem sein Leben hing und der es ihm plötzlich kostbar erscheinen ließ. *Bevor ich sie kannte, war es leichter für mich, daran zu denken, die Welt um Zions willen zu verlassen.*

Er trat an ihr Bett und beugte sich über sie. Dann hielt er jedoch inne und nahm von dem Tisch, der neben dem Bett stand, einen Notizblock, der mit Zahlen übersät war, die die Lebensmittelrationierung und die Versorgungslage der Bewohner des Viertels widerspiegelten. Er überflog kurz das Gewirr der Zahlen auf dem obersten Blatt, auf dem er sich notiert hatte, wie er die Knappheit der Getreidevorräte zum Brotbacken und den mageren Nachschub an roten Beten für Borscht in den nächsten sechs Wochen einschätzte. Zunächst würde es kein Brot mehr geben, und bald darauf nicht einmal mehr so viel rote Bete, um eine dünne Suppe kochen zu können. *Sechs Wochen für die roten Bete, weniger als eine Woche für das letzte Getreide.* Er seufzte schwer. An diesem Morgen, an dem Rachel so friedlich schlief, schien es ihm unmöglich, daß die Zeit unerbittlich weiterschreiten könnte.

Er setzte sich wieder und begann mit einem Bleistiftstummel zu Papier zu bringen, wovon sein Herz voll war. „Für Rachel", schrieb er oben auf das Blatt. „Meine Geliebte..." Er hielt inne und starrte die Worte eine Zeitlang unschlüssig an. Dann begann er von neuem, diesmal in Hebräisch.

Dutzende von Malen strich er Sätze wieder durch und begann seufzend von neuem. Doch schließlich war es, als sprudelten die Worte aus seinem Herzen direkt aufs Blatt. Zehn Minuten lang glitt der Stift ununterbrochen über das Papier, und die Worte formten sich zu einem Gedicht, das er schlicht mit „Dein Mann" unterschrieb. Doch als er es am Ende noch einmal durchlas, hatte er erneut das unbefriedigende Gefühl, daß er unfähig sei, Worte zu finden, die seine Empfindungen auch nur annähernd widerspiegelten – daß Worte einfach nicht die Tiefe seiner Liebe zu Rachel auszudrücken vermöchten. Er klappte den Block zu. Er wollte es später noch einmal versuchen. Als die Sonne ihr erstes Licht über der Stadt erstrahlen ließ, legte er den Block wieder auf den Tisch zurück, um Rachel zu wecken. Er streckte schon die Hand aus, um ihr Gesicht zu berühren, doch da entschied er sich, sie lieber mit einem Kuß auf die Stirn zu wecken. Ihre Lider flatterten kurz, dann schlug sie die Augen auf und sah ihn mit noch vom Traum umfangenem Blick an.

„Zeit, aufzustehen, Rachel!" flüsterte er und küßte sie noch einmal zärtlich.

„Du bist schon angezogen?" fragte sie erstaunt und zog ihn sanft am Hemd neben sich aufs Bett. „Schon wieder beschäftigt, wie ich sehe."

„Ich werde für euch Feuer machen und den Kessel aufsetzen. Dann muß ich –" Sie schlang die Arme um seinen Hals und verschloß ihm den Mund mit einem Kuß. Er gab sich zunächst widerstandslos der Wärme ihrer Lippen hin, ergriff jedoch schließlich selbst die Initiative. Sie ließ sich lächelnd von ihm küssen und nahm dann unter leisem Lachen sein Gesicht zwischen ihre Hände.

„Das war nur ein Gutenmorgenkuß", neckte sie ihn. „Aber warte nur, du brauchst den Kessel nur anzurühren, um ihn zum Kochen zu bringen."

Er blinzelte heftig und atmete, von zwiespältigen Gefühlen hin und her gerissen, tief durch. Dann setzte er sich etwas benommen auf, strich sich bedrückt mit der Hand übers Gesicht und sagte: „Was für ein Segen wäre es, wenn ich nur über dich nachzudenken hätte!"

„Nein, so leicht darfst du dich nicht von deinen Pflichten ablenken lassen, Liebster." Sie setzte sich auf und schlang ihre Arme um die Knie. „Jedenfalls im Augenblick noch nicht. Du mußt doch mit dem Tunnelsystem unter dem Viertel weitermachen. Ehud und die anderen werden dich bereits suchen."

„Sie wissen ja, wo sie mich finden können", erwiderte er heiser und wollte sie streicheln.

„Später", sagte sie neckend, wich ihm aus und schlüpfte auf der anderen Seite aus dem Bett. Sie begann vor Kälte zu zittern. „Machst du bitte das Feuer an?"

„Tut es dir nicht wenigstens leid?" fragte Mosche, während er zum Ofen ging. Er schüttete etwas Kerosin in den Vorratsbehälter des Ofens und hantierte mit den Streichhölzern. Als er sich umdrehte, lag Rachel bereits wieder unter der Bettdecke und sah ihm gemütlich zu, das Kinn in die Hand gestützt.

„Du!" rief er entrüstet.

„Du mußt doch arbeiten", sagte sie nüchtern. „Du mußt dich um das Überleben des jüdischen Viertels kümmern. Und ich muß gleich zweihundert hungrigen Kindern das Frühstück bereiten, nicht wahr? Nun küß mich zum Abschied und geh zu Ehud! Ich werde euch nachher Tee und etwas zu essen bringen. Du wirst mir später noch dankbar sein, daß ich dich zu deinen Pflichten gedrängt habe."

Er zuckte resigniert die Achseln – „Kann sein" – und küßte sie noch einmal.

„Nun geh endlich!" befahl sie in gespieltem Ernst. „Ich bringe dir später deinen Tallith. Denk daran, daß du dich mit den Rabbinern zum Gebet verabredet hast."

Mosche forderte Schaul mit einem Händeklatschen auf, sich zu erheben, und wandte sich zum Gehen. Der Hund stand auf, streckte und schüttelte sich und trottete dann, noch steifbeinig, hinter Mosche her. Schon in der Tür stehend, drehte Mosche sich noch einmal um und meinte verschmitzt zu Rachel: „Ich würde aber viel lieber mit dir beten." Dann ging er hinaus, schloß behutsam die Tür hinter sich und stand unvermittelt in der harten Wirklichkeit – von grellem Tageslicht und kühler Morgenluft umfangen. Im Osten hatte die Sonne gerade die amethystfarbenen Berge von Moab erklommen und spiegelte sich in den Fensterscheiben der Stadt, so daß alles glitzerte und in goldenes Licht getaucht schien. „Es tut gut zu leben", sagte er leise zu Gott. „An diesem Morgen tut es gut zu leben."

Schaul, der dicht hinter Mosche hergegangen war, setzte sich vor ihn hin und blickte erwartungsvoll auf. Mosche strich ihm über den abgemagerten Brustkorb. „Du brauchst dein geregeltes Futter wohl noch dringender als wir, nicht wahr?" Er hockte sich vor dem Hund hin und nahm dessen breiten Kopf zwischen die Hände. „Wir haben hier nicht genug zu essen und können dich deshalb nicht ernähren, verstehst du? Und wenn dich ein hungriger Bewohner beim Kragen packt und in den Suppentopf wirft, würde es nicht nur Rachel das Herz brechen, sondern auch dem kleinen Jakov. Und mir auch, das muß ich zugeben. Also mußt du gehen!" sagte er laut. Er stand auf und sah den Hund streng an. Dieser erwiderte zwar seinen Blick mit seinen bernsteinfarbenen Augen, rührte sich aber nicht von der Stelle. „Ich sagte, geh!" befahl Mosche. „Such Jakov! Fort mit dir!"

Da erhob sich Schaul steif und sah unschlüssig die Straße hinunter, in die Richtung, in die Mosche zeigte. „Geh!" befahl Mosche wieder. Der Hund sah Mosche noch einmal an und trottete dann mit eingezogenem Hinterteil langsam in Richtung der Barrikade, die das jüdische Viertel begrenzte.

* * *

David schlug die Augen auf und streckte sich träge. Tief unter dem Flugzeug glitzerte der Atlantik in der Morgendämmerung wie poliertes Silber. Michael saß ungekämmt, aber wach neben ihm und starrte mit düsterer Miene aus dem Fenster auf das glänzende Meer hinunter.

„Morgen", sagte David leise.

Michael blickte David schmerzlich an und erwiderte dessen Gruß: „Morgen. Hast du einigermaßen geschlafen?"

„Besser als letzte Nacht", entgegnete David wahrheitsgemäß. Doch bei dem Gedanken an Ellie glitt ein Schatten über sein Gesicht.

„Du hast im Schlaf ihren Namen gerufen", sagte Michael erschauernd und wandte sich wieder zum Fenster.

David fuhr sich mit den Fingern durchs Haar und sah Michael von der Seite an. Wie gerne hätte er ihm die Wahrheit gesagt – daß Ellie in Sicherheit, daß all dies nur ein Schauspiel war! Doch gerade, als er zu einer Erklärung ansetzen wollte, ging ein Mann mit dicken Brillengläsern vorbei und musterte ihn neugierig. So hielt David es für besser zu schweigen. Er schluckte die Worte, die ihm bereits auf der Zunge lagen, wieder hinunter und starrte auf seine Hände.

Es dauerte mehrere Minuten, bis Michael das Schweigen brach und mit bitterem Tonfall sagte: „Ich frag' mich die ganze Zeit, wie das alles gescheh'n kann, Blechmann. Ich hab' hier gesess'n und beobachtet, wie die Sonne über dem Meer aufgegangen is', wie sie's schon seit Millionen von Jahren tut. Und ich hab' über all die Menschen nachgedacht, die das auch schon beobachtet haben, und die jetz' nich' mehr sind. So, als ob sie nie dagewesen␣wär'n."

David zerbrach sich den Kopf, wie er Michael trösten könne, ohne die Wahrheit über ihre Mission preiszugeben. „Wir alle müssen eines Tages sterben, Michael. Da führt kein Weg drum herum."

Michael schürzte zornig die Lippen. „Aber da is' keine Gerechtigkeit drin. Keine. Und ich sprech' jetz' nich' nur von dem, was dir und Ellie passiert is'..." Er machte eine Geste der Hilflosigkeit. „Wir sitzen doch nur hier in diesem Flugzeug, weil immer noch nich' genug jüdisches Blut vergossen worden is'. Wir kämpfen immer noch ums Überleben, und die Welt schert sich immer noch 'nen Dreck um uns. Genau, wie damals, als sechs Millionen Kinder, alte Leute und Frauen vergast wurden. Und wo is' Gott in all dem, frag' ich dich? Wo?"

„Er ist trotzdem da", erwiderte David leise.

„So?" begehrte Michael auf. „Und warum passiert dann das alles? Wenn es einen Gott gibt, warum hat er das alles zugelassen?"

David biß sich auf die Lippe und kniff nachdenklich die Augen zusammen. Immerhin sprach Michael jetzt über mehr als nur über Ellies „Tod". Durch die Geschehnisse der vergangenen Jahre war er dazu gekommen, grundsätzlich die Allmacht eines Gottes in Zweifel zu ziehen, der mitansehen konnte, daß Millionen Unschuldiger einzig und allein nur ihrer Herkunft wegen sterben mußten. David räusperte sich unbehaglich. Was konnte man angesichts einer solchen Frage sagen? „Das frag' ich mich auch manchmal, Vogelscheuche. Ehrlich. Aber ich komme dann immer zu dem Schluß, daß es nicht Gott war, der all dies Schreckliche getan hat, sondern Menschen. Menschen, die Gott nicht erkannt oder nicht an ihn geglaubt haben."

„Na, und was is' mit all den Menschen, die behauptet haben, Gott zu kennen, und doch zugelassen haben, daß Millionen in die Konzentrationslager gekarrt wurden? Was is' mit der erhabenen und mächtigen Kirche?"

„Die Kirche ist eine menschliche Einrichtung. Und es gibt eine Menge Menschen, die sich hinter dieser Institution verstecken. Aber das heißt noch lange nicht, daß sie den Herrn kennen. Mein Vater ist Prediger, Michael, und trotzdem habe ich in all den Jahren, in denen ich zur Kirche gegangen bin, nichts vom Herrn begriffen."

Michael starrte ihn verständnislos an. „Glaubst du denn, daß du ihn jetzt begreifst?" fragte er beinahe anklagend.

„Ja. Dessen bin ich mir sogar gewiß", erwiderte David. „Auch wenn er sein Angesicht vor uns verborgen hat."

„Niemand kann Gott begreifen", entgegnete Michael kategorisch. „Wie kann man etwas so Großes und Unfaßbares begreifen? Ich bin ja kein Atheist. Ich hab' ja Augen im Kopf. Ich seh' die Sterne und die

Meere und die Berge. Gut. Darin sehe ich Gott. Aber ich kann ihn nicht erfassen. Er ist einfach nicht zu fassen. Ich glaub', ich bin in diesem Sinne Agnostiker. Ich werd' selbst nich' schlau draus."

Ein Lächeln umspielte Davids Mund. Er war wieder einmal ergriffen von Michaels naiver Aufrichtigkeit. „Ich glaube, dadurch daß du die Größe Gottes erkennst, bist du anderen Leuten, die jeden Sonntag in die Kirche gehen und Gott in eine kleine Schachtel bannen, weit überlegen. Auch die Bibel stimmt mit dir darin überein, daß niemand Gottes Willen kennen kann. Er ist seiner Natur nach für uns einfach nicht faßbar."

Michael nickte. „Zu groß", pflichtete er David bei. „Und zu herzlos, ungerecht und grausam."

David schüttelte bedächtig den Kopf. „Nein, Michael", erwiderte er leise. „Das verwechselst du jetzt wieder mit uns, mit den Menschen." Er atmete einmal tief durch und horchte in sich hinein, um seine innerste Überzeugung auszuloten. „Wir sind die Herzlosen, Vogelscheuche. Darüber habe ich in der letzten Zeit oft nachgedacht, und dabei ist mir immer wieder eingefallen, was mein Vater früher oft sagte."

„Was denn?"

„Nun ..." David machte ein nachdenkliches Gesicht. „Wir ruhen uns alle gern auf dem Gedanken aus, daß wir nach Gottes Ebenbild erschaffen sind. Aber schon in der Bibel steht, daß wir alle unrein sind. Alle, ohne Ausnahme. Selbst das Gute, das wir tun, gleicht nur einem schmutzigen Kleid. Und dabei versteckt sich jeder hinter seiner Selbstgerechtigkeit und glaubt, daß er selbst unfehlbar ist."

„Tja, die Geschichte hat ja bewiesen, daß die menschliche Rasse durch und durch verkommen ist", stimmte Michael David verbittert zu.

„Und wenn du Gott wärst? Wie würdest du dann den Menschen zeigen, wie du bist und wie du sie haben möchtest, Michael? Wenn man mal davon ausgeht, daß es hier auf Erden tausend verschiedene Religionen gibt, die alle sagen: ‚Gott ist dies, und er möchte, daß du jenes tust, damit du zu ihm gelangst ...' Wie würdest du den Menschen dein wahres Wesen offenbaren?"

Michael zuckte hilflos die Achseln. „Ich glaub', ich würd' sie alle erst mal ausradieren und wieder von vorne beginnen."

„Das würdest du vielleicht tun. Aber das ist nicht das, was ein gnädiger Gott getan hat. – Er kam auf die Erde und lebte unter uns. Er heilte die Kranken und erweckte die Toten auf, und weißt du, wie wir ihm das vergolten haben? Wir haben ihn ans Kreuz geschlagen."

„Und seit diesem Tag haben die Juden für diesen Gott gesühnt", erwiderte Michael bitter. „Für irgendsoeinen Gott."

„Nicht die Juden haben Jesus getötet, Michael, sondern unsere Sünden. Und doch sind die Sünden eines jeden Menschen durch seinen Tod gesühnt worden. Dabei hat er sich noch dazu freiwillig geopfert. Er ist mit seinem Einverständnis getötet worden."

„Warum sind dann die Juden als Christusmörder abgestempelt worden? Wieviele Angehörige unseres Volkes sind durch die Kirche und durch Menschen umgekommen, die als Christen bezeichnet worden sind?"

„Du hast das Stichwort schon genannt: Menschen. Selbstgerechte Heuchler, die Christus sofort wieder ans Kreuz schlagen würden, wenn er morgen am Times Square auftauchte." David unterbrach seine Ausführungen, solange Michael auf den endlosen Ozean unter ihnen starrte. „Wenn du wissen möchtest, wie Gott wirklich ist, Michael, dann mußt du auf Jesus schauen. Schau auf den Juden aus Galiläa und lies, was die Propheten über die Ankunft des Messiah gesagt haben! Jesus ist der Messiah, der Sohn Davids, das einzig wahre Bild Gottes, das wir sehen werden."

Michael wandte sich wieder David zu. „Ich respektiere deinen Glauben, Blechmann; aber er ist nichts für mich. Wenn er dir hilft – gut! Aber ich glaube nicht mal mehr an meine eig'ne Religion. Ich kann's nicht."

„Du willst nicht."

„Richtig. Ich will nicht. Zumindest nicht in der jetzigen Situation. Vielleicht auch nie! Wenn du die Wahrheit wissen willst, ich bin zu zornig über –" Er stöhnte auf und machte eine wegwerfende Handbewegung. Er konnte den Gedanken nicht zu Ende sprechen. Ohne ein weiteres Wort ließ er sich in seinen Sitz zurücksinken und schloß die Augen, um seinen Zorn in gnädigem Schlaf zum Schweigen zu bringen.

***

Mit einem hellblauen Tuch über ihrem zurückgekämmten Haar und Augen, die so blau schimmerten wie ein Stück Himmel, das zwischen Wolken hindurchscheint, schob Rachel langsam Tikvahs schwarzen Kinderwagen durch die Straßen – so, als ob es keine schweren Eisengitter vor den Ladenfenstern oder keine leeren Regale an den winzigen

Marktständen gäbe; so, als ob dies ein Tag wie jeder andere sei und sich Jerusalem im Frieden befände. Sie füllte ihre Lungen tief mit dem Duft frisch gerösteter und lecker gesalzener Poppeetes, Melonen-, Sonnenblumen- und Kürbiskerne, bei deren Aroma ihr das Wasser im Munde zusammenlief. Doch sie versuchte sich einzureden, daß sie sich den köstlichen Duft, den die gerösteten Kerne ausströmten, nur einbildete.

Aber es gelang ihr nicht, ihr Wissen zu verdrängen. Sie wußte, daß diese Köstlichkeiten jenseits der Barrikaden, nur wenige Häuserblocks von ihr entfernt, von arabischen Händlern auf den Straßen und in den Souks verkauft wurden. Dort konnte man nicht nur ohne Schwierigkeiten frisches Obst erstehen, sondern auch die arabische Variante eines Beigels, den Ka'ak, der in Kümmelsamen und einer Salzmischung, der Za'atar, gewältzt wird. Mosche hatte ihr erzählt, wie er früher in seinen Junggesellentagen öfter einen Gang durch die Souks gemacht hatte, um sich dort zum Frühstück frisch gepreßten Orangensaft und sogar hartgekochte Eier zu besorgen. Für die Araber hatte sich seitdem auch wenig geändert. Als sich Rachels Magen bei dem Duft nach Ka'ak und frischem Brot erneut meldete, blieb ihr nichts anderes übrig, sich wieder einzureden, daß der köstliche Duft nur Einbildung sei.

Sie betrachtete versonnen das kleine Päckchen Matzen und das Stück harten Käse, die im Kinderwagen neben einer Kanne mit dünnem Kaffee lagen, die sie in Decken gehüllt hatte, damit der Kaffee warm blieb. Inzwischen war es im jüdischen Viertel nicht mehr möglich, das Frühstück mit einem Gang durch die Straßen zu bestreiten. Eier hatten die Einwohner schon seit Wochen nicht mehr gesehen, und obwohl sich die Apfelsinenbäume in den Obstplantagen unter der Last der Früchte bogen, konnten die Juden in Jerusalem ihren Speisezettel nicht mit Apfelsinensaft bereichern. *Aber eines Tages,* dachte Rachel, *werde ich Mosche Blintsen und Apfelstrudel machen und so viel Kaffee, wie er nur möchte. Und dann wird er mich lächelnd fragen, ob ich mich noch daran erinnere, wie ich ihm das Frühstück in Tikvahs Kinderwagen gebracht habe.*

Klein-Tikvah gähnte und genoß, sich wohlig rekelnd, das Schaukeln durch die Erschütterungen des Kinderwagens auf dem Kopfsteinpflaster. Solange Rachel das entzückende, rosige Gesichtchen der Kleinen sah, fiel es ihr nicht schwer, den Gedanken an Krieg und Tod zu verdrängen. Solange sie nicht an Ellie und den armen David dachte, konnte sie so tun, als mache sie einfach nur einen kleinen Spaziergang an einem windigen Februartag, so, als sei das Leben gut und normal.

Am Fuße des Kinderwagens lag Mosches Tallith, den Rachel zusammen mit der blauen Samthülle zusätzlich noch in einen schützenden Kissenbezug gehüllt hatte. An diesem Morgen würde Mosche mit den alten Männern, den Gelehrten des Viertels, beten. Ein Leben lang hatten sie sich dem Studium der Torah gewidmet, und nun war ihre Angst vor der Zukunft größer als die von Kindern, die einen Alptraum gehabt haben: die heiligen Hallen des Studiums, die tintenbekleckten Schreibtische verlassen zu müssen, an denen sie ein halbes Jahrhundert lang endlose Stunden diskutiert hatten – das betrachteten sie als das Ende ihrer Existenz. So, wie es auch das Ende der Juden in Europa gewesen war. Doch an diesem Morgen würde Mosche versuchen, ihre Ängste zu zerstreuen, indem er sie als Mitglieder der Haganah einschrieb und sie damit in die Verteidigung ihrer Heimat einbezog. Mosches Argument würde im Tallith kommen, zusammen mit einer Goldmünze, die aus ihrer Mitgift stammte.

Da wegen der frühen Morgenstunde noch kein Betrieb auf den Straßen war, blickte Rachel erstaunt auf, als sie hörte, wie sich ihr Schritte näherten. Jehudit Akiva kam ihr auf der im Schatten liegenden Straßenseite entgegen. Ihr junges Gesicht wirkte noch blasser als sonst, und ihr gut gearbeitetes Matrosenkleid hing lose um ihren mageren Körper. Als sich ihre Blicke trafen, schlug Jehudit erschrocken die Augen nieder. Rachel blieb stehen. Sie sehnte sich danach, mit dem gequälten jungen Mädchen zu sprechen. Aber Jehudit wich ihrem Blick aus und sah überall hin, nur nicht zu Rachel und dem Kind, und drückte sich noch hastiger als zuvor an den Läden entlang.

„Guten Morgen, Jehudit", rief Rachel mit überströmender Freundlichkeit zu ihr hinüber, und als sie nicht reagierte, fügte Rachel hinzu: „Wir haben dich vermißt."

Jehudit zog das Kinn auf die Brust und verlangsamte ihre Schritte ein wenig. „Ich kann nicht mit dir sprechen", flüsterte sie gedrückt und sah sich unsicher um. „Mein Vater –"

„Ich verstehe", erwiderte Rachel ebenso leise, obwohl sie nicht glaubte, daß sie beobachtet würden. „Ich hege keinen Groll gegen euch beide." Das Mädchen blieb wie angewurzelt stehen, und die beiden Frauen standen sich lange schweigend gegenüber: Jehudit mit dem Blick und der Miene eines gequälten und gejagten Tieres, aus denen Leid und Sehnsucht nach Freundschaft eine deutlichere Sprache sprachen als Worte dies hätten tun können; Rachels Haltung dagegen ließ deutlich erkennen, daß ihr Herz voll tiefempfundener Anteilnahme war.

Jehudit wollte schon etwas erwidern, doch dann senkte sie, wie vom Gespenst des väterlichen Zorns verfolgt, wieder hastig den Blick. Schließlich sagte Rachel behutsam: „Tikvah hat dich vermißt. Sie ist gewachsen. Möchtest du sie nicht einmal sehen?" Dabei schob sie den Kinderwagen etwas näher an Jehudit heran, die sie, zwischen Hoffen und Bangen hin und her gerissen, ansah.

„Wie kannst du nur so mit mir sprechen, da ich dich doch verraten habe?" fragte sie mit tonloser und unter der Last ihrer Scham bebender Stimme.

Rachel ging noch näher auf sie zu. „Jehudit", sagte sie eindringlich, „Sieh mich einmal an."

Jehudits Augenlider zuckten, und sie ballte die Fäuste. Doch schließlich überwand sie sich und sah Rachel ins Gesicht, aus deren gütigem Blick Vergebung sprach.

„Bitte sieh mich nicht so an!" weinte Jehudit und schlug die Hände vors Gesicht. „Ich habe dich doch an meinen Vater verraten." Sie wich zurück, bis sie mit dem Rücken an der Hausmauer stand. „Er hat mich als Spionin zu dir geschickt. Und sie haben doch versucht, dir das Kind wegzunehmen, weil sie dich für eine ehrlose Frau hielten." In Rachels Innerem tauchten die Bilder jener schrecklichen Nacht in der Nissan-Bek-Synagoge auf: ihre Verurteilung durch Rabbi Akiva und die Tränen Jehudits, der plötzlich klar geworden war, was ihr Verrat sie gekostet hatte. Doch Rachel hatte ihr schon damals vergeben. „Jehudit", sagte sie verständnisvoll und streckte ihr die Hand entgegen, „was du deinem Vater damals erzählt hast, war die Wahrheit. Von meinem vierzehnten Lebensjahr an war ich eine Prostituierte der Nazis. Weil ich leben wollte, habe ich all das verraten, was ich für gut und richtig hielt. Kann ich dich dann verurteilen, wenn du durch deinen Verrat die Zuneigung deines Vaters erringen wolltest?"

„Aber du hattest keine andere Wahl", erwiderte Jehudit beschämt.

„Wir alle haben die Möglichkeit zu wählen", entgegnete Rachel voller Trauer. „Die Propheten haben gesagt, daß wir alle die Wahl getroffen haben, uns von Gott abzuwenden, um das zu tun, was uns in unseren Augen richtig erscheint. Ich bin zu Recht verurteilt worden, Jehudit. Denn ich habe nicht nur Gott verraten, sondern auch mein Volk und mich selbst. Und so habe ich erfahren, daß es Dinge gibt, die schlimmer sind als der Tod."

Jehudit sah sie erstaunt an. „Und das gibst du mir gegenüber zu?" fragte sie ungläubig. „Nach all dem, was ich dir angetan habe?"

Rachel strahlte sie mit einem friedvollen Lächeln an. „Das entsprach zwar alles der Wahrheit, aber ich habe inzwischen etwas gefunden, das meine Sünden aufwiegt. Mein Herz war vor Schuld gebrochen, Jehudit. Aber Gott hat mir gesagt, daß er sich nicht von einem gebrochenen Herzen abwenden will. Seine Liebe kann mir diese schrecklichen Entscheidungen, die ich einmal getroffen habe, vergeben. Und wenn Gott sogar mir Seine Gnade erweist, muß ich dann nicht diese Gnade annehmen und auch meinerseits denen vergeben, die mir vielleicht Unrecht getan haben? Auf dieser Erde zu leben, heißt, Entscheidungen zu treffen. Richtige und falsche. Manchmal treffen wir eben die falschen. Wie ich. Wie du. Dann tragen wir diese Fehler Gott vor und bitten um Vergebung –, und dann können wir weiterleben. Vielleicht sogar ein bißchen weiser als vorher." Rachel, die nun dicht an Jehudit herangetreten war, hob das Kinn des jungen Mädchens und sah ihr fest in die Augen. „Ich entscheide mich dafür, dir zu vergeben, Jehudit. Es ist eine gute Entscheidung, und ich glaube, daß Gott sich darüber freut."

„Aber ich kann das doch nie wieder gutmachen ... Auch Gott nicht." Jehudits Augen füllten sich mit Tränen, die ihre Wimpern benetzten.

„Dann will ich dir ein weiteres Geheimnis anvertrauen, über das Gott sich ebenfalls freuen wird", sagte Rachel. „Es gibt jemanden, der ihm besonders am Herzen liegt und dem auch du vergeben mußt."

„Wer ist das?" fragte Jehudit gebannt.

„Du selbst", sagte Rachel. „Du mußt dir selbst vergeben, Jehudit! – Und dann von ihm lernen, die besseren Entscheidungen zu treffen."

Das junge Mädchen sah Rachel dankbar in die klaren, blauen Augen und meinte schließlich verwundert: „Was ist mit dir geschehen? Du hast dich so verändert."

Rachel wollte gerade etwas erwidern, da ließ der Klang schwerer Schritte Jehudit zusammenfahren. Sie wischte sich hastig die Tränen aus den Augen und sah sich verstohlen um. „Jehudit –", begann Rachel beschwichtigend.

„Ich muß gehen!" unterbrach das junge Mädchen und eilte auch schon davon, wieder einmal gejagt vom Geist ihres Vaters, wie ein welkes Blatt, das vor dem Wind hergetrieben wird.

Es waren jedoch nur Mosche und Ehud, die gerade um die Straßenecke bogen. Ehud rief Rachels Namen, doch sie schenkte den beiden Männern keine Beachtung, bis Jehudit ihrem Blick entschwunden war.

„Was ist los?" fragte Mosche besorgt und legte ihr sanft die Hand auf die Schulter.

Ehud hatte Jehudit erkannt, und seine Miene verfinsterte sich. „Das will ich dir sagen!" stieß er ärgerlich hervor. „Es muß nicht heißen, was, sondern wer! Jehudit Akiva, diese schleimige, dreckige kleine –"
Rachel fuhr herum und rief mit zornesblitzenden Augen: „So sprichst du nicht noch einmal von ihr, Ehud!"
Er versuchte zu protestieren: „Aber es ist doch allgemein bekannt, daß sie –"
„Sie ist ein siebzehnjähriges Mädchen und hat keinen Menschen", verteidigte Rachel sie.
„Sie ist eine Verräterin!" Ehud schob trotzig sein Kinn vor, um anzudeuten, daß er nicht bereit sei, von seiner Meinung abzulassen.
„Auch mich hat man einmal als Verräterin bezeichnet", erwiderte Rachel leise. „Als ich siebzehn Jahre alt und niemanden auf der Welt hatte."
Ehud sah aus, als hätte sie ihn geschlagen. Seine Streitbarkeit schmolz dahin, und er verzog sein Gesicht zu einem reuigen Ausdruck. „Aber nein, Rachel. Ich habe doch nicht gemeint... – Mosche sag du ihr doch..."
Mosche klopfte ihm beruhigend auf den Rücken und folgte Rachels Blick zu der Stelle, an der Jehudit ihren Blicken entschwunden war. „Sie weiß, was du gemeint hast, Ehud. Aber sie hat recht. Sie hat recht, was diese arme Kreatur angeht."
Ehud stand benommen da. Der Tadel hatte ihn zum Schweigen gebracht. Er kratzte sich verunsichert den Bart.
Doch Rachel atmete einmal tief durch, verscheuchte die zornigen Gedanken und wandte sich mit neuer Sanftheit an die beiden Männer, als sei nichts geschehen: „Ich habe euer Frühstück dabei. Auch wenn es nur kärglich ist."
Ehud strich sich voller Behagen über den Bauch. „Den ganzen Morgen hab' ich den Duft von frischem Brot in der Nase gehabt!" rief er aus, vom lautstarken Knurren seines Magens begleitet. „Irgendwo im armenischen Viertel lassen sich die Leute ein gutes Essen schmecken."
Rachel nahm das Päckchen aus dem Kinderwagen. „Aber für euch gibt's nur Matzen und Kaffee."
„Ah, wenn man doch wieder mal Blintsen essen könnte!" seufzte Ehud.
Mosche war offensichtlich mit den Gedanken woanders. „Ich muß mich beeilen", sagte er zu Rachel. „Ich muß mich noch waschen und in einer halben Stunde in der Hurva-Synagoge sein. Hast du meinen Tallith mitgebracht? Und meine Gebetsriemen?"

Rachel nickte und reichte ihm das Verlangte. „Und das andere, worüber wir gesprochen haben", fügte sie leise hinzu.

„Gut", sagte Mosche und ließ seine Hand kurz auf der ihren ruhen, während sie ihm den Tallith reichte. „Bete du bitte für mich, ja?" Seine dunklen Augen blickten lächelnd in die ihren.

Ehud öffnete unterdessen behutsam das Papier, das um den Käse gewickelt war, und verzog sein Gesicht, als er den Inhalt sah. „Schließt du in dein Gebet auch eine kleine Bitte von Ehud ein?"

Rachel verdrehte ihre Augen und fragte in gespielter Ungeduld: „Nun, was ist es denn?"

„Da wir alle an diesem Morgen um Manna beten", sagte er, während ein humorvolles Funkeln in seine Augen trat, „bitte Gott doch, daß er meins in einem Leib Challah herabschickt. Warm, frisch aus dem Ofen. Wie das, das ich eben gerochen habe. Und vielleicht auch einen für den kleinen Dov. Der arme Kerl hat von dem Duft schon halb den Verstand verloren. Ich hab' ihm gesagt, daß es ein neues Foltermittel ist, das sich der Mufti für uns ausgedacht hat. – Also bete bitte einfach um Challah, Rachel." Ehud biß ein Stück Käse ab und fuhr kauend fort: „Und wenn wir es bekommen, dann schwöre ich, daß ich meins mit dieser kleinen Jehudit teilen will, von der du so viel hältst. Ich schwör's dir!"

Rachel schüttelte amüsiert den Kopf über Ehuds Art, mit dem Ewigen um ein Frühstück zu handeln. „Du machst mir schöne Geschäfte!" rief sie aus.

„Da wir gerade von Frühstück sprechen, Rachel", sagte Mosche leise, „möchte ich dir noch sagen, daß ich Schaul heute morgen zu Jakov geschickt habe."

Sie spürte einen Stich in ihrem Herzen und suchte in seinem Gesicht nach einer Erklärung.

Er räusperte sich verlegen und sagte dann knapp: „Er hatte Hunger. Hier in der Altstadt hat er keine Möglichkeit zu überleben. Wir können ihn nicht ernähren. Wir haben ja nicht einmal mehr Abfälle."

Rachel nickte und flüsterte: „Ich verstehe. Du hast natürlich recht. Aber ich werde ihn vermissen."

***

Die hohen Fenster der Hurva-Synagoge waren zwar vollständig verbrettert, aber durch die Ritzen drangen immer noch Sonnenstrahlen und erhellten in großen, lichten Flecken den Mosaikfußboden.

In ihre Talliths gehüllt, die Gebetsriemen um Stirn und Arme geschlungen und sich rhythmisch bewegend, verrichteten die Rabbiner zusammen mit Mosche ihr Morgengebet, bei dem sie Gott mit geschlossenen Augen und zerfurchter Stirn inständig um Gehör anflehten. Mosche war der einzige ohne ergrauten Bart in der Gruppe der zehn Männer, die ihn zu dieser Alijah gebeten hatten.

„Herr aller Welten! Nicht ob unserer Frömmigkeit legen wir unsere Bitten vor dir nieder, sondern ob deines großen Erbarmens!" Die Männer stellten sich auf ihre Zehen, als wollten sie Gott mit ihrem ganzen Wesen entgegenstreben. „Was sind wir, was unser Leben, was unsere Gnade, was unsere Frömmigkeit, was unsere Hilfe, was unsere Kraft, was unsere Stärke, was sollen wir vor dir sprechen, Ewiger, unser Gott und der Gott unserer Väter" – die Stimmen stiegen mit den Sonnenstrahlen auf, wirbelten zusammen mit den blitzenden Staubpartikeln empor –, „fürwahr, alle Helden sind wie nichts vor dir, die berühmten Männer, als ob sie nie gewesen, die Weisen wie ohne Erkenntnis, die Einsichtigen wie ohne Verstand, denn die Menge ihrer Werke ist eitel und die Tage ihres Lebens nichtig vor dir, und der Vorzug des Menschen vor dem Tiere ist nichts, denn alles ist eitel." Mosches Herz erhob sich mit diesen Worten, und seine Gedanken verwoben sich mit denen dieses alten Gebetes. *Wir sind so klein vor deiner Größe, Herr, und so deiner Hilfe bedürftig. In dieser kleinen Sekunde der Zeit tun wir alles, was wir vermögen. Und doch ist es nicht genug. Die Menschen, die in meine Obhut gegeben sind, werden bald hungern. Sie haben Angst. Auch ich habe Angst. Und alle anderen, die nun vor dir stehen und darauf hoffen, daß wir eine Nation sein werden...* Sein Blick fiel wieder auf das Gebetbuch in seinen Händen.

„Du bist der Ewige, unser Gott, im Himmel und auf Erden und in den höchsten Himmeln der Himmel, in Wahrheit, du bist der Erste und der Letzte, und außer dir ist kein Gott. Sammle, die auf dich hoffen, von den vier Enden der Erde, daß alle, die geboren wurden, erkennen und wissen, daß du allein Gott bist über alle Reiche der Erde." Die Lippen der alten Rabbiner bewegten sich nahezu mechanisch bei den Worten, die schon fast zweitausend Jahre lang in derselben Hoffnung gesprochen worden waren.

Ist dies der Augenblick der Heimkehr, Herr? sinnierte Mosche. *Oder sind wir nur Narren, Schauspieler in einer hoffnungslosen Tra-*

gödie, deren letzter Akt unser aller Tod sein wird? Ich gestehe es dir und keinem anderen ein, Herr, daß ich um diese wenigen Menschen Angst habe. Angefangen bei diesen alten Männern bis hin zu Tikvah. Und natürlich um meine Rachel.

Die Stimmen schwollen nun zu einem lauten Flehen an einen Himmel an, der seit zweitausend Jahren augenscheinlich taub war. „Vater unser im Himmel, habe Erbarmen mit uns und erfülle, was geschrieben steht: *Er stellt für die Völker ein Zeichen auf, um die Versprengten Israels wieder zu sammeln, um die Zerstreuten Judas zusammenzuführen von den vier Enden der Erde.*"

So beteten die Männer eine halbe Stunde lang. Es waren dieselben Gebete, die Millionen von Juden immer wieder gebetet hatten, Millionen, die gestorben waren, ohne die Erfüllung ihrer Sehnsucht erleben zu dürfen. Jahrhunderte des Schweigens waren gekommen und wieder vergangen und hatten nur die Akteure dieses Dramas durch andere ersetzt, die wieder dieselben Verse gelesen hatten. *Aber vielleicht,* dachte Mosche, während sie die Gebetbücher schlossen, die Gebetsriemen abnahmen, die Gebetstücher zusammenfalteten und sich zum Gespräch niedersetzten, *vielleicht ist dies der Moment, in dem du, Herr, heimkehrst nach Zion und uns eine Heimstätte schaffst.* In diesem Augenblick schlurfte ein gebeugter, gebrechlicher Rabbiner auf Mosche zu. Er zeigte mit seiner knochigen Hand auf ihn und sagte mit hoher, zittriger Stimme, während sich die anderen um sie scharten: „Sie sind doch der Sohn von Sachar, dem Fleischer."

„Ja, Rabbi", erwiderte Mosche respektvoll, während er seinen Tallith in den Samtbeutel legte.

„Es gibt hier im Viertel viel Unruhe, aber die jungen Männer sagen, daß Sie uns Sicherheit bringen wollen, nu? Sie haben doch die Enkelin von Rabbi Lebowitz geheiratet, aber Sie bringen sie nicht in Sicherheit. Warum nicht?"

„Wir bleiben hier, weil wir glauben, daß Gott uns an diesen Platz gestellt hat, damit wir die Orte des Studiums und der Gebete verteidigen", entgegnete Mosche und umfaßte in einer ausholenden Armbewegung die Große Halle der Hurva-Synagoge. „Wenn wir gehen, wird der Mufti all das zerstören, was uns das Liebste ist."

Die Rabbiner nickten und murmelten zustimmend. „Ah, ja", ergriff der alte Rabbiner wieder das Wort. „Da haben Sie sicher recht. Vor nicht allzu langer Zeit haben unsere muslimischen Brüder sich dadurch hervorgetan, daß sie die uns Juden heiligen Dinge geschändet haben. Das ist wahr."

„Ich bin ein Sohn dieser Stadt. Mein Herz gehört hierhin, obwohl mich Gott schon zu vielen anderen Orten der Erde gerufen hat. Und ich glaube, daß es unsere Pflicht ist, hier standzuhalten."
„Gut gesprochen. Gut gesprochen. Wir denken auch schon seit einiger Zeit so. Und nun haben wir dich aus einem bestimmten Grund hergebeten." Er hielt einen Moment inne und legte seine Fingerspitzen gegeneinander. „Sogar die ganz Jungen setzen sich für unsere Sache ein, nu? Aber die Weißbärtigen in unserer Gemeinschaft sind nicht in euren Plan zur Rettung der Altstadt einbezogen. Das ist nicht recht! Denn schließlich teilen wir ja nicht nur die Lebensmittel miteinander, sondern haben auch Zeit unseres Lebens hier gewohnt. Viele von uns haben diese Straßen sogar noch niemals verlassen. Dies ist somit auch unsere Heimat! Und daher muß es uns doch genauso gestattet sein zu helfen, wie diesen jungen Männern, die sogar von der Jewish Agency dafür bezahlt werden, daß sie unsere Heimat verteidigen. Müssen wir da nicht auch unseren Beitrag zur Verteidigung leisten?"

Bei diesen Worten breitete sich auf Mosches Gesicht ein Ausdruck der Erleichterung aus. Er betrachtete die ernsten, aufrichtigen Gesichter dieser ehrwürdigen Männer. „Aus eben diesem Grund bin ich hergekommen!" sagte er bewegt. Er griff in den Samtbeutel und holte die Goldmünze heraus, die Rachel ihm mitgebracht hatte. Er zeigte sie dem Rabbiner in der erhobenen Hand. „Ich bin gekommen, um Sie alle in die Gemeinschaft der Helfenden aufzunehmen", erklärte er, während die Augen der Männer gebannt auf die glänzende Münze gerichtet waren. „Denn was wir jetzt brauchen, ist ein Wunder."

„Wahr, sehr wahr. Das stimmt", riefen alle wie im Chor.

„Aber Menschen können kein Wunder bewirken ohne die Hilfe des Ewigen."

„Gut gesprochen, junger Mann. So ist es."

„Bisher sind nur Männer in unsere Armee aufgenommen worden, die uns kämpfend verteidigen. Aber ich bin der Meinung, daß wir auch Männer Gottes brauchen, die für uns beten. Zu jeder Minute des Tages muß ein Gebet zu Gott emporsteigen, in dem er daran erinnert wird, an die Heimkehr unseres Volkes nach Zion zu denken."

„Darüber besteht kein Zweifel!" rief ein sehr alter, schmächtiger Rabbiner. „Gut gesprochen, Sohn von Sachar, dem Fleischer!"

„Die Jewish Agency wird Ihnen einen Schilling pro Tag zahlen –"

„Oj! So viel! Einen Schilling, hat er gesagt? Einen Schilling pro Tag?"

Mosche mußte innerlich über diese Männer lächeln, denen allein die

Großzügigkeit und die Spenden von Wohltätern ermöglicht hatten, ihr Leben fast ausschließlich dem Studium und dem Gebet zu widmen. „Ja. Einen ganzen Schilling. Aber Sie müssen als Gegenleistung dafür garantieren, daß in diesem Raum das Gebet nie enden wird. Nicht ein einziger Augenblick darf verstreichen, ohne daß die Psalmen gelesen und Gott um ein Wunder angefleht wird."

„Eine gute Idee! Vielleicht wird endlich der Messiah kommen!"

Mosche nickte. „Wir werden ihm weiter entgegensehen", sagte er leise. „Sicher wäre es schön für ihn, Israel wieder im gelobten Land vorzufinden."

„Dann wollen wir darangehen, alles zu organisieren, nu?" sagte der älteste der Rabbiner. „Wir müssen dafür sorgen, daß wir immer eine Minjan haben."

„Zuerst sollten wir Gott um Brot bitten! Und dann vielleicht als nächstes für die starken Männer beten, die für uns kämpfen."

„Ich erinnere mich, daß Gideon nur über eine Handvoll Männer verfügte, die Tausenden standhalten mußten und doch den Sieg errangen!"

Dann wurden Zeitpläne für die Männer erstellt, die zu alt waren, um Tunnel zu graben oder als Besatzung für die Barrikaden eingesetzt werden zu können. Sie sollten ihre Fähigkeiten dazu verwenden, die Gemeinschaft dem Allmächtigen zu nähern. Man einigte sich auf eine Rangfolge der Gebete: zuerst sollte um Brot, dann um Waffen für die Verteidigung der Heiligen Stadt gebetet werden. Dies waren die Wunder, die erhofft wurden. Und in allem Tun war das stillschweigende Einverständnis darüber, daß das Gebet um das Erscheinen des Messiah in Zion das wichtigste Gebet von allen war.

15. Totenwache

Mit offenem Mund und den Kopf ans Fenster gelehnt, verschlief Michael die langen Morgenstunden, in denen nur das sonore Dröhnen der Flugzeugmotoren zu hören war. David hingegen saß mit schlechtem Gewissen neben ihm in seinem unbequemen Sitz und nickte immer nur kurzzeitig ein.

Dem Flugzeug schien ein ewiger, gleißender Sonnenaufgang über den Atlantik zu folgen, bis das Licht schließlich von oben herabflutete.

David hatte jegliches Zeitgefühl verloren. Er strich sich über die rauhen Stoppeln auf seinem Gesicht und schluckte. Sein Mund war völlig ausgetrocknet. Einige Passagiere begannen sich in ihren Sitzen zu regen, packten Brote aus braunen Papiertüten und aßen das Obst, das sie sich als Proviant mitgenommen hatten.

Davids Blick fiel auf den Rand eines trockenen Butterbrots, das aus Michaels Tasche hervorlugte, und wollte es behutsam herausziehen, als Michael sich plötzlich kerzengerade aufrichtete und verschlafen murmelte: „Was is'?" Er bewegte schlaftrunken und geräuschvoll die Lippen und sah sich um. Sein Haar stand wirr auf der einen Seite in die Höhe, und sein Gesicht war dunkel vor Bartstoppeln.

„Moin", grüßte David lächelnd.

„Ah ... ja. Is' es schon Morgen?" fragte Michael gähnend und streckte sich.

David reichte ihm ein Brot, über dessen Rand fettglänzende Salamischeiben hingen. „Frühstück!"

Michael rieb sich verschlafen die Augen und strich sich das Haar wieder über seine Glatze. „Prima!" sagte er verschlafen. „Ich komm' um vor Hunger."

„Viel Fett und Knoblauch." David nahm noch ein Sandwich aus Michaels Tasche. „Genau wie du es magst."

„Aber koscher, merk dir das!" sagte Michael mit erhobenem Zeigefinger und biß herzhaft in das Brot.

Die beiden Männer genossen schweigend ihre Mahlzeit, und David fühlte sich zum ersten Mal halbwegs ausgeruht.

Anschließend leckte sich Michael genießerisch die Finger ab und meinte dann leise: „Wo is'n das Klo?"

David deutete mit dem Daumen nach hinten und stand auf, um seinen Kameraden durchzulassen. Dieser ging immer noch schlaftrunken durch den Mittelgang und stellte sich dann am Ende einer Reihe von schlaftrunkenen Passagieren auf. Dankbar für die gewonnene Ellbogenfreiheit, rutschte David auf den Fensterplatz hinüber und sah auf das sonnenüberflutete Wolkenmeer hinunter, unter dem, wie er wußte, der Atlantik dunkel und sturmgepeitscht lag. Die Sonnenstrahlen spiegelten sich so grell auf dem silbernen Flugzeugrumpf, daß er die Augen zusammenkneifen mußte. Als er seinen Blick bis zum Horizont schweifen ließ, erkannte er, wie groß das Sturmtief war, in dessen Einflußbereich sie während der vergangenen Nacht eingetreten waren: die Wolken erstreckten sich, so weit das Auge reichte.

Zwanzig Minuten später kam Michael zurück. Mit einem Blick nach draußen sagte er: „Ich hab' eben gehört, daß dies der kälteste Winter sein soll, der je registriert worden is'. Sieh dir das nur an!"

Als David sich kurz darauf langsam erhob, um den gleichen Gang anzutreten, dehnte er seine schmerzenden Glieder und warf dabei einen prüfenden Blick auf die Reihen der verschlafenen Passagiere: die Mehrzahl der Sitze war von US-Soldaten belegt, die ihre Hemden leger aufgeknöpft und die Schlipse gelockert hatten. Hier und da saß auch ein zeitunglesender Geschäftsmann dazwischen. Nur fünf weibliche Fluggäste waren darunter. Gleich hinter David saß ein hagerer Mann in einem braunen Zweireiher und starrte ihn durch Brillengläser an, die so dick wie Flaschenglas waren. Er trug eine Fedora, die ihm schräg auf dem Kopf saß, und ein bleistiftdünner Schnurrbart zuckte nervös über einem großen, ernsten Mund. „Morgen", grüßte David, als sich ihre Blicke trafen. Der Mann raschelte mit seiner italienischen Zeitung und erwiderte den Gruß leise und in gebrochenem Englisch: „Gut Morgen." Dann sah er hastig in eine andere Richtung.

Als David wieder zurückkam, rauchte der kleine Mann eine John-Player-Zigarette und blickte aus dem Fenster.

Kurz darauf setzte sich eine beleibte, nicht mehr ganz junge Frau in einem hellroten, geblümten Kleid neben den Mann, steckte sich ebenfalls eine Zigarette an und redete ununterbrochen auf ihn ein, worauf dieser aber nur mit gelegentlichem Knurren reagierte.

Michael, dessen Blicke in eine andere Richtung gewandert waren, versetzte David einen leichten Rippenstoß und flüsterte mit einem Blick auf die Rangabzeichen eines gutaussehenden jungen Leutnants, der rechts neben David saß und gerade gähnend die Augen aufschlug: „Na, wie gefiel dir so was auf deinen Schultern?" Der Leutnant schüttelte sich, um wach zu werden, und schaute David aus verschlafenen Augen an. „Morgen", meinte er mit texanischem Akzent. „Haben wir uns nicht schon mal irgendwo gesehen?"

„Alles möglich", erwiderte David ruhig.

„Na, ich bin nicht der Typ, der so schnell ein Gesicht vergißt", erwiderte der Leutnant. „Ich komm' schon noch drauf."
David lächelte nur und nickte, da er sich auf kein Gespräch einlassen wollte. Er zog einen Band von Ellies Zane-Grey-Romanen aus der Tasche und begann zu lesen.
Die Stunden schleppten sich ereignislos dahin, und nur ab und zu lief jemand durch den Mittelgang. David las den Roman zu Ende und starrte dann schweigend aus dem Fenster, nachdem er mit Michael die Plätze getauscht hatte.
„Ich werd' das Gefühl nich' los, daß ich den Burschen schon mal irgendwo geseh'n hab'", flüsterte der Leutnant Michael zu. David verkniff sich ein Lächeln, als er hörte, wie ernsthaft Michael erklärte: „Er hat gerade seine Frau verloren. Ich glaub' nich', daß er sich unterhalten möchte."
Nach einiger Zeit gesellte sich Michael zu einer Gruppe von Soldaten und hörte sich ihre Erzählungen über ihre Stationierung in Europa an. Er erfuhr, daß die meisten von ihnen so spät eingezogen worden waren, daß sie keine Gefechte mehr miterlebt hatten. Ihre Aufgabe war es gewesen, das Nachkriegschaos zu beseitigen. Und nun waren sie auf dem Weg nach Hause.
Plötzlich jedoch verstummte die Unterhaltung mit einem Schlag: der Kopilot war hinter dem braunen Vorhang vor der Kanzel hervorgekommen und zu den Passagieren getreten. Er hob eine Hand und begann zu sprechen. „Ich habe Ihnen einiges mitzuteilen. Zuerst jedoch die gute Nachricht", sagte er.
„Der Mann macht mir Spaß", murmelte Michael.
Der Kopilot fuhr fort: „Wir sind nur noch eine knappe Stunde von New York entfernt." Begeisterter Applaus. Doch der Kopilot hob erneut die Hand. „Gerade habe ich jedoch die Nachricht erhalten, daß New York wegen Schnees nicht angeflogen werden kann." Ein Stöhnen ging durch die Reihen. „Deshalb fliegen wir nach Washington, das nur wenig weiter entfernt ist als New York. Diejenigen von Ihnen, die ein Anschlußflugzeug erreichen müssen..."
David vergrub sein Gesicht in den Händen. *Anschlußflugzeug sagt er. Ich hab' einen Sarg ohne Leiche und mit geschmuggelten Kunstschätzen bei mir. Und kein Anschlußflugzeug in Washington. Wie soll ich nur dieses Zeug nach New York kriegen?*
„... wir werden alles in unserer Macht Stehende tun, damit Sie Ihr Reiseziel möglichst umgehend erreichen können."
Der Kopilot beendete seine Mitteilung mit einer leichten Verbeu-

gung, während die Soldaten ihre Enttäuschung durch laute Buh-Rufe kundtaten. „Kommt, Leute", sagte er dann humorvoll, „ich war auch mal in eurer Situation. Ihr werdet schon noch nach Hause kommen." Als sein Blick dem Davids begegnete, wurde sein Gesicht jedoch ernst. Er ging zu ihm und setzte sich neben ihn, ohne sich um die Unmutsäußerungen um ihn herum zu kümmern. „Sie sind doch David Meyer, nicht wahr?" fragte er teilnahmsvoll. „Ich weiß, daß es schwer für Sie ist –"

„Sie können das Wetter kaum ändern ..."

„Sie fliegen nach Los Angeles, nicht wahr? Wir können Ihnen einen Sofortanschluß von Washington vermitteln."

„Vielen Dank, aber ich muß in New York noch einiges erledigen. Meine Frau hat eine Arbeit hinterlassen. Ein Manuskript für einen Artikel, und ich muß –"

„Ich bin sicher, daß wir aber den Leichnam Ihrer Frau weiterschicken können, und wenn Sie möchten, können Sie –"

„Nein!" erwiderte David so heftig, daß der Kopilot vor Überraschung zurückwich. Sich zusammennehmend fuhr David leiser fort: „Ich meine, nein danke. Ich möchte bei ihr bleiben, danke."

Der Kopilot betrachtete stirnrunzelnd seine Hände. „Natürlich, das kann ich verstehen. Wollen Sie denn von New York aus weiterfliegen? Vielleicht könnten Sie aber auch mit dem Zug nach New York und wieder zurück nach Washington fahren und dann ein, zwei Tage später von dort aus abfliegen. Dann brauchten Sie den Sarg nicht den ganzen Weg nach New York mitzunehmen."

David spürte, wie ihm übel wurde. „Es wollten mich Leute in New York abholen –"

„Inzwischen werden Ihre Freunde wissen, wo Sie ankommen. Das wird im Flughafengebäude bekanntgegeben."

„Ja", erwiderte David mit unterdrücktem Zorn. „Sie werden wohl wissen, was zu tun ist." Plötzlich wurde ihm klar, auf wie dünnem Boden seine Mission stand. Ein bloßer Schneesturm hatte den ganzen Plan ins Wanken gebracht. Er hatte eine Namensliste mit New Yorker Verbindungsleuten im Kopf; der Zoll in New York war vom US-Außenministerium über die Art der angeblichen Fracht im Sarg informiert worden; das Personal einer New Yorker Leichenhalle wartete bereits darauf, die Schriftrollen aus dem Sarg zu holen und dann die Überreste des „Leichnams" feuerzubestatten. David strich sich seufzend über die Stirn. Die in vielen Stunden ausgearbeitete Planung war in Sekundenschnelle zunichte gemacht.

Der Kopilot klopfte David beruhigend auf den Arm. „Es wird schon alles in Ordnung kommen. Wenn ich Ihnen in irgendeiner Weise behilflich sein kann, Captain Meyer –" Nach einem Moment des Zögerns fuhr er fort: „Ich habe Sie im Krieg regelrecht verehrt, wissen Sie. Was waren Sie für ein Pilot!" Er nestelte verlegen an seinem weißen gestärkten Kragen. „Es hat mir leid getan, dies zu hören."

„Danke", erwiderte David höflich, während er innerlich den Schnee verfluchte. „Wir können das Wetter wohl nicht ändern."

„Wie es aussieht, wird auch der Sturm nicht nachlassen. Wir haben also ein paar Tage schlechtes Wetter vor uns. In einigen Stunden wird sogar Washington völlig dicht sein. Wenn Sie noch nach Los Angeles wollen, dann sollten Sie sich sofort entscheiden. Oder ein paar Tage Wartezeit einplanen."

David hatte das spontane Bedürfnis, das nächste Flugzeug nach Los Angeles zu besteigen, weil ihm das noch ein paar Stunden Bedenkzeit verschaffen würde. Aber Washington lag sehr viel näher bei New York und den Menschen, die auf die Fracht warteten. *Und außerdem,* dachte er bissig, *wird der Bock auch nicht gerade frischer.*

Während die DC-4 in dem turbulenten Wetter zur Landung über Washington ansetzte, saß David verkrampft in seinem Sitz und beobachtete mit düsterer Miene, wie die Regentropfen auf die glänzenden Tragflächen schlugen. Als endlich die Räder des Fahrwerks auf der Landebahn aufsetzten, standen ihm Schweißperlen auf der Stirn, und er erweckte den Eindruck, als könne er das Fliegen nicht vertragen. Während das Bodenpersonal, mit Regenmänteln gegen das schlechte Wetter gewappnet, die Treppe an die Flugzeugtür heranschob, ließ David prüfend seine Augen über die Menge schweifen, die sich innerhalb der Abfertigungshalle befand, und malte sich dabei aus, daß es alle Männer in Trenchcoats darauf abgesehen hatten, ihn ins Gefängnis zu bringen.

In der Halle staute sich die Reihe der müden Passagiere hinter den langen Tischen, an denen die amerikanischen Zollbeamten Koffer und Reisetaschen nach Schmuggelware aus Europa durchwühlten. Zwischen ihnen eilte ein hochgewachsener, streng wirkender Zollbeamter mit gebeugten Schultern und einem glänzendem Verdienstabzeichen hin und her – wie ein Jagdhund auf der Suche nach dem angeschossenen Wild.

David und Michael warteten neben den gläsernen Eingangstüren, bis der glänzende Metallsarg von zwei Gepäckträgern in den Zollbereich gefahren wurde. Dann ließ David sein Gepäck stehen und ging neben dem Sarg her, bis die Männer vor einer gepolsterten Doppeltür mit der Aufschrift PRIVAT anhielten. In diesem Moment hob der hochgewachsene Beamte den Kopf und warf einen kritischen Blick auf den Sarg. Er brach seinen Disput über den Preis einer Schweizer Uhr ab und ging zielstrebig auf David zu.

„Wir müssen ihn erst überprüfen", rief er David schon von weitem zu und machte zwei anderen Zollbeamten ein Zeichen, ihm zu folgen.

David sank das Herz, und er sah sich nervös um. „Aber das ist doch schon alles mit dem Außenministerium abgeklärt worden", protestierte er. „In New York."

„Dies hier ist Washington, junger Mann", erwiderte der Zollbeamte barsch. „Haben Sie eine Vorstellung davon, was im Augenblick im Kapitol los ist, hm? Kommunisten überall, das ist los."

„Hören Sie, ich bin amerikanischer Bürger." David richtete sich zu seiner vollen Größe auf und gab seinem Gesicht einen Ausdruck, von dem er hoffte, daß er die gewünschte Wirkung erzielen würde. „David Meyer ist mein Name. Sehen Sie sich meinen Paß an, wenn Sie möchten."

„Ich weiß Bescheid", erwiderte der Beamte ungerührt. „Ich weiß alles. Aber ich habe meine Anweisungen. Heute nachmittag laufen die Vernehmungen des Untersuchungsausschusses mit einer ganzen Horde von Roten und dies hier" – er tippte auf den Sargdeckel –, „dies kommt aus Italien, stimmt's? Und da finden im nächsten Monat Wahlen statt. Ich behaupte ja gar nicht, daß Sie irgendetwas Ungesetzliches tun. Ich weiß über Sie Bescheid – wer Sie sind und wohin Sie reisen –, aber dies kommt aus Italien, und da weiß man nie, was da hineingelangt sein könnte. Da weiß man nie."

David zog drohend die Stirn kraus. „Der Sarg meiner Frau ist in Palästina versiegelt worden, mein Herr. Und Sie werden ihn nur über meine Lei–"

Doch da eilte Michael ihm bereits zu Hilfe: mit einem entsetzten Gesichtsausdruck packte er den Beamten am Ärmel, zog ihn beiseite und überschüttete ihn mit einem geflüsterten Redeschwall, aus dem David Worte wie „Bombenopfer", „Captain Meyer" und „Starpilot" heraushörte. Aber am Ende war auch Michaels Bitten um Vernunft kein Erfolg in dieser prekären Angelegenheit beschieden.

„Es tut mir wirklich leid, junger Mann, aber wir befinden uns in einer neuen Art von Krieg. Man nennt ihn den Kalten Krieg, und der findet genau hier in Washington statt. Was passiert, wenn ich jetzt ein Auge zudrücke und diese italienischen Roten ihren hiesigen Genossen auf diese Weise eine Nachricht übermittelt haben? Es sind schon merkwürdigere Dinge passiert. Ich versichere Ihnen, daß wir die Angelegenheit mit äußerster Diskretion behandeln. Außerdem sind Sie herzlich eingeladen, dabei zu sein."

Sie mußten sich geschlagen geben. David trat zur Seite und ließ den Kopf sinken. „Ich kann nicht", flüsterte er heiser.

Michael fluchte leise und erbleichte. „Ich ... komme mit." Die Worte blieben ihm beinahe im Halse stecken. „Setz dich solange, Blechmann." Dann sah er den offiziellen Wächter mit einem wilden Blick an. „Ich werde mich beschweren", drohte er abschließend.

„Gut. Dann werde ich sicher befördert. Denn ich tue nur meine Pflicht."

David setzte sich abwartend hin, und der Wagen wurde durch die Tür geschoben. Nach einigen Minuten machten sich seine Nerven in der Magengegend empfindlich bemerkbar. Während die anderen Fluggäste ihre Koffer öffneten, ihre Pässe vorzeigten und schließlich müde davongingen, um irgendwo in der überfüllten Stadt ein Zimmer zu suchen, bemühte er sich krampfhaft, die Gedanken an das zu verdrängen, was hinter jener Tür vor sich ging, und hoffte wider alle Vernunft, daß zumindest die Leichenhülle aus Gummi verschlossen bleiben würde.

Plötzlich schlugen krachend die Türen auf, und David sah für einen kurzen Moment, wie Michael lang ausgestreckt auf dem Boden lag. Der saure, unmißverständliche Geruch von Tod und Verwesung strömte David entgegen, während einer der Beamten hinausstürzte. Als dieser mit einer Tasse in der Hand wieder zurückeilte, konnte David erkennen, wie der hochgewachsene Beamte gerade dabei war, mit aschfahlem Gesicht die Schrauben wieder festzuziehen.

Als die Männer schließlich den Raum verließen, machten sie einen elenden Eindruck. Michael, inzwischen zwar wieder bei Bewußtsein, aber nicht in der Lage, selbständig zu gehen, wurde von zwei gleichermaßen angegriffen aussehenden Wächtern, die sich seine Arme über die Schultern gelegt hatten, mehr aus dem Raum geschleift, als daß er ihn aus eigener Kraft verließ.

Der hochgewachsene Beamte wischte sich den Schweiß von der Stirn und fächelte sich mit seinem Taschentuch Luft zu, bevor er sich geräuschvoll schneuzte.

„Entsetzlich!" murmelte er dabei. „Armes Ding!" Dann sagte er zu David gewandt: „Es tut mir leid um die kleine Frau, Captain Meyer!" Und in klagendem Ton fügte er hinzu: „Was müssen Sie durchmachen!"

In diesem Augenblick kam eine füllige, uniformierte Frau auf die beiden Männer zu und rief mit schriller Stimme: „Sind Sie Mr. Meyer?"

David beachtete sie zunächst gar nicht, sondern kümmerte sich um seinen Freund, hakte ihn unter, tätschelte ihm fürsorglich die Wange und fragte teilnahmsvoll: „Geht es wieder?" Erst danach beantwortete er die Frage der Frau: „Ja, ich bin Captain Meyer."

Sie atmete geräuschvoll ein und betrachtete Michael mit besorgter Miene: „Fühlt sich Ihr Freund nicht wohl?"

„Doch, doch. Er fliegt nur nicht gerne", erwiderte David leise.

Sie machte ein erstauntes Gesicht und stammelte dann: „Oh! Tja, Ihre Freunde haben mich gebeten, Ihnen zu sagen, daß sie draußen mit einem Krankenwagen auf Sie warten." Sie warf wieder einen Blick auf Michaels kreidebleiches Gesicht. „Der Krankenwagen ist doch nicht etwa für ihn? Doch wohl nichts Ernstes –"

David machte eine Bewegung zur Tür hin, durch die der Sarg gerade von dem hochgewachsenen Mann und seinen beiden bleichen Helfern hereingeschoben wurde. „Dafür wahrscheinlich."

Michael wankte neben David aus dem Zollbereich durch den Wartesaal der Halle, wo gelangweilte und über die unerwünschte Verzögerung empörte Passagiere auf langen, glänzenden Eichenbänken herumsaßen. Einer der Zollbeamten schob den Wagen mit dem Sarg, auf dessen Deckel er das Gepäck gelegt hatte, hinter David und Michael her. Beim Anblick des noch vom Schock gezeichneten Michael nahmen die gelangweilten Gesichter einen Ausdruck lebhaften Interesses an, und Michael erntete manch mitleidigen Blick. David musterte eingehend jedes Gesicht in der Hoffnung, irgendein Erkennungszeichen zu entdecken. *Freunde*, überlegte er. *Mit einem Krankenwagen.* Doch niemand kam auf sie zu. Nach einer Weile murmelte Michael plötzlich: „Wo sind die Toiletten?"

David wandte sich an den Zollbeamten. „Würden Sie so nett sein, einen Augenblick hier zu warten? Ich fürchte, mein Freund muß sich übergeben."

Der Beamte nickte bereitwillig und sah ihnen mit nachdenklich geschürzten Lippen nach. Zweifellos fragte er sich, wer wohl einen Sarg stehlen sollte.

Während sich Michael hinter der geschlossenen Tür einer Münztoilette quälte, lehnte David wartend an der kühlen gefliesten Wand im Vorraum. Anschließend half er seinem Freund, sich das Gesicht zu waschen, bevor er endlich fragte: „Erzähl mal, was da drinnen passiert ist!"

„Das willst du gar nicht wissen", erwiderte Michael mit schwacher Stimme. „Frag lieber nicht, Blechmann."

„Sieh mal, Michael", sagte David teilnahmsvoll: „Ich muß dir was sagen –" Doch in diesem Augenblick betrat der hagere Mann mit den dicken Brillengläsern, der im Flugzeug hinter ihnen gesessen hatte, den Raum.

Der Mann deutete durch ein Kopfnicken an, daß er David erkannt hatte. David schwieg. „Schon gut", flüsterte er Michael zu, während der Mann eine Toilette betrat. „Laß uns gehen."

Als sie wieder bei dem wartenden Zollbeamten ankamen, sagte dieser: „Ich muß leider wieder zurück. Aber ich rufe Ihnen jemanden, der Ihnen helfen kann, bis Ihre Freunde kommen."

David holte eine zerknitterte Ein-Dollar-Note hervor und drückte sie dem Mann in die Hand. „Danke."

Wenn er jemals gehofft hatte, ohne großes Aufsehen in die Vereinigten Staaten zu kommen, so zerschlug sich diese Hoffnung, als er mitten in der Halle neben dem Sarg und dem aschfahlen Michael stand: von der anderen Seite der Halle vernahm er eine Stimme mit britischem Akzent. Er stöhnte innerlich auf.

„Captain Meyer?" Sowohl er als auch Michael sahen die wohlgeformte Gestalt Angela St. Martains eiligen Schrittes auf sie zukommen. Sie trug einen grauen Rock und einen roten Pullover.

„Oh nein", stöhnte David. „Und nun auch noch die Presse."

„Aber du kennst sie doch!" sagte Michael und winkte ihr zu. „Sie hat gesagt, daß sie eine Freundin von – von –" stotterte er.

„Von Ellie ist", beendete David den Satz, während er Angela nicht gerade freundlich anlächelte.

„David!" rief sie aus. „Ich dachte, Sie hätten einen Flug nach New York gebucht." Sie nahm ihre dunkle Brille ab und musterte den Sarg mit einem entsetzten Blick.

„Woher wußten Sie, daß wir überhaupt einen Flug gebucht hatten?" fragte David, der nicht in der Verfassung war, Höflichkeiten auszutauschen.

Sie lächelte gönnerhaft und sah Michael an, der sich verlegen den Kopf kratzte und erklärte: „Sie hat gesagt, sie sei eine Freundin."

„Das bin ich auch," warf sie ein und nahm David am Arm. „Haben Sie denn Michael nicht erzählt, daß ich Ihnen bei der Suche nach dem Ring geholfen habe?" fragte sie etwas pikiert.

„Nein, noch nicht", sagte David, dem ihre Berührung unangenehm war.

„Und Sie haben mir eine Tasse Kaffee versprochen."

„Ein andermal", erwiderte David betont uninteressiert und wollte sich ihrer Berührung entziehen. Doch sie ließ ihn nicht los. „Sie sehen doch, daß wir –"

„... gestrandet sind", ergänzte sie. „So ist es allen an der Ostküste ergangen. Ich bin ebenfalls gerade angekommen. Hab' mein Gepäck eingebüßt und ... nein, daß ich Sie hier treffe, das ist einfach zu merkwürdig, um ein Zufall zu sein. Kann ich Ihnen übrigens irgendwie behilflich sein?"

„Wir warten auf Freunde, die uns abholen wollen. Ich dachte, sie seien schon hier." David sah sich wieder suchend um, während aus dem Lautsprecher die abgesagten Flüge bekanntgegeben wurden. Da entdeckte er einen blau-weißen Krankenwagen, der langsam vorfuhr und am Bürgersteig vor dem Eingangsportal zur Abfertigungshalle hielt. In diesem Augenblick erhob sich ein kahlköpfiger Mann in einem zerknitterten Regenmantel von einer Wartebank und sah David direkt ins Gesicht. Er machte ihm ein Zeichen mit dem Finger und ging dann durch die Tür hinaus, am Krankenwagen vorbei. „Da sind sie ja schon", sagte David erleichtert. Er nickte Angela höflich zu, befreite sich aus ihrem Griff und schob den Sarg zur Tür. Michael und Angela begleiteten ihn.

„Bleiben Sie lange in Washington?" fragte Michael Angela und wünschte, daß er es gewesen wäre, den sie am Arm genommen hätte.

„Nur solange ich über die Tätigkeit des Untersuchungsausschusses in der Kommunistenfrage berichte." Ihre Stimme klang enttäuscht. „Ich steige im Mayflower Hotel ab, falls Sie einige Tage hierbleiben."

„Leider nein", erwiderte David brüsk, während er sich abmühte, den Wagen mit dem Sarg zur Tür zu schieben.

„Nun, dann können wir unseren Kaffee ja ein anderes Mal trinken."

„Falls wir gerade in der Nähe sind –" begann Michael.

„Tja, Mr. Cohen, es klingt leider so, als ob David keine Zeit hätte. Ich bin jedenfalls völlig fremd hier und würde mich freuen, wieder von Ihnen zu hören."

„Fantastisch!" rief Michael überschwenglich und bekam dabei wieder Farbe in die Wangen.

Der Mann im Regenmantel zog seine Fedora tief ins Gesicht und stellte sich mit dem Rücken zum Wind. Dabei musterte er zunächst aufmerksam Angela, bevor er an ihr vorbeisah und David ansprach. „Captain Meyer", sagte er in einem weichen südlichen Akzent. „Mein Name ist Nichols. US-Außenministerium. Wir haben Ihren Anruf erwartet. Dachten uns, daß Sie etwas Hilfe nötig hätten, da uns das Wetter einen Strich durch die Rechnung gemacht hat."

David erbleichte. *Außenministerium? Was ist mit der Jewish Agency?*

Er hielt sich die Hand vor den Mund und hustete. „Nun, ich war ... das heißt, wir hatten eigentlich jemand ... anderen erwartet."
Zwei muskulöse Krankenträger waren bereits dabei, den Sarg in den Krankenwagen zu verladen, obwohl David zu protestieren versuchte.
„Nun", fuhr der Mann vom Außenministerium fort, „lassen Sie es mich so formulieren: wir haben einfach das Gefühl, daß Sie ein Kriegsheld sind, der leider unter traurigen Umständen nach Hause zurückkehrt, Captain, und wir sind unseren Leuten einfach gerne behilflich." Er lächelte David an und zeigte dabei seine gelben Zähne.
David schluckte, von panischer Angst ergriffen: dies war eine Wendung der Dinge, mit der er nicht gerechnet hatte. Sein nach außen gezeigter Gesichtsausdruck war jedoch der eines Mannes, der zu überwältigt ist, um seinen Dank in Worte zu kleiden.
Michael dagegen war eifrig bestrebt, die Gastfreundlichkeit des Außenministeriums in Anspruch zu nehmen. Möglicherweise versetzte ihn dies in die Lage, im Mayflower Hotel vorbeizuschauen, um mit der gutaussehenden jungen Frau einen Kaffee zu trinken, die dabeistand und jedes Wort mit Interesse verfolgte.
„Wie freundlich von Ihnen", sagte Angela zu dem Herrn vom Außenministerium und lächelte gewinnend. „Ich muß mich jetzt leider verabschieden." Sie berührte Michael leicht am Arm. „Ich hoffe, daß wir uns noch einmal wiedersehen." Sie wandte sich auf dem Absatz um und ging wieder in die Halle zurück, während David noch damit beschäftigt war, unter Stottern zu erklären, warum sie keine Hilfe brauchten. Gerade als die Türen des Krankenwagens geschlossen wurden, hielt eine lange, schlanke Limousine hinter ihnen.
„Steigen Sie bitte ein, Mr. Meyer!" forderte ihn der Kahlköpfige auf, dessen südlicher Akzent plötzlich verschwunden war. „Keine Proteste! Steigen Sie einfach ein." Der Krankenwagen fuhr davon. „Sie werden beobachtet", fügte der Mann leise hinzu. „Also steigen Sie schnell ein!"
David zog verwundert die Brauen hoch und sah zunächst unschlüssig hinter der jungen Frau her, die durch die Glastür verschwand, und dann hinter dem Krankenwagen, der über den Highway davonfuhr.
„Wir haben wohl keine Wahl. Sie haben ja nun eine Geisel, nicht wahr?" erwiderte David und stieg in die Limousine. Der Kahlköpfige schloß hinter ihm und Michael die Tür und setzte sich selbst auf den Beifahrersitz neben den uniformierten Chauffeur.
Während der ganzen Fahrt durch die Hauptstadt sprach der Kahlköpfige kein Wort, und David sah nur ab und zu im Rückspiegel die Augen des Chauffeurs.

***

Große, schmutzige Schneehaufen säumten den Straßenrand. Während zunächst abwechselnd Schnee- und Regenschauer aus den grauen Wolken fielen, entzogen anschließend dichte Schneeschleier das Washington Monument den Blicken und überzogen Marmor, Erde und Himmel mit einem einheitlichen, glitzernden Weiß.

David starrte düster auf die mit Schneematsch bedeckten Straßen, durch die sich die Limousine langsam vorwärtsmühte. Er war nun davon überzeugt, daß auch der Washingtoner Flughafen, genau wie alle anderen Flughäfen an der Ostküste, bald eingeschneit sein würde. Er verzog das Gesicht bei dem Gedanken, vielleicht für längere Zeit beim Außenministerium zu Gast bleiben zu müssen. Man hatte ihm aufgetragen, die Schriftrollen möglichst umgehend bei Weizmann in New York abzugeben. Wie das nun zu bewerkstelligen sei, mußte er jetzt wohl selbst überlegen.

Es wurde langsam dämmerig, und der Chauffeur schaltete die Scheinwerfer ein. Er fuhr trotzdem in schnellem Tempo durch den dichten Verkehr, der sich vor ihm zu teilen schien wie das Rote Meer. David verlor den Krankenwagen bald aus den Augen.

Schließlich mußte der Chauffeur seine Geschwindigkeit verringern, da der Verkehr ins Stocken geriet, und David hatte Gelegenheit, die Häuser und die wohlgefüllten Läden Washingtons zu betrachten, die ihm inzwischen so fremd geworden waren, als sei er nicht nur wenige Monate, sondern Jahre außer Landes gewesen. Als der Wagen schließlich durch Seitenstraßen in die Slums fuhr, die buchstäblich im Schatten des Kapitols lagen, protestierte David überrascht: „Wohin fahren wir denn?"

„Zur Leichenhalle", erwiderte der Kahlköpfige. „Sie müssen doch noch ein paar Sachen mitnehmen, oder?"

David war nicht in der Verfassung, weiter über die Worte des Mannes nachzudenken, und nahm an, daß dieser ihr Gepäck meinte, das zusammen mit dem Sarg in den Krankenwagen verladen worden war. Auf den Straßen sah er schwarzgekleidete Männer und Frauen durch den Schnee unbekannten Zielen entgegeneilen. Die Kinder trugen nur zerlumpte, dünne Mäntel. Die Fensterscheiben der Häuser waren zerbrochen und durch Lumpen oder zerrissene Decken ersetzt worden.

Und inmitten dieser Armut stand ein altes, schiefes Ziegelgebäude, an dem ein Schild hing, das die Aufschrift SELIGERS LEICHENHALLE trug. Sie konnten gerade noch sehen, wie sich das rote Blinklicht des Krankenwagens wieder vom Bordstein vor der Leichenhalle entfernte und auf eine der Hauptstraßen abbog. Dann hielt die schnittige Limousine unter den neugierigen Blicken der Slumbewohner vor der Leichenhalle an. Der Kahlköpfige wandte sich zu David und sagte: „Nun sind Sie dran, Sie trauernder Ehemann! Haben Sie nicht ein paar persönliche Dinge abzuholen?"

David öffnete stirnrunzelnd die Wagentür, setzte die Füße behutsam auf den glitschigen Bürgersteig und trippelte mit vorsichtigen kleinen Schritten zum Eingang der Leichenhalle. Dabei spürte er förmlich die neugierigen Blicke der Anwohner in seinem Rücken. An der Tür wurde er von einem kleinen, korpulenten Schwarzen mit einem weißen Haarkranz begrüßt: „Geben ist seliger denn nehmen. Willkommen bei Seliger, mein Sohn. Deine Freunde schon sagen, daß kommen und kümmern um Vereinbarung." Er geleitete den erstaunten David in ein walnußgetäfeltes Büro, das von einem Gasofen beheizt wurde. Während David sich in einem verschlissenen Samtsessel niederließ, fiel ihm auf, daß es in dem Raum intensiv nach alten Rosen roch. „Ich sein Mistuh Seliger", stellte sich der Schwarze vor und bot David seine Hand. „Und du sein Mistuh Meyer."

David lächelte nervös und nickte. „Ich glaube, es sind ein paar Dinge von mir hier."

„Kein Sorge, Mistuh Meyer", lachte Seliger. „Wir schon lange sein in Geschäft und nie etwas gegangen verloren von uns." Er zwinkerte David verständnisinnig zu, so daß dieser sich unsicher fragte, wieviel der Mann wußte und woher.

„Meine Kleidung?" fragte David tastend. „Mein Gepäck?"

„Mein Mann tun das in Auto gerade. Nicht nötig, machen Sorgen um so kleine Sache." Er nickte wissend. „Männer sagen, du wollen Leiche haben feuerbestattet. Das wir können tun für Extrageld." Er zog ein weißes Blatt Papier hervor, tauchte eine Feder in ein Tintenfaß und begann zu schreiben. „Du wollen Messingurne oder Kupfer? Kupfer leicht anlaufen, aber ich denken, reichen aus für das, was in Sarg." Er lachte wieder.

David rutschte unruhig in seinem Sessel hin und her. „Mr. Seliger", sagte er zögernd, „ich ... ich ..." Er hätte beinahe gefragt, was der kleine Mann für den Grund seines Hierseins hielt. „Ich nehme die kupferne."

Seliger schob die Unterlippe vor und notierte nickend Davids Wunsch. „Hmmm. Und du wollen Inschrift drauf?"

„Nein", antwortete David hilflos. „Ich glaube nicht."

Der kleine Mann schrieb das Wort NEIN deutlich aufs Papier.

„Kann ich meine Frau sehen?"

Seliger lachte laut auf und sah David an, als sei er nicht bei Sinnen. „Das sein neu! Ich sein in Geschäft zwanzig Jahre und noch nie jemand hat gefragt, ob sehen können Leiche."

„Was genau ist Ihre Aufgabe, Mr. Seliger?" fragte David ruhig.

„Das sein kein höflich Frage." Seliger lachte erneut. „Aber sein kein Leichenhalle in die Stadt außer mein eig'nes, das nimmt Leiche von Europa und macht zu Gold, Mann! Was ich tun? Du machen weiter!" sagte er unter röhrendem Gelächter. „Du nicht brauchen Spaß machen mit Mose Seliger. Was du haben da drin? Du haben geraubt König Tut? Ich das alles kennen. Ich das alles geseh'n." Er senkte vertraulich seine Stimme: „Vorige Monat sein gekommen Rembrandt hierher."

Davids Augen weiteten sich vor Erstaunen, und er fragte sich, wer die Männer in der schwarzen Limousine waren. „Kunstschätze", erwiderte er. „Bronzezeit. Schmuck."

„Das ich denken! Das ich bekommen meistens aus Mittlere Osten. Kunstschätze." Seliger nickte. „Du kommen. Ich denken, du wollen sehen dein Frau." Er führte David unter röhrendem Gelächter durch einen dunklen, engen Flur, von dem rechts und links kleine Kammern abgingen, in denen Leichen friedlich in ihrem Sonntagsstaat lagen. Seliger wandte sich um und lächelte über Davids erstaunte Blicke. „Die sein nur zum Zeigen", flüsterte er. „Kein Mann kann verdienen sein Brot in Ghetto mit Begraben von Leuten. Menschen kein Geld haben für Bronzegriff an Sarg. Wir sie begraben schlicht. Aber du sollten seh'n unser New Yorker Raum", sagte er überschwenglich. „Randvoll mit echte Leichen."

„Einheimische, nehme ich an?" fragte David.

„Oh ja, Einheimische. Leute immer sterben, und wir haben gute Ruf für beste Preis in Stadt. Is' nie nich' einer, geht woanders hin für gut Beerdigung. Dafür wir sein bekannt."

David kratzte sich fasziniert am Kopf. „Machen Sie sich nicht manchmal darüber Gedanken, daß Sie erwischt werden könnten? Ich meine, was Ihr anderes Geschäft angeht?"

Seliger lachte erneut. „Noch nie nich' sein weiße Mann gekommen zu sehen, was treibt alte Mose Seliger. Nur wenn kommt, um machen Geschäft selbst. Zwanzig Jahre ich sein in Geschäft mit Kunst und Antiquitäten, so man kann sagen, und noch nie nich' sein gekommen jemand zu nachsehen Leiche von Europa. Schon gar nich' bei Leiche, was sein schon älter, wenn du wissen, was meinen. Natürlich mit die Untersuchungen in Kapitol Leute kriegen sehr Angst vor andere Leute, und man kann nich' wissen, was weiter. Nein." Er schüttelte den Kopf, und sein grauer Haarkranz wirkte in der Dunkelheit des Flures wie ein Heiligenschein.

„Woher wußten Sie, daß ich kommen würde?" fragte David, der gerne etwas über die Identität der Männer im Wagen erfahren hätte.

Seliger lachte laut. „Wieso, New York hat angerufen und gesagt, du kommen. Gesagt, du kommen her. Ich schon Geld gekriegt. Egal, woher kommen. Aber ich muß nehmen Extrageld für große Urne." Er öffnete eine Tür, deren Angeln laut quietschten, und ließ David in einen dunklen, kalten Raum treten. „Das sein Raum für Fertigmachen von Tote. Er knipste eine Lampe an. Der Metallsarg stand verschlossen auf dem Boden und daneben ein Metalltisch, auf dem eine große Leiche unter einem weißen Laken lag. David erschauerte.

„Ein Einheimischer?" fragte er.

„Ja, Mann. Es sein kalt wie in Tiefkühltruhe hier", redete Seliger weiter. „In Sommer ich brauchen viel Eis, aber in Winter ich nur brauchen abstellen Heizung. Das halten kalt genug." Er beugte sich über den Metallsarg. „Na, hier sein deine Frau", sagte er augenzwinkernd. „Ich denken, du wollen jetzt allein sein. Ich holen deine Urne."

Er ging aus dem Raum, wandte sich jedoch im Hinausgehen noch einmal um, zwinkerte David zu und deutete mit dem Kopf zu der Leiche auf dem Tisch. „Und du machen dir keine Sorge wegen ihm. Er nicht sein in Zustand, dich zu stören." Dann fügte er noch hinzu: „Aber ich dir sagen eins: in sein Leben war gemeinen, dreckigen Hund." Er schloß die quietschende Tür so langsam, daß David das Gefühl hatte, in einen Boris-Kaloff-Film geraten zu sein. Als er schaudernd die Ansammlung von Flaschen und Tuben in Augenschein nahm, fiel sein Blick auf eine Pinzette und einen Schraubenzieher, die auf einer Metallablage unterhalb der beängstigenden Gegenstände lagen.

Er atmete langsam durch, bevor er niederkniete, um die Schrauben am Sargdeckel zu überprüfen. Zwischen Ober- und Unterteil sah er ein Gummisiegel. Ihm war nun klar, wozu die Pinzette und der Schraubenzieher gedacht waren. Eilig machte er sich daran, das Behältnis zu öffnen. Er atmete noch einmal tief ein und hielt dann die Luft an. Als er schließlich den Deckel hob, hielt er sich ein Taschentuch vor Mund und Nase. Trotzdem überwältigte ihn der Gestank, der sich in dem kalten Raum ausbreitete.

Die Leichenhülle aus Gummi war noch verschlossen, und David stellte zufrieden fest, daß der Bestatter in Palästina eine hervorragende Arbeit geleistet hatte, indem er dem Körper, der sich in der Hülle befand, eine menschliche Form gegeben hatte. Kein Wunder, daß der arme Michael ohnmächtig geworden war. David hob die Hülle leicht an und schob sie, von Ekel überwältigt, zur Seite, so daß er unter dem weißen, mit Satin überzogenen Innenfutter des Sarges nach dem Beutel mit den Schriftrollen tasten konnte. Er mußte sich vom Kopfteil des Sarges fast bis zum Fußende vortasten, bevor er den in einem Gummibeutel eingehüllten Lederbeutel erfühlte. Als er ihn gerade sachte aus seinem Versteck hervorziehen wollte, ging plötzlich die Tür auf, und er ließ den Deckel schnell wieder zuknallen.

„Iiiiii!" rief Seliger aus. „Jemand hat einen reifen reingetan. Das nie nich' aushalten Zollbeamte!" stellte er bewundernd fest. „Müssen ein Fenster aufmach'n und dann gut." Er stellte eine große, glänzende Urne am Fußende des Tisches mit dem Toten ab und eilte wieder hinaus.

David, dem zumute war, als müsse er sich jeden Moment übergeben, nahm die Urne vom Tisch und öffnete sie. Sie war fast einen Meter hoch und bot genügend Platz für seine kostbare Fracht. Behutsam tat er die Schriftrollen hinein und verschloß den Deckel fest. Dann hastete er zur Tür und knipste das Licht aus, bevor er hustend und nach Luft ringend auf den Flur wankte.

Dort empfing ihn Mr. Seliger mit geöffneter Hand. „Das macht zwanzig mehr für die Kupferurne", sagte er lächelnd. David kramte in den Tiefen seiner Tasche nach dem Geld und nahm sich vor, sich den Betrag für eine spätere Erstattung zu merken.

Mr. Seliger begleitete David noch bis zum Ausgang des Etablissements, „Auf, auf, ihr christlichen Soldaten" vor sich hin summend, und winkte den Männern in der Limousine herzlich zu, und sie winkten ebenso herzlich zurück, als seien sie alte Freunde von ihm. Während David, mit der Urne im Arm, in den warmen Wagen stieg, dachte er darüber nach, welch merkwüdiges Gespann diese Männer doch waren.

„Okay", sagte er dann bestimmt. „Mal raus mit der Sprache. Wer seid ihr?"

16. Die Rettung

Ein Blick in Michael Cohens wutschäumendes Gesicht sagte David, daß die Katze, miauend und die Krallen zeigend, aus dem Sack war. David spürte noch durch die große Urne hindurch, die er wohlweislich zwischen sich und Michael gestellt hatte, den funkensprühenden Blick, der wahrscheinlich das Kupfer zum Anlaufen brachte, für das er gerade zwanzig Dollar Aufpreis bezahlt hatte. David zog es daher vor, das Thema, das Michael so sehr unter den Nägeln brannte, zu ignorieren. Ja, Michael war für dumm verkauft, als Schmuck, als Schlak hingestellt worden, aber damit würden sie sich später befassen.

„Ich nehme an, ihr seid gar nicht vom Außenministerium?" sagte David, dem eine Zentnerlast vom Herzen gefallen war.

„Das hängt davon ab, welchen Staat Sie meinen", erwiderte der Kahlköpfige. „Und etwas Vertrauen in die Zukunft müssen wir außerdem schon noch haben." Er wandte sich um und gab David die Hand. „Trotz der jüngsten Vorfälle in den Vereinten Nationen", meinte er augenzwinkernd. „Michael hier ist inzwischen über alles auf dem Laufenden. Nicht wahr, Michael?"

Michael rückte noch weiter in die Ecke und knurrte protestierend: „Du hättest mir zumindest sagen können, daß sie lebt."

Der Kahlköpfige erklärte David achselzuckend: „Ich bin einfach davon ausgegangen, daß er Bescheid wußte. Tut mir leid."

Michael mußte um die große Urne herum sprechen und gab seiner Stimme eine größere Lautstärke: „Ja. Wie hab' ich mich in den letzten Tagen um dich gekümmert! Hab' dir Cola gebracht! Hab' geheult, bin ... in Ohnmacht gefallen und hab' mich übergeben. – Was war überhaupt in dem Sarg?"

„Ein Ziegenbock", meinte David entschuldigend.

„So? Tja, der Bock war wohl ich. Schöner Freund! Du bist mir ein schöner Freund!"

„Michael, du warst einfach fantastisch", sagte David aufrichtig. Dann sah er in die belustigten Augen des Chauffeurs, der sie im Rückspiegel betrachtete. „Er war großartig. Sie hätten ihn sehen sollen."

„In Ohnmacht gefallen!" stieß Michael hervor. „Und geheult! Und mich übergeben. Du hättest mich einweihen sollen!"

„Wärst du dann etwa in Ohnmacht gefallen oder hättest solche Trauer gezeigt? Ich sag' dir, es war schon besser so, Vogelscheuche. Du warst großartig."

„Ich hätt' auch nur so tun könn' als ob", erwiderte Michael ärgerlich.

„Nee", meinte David kopfschüttelnd. „Dazu bist du zu ehrlich."

„Ehrlich!" begehrte Michael zornig auf, als sei diese Bemerkung eine unglaubliche Beleidigung. „Du nennst mich ehrlich! Ich hab' doch immer alles mitgemacht, oder etwa nich'?"

„Na, nun sag mir doch wenigstens, wie erleichtert du bist, daß sie noch lebt", erwiderte David zerknirscht.

„Darauf kannst du Gift nehmen", sagte Michael und starrte kopfschüttelnd aus dem Fenster. Bei dem Gedanken, daß sich Ellie in der Jewish Agency in Sicherheit befand, verrauchte sein Zorn allmählich. Und schließlich meinte er: „Junge, wenn sie gesehen hätte, wie ich um sie geheult hab', das hätt' ihr bestimmt gut getan, was?"

Der Kahlköpfige räusperte sich und sagte: „Ihr müßt wohl alles richtig gemacht haben. Ihr beide. Und ich glaube, wir haben auch ein bißchen Hilfe von dem Herrn eine Etage über uns bekommen: Ihr seid hier –"

„Ja, und wie sollen wir dieses Zeugs nun zu Weizmann schaffen?" unterbrach ihn David mit einem bedenklichen Blick in das stetig dichter werdende Schneetreiben. Das Weiße Haus, an dem sie gerade vorbeifuhren, war nur noch verschwommen hinter einem Schleier aus Schnee auszumachen, der die gesamte Stadt einhüllte.

Der Kahlköpfige lachte und sagte nach hinten gewandt: „Aber Weizmann ist doch hier." Er beobachtete interessiert Davids Reaktion. „Hier in Washington."

„Aber – ich dachte, er sei in New York."

„Das war er auch, bis gestern abend. Wir haben noch versucht, euch vor eurem Abflug in Rom zu erreichen, um euch direkt hierher zu holen, denn selbst die Eisenbahnlinien sind inzwischen nicht mehr befahrbar. Ich glaube nicht, daß ihr es noch rechtzeitig geschafft hättet, wenn euch der Schneesturm nicht gezwungen hätte, in Washington zu landen."

David beugte sich erstaunt vor. „Rechtzeitig geschafft, wozu?" fragte er leise.

„Ja, wißt ihr es denn nicht?" Das Gesicht des Kahlköpfigen erstarrte zu einer Maske. „Wir sind gestern in den Vereinten Nationen ausverkauft worden. Ich weiß nicht, was der Grund war. Vielleicht ist die Bombardierung der Post der Tropfen gewesen, der das Faß zum Überlaufen gebracht hat. – Wie dem auch sei, der Vertreter der Vereinigten Staaten hat gestern in der Vollversammlung verkündet, daß die Vereinigten Staaten ihre Position in Punkto Teilung geändert haben.

Michael vergaß seinen verletzten Stolz und setzte sich mit einem Ruck kerzengerade auf. „Nicht jetzt! Wo wir schon so nah dran sind."
„An der Annullierung, wenn man den Berichten Glauben schenken darf", erwiderte der Kahlköpfige düster. „Wie auch immer, die Vereinigten Staaten sagen, daß sie eine internationale Treuhandschaft in Palästina unterstützen wollen. Also aus den Händen des britischen Mandats in die Arme der Vereinten Nationen! Die Zeitungen sind voll davon. Das hat sogar den Untersuchungsausschuß und den Schneesturm von den Titelseiten verdrängt. Große Neuigkeiten, Jungs. Aber keine allzu guten für uns."
„Tjaa", meinte Michael düster und starrte auf seine Hände. „Aber was hat das mit mir und David zu tun?"
„Weizmann hat sich auf diese Nachricht hin gleich in den nächsten Zug nach Washington gesetzt, um mit dem Präsidenten zu sprechen." Der Kahlköpfige klopfte gegen die Urne. „Diese kleinen Kostbarkeiten sollen dabei sozusagen unser Trumpf sein. Wenn ihr nach New York geflogen wärt, hätte Weizmann mit leeren Händen im Oval Office gestanden."
David schüttelte vor Verwunderung über die Wendung der Dinge den Kopf. „Und wo hält sich Mr. Weizmann jetzt auf?" fragte er.
„Im Mayflower Hotel", erwiderte der Kahlköpfige.

* * *

David stellte die Urne neben sein Bett und legte sich dann noch für drei Stunden schlafen, bevor er sich für den Besuch bei Chaim Weizmann duschte und rasierte. Michael dagegen hatte sich sofort umgezogen und war gleich darauf aus dem winzigen Hotelzimmer geeilt, um sich an einem auffälligen Ort in der Eingangshalle des Hotels niederzulassen. Stunden später kam er jedoch enttäuscht wieder zurück, weil er Angela nicht getroffen hatte. Dafür hatte er die Washington Post zweimal von vorn bis hinten gelesen und war in den Nachrichten dieses Februartages des Jahres 1948 bestens bewandert.
Während David seinen frisch gebügelten Anzug anzog, berichtete ihm Michael von der neuesten amtlichen Verlautbarung über Palästina. Die Araber hatten wieder einmal einen jüdischen Konvoi, der auf dem Wege nach Jerusalem gewesen war, am Bab el Wad angegriffen und alle Fahrzeuge zerstört. Mehrere Juden waren dabei getötet

worden. Nach mehrstündigem Kampf hatten die Briten interveniert und es geschafft, die meisten der jüdischen Fahrer zu retten. Die Fracht allerdings war den Arabern überlassen worden. Bei den Vereinten Nationen wurde inzwischen die Diskussion über die Treuhandschaft hitzig weitergeführt. Offensichtlich war niemand darauf versessen, Arabern und Juden auf Kosten der eigenen Leute den Frieden aufzuzwingen. Begriffe wie „nicht machbar" und „impraktikabel" beherrschten die Zeitungsspalten, und so schwand die Unterstützung für den Teilungsplan schnell dahin.

In New York war ein Frachtschiff, das mehrere Tonnen TNT für die Juden in Tel Aviv geladen hatte, von der Hafenpolizei beschlagnahmt worden. Das Waffenembargo der Vereinigten Staaten gegen die Juden in Palästina war also immer noch in Kraft, obwohl die Engländer ihrerseits den arabischen Nationen in aller Öffentlichkeit Waffen verkauften. Zu all dem kam noch hinzu, daß die Vereinigten Staaten vom schwersten Schneesturm des Jahrhunderts heimgesucht wurden, so daß sogar die Washingtoner Gesprächsrunde aller Parteien für 1948 verschoben werden mußte.

„Und Angela hast du offensichtlich nicht gesehen, hm?" erkundigte sich David, während er sich den Schlips zurechtrückte.

„Ich hab' dreimal in ihrem Zimmer angerufen." Michael streckte seine Beine weit von sich und starrte mißmutig auf seine Schuhspitzen. „Vielleicht fahndet sie immer noch nach ihrem Gepäck."

„Sieh dich mit der Dame nur vor, ja?" riet ihm David, während er sein Spiegelbild einer kritischen Betrachtung unterzog. „Ich trau' ihr nicht. Sie sieht aus, als gehöre sie zu der räuberischen Sorte von Reportern."

„Nun hör mal", sagte Michael und breitete hilflos die Hände aus. „Immerhin bist du es, der mit einer Journalistin verheiratet ist. Ich dagegen möchte nur einmal mit einer essen oder tanzen gehen. Schließlich sind wir doch sozusagen auf Urlaub hier. Und ich sage dir, die Frau hat vielleicht Beine!"

„Tja", meinte David bissig. „Sogar zwei, mit denen sie hinter ihren Artikeln herjagen kann."

„Du meinst also, wenn ich renne, wird sie hinter mir her laufen?" meinte Michael und begann zu strahlen. „Eigentlich hab' ich mehr das Gefühl, daß sie sich mehr aus dir macht."

„Ich bin ein verheirateter Mann."

„Das weiß sie aber nicht. Sie glaubt, du seist ein einsamer Witwer, der getröstet werden muß." Michael stand auf und streckte sich.

„Dann laß sie auch in dem Glauben. Ich rate dir, Vogelscheuche" – David warf Michael seine Mütze zu –, „nimm dich vor der Frau in acht!"

„Falls sie mir überhaupt auch nur 'ne kleine Chance gibt", meinte Michael und zog nachdenklich die Brauen in die Höhe wie Groucho Marx, während David ihn vor sich her zur Tür hinausbugsierte.

Der Lift, der sich unter Ächzen und Stöhnen in die Etage hinaufschob, in der sich Chaim Weizmanns Hotelzimmer befand, wurde von einem hageren, uniformierten Farbigen bedient, der jede Etage mit schwerem Akzent ankündigte, bevor sich die Türen geräuschvoll öffneten. – „Errsterr Stock" –. David lehnte mit der Urne im Arm in der hinteren Ecke der mit Spiegelwänden ausgekleideten kleinen Kabine.

Plötzlich stieg Angela St. Martain in den Aufzug, woraufhin Michaels Gesicht sich in jungenhafter Freude aufhellte. Sie trug zum ersten Mal keine Sonnenbrille, so daß man sehen konnte, wie sich ihre braunen Augen vor Erstaunen weiteten, als sie David mit der Urne entdeckte und schließlich auch Michael erkannte. Ihr Mund formte sich zu einem kleinen „Oh".

„Sind Sie etwa gekommen, um doch noch Ihr Versprechen einzulösen?" fragte sie David offensichtlich verlegen. „Oder einfach nur, um mich zu besuchen?"

Noch bevor David antworten konnte, platzte Michael bereits heraus: „Wir bleiben wahrscheinlich ein paar Tage hier." Aufgeregt und etwas zu eifrig fügte er hinzu: Hätten Sie nicht Lust, mit mir essen zu gehen?"

„Mit Ihnen beiden?" fragte sie gedehnt. Und nach einem Blick auf die Urne: „Oder vielleicht sogar mit allen dreien?" Sie lächelte David spöttisch an: „Sie tragen immer noch ihre große Liebe mit sich herum, wie ich sehe."

Er antwortete nicht. Ihm schwante, daß sie der Sache irgendwie auf der Spur war. „Sechsterr Stock. Wiederr runterr."

Als David an Angela vorbeiging, um auszusteigen, sagte er laut: „Wir müssen hier raus." Leise flüsterte er ihr zu: „Gehen Sie doch mit Michael. Mir ist nicht danach. Das werden Sie verstehen."

Sie hob beinahe herausfordernd das Kinn. „Noch nicht. Aber es dauert im allgemeinen nicht lange, bis ich Bescheid weiß."

„Ich ruf' Sie an!" rief Michael noch, als die Türen bereits zuschlugen. Dann eilte er hinter David her, der mit langen Schritten durch den Flur auf Weizmanns Zimmer zuging.

„Sie wittert was", stieß David ärgerlich hervor. „Ich weiß zwar nicht, wie sie dazu kommt, aber sie hat es auf uns abgesehen."
Michael dagegen rieb sich voller Vorfreude die Hände. „Das is' mir egal. Solange sie mit mir ausgeht." Er holte tief Luft. „Ich find' sogar ihren Akzent aufregend."
„Sieh nur zu, daß du sie reden läßt. Verstanden?" entgegnete David mit düsterem Gesicht und spürte, wie sich in seinem Hinterkopf allmählich ein dumpfer, pochender Schmerz festzusetzen begann.

***

David hatte Weizmann bisher noch nicht einmal auf einer Photographie gesehen, aber davon gehört, daß er der Wegbereiter des Zionismus sei, der Samson, der sein Leben lang damit verbracht hatte, für eine jüdische Heimstätte zu kämpfen. Er hatte in London sein Domizil als Naturwissenschaftler aufgeschlagen und wirkte vom Ausland aus den politischen Stürmen entgegen, während David Ben-Gurion in Palästina selbst für eine Heimstätte kämpfte, indem er in den dürren, felsigen Hügeln dieses Landes einen Weinberg anlegte. Ben-Gurion ging die Herausforderungen mit löwenhaftem Tatendrang an, Weizmann dagegen als Diplomat und Redner. „Die 600.000 Araber, die in Palästina leben, haben genau dasselbe Recht auf eine Heimat wie wir auf unsere Heimstätte."
David sah sofort, daß Weizmann kein Löwe war. Er erkannte auch, daß dieser nicht einmal der Professor aus dem Zauberer von Oos war, der von seiner Smaragdstadt aus Verordnungen erläßt und erwartet, daß diesen bedingungslos Folge geleistet wird. Irgendwie hatte sich David Weizmann als überragende Gestalt vorgestellt, mit einem kräftigen Kinn und einer Stimme, die der Winston Churchills ähnelte.
So war er nicht auf das vorbereitet, was sich ihm bot, als ihm die Tür des Hotelzimmers geöffnet wurde: Das Zimmer roch intensiv nach Menthol und Eukalyptus, und Weizmann saß in einem Polstersessel und hatte den mit einem Handtuch verhüllten Kopf über eine Schüssel mit heißem Wasser gebeugt. Er wirkte zerbrechlich, alt und sehr müde. Als er das Schließen der Tür vernahm, schob er das Handtuch zurück, hob den Kopf und tastete nach seiner Brille, die er unter Husten bedächtig aufsetzte. Doch trotz der dicken Gläser mußte er sich anstrengen, Michael und David zu erkennen.

„Wer ist da?" fragte er schwer atmend.

Der Kahlköpfige trat vor. „David Meyer und Michael Cohen, Dr. Weizmann", antwortete er respektvoll.

„Gut", erwiderte Weizmann mit pfeifendem Atem. „Kommen Sie her, und setzen Sie sich." Er machte ihnen ein Zeichen mit der Hand, nahm dann wieder die Brille ab und beugte sich erneut über die Schüssel.

An einem kleinen Tisch spielten die beiden Krankenträger Karten, und der Chauffeur saß in einer entfernten Ecke des Zimmers und las Zeitung.

David setzte sich Weizmann gegenüber und stellte die Urne behutsam vor sich auf den Boden. „Welcher von beiden sind Sie?" fragte Weizmann.

„David Meyer."

„Ah ja!" Weizmanns Stimme wurde kräftiger. „Der Pilot. Der Kriegsheld. Sie sind offensichtlich zu unserer Besatzung übergewechselt, ja?"

„Ja." Die Mentholdämpfe trieben David die Tränen in die Augen. „Ich habe die Schriftrollen gebracht."

„Nun, wenn ich diese Prozedur hinter mich gebracht habe, sehen wir sie uns an. Ich kämpfe mit dieser Erkältung, seitdem ich London verlassen habe." Er schniefte. „Der Arzt sagt, daß ich die Wahl habe, mich zweimal täglich dieser Prozedur zu unterziehen oder zu sterben." Es klang Belustigung aus seiner Stimme. „Stellen Sie sich das vor! Ich und sterben, bevor unser Staat gegründet ist." Sein Atem ging rasselnd. „Gott behüte!"

„Amen", tönte Michael aus dem Hintergrund, seine Mütze in der Hand haltend.

„Nun, in diesem Punkt sind wir wohl alle derselben Meinung", sagte Weizmann. „Aber erzählen Sie mir lieber von Ihrer Reise. Und dann, wie es um Jerusalem steht."

Zwanzig Minuten lang berichtete David, in welch verzweifelter Lage sich Jerusalem und ganz Palästina befanden. Weizmann hörte die ganze Zeit aufmerksam nickend zu und stellte gelegentlich Fragen.

„Nur wenn das Waffenembargo aufgehoben wird, Dr. Weizmann, können wir die erste Welle des Angriffs im Mai überleben. Obwohl die Briten noch nicht abgezogen sind, haben die Araber Jerusalem bereits von der Außenwelt abgeschnitten. Wenn sie wüßten, wie schlecht bewaffnet wir in Wirklichkeit sind, würden sie gar nicht erst auf den Abzug der Briten warten. Außerdem ist natürlich die Ernährungslage katastrophal, aber was Jerusalem am allermeisten braucht, sind Waffen. Daran hat sich nach wie vor nichts geändert.

Weizmann atmete einmal prüfend durch – sein Atem ging nun etwas leichter – und sagte dann: „Ich glaube, jetzt geht es besser." Er ließ das Handtuch sinken und trocknete sich das von Wasserdampf und Schweiß nasse Gesicht ab, während der Kahlköpfige die Schüssel wegtrug. Dann setzte Weizmann seine Brille auf und blickte David entschlossen an. „Warum arbeiten Sie für uns?" fragte er. „Sind Sie süchtig nach hoffnungslosen Fällen?"

„Nein", erwiderte David mit fester Stimme. „Ich glaube einfach an die Erfüllung der Verheißung, daß es einmal wieder eine jüdische Heimstätte geben soll. Ich habe die Schriftrollen mitgebracht. Sie sind zweitausend Jahre alt. So alt wie die Zerstörung Jerusalems. Aber sie enthalten eine Verheißung, die sich in dieser langen Zeit nicht geändert hat. Gott verspricht uns darin, daß Er uns nicht vergessen will. Wir werden eine Heimat bekommen. Und ich möchte einfach dazu beitragen, daß diese Verheißung in Erfüllung geht."

Weizmann betrachtete David eindringlich durch seine dicken Brillengläser. „Und das sollen Sie auch, junger Mann", sagte er leise. „Sind Sie auch bereit, Ihre Gedanken anderen mitzuteilen? – Anderen Amerikanern?"

„Natürlich. Das ist, unter anderem, der Grund, warum ich hier bin."

„Gut. Dann sollen Sie auch die Gelegenheit dazu bekommen." Weizmann zog seine Hausschuhe an und lehnte sich seufzend zurück. „Nun möchte ich sehr gerne einen Blick auf das werfen, was Sie mitgebracht haben."

„Das möchte ich auch", erwiderte David, dem erst in diesem Augenblick bewußt wurde, daß er bisher ja nur die Photographien der Schriftrollen kannte. „Meine Frau war die erste, die sie gesehen hat. Sie hat sie photographiert, und Professor Sachar und Professor Moniger haben aufgrunddessen ihre Bedeutung erkannt. Beide hoffen, daß die Rollen eines Tages der Nation Israel gehören werden."

„Wir wollen hoffen, daß nun der Augenblick gekommen ist, in dem alle Verheißungen und Träume in Erfüllung gehen, junger Mann."

Dann wurden die Karten vom Tisch genommen, und alle Männer im Zimmer versammelten sich um David, während er den Deckel der Urne öffnete und ehrfürchtig das Paket herausnahm. Er legte es auf den Tisch und entfernte die schützende Gummihülle, so daß schließlich eine Hirtentasche aus rissigem Leder zum Vorschein kam. Ein schlichter Bindfaden hielt die Rollen zusammen, die dadurch wie die von einem Kind eingepackten Geburtstagsgeschenke wirkten. David öffnete das erste Band und entfernte eine Lage schützenden Papiers nach der anderen von den Schriftrollen, bis der verwitterte Rand des braunen Leders zum Vorschein kam. Alle verfolgten mit angehaltenem Atem, wie noch fünf weitere Schriftrollen auf diese Weise ausgepackt wurden. Weizmann berührte die größte der Rollen, die Schriftrolle des Isaiah, mit seiner knochigen Hand. Die Berührung war eine Geste der Zärtlichkeit, und er flüsterte mit bebender Stimme: „Du hast so eine weite Reise hinter dir; so lange Zeit hast du überdauert – um diese Stunde zu erleben, um deine Verheißung in die Welt hinauszuschreien, damit sie erfährt, daß Gott sein Versprechen nicht vergessen hat."

Als Weizmann die Schriftrolle schließlich behutsam aufrollte, durchrieselte die Männer ein Gefühl der Ehrfurcht. David sah die mit dem Lineal gezogenen Linien, die den hebräischen Buchstaben eine genaue Ausrichtung geben sollten. Am Rand befand sich ein Tintenklecks und an einer anderen Stelle ein Fleck. Tränen? fragte sich David. „Ah", rief der alte Mann überwältigt aus und beugte sich dicht über das vergoldete Leder der Schriftrolle. Während er leise las, sah David vor seinem geistigen Auge, wie die Hand eines unbekannten anderen alten Mannes, der schon vor langer, langer Zeit gestorben war, diese Verheißung schrieb –, ohne die Hoffnung, sie je erfüllt zu sehen.

„Doch Zion sagt: Der Herr hat mich verlassen, Gott hat mich vergessen. Kann denn eine Frau ihr Kindlein vergessen, eine Mutter ihren leiblichen Sohn? Und selbst wenn sie ihn vergessen würde: Ich habe dich eingezeichnet in meine Hände, deine Mauern habe ich immer vor Augen. Deine Erbauer eilen herbei, und alle, die dich zerstört und verwüstet haben, ziehen davon. Blick auf und schau umher: Alle versammeln sich und kommen zu dir."

Weizmann starrte lange schweigend auf die Worte. Dann rollte er die Schriftrolle behutsam wieder zusammen. Michael ging zu einer Kommode und holte eine Gideon-Bibel aus einer der Schubladen. Er blätterte darin und fand schließlich die von Weizmann vorgelesenen Worte bei Jesaja, Kapitel neunundvierzig. „Hier ist es", rief er, während er den Text überflog. „Es steht in der Bibel. Isaiah 49. Es sind die gleichen Worte." Während David die Rollen sorgfältig wieder so verpackte, wie er sie vorgefunden hatte, setzte sich Michael hin, um in Ruhe zu lesen.

Weizmann hingegen klatschte entschlossen in die Hände und sagte: „Es scheint, als ob der Herr sich schon entschieden hätte. Wenn Er sich nur noch mit Harry Truman besprechen würde."

* * *

Kurz vor sechs Uhr abends klingelte das Telefon. Michael hatte so gebannt in der Bibel gelesen, als übten die Worte eine geheime Macht über ihn aus. Obwohl ihm dieses Buch aus Kindheitstagen bekannt war, erschien ihm nun alles neu und unbekannt.

Der Kahlköpfige nahm den Hörer ab und sprach mit leiser Stimme, bevor er den Hörer an Weizmann weiterreichte.

Der erwartungsvolle Blick des alten Mannes erstarb wie eine Flamme in einem heftigen Regenguß. „Hat er einen Grund angegeben?" fragte er in den Hörer hinein und schwieg dann, auf die Antwort wartend. Seine Stimme hatte sehr enttäuscht geklungen. Michael hob fragend den Blick, und die beiden Kartenspieler ließen ihre Karten sinken. „Keinen Grund?" fragte Weizmann. „Haben Sie ihm gesagt, daß ich extra den weiten Weg von London hergekommen bin?"

David warf einen Blick auf den Beutel mit den Schriftrollen. Was für einen Sinn hätte ihr Trumpf, wenn sie ihn Präsident Truman gegenüber nicht ausspielen konnten? *Gott*, betete er, *wir sind von so weither gekommen. Alles andere müssen wir jetzt dir überlassen.*

Weizmann schloß seufzend die Augen. „Ja. Sicher. Dann kann ich wohl davon ausgehen, daß er bei seiner Entscheidung bleibt, ja? Hmmm. Ja. Ich verstehe. Vielen Dank." Er legte den Hörer auf und tastete nach einem Stuhl. Er schien mit einem Schlag stark gealtert, und David dachte, daß es gar nicht so unwahrscheinlich wäre, wenn der sanftzüngige Wegbereiter des Zionismus die Erfüllung seines Traumes nicht mehr erlebte.

Weizmann sah in jedes der versteinerten Gesichter. „Der Präsident weigert sich, mit mir zu sprechen. Die Angelegenheit ist unwiderruflich abgeschlossen."

Michael klappte knallend die Bibel zu. „Joi, und das nach all dem!" Er schürzte mit düsterem Gesicht die Lippen und zerbrach sich den Kopf, was er Tröstliches oder Ermutigendes sagen könnte, aber es wollte ihm nichts einfallen. So zuckte er nur hilflos und teilnahmsvoll die Achseln. Schließlich sagte er in das bedrückte Schweigen hinein:

„Ich geh'n bißchen raus. Hat jemand von euch Hunger?" Die anderen schüttelten verneinend den Kopf, und Michael verließ das Zimmer.

„Als ich ihn im November gesehen habe, schien er von unserer Sache noch so angetan zu sein," meinte Weizmann nach langem Schweigen. „Wir sind so gut miteinander ausgekommen." Der Kahlköpfige verzog sein Gesicht. „Ich werde Ihnen sagen, wer davon nicht angetan war", sagte er laut. „Rabbi Silver. Silver war es, der Truman in die Defensive gedrängt hat. Nicht Sie! Ich glaube nicht mal, daß es der Zionismus als solcher ist. Seitdem der Teilungsplan unterzeichnet ist, fühlt sich Truman von Silver angegriffen. Er hat das Gefühl, daß ihn nun alle Juden Amerikas tadeln, und darüber ist er einfach erzürnt."

„Gibt es denn niemanden, der für uns Fürsprache einlegen könnte?" fragte sich Weizmann laut und stützte den Kopf in die Hände.

„Leider haben wir die Antwort schon bekommen", resignierte der Kahlköpfige.

Weizmann sah auf, und seine Augen wirkten selbst noch durch die dicken Brillengläser groß und enttäuscht. „Na, dann kann ich ja genauso gut wieder nach England fliegen." Er sah David an. „Es tut mir leid, junger Mann, daß Sie damit" – er deutete mit dem Kopf zu den Schriftrollen – „vergebens so einen weiten Weg gekommen sind."

David fühlte seinen Kopf vor Enttäuschung schmerzen. Irgendwie konnte er es nicht fassen, daß all ihr Mühen nur in eine Sackgasse geführt haben sollten. Er rieb sich die Schläfen und ging langsam zu den Schriftrollen. „Was machen wir denn jetzt damit?" fragte er. „Mr. Weizmann, ich kann sie nicht bei mir behalten. Könnten Sie sie nicht so lange in Verwahrung nehmen? Auch wenn Sie nicht mit dem Präsidenten sprechen können?"

Weizmann nickte. „Das wäre mir eine Ehre."

„Nun gut", sagte David und schüttelte Weizmann zum Abschied die Hand, „dann werde ich mich Michael anschließen. Einmal gut essen und dann eine Nacht lang schlafen."

* * *

David war schon fast am Aufzug, als ihm plötzlich etwas einfiel, das undeutlich in seinem Unterbewußtsein herumspukte, seitdem Weizmann gefragt hatte, ob ihre Angelegenheit nicht einen Fürsprecher hätte. Es gab einen Mann in den Vereinigten Staaten, der direkten Zugang zu Harry Truman hatte. Truman hatte vor Jahren mit ihm zusammen ein Herrenmodengschäft in Kansas City geführt. Der Mann hieß Eddie Jacobson, lebte immer noch in Kansas City, verkaufte immer noch Herrenmode und war, nach allem, was er zuletzt von ihm gehört hatte, immer noch Jude.

Als der Aufzug hielt und sich die Türen öffneten, standen Michael und Angela in der Kabine. „Sechsterr Stock, wiederr runterr."

„Nein danke", sagte David schnell, noch bevor Michael etwas sagen konnte, machte auf dem Absatz kehrt, eilte zurück zu Chaim Weizmanns Zimmer und verkündete dort: „Vielleicht haben wir doch noch einen Fürsprecher. Mr. Weizmann, es gibt da einen kleinen Herrenausstatter in Kansas City ... kann jemand ein Ferngespräch vermitteln?"

Vier Abende später fiel der Schnee nur noch in weichen Flocken auf Washington herab. David schlug seinen Mantelkragen hoch, als er, zwischen Chaim Weizmann und Eddie Jacobson, durch den Osteingang des Weißen Hauses schlüpfte. Er hatte die Schriftrollen in einer großen gefütterten Reisetasche bei sich und wartete fünfundvierzig Minuten lang nervös vor dem Oval Office, während Jacobson und Weizmann mit dem Präsidenten sprachen. Als die Türen endlich geöffnet wurden, bedeutete ihm Jacobson lächelnd, daß er mit der Tasche ins Büro kommen sollte.

Der Präsident saß hinter seinem großen Schreibtisch, eingerahmt von der Nationalflagge. Aus irgendeinem Grund war David erstaunt und erleichtert zugleich, als er feststellte, daß Truman genauso aussah wie auf den Photos. Als dieser aufblickte, schlug David die Hacken zusammen und salutierte. „Herr Präsident."

„Seien Sie ganz ungezwungen, Mr. Meyer", erwiderte Truman mit näselndem Tonfall. Dann erhob er sich und begrüßte David mit Handschlag. „Sie wollte ich sowieso schon immer mal kennenlernen. Wieviele deutsche Flugzeuge haben Sie denn nun heruntergeholt, mein Sohn?"

„Nun, es waren hauptsächlich italienische", erwiderte David. „ME-109. Ziemlich klapprige Kisten", fügte er bescheiden hinzu.

„Franklin war jedenfalls der Meinung, daß wir Ihnen eine besondere Auszeichnung dafür geben sollten", wandte Truman ein.

„Sie meinen doch Roosevelt?" fragte David.

„Wen sonst?" erwiderte Truman mit seiner charakteristischen Schroffheit. „Aber ich glaube, Sie sind bereits dekoriert wie ein Weihnachtsbaum, und nun haben Sie uns verlassen und fliegen für Palästina." Er sah David an und zog fragend eine Augenbraue hoch. „Was ist los mit Ihnen, junger Mann? Finden Sie es schön, wenn auf Sie geschossen wird?"

„Nein, natürlich nicht", antwortete David und warf einen Blick auf Weizmann, der über das ganze Gesicht strahlte. *Alles läuft also wunschgemäß,* dachte David zufrieden.

„Aber nehmen Sie doch Platz!" Truman deutete mit dem Kopf auf einen Stuhl und legte seine Fingerspitzen gegeneinander. Dann wandte er sich Jacobson zu. „Nun, Eddie, du warst schon immer ein besserer Geschäftsmann als ich. Was hältst du von dem Vorschlag?"

„Ich glaube nicht, daß Sie um eine bessere Sicherheit bitten könnten", erwiderte Jacobson mit einem Blick auf die Reisetasche. „Ich habe sie gesehen, Harry. Sie sind einfach fantastisch."

Truman kniff die Augen zusammen und starrte gedankenverloren über ihre Köpfe hinweg. „Mit was für Flugzeugen fliegen Sie denn, mein Sohn?" wandte er sich an David.

Dieser wurde sichtlich verlegen, als er antwortete. „Mit Pipers, Sir. Und einer Stinson."

„Ihr seid schon Menschen..." – Truman wandte sich an Weizmann – „Bluffen. Bluffen, mehr könnt ihr nicht." Dann deutete er zur Reisetasche. „Das Smithonian Institut würde sich freuen, diese Objekte ausstellen zu können. Aber ich persönlich würde mich noch mehr freuen, wenn Sie sie eines Tages als freie Nation wieder einlösen könnten."

„Das ist sehr liebenswürdig von Ihnen", erwiderte Weizmann. „Ich als alter Mann wäre auf jeden Fall sehr glücklich darüber."

„Vielleicht hat auch der Allmächtige seine Zustimmung dazugegeben", stieß Truman hastig wie ein Maschinengewehr hervor. „Und ich kann mich so mit dem Allmächtigen gutstellen." Er stockte und griff nach dem Telefonhörer. „Pipers also? Wieviel Geld hat man Ihnen denn zugebilligt, mein Sohn?" fragte er David.

„Fünfundvierzigtausend."

„Das ist vermutlich gerade genug, um die Tragfläche einer DC-4 zu kaufen. Aber wir haben ja noch ein paar Flugzeuge aus dem Krieg übrig, zu dessen siegreichem Ausgang Sie ja beigetragen haben. Vielleicht können wir ihre Dollars so ein bißchen strecken. Aber eines sage ich Ihnen: das bedeutet nicht, daß ich das Embargo offiziell aufhebe. Nein, das kann ich nicht! Und wenn Sie meinen Namen in irgendetwas hineinziehen, dann bezichtige ich Sie alle der Lüge. Verstanden?"

Weizmann nickte, ebenso David, der seine Zustimmung noch mit einem respektvollen „Ja, Sir" unterstrich.

„Und außerdem müssen Sie Ihre eigenen Piloten und Mechaniker stellen. Aber daran ist ja nichts Gesetzeswidriges. Das Gesetz hat schließlich nichts dagegen, daß ein junger Veteran seine eigene Fluggesellschaft gründet und seine eigenen Reiseziele wählt. Warten Sie"..., stockte er nachdenklich und strich sich mit der Hand über die Lippen. „Die meisten Flugzeuge stehen, glaube ich, in Burbank. Ein paar C-47 und Constellations sollten für den Anfang genügen." Er sah David ernst an. „Wenn Sie allerdings vorhaben, Waffen nach Palästina zu transportieren, sollten Sie dies allerdings besser nicht von den Vereinigten Staaten aus versuchen. Vielleicht von Mexiko. Oder von Brasilien. Hier ist das jedenfalls nicht erlaubt. Unter keinen Umständen. Das würde Sie ihre Staatsbürgerschaft kosten und wäre ein gefundenes Fressen für die Presse. Es ist illegal, Waffenhandel zu betreiben. Mit Maschinenteilen ist das natürlich eine andere Sache. Landwirtschaftsmaschinen. Davon können Sie so viel befördern, wie Sie Lust haben."

**

Eine halbe Stunde später stand David auf dem Bürgersteig vor dem Weißen Haus. Harry Truman hatte die Reisetasche persönlich in einem seiner Büroschränke deponiert. Die Schriftrollen waren als Kaution für die Maschinen angenommen worden. Die von Truman geforderte Bezahlung war die Existenz einer neuen Nation. Und die Nation Israel mußte jetzt nur noch den Angriff von fünf arabischen Nationen überleben. Zum ersten Mal seit Monaten sah David einen Hoffnungsschimmer dafür, daß dieses Überleben im Rahmen des Möglichen lag.

17. Die Enthüllung

Michael saß zusammen mit Angela in der Cafeteria des Mayflower Hotels. Sie sah ihn an und rührte dabei unlustig in ihrem Tee herum. „Aber warum müßt ihr denn abreisen, Michael?" fragte sie mit der flehenden Stimme eines kleinen Mädchens. „Wir sind zwar erst seit einer Woche zusammen, aber du weißt doch genau, was ich für dich empfinde."

„Wenn du mich weiter so ansiehst, vergesse ich noch, warum ich gehe", erwiderte er und ergriff ihre Hand. „Was ist das nur mit euch Journalistinnen und uns Fliegern?" fragte er. „David ist total verrückt nach Ellie —"

Mit einem Schlag war alle mädchenhafte Schüchternheit aus Angelas Gesicht gewichen, und sie unterbrach ihn mit harter Stimme: „Du meinst, er war verrückt nach ihr."

Michael wich die Farbe aus dem Gesicht. „Ja, natürlich. Ich meine, er war ... bevor hm ... du weißt schon."

„Ich glaube, David mag mich nicht besonders", meinte sie verstimmt. Sie entzog Michael ihre Hand und nestelte an ihrem Halstuch, das zu ihrer blauen Seidenbluse paßte.

„Nimm's nicht zu schwer", tröstete Michael. „David ist ein merkwürdiger Kerl. Man braucht schon 'ne Weile, um ihn kennenzulernen."

„Wie lange hat denn Ellie gebraucht?" fragte sie.

„Weiß nich'. Zwei oder drei Jahre, glaub' ich. Bei mir dagegen is' das nich' schwer. Was du siehst, ist schon alles."

Sie sah ihn lächelnd an und meinte dann seufzend: „Du hast wohl recht, Michael." Sie trank einen Schluck Tee. „Sag mal, sie waren also nur eine Nacht verheiratet?" bohrte sie weiter, während sie die Tasse wieder absetzte.

„Das stimmt. Nur eine Nacht." Er strich Butter auf seinen Toast und war gar nicht zufrieden mit dem Verlauf des Gesprächs.

„Im Radio wurde durchgegeben, sie sei umgekommen, weil die Dunkelkammer über ihr zusammengebrochen sei."

„So wird's wohl gewesen sein", meinte er achselzuckend.

„Weißt du eigentlich, daß ich ihren Ring gefunden habe?"

„Heh, Angela, das ist kein besonders anregendes Frühstücksgespräch, weißt du das?"

„Tut mir leid", meinte sie entschuldigend und trank wieder einen Schluck. „Das muß die Reporterin in mir sein. Ich interessiere mich einfach für alles. Es war auch nur Neugierde, als ich an jenem ersten Morgen in die Dunkelkammer ging und feststellte, daß die Wände gar nicht eingestürzt waren."

Michael begann zu husten, als habe er sich verschluckt. Es war jedoch nicht der Toast, sondern ihre Worte, was ihm im Halse stecken blieb.

Sie war nun fest davon überzeugt, daß sie sich auf einer heißen Spur befand, und als er einen Schluck Wasser getrunken hatte, machte sie einen neuen Vorstoß. „Ich wette, du wußtest nichts von der Dunkelkammer, oder?" fragte sie forschend.

Er räusperte sich und vergewisserte sich, ob niemand zuhörte, bevor er flüsterte: „Nein, davon wußte ich allerdings nichts."

„Wann hat David dir erzählt, daß sie gar nicht tot ist?"

Er spürte, wie alle Farbe aus seinem Gesicht schwand, sah sich noch einmal verstohlen um und meinte dann eindringlich: „Sch, Angela!"

Ein zufriedenes Lächeln breitete sich auf ihrem Gesicht aus. Sie stützte die Ellbogen auf den Tisch und legte das Kinn in ihre Hände. „Das dachte ich mir", sagte sie nach einer langen Kunstpause mit Bestimmtheit. „Und wo ist sie jetzt?"

„Angela!" stieß er zwischen den Zähnen hevor, als füge sie ihm einen körperlichen Schmerz zu. „Vielleicht hört jemand zu. Du weißt nicht, wie ernst die Sache ist."

Sie lachte und tupfte sich reserviert die Lippen mit der Serviette. „Das ist sie wohl, da du nicht einmal mir davon erzählst. Nach all dem, was wir uns inzwischen bedeuten. Vor allem nach den letzten Nächten!"

Michael betrachtete seine Hände. Er schämte sich und war verwirrt. David hatte recht gehabt. Er roch nach Ehrlichkeit! „Du mußt mir aber versprechen, daß das in keiner Zeitung abgedruckt wird", sagte er gedämpft.

„Michael", erwiderte sie schmollend, „wofür hältst du mich? Ich bin einfach neugierig, das ist alles. Außerdem bin ich mit ihr befreundet. Das ist wirklich ein schlechter Streich – ein grausames Spiel für Leute, denen Ellie wirklich etwas bedeutet."

Er nickte zustimmend und atmete tief durch, bevor er gestand: „Du hast recht. Ich hab' schließlich auch den ganzen Weg von Palästina bis hierher geheult. Und ich bin in Ohnmacht gefallen, als die Zollbeamten den Sarg öffneten. Es war furchtbar."

Sie nahm ihre Puderdose aus der Handtasche, puderte sich die Nase und pflichtete ihm bei: „Ja, du sahst an jenem Abend wirklich furchtbar aus. Weiß wie ein Gespenst. Darum habe ich dir auch keine Beachtung geschenkt." Sie sah ihm tief in die Augen und fügte augenzwinkernd hinzu: „Aber ich hätte es besser wissen müssen."

„Bei mir hat es sofort gefunkt", sagte Michael, sichtlich aufgeheitert. „Als du in der Leichenhalle auftauchtest, hab' ich mir gesagt: ‚Dieses Mädchen hat echte Chancen' – Mann, und ich hatte recht!"

Sie sah ihn einen Moment bedeutungsvoll an und fragte dann eindringlich: „Was also war in dem Sarg wirklich drin? Ich meine, wenn Ellie noch in Jerusalem ist – wo hält sie sich dann auf?"

„Sie haben sie in der Jewish Agency untergebracht", flüsterte Michael und legte beschwörend seinen Zeigefinger an die Lippen. „Man hält es für möglich, daß der Anschlag auf die Palestine Post ihr galt."

„Wie schmeichelhaft. Man glaubt also, die Araber hätten ein ganzes Gebäude in die Luft gesprengt, nur um sie zu töten? Es gibt wohl einfachere Methoden, um jemanden umzubringen."

„Nun, irgendjemand ist ihr schließlich nachgegangen und ..."

Angela kramte in ihrer Tasche und zog eine Dose mit John-Player-Zigaretten hervor. „Also was war dann in dem Sarg?" Sie hielt ihre Zigarette auffordernd in die Höhe. Er tastete seine Taschen nach Streichhölzern ab, fand aber keine.

„Papiere und anderes Zeug", kommentierte er. „Ich weiß nicht', was noch alles. Du liebe Güte, Angela, du bist aber wirklich neugierig."

„Nun, es ist immerhin eine aufregende Geschichte, selbst, wenn sie streng geheim bleiben muß. Das meiste hatte ich mir sowieso schon selbst zusammengereimt. Ich wußte, daß sie nicht wirklich tot war."

„Du bist bewundernswert", sagte er beeindruckt. „Wie hast du das so schnell herausgefunden?"

„Ich habe euch einfach beobachtet. Dich und David. Es war wirklich nicht so schwierig. Und es war ziemlich offensichtlich, daß sich irgendetwas Wichtiges in dem Sarg befand. Niemand würde grundlos solche Umstände machen." Sie starrte einen Augenblick lang unverwandt auf die Zigaretten und kramte dann in ihrer Handtasche nach dem Feuerzeug. „Na, das spielt ja auch keine Rolle mehr. Ich bin wohl in der Lage, ein Geheimnis für mich zu behalten." Sie lächelte ihn liebenswürdig an. „Michael, du weißt doch, daß ich nächste Woche in Hollywood bin – die Filmindustrie ist in heller Aufregung wegen dieser Kommunistenaffäre. Schwarze Listen und so weiter. Michael, Liebster, könnte ich euch da nicht mal besuchen? Ich glaube, Burbank liegt gleich nebenan."

Michaels Gesicht leuchtete auf. Er strich sich glücklich über seine kahle Stelle und betrachtete sie mit unverhohlener Zuneigung. „Du weißt, daß es nichts gibt, was mich glücklicher machen könnte." Er nahm ihr das silberne Feuerzeug aus der Hand und hielt die Flamme an ihre Zigarette. „Ich ruf' dich von dort aus an, Liebling."

* * *

Begleitet von den feindseligen Blicken erzürnter Juden, die ihn durch die verbarrikadierten Schaufenster der leeren Geschäfte hindurch beobachteten, marschierte Captain Stewart vor seinen Männern her durch das Labyrinth der Gassen des jüdischen Viertels. Unterdessen hasteten Haganahkämpfer hinter die Kuppeln der Hausdächer, um ihre Waffen in die vorbereiteten Verstecke zu bringen.

Stewart erwiderte die haßerfüllten, mißtrauischen Blicke. Gierig verschlang er alles, was er sah, mit den Augen und wußte genau, welchen Beobachtern die unverschämtesten Blicke gehörten. Seitdem er vor zwei Monaten Captain Luke Thomas abgelöst hatte, war die Ausübung seiner Pflichten in der Altstadt von Schwierigkeiten und unangenehmen Vorfällen überschattet gewesen. *Und nun hat dieses Judenpack sogar seine Kinder dazu angestachelt, meinen Männern die Kugeln zu stehlen, dachte er erzürnt. Sie bilden sich wohl ein, daß ich bei einem Kind Gnade vor Recht walten lasse ...*

Die Juden steckten ihre Köpfe zusammen und spekulierten flüsternd darüber, welches Ziel Captain Stewart wohl diesmal hatte. Seit jener schrecklichen Nacht, in der Stewarts Soldaten zwei von ihren Leuten festgenommen und dem erzürnten arabischen Mob überlassen hatten, war Stewart nicht oft im jüdischen Viertel zu sehen gewesen. Captain Thomas war immer nach eigenem Gutdünken und ohne große Begleitung durch die Gassen gegangen. Doch der düster blickende, rachedurstige junge Engländer konnte sich nur in Begleitung einer zehnköpfigen Streife gefahrlos im jüdischen Viertel bewegen. Als er vorbeiging, wandten ihm einige Juden den Rücken zu, andere hoben zornig ihr Kinn, kniffen die Augen zusammen und hielten die Luft an, um ihren Zorn zu unterdrücken. *Mörder! Der Teufel persönlich! Nazi! Gojim filth!* jagte es durch ihre Köpfe, aber kein Laut entschlüpfte ihnen im Beisein des Captains und seiner zehn Männer, die ihre Maschinenpistolen im Anschlag hielten, für den Fall, daß auch nur ein einziger Stein geworfen wurde. Captain Stewart meinte, es sei Furcht, die den Haß in diesen Straßen im Zaum hielt, aber die Bewohner wußten es besser: nur ihr gesunder Menschenverstand und ihre Selbstbeherrschung dämmten die Flut ihres Zorns ein.

„Seht doch", flüsterte jemand, „sie gehen zur Chaim Street. Sie wollen die Männer am Warschauer Platz verhaften."

„Nein", meinten andere. „Er trägt eine Ledermappe unter dem Arm. Er geht zu Rabbi Akiva, um mit ihm die Bedingungen für die Evakuierung auszuhandeln. Ihr werdet schon sehen!"

Die Soldaten marschierten die gewundene Straße der Treppen hinauf am Waffenlager vorbei, zu dem die Warschauer Jeschiva-Schule und die Synagoge inzwischen geworden waren, und standen schließlich tatsächlich vor Rabbi Akivas Tor. Die Beobachtungsposten auf den Dächern informierten sogleich die Händler und Hausfrauen, die sich auf der Straße unterhielten, und fügten hinzu: „Er ist tatsächlich gekommen, um mit dem Bürgermeister zu verhandeln!"

Die Menschen nickten verständnisinnig. *Natürlich! Das Haus des Bürgermeisters! Schließlich ist er der einzige, der sich wohl verhält und wegen seiner Politik nicht ins Gefängnis wandert, nu?*

Captain Stewart klopfte mit seiner Reitpeitsche kräftig gegen das Tor mit dem wertvollen Türklopfer aus Sterlingsilber. Es wurde nach kurzer Zeit geöffnet und er trat ein. Seine Männer ließ er als Wache auf der Straße zurück.

Mit niedergeschlagenen Augen führte Jehudit Akiva Captain Stewart durch den Flur zu ihrem Vater, der grübelnd in seinem Arbeitszimmer saß. Seitdem Jehudit nicht nur freundlich über Rachel Lubetkin gesprochen, sondern sie sogar unterstützt hatte, obwohl Rachels bloße Existenz im jüdischen Viertel bereits einen Angriff auf die Autorität Akivas darstellte, huschte die Tochter des Rabbiners nur noch wie ein verängstigter Schatten durchs Haus. Sie lebte jetzt in der ständigen Furcht, von ihrem Vater verachtet oder gar mißhandelt zu werden.

Jehudit klopfte zaghaft gegen die dunkle Holztür und wartete, bis die mürrische Antwort „Herein!" erklang.

Rabbi Akiva litt schwer unter der Mißbilligung, die ihm sein Volk neuerdings entgegenbrachte. Die buschigen, schwarzen Augenbrauen über den dunkel unterlaufenen Augen waren zu einem mißbilligenden Strich zusammengezogen, und die hinter seinem Bart liegenden wulstigen Lippen waren voller Unmut gekräuselt: er war ganz offensichtlich schlechter Laune! Jehudit ließ den Captain eintreten und schloß dann wortlos die Tür hinter ihm.

„Willkommen, Captain Stewart." Akiva erhob sich hinter seinem massiven Schreibtisch und streckte seinem Gast die Hand entgegen. Stewart nickte. „Guten Tag, Herr Bürgermeister." Er klemmte sich seine Mütze unter den Arm und überlegte einen Augenblick, in welchen der beiden ledernen Ohrensessel er sich setzen sollte.

Akiva hob die Brauen und antwortete mit der unzufriedenen Gegenfrage: „Finden Sie?" Er deutete auf den linken Sessel, der direkt neben dem hohen, überfüllten Bücherregal stand. Stewart setzte sich, schlug die Beine übereinander und balancierte Ledermappe und Mütze auf den Knien.

„Nein, ich glaube, es ist kein guter Tag", erwiderte Stewart, indem er auf das Wortspiel Akivas einging. Er hatte eine Abneigung gegen diesen Juden, der ihn an einen Pfand- oder Geldleiher erinnerte, der so lange um jede Kleinigkeit feilscht, bis auch die letzte Bedingung kompromißlos nach seinen Wünschen ausgehandelt ist. Aber Stewart wußte auch, daß er diesen Mann heute genau da hatte, wohin er ihn haben wollte. „Ich glaube, die Dinge stehen nicht zum besten in der Altstadt." Er tippte mit der Reitpeitsche auf die Armlehne.

Akiva legte die Hände gefaltet auf den Schreibtisch. „Nicht seit dem Tod der beiden durch Sie verhafteten Männer. Ja, ich möchte sogar sagen, daß die Dinge seitdem einen ungünstigen Verlauf genommen haben: Sie haben Menschen, die mir und meiner Politik der Versöhnung Widerstand entgegenbrachten, geopfert, Captain Stewart; Sie haben dem Volk Märtyrer gegeben! Und damit Gründe zu kämpfen. Gründe, sich zu verteidigen. Und Sie haben diese Rachel Lubetkin zu einer Prophetin in unseren Reihen gemacht, hinter der fast die ganze Bevölkerung steht. Ich hatte die Möglichkeit, ihre wahre Identität zu entlarven, aber Sie haben dem Volk Märtyrer gegeben!" Seine Stimme klang verbittert und zornig. Sein Gesicht lief während des Sprechens immer weiter rot an, und schließlich traten sogar die Halsvenen deutlich sichtbar über seinem weißen Kragen hervor.

Stewart spürte, wie in ihm der Ärger über den Tadel dieses arroganten Juden sauer emporstieg. Er räusperte sich lautstark, um seinen Zorn im Zaume zu halten. „Der Vorfall entzog sich meiner Kontrolle. Das Leben meiner Männer war in Gefahr. Und unsere Politik besagt, wie Sie wissen, daß dem Leben unserer Männer die höchste Priorität einzuräumen ist. Wir sind nicht hier, um den Frieden um jeden Preis zu erzwingen und auf diese Weise das Leben unserer eigenen Leute zu gefährden. Die Teilung ist nicht länger ausschließlich ein britisches Problem. Sie ist nun auch das Problem der Vereinten Nationen!"

Akiva lächelte bissig. „Nichtsdestotrotz haben Sie unsere Position hier höchst schwierig werden lassen."

„Sie meinen wohl, Ihre eigene Position als Bürgermeister der Altstadt, nicht wahr?" Stewart strich mit der Hand über die Peitsche und sah Akiva dabei bedeutungsvoll an.

Dieser rückte seinerseits seine Brille zurecht und erwiderte: „Bis die Leute der Haganah hierher kamen, neigte ich dazu zu glauben, daß meine Position die gleiche sei, wie die aller Menschen hier in der Altstadt. Der Tod zweier unschuldiger Männer durch die Hände des rasenden Mobs hat die Situation jedoch grundlegend verändert."

„Unschuldig!" bellte Stewart. „Gemäß den Mandatsgesetzen waren diese Kerle weit davon entfernt, unschuldig zu sein. Sie befanden sich im Besitz von Waffen –"

In diesem Augenblick klopfte Jehudit. Captain Stewart brach ab, während sie wortlos ein Tablett mit dampfendem Tee und Plätzchen hereinbrachte und am Rand des Schreibtisches absetzte. Anschließend ging sie geräuschlos aus dem Zimmer und überließ es Akiva, den Tee in die dünnen Teetassen zu gießen, die viel zu zart für seine dicken Finger wirkten. Stewart nickte kurz zum Dank, biß dann in die flockige Kruste eines mit Honig und Mandeln belegten Plätzchens und sagte anerkennend: „Selbst ohne die Hilfe eines britischen Konvois ist das Haus Rabbi Akivas offensichtlich gut mit Lebensmitteln versorgt! – Wirklich sehr gut."

„Unsere Keller sind gefüllt", erklärte Akiva, „weil wir eben vorausschauender sind als die meisten. Wir zwei haben noch eine ganze Zeitlang genug zu essen. Meine andere Tochter ist zu Verwandten nach Haifa gereist, wo sie sich um eine alte Tante kümmert. Jehudit dagegen kocht für mich. Sie sehen also, daß für uns gesorgt ist."

„Und die übrige jüdische Bevölkerung hungert?" fragte Stewart.

„Und ist erzürnt."

„Und nicht kooperativ", erwiderte Stewart, während er genießerisch das Aroma seines Tees einsog.

„Auch mir gegenüber sind sie nicht kooperativ", sagte Akiva. „Dank Ihrer Ungeschicklichkeit. Aber ich will mich nicht wiederholen."

Stewart sah einen Moment lang so aus, als wolle er sich verteidigen. Doch dann überlegte er es sich anders und biß noch einmal in das Gebäck. „Und nun wollen Sie vorschlagen, daß wir diese Ungeschicklichkeit wieder gutmachen?" erkundigte er sich.

„Ich schlage vor, daß Sie die Konvois wieder in die Altstadt lassen."

„Unter Ihrer Aufsicht natürlich?" lächelte Stewart verstehend.
„Natürlich."
„Ah! Ein weiser Plan. Das würde Ihnen bei Ihrem Volk wieder zu Ihrer alten Machtposition verhelfen und Sie in die Lage versetzen, uns behilflich zu sein, wenn die Vereinten Nationen den Teilungsplan als undurchführbar erachten und Palästina sich wieder unter der Kontrolle der britischen Mandatsregierung befindet. Eine glänzende Idee, Bürgermeister Akiva."

Akiva hob seine Tasse an die Lippen und lächelte flüchtig. „Sie sind ein scharfsinniger junger Mann. Sie verstehen natürlich, daß eine jüdische Heimstätte das Schlimmste ist, was den Menschen in der Altstadt passieren könnte. Uns ginge es ganz gut, wenn alles wieder so wäre, wie es früher war. Die Zionisten wollen uns eine Heimstätte ohne den Messias geben. Ben-Gurion und seine jüdischen Nichtjuden, die gar nicht an Gott glauben, die gar nicht die Absicht haben –"

Stewart unterbrach Akiva mit einer Handbewegung. „Das ist eine Angelegenheit, die nichts mit der zu tun hat, die wir hier verhandeln. Wenn ihr Juden euch untereinander bekämpfen wollt – nun gut, dann ist das eure Sache, nicht wahr?" erklärte er lächelnd. „Ich möchte aber von Ihnen wissen, was Sie mir als Gegenleistung bieten, wenn ich die Konvois wieder passieren lasse."

Akiva dachte einen Augenblick nach. Dann leuchteten seine Augen plötzlich auf. „Einen jüdischen Terroristen vielleicht? Den Anführer der Altstadtkämpfer?"

Stewart beugte sich interessiert vor. „Sie kennen ihn? Sie wissen, wo er sich aufhält?"

Akiva sah Stewart scharf an und erwiderte drohend: „Wir können keinen weiteren Märtyrer hier gebrauchen. Verstehen Sie mich? Keinen unnötigen Toten mehr."

„Sie haben das Ehrenwort eines Gentleman, Bürgermeister Akiva", entgegnete Stewart mit funkelnden Augen.

„Es darf auf keinen Fall der Eindruck entstehen, als habe ich auch nur das Geringste damit zu tun, wenn Sie ihn verhaften, nu? Und wir müssen es publik machen, daß ich mit den Briten darum verhandelt habe, die Lebensmittelkonvois wiederaufzunehmen. Daß dies ganz allein mein Verdienst ist."

„Natürlich. Das ist doch eine Tatsache, oder nicht? Sehen Sie, Herr Bürgermeister, auch ich glaube, daß der Teilungsvorschlag nicht durchkommen wird, und ich denke, daß wir bald wieder die Zustände haben werden, die früher bestanden. Ich bin also ebenfalls dafür, daß der Status quo in der Altstadt erhalten bleibt. Außerdem bin ich wie Sie der Meinung, daß wir das jüdische Viertel tatsächlich erhalten können."

Akiva seufzte zufrieden auf und strahlte Captain Stewart breit an. „Sie sind wirklich ein raffinierter junger Mann. Vielleicht sogar mit einem Auge für die politische Zukunft? Der junge Engländer, der die Altstadt vor den zionistischen Terroristen rettete! Da meine eigene Zukunft in der Altstadt auf dem Spiel steht, wie Sie sehr wohl wissen, sollten wir zusammenarbeiten. Eine Hand wäscht die andere."

Akiva starrte gedankenverloren den Tee in seiner Tasse an. „Eine Zigeunerin hat meiner Großmutter einmal die Zukunft aus Teeblättern geweissagt. Sie prophezeite, daß ihr Enkelsohn eines Tages zu großer Bedeutung aufsteigen würde..." Zum ersten Mal seit Wochen lachte er laut. „Also. Sie müssen zuerst dafür sorgen, daß ich die Lebensmittelverteilung wieder aufnehmen kann. Dann werde ich Ihnen freies Licht für die Verhaftung des besagten Mannes geben. Zu diesem Zeitpunkt wird es ohnehin niemanden mehr interessieren, ob er hier ist oder nicht. Die Menschen sind inzwischen hungry genug, um auf die Stimme der Vernunft zu hören. Sie sind hungrig genug, um wieder auf mich zu hören."

An dem Scharren eines Stuhles auf dem Fußboden erkannte Jehudit, die das Gespräch vor der Tür kniend belauscht hatte, daß die Zusammenkunft der beiden Männer beendet war, und huschte eilig davon. Als Captain Stewart die Tür des Arbeitszimmers schwungvoll aufstieß und in den Flur trat, gefolgt von ihrem nun zufrieden lächelnden Vater, stand sie verschüchtert in der Wohnzimmertür und wagte nur, die Männer mit gesenktem Kopf von unten herauf anzusehen. Zwar sprach aus Akivas Gesicht zum ersten Mal seit langer Zeit kein schlecht verhohlener Zorn, vor dem sie immer innerlich erschauerte, aber es war etwas Neues in seinem Gesicht, das noch Schlechteres verhieß als der grüblerische Blick und die barsche Art, die sie sonst an ihm kannte.

„Hol dem Captain den Mantel!" befahl er ungeduldig, als er sie entdeckte. Dann meinte er mit einem entschuldigenden Blick zu Stewart: „Sie ist furchtbar langsam und schwer von Begriff. Ich hatte ursprünglich vor, Jehudit anstelle meiner anderen Tochter nach Haifa zu schikken, aber es war mit ihr einfach nicht möglich." Dann wandte er sich erneut an Jehudit, die immer noch stumm und gedemütigt vor ihm stand, und blaffte sie an wie ein zorniger Hund: „Ich sagte: hol dem Captain seinen Mantel!"

„Aber, Vater –" begann sie hilflos. Er erhob schon die Hand zum Schlag ...

„Ich hatte gar keinen Mantel an", protestierte der Captain. „Ich ..." Er brach ab, als sich Akivas zorniger Gesichtsausdruck wieder in ein böses Lächeln verwandelte.

„Nun denn", meinte Akiva achselzuckend. „Dann geleite den Captain wenigstens nach draußen, Jehudit."

Mit schamroten Wangen führte sie den Captain durch den Hof zum Tor, wo seine Männer warteten. Dort blieb er jedoch noch einen Moment stehen und wandte sich dem Mädchen mit einer freundlichen Geste zu, wie sie Juden gegenüber sonst nicht seine Art war: „Wie alt bist du, Mädchen?"

Verschüchtert antwortete sie nicht, sondern starrte nur verlegen blinzelnd auf die Schieferplatten zu seinen Füßen.

Er wiederholte noch etwas behutsamer: „Wie alt bist du? ... Verstehst du mich?"

„Ich bin siebzehn", flüsterte sie.

„Und du hast die Plätzchen gebacken, die wir heute gegessen haben?"

Sie nickte kurz.

„Sie waren sehr gut. Recht gut", lobte er.

Dann öffnete er, da ihm nichts mehr einfiel, das Tor und ging mit starrem Blick hinaus.

**

David Ben-Gurion schritt unruhig einmal quer durch Ellies winzigen Raum und denselben Weg wieder zurück. Er hielt einen Notizzettel in der Hand, auf dem eine Botschaft stand, die vom Mossad in Beirut aufgefangen worden war.

„Die Nachricht ist von jemandem namens Montgomery", sagte er ergrimmt. „Irgendwo ist etwas durchgesickert. Sie wissen nicht nur, daß Sie leben, sondern auch genau, wo Sie sich aufhalten. Die Nachricht ist nicht einmal verschlüsselt übermittelt worden. Einfach nur: ‚Ellie Warne lebt und hält sich in der Jewish Agency in Jerusalem auf.' Und dann der Absender: Montgomery. Wir wissen nicht, was wir davon halten sollen, es sei denn, daß es einfach ihre Absicht ist, uns wissen zu lassen, daß sie über jeden unserer Schritte unterrichtet sind."

Ellie, blaß und abgespannt nach zwei Wochen Aufenthalt im Inneren der Jewish Agency, antwortete jedoch nur mit einer leisen Gegenfrage: „Aber David geht es doch gut, ja?"

„Sicher. Er war bei Ihrem Verlag in New York. Anschließend ist er mit Michael Cohen nach Kalifornien geflogen. Alles deutet darauf hin, daß sie gut vorankommen. Es geht alles wie am Schnürchen. Nur dies hier" – er schlug mit der Hand gegen das Papier –, „dies hat uns alle aus der Fassung gebracht."

Ellie schürzte nachdenklich die Lippen. „Tausende von Leuten könnten wissen, daß ich lebe. Alle Angestellten der LIFE-Redaktion. Vielleicht auch Nachbarn oder Freunde zu Hause. Meine Eltern haben es vielleicht irgendjemandem gegenüber erwähnt. Oder diese Mitteilung ist möglicherweise einfach an die falschen Leute geraten."

„Nun, ich halte es auf jeden Fall für das Beste, wenn Sie Jerusalem verlassen. Ich werde ohnehin das Hauptquartier nach Tel Aviv verlegen müssen. Und Sie kommen mit."

Ellie schüttelte verwundert den Kopf. „Sie meinen, ich darf tatsächlich mein Gefängnis verlassen?" fragte sie ungläubig. „Nun gut. Hurra! Ich bin bereit!"

Ben-Gurion betrachtete sie voller Zuneigung. „Ein bißchen frische Seeluft wird Ihnen vielleicht ganz guttun", meinte er und tätschelte ihr die Wange. „Ich werde Howard Bescheid geben."

18. Der armenische Bäcker

Mosche stieg hinter Ehud und zwei Jeschiva-Schülern auf eine Leiter aus Hannah Cohens Keller durch eine Bodenluke hinauf in ihr Wohnzimmer. Als er sich blinzelnd an das grelle Sonnenlicht gewöhnt hatte, sah er, daß Hannah ihn und seine Kameraden mit dampfendem Tee empfing.

„Mosche!" begrüßte sie ihn freudig, als er aus dem Halbdunkel auftauchte. Aber nachdem sie die Vier von den verstaubten Haaren bis hin zu den schmutzigen Stiefeln einer kritischen Betrachtung unterzogen hatte, fügte sie entgeistert hinzu: „Oj! Wie schmutzig ihr alle seid! Es ist aber auch schon lange her, daß jemand da unten im Keller war! Nicht einmal zu Lebzeiten meines seligen Mendel. Er war ein guter Mann, aber den Keller hat er nie sauber gemacht."

Mosche nahm ihr mit einem dankbaren Lächeln die Tasse ab und leerte sie in einem Zug. Dann warf er einen schmunzelnden Blick auf Ehud, der so gar nicht zu Hannahs Wohnzimmereinrichtung passen wollte: ein schmutziges Riesenartefakt zwischen zierlichen viktorianischen Stühlen, das unbeholfen eine winzige geblümte Teetasse in der großen Pranke hielt. Außerdem hatte er Spinnweben im Haar und war derart eingestaubt, daß seine blitzenden Augen das einzig Lebendige an ihm schienen. Mosche hielt es nicht für unwahrscheinlich, daß Hannah in Erwägung zog, Ehud zu ihrem Ersatzmann zu machen, nicht zuletzt, um jemanden zu haben, der ihr den Keller in Ordnung hielt. Immerhin hatte sie ihn schon öfter einen gutaussehenden, starken Mann genannt.

Ehud, der wohl ähnliche Gedanken hatte, stand stumm und unbehaglich neben dieser molligen, lebhaften Witwe, die den vier Männern zwar einschärfte, sich nicht in die Sessel zu setzen, aber sie immerhin einlud, noch einmal wiederzukommen, wenn sie in der Mikweh gewesen waren, um sich zu säubern. Sie war entzückt darüber, daß die Lage ihres Hauses ideal als Kreuzungspunkt der Tunnel geeignet war, die die Keller des jüdischen Viertels nun unterirdisch miteinander verbanden.

„Ist alles gutgegangen?" fragte sie Mosche und klatschte dabei temperamentvoll in die Hände. „Den ganzen Tag seid ihr da unten und hämmert und grabt wie große Maulwürfe. Seid ihr nun fertig?"

Mosche nickte. „Wir verfügen nun über ein vollständiges Untergrundsystem, Hannah. Wie in London. Wenn man mal davon absieht, daß statt der U-Bahnen nur Männer deinen Keller passieren." Dabei klopfte er auf die Karte in seiner Tasche.

„Nur Männer!" wiederholte sie kokett.

„Aber wir legen die Falltür gerne wieder über den Eingang", warf Ehud eilig ein und stellte seine Tasse ab, um seinen Vorschlag gleich in die Tat umzusetzen. „So!" Er mühte sich ab, die schwere Tür über das Loch zu legen. „Und wenn nachher der Teppich darüber liegt, wird kein Mensch ahnen, daß wir da unten sind! Ha! Es sind nur lauter kleine Mäuschen, die da unten herumtrappeln, nu?"

„Aber Captain", sagte sie mit einem koketten Augenaufschlag zu Ehud, der sich immer noch intensiv darum bemühte, die Tür richtig zu plazieren, um ihrer Aufmerksamkeit zu entgehen. „Sie müssen mir aber versprechen, daß Sie nicht nur eine kleine Maus in meinem Keller sind. Schließlich zweigen von meinem Haus Tunnel in sämtliche Richtungen ab. Da werden Sie doch sicher öfter bei mir hereinschauen können, wenn Sie Lust auf eine Tasse Tee oder ein paar Blintsen haben."

Trotz der dicken Staubschicht auf seinem Gesicht war Ehud deutlich seine Skepsis anzusehen. „Blintsen?" fragte er mit einem argwöhnischen Seitenblick auf Hannah. „Wie können Sie nur während einer Hungersnot von Blintsen sprechen?"

„Nun, wir haben immer noch das eine oder andere von früher übrig. Jeder hebt schließlich etwas für das Pessach-Fest im nächsten Monat auf. Und bei mir wird es vielleicht noch ein paar zusätzliche Kleinigkeiten geben. Wenn Sie also mal das Gefühl haben, ohne Blintsen nicht leben zu können ..." Sie tätschelte seinen Arm, wobei eine dicke Staubwolke aufwirbelte.

„Kann ich dann diese Burschen da auch mitbringen?" fragte Ehud, wobei er verschlagen die Augen zusammenkniff und sein Kinn etwas vorschob wie ein Fuchs, der prüft, wie er an einen Köder herankommt, ohne in die Falle zu gehen.

„Nun, dann werden die Portionen eben kleiner sein ..." Hannahs Lächeln kühlte sich zwar merklich ab, aber dafür hellten sich die erwartungsvollen Gesichter der schweigsamen Jeschiva-Schüler bei dem Gedanken an eine solche Leckerei sichtlich auf. „Wir befinden uns nun mal mitten im Krieg, nu?" sagte sie zu Mosche gewandt. „Und ich glaube nicht, daß es euch gestattet ist, einen Tunnel durch den Keller von Rabbi Akiva zu graben. Der könnte jeden Morgen Blaubeerblintsen essen, wenn er wollte." Und mit gedämpfter Stimme fügte sie hinzu: „Die Leute erzählen sich, er habe in seinem Keller so viele Vorräte, daß er das ganze jüdische Viertel eine Woche lang ernähren könnte. Er hat ganz sicher mehr auf einem Regalbrett stehen als ich in meinem ganzen Laden! Na ja, irgendwann werden bestimmt mal wieder Zeiten kommen, in denen es genügend Lebensmittel gibt, die ich verkaufen kann. In der Zwischenzeit muß ich mich wohl damit abfinden, daß die Sonne vierundzwanzig Stunden am Tag scheinen würde, wenn ich versuchte, Kerzen zu verkaufen."

„Es war nett von dir, uns die Lebensmittel in deinem Laden zu überlassen, Hannah", warf Mosche teilnahmsvoll ein.

„Was heißt hier nett? Soll ich denn alles alleine essen? Ganz allein? Wo es hier im Viertel schon nicht genug Geld gibt, um Lebensmittel zu kaufen, ganz davon abgesehen, daß sie ohnehin schon knapp sind! Da ist es doch besser, wenn ich mit meinen Nachbarn teile, was ich habe, bevor ich eines Morgens aufwache und weiß Gott von wem bestohlen worden bin, nu? Ich hab' nur ein paar kleine Extras aufgespart – für Blintsen, wie ich schon sagte."

„Führe nur gut Buch über deine Auslagen, Hannah, dann werde ich zusehen, daß du sie von der Jewish Agency erstattet bekommst", sagte Mosche und stellte seine Tasse ab.

„Von der Agency!" rief Hannah entrüstet und verdrehte die Augen. „Die Agency könnte sich genauso gut auf der anderen Seite des Mondes befinden. Außerdem" – sie schaute kurz auf die Straße, wo eine kleine Gruppe von Ehuds zerlumpten Torah-Schülern Stockball spielte – „sind die da draußen nur noch Haut und Knochen. Sie essen zu sehen, ist für mein Herz Bezahlung genug. Ich kann gut ein paar Pfund erübrigen und ihnen abgeben", lachte sie dann und strich sich über ihre üppigen Hüften.

Ehud sah betont desinteressiert zur Decke. Dann räusperte er sich vernehmlich und sagte mit verändertem Tonfall, während er krampfhaft versuchte, ihren Hüften keine Beachtung zu schenken: „Ja, sie sind wirklich hungrige kleine Kerlchen. Aber tapfer, nicht wahr?"

Die Schreie und das Gelächter der Jungen waren selbst durch das geschlossene Fenster hindurch zu hören. „Und sie spielen Stockball mit einem Eifer, als ob der Mufti persönlich ihr Gegner wäre", ergänzte einer der staubigen Jeschiva-Schüler. Noch während er sprach, wurde der Lederball von dem größeren der beiden Kepses so kräftig geschlagen, daß er in hohem Bogen durch die Luft flog, auf einem Dach aufschlug, von dort auf das nächste sprang, von der Hauswand abprallte und schließlich über die Sandsackbarrikade flog, die die Grenze zwischen dem jüdischen und dem inzwischen verlassenen armenischen Viertel markierte. Ein allgemeines Stöhnen ging durch die Gruppe der Spieler, und alle in Hannahs Wohnzimmer Anwesenden stimmten darin ein.

Während der jüngere der beiden Brüder drohend den Kopf senkte, um seinen Bruder mit Vorwürfen zu überschütten, seufzte Ehud schwer: „Tja, so ist das. Fürs erste wär's mit dem Stockballspielen also vorbei..." Doch er verstummte erstaunt, als der schlacksige, rothaarige Joseph entschlossen an den kämpfenden Brüdern vorbeiging, die Schläge austauschten und sich zwischendurch mit „Mamzer!", „Schmuck!" oder „Idiot!" betitulierten.

„Bringt sie doch zur Vernunft!" rief Hannah. „Bringt diese Jungen doch endlich zur Vernunft!" wandte sie sich hilfesuchend an die Männer in ihrem Wohnzimmer.

„Ach, lassen Sie sie doch", winkte Ehud ab, der immer noch hinter Joseph her sah.

„Nein, das dulde ich nicht!" rief Hannah, rannte auf die Straße hinaus und drängte sich resolut an den Jungen vorbei, die die Kämpfenden umringten.

Mosche sah amüsiert zu, wie sie zielstrebig auf die beiden Raufbolde zuging und sie am Kragen packte. Dann schüttelte sie die beiden an ihren ausgestreckten Armen hin und her, während sie wie ein Rohrspatz wetterte.

Unterdessen stellte sich Joseph am Ende der Straße auf die Zehenspitzen, um über die Barrikade in das Niemandsland zu schauen. Ehud kratzte sich unschlüssig am Kopf und ging dann, wie von einer dunklen Vorahnung getrieben, nach draußen. „Joseph!" rief er, als er auf die gepflasterte Straße trat. Außer Ehud hatte noch niemand das Tun des schlacksigen Jungen bemerkt. „Joseph!" rief Ehud noch einmal.

Der Junge sah sich aber nur hastig um, machte dann einen Satz über die Sandsäcke und verschwand auf der armenischen Seite.

Mosche hatte sich gerade noch rechtzeitig von dem Schauspiel abgewandt, das Hannah mit den beiden Kepses bot, um noch mitzubekommen, wie Joseph hinter der Barrikade verschwand. „Guter Gott!" murmelte er entsetzt und schoß hinter Ehud zur Tür hinaus, der langsamer, aber entschlossen auf die Barrikade zuging. So erreichten sie den Sandsackwall fast zur gleichen Zeit. Ehud kletterte hinauf und äugte vorsichtig über den Rand in die menschenleere Straße und zur arabischen Barrikade hinüber, hinter der er eine Bewegung zu erkennen glaubte. Auf den Dächern sah er die besorgten und verärgerten Gesichter der Wächter der Haganah, die augenscheinlich Josephs Tun skeptisch verfolgten. Doch von Joseph selbst keine Spur.

„Er ist ein Mamzer, dieser Junge!" stieß Ehud hervor. „Aber mutig. Letzte Woche kam er mit einem ganzen Patronengürtel voller Kugeln an. Aber sich wegen eines Balles erschießen zu lassen!"

„Ich seh' ihn nicht", flüsterte Mosche. Er sah zu einem der Haganah-Wächter empor, der mit den Lippen das Wort fort formte und dann auf ein großes Haus ungefähr in der Mitte des Niemandslandes deutete. Seine Tür war nur angelehnt, und über dem verbretterten Schaufenster hing ein Schild mit der Aufschrift *D. Agajanian. Bäcker.* „Er muß da rein gegangen sein", vermutete Mosche.

Hinter ihnen schalt Hannah immer noch die Kepses, die sich jedoch völlig unbeeindruckt weiter mit Schimpfnamen bedachten, während ihre Kameraden sie sensationshungrig umringten, ohne zu ahnen, in welcher Gefahr Joseph schwebte.

Schließlich wurden die beiden arabischen Wächter am anderen Ende der Straße auf Ehud und Mosche aufmerksam. Ehud fluchte leise und murmelte zornig: „Dummer Junge!"

„Dort ist ja der Ball", rief Mosche verwirrt, als er diesen unter dem Schaufenster des der Bäckerei gegenüberliegenden Ladens entdeckte. „Was macht denn der Junge nur?" fragte er gequält.

„Wenn er lebend zurückkommt", meinte Ehud drohend, „bring' ich ihn eigenhändig um."

„Da ist er ja", rief Mosche unterdrückt, als Joseph seinen roten Haarschopf aus der Tür steckte. Der Junge sah die beiden Männer und winkte ihnen lächelnd zu. Dann musterte er abschätzend zunächst die Straße und dann den Ball. „Laß ihn bloß liegen, du Narr", flüsterte Mosche. „Komm zurück!" Es bestand kein Zweifel, daß die arabischen Wachtposten, die ihren Blick nicht von der Straße wandten, Mosche und Ehud genau beobachteten.

Plötzlich löste sich Joseph von der Tür und rannte über die schmale Straße. Er hob den Ball auf und lief dann im Zickzack auf Ehud und Mosche zu. Die arabischen Wachtposten sprangen alarmiert auf, und Ehud sah bereits einen ihrer Gewehrläufe blitzen. Ohne zu überlegen, kletterte er auf die Sandsäcke und bot sich selbst den Kugeln dar. Dabei winkte er heftig und brüllte Joseph aus Leibeskräften zu: „Lauf! Lauf, Joseph, lauf!"

Gleich darauf waren das Knallen von Gewehrschüssen, das pfeifende Geräusch der Kugeln und die verängstigten Schreie des Jungen zu hören, der gebückt auf die Barrikade zurannte. Er stolperte, der kostbare Ball entglitt ihm und rollte davon. Als eine weitere Kugel haarscharf an ihm vorbeisauste, fiel er vor Schreck lang hin und rutschte ein Stück über die Straße. Doch er rappelte sich, wenn auch schwankend, schnell wieder auf.

„Bück dich, Ehud!" rief Mosche, als eine dritte Kugel den beiden ersten folgte. Dieser brüllte aber nur von neuem: „Lauf, Joseph!" Joseph war inzwischen auf der armenischen Seite halb den Wall hinaufgeklettert. Während eine Kugel an ihm vorbeipfiff und sich nur zentimeterweit von seinem linken Ohr tief in die Sandsäcke bohrte, streckte Ehud seine große Hand aus, um den Jungen hinaufzuziehen. „Komm, Junge!" Er ergriff die Hand des Jungen und riß ihn in einer schwungvollen Bewegung hoch über die Barrikade auf die jüdische Seite. Dann brachte er sich selbst in Sicherheit, wobei er von einer weiteren Kugel an der Hose gestreift wurde, bevor sie in den dahinter liegenden Sandsack einschlug.

Joseph lag, mit blutenden Schürfwunden, keuchend auf der Erde. Ehud landete dicht neben ihm, unter seiner staubigen Maske immer noch bleich vor Zorn und Entsetzen. Er hob sich kaum von der Farbe der Sandsäcke ab, was ihm vermutlich vor wenigen Augenblicken das Leben gerettet hatte.

„Du!" brüllte er und packte den Jungen, der ihn mit weit aufgerissenen Augen entsetzt anstarrte, am Hemd. „Du hättest erschossen werden können! – Du bist beinahe erschossen worden!" rief er. „Und ich mit dir!"

„Ich – ich –" stammelte der Junge. Er hatte seine Jarmulke verloren, und die roten Schläfenlocken hingen ihm wirr ins Gesicht.

„Du – du –... und das alles wegen eines Balles!" rief Ehud und schüttelte Joseph immer noch. „Und wo ist der Ball jetzt? Na? Wo ist er? Immer noch auf der anderen Seite!"

Die kleinen Jungen waren inzwischen herbeigelaufen und scharten sich um Hannah, die voller Entsetzen mitansah, wie Ehud Joseph im Zorn gegen die Sandsäcke stieß und sogar die Hand zum Schlag erhob. Doch da trat Mosche dazwischen.

„Nein, Ehud. Genug jetzt", sagte er ruhig. „Der Junge hat genug ausgestanden. Und es ist ja nichts passiert. Genug."

Ehud ließ die Hand sinken und blickte beschämt zu Boden. Auch wenn sein Zorn über Josephs unbedachtes Verhalten berechtigt war, durfte er sich doch nicht zu einem solchen Wutausbruch hinreißen lassen!

Joseph schlug die Hände vors Gesicht und schluchzte leise: „Ich hätte es schon geschafft. Ich habe es doch früher auch geschafft."

„Früher?" fragte Mosche ungläubig. „Willst du damit sagen, daß du schon einmal im armenischen Viertel warst? Daß du schon einmal auf die andere Seite gegangen bist?"

Joseph nickte und wischte sich mit dem Ärmel die Tränen fort. „Ja. Es war auch nicht der dumme Ball, hinter dem ich her war. Es war –" Er sah verlegen zu der Gruppe der Jungen. Dann wandte er sich ab und schwieg.

Ehud zog ein Taschentuch aus seiner Hosentasche, warf es Joseph zu und sagte rauh: „Hier, mein Junge."

„Komm!" meinte Mosche, legte einen Arm um den Jungen und führte ihn zu Hannahs Haus, dessen Tür immer noch offenstand. Die Kinder blieben stumm zurück und sahen ihnen nach, wie sie hineingingen und Ehud leise die Tür schloß.

Hannah jagte nach kurzem Zögern die ganze Stockballmannschaft fort. „Geht! Geht nach Hause!" befahl sie. „Und bleibt von der Barrikade weg! Sonst werdet ihr erleben, daß die Araber im Vergleich zu mir noch harmlos sind!" Sie klatschte in die Hände, und die Jungen trollten sich widerstrebend davon. Dann ging auch Hannah ins Haus.

Dort saß Joseph zerknirscht auf der Kante eines zierlichen Stuhls. Mosche und Ehud standen vor ihm und stellten ihn zur Rede.

„ . . . es war also nicht der Ball, hinter dem du her warst?" fragte Mosche streng.

Joseph schüttelte bedächtig den Kopf. „Nein. Herr Agajanian ist mein Freund. Ein guter Freund." Er sah zu Ehud empor. „Von ihm hatte ich auch den Patronengürtel."

„Von dem christlichen Bäcker?" meinte Ehud überrascht und zupfte sich den Bart.

„Ja. Und noch andere Sachen. Er ist ein guter Mann. Und sein Sohn Georg ist ein guter Freund von mir. Er ist so alt wie ich. Und Herr Agajanian hat auch eine Tochter. Sylvia. Sie ist auch . . ." – er stockte – „meine Freundin."

Mosche dachte mit einem schweren Seufzer an seinen Bruder und das arabische Mädchen, das dieser geliebt hatte. „Aber Georg und Sylvia sind doch nicht mehr da! Sie sind doch gar nicht mehr im armenischen Viertel, Joseph!"

„Nein", erwiderte Joseph düster. „Herr Agajanian hat sie nach Beirut geschickt, damit sie außer Gefahr sind. Er selbst ist noch einige Monate lang hiergeblieben. Ich habe ihn immer besucht, und er hat mir . . . Sachen gegeben."

„Zum Beispiel die Kugeln?" fragte Ehud.

„Ja", erwiderte Joseph traurig. Er kramte in seiner Hosentasche und zog einen langen Eisenschlüssel und ein verschmutztes Stück Papier hervor. „Und dies." Er reichte Mosche den Schlüssel. „Er will heute nacht ebenfalls das Viertel verlassen. Er kann nicht länger bleiben. Es ist zu gefährlich. Er hat mich heute gebeten, dies dem Führer des Viertels zu geben. Ich glaube nicht, daß er Rabbi Akiva meinte." Der Zettel lag zerknüllt in seiner Hand. Mosche nahm ihn, aber faltete ihn erst auseinander, als Joseph mit seinem Bericht zu Ende war. „Er geht auch nach Beirut. Und er hat mir erzählt, daß er uns helfen möchte, so gut er kann." Josephs Stimme klang nun geradezu flehend. „Georg war unser Schabbes-Goj. Er hat uns am Schabbat die Kerzen angezündet. Ich wollte mich von Herrn Agajanian verabschieden, denn ich werde ihn sicher nie wiedersehen. Und ich wollte ihm Briefe für Georg und Sylvia mitgeben."

Ehud legte dem Jungen die Hand auf die Schulter. „Weißt du, was du damit riskiert hast?"

„Nur, was uns sowieso blüht, wenn wir hierbleiben", erwiderte Joseph ruhig. „Wenn wir bleiben und kämpfen, sterben wir doch auch, nicht wahr?"

Mosche und Ehud wechselten Blicke. „Vielleicht auch nicht", sagte Ehud behutsam. „Nicht, wenn wir so tapfere Soldaten haben wie dich."

In diesem Augenblick erschien Hannah mit einem kleinen Tablett, auf dem eine Tasse Tee und drei kleine Mandelplätzchen lagen. „Ich hatte dies für eine besondere Gelegenheit aufgehoben", sagte sie freundlich, während Mosche den Zettel las. „Du warst ein mutiger Junge, Joseph. Zwar unbedacht, aber trotzdem mutig. Und Sie, Ehud, waren ebenfalls unbedacht, aber mutig. Ihre Hose hat ein Loch von einer Kugel. – Für jeden von euch habe ich ein Plätzchen, nu?"

Joseph lächelte zum ersten Mal seit dem Vorfall. Ehud verneigte sich leicht vor Hannah und nahm sich mit spitzen Fingern eins der Plätzchen. Dann las Mosche laut vor, was Herr Agajanian geschrieben hatte:

Hier ist der Schlüssel zu meiner Bäckerei. Wenn ich nicht mehr da bin, spielt es zwar keine Rolle mehr, ob das Haus abgeschlossen oder offen ist, aber meine jüdischen Freunde sind herzlich eingeladen, sich zu nehmen, was ich zurückgelassen habe. Die Leute des Muftis haben bereits alles genommen, was man sehen konnte. Aber in meinem Keller steht noch ein hoher Schrank, hinter dem sich eine Tür verbirgt. Nehmen Sie, was Sie brauchen, um ihren Kampf fortzuführen. Ich habe die Hoffnung, daß Sie diesen Bösen besiegen und auch ich eines

Tages wieder zurückkehren kann. Kommen Sie möglichst noch in dieser Nacht! Aber Vorsicht vor den Engländern! Sie patrouillieren zweimal in der Stunde am Haus vorbei – meinen Beobachtungen nach, immer eine Viertelstunde vor und eine Viertelstunde nach jeder vollen Stunde. Es ist noch nicht lange her, daß mein Volk eine Million Menschen durch die Hände der Türken verloren hat, die hier vor den Engländern herrschten. Ich lasse dies im Gedenken an sie zurück. Möge Gott Ihnen den Sieg schenken! Ihr D. Agajanian.

Mosche faltete den Brief sorgfältig zusammen und reichte ihn Hannah. „Du mußt ihn verbrennen", wies er sie an. „Niemand darf davon erfahren. Sonst wäre Josephs Freund in großer Gefahr." Er sah den Jungen, der sich sein Plätzchen schmecken ließ, ernst an. „Hat er dir gegenüber irgendwelche Andeutungen darüber gemacht, was sich im Keller befinden könnte?"

Joseph wischte sich mit dem Handrücken über die Lippen. „Nein. Er hat mich nur umarmt und gesagt, ich solle nicht mit Ihnen kommen oder überhaupt noch einmal über die Barrikaden gehen. Das wäre zu gefährlich."

„Da hat er recht. Und von jetzt an . . ." Ehud ließ das Ende des Satzes bedeutungsvoll offen. Hannah setzte unterdessen den Brief mit einem Streichholz in Brand. Er wurde zunächst gelb und loderte dann plötzlich hell auf. Dann warf sie das Papier in den Spülstein.

„Hast du Vertrauen zu diesem Mann, Joseph?" fragte Mosche den Jungen und sah ihm forschend ins Gesicht. „Er würde uns doch nicht hereinlegen, um sich selbst in Sicherheit zu bringen?"

„Oh nein! Er ist ein überzeugter Patriot. Er war selbst Soldat, bevor er Bäcker wurde. Er hat zusammen mit den Briten gegen die Türken gekämpft, wissen Sie. In seinem Haus hängt ein großes Bild von einem armenischen General, von dem er uns oft erzählt hat. Er ist ein treuer und ehrlicher Mann. Als herauskam, daß die Juden in Polen und in ganz Europa umgebracht worden waren, hat er uns erzählt, wie die Türken ebenfalls eine Million Angehörige seines Volkes ermordet haben, ohne daß irgendein Land der Welt dagegen Einspruch erhoben hätte. Er wird alles tun, um uns zu helfen."

„Er hat dem Jungen immerhin den Patronengürtel gegeben, nicht wahr?" warf Ehud ein.

Mosche klopfte Joseph auf den Rücken. „Das hast du gut gemacht, mein Sohn. Aber es ist wichtig, daß du diesen Vorfall niemandem gegenüber erwähnst. Was andere Leute betrifft, so bist du über die Barrikade gesprungen, um den Ball zu holen, klar? Und wir haben dich ausgeschimpft und dich wegen deiner Unüberlegtheit zur Rechenschaft gezogen."

Joseph nickte heftig und stand auf. Er fuhr sich mit der Hand durchs Haar. „Und ich habe meine Jarmulke verloren und mir meine Knie blutig geschlagen. Das ist eine gerechte Strafe." Er lächelte wieder und verbeugte sich leicht vor Hannah. „Ich werde ihnen auch nichts von dem Plätzchen erzählen", versprach er.

Hannah umarmte ihn und führte ihn dann hinaus. Mosche und Ehud blieben zurück und grübelten über den Inhalt des unerwarteten Briefes nach. Insbesondere wieviele Männer sie zu ihrem nächtlichen Raubzug ins armenische Viertel mitnehmen sollten, war ihnen unklar.

„Vielleicht sollten wir erst baden, wenn wir zurückkommen", sinnierte Ehud und spielte an seinem Loch in der Hose herum. „Schließlich haben wir jetzt noch so eine wunderbare Tarnfarbe, nu?"

Mosche packte sein Plätzchen in eine saubere Serviette ein und steckte es sorgfältig in seine Hemdtasche. „Vier Männer, meine ich. Wir werden den kleinen Dov hinzunehmen, und auch Rabbi Vultch."

„Das ist gut. Wahrscheinlich werden wir auch einen Rabbiner brauchen, bevor die Nacht herum ist", stimmte ihm Ehud grimmig zu, während er durch das Fenster auf die Barrikade starrte.

19. Korn und Kugeln

Zur verabredeten Zeit führte Mosche die für diesen Gang ausgesuchten Männer durch das Tunnelsystem, das nun alle Keller des Viertels miteinander verband und sich, von der Hurva-Synagoge ausgehend, bis zum Rand des Viertels erstreckte. Auf diese Weise konnten sich sowohl die Haganahkrieger als auch die Zivilbevölkerung sicher unter der Erdoberfläche bewegen.

Ehud hatte bei seinen Ausmaßen allerdings gehörige Schwierigkeiten, sich durch die kleineren Öffnungen hindurchzuzwängen und beklagte sich darüber, daß nur die schmächtigeren Männer die Arbeiten überwacht und sich an ihren eigenen Abmessungen orientiert hatten. Dov und Rabbi Vultch hingegen, beide von zierlicher Statur, kamen mühelos voran, und Mosche mußte sich zwar hier und da bücken, aber hatte das Glück, sich nur einmal an einem niedrigen Balken zu stoßen.

Bei seinem heimlichen Übergang in die Altstadt hatte er die Vorteile der unterirdischen Fortbewegung zu schätzen gelernt und war dadurch auf die Idee gekommen, die strategischen Punkte ihres kleinen Vorpostens durch Tunnel zu verbinden. Die Durchführung dieser Idee hatte sich bisher als sehr effektiv erwiesen. Denn so konnten nun sogar die Kinder aus den entlegeneren Teilen des Viertels das Tunnelsystem für ihren Weg zur Torahschule benutzen. Zwar waren die arabischen Heckenschützen verärgert über die fehlenden Zielscheiben, aber die Bewohner des jüdischen Viertels konnten jedenfalls aufatmen. *Bald werden wir wohl noch unterirdische Verkehrsschilder brauchen*, dachte Mosche schmunzelnd. Da zudem das christliche und das armenische Viertel inzwischen verlassen waren, hatte Mosche die Grenzen des jüdischen Viertels unterirdisch sogar noch um einiges erweitern und neue Tunnel bis an die Barrikaden treiben lassen.

Nun waren die Männer im Tunnel bis auf einen halben Wohnblock an die armenische Bäckerei herangekommen. Falls der Brief und die Einladung zu den verborgenen Schätzen im Keller der Bäckerei also eine Falle sein sollten, würden Mosche und seine Leute nicht weit zu rennen brauchen, um in einem Loch zu verschwinden und sich wie Mäuse in verschiedene Richtungen zu zerstreuen.

Drei verschiedene Tunnel zweigten fächerartig von Hannahs Keller ab. Jeder verband hundert Häuser, von denen aus man auf die darüber liegenden Straßen gelangen konnte. Es war zwar auch eine Handvoll Waffen versteckt worden, aber nur einige wenige Privilegierte der einhundert sich in der Altstadt befindenden Haganahkrieger kannten deren genaue Lage. Für den Gebrauch von Waffen würde zudem noch Zeit genug sein, wenn die Briten abgezogen waren.

Die unterirdischen Gänge, die sehr kurvenreich verliefen, da sie sich an dem unregelmäßigen Verlauf der darüber liegenden Straßen orientierten, waren sauber hergerichtet und völlig vom Geröll befreit worden, so daß man sich ungehindert darin bewegen konnte. Die Steine und das Erdreich, die aus den Tunneln nach oben befördert worden waren, hatten als Unterstützung für die Straßensperren und Barrikaden Verwendung gefunden. Allerdings hatte man die Öffnung zu jedem dritten Kellereingang für den Fall einer Verfolgung nur ganz lose abgestützt, so daß das darüber liegende Mauerwerk über einem potentiellen Verfolger zusammenstürzte, wenn man den tragenden Balken anstieß. Sah man also einmal davon ab, daß sich das jüdische Viertel in einer sehr prekären Waffen- und Lebensmittelknappheit befand, konnte es sich jedenfalls eines Verteidigungsnetzes rühmen, das zu der Hoffnung berechtigte, daß die Juden der aus Tausenden von Kriegern bestehenden arabischen Miliz, die begierig auf die Evakuierung der britischen Truppen wartete, eine unliebsame Überraschung bereiten würden. *Wenn wir genügend Lebensmittel besäßen*, dachte Mosche, *würden sie Wochen brauchen, um uns aufzustöbern.* So hatte sich in den Herzen der Verteidiger wieder Hoffnung eingenistet. Immerhin erzählte man sich hinter vorgehaltener Hand, *daß die gesamte deutsche Armee die letzten, ausgehungerten Juden im Warschauer Ghetto erst besiegt hatte, nachdem die Stadt dem Erdboden gleichgemacht und in eine Steinwüste verwandelt worden war. Verglichen mit den deutschen Panzerdivisionen und Panzern, wirkten die Krieger der Jihad-Moqhaden wie Kinder mit Spielzeuggewehren.*

Beim schummerigen Licht seiner Kerzen erkannte Mosche die schmale Leiter, die in Hannah Cohens Wohnzimmer hinaufführte. Obwohl es schon bald Mitternacht war, zweifelte Mosche nicht daran, daß Hannah noch auf ihn und seine Männer wartete, um sie zur Eile anzutreiben und ihnen alles Gute zu wünschen. Wortlos stieg Ehud als erster auf der Leiter bis zu der schweren Falltür hinauf, die er mit der Schulter aufstemmte. Tatsächlich sah ihnen Hannah mit besorgtem Gesicht aus dem schwach erleuchteten Wohnzimmer entgegen, klopfte dann jedem, der von der Leiter stieg, aufmunternd auf die Schulter und begrüßte ihn mit einem geflüsterten „Schalom!" Während seine Kameraden die Fensterläden dicht verschlossen, sah sich

Mosche prüfend im Zimmer um. Dabei bemerkte er die Lampe auf dem kleinen runden Tisch in der Nähe der Tür.

„Hannah, mach die Lampe aus", flüsterte er. „Und dann geh ins Bett, ja?"

„Glaubst du denn, daß ich schlafen kann, wenn ihr der britischen Wache und den arabischen Heckenschützen ein Schnippchen schlagt?" meinte sie vorwurfsvoll, blies jedoch gehorsam die Kerze aus.

Dann sprach Mosche noch einige erklärende Worte zu den Männern: „Wir müssen absolut geräuschlos vorgehen. Der Bäcker sagte, die Engländer patrouillieren jede halbe Stunde –"

„Warum hat er uns nicht gesagt, was sich hinter dem Schrank befindet?" unterbrach ihn Rabbi Vultch verwundert. „Das ist eine Falle, sag' ich euch. Er war sicher ein guter Bäcker, aber er ist von jemandem bestochen worden."

„Also, wenn du lieber hierbleiben möchtest –" meinte Ehud verärgert.

„Nun geht doch schon!" drängte Hannah. „Agajanian war immer ein guter Nachbar, ein freundlicher Goj. Und kein Freund des Muftis und seiner Gangster. Beeilt euch! Denn bald kommt die Patrouille!"

Die Männer standen in der Dunkelheit und überdachten die Angelegenheit noch einmal schweigend. Nach einer Weile sagte Mosche leise: „Wenn ihr hierbleiben wollt, habe ich Verständnis dafür. Aber ich persönlich habe einfach das Gefühl, daß uns dieser Agajanian irgendwie helfen wollte."

„Erinnerst du dich nicht mehr an die Kugeln, die er uns durch Joseph geschickt hat?" meinte Ehud zu Dov und stieß ihn aufmunternd in die Rippen.

„Das waren alte Kugeln", erwiderte Dov abschätzig. „Und abgesehen davon, haben wir nicht mal ein Gewehr, um sie verwenden zu können, nu? Ich sage euch, das ist eine Falle."

„Wenn du Bedenken hast, dann bleib lieber hier", sagte Mosche. „Deswegen werde ich nicht schlechter von dir denken."

„Aber ich!" warf Ehud mit lauter Stimme ein. „Komm, du kleine Ratte! Du bist so weit gegangen, und ich weiß, daß du ein tapferer Mann bist. Wenn dir jemand was tun will, muß er auf jeden Fall erst an mir vorbei!" Er versetzte Dov noch einen Rippenstoß, und dieser sagte mit nervösem Lachen: „Ich bin schon immer ein Feigling gewesen. Darum hab' ich im Krieg auch so hart gekämpft – um am Leben zu bleiben."

„Hier sind wir also wieder bei unserem Problem", warf Rabbi Vultch ein. „Hannah hat recht. Der Bäcker war ein guter Mann. Juden gegenüber freundlich gesonnen. Und obendrein noch ein guter Bäcker."

„Nun geht endlich! Wenn ihr zurückkommt, hab' ich für euch einen Tee bereit", sagte Hannah und drängte sie alle hinaus. „Und paßt auf, daß euch nichts passiert!" flüsterte sie noch einmal eindringlich, während Mosche bereits prüfend auf die Straße sah.

Dann trat er, den inzwischen angewärmten Eisenschlüssel in der Tasche, in die kalte Nachtluft hinaus und drückte sich schweigend und ohne sich nach den anderen umzusehen an den Hausfassaden entlang. Er hatte die Haganahwächter auf den Dächern davon in Kenntnis gesetzt, daß er sich in dieser Nacht mit einigen Leuten aus dem Viertel stehlen würde. Und so vermeinte er ein geflüstertes „Massel Tov! Viel Glück!" zu vernehmen, als er auf die Sandsäcke kletterte.

Er ließ sich auf die armenische Seite des Walles hinunterfallen und rannte dann auf die dunkle Türöffnung der verlassenen Bäckerei zu. Dabei vernahm er hinter sich Schritte. Einen Augenblick lang glaubte er den Duft frisch gebackenen Brotes wahrzunehmen, und ihm lief das Wasser im Munde zusammen, wie schon als Kind, wenn er durch diese Straße gegangen war. Geschlossene Fensterläden schauten auf die über die gewundene Straße huschenden Schatten. Der Wind trug arabische und britische Gesprächsfetzen und schrilles Gelächter durch die Nachtluft zu ihnen herüber. In der Ferne erkannte Mosche das rotglühende Ende einer Zigarette. Und an dem Streifen Himmel, der zwischen den Häusern hindurchschimmerte, funkelte eine Million Sterne wie Diamanten im Schaufenster eines Juweliers.

Plötzlich zerriß ein Gewehrschuß die Nacht. Mosche erstarrte und drückte sich eng an die Hausmauer. Die anderen warfen sich auf die Straße oder kauerten sich nieder, wo sie sich gerade befanden. Dann tönte schrilles Gelächter von der arabischen Barrikade herüber. „Was für eine Verschwendung! Sie schießen nur zum Vergnügen!" flüsterte Ehud voller Ärger und Neid darüber, daß die Araber so leicht an Munition herankamen.

„Sch!" machte Mosche mahnend und hechtete dann über die Straße zur Tür der Bäckerei. Während er den Schlüssel ins Schloß steckte und zu drehen versuchte, spürte er den heißen Atem seiner drei Kameraden im Nacken.

„Ich glaub', ich werd' verrückt", flüsterte Dov. „Ich rieche frisches Brot."

„Ich auch", bestätigte der Rabbiner.

Dann war der Tritt marschierender Stiefel zu vernehmen. Die Männer an der Tür verstummten und hielten bange Sekunden lang den Atem an, während sich ihnen die britische Patrouille bedrohlich näherte.

Aufgeregt, aber trotzdem behutsam, probierte Mosche weiter, den Schlüssel im Schloß zu drehen. Die Männer drückten sich immer enger an ihn. Doch Mosche schaffte es nicht. Schließlich zog er den Schlüssel wieder heraus und machte einen neuen Versuch. Plötzlich sprang das Schloß auf. Mosche öffnete die Tür und schlüpfte ins Haus. Die anderen folgten dicht hinter ihm. Als sei dies vorher so abgesprochen gewesen, schloß Ehud die Tür wieder, schob klickend den Riegel vor und sank erleichtert auf den sauberen, gekachelten Boden. Draußen wurde der Tritt der Soldaten immer lauter und brach dann unvermittelt vor der Bäckerei ab. Jemand rüttelte kräftig am Riegel und drückte mit der Schulter gegen die Tür.

„Geschlossen, Sir", kam es gedämpft durch die Tür. Dann klickten eisenbeschlagene Absätze auf den Pflastersteinen zum nächsten verlassenen Geschäft.

Die vier Männer wagten sich nicht zu rühren, bis sich die Patrouille entfernt hatte. Dabei umfing sie der Duft von frischem Brot mit quälender Intensität.

„Dieser Bäcker!", flüsterte Dov. „Er hat uns herbestellt, um uns zu quälen. Uns, die wir nur von Borscht und trockenem Brot leben, mit dem Duft von süßer Challah umzubringen!"

Ehud stöhnte vor Heißhunger leise auf, Rabbi Vultch und Mosche sogen begierig den Duft ein.

„Mir läuft das Wasser im Mund zusammen", sagte Dov. „Gleich tropft mir der Speichel hier auf die Fliesen."

„Gut", sagte Mosche und erhob sich langsam vom Boden. „Dann werden die britischen Wächter eben ausrutschen, wenn sie hinter uns her sind." Und ernster fügte er hinzu: „Beeilt euch!"

„Sollen wir es wagen, eine Kerze anzuzünden?" fragte Ehud.

„Nicht hier. Die Fensterläden sind vielleicht nicht dicht genug." Mosche tappte durch die Dunkelheit um den kalten Ladentisch herum. Während er nach dem Durchgang zum hinteren Teil der Bäckerei tastete, fühlte er auf dem Ladentisch etwas Warmes und Weiches. Fast zur gleichen Zeit stieß Rabbi Vultch einen unterdrückten Freudenschrei aus. „Er hat uns Brot hiergelassen! Er hat uns Brot gebacken! Berge von Broten."

Mosche stellte fest, daß es Brote waren, die er vor sich auf dem Ladentisch hatte, und zählte einen Stapel, der ihn noch überragte, tastend durch. Er schätzte, daß dies allein zwölf Laibe sein müßten.

„Mach mal einer ein Streichholz an!" rief Ehud aufgeregt.

Mosche entzündete eins und hielt schützend seine Hand um die Flamme. In dem flackernden Licht sahen sie stapelweise frische Challah, das geflochtene Weißbrot, das zum Schabbatmahl gegessen wird.

„Das war ein guter Bäcker", sagte Dov ehrfürchtig, gebannt auf das Brot starrend. Mosche vergaß vor lauter Staunen, auf das Streichholz in seiner Hand zu achten, so daß ihm die züngelnde Flamme die Finger verbrannte. Er ließ es erschrocken fallen und zündete schnell ein neues an.

„Das reicht, um eine ganze Armee zu ernähren", lachte er leise.

„Und man braucht auch eine Armee, um es wegzutragen", fügte Dov hinzu, der dastand wie ein kleiner Junge in einem Süßigkeitenladen. Er ergriff einen Laib und riß sich ein Stück ab. „Ein guter Bäkker!" rief er mit vollen Backen kauend.

Mosche entdeckte neben den Broten auf dem Ladentisch einen Zettel. *Schabbat Schalom meinen Freunden und Nachbarn! D. Agajanian.*

Mosche lächelte und zündete noch ein Streichholz an. Dann ging er schnell an den immer noch warmen Ziegelöfen vorbei zum hinteren Teil des Ladens. Eine saubere Metalltür mit einem abgebrochenen Türgriff war nur angelehnt, so, als habe sie jemand offen gelassen, um den Weg zu weisen. Während die anderen durch und über Stapel und Berge von Brot hinter ihm her stolperten, stieß Mosche die Tür behutsam auf und betrat eine dunkle Treppe. Nachdem die Männer vorsorglich die Tür hinter sich geschlossen hatten, zündete Mosche noch ein Streichholz an, zog dann seinen Kerzenstummel aus der Hosentasche, zündete diesen an und sah sich um. Der Boden des geräumigen Kellers am Fuße der Treppe war vollkommen leer. Wie bereits von Agajanian erwähnt, hatten die Leute des Muftis offensichtlich alles mitgenommen, was nicht niet- und nagelfest gewesen war. *Wie ist er nur an all das Mehl gekommen, um diese Berge von Brot zu backen?* dachte Mosche, während er vorsichtig die Stufen hinunterging.

„Dort drüben ist ein Schrank", sagte Ehud mit seiner sonoren Stimme, deren Echo vom Deckengewölbe und dem sauber gefegten Boden hallend zurückgeworfen wurde.

Der dunkle Holzschrank war gut zwei Mann hoch und augenscheinlich mit langen, schon völlig verrosteten Schrauben an die dahinter liegende Ziegelwand montiert. Die Männer inspizierten den Schrank im Kerzenlicht und stellten fest, daß die Verbindungseisen, die den Schrank festgehalten hatten, sicher seit ihrer Montage unberührt geblieben waren. Die Einlegeböden im Schrank waren leer. Kleine, staubfreie Kreise in der feinen Staubschicht zeigten an, wo früher mit Waren gefüllte Gefäße sauber aufgereiht gestanden hatten, bis sie entwendet worden waren.

Dov klopfte die Wände des massiven Holzschrankes ab, während Ehud nachdenklich im Raum umherging.

„Na ja, Leute", meinte er schließlich dröhnend. „Es reicht ja immerhin, daß der Bursche so viel Brot dagelassen hat, daß wir unser Viertel mindestens eine Woche lang damit ernähren können. Das mit dem Schrank scheint mir barer Unsi –"

Doch es verschlug ihm die Sprache, als er sah, daß Mosche unbeirrt an einem Einlegeboden zog, der sich leicht aus den Regalträgern löste. In schneller Abfolge nahm er auch noch die übrigen Böden heraus und reichte sie Dov, der sie beim Schein der von Rabbi Vultch gehaltenen Kerze ordentlich beiseite stellte. „Komm näher ran!" wies Mosche den Rabbiner an, dessen Licht sich in seinen und Dovs Brillengläsern spiegelte. Beim Schein der Kerze tastete Mosche die Scharniere an der Rückwand des Schrankes ab und stieß plötzlich einen Freudenschrei aus. „Da ist es!" Er schob behutsam die hölzerne Rückwand des Schrankes zur Seite, die sich zuerst nur mühsam, dann leicht bewegen ließ und schließlich eine Türöffnung freigab, die fast die Höhe eines ausgewachsenen Mannes hatte.

Ehud stieß einen leisen Pfiff aus und rief bewundernd: „Dieser Armenier könnte genausogut Jude sein!"

„Ein schlauer Bursche", pflichtete ihm Dov bei und beugte sich vor, um zu sehen, was dahinter lag.

Mit der Kerze leuchtend, betrat Mosche einen Raum, der gut zehn Grad kälter war als der übrige Keller. Die ungefähr vier Meter hohe Decke schloß mit einem alten byzantinischen Gewölbe ab. Der Raum maß etwa neun Meter in der Tiefe, und auf einer Breite von mehr als vier Metern waren bis in Mosches Kopfhöhe Säcke gestapelt, vor denen ein riesiges Ölporträt eines dunkeläugigen, schnauzbärtigen Soldaten in einer dekorierten Uniform stand. Rabbi Vultch verschlug es beinahe den Atem: „Stalin! Dieser Agajanian ist Kommunist!"

Doch Mosche ging lachend mit der Kerze näher an das große Bild heran.

„Dieser Mann hat zwar eine bemerkenswerte Ähnlichkeit mit Stalin, aber ich halte es für wahrscheinlicher, daß er Agajanians armenischer General ist, der ganz offensichtlich unseren Schatz bewacht."

Ehud öffnete einen der Säcke ein wenig und fuhr mit der Hand hinein. Als er sie wieder herauszog, schnupperte er prüfend daran und meinte mit zufriedenem Lächeln: „Korn! Der Bäcker hat uns Korn hinterlassen, mit dem wir den Krieg überstehen können."

„Im Augenblick ist Korn so wichtig wie Kugeln", bestätigte Mosche und klopfte an die Wand aus Getreidesäcken. „Wenn das Zentnersäcke sind ..."

Ehud hob einen der Säcke prüfend an. „Mindestens."

„Na gut, dann sind zwanzig davon eine Tonne", überschlug Mosche, um eine Vorstellung von der Menge des vorgefundenen Getreides zu bekommen. „Ich schätze, es sind wohl so an die zweihundert Säcke, oder?"

„Lob dem Ewigen, der uns in der Wüste mit Manna beschenkt", sagte der Rabbiner mit segnend erhobenen Händen. „Zehn Tonnen Korn!"

Ehud zog einige Säcke von der Tür eines weiteren Schrankes fort und öffnete diesen. „Und etwas Wein!" rief er aus. „Für Pessach! Seht ihr, er ist sogar koscher!" Er hob strahlend eine der Flaschen in die Höhe – und hielt dann erschrocken die Luft an, als er noch einen Blick in das Innere des Schrankes warf – „... und eine Kleinigkeit, die zu Josephs Kugeln paßt!" Er schwenkte triumphierend zwei Gewehre. „Nein wirklich, das ist ein Bäcker!" lachte er laut.

Mosche kratzte sich ergriffen den Kopf. „Das sind Waffen aus dem Ersten Weltkrieg", erklärte er. „Herr Agajanian fürchtete wohl, wieder gegen die Deutschen kämpfen zu müssen. Er war jedenfalls gerüstet, wenn sie noch einmal in Palästina einfallen sollten. Er hat uns ein Vermächtnis hinterlassen. Die Deutschen und die Türken haben eine Million Armenier ermordet; und dann haben sechs Millionen Juden durch die Deutschen den Tod gefunden. Aber unser kleiner Bäcker war bereit, ihnen entgegenzutreten, falls sie zurückkommen sollten." Er sah nervös auf seine Uhr. „Fast Viertel nach." Er legte einen Finger an die Lippen. „Gleich kommt die britische Patrouille." Er blies die Kerze aus, denn es sollte auch nicht der kleinste Schimmer die Treppe hinaufkriechen und durch die Fensterläden dringen. Bange Minuten standen sie schweigend in der pechschwarzen Nacht, bis sie wieder das Rütteln am Türgriff vernahmen. Mosche ließ noch einige Zeit verstreichen, bevor er erleichtert aufseufzte und den Kerzenstummel erneut anzündete.

Ehud war bereits dabei, sich Weinflaschen in den Hosenbund zu stopfen. „Dov hat recht. Um das hier wegzutragen, brauchen wir eine ganze Armee!"

„Heute nehmen wir mit, was wir tragen können, und kommen wegen der übrigen Sachen später wieder", bestimmte Mosche ruhig.

„Das Brot", warf der Rabbiner ein. „Zuerst sollten wir das frische Brot mitnehmen, nu?"

„Nein, es wäre besser, wenn jeder von uns einen Sack Getreide trüge. Denn wenn wir es nicht schaffen sollten, wiederzukommen, um die anderen Dinge zu holen, reicht das Getreide auf jeden Fall länger als ein paar Laibe Brot", wandte Dov ein. Doch Mosche fragte sich insgeheim, wie ein solch schmächtiger Bursche wohl mit einem Sack Getreide fertigwerden sollte.

„Dov hat recht", entschied Ehud.

„Dann ist es also abgemacht", sagte Mosche und schulterte einen der Säcke. Ehud hingegen nahm zwei und brachte sie in den anderen Kellerraum. Keuchend und schwitzend trugen auch Dov und der Rabbiner ihre Last. Mosche warf noch einen letzten Blick in die Runde und fühlte sich mit einem Mal reich. Zum Abschied salutierte er vor dem armenischen General. Ehud und Dov standen schon im anderen Raum bereit, um den Schrank wieder so herzurichten, wie sie ihn vorgefunden hatten. Sie plazierten die Rückwand an Ort und Stelle und schoben dann die Einlegeböden vorsichtig in die Regalträger. Erst jetzt bemerkte Mosche, daß der Staub auf den Einlegeböden haltbar gemacht worden war, um dieses wundersame Sesam-öffne-dich-Tor in einer sonst makellosen Umgebung als nicht beachtenswert und schmutzig erscheinen zu lassen.

Während die drei übrigen Männer unter dem Gewicht ihrer Säcke stöhnten und ächzten, trug Ehud seine beiden Säcke mit der Leichtigkeit eines Fischers, der es gewohnt ist, schwere Netze einzuholen.

Am Fuß der Treppe angekommen, lehnten die Männer die Säcke an die Wand und warteten sitzend auf das Passieren der Patrouille. *Wie Hafenarbeiter bei einer Kaffeepause,* dachte Mosche.

Unterdessen schnupperte Dov genießerisch den Duft des Brotes, der aus dem über ihnen gelegenen Laden zu ihnen herabströmte, und sagte: „Vielleicht werden wir nie wieder solches Brot essen, wie es der Armenier für uns gebacken hat." Dann rückte er seine Brille zurecht, erhob sich langsam und ging gemessenen Schrittes die Treppe hinauf in den Laden. Kurz darauf kehrte er mit vier goldgelben Challahbroten zurück, die er seinen Kameraden entgegenhielt.

„Du meine Güte", sagte Ehud und rüttelte an seinem Hosenbund, um anzudeuten, daß er während seiner Zeit in der Altstadt tatsächlich einen beträchtlichen Teil seines ehemals stattlichen Leibesumfangs eingebüßt hatte.

Dov hatte von Anfang an wenig Gewicht zu verlieren gehabt. Mosche wußte, daß der lange schwarze, ausgebeulte Mantel nur die Schmächtigkeit seiner kleinen Gestalt kaschierte und sich hinter dem schwarzen Bart ein ernstes Gesicht verbarg, das sich immer noch nicht von den Jahren des Hungers und der Not erholt hatte, immer noch dünn und verhärmt war. Mosche betrachtete den schmalen Schatten des Mannes, der ihnen Brot anbot, das für ihn sicher so kostbar war wie für wohlgenährte Menschen Gold. Sein Gesicht hatte etwas Düsteres an sich. Er lächelte selten, und seine Augen waren so dunkel wie seine Kleidung. *Dov hat sich selbst als Feigling bezeichnet*, dachte Mosche, *und doch ist er genauso mutig wie jeder andere Mensch unter Gottes Sonne.*

Dov warf jedem seiner Kameraden eine Challah zu, setzte sich dann auf einen der Getreidesäcke und riß sich ein Stück ab.

„Es hat Zeiten in meinem Leben gegeben, da hab' ich davon geträumt, ein ganzes Brot nur für mich allein zu haben, so, wie ein Mann von einer Frau träumt", sagte Dov nachdenklich, genüßlich kauend. „In Warschau gab es einen mutigen Christen, der einmal in der Woche einen Sack Brot über die Ghettomauer warf. Um dieses Brot haben sich die Leute geschlagen! Manche sind sogar deswegen umgekommen. Später erfuhren wir, daß dieser Mann von der Gestapo gefaßt und als Strafe für sein menschliches Verhalten erschossen worden war. Ja, Brot war in jenen Tages etwas sehr Kostbares." Er strich zärtlich über das Brot. „Als dann das Ghetto fiel und einige wenige von uns durch die Abwasserkanäle in die Wälder flohen und sich den Partisanen anschlossen, steckten uns manchmal die Bauern ein Stück Brot zu. Chaim war größer als ich" – Dovs Stimme hatte bei der Erwähnung seines Freundes einen zärtlichen Tonfall angenommen –, „er brauchte größere Rationen, aber er bekam nie genug. Ich war dankbar, daß ich so klein war und einfach nicht so viel essen konnte. Außerdem war ich dadurch auch ein schwierigeres Ziel." Er brach ab, und Mosche glaubte ein feines Lächeln auf seinen Lippen zu bemerken. „Chaim würde dieses Brot gemocht haben. Da er nicht mehr ist, werde ich seiner freundlich gedenken, wenn ich für uns beide esse."

Niemand antwortete. Irgendwie erging es allen so, daß ihnen diese Challah durch die Erinnerung an die brotlosen Wochen besser schmeckte als je eine andere Mahlzeit. Rabbi Vultch biß jedesmal nur ein kleines Stück von seinem Brot ab und kaute langsam und bedächtig. Er hielt dabei den Kopf gesenkt, so daß die breite Krempe seines schwarzen Hutes sein Gesicht verdeckte und Mosche. „In meiner Jugend war es hier in der Altstadt Sitte, daß uns die Moslems am Ende der Fastenzeit Brot brachten. Und umgekehrt brachten auch wir den Moslems am Ende ihrer Fastenzeit Brot. Ich kann mich nicht daran erinnern, wieso es zu ihrem ersten Aufstand kam. Es kam zu einem furchtbaren Massaker in Safed, als ich neunzehn Jahre war. Danach wurden wir alle sehr vorsichtig. Aber selbst damals versicherten wir uns und unseren Nachbarn, daß so etwas hier nicht passieren könne. Nicht bei uns! Wir würden immer Freunde bleiben! Doch in den dreißiger Jahren gab es auch in Jerusalem furchtbare Aufstände. Unser Freund, der Mufti, begann mit Worten zu töten. Er peitschte das Volk zum Jihad auf, und es gab Tote auf den Straßen, Morde an Unschuldigen und Vergewaltigungen von Frauen. Wißt ihr, warum? Könnt ihr euch vorstellen, was ein solches Leid hervorrief?"

Er erwartete nicht, daß jemand antwortete, sondern schüttelte nur stumm den Kopf, als könne er die Antwort immer noch nicht fassen. „Wir Juden wollten eine Trennwand an der Klagemauer errichten, damit Männer und Frauen getrennt voneinander beten konnten. Stellt euch das vor! Eine Trennwand, nur eine kleine Trennwand, und eine ganze Welt zerbrach deswegen. Am Ende hatten viele Angehörige unseres und des arabischen Volkes den Tod gefunden. Und nun!" Er riß wieder ein Stück Brot ab und brach es in zwei Teile. „Und nun sind es die Vereinten Nationen, die eine kleine Trennwand in Palästina aufgestellt haben, um die Araber von den Juden zu trennen..."

Er hielt die beiden Brotstücke gegen das Licht. „Aber einer von beiden wird vernichtet werden. – Ich bete zu Gott, daß es nicht wieder die Juden sind." Er steckte eins der Stücke in den Mund, als plötzlich der Tritt schwerer Stiefel vor der Tür zu hören war und kurz darauf heftig an der Tür gerüttelt wurde. Vor Entsetzen wagte er nicht zu kauen. Dann waren wieder die Schritte zu hören, anschließend nur noch das Echo, und schließlich war auch dieses verstummt.

Alle atmeten erleichtert auf, steckten ihr Brot in die Taschen und schleppten die geschulterten Säcke die ausgetretene Treppe hinauf und so schnell sie konnten zur Ladentür.

Wie Lokomotiven Dunstwolken ausstoßend, keuchten sie, begleitet vom schwachen Schein der Sterne, über das unebene Pflaster. Als sie um eine Straßenecke bogen, hörten sie noch die Schritte der Briten.

Mosche betete inständig darum, daß ihre eigenen Tritte unentdeckt blieben, denn ihre schwere Last machte es ihnen unmöglich, den Rückweg genauso leise zurückzulegen wie den Hinweg.

Wenige Meter von der Barrikade entfernt, stolperte Dov und brach unter dem Gewicht seines Sackes zusammen. Ehud brachte seine beiden Säcke schnell noch ein Stück weiter, stellte sie ab und lief zurück, um Dov behilflich zu sein. Dieser rappelte sich, mit schief hängender Brille, mühsam wieder auf. Dann schulterte Ehud Dovs Last mühelos und hakte den Erschöpften unter, um ihn den Rest des Weges mit sich zu ziehen.

Da rief einer der Haganahwächter von seinem Beobachtungsposten: „Wer da?"

„Schalom!" flüsterte Mosche. „Kommt runter und helft uns!"

Gleich darauf brachen scharrende Geräusche die Stille, die wie ein feiner Schleier über dem Viertel lag, und dann erklärte Mosche den beiden jungen, hageren Haganahleuten die Situation: „Wir haben so viel Brot gefunden, daß wir alle vielleicht eine Woche lang damit ernähren können. Aber wir brauchen Säcke, um es transportieren zu können."

„Im Keller von Tipat Chalev", warf Dov ein. „Die Frauen haben Säcke genäht, in die Sand hineingefüllt werden soll. Aber wir müssen uns beeilen. Es dauert nur noch zwanzig Minuten bis zum nächsten Streifengang der Briten ..."

Einer der Wächter blieb als Wache zurück, während die anderen die Getreidesäcke noch drei Häuserblocks weiter bis zum Tipat Chalev schleppten. Die Tür war zwar angelehnt, aber im Hauptessraum war alles dunkel, so daß sich Ehud, der als erster hineinwankte, sein Schienbein an einer Holzbank stieß. Dov, der seinen Sack das letzte Stück selbst getragen hatte, ließ ihn erleichtert zu Boden sinken und zog ihn bis zur Kellertreppe hinter sich her. Als die Männer die Kellertür öffneten, wurden sie von Licht geblendet. Unten saßen Frauen beisammen, unterhielten sich, nähten oder sortierten Kugeln aus Bohnen heraus. Als die Männer schwerfällig die Säcke die Treppe hinunterschleppten, blickten sie überrascht und besorgt auf. Mosche, den Sack über der Schulter, winkte Rachel lächelnd zu. Sie hatte Tikvah auf dem Schoß, die mit großen Augen das Geschehen bestaunte. Als Rachel Mosche erblickte, drehte sie die Kleine so, daß deren Gesichtchen in seine Richtung wies, und sagte zu ihr: „Sieh mal, da kommt Papa!"

Unten an der Treppe angekommen, setzten die Männer ihre kostbare Fracht ab, und Mosche verkündete feierlich: „Wir haben hier ein Geschenk Gottes! Brot! Viel Brot!" Ein freudiges Gemurmel ging durch die Gruppe der Frauen. Während Ehud ihnen erklärte, daß sie dringend Säcke benötigten, nahm Mosche Tikvahs Hand, beugte sich fürsorglich zu Rachel hinab und fragte leise. „Solltest du nicht eigentlich im Bett sein?"

„Das wollte ich dich eigentlich fragen", erwiderte Rachel und küßte ihn leicht. „Wir haben heute nacht viel geschafft. Dies ist die beste Zeit zum Arbeiten. Und mit den Tunneln können die meisten von uns nach Hause gehen, ohne daß die britischen Streifen auch nur einen Verdacht hegen. Ich habe wirklich ein Genie geheiratet!"

„Wir werden noch mehr Tunnel graben müssen", erwiderte Mosche. „Zum Beispiel unter dem armenischen Viertel. Aber heute nacht müssen wir erst einmal ein Geschenk abholen." Mit diesen Worten zog er ein Stück Brot aus seiner Manteltasche hervor.

„Oh, wie wunderbar!" rief Rachel entzückt aus. „Ehuds Manna! Ich werde ihn daran erinnern, daß er es mit Jehudit teilen wollte."

„Gerade rechtzeitig zum Schabbat", sagte Mosche. Er richtete sich wieder auf und hielt das Brot für alle sichtbar in die Höhe. „Wir brauchen eure Hilfe", erklärte er mit lauter Stimme. „Das Beste wäre, von der Barrikade bis zu Hannah Cohens Haus eine Kette zu bilden." Bei diesen Worten winkte Hannah Mosche zu. Sie hatte sich entschlossen, lieber zu arbeiten, statt schlafen zu gehen. Mosche sah, daß sie viel Stoff in den Händen hielt. „Sechs von uns können die Säcke füllen und dann damit auf unser Gebiet zurücklaufen. Wir können das Brot zunächst bei Hannah lagern und später durch die Tunnel hierher bringen." Er zeigte auf einige der jüngeren, kräftigeren Frauen. „Du kommst bitte mit. Und du und du." Rachel wollte sich auch zu den Helferinnen gesellen, doch er wehrte ab: „Nein, du bleibst bei Tikvah. Ich bin ja bald zurück." Er strich ihr noch einmal aufmunternd über die Wange und verschwand dann mit seiner Schar von Helfern hinter einer verschiebbaren Wand, um durch einen der Tunnel zu Hannahs Haus zu gehen.

Es war fast genau Viertel nach zwei, als sie, mit leeren Säcken bepackt, dicht gedrängt in Hannahs stockdunklem Wohnzimmer standen. Bald würden die Briten die Bäckerei passieren und dann den Rest des Viertels abgehen. Mosche zündete ein Streichholz an und zählte mit Blick auf seine Armbanduhr die letzten Sekunden, die sie noch in Sicherheit verbrachten. Schließlich gab er flüsternd den Befehl zum Aufbruch: „Jetzt!" Gleich darauf machten sich Ehud, Dov und

Mosche, mit Dutzenden von Säcken bewaffnet, wieder auf den Weg zur Barrikade. Dort angekommen, prüfte Mosche noch einmal nach, ob er auch den Schlüssel in der Tasche hatte. Dann kletterte er über die Sandsäcke und rannte über die verlassene Straße zur Bäckerei.

In wilder Hast, aber diesmal mit geübten Bewegungen, schloß er die Tür auf und war schon dabei, das Brot in die Säcke zu stopfen, während die anderen noch hinter ihm her rannten. Als er ein halbes Dutzend eingefüllt hatte, eilte er damit zur Barrikade zurück. Dort reichte er die Säcke einer bereitstehenden Frau, die sie einer Kette von Menschen übergab, die sich bis zu Hannahs Haus erstreckte, und eilte wieder zurück. Die einzigen Geräusche, die die Stille durchbrachen, waren eilige Tritte auf den Pflastersteinen und hier und da ein geflüstertes „Hier bin ich", damit jemand die Gaben entgegennahm.

Dov war in der Bäckerei geblieben. Er füllte die Säcke und stellte sie dann vor der Tür, so daß die anderen gleich wieder loslaufen konnten. Nachdem Mosche dreimal diesen Staffellauf hinter sich gebracht hatte, kauerte er sich hinter den Ladentisch und zündete ein Streichholz an, um sich zu vergewissern, wieviel Zeit ihnen noch blieb.

„Vier Minuten", sagte er beunruhigt.

„Was meinst du, haben wir wohl die Hälfte geschafft?" fragte Ehud und sah sich prüfend um.

„Es ist noch mehr da", sagte Dov. „Noch ein ganzer Raum neben den Backöfen. Wenn auch ein bißchen trocken. Er muß tagelang gebacken haben."

„Na gut, wir nehmen mit, was wir jetzt haben. Dann gehen wir erst einmal auf die andere Seite und warten die Patrouille ab", erklärte Mosche flüsternd und schulterte eine neue Ladung.

„Du kannst mir den Schlüssel geben", sagte Dov. „Dann schließe ich ab."

Mosche reichte Dov den Schlüssel und kletterte dann rasch über die Barrikade, um sich, genau wie Ehud und der Rabbiner, in Sicherheit zu bringen. Doch dann verstrich die Zeit, ohne daß Dov folgte.

„Wo nur die kleine Ratte bleibt?" knurrte Ehud besorgt und starrte über die Sandsäcke hinweg in die Dunkelheit.

„Ich hab' verstanden, daß er selbst auch noch eine Ladung mitnehmen wollte", erwiderte der Rabbiner, während bereits in der Ferne die Schritte der Streife zu hören waren.

„Pscht!" Mosche, um Dovs Sicherheit besorgt, legte mahnend den Finger an die Lippen. Dem Klang nach zu urteilen, näherten sich die Briten bereits der Bäckerei.

Unterdessen hatte Dov seine Säcke auf der Straße abgestellt und mühte sich schweißgebadet und mit vor Aufregung kalten, feuchten Händen schon zum fünften Mal, den Schlüssel in das klemmende Schlüsselloch zu stecken. Wieder und wieder probierte er es, während die Soldaten, prüfend an Türriegeln rüttelnd und die Schultern gegen Türen stemmend, bedrohlich näherkamen. Deutlich konnte er schon die Worte „Alles klar, Sir" vernehmen.

Dov schwitzte vor Aufregung so stark, daß seine Brillengläser beschlugen. Und das Blut pulste ihm so heftig in den Ohren, daß die bedrohlichen Geräusche der Soldaten wie ein fernes Grollen zu ihm durch die schwarze Nacht drangen. Doch das Schloß gab nicht nach. Und so wußte er sich in der Not nicht anders zu helfen, als die Brotsäcke zu greifen und schnell wieder in die Bäckerei zu schlüpfen. Gerade noch rechtzeitig, bevor die Streife am Schaufenster der Bäckerei vorbeiging, schaffte er es, den inneren Riegel vorzuschieben. Erleichtert sank er auf die weichen Säcke mit Challah und bettete seinen Kopf darauf wie auf einem weichen Kissen. Ihm drehte sich alles.

Von außen wurde heftig am Riegel gerüttelt. Dann vernahm Dov das beruhigende „Alles klar, Sir". Doch nach einem Augenblick der Stille hörte er einen mehrstimmigen Ruf der Überraschung.

Und auch Mosche hinter der Barrikade verstand ganz deutlich: „Nee so was! 'n Sack Brot! Capt'n Stewart! Hier steht ja'n Sack mit frischem Brot!"

Bei diesen Worten wandte sich Mosche hastig zu seinen Helfern und flüsterte ihnen zu: „Verteilt euch! Geht nach Hause! Weitersagen!" Die Anweisung wurde leise weitergegeben. Und während auf der jüdischen Seite der Barrikade nur das Scharren fliehender Schritte zu vernehmen war, zerriß im armenischen Viertel das Blitzlicht einer kurzen, knatternden Maschinenpistolensalve die Dunkelheit und erhellte für einen Augenblick ein Dutzend Wachsoldaten und das Schloß der Bäckerei. Dann schweifte der Strahl einer Taschenlampe auf der Straße suchend umher, glitt systematisch in die Ecken und auch über einen kleinen Lederball in der Nähe der Barrikade. Mosche, der sich gegen die Sandsäcke drückte, um alles mitzubekommen, hörte, wie die Tür eingetreten wurde und die Soldaten lärmend in den Laden stürmten. Wieder erklang das Knattern einer Maschinenpistole. Dann wandte sich Mosche niedergeschlagen ab und betrat, den anderen folgend, die sichere Schwärze der Tunnel, um zu Hannahs Haus zu gehen.

***

Unterdessen flüchtete sich Dov, besinnungslos vor Angst, die Kellertreppe hinunter, ganz automatisch einen Sack mit Brot hinter sich her schleppend, der mit einem dumpfem Geräusch auf den Stufen aufschlug. Gefolgt von den Stimmen der Briten, die bereits im Laden über ihm waren, tastete sich Dov wie ein Blinder an der grob behauenen Wand entlang zum Schrank hin. Er wußte, daß ihm nur wenig Zeit blieb, bis sie die Kellertür sehen und ihm folgen würden.

„Dort!" hörte er da bereits einen Engländer rufen. „Eine Tür!" Schon polterten schwere Stiefelschritte über den Boden.

Gerade als Dov am Schrank angekommen war, ging die Kellertür auf, und der Strahl einer Taschenlampe irrte suchend im Dunkel des Treppenhauses umher. Dov öffnete hastig die Tür, zwängte seinen mageren Körper zwischen die Einlegeböden und konnte die Tür noch rechtzeitig schließen, bevor die Patrouille die Treppe hinunterpolterte und den leeren Keller betrat. Dov, das Brot immer noch wie in Trance an sich pressend, tastete nach der Vertiefung, an der Mosche die Rückwand aufgeschoben hatte. Das Geräusch seines Atems erschien ihm lauter als die Stimmen der Soldaten.

„Hier's nichts, Capt'n!"

„Na, paß bloß auf!"

„Vielleich' isser da im Schrank!"

Der Lichtstrahl glitt über die dunklen Schranktüren, drang durch einen Spalt ins Innere des Schrankes, so daß Dov die Maserung des Holzes und die Vertiefung eines schmalen Griffes erkennen konnte. Er krallte seine Finger hinein und schob die Rückwand behutsam zur Seite. Ein dunkles Loch tat sich auf, das gerade groß genug war, daß er in die geheime Vorratskammer schlüpfen konnte.

„Bleib stehen, Tommy!" warnte ein vorsichtiger Kamerad des Soldaten, der sich am weitesten in den Raum hineingewagt hatte. „Halt deine Pistole darauf."

„Komm raus!" befahl eine Stimme.

„Jag'n paar Kugeln rein, Tommy." Eine Maschienenpistolensalve durchlöcherte den großen Schrank, der Dov vor den Blicken der Soldaten verbarg. Holzsplitter flogen umher, und Dov hörte Korn aus den Säcken rieseln, die von den Kugeln durchbohrt worden waren.

Dann rissen die Wachsoldaten die Schranktüren auf und lachten: „Mann! Nichts drin, Capt'n Stewart." Und still für sich fügte einer hinzu: „Hast mich richtig zu Tode erschreckt!"

Dov konnte durch die zersiebte Rückwand des Schrankes verschwommene Lichtflecke erkennen. Er fuhr sich mit der Hand übers

Gesicht und stellte fest, daß er seine Brille bei der Flucht verloren hatte. Schließlich verschwand das Licht, und die Männer stiegen wieder die Treppe hinauf in den Laden. Dabei rissen sie Witze über die ‚Hinrichtung am großen Kellerschrank'.

Den Sack Challah immer noch fest an sich gepreßt, wagte Dov lange nicht, sich zu rühren. Das mit der Brille war nicht so schlimm. Denn für eine Weile würde er ohnehin in diese dunkle, einsame Zelle gesperrt sein. Dann dachte er lächelnd an seinen alten Traum. In seinen Händen hielt er die Erfüllung eines alten Gebetes: ganz allein mit einem Sack Challah, die er mit niemandem zu teilen brauchte.

20. Verrat

Captain Stewart spielte mit dem Bügel von Dovs zerbrochener Brille und wog sorgfältig seine Worte ab. „Mir ist der Gedanke gekommen, daß Sie uns vielleicht etwas verheimlicht haben, Rabbi Akiva?" verhörte er den düster vor sich hin brütenden Rabbiner, der ihm in dem trübe beleuchteten Arbeitszimmer gegenübersaß: „Wenn Ihr Volk Zugang zu einer Bäckerei voller frischem Brot hat, wozu brauchen Sie dann einen britischen Lebensmittelkonvoi –, bei dem britische Soldaten unter Einsatz ihres Lebens Nahrung für Sie transportieren?"

„Davon ist mir nichts bekannt!" brauste Akiva auf. „Seit Wochen hat niemand in diesem Viertel Challah zu Gesicht bekommen."

Stewart langte neben seinen Stuhl und hob ein in Papier gewickeltes Bündel in die Höhe. „Dann werden Ihre Leute, und Sie selbst, ein Geschenk der britischen Mandatsregierung zu schätzen wissen." Er legte das Paket auf Akivas Schreibtisch und packte es feierlich aus. Es enthielt einen goldgelben Laib Challah. „Für Ihr Sabbatmahl." Er musterte lächelnd und mit prüfend zusammengekniffenen Augen Akivas Reaktion. „Wir sind hier, nicht nur, um das jüdische, sondern auch das armenische, das muslimische und das christliche Viertel zu beschützen. Seitdem die Armenier so weise waren, ihr Viertel zu verlassen, habe ich beträchtliche Mengen verderblicher Ware beschlagnahmen lassen."

Akiva hob irritiert seine buschigen Brauen. „Für mein Volk sind Lebensmittel immer noch Lebensmittel, ob sie nun von einem britischen Lastwagen oder woandersher kommen."

„Es ist genug vorhanden, daß alle Einwohner des jüdischen Viertels ein gutes Sabbatmahl zu sich nehmen können. Vielleicht sogar so viel, daß es für eine ganze Woche reicht", meinte Stewart gleichgültig und fügte hinzu: „Das erleichtert die Dinge auf jeden Fall. Denn es wird im Augenblick schwierig sein, einen Konvoi zusammenzustellen. Aber dies hier" – er tippte mit der Brille auf die Challah –, „wenn Sie Ihren Teil der Abmachung einhalten, kann ich Ihnen dies hier sofort übergeben."

„Ich habe Ihnen gesagt, was ich für Sie tun kann", erwiderte Akiva. „Ich bin ein Mann, der sein Wort hält."

„Ich bin davon überzeugt, daß Ihr Volk das merken wird, wenn Sie es mit Lebensmitteln versorgen. Meine Leute werden noch etwas bar auf die Hand brauchen, aber vielleicht können wir dafür auch etwas mehr Lebensmittel zur Verfügung stellen, sobald ich die besagten Verbrecher in meiner Gewalt habe."

„Den Verbrecher. Ich habe nur von einem gesprochen. Nur von dem Führer der Verteidiger." Akiva beugte sich vor und ballte die Fäuste. „Und ich will keine weiteren Märtyrer! Dieser Mann soll aus der Altstadt entfernt werden, mehr nicht. Keine weiteren Märtyrer, sonst gibt es keine Hoffnung mehr, daß mein Volk wieder zu Verstand kommt. Dann verlieren wir beide, Sie und ich."

„Auch ich bin ein Mann, der sein Wort hält. Wir werden ihn zu einem Verhör mitnehmen. Falls es sich jedoch herausstellen sollte, daß er nicht allein ist und es Beweise gibt –"

„Ich möchte ihn nur nicht mehr im Viertel haben. Er hat meine Autorität mißbraucht, und außer mir gibt es hier sonst niemanden, mit dem Sie vernünftige Verhandlungen führen können."

„Natürlich. Darum bin ich ja auch hier. Diese Männer sind Terroristen. Ihrer Natur nach Verbrecher, das wissen wir. Unsere Regierung hat schließlich keine Unstimmigkeiten mit dem jüdischen Volk als ganzem. Wir wollen schlicht und einfach nur die Unruhestifter eliminieren, so daß wir fortfahren können, Frieden zu schaffen. Im Laufe der Zeit werden die Leute schon den tieferen Sinn des Ganzen erkennen." Diese Worte hatten augenscheinlich eine beschwichtigende Wirkung auf Akiva. Stewart hielt in seinen Ausführungen inne und räusperte sich, um dem Rabbiner Zeit zu geben, über die einzig vernünftige Strategie nachzudenken. „Eines Tages wird sich die Wissenschaft mit Ihrer Situation beschäftigen und bestätigen, daß Sie weise gehandelt haben. Wir haben von der Arabischen Liga Zusicherungen darüber, daß vielleicht ein Kompromiß zu erreichen ist, wenn sie wieder mit Ihnen direkt verhandeln kann. Auf diese Weise kann das jüdische Viertel vielleicht erhalten bleiben."

Akiva nickte und starrte auf die Challah. „Ich hatte gehofft, um mehr verhandeln zu können als nur um eine Wagenladung voll Brot. Sie haben mir zwei Konvois versprochen, deren Lebensmittel ich persönlich verteilen sollte. Erst danach wollten Sie diesen Mann verhaften."

„Ich sichere Ihnen zu, daß mehr folgen wird. Uns ist genauso wie Ihnen daran gelegen, daß Sie das Vertrauen Ihres Volkes wiedergewinnen. Sie scheinen einer der wenigen vernünftigen Juden zu sein, die es noch in Palästina gibt", versicherte ihm Stewart mit betonter Beiläufigkeit.

„Es sind auch nur noch wenige von uns übrig", erklärte Akiva, dessen Gesichtszüge sich bei den schmeichelnden Worten Stewarts etwas entspannten. „Die meisten Menschen hier in meinem Viertel sind vernünftige Leute. Die meisten glauben, daß der Zionismus ohne den

Messiah eine Blasphemie ist. Wenn die Bande dieser Belagerung ein wenig gelockert werden könnten, würden Sie erleben, daß Sie diese Burschen von der Haganah bis auf den letzten Mann geliefert bekämen. Aber mein Volk ist jetzt verängstigt. Einfach verängstigt. Sie schützen diese Männer, weil sie um ihre eigene Sicherheit fürchten."

„Rabbi Akiva" – sagte Stewart in gönnerhaftem Tonfall, als spräche er zu einem Kind –, „haben wir den Juden nicht immer in ihren Verhandlungen mit ihren arabischen Nachbarn beigestanden? Es sind immerhin britische Soldaten geopfert worden, um den Frieden aufrechtzuerhalten."

„Die ganze Angelegenheit ist zweifellos außer Kontrolle geraten", pflichtete ihm Akiva bei. Mit diesem Zugeständnis hatte er nicht nur seine Reserviertheit aufgegeben, sondern auch zugleich den Preis um die Verhaftung Mosche Sachars verringert. „Ich bin sicher, daß mein Volk das Brot und Ihr Versprechen zu schätzen wissen wird, daß noch mehr nachkommt. Wir sind ein Volk, mit dem man umzugehen verstehen muß. Wenn erst einmal das kriminelle Element unter uns entfernt ist –"

„Dann werden Sie mir also Namen nennen?" hakte Stewart befriedigt nach.

„Nach dem Schabbat. Sie können ihn verhaften, wenn wir das Brot in Händen halten. Nur ein Name als Gegenleistung für das Brot. Und ich mache es zur Bedingung, daß Sie ihn erst nach dem Schabbat verhaften."

Stewart nickte bereitwillig und beugte sich vor, die Fingerspitzen gegeneinandergelegt. „Einverstanden."

„Er ist ein großer, gutaussehender Mann aus einer guten Familie hier im Viertel und wird von allen sehr geschätzt, obgleich er Apikorsim, ein Abtrünniger, ist. Er ist ein bekannter Archäologe. Wehe, wenn ihm das Gleiche widerfährt wie den beiden anderen Männern, die Sie verhaftet haben –"

Stewart machte eine abwehrende Handbewegung. „Ich habe Ihnen mein Wort gegeben. Keine weiteren Märtyrer."

„Er hat Frau und Kind. Das Volk liebt sie. Es darf ihnen nichts geschehen."

„Uns ist nicht daran gelegen, Frauen und Kindern etwas zu tun. Wie heißt der Mann?"

„Er stammt aus dem Hause Sachar. Mosche. Mosche Sachar."

Mit dem Ausdruck des Erstaunens richtete sich Stewart abrupt auf. „Sachar? Der ist hier? In der Altstadt?"

„Sie kennen ihn also?" antwortete Akiva mit einer überraschten Gegenfrage.

Stewart schüttelte verwundert den Kopf und überlegte blitzschnell, wie sich dieser unerwartete Glücksfall auf seine Karriere auswirken würde. „Ja, wissen Sie denn nicht? Der Bursche war in den Anschlag am Jaffa-Tor verwickelt! Kurz vor dem Anschlag hat er sich vor der Jewish Agency mit der Lebensmittelverteilung für den Konvoi beschäftigt und ist unmittelbar danach in der Nähe des Jaffa-Tors identifiziert worden. Seit Dienstag wird er steckbrieflich gesucht. Er ist von drei Leuten, die dort waren, eindeutig identifiziert worden. Seine Photographie –"

„Ein Terrorist also", unterbrach ihn Akiva mit grimmiger Befriedigung.

„Rabbi Akiva, Sie sind voll und ganz berechtigt, uns diese Information zu geben. Im Gegenteil: wenn Sie das nicht täten, würden Sie sich selbst in die Kategorie der Kriminellen einreihen. Wir werden dafür sorgen, daß seine Vergehen nach seiner Verhaftung allgemein bekannt werden. Auf diese Weise kann man jeder Kritik an Ihnen –" Stewart, dem vor Erregung das Blut in die Wangen stieg, überschlug sich regelrecht. „Die Zionisten sagen selbst, daß sie das, was am Jaffa-Tor geschehen ist, zutiefst verabscheuen. Schließlich sind aufgrund dieses Verbrechens die Konvois in Ihr Viertel abgebrochen worden."

„Dann ist er also für diese ganze Situation verantwortlich!"

„Genau." Stewart erhob sich und steckte die zerbrochene Brille in die Tasche. „Und zweifellos sind noch andere in seiner Nähe, die er zu solchen Taten verleitet hat." Um seine entschlossen zusammengekniffenen Lippen spielte ein Lächeln. „Wir werden die Sache schon angehen. Man nimmt natürlich an, daß er bewaffnet und gefährlich ist."

Akiva überdachte schweigend sein Glück: sein Rivale war also kein tapferer, ehrenhafter Mann, sondern ein Krimineller niedrigster Sorte. Wie sehr trafen doch die Worte des Psalmisten auf Mosche Sachar zu, der bald seiner gerechten Strafe zugeführt werden würde! „Laß die Bösen in ihre eigenen Fallen gehen", sinnierte er, nahm den Laib Challah und schlug in Stewarts Hand ein, um ihre Abmachung zu besiegeln.

***

Jehudit stand mitten in der großen Küche und starrte die schmiedeeiserne Lampe an, die von der gewölbten Decke hing. Sie bebte noch bei der Erinnerung an die Worte, die sie durch die Tür vernommen hatte. Der britische Offizier würde mit der Verhaftung Mosche Sachars, Rachels Mann, nicht bis nach dem Schabbat warten. Noch heute würde er ihn in das in der Neustadt gelegene Gefängnis bringen. Noch an diesem Nachmittag, noch während das Brot unter den dankbar lächelnden Bewohnern des Viertels verteilt wurde, würde Rachels Mann verhaftet werden. *Und das ist nur gerecht,* dachte Jehudit. *Wenn er es ist, der für die Toten am Jaffa-Tor verantwortlich ist, dann ist er gefährlich, und es ist nur gerecht, wenn er verhaftet wird. – Aber man erzählt sich auch, daß er so viel für unser Viertel getan hat. Und die Menschen lieben ihn. Rachel liebt ihn.*

Jehudit ließ ihre Augen zur Tür schweifen, die nach draußen auf den Hof führte. *Wenn er schuldig ist, muß er verhaftet werden. – Aber wenn er unschuldig ist, dann muß man ihn warnen. Ich stehe wieder vor einer Entscheidung. Ich muß eine Entscheidung treffen.* Vielleicht konnte sie sich heimlich aus dem Haus schleichen und Mosche Sachar warnen. Aber wenn ihr Vater davon erführe ... *Und woher soll ich wissen, ob er schuldig oder unschuldig ist?* Doch schon schlang sie ihren Schal entschlossen um ihre Schultern, im Geiste die Szene vor sich, wie Rachel sie auf der Straße mit gütigem, strahlenden Blick angesehen hatte. Und sie erinnerte sich daran, wie Rachel in der Nissan-Bek-Synagoge auf dem Boden gelegen hatte, be- und verurteilt von den Rabbinern, die auf das Wort ihres Vaters gehört hatten. *Entscheidungen.* Sie blickte gebannt auf den Türriegel und malte sich aus, wie sie den Hof überqueren, die Straße hinunterrennen und gegen Rachels Wohnungstür klopfen würde. *Sag deinem Mann, daß er sich vor dem britischen Offizier verstecken soll!*

Doch sie stand noch immer wie angewurzelt in der Küche. *Begehe ich ein Unrecht, wenn ich mein Wissen für mich behalte? Oder soll ich es noch einmal wagen, meinem Vater gegenüber ungehorsam zu sein und Rachels Mann den Rat geben, sich zu verstecken?*

Schweißperlen traten ihr auf die Stirn, obgleich sie innerlich fror. Ihr war übel, und sie wünschte, sie hätte die beiden Männer nicht bei ihrem Komplott belauscht. Sie machte einen zaghaften Schritt zur Tür und sah sich dann um, als erwarte sie, daß ihr Vater ihre Gedanken gehört habe und mit wutverzerrtem Gesicht und erhobener Faust in die Küche gestürmt käme. *Er kann doch meine Gedanken nicht hören,* beruhigte sie sich und ging einen weiteren Schritt zur Tür.

„Jehudit!" bellte in diesem Moment Rabbi Akivas Stimme ärgerlich aus dem Arbeitszimmer. Sie erschauerte keuchend. Und als seine Stimme noch einmal durch das Haus schallte – „Jehudit! Wo bleibt mein Waschwasser?" –, machte sie auf dem Absatz kehrt.

Mit bebender Stimme antwortete sie: „Kommt schon, Vater!" Sie warf hastig den Schal ab und machte sich eilig daran, die Waschschüssel mit Wasser zu füllen. Sie konnte nicht zu Mosche oder Rachel gehen. Nein, das konnte sie nicht!

***

Während die Briten den ganzen Vormittag damit zubrachten, das Brot auf Handwagen zu verladen, arbeiteten sich Mosche und seine Leute unterirdisch weiter zum Vorratskeller Agajanians vor. Mosche hatte das sichere Gefühl, daß es Dov irgendwie geschafft hatte, den Soldaten zu entkommen. Denn sein Leichnam war nicht aus der Bäckerei getragen worden, und auch eine eingehende Inspizierung aller Häuser durch britische Soldaten und arabische Miliz war ergebnislos verlaufen. So war es möglich, daß Dov nach Einbruch der Dunkelheit ins jüdische Viertel zurückkehren würde.

Unter den Blicken einiger Juden, die sich an der Barrikade versammelt hatten, wurden die beladenen Handwagen mit Planen bedeckt und zu einem unbekannten Ziel abgefahren. In der Zwischenzeit waren beinahe achthundert von den Juden gerettete Brotlaibe durch das Tunnelsystem zum Tipat Chalev transportiert und dort ordentlich zur Verteilung gestapelt worden.

Wenn die alten Rabbiner Mosche in den Gassen begegneten, klopften sie ihm anerkennend und dankbar auf die Schulter und sagten: „Der Ewige hat Ihr Gebet erhört, junger Mann! Sie sehen also, daß das Geld nicht verschwendet worden ist, nu? Der Ewige hat uns Manna vom Himmel gesandt. Stimmt's? Natürlich stimmt's. Verrichten Sie also weiter Ihre Arbeit und wir die unsere!"

Selbst auf den Gesichtern der skeptischsten Bewohner zeigte sich nun ein Lächeln. Es war zweifellos ein kleines Wunder geschehen. Obwohl nicht einmal die Hälfte des Brotes gerettet worden war, wurde doch die Tatsache an sich als ein gutes Zeichen dafür gewertet, daß Gott sie nicht im Stich gelassen hatte.

Den anderen gegenüber erwähnte Mosche allerdings nichts von den enormen Getreidevorräten, die immer noch im Keller der Bäckerei darauf warteten, abgeholt zu werden. Und es gab nur wenige, die von dem Schatz wußten, der einen halben Häuserblock von ihnen entfernt auf sie wartete. Mosche würde dies so lange für sich behalten, bis sich dieser sicher in ihrem Besitz befand. So brauchte er in dem Fall, daß sie die Vorräte doch nicht abholen konnten, keine Hoffnungen zunichte machen. Denn schon diese kleine Freude, dieses Geschenk für den Schabbattisch, genügte, um die Moral der Bewohner zu heben. Und wenn die Stimmung wieder einmal gedrückt sein sollte, befände sich das Getreide sicher schon in ihrem Besitz, und dann würde dieses noch eindrucksvollere Wunder die Menschen aufrechthalten.

Mosche wandte sein Gesicht dem warmen Sonnenlicht zu, das zwischen den Häusern niederströmte, und sprach ein Dankgebet vor sich hin, während er eiligen Schrittes nach Hause ging. Da kam ein gebeugter Rabbiner, der Mantel zerlumpt, die Schuhe so abgewetzt und zerfurcht wie sein altes Gesicht, mit schlurfenden Schritten auf Mosche zu. Er hob mit seiner knochigen Hand grüßend seinen Stock und lächelte Mosche hinter seinem schneeweißen Bart mit zahnlosem Mund freundlich an.

Mosche erkannte den Alten zwar nicht wieder, aber er blieb trotzdem stehen und nickte ihm ehrerbietig zu. Und als der Alte nicht die Augen von ihm wandte, sagte er: „Schabbat Schalom, Rabbi!"

„Sie!" sagte dieser mit der zittrigen Stimme des Alters und fuhr mit immer noch erhobenem Stock fort: „Sie sind doch der junge Mann! Lob sei dem Ewigen! Ich habe von der Challah gehört und bin gekommen, um mich mit eigenen Augen davon zu überzeugen. Man erzählt sich, daß Sie einen Schilling pro Tag dafür zahlen, daß die Alten beten."

„Ja, Rabbi", erwiderte Mosche in ruhigem Ton, so, wie man mit einem Kind spricht. „Gebete sind eine gute Verteidigung."

„Sie sind wirklich ein weiser Mann", nuschelte der Alte mit seinem zahnlosen Mund. „Ich bin der älteste der Rabbiner." Er hob wieder den Stock. „Ich bin neunundneunzig Jahre alt und bin nur einmal im Leben aus diesen Mauern herausgekommen, nu? Als ich zehn Jahre alt war und man die Häuser außerhalb der Mauern zu bauen begann, bin ich einmal hingegangen, um sie mir anzusehen. Aber ich bin am selben Tag zurückgekommen und seitdem hiergeblieben."

Mosche erwiderte höflich: „Ja, Rabbi."

„Diese alten Augen haben vieles gesehen", fuhr der Alte fort und deutete auf seine trüben Augen, die zwischen ledernen Hautfalten hervorschauten. „Wir hier in unserem Viertel brauchen dringend ein Wunder. Und so habe ich mich aus dem Bett erhoben, um die Challah zu sehen. Und auch ich werde für weitere Wunder beten, ob Sie mir nun einen Schilling zahlen oder nicht."

„Das ist eine sehr wichtige Sache, Rabbi", sagte Mosche und klopfte ihm behutsam auf die knochige Schulter.

„Und ich fände es sehr schön, wenn Sie sich mir heute nachmittag anschließen würden, um eine Minjan zu bilden, nu?" Der Alte lächelte wieder. „Wenn ich noch so lange lebe. Dann werden wir zusammen darum beten, daß der Messiah kommt. Ich würde gerne noch erleben, daß er kommt. Vielleicht werden wir dann eine Nation sein. Stimmt's, junger Mann? Natürlich stimmt's! Wir werden noch mindestens einen Schabbat zusammen beten. Jung und alt, nu? Bis vier Uhr dann. Dann ist's also abgemacht. Um vier Uhr in der sephardischen Synagoge. Wenn Sie die Aschkenasim sogar fürs Beten bezahlen, dann können wir Sephardim ebenfalls beten."

Mosche schaute auf seine Armbanduhr. „Bis vier Uhr dann, Rabbi. Es wird mir eine große Ehre sein."

„Und wir werden noch ein weiteres Wunder herbeibeten", sagte der Alte und stützte sich schwer auf seinen Stock. Und mit einem Augenzwinkern fügte er hinzu: „Bei so etwas fühlt man sich wieder wie achtzig!" Mosche lachte und blickte ihm nach, wie er davonschlurfte, um das Wunder mit eigenen Augen zu sehen.

„Schabbat Schalom. Bis um vier!" Der verhutzelte Alte winkte ihm noch zum Abschied zu. *Für diese Menschen, Herr, müssen wir das Viertel erhalten*, betete Mosche. Die alten Bewohner zu evakuieren, würde für sie das Todesurteil bedeuten. Es gab noch viele außer diesem alten sephardischen Rabbiner, die selten, wenn überhaupt, einen Fuß außerhalb der Altstadt gesetzt hatten. Sie hatten ihr Leben damit verbracht, Wissen über den einen wahren Gott zu erwerben. Mosche starrte nachdenklich hinter dem Rabbiner her. *Wenn Sie nur unseren Messiah kennen würden*, dachte er traurig. *Dann wären all ihre Fragen beantwortet. Welch einen Reichtum würde ihre Kenntnis der Torah der Welt bringen! Welch einen Reichtum könnten wir mit den Menschen teilen, die zwar Jesus, aber nicht den Ursprung kennen, von dem er stammt.* Mosche seufzte schwer. Zumindest im Augenblick war dies noch nicht möglich. Unter den Juden, die Gott suchten und danach strebten, ein gottgefälliges Leben zu führen, ohne den rechten König Israels zu kennen, gab es nur Furcht und Mißtrauen gegenüber den Christen. Und diejenigen, die den König verehrten, kannten nicht sein Volk. *Komm bald, Jeschua,* betete Mosche, während der alte Rabbiner mit unsicheren Schritten davonging. *Offenbare dich denen, die dich suchen, aber nicht wissen, was sie suchen.* Er sah zu den Türmen und Kirchenkuppeln außerhalb des jüdischen Viertels hinüber, die die Stadt Jerusalem übersäten. Mosche wußte, daß unter den Menschen, die unter jenen Dächern beteten, Bitterkeit und Uneinigkeit herrschte. Und die Wahrheit über das Wesen des Messiah war verdunkelt und verzerrt worden von Haß, Frömmelei und Korruption. *„All das Gute, das wir tun, gleicht nur einem schmutzigen Kleid",* murmelte Mosche die Worte Isaiahs vor sich hin. „Und trotzdem liebst du uns." Kirchtürme, Moscheen und Synagogen riefen Menschen zum Gebet, und doch hatten die Menschen ihre Herzen gegen den Gott, zu dem sie beteten, und gegen einander verhärtet. Mosche schüttelte fassungslos und von Leid erfüllt den Kopf. Diese Verhärtung der Menschen war der Grund dafür gewesen, daß Millionen von Angehörigen seines eigenen Volkes den Tod gefunden hatten, daß Menschen solche Greuel zugelassen und daß es Menschen gegeben hatte, die sie sich ausgedacht und geplant hatten. Die ganze Menschheit stand vor Gott als Zerrbild der Gottgefälligkeit. *Und jeder tut das, was ihm in seinen Augen als das Richtige erscheint. Wie hast du uns noch genannt? Getünchte Särge, voller Leichenknochen.*

Während er noch diesen Gedanken nachhing, erklang plötzlich Ehuds Stimme hinter ihm, der ihn atemlos beim Namen rief. „Mosche! Ich hab' dich überall gesucht!"

Mosche wandte sich um und sah einen mit dem Staub und dem Schmutz der Tunnel bedeckten, schwitzenden Ehud vor sich. Sein erster Gedanke war, daß vielleicht jemand zusammengebrochen oder verletzt sei. „Ehud?" rief er bestürzt.

Dieser nahm ihn am Arm und zog ihn unter einen Torbogen. Er wischte sich den Schweiß aus dem Gesicht und vergewisserte sich verstohlen, ob sie nicht belauscht würden. „Akiva hat eine öffentliche Versammlung einberufen – um vier Uhr in der Nissan-Bek. Er sagt, er hat mit den Briten ein gutes Geschäft gemacht, Mosche. Er führt etwas im Schilde." Ehud senkte seine Stimme. „Irgendwas stimmt da nicht. Ich spür's hier drinnen." Er klopfte gegen seine mächtige Brust.

Mosche zog die Stirn kraus, den Gedanken an die Uneinigkeit der Menschen noch frisch im Gedächtnis. „Wir sollten ihm Gelegenheit geben, zu uns zu sprechen", erwiderte er daher ruhig. „Wenn er etwas erreicht hat, um unsere Not zu lindern ... dann können wir es nicht einfach ablehnen, nur weil es von seiner Hand stammt."

„Aber ich kann es! Dieser Mann in ein Teufel in chassidischer Verkleidung! Du willst mir doch nicht weismachen, daß du ihm über den Weg traust?" begehrte Ehud mit mißbilligendem Gesicht auf.

„Nein, das kann ich nicht gerade behaupten", stimmte Mosche zu und klopfte Ehud wohlwollend auf die Schulter.

„Und ich sage dir, daß jede Verhandlung mit diesem Captain Stewart nur Verrat bedeuten kann."

„Captain Stewart? Woher weißt du das –"

„Amos hat gesehen, wie Stewart und seine Leute Akivas Haus verließen. Sie haben kein Geheimnis daraus gemacht", erklärte Ehud nüchtern. „Erinnere dich mal an das, was Stewarts Leute mit Schimon und Chaim wegen eines kleinen Sprengkörpers angestellt haben!" Er führte seine Hand in einer eindeutigen Bewegung an seinem Hals vorbei. „Du hast das nicht mitangesehen. Aber ich! Ich sage dir, der Mann haßt die Juden. Sie haben ein Geschäft abgeschlossen, sagt Akiva. Wenn man auf dem Markt ein Geschäft abschließt, zahlt einer eine bestimmte Geldsumme für das, was ein anderer hat, stimmt's?"

„Geh du zu der Versammlung, Ehud. Ich geh' nach Hause, um mich etwas auszuruhen. Ich habe seit zwei Nächten nicht geschlafen. Und für vier Uhr habe ich mich mit den sephardischen Rabbinern verabredet. Danach können wir noch über diese Angelegenheit sprechen."

Ehud schob seine Unterlippe vor und betrachtete Mosche prüfend. Er hatte dunkle Ränder unter den Augen. „Geh nach Hause!" sagte er schließlich. „Und schlaf dich aus! Ich werde Augen und Ohren offenhalten."

***

Mosche öffnete behutsam die Tür, weil er annahm, daß Tikvah schlief. Die Fensterläden waren geschlossen, und es war dunkel in dem kleinen Raum. Nur eine kleine Kerze auf dem Tisch verbreitete einen schwachen Lichtschein.

Rachel, die ihre Bluse ausgezogen hatte und über ihrem weißen Unterrock nur noch ihren blauen Rock trug, stand über eine Waschschüssel gebeugt und war leise vor sich hin summend dabei, ihre Haare zu waschen, von denen schaumiges Wasser in die Schüssel tropfte.

Mosche stand eine Weile schweigend in ihren Anblick versunken da. Für einen Moment sah er sie wieder so vor sich wie in jener ersten

Nacht auf der *Ave Maria:* verbittert, voller Scham und Todessehnsucht und doch voller Angst vor dem Sterben. Doch schon damals hatte ihn ihre Schönheit tief ergriffen. Lächelnd dachte er: *Aber um wieviel schöner ist sie jetzt! Ist es möglich, daß dies dieselbe Rachel ist? Verwundbar. Voller Unschuld. Fähig, mir mit ganzem Herzen zu vertrauen, als sei es nie betrogen worden.* Es gab keine Wunden mehr, vor deren Berührung sie sich fürchtete. Es gab nur noch das Wunder ihrer Liebe. *Ich danke dir, Gott, daß du ihr das Leben wiedergeschenkt hast!*

Er nahm ihr Bild in vollen Zügen in sich auf, um dieses für später, wenn es vielleicht einmal keinen Lichtblick im Leben gab, im Gedächtnis zu behalten.

„Rachel", sprach er sie schließlich behutsam an.

Sie hob den Kopf und sah ihn unter tropfenden Haaren hervor an. Überrascht rief sie aus: „Ach, Mosche, du bist zu früh zurück!"

Er lachte und blieb mit verschränkten Armen mitten im Raum stehen. „Gerade rechtzeitig, würde ich sagen. Du bist einfach ein wunderbarer Anblick!" Er warf einen Blick auf ihre nackten Füße und lachte wieder, als sie das Wasser aus dem Haar drückte. Eine feine Röte stieg langsam zwischen ihren Schultern bis zum Hals und erreichte schließlich die Wangen.

„Mosche, bitte!" bat sie ehrlich verwirrt. „Bitte geh fort, bis ich fertig bin!"

„Nein." Er warf seine Jacke aufs Bett. „Dies ist das Schönste, was ich heute den ganzen Tag über gesehen habe." Er ging zu ihr, beugte sich über sie und küßte sie auf die Schulter.

„Bitte!" wiederholte sie. „Es schickt sich nicht, daß du mich so siehst. Meine Haare sind naß, und ich habe nichts an den Füßen..."

„Bist du fertig?" fragte er, ohne auf ihre Einwände einzugehen. Er neigte den Kopf, um ihr in das nasse Gesicht zu lächeln.

„Nein! Ich habe gerade erst angefangen, und das Wasser wird kalt werden, wenn ich nicht –"

Mosche reichte ihr ein Handtuch, zog einen Stuhl heran und sagte sanft, aber bestimmt: „Dann werde ich dir helfen."

Sie trocknete ihr Gesicht und fragte zögernd und mit erstaunter Miene: „Was?"

„Na los." Er drückte sie auf den Stuhl und stellte die Waschschüssel hinter sie auf den Boden. Dann liebkoste er ihr Gesicht mit seinen starken Händen. „Du weißt doch, wie sehr ich es liebe, meine Finger durch dein Haar gleiten zu lassen. Nun leg' deinen Kopf nach hinten!"

Mit einem milden Glanz in den Augen gehorchte sie ihm. Sie spürte, wie sich ihr Körper entspannte, als das warme Wasser durch ihr Haar rann und Mosche ihr Kopf und Nacken massierte. Sie schloß mit einem zufriedenen Seufzer die Augen, während eine angenehme, durch seine Berührung hervorgerufene Wärme durch ihren Körper zu strömen begann.

Mosche betrachtete ihren Gesichtsausdruck und spürte dabei wieder den feinen Schmerz der Liebe in seinem Herzen.

Sie ließ den Kopf in seine Hände sinken und fragte: „Wo hast du so etwas gelernt?"

„Ich bin eben ein Mann mit vielen Talenten", erwiderte er, während er ihr den Nacken massierte.

„Ich habe noch nie gehört, daß ein Mann seiner Frau die Haare wäscht", sagte sie schließlich nach langem Schweigen. Ihre Stimme war vor Entspannung leise und schläfrig.

„Nein? Das steht doch sogar im Talmud, Mädchen." Er streichelte ihr die Wange. „Es ist eine ganz bekannte Mizwah! Baba Mosche zwanzig."

„So?" Sie öffnete die Augen und betrachtete ihn zweifelnd. Er lächelte sie an und küßte sie auf den Mund. „Ja", meinte er neckend. „Und nun schließ wieder die Augen." Er goß langsam das dampfende Wasser über ihr dichtes, schwarzes Haar. Dann rieb er die Seifenflokken zwischen seinen Händen, bis sie schaumig waren, und begann wieder ihr Haar zu massieren.

„Ach, Mosche", sagte sie leise. „Wenn du so weitermachst, werde ich nicht mehr aufstehen können."

„Dann muß ich es wohl richtig machen."

Rachel sah ihn an, und es war, als versänken seine Augen in ihrer Seele. Ihre Lippen öffneten sich zu einem Lächeln. „Und was sagt der Talmud sonst noch über die Pflichten eines Mannes gegenüber seiner Frau?" fragte sie, während er die Haare ein letztes Mal ausspülte.

„Daß er sie lieben und für sie sorgen soll wie für sich selbst." Er trocknete ihr Gesicht und Haare mit einem Handtuch und zog sie dann hoch. „Aber es gibt da auch noch andere Dinge. Geheime Dinge." Er zog sie fest an sich und spürte die Weichheit ihres Körpers. „Und wir sprechen von ihnen nur in stiller Pflichterfüllung. Aber ich kann dich einiges lehren, wenn du möchtest."

Sie wandte ihm ihr Gesicht zu, und er küßte sie so heftig, daß ihr der Atem verging. „Dann lehre mich", flüsterte sie, „gelehrter Rabbi."

21. Schabbatopfer

Es roch angenehm nach Borscht in der kleinen Wohnung, während Rachel das weiße Schabbattischtuch auflegte. Sie hatte aus der Gemeinschaftsküche die Ration Suppe für Mosche und sich und eine Extraration für Ehud geholt, der an diesem Abend das Schabbatmahl bei ihnen einnehmen würde.

Die Frauen in der Gemeinschaftsküche hatten sich trotz des Challah-Segens besorgt darüber geäußert, daß ihre Not auch durch dieses Wunder nicht für lange Zeit gelindert würde. Denn bald würde es nicht einmal mehr Rüben für eine Suppe geben.

Rachel warf einen Blick auf die goldgelbe Challah, die neben den Kerzenleuchtern auf der Anrichte lag. Irgendwie vermittelte ihr dieser eine Laib Brot das sichere Gefühl, daß Gott sein Augenmerk auch auf die Rationierung warf. Das jüdische Viertel der Altstadt war noch nicht verloren! Wenn die Rüben aufgebraucht waren und es keine Challah mehr gab, würde sich wieder eine neue Lösung auftun. Zwar gab es auch noch einige andere Bewohner des Viertels, die sich über das Brot freuten, doch viele schüttelten den Kopf und klagten: *Das ist nicht genug. Wie lange können wir davon leben? Das reicht doch nicht.* Rachel tat jedoch derlei Einwände ruhig mit den Worten ab: „Es reicht jedenfalls für heute abend, für diesen Schabbat." Aber die Frauen sahen dennoch auf die schwindenden Rübenvorräte, und Rachel verstand ihre Sorgen. Außerdem hatte man beobachtet, daß die britischen Soldaten mehr Brot aus Agajanians Bäckerei herausgeholt hatten, als auf den Tischen des Tipat Chalev gestapelt war. Und so fühlten sie sich obendrein noch um das betrogen, was sie als ihr Eigentum betrachteten.

„Gott", betete Rachel, während sie die glänzenden Teller auf den Tisch stellte, „wenn du uns mit kleinen Mengen versorgen kannst, kannst du es dann nicht auch mit großen? Oder zumindest mit ausreichenden Mengen für jeden Tag? Auch an kleinen Dingen kann man sich freuen, hat Papa immer gesagt."

Sie warf einen Blick auf die Uhr. Gleich vier. Mosche war zum Komplex der sephardischen Synagogen gegangen, die anderen Bewohner zu Bürgermeister Akiva, der ihnen das Ende all ihrer Sorgen ankündigen wollte.

Rachel war skeptisch, ja, sogar ein bißchen verärgert, wenn sie daran dachte, daß Akiva, dieser mißgünstige, scheinheilige Mann, trotz all dem, was er getan hatte, wieder um das Vertrauen der Menschen buhlte. Sie betrachtete ihr Spiegelbild in der silbernen Klinge eines Messers. „Und du weißt, daß er gegen dich und Mosche den gleichen Widerwillen hegt wie du gegen ihn", sagte sie zu sich selbst. Sie legte schaudernd das Messer auf den Tisch. Bald begann der Schabbat, und sie wollte ihn nicht mit Groll im Herzen beginnen.

So ging sie zu Leahs altem mechanischem Grammophon und wählte eine der dicken Platten aus. „Mozart, Konzert für Horn und Orchester Nr. 3", las sie. Und sogleich tauchte in ihr die Erinnerung an den Abend vor zwei Monaten auf, als Leah und sie vor dem Hintergrund dieser Musik, in ernste und heitere Gespräche vertieft, die Vorbereitungen für Leahs letzten Schabbat getroffen hatten. *Damals war meine Seele so hungrig, daß mir selbst ein Fest keine Erfüllung brachte.* Sie strich sich das Haar aus dem Gesicht und dachte, beschwingt von den Klängen des Waldhorns: *Aber nun habe ich Mosche und Tikvah, und sie werden mich mein ganzes Leben lang ausfüllen.*

Da klopfte es zaghaft an der Tür. Rachel überlegte, wer das wohl sein könne, da ja die meisten Bewohner des Viertels zur Nissan-Bek-Synagoge gegangen waren, um Rabbi Akivas Rede zu hören. Sie öffnete die Tür einen Spaltbreit und sah Joseph keuchend und mit rotem, verschwitzten Gesicht auf dem Treppenabsatz stehen.

„Frau Sachar", begann er. „Ich suche Captain Ehud."

„So?" fragte sie, durch das besorgte Gesicht des Jungen beunruhigt. „Ehud ist entweder mit dem Tunnel beschäftigt oder vielleicht zur Nissan-Bek-Synagoge gegangen, um Bürgermeister Akiva zu hören. Ich weiß es nicht genau. Aber er kommt später zum Schabbatmahl her."

Joseph faßte sich an den Hals und fragte: „Kann ich bitte ein Glas Wasser haben?"

Rachel ließ ihn eintreten und goß ihm rasch aus einem Krug Wasser in ein Glas. Er nickte dankend und trank schweigend.

„Was ist passiert?" fragte Rachel dann. „Ist etwas nicht in Ordnung?"

„Wenn er in der Nissan-Bek ist, wird er es schon wissen", erwiderte Joseph einsilbig und wischte sich mit dem Handrücken über die Lippen.

„Sag es mir!" Rachel nahm ihm das Glas ab. Ihr Herz schlug schneller, und sie spürte, wie Angst in ihr aufstieg.

„Sehen Sie", begann er, ging zum Fenster und zog den Vorhang etwas zurück. „Sie sind überall."

Rachels Blick folgte seinem Finger, und es verschlug ihr vor Schreck den Atem, als sie zwei britische Soldaten an einer Straßenecke stehen sah. „Was wollen die hier? Seit Chaim und Schimon vor zwei Monaten vom arabischen Mob umgebracht worden sind, haben sich Stewart und seine Leute nicht mehr im Viertel gezeigt. Zumindest nicht so viele und immer nur für kurze Zeit."

„Ich werde Ihnen sagen, warum", erwiderte Joseph mit einer Stimme, die den Klang eines kriegsmüden Erwachsenen hatte. „All die Brote, die wir letzte Nacht nicht holen konnten ... All die Brote, die Agajanian für uns dagelassen hat ... Die Engländer haben sie in unser Viertel, zur Nissan-Bek-Synagoge gebracht, damit Rabbi Akiva sie dort verteilen kann. Die Challah ist so hoch gestapelt wie die Versprechen, und es geht das Gerücht um, daß vielleicht wieder Konvois in unser Viertel kommen werden."

„Ja, aber, Joseph!" rief Rachel aus. „Das ist doch eine gute Nachricht!"

Der Junge schwieg für einen Moment. Dann fügte er hinzu: „Die meisten unserer Leute sind in die Tunnel gegangen, bis sie wissen, was Akiva und der Captain im Schilde führen. Das ganze Viertel wimmelt von Soldaten. Ganz sicher wird uns das Brot etwas kosten."

Rachel lehnte sich an die Anrichte und stützte nachdenklich eine Wange in die Hand. „Geh und such Ehud!" sagte sie schließlich leise. „Und dann geht zusammen zu Mosche. Vielleicht ist es ja nichts. Vielleicht sollen ja nur wieder Konvois fahren, und Akiva hat etwas Gutes für uns getan. Wenn das der Fall ist, dürfen wir keine Schwierigkeiten bereiten. Ehud und Mosche werden wissen, was zu tun ist." Sie nahm ihn bei den Schultern. „Aber beeil dich, Joseph!" Sie versuchte, die Sorge in ihrer Stimme zu unterdrücken. „Such sie schnell! Dann komm zurück und berichte mir, was sie sagen!"

* * *

Der Tag, der so strahlend und wolkenlos begonnen hatte, wurde grau und bedrohlich. Um vier Uhr standen hoch mit Challah beladene Handwagen um die Bimah im Zentrum der Nissan-Bek-Synagoge, von wo aus Rabbi Akiva mit erhobenen Händen das Volk wohlwollend anlächelte, das unter Gemurmel die Berge von Brot in Augenschein nahm.

Dann begann er seine Rede: „Meine Freunde, ich habe euch hierher gebeten..." Das Gemurmel erstarb, und alle Augen richteten sich erwartungsvoll auf Akiva.

Ehud stand in den hinteren Reihen. Auf seinem Gesicht spiegelte sich deutlich die Mißbilligung über diese Menschen wider, die Akivas Worte mit derselben Bereitwilligkeit schluckten, wie sie später die von ihm angebotene Challah verzehren würden.

„... Seit einiger Zeit habe ich mit den Engländern Verhandlungen geführt, in der Hoffnung, Brot für unser Viertel zu bekommen. Gestern Nacht ist nun ein großer Teil dieses Brotes, das für euch bestimmt war, gestohlen worden."

Akiva legte eine Kunstpause ein, um seinen Zuhören Zeit zu geben, sich untereinander zu besprechen, und fuhr dann fort: „... von kriminellen Elementen unter den Bewohnern unseres Viertels, die glauben, daß Gewalt das einzige Mittel ist, um unsere Ziele zu verwirklichen!"

Ehud verschränkte zornig die Arme und wünschte, er könnte der Versammlung den Brief Agajanians vorzeigen. Aber dieses Beweisstück war ja verbrannt, und so bestand keine Aussicht, Akiva der Lüge zu bezichtigen, zumal die Menge Brot, die er anbot, bei weitem die überstieg, die im Tipat Chalev lagerte. Aber Ehud würde diese trügerischen Worte auf jeden Fall an Mosche weitergeben, und dann würden sie gemeinsam entscheiden, was am besten zu tun sei. Er sah zu dem Wandgemälde auf, auf dem dargestellt war, wie Moses die Gesetzestafeln zerbrach, und fragte sich, wie dieser Gesetzgeber wohl auf diese einlullenden, trügerischen Worte Rabbi Akivas reagiert hätte. *Ja, Gott. Akiva heimst die Anerkennung für die Versorgung des Viertels mit Brot ein. Zerschmettere ihn mit deiner Rechten! Denn dies ist deine Challah. Der Armenier hat sie für uns gebacken, und du hast sie uns in die Hände gegeben. Stimmt's? Natürlich stimmt's.*

„Derselbe Kerl, der nicht nur für den Anschlag am Jaffa-Tor verantwortlich ist, sondern auch für den Abbruch der Konvois und den Tod zweier unserer Mitbürger, bewegt sich unter uns wie ein Wolf unter Schafen..."

„Von wem spricht er?" murmelte Ehud vor sich hin und richtete sich bei diesen Worten auf.

Da stieß ihn jemand sanft in die Seite. Als Ehud sich umsah, stand Jehudit Akiva, in ihren Schal gehüllt, schräg hinter ihm. „Sie sind doch ein Freund von Rachels Mann", flüsterte sie kaum hörbar. „Sie müssen ihn warnen! Bitte gehen Sie sofort zu ihm, wenn Sie wissen, wo er ist!"

Noch ehe er etwas erwidern konnte, war sie bereits in der Menge verschwunden. Er sah zunächst verwirrt hinter ihr her, dann wieder zu Akiva, der mit einem lächelnden Blick auf die Menge in seiner Rede fortfuhr: „... und wir haben die Zusicherung des englischen Captains, daß die Konvois wiederaufgenommen werden, wenn dieser Kerl aus unserer Mitte entfernt ist. Wir brauchen nicht weiter zu hungern! Wir brauchen unsere Häuser nicht zu verlassen!"

Während die Menge begeistert applaudierte, rannte Ehud schon auf die Straße. Ein Blick genügte, um ihm zu sagen, daß die Briten tatsächlich für die Challah, die sich in der Nissan-Bek-Synagoge türmte, einen guten Preis verlangt hatten. An jeder Straßenecke stand ein bewaffneter Soldat, der die Straßen und Dächer beobachtete. Ehud rollte seinen Kragen hoch und schlenderte betont beiläufig die breiten Stufen der Straße der Treppen hinunter. Obwohl sein Herz bei dem Gedanken, daß Mosche jeden Augenblick verraten werden würde, wild klopfte, schaffte er es, seine Schritte langsam und mit Bedacht zu setzen. Sollte auch er verhaftet werden?

„Ehud!" rief da plötzlich eine junge Stimme hinter ihm. Er drehte sich um und entdeckte Joseph, der mit besorgter Miene hinter ihm her rannte.

„Was ist, Joseph?" erwiderte Ehud so naiv, als sei alles in Ordnung, und schlug Joseph dabei aufmunternd auf die Schulter.

Joseph senkte seine Stimme und flüsterte: „All die Soldaten. Was hat das zu bedeuten?"

„Nun, es sieht so aus, als ob wir unsere Challah für den Schabbat bekommen sollten, mein Junge!" erwiderte Ehud dröhnend und fuhr dann hinter vorgehaltener Hand leiser fort, so, als striche er sich mit der Hand durch den Bart: „Lauf schnell! Mosche betet mit den Sephardim in ihrer Synagoge. Ganz ruhig, Junge! Sag ihm, er soll sich in den Tunneln verstecken. Und zwar sofort!"

Während aus dem Inneren der Nissan-Bek Applaus herüberwehte, eilte Joseph ohne weitere Fragen davon. Ehud hingegen streckte sich zunächst gähnend und schlenderte dann gemächlich in derselben Richtung weiter, in die der Junge gelaufen war. Dabei nickte er den britischen Soldaten, die ihre Maschinenpistolen im Anschlag hielten, freundlich zu. Er war nun ganz sicher, daß sie nicht den Auftrag hatten, die Juden zu schützen.

Ehud sah, wie Joseph in einiger Entfernung blitzschnell in einer Hufschmiede verschwand. Gescheiter Bengel, dachte er anerkennend, denn er wußte, daß der Tunnel, der von diesem Keller abzweigte, direkt zu den sephardischen Synagogen führte.

Ehud nickte einem grimmig aussehenden jungen Soldaten, der ihm vollkommen desinteressiert nachblickte, freundlich zu. Als er um die Ecke gebogen war, beschleunigte er jedoch seine Schritte und sah noch, wie Joseph auf der anderen Straßenseite aus einem Schuhladen kam. Einen halben Häuserblock entfernt sah er die Dächer der sephardischen Synagogen, die etwas versenkt gebaut und über eine schmale, abwärts führende Treppe zu erreichen waren.

Eine Gruppe von Soldaten stand mitten auf dem Platz, der vom Komplex der Synagogen umgeben war. Joseph ging ohne aufzublicken an ihnen vorbei, und Ehud schlenderte noch immer ganz beiläufig hinter ihm her. „Beeil dich, Junge!" murmelte er, da er Schritte hinter sich hörte, und jubelte innerlich auf, als er Josephs roten Haarschopf die Treppe hinunter verschwinden sah.

Ehud vertrieb sich die Wartezeit, indem er – mit verschränkten Armen und auf den Zehen wippend – eine Weile die recht dürftigen Auslagen im Schaufenster des Schuhladens betrachtete. Schließlich hob er noch einen Fuß und tat so, als überprüfe er die Schuhsohle. Diese Stellung ermöglichte es ihm, mit Hilfe der Schaufensterscheibe den Eingang der Synagoge unauffällig im Auge zu behalten. Die Sekunden schleppten sich ihm dahin wie Minuten, und weder Mosche noch der Junge waren zu sehen. Wenn sie kamen, würden sie nur ein paar Schritte bis zum nächsten Laden zu gehen brauchen, von wo aus sie gleich die Tunnel betreten konnten. *Was machen sie nur so lange?* sorgte Ehud sich und spürte, wie seine Hände allmählich feucht wurden.

Er zählte sechs Soldaten auf dem Platz. Alle schienen die Synagoge im Auge zu behalten. Nicht einer sah in Ehuds Richtung. Endlich hörte er sich nähernde Schritte und vermutete, daß dies Mosche sein müsse. Er strebte langsam zu der Treppe, die auch Mosche gegangen sein mußte, rückte sich die Jarmulke zurecht und ging die dunklen Stufen hinunter auf die massive Holztür zu. Nichts regte sich, und er wollte schon die Hand auf den Riegel legen, da hörte er hinter sich das unverkennbare Klicken einer entsicherten Pistole und eine Stimme, die drohend sagte: „Bleiben Sie stehen, wo Sie sind! Ehud Schiff, nehme ich an?"

Ehud blieb mit der Hand am Riegel stehen. „Was wollen Sie?" fragte er ruhig, während er von der darüber liegenden Straße eilige Schritte hörte.

„Drehen Sie sich um!" sagte die Stimme in gepflegtem englischen Akzent.

Es war Captain Stewart, der in dem Halbdunkel neben der Treppe stand. Er hatte Joseph mit festem Griff umfaßt und hielt ihm den Mund zu.

„Was wollen Sie?" wiederholte Ehud.

„Nun, Ehud Schiff. Was für eine dumme Frage! Sie wissen wohl selbst am besten, warum Sie hier sind. Es ist uns doch gar nicht schwergefallen, unsere Beute in die Enge zu treiben, nicht wahr? Einfach beim Beten."

Ehud kniff drohend die Augen zusammen und knurrte: „Lassen Sie den Jungen los!"

„Damit er uns auch noch den Rest Ihrer Leute zuführen kann? Sehen Sie, wir sind sehr darum bemüht, einen häßlichen Zwischenfall zu vermeiden. Darum ziehen wir es vor, hier auf Ihren Freund zu warten." Er deutete Ehud mit der Pistole an, sich von der Tür zu entfernen. Doch Ehud rührte sich nicht. „Wir werden Sie natürlich auch mitnehmen – als Komplizen", erklärte Stewart und fragte dann: „Waren Sie auch an dem Anschlag am Jaffa-Tor beteiligt?"

Ehud schnaubte angewidert: „Sie sind ein Narr, Engländer." Er trat einen Schritt auf ihn zu. „Lassen Sie den Jungen los!"

„Sie sind der Narr, Schiff, wenn Sie meinen, daß ich Sie nicht auf der Stelle erschieße." Er zog Joseph fester an sich, und der Junge versuchte, trotz der vorgehaltenen Hand zu schreien.

„Ich bin kein Narr, Engländer", murmelte Ehud.

„Wir werden natürlich unser Möglichstes tun, euch Juden keinen weiteren Märtyrer zu liefern", sagte Stewart, während sich auf dem Treppenabsatz über ihnen die Schatten von Soldaten abzeichneten.

Ehud und Joseph blickten gleichzeitig nach oben. Dann wand sich der Junge plötzlich, trat nach Stewart und schaffte es, den Mund so weit zu öffnen, daß er seine Zähne in die Finger des Briten graben konnte.

Dieser schrie auf und versetzte dem Jungen einen heftigen Schlag, der ihn auf die unterste Treppenstufe schleuderte. Sofort kamen drei Soldaten herbeigerannt. Ehud nutzte die Verwirrung, um die Tür aufzureißen und in die Stille der Synagoge hineinzurufen: „Mosche, lauf!"

Im Eingangsbereich der Synagoge entstand Verwirrung. Ehud sah Mosche in seinen seidenen Tallith gehüllt in der Mitte der Halle stehen. Er hielt das Gebetbuch in Händen und hatte den Mund geöffnet. Neben ihm standen die alten Rabbiner, die mit vor Entsetzen aufgerissenen Augen verfolgten, wie die Soldaten hinter Ehud her stürmten und ihm einen Schlag auf den Hinterkopf versetzten. Dann schlugen die Kugeln der Maschinenpistolen ratternd in die verputzte Decke der Synagoge ein, und Joseph stieß einen Schrei aus. Die alten Rabbiner hielten schützend ihre Hände über ihre Köpfe und schrien zu Gott. Mosche ließ sich widerstandslos festnehmen. Als er die Soldaten am Eingang entdeckt hatte, war ihm mit einem Blick klar gewesen, daß eine Flucht aussichtslos war. Trotzdem konnte sich Stewart nicht enthalten, ihm den Tallith herunterzureißen und zu Boden zu werfen. Seine Leute versetzten Mosche überdies noch einen Schlag in die Magengegend und suchten ihn dann nach Waffen ab.

Die Suche verlief jedoch ergebnislos, und einer der Soldaten kommentierte: „Alles klar, Captain! Keine Waffen."

Stewart zog daraufhin Mosches Kopf an den Haaren nach hinten und hielt ihm die Pistole an den Hals. „Keine krummen Touren, Sachar! Andernfalls haben wir Befehl, Sie auf der Stelle zu erschießen. Keine Fragen! Benehmen Sie sich! Wir verlassen die Stadt ohne Aufhebens. Verstanden?"

Ein starker, stiernackiger Soldat trat Ehud ins Hinterteil, zerrte ihn dann auf die Füße und meinte drohend: „Und das gilt auch für dich."

***

Es war kurz vor Sonnenuntergang, als Joseph, mit Mosches zerrissenem Tallith über dem Arm, mit letzter Kraft die Straße der Treppen hinauf zu Rachels Wohnung lief. Die Gassen des Viertels waren vollkommen menschenleer und alles totenstill, so daß nur das Keuchen des Jungen zu hören war. Die britischen Soldaten waren inzwischen verschwunden. Sie hatten Mosche und Ehud in ihre Mitte genommen und das Viertel verlassen, bevor die Menschen aus der Synagoge kamen, die Arme voller Brot und frohen Mutes darüber, daß unter der Leitung Rabbi Akivas die Lebensmittelkonvois wiederaufgenommen werden sollten. Sie waren alle nach Hause gegangen, um ihr Schabbatmahl zu halten, ohne zu ahnen, daß es Mosche war, den Akiva als Kriminellen bezeichnet hatte. Sie würden einen geruhsamen Schabbat verleben, denn sie ahnten ja nichts von dem Schicksal, dem der junge Mann entgegenging, der sich so beherzt für sie eingesetzt hatte. Joseph liefen in Strömen die Tränen über die gesunden roten Wangen. Ein Soldat hatte ihm einen Fußtritt versetzte, so daß er nun auf der linken Wange eine Schürfwunde und über dem linken Auge eine Platzwunde hatte. Seitdem konnte er sich nur noch lückenhaft an das erinnern, was vorgefallen war. Als er nach dem Tritt wieder zu Bewußtsein gekommen war, hatte Moshes Tallith neben ihm gelegen, und ein uralter Rabbiner, der noch auf einer Bank saß, hatte ihm weinend von Moshes und Ehuds Verhaftung erzählt.

Wenn er zu den Fenstern emporblickte, sah er an deren sanftem Schimmer, daß es die Zeit war, zu der die Schabbatkerzen angezündet wurden. Frauen und Mütter legten die Hände um die Flammen und sprachen die Techinna. Zweifellos würde keine vergessen, Gott für das Brot zu danken, das nun auf den festlich gedeckten Tischen lag.

Joseph rannte schneller, da er noch vor Sonnenuntergang bei Rachel sein wollte. Er lief unter dem dunklen Bogen hindurch, der die Straße überdeckte, und mit dem Echo seiner Schritte schien ihm das Entsetzen über den Preis zu verfolgen, den das Viertel für Herrn Agajanians Schabbatbrot gezahlt hatte.

Als er schließlich die Treppe erreichte, die zu Rachels Wohnung hinaufführte, mußte er sich schwer keuchend gegen das Geländer lehnen und wußte nicht, ob er die Kraft haben würde, bis zur Tür hinaufzugehen. Doch als er aufblickte, stand sie bereits auf dem Treppenabsatz, mit weit aufgerissenen, wissenden Augen und leichenblassem Gesicht. Joseph selbst beachtete sie gar nicht, sondern starrte nur wie gebannt auf den zerrissenen Tallith, den er fest umklammert hielt. Mit schlaff herabhängenden Armen kam sie langsam herab, blieb schließlich schweigend auf der letzten Stufe vor ihm stehen und streckte ihm ihre Hände entgegen. Er legte den Tallith darauf. Sie führte diesen an ihre Wange und flüsterte nur „Mosche". Er biß sich vor Mitgefühl auf die Lippe und flüsterte mit bebender Stimme: „Er lebt. Aber sie haben ihn verhaftet. Ihn und Ehud. Der alte Rabbiner hat mir gesagt, daß man sie beschuldigt, am Bombenanschlag am Jaffa-Tor beteiligt gewesen zu sein", sprudelte es aus ihm hervor.

Sie reagierte nicht auf seine Worte, sondern schloß die Augen und wiederholte nur das eine Wort: „Mosche". Nach einer langen Zeit des Schweigens wandte sie sich wortlos um und ging, immer noch den Tallith zärtlich an ihre Wange haltend, die Treppe hinauf und schloß leise die Tür hinter sich.

Joseph sank schwerfällig auf der untersten Stufe nieder. Er hielt sich den Kopf mit den Händen und ließ den Tränen freien Lauf – nicht Rachels-, Moshes-, Ehuds- oder seinetwegen, sondern wegen der Menschen, die sich so leicht mit einem Laib Challah und dem Versprechen, daß sie noch mehr bekommen würden, kaufen ließen.

***

Noch nie war eine Nacht so dunkel gewesen. Selbst das silbrige Mondlicht wurde von einer dicken, schwarzen Wolkenschicht zurückgehalten. Mit dem Sonnenuntergang hatte der Schabbat begonnen, aber Rachel hatte die Kerzen nicht rechtzeitig angezündet. Und nun war es zu spät – zu spät, um sie anzuzünden, wenn sie nicht gegen das Arbeitsverbot am Schabbat verstoßen wollte.

So fütterte und wiegte sie Tikvah in der Dunkelheit. Und als das Kind schließlich an ihrer Schulter eingeschlafen war, legte sie es in sein Bettchen und blieb allein mit Mosches Tallith im Dunklen. Doch sie empfand die Nacht als nicht halb so schwarz wie das Loch, das in ihre Seele gerissen worden war und ihr Herz unstillbar bluten ließ. Die Schabbatkerzen waren nicht angezündet, Suppe und Brot nicht gegessen, die Teller und das Silber unbenutzt, die Kelche immer noch ohne Wein. Ihr Leben war mit einem Mal wieder düster und leer und in ihrem Herzen all ihre Hoffnung vernichtet wie eine verloschene Glut.

Sie war unfähig, andere Worte zu finden als Mosches Namen. Und den Gott, der ihr noch vor kurzem so nah erschienen war, empfand sie wieder einmal als unerreichbar fern. Die Engländer hatten Mosche verhaftet – wie sie Chaim und Schimon verhaftet hatten, wie sie ihrer Familie die Einreise nach Palästina verwehrt und die Ave Maria mit ihren Kanonenbooten verfolgt hatten. Diese selben Menschen hatten nun auch ihren Mosche verhaftet. Im Schaukelstuhl sitzend, ging sie jede dieser Szenen vor der Kulisse dieser finsteren Nacht wieder und wieder im Geiste durch.

Die Uhr tickte. Die Stunden vergingen, und sie sehnte sich danach, Schritte auf der Treppe zu hören, damit auch sie abgeführt würde. Sie horchte auf die leisen Atemzüge der Kleinen und auf ihren eigenen Herzschlag. Und sie wünschte, daß alles ein Ende hätte.

Doch dann sagte sie sich entschlossen: *Erinnere dich an die schönen Dinge!* Und sie erinnerte sich an Mosches Berührung, daran, wie er sie angesehen und so sanft angelächelt hatte, daß sie sich dem Wahnsinn nahe glaubte. Diese wenigen Wochen im Schutze seiner Liebe waren ein Fest gewesen. Aber die Erinnerung an den Quell ihres Glücks reichte nicht aus, nun, da dieser Quell versiegt war. *Kannst du mich so allein lassen, Gott? Wie soll ich jetzt ohne ihn leben, da ich ihn gekannt habe? Es ist wie mit der Challah, die du uns geschickt hast. Dieser kurze Moment unserer Liebe reicht nicht aus. Wenn mein Herz wei-*

terschlagen und ich nicht den Verstand verlieren soll, Gott, dann brauche ich mehr als Erinnerungen, von denen ich leben kann. Wenn ich ohne ihn leben soll, Gott, dann mußt du mich mit deiner Liebe nähren, denn ich selbst habe keinen Grund, mir zu wünschen, daß morgens die Sonne wieder aufgeht.

Sie weinte in den Tallith, der so stolz über seinen breiten Schultern gelegen hatte. Doch in all ihrer Leere, ja bei all ihrem Schmerz, war immer noch die Gewißheit in ihr, daß Gott trotzdem gegenwärtig war. Und so flüsterte sie in der Dunkelheit die Worte, die einst Hiob gesagt hatte: „Doch ich, ich weiß: mein Erlöser lebt, als letzter erhebt er sich über dem Staub." Mosche hatte ihr einmal erzählt, daß dieser selbe Erlöser eines Tages für immer alle Tränen trocknen würde. Daran würde sie glauben! Aber im Augenblick hatte sie keinen anderen Halt in der Dunkelheit als den, den sie sich selbst geben konnte.

Teil 3
Die Tat

(Mitte März bis 9. April 1948)

"Manchmal glaubst du, daß alles zu Ende sei, daß du nicht mehr in der Lage bist, etwas zu tun. Aber es ist nicht recht, wenn du so denkst. Du darfst dich nicht von Apathie und Verzweiflung überwältigen lassen! Setze alles daran, hart und intensiv zu arbeiten; arbeite so hart du kannst..."

Veröffentlicht in einer jüdischen Untergrundzeitung in Warschau während der Besetzung der Stadt durch die Nazis.

22. Für den Frieden Jerusalems

Der Himmel über Südkalifornien war von einem kristallklaren, strahlenden Blau, und ein leichter Märzwind wehte durch die Orangenhaine von Burbank zum Flughafen hinüber.

David spähte durch die schmutzige Fensterscheibe seines Büros und atmete die mit dem Geruch des Flugzeugtreibstoffs und dem Duft der Orangenblüten gewürzte Luft tief ein. Dann wandte er sich mit einem zufriedenen Lächeln Michael zu, der auf der Schreibtischkante saß, eine Tasse Kaffee trank und genießerisch sagte: „Das nenn' ich Luft!"

Ganz in der Nähe fiel ein Werkzeugkasten von der Tragfläche einer riesigen, ziemlich heruntergekommenen Constellation laut scheppernd und klirrend zu Boden. Gleich darauf hörte man die Flugzeugmechaniker fluchen und sich gegenseitig anbrüllen. Die Constellation war eine von dreien, die vor dem gemieteten Hangar mit der Aufschrift Service Airways standen. David war als Präsident, Michael als Vize-Präsident der Fluggesellschaft eingetragen. Neben den Constellations standen noch zwei der zehn C-47-Transporter der Fluggesellschaft. Die übrigen acht warteten noch darauf, vom Flughafen von Ontario nach Burbank überführt zu werden.

David beobachtete mit Genugtuung das geschäftige Treiben der Mechaniker, die auf den Tragflächen der Constellations arbeiteten. Obwohl die Konstruktion eines jeden dieser Flugzeuge mit den typischen drei Leitwerken die amerikanische Regierung eine Viertel Million Dollar gekostet hatte, waren sie David und den Service Airways für läppische fünfzehntausend Dollar pro Stück bei nur hundert Dollar Anzahlung verkauft worden. Obwohl sich Präsident Truman zwar nach außen hin immer noch für ein Waffenembargo gegenüber Palästina aussprach, wußten David und eine Handvoll anderer Leute besser über seine wahren Gefühle Bescheid. Denn Gelder, die eigentlich für den Verteidigungsetat der Vereinigten Staaten vorgesehen waren, landeten auf dem Umweg über verschiedene Organisationen und fiktive Gesellschaften schließlich bei den Service Airways. Auf diese Weise war David in der Lage, allmählich eine Luftwaffe aufzubauen und seinen Mechanikern, die von Lockheed, TWA und McDonnell Douglas abgeworben worden waren, Spitzengehälter zu zahlen.

„Übrigens hat irgendso'n Aufseher von Lockheed angerufen", unterbrach Michael Davids Gedankengang, während er schluckweise seinen Kaffee trank. „Der Kerl war ziemlich sauer. Sagte, wir hätten die Hälfte seiner besten Mechaniker geklaut. Niemand könnte mit einem Dollar pro Stunde konkurrier'n."

David nickte und holte tief Luft. „Da hat er recht. Und was hast du geantwortet?"

Michael grinste. „Ich hab' ihn engagiert. Sam Baker. Keiner kennt sich so gut mit Connies aus wie er. Was der weiß, kannst du nich' in Büchern nachschlagen."

David lachte kurz auf. „Ich hab' immer gedacht, du wärst'n bißchen minderbemittelt, Vogelscheuche. Aber nun seh' ich, daß ich das reinste Genie als Vize-Präsidenten hab'."

Michael nickte zustimmend. „Da hast du vollkommen recht. Er kommt gleich nach'm Essen. Also. Nun ham wir massenweise Mechaniker und genügend Flugzeuge, um unsere Luftwaffe zu vervollständig'n. Alles was wir jetz' noch brauch'n, sind Piloten. Und Kopiloten. Bezahlen könn' wir se – wenn wir se nur find'n."

Davids Magen begann sich knurrend bemerkbar zu machen. Er hatte das Frühstück ausfallen lassen, und es war inzwischen schon fast elf Uhr. „Hast du'n Vorschlag? Die einzigen Typen, die wir kannten, sind schon in Palästina: Bobby Milkin und Konsorten." Als er aus dem Fenster blickte, sah er Angelas wohlproportionierte Gestalt, in blauem Rock und dazu passendem Pullover, mit elastischem Schritt unter den bewundernden Blicken ölverschmierter Mechaniker auf das Büro zukommen. Hier und da hörte man auch von den Flugzeugen her bewundernde Pfiffe, denen sie jedoch keinerlei Beachtung schenkte. Im Gegensatz zu den Mechanikern verzog David jedoch mißmutig sein Gesicht. Für ihn war Angelas Anblick selten ein Grund zur Freude. Und die Tatsache, daß sie ihr Quartier im Hollywood Roosevelt Hotel neben Michaels Zimmer aufgeschlagen hatte, beunruhigte ihn zutiefst. „Hier kommt deine Freundin", sagte er daher mürrisch und ließ Michael ans Fenster treten.

Dieser sah nach draußen und hatte Angela, die wieder ihre Sonnenbrille trug und einen Stapel Papiere in der Hand hielt, mit einem Blick entdeckt. „Heh, du hast recht!" rief er aufgeregt, sauste zur Tür hinaus und traf unter der Tragflächenspitze einer Constellation mit ihr zusammen. Sie fiel ihm um den Hals und küßte ihn, wobei die Lautstärke der Pfiffe zunahm. David knurrte mißbilligend, setzte sich dann wieder an den Schreibtisch, verschränkte die Hände hinter dem Kopf und setzte ein höfliches Lächeln auf, als Michael geräuschvoll die Tür aufstieß und mit Angela eintrat. Er winkte aufgeregt mit ihrem Papierstapel.

„Hier is' das wahre Genie!" rief er und legte seinen Arm um Angela. „Das reinste Genie, Mann! Ich sag's dir!"

„Hallo, Angela", sagte David kühl. „Schön, dich zu sehen." Als sie seinen Gesichtsausdruck sah, verhärtete sich ihre Miene ein wenig, und sie fragte pikiert: „Wirklich?"

„Sieh dir das an!" Michael legte die Papiere voller Hochachtung vor David auf den Schreibtisch. „Sieh mal!"

David schnaubte und schürzte verächtlich die Lippen, warf jedoch trotzdem einen Blick auf das, was wie eine Namensliste aussah. „Na und! Was soll das sein?"

„Ich sag' dir. Das Mädchen is'n Genie!" Michael rieb sich genüßlich die Hände und küßte Angela auf die Wange.

„Ich habe das Gefühl, daß David gar nicht an meiner Hilfe interessiert ist", warf Angela ein.

„David!" rief Michael wieder. „Sieh dir mal die Liste an, ja? Sie hat 'ne vollständige Aufstellung der ehemaligen Piloten! Namen, Adressen, Telephonnummern! Guck dir's mal an!"

David räusperte sich unbehaglich und nahm, wenngleich noch etwas widerstrebend, die Blätter in die Hand. Während er die alphabetische Aufstellung immer interessierter betrachtete, schwand zunehmend der zynische Zug um seinen Mund.

„Nicht nur der Piloten", ergänzte Angela ruhig. „Auch der Kopiloten, Bordingenieure und Navigatoren."

Wie vor den Kopf geschlagen, starrte David auf die Namen der Männer, die den Luftkrieg über Europa und dem Pazifik mitgemacht hatten. „Aber wie kommst du an dieses Material?" fragte er, plötzlich beschämt über seinen Argwohn und die Abneigung, die er bisher gegenüber Angela empfunden hatte.

„Sie is' ein Genie, daher kommt's!" sprudelte Michael.

„Mir bleibt die Sprache weg", sagte David und sah Angela erstaunt an.

Sie nahm ihre Sonnenbrille ab, und ihrem Blick war deutlich anzusehen, daß sie verletzt und enttäuscht war. „Du könntest wenigstens einmal versuchen, ‚danke' zu sagen."

„Ja." David erhob sich langsam. „Ich glaub' auch. Hm. Danke. Danke, Angela. Das war wirklich prima von dir." Er lachte verlegen. „Michael hat recht. Du bist wirklich ein Genie."

Michael zog für Angela einen wackeligen Stuhl über den Betonfußboden herbei. Sie setzte sich und schlug die Beine übereinander.

„Prima", wiederholte Michael. „Nun sind wir also alle einer Meinung."

Aber jetzt sagt mir mal: wie soll'n wir mit diesen Leuten Kontakt aufnehmen?"

Angela wandte ihren Blick nicht von David, der sie mit einer Mischung aus Bewunderung und Reue ansah, und schlug vor: „Vielleicht sollten wir sie anrufen?"

„Anrufen!" rief Michael begeistert aus. „Mensch, Blechmann, findest du diesen britischen Akzent nicht auch so aufregend? Klar. Wir rufen alle an, von denen wir meinen, daß sie jüdische Namen haben, was? Ganz einfach. Hab' ich dir nich' gesagt, daß sie 'ne prima Frau is'?"

„Tja", erwiderte David leise. „Das hast du. Ich glaub', du hast 'ne gute Menschenkenntnis, Vogelscheuche."

„Die Vogelscheuche hatte doch ein Herz, stimmt's?" warf Angela ein. „Der andere, der Blechmann, der hatte keins."

„Ach, laß doch, Angela", meinte Michael gutgelaunt. „Er hat sehr wohl eins. Und ein großes obendrein. Du mußt ihn einfach besser kennenlernen – stimmt das etwa nich', Blechmann? Sollen wir jetz' nich' alle Freundschaft schließen?"

David atmete nachdenklich einmal durch und erwiderte dann ruhig: „Nun, ich glaub', ich bin dazu bereit. Es tut mir leid, daß ich dich falsch eingeschätzt habe, Angela." Er strich sich verlegen übers Kinn. „Du hast uns nämlich gerade einige Jahre Arbeit erspart."

„Akzeptiert", sagte sie nach kurzem Zögern.

***

Während Michael und Angela, mit zweihundert Dollar in Fünfcentstücken bewaffnet, in der Telephonzelle der Einganshalle des Hollywood Roosevelt Hotels standen, arbeitete David mit den Mechanikern und dem neuen, mürrischen Aufseher der Firma Lockheed zusammen an den Flugzeugen. Dieser war dem Team nach einem kurzen Disput über den Lohn beigetreten, in dessen Verlauf ihm David schweren Herzens drei Dollar die Stunde zugebilligt hatte. Als sich David auf diesen hohen Stundenlohn eingelassen hatte, war er sich allerdings dessen bewußt gewesen, daß sich dieser Mann mit den Constellations der Firma Lockheed so gut auskannte, als habe er sie selbst konstruiert.

David war so tief über den Motor einer Maschine gebeugt, daß er gar nicht die Gestalt bemerkte, die still am Fuße der Leiter stand. Erst beim Klang eines sonoren Hüstelns schaute David auf die Betonrollbahn hinunter, von wo ihn ein grauhaariger Herr in einem blauen Zweireiher, mit der Hand die Augen gegen die Sonne abschirmend, beobachtete. Er machte den Eindruck eines Regierungsangestellten, eines Menschen, der seine Pflicht tut, egal, wie schwer sie ihm auch fällt, welchen Preis oder welche persönlichen Opfer sie erfordert. Er war die männliche Ausführung einer altjüngferlichen Bibliothekarin, die bei der geringsten Störung Ruhe gebietend den Finger an die Lippen legt. David stieß ein unwillkürliches „Oh nein" aus und verkroch sich wieder unter die Motorhaube, in der Hoffnung, daß der Mann wieder verschwinden würde.

„Hallo Sie!" rief dieser jedoch unbeirrt zu David hinauf. „Sind Sie David Meyer?"

David tat weiter so, als habe er ihn nicht bemerkt.

„Mr. Meyer? Captain Meyer?" rief der Mann wieder.

David hob nicht den Kopf und erwiderte laut, ohne seine Haltung zu verändern: „Meyer's' nich' hier!"

„Captain Meyer!" beharrte der Mann. „Alle die Mechaniker hier können sich doch nicht irren, wenn es um den Mann geht, der ihnen so horrende Summen zahlt. Mein Name ist Samuel Alexander. Ich komme vom CAA, Zivile Luftfahrt... Ich nehme an, Sie haben schon von uns gehört?"

David verzog das Gesicht und starrte einen Moment auf den Motor der Connie. Dann seufzte er resigniert und schaute in das granitharte Gesicht des Regierungsangestellten. Die Hoffnung, seine Arbeit ohne die Einmischung der Regierung beenden zu können, hatte sich also zerschlagen. „Na gut", erwiderte er mit einem kapitulierenden Grinsen und stieg die Leiter hinunter. Von der untersten Sprosse aus schüttelte er dem Mann die Hand, der seinen Händedruck schlaff und unfreundllich erwiderte. Er sah an David vorbei auf das Flugzeug.

„Ihre Fluggesellschaft" – er stieß das Wort verächtlich aus – „stellt eine Verletzung verschiedener Bestimmungen des CAA dar", begann er bissig.

„So? Wie das? Mein Partner und ich haben gerade heute morgen zwei der Vögel von Ontario rübergeholt. Wie kann das eine Verletzung der Bestimmungen sein?"

„Als Besitzer einer bundesstaatlich eingetragenen Fluggesellschaft müssen Sie alle Ihre Flugzeuge für den Zivilgebrauch ausstatten. Ich sagte Zivilgebrauch!" wiederholte der Mann nachdrücklich. „Diese

Vögel, wie Sie die C-47-Transportflugzeuge nennen, sind ganz offensichtlich immer noch für militärische Zwecke, für Truppen- und Waffentransporte, ausgestattet." Mit einer ausholenden Handbewegung fuhr er fort: „All die dafür vorgesehenen Vorrichtungen müssen entfernt werden, bevor Sie an irgendeiner Stelle in den Vereinigten Staaten zu kommerziellen Zwecken fliegen dürfen."

„Aber – aber – das wird uns monatelange Arbeit kosten! Tausende und Abertausende von Dollar!"

Der Mann hob erstaunt die Augenbrauen. „Nun, wenn das Ihr Problem ist, hätten Sie sich das vorher überlegen müssen. Nicht wahr?" Er lächelte, wurde jedoch sofort wieder ernst und übergab David mit unerbittlichem und diensteifrigem Gesichtsausdruck eine Liste, auf der genau aufgeführt war, wie Militär- in Zivilflugzeuge umgewandelt zu werden hatten. „Wenn Sie diesen Anforderungen nicht nachkommen, werden alle Ihre Flugzeuge gesperrt, und Ihnen selbst wird die Flugerlaubnis entzogen."

David blätterte deprimiert die Seiten durch. Sitze mußten ersetzt, Rampen entfernt und geändert, Funkgeräte ausgetauscht und sogar Damen- und Herrentoiletten installiert werden. „Monate!" murmelte er niedergeschlagen, während der Mann zufrieden davonging, nachdem er noch warnend hinzugefügt hatte, daß er sich über den Fortgang der Änderungen auf dem Laufenden halten werde. David wurde noch niedergeschlagener, als er las, was auf dem untersten Blatt geschrieben stand: *Beschlagnahmtes Flugzeug wegen Verletzung der Bestimmungen.* „Und der Alte wollte am liebsten alles schon gestern fertig haben!"

Ebendiese Flugzeuge hatten dazu dienen sollen, die Waffen, die mit dem von Golda Meir gesammelten Geld gekauft worden waren und nun an verschiedenen Orten bereitlagen, nach Palästina zu transportieren. Dieses Problem würde ihre Pläne mindestens bis Mai verzögern. Vielleicht sogar noch länger. Und David wußte, daß eine weitere Verzögerung wahrscheinlich die Hoffnung auf ein Heimatland zunichte machen würde.

Er ging steifbeinig zu seinem unordentlichen Schreibtisch und las das Telegramm, das am Abend zuvor durch einen anonymen Boten überbracht worden war: SERVICE AIRWAYS. KEIN NUTZEN EURER FLUGZEUGE IN BURBANK AMERIKA. BITTE SOFORT MIT VÖGELN UND PILOTEN NACH ROM UND WEITERE ANGABEN ERWARTEN. BG

Was David anbetraf, so wollte er nichts lieber, als mit einer Schar von neuen Vögeln und Piloten zu seiner üblichen Routine in Palästina zurückzukehren. Am meisten jedoch sehnte er sich danach, Ellie wiederzusehen und ihre Stimme wieder zu hören. Aber selbst wenn seine Mechaniker ein Wunder vollbrächten und vor dem 14. Mai fertig würden, hatte David noch immer keine Besatzung, mit der er die Flugzeuge bemannen konnte.

Er ließ sich schwerfällig auf den ramponierten Schreibtischstuhl sinken und kritzelte ärgerlich eine Antwort nieder, die leicht verschlüsselt und in das neue Hauptquartier Ben-Gurions in Tel Aviv gesendet werden konnte. Er schrieb: Versuche Wunder zu vollbringen. 1. Mai. DM

* * *

Die Sonne war beinahe schon untergegangen, als David müde in das Chevrolet-Cabriolet aus dem Jahre 1936 stieg, das er vor einem halben Jahr in der Garage eines Freundes abgestellt hatte, bevor er nach Palästina gegangen war. Er fuhr auf einer kaum befahrenen zweispurigen Landstraße dahin. Nach einiger Zeit hielt er am Straßenrand, um das Verdeck aufzuklappen, damit er den Duft der blühenden Orangenbäume genießen konnte.

Einen Moment lang verharrte er noch im Dämmerlicht und starrte versonnen auf die mitgenommenen Roßhaarsitze und den kaputten Tachometer seines alten, vertrauten Wagens. Dabei überwältigten ihn die Erinnerungen an gemeinsame Unternehmungen mit Ellie – Picknicks und Fahrten zum Strand ebenso wie stillvertraute Nächte allein mit ihr in seinen Armen – so stark, daß ihm beinahe schwindlig wurde vor Sehnsucht nach ihr. Der Wagen war derselbe, die Orangenhaine und die verschlafenen Dörfchen Kaliforniens waren dieselben, der laue Frühlingswind und die ersten glitzernden Sterne waren so, wie sie auch früher in tausend anderen Frühlingsnächten gewesen waren. Und doch war alles irgendwie anders. – Er war anders. Dinge, die nie zuvor eine Rolle für ihn gespielt hatten, waren plötzlich bedeutungsvoll, und der Frieden dieses Ortes und dieses Augenblicks wirkten auf ihn so unwirklich, daß ihm beinahe angst wurde. Denn vertrauter waren ihm inzwischen der Geruch nach Rauch und Tod und das ständige Knattern von Gewehrsalven in den Straßen Jerusalems. Die Ereignisse der letzten Zeit und die ständige Bedrohung der Menschen, die er im fernen Palästina liebgewonnen hatte, hatten ihm die Unschuld geraubt, die er sich sogar noch als Kriegspilot in Europa im Kampf gegen die Nazis bewahrt hatte. Damals zumindest hatte das amerikanische Volk hinter seinen Taten gestanden. Denn es hatte sich, genau wie er selbst, im Krieg befunden. Das Volk und er waren damals eine Einheit gewesen, und selbst in diesen duftenden Orangenhainen hatte es zu jener Zeit keinen Frieden gegeben.

Das war ihm und den anderen Kämpfenden ein Trost gewesen. Aber nun, dachte er zornig, *gehen alle von neun bis fünf zur Arbeit, werden abends von einer hübschen kleinen Frau empfangen, rauchen anschließend gemütlich ihre Pfeife und genießen Edgar Berger im Radio. Und ich stehe hier! Lieber Gott, ich wünschte, ich hätte nie etwas von diesem Chaos gesehen! Ich wünschte, ich hätte nur aus der Zeitung davon erfahren!* Es war *eine* Sache, einen Luftkampf über Deutschland zu führen, und es war eine ganz andere Sache, mit Menschen zusammenzuleben, für die der Krieg nie zu Ende gegangen war – ihre Gesichter zu sehen und ihre Lebensgeschichte zu kennen. Rachel, Mosche, Ben-Gurion, Jakov und der Großvater – er sah ihre Gesichter genauso lebendig vor sich wie Ellies entzückendes Lächeln. Er wußte, daß es Gott selbst gewesen war, der ihn mit dieser unmöglichen Aufgabe betraut hatte. Und er war bereit, sein Bestes zu geben, auch wenn er lieber zu den Millionen von einfachen amerikanischen Soldaten gehört hätte, die in dem Glauben nach Hause gekommen waren, daß in ihrer Welt wieder einmal Sicherheit und Frieden herrsche. „Ich nehme dir das ein bißchen übel, Gott", sagte er laut, „daß es mir nicht so geht. Und ich nehme an, daß du das auch weißt? – Nun, hier stehe ich also. Du warst es immerhin, der mich dazu gebracht hat, mir etwas aus deinem Volk zu machen. Und so mußt du auch nun irgendwie dafür sorgen, daß das alles zusammenpaßt. Denn ehrlich gesagt, bin ich am Ende mit meiner Weisheit. Immer, wenn ich denke, ich hab' den Stein der Weisen gefunden, kommt wieder so ein Affe von der Regierung und wirft einem Knüppel zwischen die Beine."

David lehnte sich an die Wagentür und starrte mit verschränkten Armen in den dunkler werdenden Himmel, als erwarte er eine sofortige, hörbare Antwort. Aber es kam keine. Der sanfte Schein der Sterne wurde heller, und der Blütenduft umwehte ihn angenehm, aber er wußte nicht, wie er die Auflage des CAA erfüllen sollte, der gerade seine Flugzeuge gesperrt hatte. „Irgendjemandem fehlt das Gespür für Planung, Herr. Ich hoffe nur, daß du es nicht bist." David schaute auf seine Uhr. Er hatte noch die palästinensische Zeit eingestellt, damit er immer gleich eine Vorstellung davon hatte, was Ellie wohl in dem jeweiligen Augenblick tat. Gerade ging in Palästina die Sonne auf. Und David versuchte sich vorzustellen, wie Ellie ihren zerzausten Kopf im Tel Aviver Hauptquartier vom Kopfkissen hob. *Guten Morgen, David.* Doch es fiel ihm nur ein, wie sie beide an ihrem letzten Nachmittag im Keller der Jewish Agency bei Kerzenlicht unter der Aufschrift *Hochzeitssuite King David Hotel* getanzt hatten und Ellie, zärtlich an ihn geschmiegt, geflüstert hatte: „Überall, wo du bist ist die Stadt Davids."

Und heute abend, während er seine Stirn in sorgenvolle Falten zog, antwortete er ihr: „Du hast recht, Ellie. Und deshalb hab' ich auch den ganzen Krieg im Reisegepäck mitgebracht." Er sah hilflos zum Himmel empor. „Nun bleibt nur noch die Frage, wie wir ihn wieder rechtzeitig nach Palästina hinbekommen sollen, wo er hingehört."

※ ※ ※

Ellie schlenderte, vom Sturm umbraust, am Strand von Tel Aviv entlang und schaute auf die tosende See hinaus. In der Nähe der Kaimauer, an der sich krachend haushohe Wellen brachen, lagen riesige Schiffe der britischen Marine vor Anker und wagten nicht, sich dem Sturm auszusetzen. Nur die tollkühnsten Schmuggler würden es riskieren, ihre Schmuggelwaren bei einem solchen Wetter ans Ufer Palästinas zu bringen. Die Natur selbst hatte vor dem Ufer eine Blockade gegen die Schiffe verhängt, die Flüchtlinge beförderten oder in ihrem Laderaum Waffen transportierten, die dem Jischuv vielleicht in seinem Kampf gegen die Übermacht der Araber und die Teilnahmslosigkeit der Welt helfen konnten.

Ellie sah sich nach dem kleinen roten Haus um, in dem Ben-Gurion und seine Frau Paula ihr Quartier bezogen und Ellie einen Raum zur Verfügung gestellt hatten. Seit ihrer Ankunft in Tel Aviv hatte sie zum ersten Mal seit Wochen wieder genug zu essen. Aber weder Ellie noch die anderen, die mit den Jerusalemern den Hunger geteilt hatten, empfanden beim Essen Genuß, weil sie mit einem Gefühl der Qual an die Menschen dachten, die sie zurückgelassen hatten. Weit davon entfernt, ihr gutzutun, hatte die frische Seeluft von Tel Aviv Ellies Sehnsucht nach Jerusalem nur noch verstärkt – ihre Sehnsucht nach der guten Rachel, nach Mosche und Ehud, die hinter den Gittern des feuchten Central Prison schmachteten. In der Tasche ihres gelben Regenmantels befand sich die feuchte Morgenausgabe der *Palestine Post*, auf der die Schlagzeile prangte: *Mosche Sachar, Professor für Archäologie an der Hebräischen Universität, in Bombenanschlag verwickelt.* Ein Gefühl der Hilflosigkeit machte sich angesichts dieser deprimierenden Situation in ihr breit, während sie ihre Tage in Tel Aviv in relativer Sicherheit verbrachte. Es war ihr leichter gefallen, den Sonnenaufgang zu erleben, wenn sie mit den Menschen zusammen war, die sich in Gefahr befanden. Nun kreisten alle ihre Gedanken um scheinbar nutzlose Hoffnungen für die Errettung der Heiligen Stadt. Jakov, der Großvater, Onkel Howard – alle diese litten, während sie zu Strandspaziergängen verurteilt war und sich nach einer Aufgabe sehnte, die sie wieder mitten ins Geschehen führen würde.

Zum Glück waren wenigstens die Nachrichten aus den Staaten und von David ermutigend. Die Schriftrollen befanden sich in den richtigen Händen und hatten eine zusätzliche Sicherheit für den Aufbau von Davids Luftwaffe geboten. Auch er tat also etwas. Er tat etwas, während sie nichts tat außer beten. Die Menschen in Jerusalem taten etwas. Sie hielten weiter aus. Und hier war sie, aß gut, schlief in einem bequemen Bett – und wartete. Und tat nichts.

Die kalte Salzluft schmerzte sie in der Nase und betäubte ihre Wangen. In der Ferne hörte sie das Krachen der Brandung und über sich die Schreie der Seemöwen. Die See und die Vögel waren so, wie sie schon immer gewesen waren –, als die Römer, die Kreuzfahrer, die Türken und die Briten an diesem Ufer gelandet waren. Und immer waren die Möwen den Schiffen mit demselben, klagenden Schrei gefolgt: *Frieden! Frieden! Frieden!* Aber Ellie wußte, daß es an den Ufern Palästinas keinen Frieden gab und auch keinen geben würde, bis der Eine, den man sehnsüchtig erwartete, nach Zion zurückkehrte.

Ellie hob den Kopf und füllte ihre Lungen kräftig mit der frischen Seeluft. „Es riecht hier wie in Santa Monica", sagte sie dann laut zu den Vögeln. „Seid ihr auch sicher, daß wir nicht etwa in Santa Monica sind und all das nicht nur ein Traum gewesen ist?"

Frieden! Frieden! Frieden! schrien die Möwen. Ellie mußte an die Möwen denken, die über der *Ave Maria* kreisten, als diese sich auf hoher See mit einem Flüchtlingsschiff traf. Sie sah zu den grauen Kanonenbooten der Briten hinüber. Nein, die waren kein Traum. Ein Heimatland, das war der Traum, der Menschen zu Taten veranlaßt hatte, die ebenso hoffnungslos wie mutig waren, daß Ellies Herz vor Bewunderung für dieses auserwählte Volk Gottes beinahe zersprungen war. Mosche, Rachel, Jakov, Ehud, Howard, Luke – selbst ihr geliebter David –, ob sie nun den schwachen Versuch unternahmen, den Angriffen der Araber zu trotzen, oder die kleine Luftwaffe aufbauten, jeder einzelne von ihnen arbeitete für die Rückkehr nach Zion. „Aber das tue ich doch eigentlich auch, Herr", flüsterte sie, „indem ich hier am Strand stehe und für den Frieden Jerusalems bete. Wie deine Seemöwen. Ja, ich glaube, ich tue auch etwas."

※ ※ ※

Ungewohnt zornig marschierte Michael Cohen vor dem Fenster von Davids Zimmer unruhig auf und ab, während David ihn mit finsterer Miene vom Bett aus beobachtete. Die Stehlampe, die einzige Lichtquelle im Zimmer, die zudem mit ihrem dunkelgrünen Lampenschirm nur ein trübes Licht verbreitete, verstärkte noch die düstere Stimmung der beiden Männer.

„Und ich dachte, wir hätten's beinahe geschafft!" rief Michael zornig aus. „Und es würd' höchst'ns noch'n paar Wochen dauern." Er fluchte und trat heftig gegen einen Stuhl. „Wie könn' die so was tun? Uns sperren, bis wir alles wunschgemäß hergerichtet ham?"

„Sie haben es einfach getan", erwiderte David mit belegter, niedergeschlagener Stimme. „Ich hab' dem Alten ein Telegramm nach Tel Aviv geschickt. Die Situation erklärt. Ihm gesagt, Ellie soll aus der Luft 'n paar Bilder von den neuen Startbahnen machen, damit wir wenigstens halbwegs wissen, wohin wir fliegen, wenn wir diese Kisten in die Luft bringen."

„Aber was nützt es uns, wenn die Kisten am ersten Mai fertig sind! Wir brauchen sie jetzt! Angela und ich war'n im Kino, und du hättest mal die Wochenschau seh'n sollen! Jerusalem ist zugekorkt wie'n Käfer in 'ner Flasche. Und dieser Kumpel von dir ... Mosche Sachar ...?"

David schoß mit einem Ruck in die Senkrechte. „Was ist mit ihm?"

„Die Briten ham ihn gefesselt aus der Stadt geschleppt. Ham ihn wegen dem Bombenanschlag am Jaffa-Tor vor Gericht gestellt."

„Bist du sicher?" David spürte, wie ihn ein vertrautes, übelkeitserregendes Gefühl der Hoffnungslosigkeit überwältigte. „Bist du auch ganz sicher, daß du den Namen richtig verstanden hast?"

„Ich kenn' doch das Gesicht. Obwohl der Bursche ziemlich fertig aussah. Sie ham ihn und den ander'n ins Central Prison gebracht. Es sieht nich' gut aus, Blechmann. Den Nachrichten nach zu urteilen, is' er wirklich schuldig."

David stützte stöhnend den Kopf in die Hände. „Wie entsetzlich für Rachel", murmelte er.

„Entsetzlich für alle, wenn wir die Mühl'n nich' vom Boden kriegen und den Leuten, die darauf warten, kein' Nachschub liefern könn'." Michael blieb stehen und zog eine Leiste der Jalousie nach unten, um auf das imposante Gebäude von Graumanns Chinesischem Kino auf der anderen Straßenseite hinüberzusehen. „Meinst du, daß uns jemand an den CAA verpfiffen hat? Daß ihnen jemand 'nen Tip gegeben hat? Ich mein', daß wir nach Palästina woll'n? Das fehlte g'rad noch, daß sich die Sache dadurch noch mehr verzögerte. Und hier ham wir die ganze Liste mit Fliegern, die morgen zum Interview komm'. Ich dachte, wir wär'n –" Er brach ab, als das Neonlicht unter der Überdachung des Kinoeinganges grell sein Gesicht beleuchtete.

„Das alles hab' ich auch gedacht", erwiderte David elend. „Aber ich kenn' niemanden außer uns, der genug weiß, daß er jemandem was verraten könnte. Was die Mechaniker betrifft, sind wir jedenfalls ein legales Unternehmen." David musterte Michael, der die Augen zusammenkniff und interessiert beobachtete, wie Touristen ihre Hände und Füße in die im Betonboden vor dem Kino eingelassenen Hand- und Fußabdrücke von Filmschauspielern einzupassen versuchten. „Was ist los?" fragte er.

„Weiß nich'." Michaels Stimme war fast zu einem Flüsterton herabgesunken. „Ich mein', na ja, ich und Angela ham immer wieder diesen Burschen geseh'n. Den klein'n Burschen da mit den dicken Brillengläsern. Beim Essen und dann später im Kino in der Reihe hinter uns. Und ich glaub', ich hab' ihn auch schon mal woanders geseh'n. Und er's jetzt auch da unten und sieht hier rauf."

David war mit einem Satz aus dem Bett, stand in Unterwäsche neben Michael und spähte, dessen Blick folgend, aus dem Fenster. „Da unten krauchen fünfzig Leute rum", kommentierte er dann mit gereiztem Tonfall.

„Guck doch mal richtig hin!" sagte Michael nachdrücklich und deutete mit dem Finger auf eine der Gestalten. „Der kleine Kerl da in dem zerknitterten blauen Anzug. Rechts unter dem Plakat."

Schließlich hatte David den schmächtigen, ungepflegt aussehenden Mann entdeckt, dessen Brillengläser so dick waren, daß es selbst bei seiner großen Nase so wirkte, als könne diese das Gewicht der Brille nicht tragen. Der Mann steckte sich eine Zigarette an und starrte unverhohlen zu ihrem Fenster hinauf. „Tja. Tja", meinte David unsicher. „Ich glaub', ich hab' ihn auch schon mal irgendwo geseh'n. Aber wo? Vielleicht sieht er auch gar nicht hier rauf. Wieviele Zimmer gibt's überhaupt in diesem Hotel?"

„Sieht auch ganz harmlos aus", meinte Michael, unsicher geworden. „Wie'n Buchhalter. Wart' mal. Paß mal auf, was er macht, wenn ich das Licht ausknipse."

Michael schaltete das Licht aus, während David den Mann weiter im Auge behielt. „Na, nun sieh dir das mal an!" meinte David mit einem vielsagenden Unterton in der Stimme. Sowie das Licht aus war, hatte der Mann seine Zigarette fortgeworfen und Anstalten gemacht, die Straße zu überqueren und zum Hotel zu gehen. „Sieht so aus, als ob wir einen Schatten hätten, Vogelscheuche", flüsterte David.

Der Mann schlängelte sich durch den Verkehr und eilte zum Bürgersteig direkt vor dem Hotel. „Angela hat ihn zuerst bemerkt", flüsterte Michael. „Weißt du, ich hätt' mir nich' mal was dabei gedacht, wenn er mich gebeten hätte, ihm Feuer zu geben. Aber sie hat 'ne gute Beobachtungsgabe. Merkt alles. Hätt'st du das außerdem für möglich gehalten, daß sie uns heute so 'ne Liste bringt?"

David verfolgte schweigend, wie der Mann unter der blauen Leinenmarkise des Hoteleingangs verschwand. „Sie is' schon in Ordnung, Vogelscheuche. Ich glaub', ich hab' ihr ganz schön unrecht getan. Ich dachte, sie wär' einfach noch so 'ne hergelaufene Reporterin auf der Jagd nach 'ner Geschichte, aber sie hat sich wirklich für uns eingesetzt. Sie is' schon in Ordnung."

„Schön, daß du das zugibst", erwiderte Michael selbstzufrieden, während er das Licht wieder anschaltete. „Ich hab' sie nämlich liebgewonnen, wenn du weißt, was ich mein'. Was ich damit sagen will ..." stotterte er und wurde rot. „Ich denk' daran, mich zu binden, weißt du. Das heißt, hm, wenn sie mich haben will."

David mußte unwillkürlich über Michael lächeln, obwohl ihm bei dessen Worten nicht so ganz geheuer war. Aber er unterdrückte seine Bedenken und sagte freudig: „Aber das ist doch prima, Vogelscheuche. Einfach prima."

„Ich hab' sie natürlich noch nich' gefragt. Weißt du, sie is' ja so 'ne intelligente, phantastische Frau. Ich kann mir immer noch nich' vorstell'n, was sie an einem wie mir findet."

„Nun, du bist auch phantastisch, Vogelscheuche", sagte David und schlug ihm freundschaftlich auf den Arm. „Da sie Ellie auch kennt, können wir vielleicht mal zu viert Binokel spielen."

„Nun, ich hab' sie ja noch gar nich' gefragt. Aber ich glaub', David, sie liebt mich wirklich. Ich mein'..." Er verdrehte vor Begeisterung die Augen und stieß einen leisen Pfiff aus. „Und sie's wirklich 'ne tolle Frau. Hat genau herausgefunden, was mit uns los war, obwohl ich nie'n Wort darüber verlor'n hab'. Und nun komm'n morgen Flieger aus aller Welt, um sich bei uns zu bewerben." Er räusperte sich verlegen und fügte hilflos hinzu: „Ich weiß, du warst nich' g'rad begeistert darüber, wie sich die Dinge hier entwickelt ham..."

„Ich wollte nur verhindern, daß du den Kopf verlierst. Laß es ein bißchen langsamer angehen, Vogelscheuche. Ich meine, das Leben spielt sich doch für uns momentan in der Luft ab."

„Hört euch an, wer da spricht!" rief Michael und lachte aus vollem Halse. „Der Herr, der seine Flitterwochen in einer Nacht verlebt hat!"

David strich sich müde übers Kinn. „Du hast recht. Und du bist immerhin ein erwachsener Mann. Du machst sowieso, was du willst. Also..." David hob kapitulierend die Hände und stieg wieder ins Bett. „Aber paß auf dich auf, ja?"

„Ich bin gegen alles gewappnet", erwiderte Michael. „Einschließlich des Buchhalters da unten." Er klappte sein Jacket auf und zeigte David einen Revolver, Kaliber 38, der in seinem Hosenbund steckte.

David grinste ihn an. Dann langte er unter sein Kopfkissen und zog einen riesigen 45er mit langem, mattschwarzen Lauf darunter hervor.

23. Eine Zeit, etwas zu wagen

Die Sonne strömte durch die staubigen Jalousien von Davids tristem Zimmer im Hollywood Roosevelt Hotel. Michael stand mit einem Klemmbrett an der Tür, und David saß an dem verkratzten Schreibtisch, einen Bewerbungsbogen in der Hand, auf dem die Piloten rechts, die Kopiloten links und die Bordingenieure sowie die Navigatoren in der Mitte eingetragen waren.

In seinem rot-schwarzen Flanellhemd und den Bluejeans sah er zwar nicht gerade aus wie der Leiter einer nagelneuen, hoffnungsvollen Fluggesellschaft, aber seine saloppe Kleidung tat seiner Wirkung auf die arbeitslosen Flieger, die sich zu einem Vorstellungsgespräch drängten, offensichtlich keinen Abbruch.

Gerade stand ein junger Mann mit einem Kindergesicht, schwarzen Haaren und runden Brillengläsern vor David und trat ungeduldig von einem Bein aufs andere, während dieser eingehend die vor ihm liegende Bewerbung studierte.

„Mick Grady?" fragte David, dem der irische Name des Bewerbers auffiel. „Navigator."

Der mit dem Namen Mick Grady Angesprochene spielte nervös mit seinem Hut, indem er diesen auf einem Finger kreisen ließ. „Stimmt. Siebenunddreißig Einsätze über Deutschland, und ich war es, der uns jedesmal hingebracht hat", erklärte er großspurig. „Außerdem kann ich auch ohne Kompaß navigieren."

David betrachtete den Namen auf dem Blatt mit zusammengekniffenen Augen. *Wie in aller Welt*, fragte er sich, *ist ein Name wie Grady auf eine Liste mit Steinbergs, Rosenwalds, Goldsteins und Levys gekommen?* „Mick Grady?" fragte er daher noch einmal und räusperte sich. „Ein irischer Name, nicht wahr?"

Mick nickte und strich sich mit der Hand über sein rosiges Kinn. „Zumindest, als ich das letzte Mal nachgeprüft hab'", erwiderte er. „Ich hab' natürlich meinen Namen geändert. Als ich nach Hollywood kam. Mit einem komischen Nachnamen hat man in Hollywood keine Chance. Clark Gable hat seinen auch geändert, und wußten Sie schon, daß John Waynes richtiger Vorname Marion ist?"

David seufzte erleichtert auf. „Na gut. Wie ist denn Ihr richtiger Name?"

„Das letzte Mal, als ich ihn geändert hab' ... also, vor diesem Mal, hieß ich Daughtery. Irische Namen kommen nämlich gut in Hollywood an. Filmproduzenten lieben irische Namen. Mein echter Name ist Mick Feinsteinel. Aber da niemand einen Schauspieler mit dem Namen Feinsteinel haben wollte, hab' ich meinen Nachnamen zuerst in Daughtery geändert."

David kratzte sich am Kopf. „Das ist ja auch ein irischer Name. Also warum haben Sie sich dann in Grady umbenannt?"

Mick wechselte sein Standbein und schaute David an, als ob dieser nicht wüßte, wo es lang geht. „Das is' doch ganz einfach. Ganz Hollywood ändert doch seinen Namen, stimmt's? Wenn mich also jemand fragen sollte, wie ich vorher hieß, wollte ich Daughtery sagen können. Versteh'n Sie? Oder meinen Sie, ich möchte, daß irgendjemand erfährt, daß ich früher mal Feinsteinel geheißen habe?" meinte Mick, über seine Raffinesse grinsend.

David versuchte stirnrunzelnd die Argumentation des jungen Navigators nachzuvollziehen. „Nun, gut", meinte er dann sich räuspernd, entschlossen, kein Wort mehr über diese überholte Argumentation zu verlieren. Immerhin ergab sie ja einen gewissen Sinn. „Navigator also? Siebenunddreißig Einsätze."

„Jawoll. Hin und wieder zurück", erwiderte Mick mit zur Seite geneigtem Kopf. „Aber nun erzählen Sie mir keinen Quatsch! Macht ihr auch keine schmutzigen Geschäfte? Ihr dreht doch mit der Fluggesellschaft hoffentlich keine krummen Touren?"

David richtete sich auf und erwiderte im überzeugendsten Tonfall eines in seiner Ehre gekränkten Managers: „Was für eine Frage, Feinsteinel! Sie kommen hier einfach so hereingeschneit –"

„Nun machen Sie aber mal halblang!" unterbrach ihn der junge Mann mit dem rosigen Gesicht. „Sie sind doch David Meyer, der amerikanische Kriegsheld. Sie sind vor einem Monat mit viel Zaster von Palästina zurückgekommen und haben drei Constellations und zehn C 47 gekauft, ganz zu schweigen von den C 46, die Sie billig dazubekommen haben. Sie zahlen hundert Mechanikern Spitzengehälter, und nun heuern Sie Ex-Flieger mit Namen wie Levy und Goldstein und –"

„... und Mick Feinsteinel an" ergänzte David und streckte Mick die Hand entgegen. „Klingt ganz so, als wüßten sie genauso viel über die Sache wie ich selbst."

Dieser zögerte einen Moment, ergriff dann herzlich Davids Rechte und meinte grinsend: „Ich fliege eben nicht einfach blind irgendwohin. Wo soll ich unterschreiben, und wann fang' ich an?"

„Unterschreiben Sie hier." David reichte ihm einen Stift. „Wir verlassen die Vereinigten Staaten spätestens am ersten Mai, das heißt, sobald die Flugzeuge fertig sind. Bis dahin müssen wir alles herausgerissen haben, was auch nur im entferntesten an militärische Nutzung erinnert, und durch Material ersetzen, das für den zivilen Gebrauch bestimmt ist."

„Eine Schande." Mick unterschrieb und gab David den Stift zurück. „Wenn man bedenkt, wohin wir fliegen."

„Das läßt sich nicht vermeiden. Die Bestimmungen sind in diesem Punkt sehr streng, und wenn wir überhaupt fliegen wollen ..."

„Aber ich find's trotzdem 'ne Schande. Schade, daß Sie Ihren Namen nich' auch ändern und einen Namen anderer Nationalität annehmen können."

„Das stimmt", pflichtete ihm David bei. Er stand auf und streckte sich. Es war ein langer Vormittag gewesen mit zwei Dutzend Interviews, und der Nachmittag würde ebenfalls anstrengend werden. „Michael wird Sie in einer Woche anrufen. Dann werden wir die Besatzungen zusammenstellen, die miteinander arbeiten sollen. Und wenn Sie irgendwelche Leute kennen, die gerne als Bodenpersonal einer neuen Fluggesellschaft arbeiten möchten ..."

„Haben Sie vor, Bombeneinsätze über Kairo zu fliegen?" fragte Mick grinsend. Er setzte schwungvoll seinen Hut auf, in dem er wirkte, als versuche er, älter zu erscheinen, indem er die Kleider seines Vaters trug. David musterte ihn noch einen Augenblick und kam dann zu dem Schluß, daß Mick Feinsteinel, alias Daughtery, alias Grady, wirklich einen jungenhaften Reiz wie Mickey Rooney auf ihn ausübte. Er wäre ein guter Komparse in einem Andy-Hardy-Film. Es war schwer, sich vorzustellen, wie er eine Bombenladung über Heidelberg, bzw. in diesem Fall Kairo, abwarf.

„Siebenunddreißig Einsätze, wie?" vergewisserte sich David noch einmal. „Unter welchem Namen wollen Sie also geführt werden? Grady? Daughtery? Fein-?"

„Mick reicht schon." Er rückte seinen Hut zurecht. „Einfach Mick."

Der Nachmittag schleppte sich dahin mit einer merkwürdigen Mischung aus erfahrenen Fliegern und hoffnungsvollen grünen Jungen, die in endloser Prozession am Zimmermädchen vorbeidefilierten, um sich in Davids „Büro" vorzustellen. Einige wenige glaubten die Geschichte, daß David eine neue Fluggesellschaft gegründet habe, um mit einem Geschwader von ausrangierten Kriegsmaschinen Flüchtlinge aus Europa zu transportieren. Das war schließlich eine ganz normale Geschichte nach dem Krieg.

Alle Flieger, die bei David vorstellig wurden, waren mit dem zivilen

Leben auf dem Erdboden unzufrieden und sehnten sich danach, wieder in die Luft zu kommen, wo sie sich heimisch fühlten. Autoverkäufer und Angestellte, Feuerwehrleute und Tellerwäscher – sie alle hatten eines gemeinsam: die Abneigung gegen das Gesetz der Schwerkraft. Verheiratet, ledig, geschieden und wiederverheiratet, zogen sie, auf der Suche nach neuen Abenteuern, durch die Eingangshalle des Hollywood Roosevelt Hotels. Die meisten, wie Mick, vermuteten, daß sie sich da auf eine Sache einließen, die von einer viel größeren Tragweite war als einfach nur der Aufbau einer neuen Fluggesellschaft. Viele waren sogar fest davon überzeugt. Aber denjenigen, die zuviele Fragen stellten, wurde sofort die Tür gewiesen, ohne daß sie darauf hoffen durften, noch einmal vorgelassen zu werden. Es hatte schließlich keinen Sinn, für Leute offen zu sein, die die genauen Einzelheiten des Unternehmens wissen wollten. Es waren ohnehin schon genug Gerüchte in Umlauf.

Gegen Ende der vier Tage dauernden Vorstellungsgespräche hatten nur noch zwei Flugzeuge keinen Piloten. Und als der nächste Bewerber von Michael hereingelassen wurde, breitete sich ein strahlendes Lächeln auf Davids Gesicht aus, und er streckte diesem herzlich die Hand entgegen: es war der Kopilot des Transatlantikfluges, mit dem vor einigen Wochen der Sarg nach Amerika überführt worden war.

„Sie?" rief David überrascht aus. „Wie sind Sie ..."

„Sie hätten mir früher Bescheid sagen sollen", sagte der Kopilot, schüttelte David die Hand und setzte sich auf die Stuhlkante. „Ich habe davon gehört, daß Sie in der Stadt sind."

„Sie wissen doch, daß ich leider nicht Ihren Namen erfahren habe", erwiderte David und fuhr sich verlegen mit der Hand durchs Haar.

„Feinsteinel. Martin Feinsteinel", stellte sich der dunkelhaarige, junge Kopilot vor.

„Sind Sie irgendwie mit Mick Grady verwandt?" fragte David und schaute Martin prüfend ins Gesicht, um eine Ähnlichkeit mit Mick zu entdecken. Die klaren haselnußbraunen Augen und das jungenhafte Gesicht ähnelten tatsächlich dem Micks. Und das breite, spontane Lächeln war nahezu identisch bei den beiden.

„Mein jüngerer Bruder. Ein großartiger Navigator, das kann ich Ihnen versichern. Ich habe versucht, ihn bei meiner Fluggesellschaft unterzubringen, aber er war zu jung oder zu klein – oder vielleicht auch zu jüdisch. Das ist auch der Grund, warum hier bin. Denn mein Vorgesetzter hat mich wissen lassen, daß Ostern und Weihnachten auf einen Tag fallen müßten, bevor er einen Juden zum Piloten macht. Ich habe über fünfzig Bombeneinsätze über Europa geflogen, und das ist dann der Dank dafür. Ich bin aber deswegen nicht verbittert, das dürfen Sie nicht denken. Immerhin ist meine jetzige Tätigkeit interessanter als das, womit die meisten anderen Flieger ihr Leben fristen müssen. Aber ich bin einfach erschüttert über die Einstellung der Menschen."

David nickte und dachte still für sich, warum er den Kopiloten nicht schon vor drei Wochen im Flugzeug angeheuert hatte, als dieser ihm seine Hilfe anbot. „Die Welt ist klein, nicht wahr?"

„Tja. Zu klein. Und meiner Meinung nach wird sie für die Juden immer kleiner. Wenn ihr Burschen das vorhabt, was Mick mir erzählt hat, dann möchte ich gern mit an Bord. Ich möchte gern helfen, Captain Meyer. Das hab' ich Ihnen schon damals im Flugzeug gesagt, und das war mein voller Ernst."

„Das ist einer, über den ich nicht nachzudenken brauche", sagte David mit ehrfürchtigem Kopfschütteln über diesen Zufall. „Aber sag David zu mir, ja?"

Martin überreichte David seine Bewerbung. Alles war sauber und deutlich ausgefüllt. Alter: 29. Größe: 1,86m. Gewicht: 60kg. Familienstand: geschieden. Kinder: eins. Ausbildung: ein Universitätsjahr an der Universität von Süd-Kalifornien. Aufnahme in die Luftwaffe: 1941. Pilot B-29. 53 Einsätze über Deutschland.

David wußte, daß in jedem dieser 53 Einsätze eine ganze Geschichte steckte. Diese Erfahrung hatte er gemacht, wenn er gelegentlich ein Geschwader Fliegender Festungen über feindlichem Gebiet begleitet hatte. Die Me 109 waren wie riesige Moskitos, begierig darauf, hinunterzutauchen und zu stechen. Durch Flak und Maschinengewehrsalven waren sie hindurchgeflogen, nie daran zweifelnd, daß sie ihr Ziel erreichen würden, immer in dem sicheren Bewußtsein ihrer Mission und ihres Zieles. Doch auch diese Fliegenden Festungen waren nicht unzerstörbar gewesen. Manchmal war das Ende plötzlich gekommen, durch eine Explosion von zu früh gezündeten Bomben, die das Flugzeug zersprengten und den Himmel mit der doppelten Sprengkraft eines Blitzes spalteten, manchmal langsam, wenn ein Motor nach dem anderen versagt und die unerbittliche Anziehungskraft der Erde den verwundeten Riesenvogel so lange in die Tiefe gezogen hatte, bis nur noch ein schwelender Haufen verbogenen Metalls übriggeblieben war.

David hatte erlebt, wie winzige Punkte, Männer wie er, sich aus den brennenden Flugzeugen hinauskatapultierten. Und er wußte, daß sie zunächst darum beteten, daß sich der Fallschirm öffnete, und dann, daß sie schneller zur Erde sanken, als die feindlichen Kugeln, die den Himmel übersäten, sie erreichen konnten. Dreiundfünfzig Einsätze war Martin geflogen und dann nach Hause gekommen, um als einfacher Kopilot friedliche Zivilisten durch einen ruhigen Luftraum zu fliegen. *Als die letzte Flak der Nazis erstarb*, dachte David, *hat auch das Zusammengehörigkeitsgefühl der Menschen ein Ende gehabt, das alle gleichberechtigt gegen den Feind kämpfen ließ. Nach dem Krieg mußten Schwarze wieder aus den vorderen in die hinteren Reihen der Busse umwechseln; jüdische Ärzte, die den in der Schlacht verwundeten Soldaten das Leben gerettet hatten, waren in ein Amerika zurückgekehrt, das ihnen immer noch Hotelzimmer und Mitgliedschaften in bestimmten Clubs verweigerte; Indianer, die mit dem silbernen Stern ausgezeichnet worden waren, wurden wieder mit Argwohn betrachtet und nicht gern außerhalb ihrer Reservate gesehen. Dreiundfünfzig Bombeneinsätze waren nur eine Stelle als Hilfspilot bei einer der größten Fluggesellschaften wert.*

„Ich habe mir schon gedacht, daß Sie Jude sind, Captain Meyer –"
„David."
„Also David. Mit einem Namen wie Meyer. Aber in den Zeitungen ist das nie erwähnt worden. Niemals hat man etwas darüber gelesen, daß du Jude bist."
„Nun, bis dahin hatte ich mich selbst noch nicht einmal als Jude betrachtet", erwiderte David achselzuckend. „Mein Großvater Meyer heiratete eine Dame namens Broadhurst, und ich glaubte, daß dort der schwarze Peter hängengeblieben sei."
„Nun, ein Vierteljude zu sein, war im Nazi-Deutschland schon Grund genug, verfolgt zu werden. Für den Führer spielte es keine Rolle, ob jemand zum Christentum übergetreten, Arzt oder Naturwissenschaftler war. Solange mindestens einer der Großeltern einen jüdischen Stammbaum hatte. Das reichte ihm schon."
„Davon hab' ich gehört.", erwiderte David nachdenklich. „Sag mal, Feinsteinel, hast du dir eigentlich nie Sorgen gemacht, mit einem Namen wie Feinsteinel auf deiner Erkennungsmarke über Deutschland abgeschossen zu werden? Ich mit meinem schon."
„Nee. Ich hatte ja 'ne Ersatzmarke. In Deutschland hätte ich mich als Grady ausgegeben. Hast du davon schon gehört? Ich habe Mick gesagt, wenn er meint, daß es mit Hollywood Schwierigkeiten gibt –"
Er lachte und stieß einen leisen Pfiff aus.
„Ich hoffe nur, daß Palästina nicht so schwer wird wie der letzte Krieg", sagte David leise, während er die Aufstellung der jüdischen

Namen auf der Liste betrachtete. „Nach dem zu urteilen, was ich gehört habe, glaube ich nicht, daß unsere arabischen Freunde allzu versessen darauf sind, Gefangene zu machen. Und du weißt, daß wir möglicherweise unsere Staatsbürgerschaft verlieren. Ganz zu schweigen von unserer Armeeunterstützung. Bist du auch ganz sicher, daß du bei uns mitmachen willst? Ihr beide, du und dein Bruder?"

„Ich wünsche mir, daß es zumindest einen Ort auf der Welt gibt, an dem es ein Vorteil ist, einen jüdischen Namen zu tragen, Captain ... David", erwiderte Martin nachdenklich. „Der einzige Ort, an dem es keine Rolle spielte, war einen Kilometer über Berlin, wenn die Bombenklappen geöffnet waren. Es wäre schön, wenn es auch einen friedlichen Ort auf der Welt gäbe, an dem wir landen könnten und an dem uns dann immer noch etwas menschliche Achtung entgegengebracht würde. Mir war es ganz ernst mit dem, was ich dir gesagt habe. Und ich hoffte, daß du das, was du in Palästina geleistet hast, jetzt wegen des Todes deiner Frau nicht einfach über Bord werfen würdest."

David hielt sich die Hand vor den Mund und hustete. Dann beugte er sich vor und suchte mit verzerrtem Gesicht nach Worten: „Nun, dann, hm, willkommen an Bord. Und nun noch eine kurze Bemerkung zu dem Sarg –" Weiter kam er nicht. Denn plötzlich stand die Erinnerung an seinen Flug in die Vereinigten Staaten klar und deutlich vor seinem geistigen Auge: als habe ihm jemand eine Photographie vorgehalten, wußte er mit einem Mal ganz genau, wo er dem Mann, den er vor Graumanns Kino gesehen hatte und der ihnen seit Tagen folgte, schon einmal begegnet war. „Er saß hinter mir im Flugzeug", fuhr er ganz ruhig fort.

Martin machte ein erstauntes Gesicht. „Was –"

„Da saß so ein kleiner Mann im Flugzeug. Gleich hinter mir und Michael. Er saß mit einer korpulenten Frau zusammen ... oder zumindest neben ihr. Und er sprach kein Englisch. Dann folgte er mir und Michael in Washington in die Herrentoilette. Und vor ein paar Tagen hat er Michael und Angela beschattet", rekapitulierte David nachdenklich.

„Ihr werdet verfolgt?"

„Tja. Ich dachte zuerst, der Kerl sei vielleicht ein FBI-Agent – bis jetzt. Weder die Vogelscheuche noch ich haben ihn bisher einordnen können. Aber er ist auf keinen Fall Amerikaner. Wodurch sich nur eine Lösung der Frage ergibt: er ist ein arabischer Agent."

Martin kniff die Augen zusammen und meinte mit einem vielsagenden Lächeln: „Warum suchst du dir nich' 'n paar Leute zusammen und prügelst ihm die Weichteile aus'm Körper? Lehrst ihn Mores?"

„Tolle Idee. Ich war bislang ein bißchen unsicher, für den Fall, daß er Amerikaner, ein Mann von der Regierung, sei. Aber dies ändert natürlich alles."

„Na also! Worauf wartest du dann noch?" meinte Martin energiegeladen, begierig darauf, Hand an den ersten Jihad-Moqhaden zu legen.

„Wir haben ihn schon seit Tagen nicht mehr gesehen. Aber Angela. Michaels Freundin", fügte David erklärend hinzu. „Sie sagte, er sei ihr zweimal gefolgt. Hat sie ganz schön mitgenommen. Und Michael ist bereit, ihn in Stücke zu reißen. Aber er ist einfach wie vom Erdboden verschwunden."

„Er ist also in meinem Flugzeug geflogen?" überlegte Martin.

„Saß gleich hinter uns."

„Na, wenn du mir'n paar Tage Zeit gibst, kann ich ja mal Nachforschungen anstellen. Zumindest herausfinden, wie er heißt. Erinnerst du dich noch an deine Sitznummer?"

David wühlte in seiner Schublade nach dem Flugticket und hielt es schließlich triumphierend in die Höhe. „Ich bin so 'ne Art Sammlertyp", meinte er. „Aber manchmal macht sich das auch bezahlt." Er warf einen Blick auf das Ticket. „Reihe vier, Sitz B."

✳ ✳ ✳

Niemand konnte sich erinnern, je in Palästina einen so kalten März erlebt zu haben. Der Monat hatte mit Eiseskälte begonnen und war auch später mit Temperaturen wenig über Null Grad so hart und unerbittlich geblieben, daß die Soldaten auf beiden Seiten der Barrikaden in dem Schneeregen und dem Hagel, die über Jerusalem niedergingen, gleichermaßen in der Kälte zitterten. Haj Amin hatte sich geschworen, Jerusalem den Lebensnerv abzuschnüren und hatte dies mit Hilfe der Natur auch beinahe geschafft. Selbst das kleine Flugzeug, das Ellie und Ben-Gurion nach Tel Aviv gebracht hatte, war nun hoffnungslos an den Boden gefesselt. Das Kerosin war ständig weniger geworden, bis es zuletzt ganz aufgebraucht war. Die Frauen waren dazu übergegangen, die noch verbleibenden mageren Essensrationen über Feuern zu kochen, die mit Feuerzeuggas und DDT gemacht wurden. Die Not war zur Mutter mancher Erfindung geworden.

Unterdessen brütete David Ben-Gurion in dem improvisierten Büro eines kleinen roten Hauses in Tel Aviv über den Tabellen und Rationierungsplänen, die Mosche aufgestellt hatte, bevor er in die Altstadt gegangen war. Damals hatte er einundzwanzig Hauptnahrungsmittel aufgelistet, die sich in den Lagerhäusern Jerusalems befanden. Was am 9. März 1948 davon geblieben war, machte nur umso deutlicher, wie nah Jerusalem der Vernichtung war.

Ben-Gurion studierte mit finsterer Miene die Aufstellung der noch verbliebenen Lebensmittel. „Es gibt weder frisches Fleisch noch Obst und Gemüse auf den Märkten. Die Rationen für die Haganahleute betragen vier Scheiben Brot, einen Teller Suppe, eine Büchse Sardinen sowie zwei Kartoffeln pro Tag. Und diese sind die besternährten Menschen in der Altstadt." Der Alte schlug die Blätter knallend auf seinen Schreibtisch und fuhr sich niedergeschlagen mit der Hand durch sein zerzaustes Haar.

Er betrachtete mißmutig das halbe Dutzend Männer, die sich zu einer Besprechung über die Situation der belagerten Stadt um ihn versammelt hatten. Ein stämmiger, gutmütig aussehender Mann mit einer beginnenden Glatze und dicken Brillengläsern ergriff zögernd das Wort. „Avriel hat es immerhin geschafft, in der Tschechoslowakei Waffen zu kaufen. Zumindest das können wir also als eine erfreuliche Tatsache verbuchen. Und dann dürfen wir David Meyers Erfolg in Amerika nicht vergessen. Die Flugzeuge werden uns eine wunderbare Hilfe sein, wenn die Zeit für eine Luftbrücke gekommen ist –"

Der Alte unterbrach ihn mit einem knallenden Faustschlag auf den Tisch und brüllte die ihm gegenübersitzenden Kommandeure mit einer Lautstärke an, daß sie erschrocken zusammenfuhren: „Die Waffen in Prag werden Jerusalem nichts nützen! Denn bis zum jetzigen Zeitpunkt hat uns noch keine Waffenlieferung erreicht! Nicht eine einzige! Und wo sind die Flugzeuge, die die Waffen an der britischen Blockade vorbeibringen könnten? Wo? Auf einem Flugplatz in Burbank – in Amerika! Für uns hier kaum von Nutzen! Wir hier in Tel Aviv haben zwar zu essen, aber was ist mit unseren Brüdern in Jerusalem? Und was nützen uns bei einer derartig hoffnungslosen Ernährungslage Waffen und Munition?"

Ben-Gurions schonungslose Worte und sein vernichtender Blick hatten die Männer zum Schweigen gebracht. So unerbittlich mit der verzweifelten Lage konfrontiert, die nicht nur Jerusalem, sondern vor allem auch ihre Hoffnung auf ein Heimatland zu zerstören drohte, fühlten sich alle benommen und ratlos. Wenn sich das Blatt nicht bald wendete, ging der Jischuv der sicheren Vernichtung entgegen. Die Drohungen des Muftis wurden allmählich zur Realität.

Ben-Gurion ergriff noch einmal das Wort: „Unsere Bevölkerung konzentriert sich hauptsächlich auf drei Orte..." Er schwang in seinem Drehstuhl herum und tippte auf die riesige Karte von Palästina, die hinter ihm an der Wand hing. „Hier auf Tel Aviv, auf Haifa und dort..." – er tippte auf den roten Kreis, der um Jerusalem gezogen war –, „auf die Heilige Stadt selbst. Faktisch wären wir imstande zu überleben, wenn wir eine der beiden anderen Städte verlören, aber nicht Jerusalem. Das würde dem Jischuv das Rückgrat brechen. Auch wenn wir es nicht wissen sollten – der Mufti weiß das auf jeden Fall. Sagen zu können, ,wir hatten immerhin Waffen in Prag und Flugzeuge in Amerika', wird uns nichts nützen, wenn wir besiegt sind."

Ein großer, schlanker Mann in der grünen Cordhose eines Haganahkommandeurs starrte düster auf die schmale Schlucht zwischen Tel Aviv und Jerusalem und sagte: „Die arabischen Geier sitzen oben in Kastel und beherrschen den Paß. Wie schon die Römer und die Kreuzfahrer. Und auch die Türken."

„Der britische Hochkommissar hat uns sein Ehrenwort gegeben, daß er die Straße von hier nach Jerusalem offen halten wolle", ergänzte der gutmütig aussehende Mann mit der Brille.

Ben-Gurion kniff die Augen zusammen. „Und er hat sein Wort nicht gehalten. – Der vierzehnte Mai ist einfach zu spät."

Die unleugbare Wahrheit dieser Worte setzte sich den Männern tief ins Bewußtsein. „Aber was sollen wir dann tun?" fragte schließlich einer von ihnen. „Wann werden uns die Flugzeuge denn Waffen bringen?"

Der Alte spielte mit einem Telegramm, das er vor einigen Stunden erhalten hatte. „Der erste Mai ist offenbar der frühestmögliche Termin. Die Flugzeuge werden augenblicklich umgebaut, damit sie den Anforderungen der Regierung der Vereinigten Staaten entsprechen. Da die Fluggesellschaft nun mal dort registriert ist, muß sie sich auch den dortigen Bedingungen unterwerfen. Captain Meyer versichert uns, daß die Männer Tag und Nacht tätig sind. Die Piloten und die Besatzungen sind bereits ausgewählt, aber die Inspektoren in den Vereinigten Staaten machen die Änderungen so schwierig und zeitraubend wie möglich. Ihre Taktik heißt Verzögerung." Er seufzte und blickte zur dunklen Decke hinauf. „Und wenn wir eins nicht hinnehmen können, dann sind es Verzögerungen. Wir können nicht länger warten." Dann sah er einen großen, schlanken jungen Mann in grüner

Kleidung durchdringend an. „Aluf Levy, wieviele Leute stehen euch für die Verteidigung von Tel Aviv zur Verfügung?"

„Vielleicht fünfzig Bewaffnete", antwortete dieser nach kurzem Nachdenken. „Und von denen würde jeder nicht mehr als vier Schuß abgeben können. Also nicht genug."

Ben-Gurion tat die Bemerkung mit einer Handbewegung ab. „Und wieviele Lastwagen haben wir heute nacht für einen Konvoi zur Verfügung?"

Der stämmige Mann mit der Brille kniff sich nachdenklich in die Nasenwurzel und veränderte müde seine Sitzhaltung. „Bis heute abend? Vielleicht vierzig. Ungefähr jedenfalls."

„Abgemacht!" sagte Ben-Gurion und klatschte in die Hände. „Fünfzig Wächter und vierzig Lastwagen. Ein Wächter pro Fahrer. Zwei Wächter in jedem vierten Lastwagen des Konvois."

„Bei dem Wetter!" protestierte der Stämmige.

„Das Wetter wird euer Freund sein, weil es der Feind der Leute des Muftis ist." Der Alte beugte sich vor und erstickte mit seinem strengen Blick jeglichen weiteren Protest im Keim. „Und die Dunkelheit wird euch zusätzlichen Schutz gewähren." Dann fügte er mit verzweifelter Stimme hinzu: „Wir müssen diesen Konvoi nach Jerusalem bringen! Wir müssen den Menschen dort zeigen, daß sie nicht vom Rest des Jischuvs abgeschlossen sind! Es wird Zeit, meine Herren, daß wir etwas riskieren!"

24. Hoffnung in der Bedrängnis

Die Märzwinde heulten um das Central Prison in der St. George Street, die in dem von den Briten besetzten Teil Jerusalems lag, dem man in Anlehnung an den britischen Außenminister Bevin den Namen *Bevingard* gegeben hatte. Das Gebiet war von Stacheldrahtverhauen gesichert, die aussahen wie Steppenläufer, die von einem Sandsturm gegen die Mauern und Beobachtungstürme angeweht worden waren. Das Ganze wirkte auf diese Weise wie ein Dornröschenschloß. Allerdings gab es keinen Prinzen, der die Dornenhecke mit seinem Schwert zu durchdringen vermochte.

So, wie der Stacheldraht das Gefängnis und die Gefängnisgitter Mosche und Ehud umgaben, so stellten die Krieger Haj Amins ein lebendiges Bollwerk dar, eine die Hänge überwuchernde Dornenhecke, die ganz Jerusalem von der Außenwelt und insbesondere auch von Tel Aviv abschnitt. So warf inzwischen das düstere Gespenst des Hungers seinen Schatten über hunderttausend Juden.

Mosche in einer Zelle im tiefsten Inneren des Gefängnisses wußte, daß Jerusalem, lange bevor die Briten im Mai abziehen würden, der Übermacht der muslimischen Kämpfer anheimfallen würde. Er saß auf dem Rand seiner Pritsche, starrte durch die verrosteten Gitterstäbe seines Zellenfensters auf die gegenüberliegende getünchte Mauer und horchte auf die Geräusche um ihn herum: Irgendwo wurde jemand von einem Hustenanfall gequält; aus der einen winzigen Zelle neben seiner hörte er Ehuds friedliche Schnarchtöne, und von seiner Zellendecke tropfte Wasser in einen Blecheimer. Die andere Nachbarzelle war leer, die Wände narbig und durchlöchert von der Explosion einer hineingeschmuggelten Handgranate, mit der sich zwei jüdische Häftlinge, die nicht durch den britischen Strang sterben wollten, das Leben genommen hatten. Mosche wußte, daß es die Briten seit diesem Ereignis vorzogen, ihre Gefangenen im Acre-Gefängnis zu hängen, um nicht den Zorn der Jerusalemer Juden heraufzubeschwören. Deshalb sollten auch Ehud und er in den nächsten Tagen ins Acre-Gefängnis überführt werden. – „Wenn das Wetter aufklart", hatte der Kommandant hinzugefügt. – Danach sollten sie möglichst bald hingerichtet werden, um den arabischen Mob zu beruhigen, der Blutrache für das Attentat am Jaffa-Tor forderte.

Über das Urteil war man sich schnell einig geworden. Die Zeugen hatten unwiderlegbar ausgesagt, daß sich Mosche Sachar in der Verkleidung eines Priesters am Schauplatz des Anschlags aufgehalten hatte. Außerdem sei er auch beim Diebstahl des Polizeilieferwagens zugegen gewesen. Seine Erklärung, daß die Verkleidung den Zweck gehabt habe, unerkannt in die Altstadt zu gelangen, hatte nichts bewirken können. Es bestand kein Zweifel daran, daß er in die Sache verwickelt war. Auch der empörte Protest der Jewish Agency hatte nichts ausgerichtet. Die Beweise sprachen einfach gegen ihn. So war Mosche Sachar wegen des Bombenanschlags und Ehud wegen Schmuggelei und Waffenbesitzes verurteilt worden. Die Bestrafung war allerdings in beiden Fällen die gleiche. Denn in den langen Jahren des britischen Mandats wurden Juden selbst für das Mitsichführen von Waffen mit dem Tode bestraft. Dieses Verbrechens, so dachte Mosche, hatten sie sich tatsächlich beide schuldig gemacht.

Auch die Aussage einer Zeugin, Mosche habe sich nach dem Bombenanschlag um die Verwundeten gekümmert, wurde nicht als Milderungsgrund anerkannt, ebensowenig der Umstand, daß er die Leiche eines kleinen Jungen mit dessen Mantel zugedeckt und einem Bewußtlosen die Blutung gestillt und ihm auf diese Weise das Leben gerettet hatte. Er gehörte eben zur Haganah; er war ein Mensch mit einer Doppelidentität. Das war eine erwiesene Tatsache. Er hatte seit Jahren gegen die Gesetze der Regierung verstoßen. Alles bewiesen. So waren die Richter zu einer schnellen Entscheidung gekommen.

Seine Bitte um eine Bibel wurde Mosche allerdings sofort erfüllt, wohingegen ihm der Beistand eines Rabbiners verwehrt wurde. Einen jüdischen Rabbiner in den Gefängnisbereich zu bringen, könne wegen der Allgegenwart der arabischen Heckenschützen tödlich für ihn enden, hatte man ihm erklärt.

Die Tatsache, daß Mosche ja im Gefängnis saß und die arabischen Heckenschützen sich außerhalb des Gefängnisses befanden, war dem mürrischen, wortkargen Wärter nicht weiter merkwürdig vorgekommen. Doch Mosche hatte trotzdem verständnisvoll genickt und erwidert: „Vielleicht im Acre-Gefängnis."

Daraufhin hatte der Wärter bissig bemerkt: „Jawohl. Dort werden Sie bestimmt 'nen Rabbiner brauchen, nich'? Aber der kann Sie auch nich' reinwaschen."

Als Ehud in seiner Zelle diese Worte vernommen hatte, war er tief getroffen aufgesprungen, hatte laut geflucht und gebrüllt: „Es ist euer Weißbuch, das mit dem Blut Unschuldiger befleckt ist! Burschen wie du haben meine Frau und meine Kinder auf dem Gewissen –, weil ihr sie nicht nach Palästina gelassen habt! Das Blut von sechs Millionen Menschen klebt an dir und deinem Land und an der ganzen Welt, die stillschweigend zugesehen hat! An Mosche aber klebt kein Blut. Da ist kein Blut an den Händen Mosche Sachars! Er hat Tausende gerettet, während ihr Millionen aus diesem Land ferngehalten und dadurch in den Tod getrieben habt -" Dann war er in haltloses Schluchzen ausgebrochen, und Mosche hatte vergebens versucht, ihn zu beruhigen, während der Wärter mit rotem Kopf vor den durch die Gänge hallenden Anklagen die Flucht ergriffen hatte.

Andere Gefängnisinsassen hatten Ehuds Schrei aufgegriffen und aus Protest mit ihren Blechnäpfen gegen die Gitter geschlagen. Daraufhin war den Gefangenen das ohnehin schon karge Abendbrot verweigert worden, und eine Wolke der Verzweiflung hatte sich wieder einmal über die Gefängniszellen gelegt.

Das war vor zwei Tagen gewesen. Seitdem hatte Ehud kaum ein Wort gesprochen. Nachdem er seinen Zorn herausgeschrien hatte, war er, psychisch am Ende, in einen tiefen Schlaf gefallen, in dem er nun die Stunden des endlosen Gefängnisdämmerlichtes zubrachte.

Mosche dagegen lag wach auf seiner Pritsche und starrte zur Decke. In all diesen Tagen, schien es ihm, hatte er an nichts anderes denken können als an Rachel. Und wenn er ab und zu für wenige Minuten einschlief, vermeinte er sogar den süßen Duft ihrer Haut zu atmen. Er hörte sie seinen Namen rufen, und er wachte wohl hundertmal in der Nacht auf, um dann enttäuscht festzustellen, daß er allein war. Jede neue Wachphase war für ihn schwerer zu überstehen als die vorhergehende. Ihm fiel das Gedicht ein, das er für sie geschrieben hatte. So unbedeutend und schlecht formuliert es ihm auch erschien, so hoffte er doch jetzt inbrünstig, daß sie es finden und wissen würde ...

„Kocham cie, Rachel!" flüsterte er auf Polnisch. „Ich liebe dich, Rachel." Dann vergrub er sein Gesicht stöhnend im Kissen. Bring ihr diese Botschaft, Gott! betete er. Kocham cie! Umfang du sie jetzt mit deiner Liebe! Sag ihr, daß die Liebe stärker ist als der Tod! Umfang du sie jetzt mit deiner Liebe!

Er rieb sich sein Gesicht, als wolle er die grausame Wirklichkeit wegwischen. Ich habe ja immer gewußt, daß dieser Augenblick eines Tages kommen würde. Aber ich hatte gedacht, daß ich dem Galgen mutig entgegensehen würde, ohne Angst vor dem Tod, weil ich mich dazu entschlossen hatte, mein Leben für eine Sache einzusetzen, an die ich glaube! Aber nun muß ich dir gestehen, Herr: ich schreie danach zu leben! Wenn es dein Wille ist, daß wir nach Zion zurückkehren sollen, dann wird dies auch geschehen, selbst wenn ich nicht mehr bin. Denn ich bin nur ein unbedeutender Teil in der riesigen Menge derer, die um der Erfüllung dieses Traumes willen den Tod gefunden haben. Aber Rachel bedeute ich sehr viel. Ich bin ihre Nation. Ich bin ihr Heim. Ich bin ihr Traum. Und um ihretwillen möchte ich leben! Wir brauchen hier ein Wunder, Herr. Nicht um meinet-, sondern um Rachels willen. Ich weiß, daß es dir möglich ist, für sie ein kleines Wunder zu vollbringen, auch wenn es nicht dein Wille ist, daß ich es noch erleben darf. Doch bis dahin sage ihr bitte an meiner Stelle: „Kocham cie!"

Dann wurde Mosche durch die schlurfenden Schritte des Wärters, der die schlafenden Häftlinge kontrollierte, aus seinen Gedanken gerissen. Geblendet von der grellen Lampe, die gegenüber seiner Tür angebracht war, kniff Mosche die Augen fest zu und sah Rachel vor sich stehen, mit nassen Haaren und nackten Füßen. „... es schickt sich nicht", protestierte sie, und Mosche lächelte in der Erinnerung, als der Schatten des Wärters auf ihn fiel.

* * *

Ein Araberjunge lief durch die schwarze, von Regenschwaden gepeitschte Nacht und schrie aus vollem Halse: „Aufwachen! Aufwachen! Ein jüdischer Konvoi nähert sich dem Paß! Kommandeur Kadar hat mich geschickt! Wacht auf und sammelt euch im Kastel!"

Schlagartig gingen in allen Häuser die Lichter an. Die arabischen Freischärler sprangen aus ihren Betten und zogen sich hastig an. Alt wie jung schulterte Waffen und Munition, und der Schlachtruf „Allah akbar!" erfüllte die Nacht. Die Frauen warfen sich hastig etwas über und traten auf die lehmigen Wege, um ihren Ehemännern und Söhnen nachzusehen, die ausschwärmten, um dem Ruf Kommandeur Kadars Folge zu leisten.

Sie sammelten sich auf den felsübersäten Hängen unterhalb Kastels, um im Schutze der Felsblöcke und Geröllhalden auf den Konvoi zu warten, der sich rutschend und ächzend in Richtung Jerusalem bewegte.

Kadar, durchnäßt und gegen den heftigen Wind ankämpfend, rief den Männern seine Anweisungen und Befehle zu. Nur ein paar Meter von der aufgewühlten Straße entfernt hockten Gerhardt und Jassar gebannt im Morast, die kalten, feuchten Finger am Griff des Zündgerätes, das an die Landminen auf der Straße angeschlossen war.

„Sie kommen! Sie kommen!" rief es zwischen Steinen und Geröll her. „Allah akbar! Allah ist groß!"

Kadar schaute, die Augen mit der Hand abschirmend, durch den Regen und entdeckte eine gewaltige Menge von Scheinwerferpaaren, die durch die Schlitze ihrer Abdeckungen wie verschwollene Augen aussahen. „Allah akbar!" Dieser Ruf vermischte sich mit dem Ächzen der Motoren und dem Heulen des Windes. „Allah hat sie uns ausgeliefert!"

***

Sergeant Hamilton, Smiley Hitchcock und der junge Bill Harney standen mit ernster Miene vor Lukes Schreibtisch. Ham warf Luke die Tagesausgabe der *Palestine Post* auf die Schreibunterlage und sagte ruhig: „Wir wollt'n Ihn' sag'n, daß wir ganz schrecklich verärgert sin', daß Ihr Freund, der Professor, gehängt wer'n soll."

Smiley räusperte sich: „Das is'n Justizirrtum, Sir, das is' klar. Ich un' die ander'n hier ham darüber gesproch'n und wollt' Ihn' einfach sag'n, wie wir darüber denk'n."

„'s war mutig von Ihn', für ihn auszusag'n, Sir", fuhr Harney fort. „Obwohl Sie dafür'n Verweis kriegen könn', wollt'n wir Ihn' sag'n, daß wir hinter dem steh'n, was Sie für den Professor getan ham."

Luke nahm nickend die wohlgemeinten Worte entgegen. „Nun, ich danke euch. Ich glaube nicht, daß es jemanden unter meinem Kommando gibt, der diesen Männern wohlgesonnen ist. Ihr seid die besten."

„Jawohl!" stieß Ham hervor. „Und darum hat der Hohe Kommissar uns alle hier versetzt und Capt'n Stewart an Ihrer Stelle mit sei'm Haufen in die Altstadt geschickt."

„Jawohl!" echote Smiley. „Erinnern Sie sich noch an den Tag, an den Tag am Zion-Tor, als ich was von dem Bombenanschlag auf das King David Hotel erzählt hab' und ich nich' wußte, daß Stewarts Bruder dabei umgekomm' war?" Bei dem Gedanken daran wischte er sich über die Stirn.

„Tja, Stewart sorgt nun für den Ausgleich, stimmt's?" warf der rosige Harney ein.

„Un' jetz' kann man für Professor Sachar nichts mehr tun, oder, Capt'n?" fragte Smiley.

„Nein", erwiderte Luke und schaute niedergeschlagen auf die Schlagzeile, die das Ansehen der Justiz besudelte. „Ich muß leider sagen, daß von unserer Seite alles Menschenmögliche für Mosche Sachar getan worden ist."

„Na ja, in weniger als zwei Wochen geht's für Sie ja nach Hause, Captain Thomas", meinte Ham, „und dann is' das alles hier vorbei. Vorbei un' vergessen."

Luke lächelte traurig. „Ich weiß nicht, ob ich das je vergessen kann, Ham. Zwanzig Jahre lang habe ich König und Vaterland gedient. Und nun habe ich richtig Angst, mit einem solchen Gefühl völliger Niederlage nach England zurückzukehren –" Er brach ab und sah gebannt auf die Geschoßhülse, in der er die Schriftrollen aufbewahrt hatte. Auf ihr waren die Namen der Männer eingraviert, die mit ihm in Nordafrika gewesen waren. Nur diese drei waren ihm noch von jener Truppe geblieben. All die anderen waren bereits nach England in den Frieden des Privatlebens zurückgekehrt. Und bald würde auch er an die Reihe kommen. Seine Augen begegneten den Blicken seiner Männer, und er sagte lächelnd, wenngleich mit Trauer im Blick: „Wir haben schon manches miteinander durchgemacht, nicht wahr, Leute?"

„Ja", stimmte Ham zu. „Und wir möcht'n Ihn' sag'n, daß wir Ihn' noch immer überallhin folgen, Capt'n. Sie befehlen, un' wir steh'n hinter Ihn', Sir!"

„Jawohl! Das is' 'ne Tatsache!" fielen die beiden anderen ein.

„In zwei Wochen, Leute", nahm Luke den vorherigen Gesprächsfaden wieder auf, „führe ich wieder ein Privatleben und beziehe eine Pension. Aber ich werde euch nicht vergessen." Er blickte aus dem Fenster. „Und diesen Ort werde ich auch nicht vergessen." Er schwieg einen Augenblick und fuhr dann mit einem tiefen Seufzer fort: „Es ist nur ein kleiner Trost, daß wir alles in unserer Macht Stehende getan haben, um zu helfen. Wir sind schließlich auch nur Menschen."

Ham wandte sich um und tippte auf die riesige Geschoßhülse. „Keiner von uns hat den Tag vergess'n, an dem die auf uns zukam, Capt'n. Sie rief'n ‚hinlegen', und im selb'n Augenblick lag'n wir schon! Das war alles, was wir tun konnt'n! Denn es war kein and'rer als Gott selbst, der verhindert hat, daß uns dies Geschoß hier zerfetzte. Wir hatt'n alles getan, um uns zu schütz'n, aber es war nicht genug. Stimmt's Leute?"

Smiley und Harney pflichteten ihm mit einem Blick auf das Geschoß bei: „Richtig."

Ham fuhr fort: „Tja, Sir, um auf den Punkt zu komm'. Ich glaub', es kommt 'ne Zeit, wo man alles getan hat, was man tun kann. Und dann muß man den Rest Gott überlass'n."

„Du bist ein weiser Mann, Hamilton", sagte Luke leise.

„Aber, Capt'n", meinte Ham überrascht, „das ham Se uns doch selbst beigebracht!"

„Der Haken bei der Sache ist nur", wandte Luke ein, „daß man wissen muß, wann man wirklich alles in seiner Macht Stehende getan hat, nicht wahr?"

***

Rachel saß im Schaukelstuhl und starrte auf das noch unberührte Bett. Statt zu schlafen, hatte sie die ganze Nacht in Leahs Bibel gelesen, die jetzt auf ihren Knien lag, und darin nach einem Wort des Trostes gesucht. Zum ersten Mal, seitdem Mosche ihr erzählt hatte, wie sehr Gott sie in Gestalt von Jeschuah, dem Messias, liebte, erschienen ihr all die Worte nichtssagend. Und ihre Gebete schienen kein Gehör zu finden. Wieder einmal stand ihre Vergangenheit anklagend vor ihr, und die Stimmen der Nacht raunten ihr zu, daß Mosches Verhaftung nur eine Strafe für ihre große Sünde sei. *Du hast keine Vergebung gefunden*, schien die Dunkelheit zu sagen. *Für den Rest deines Lebens wirst du büßen für das, was du getan hast. Und auch die Menschen, die du kennst, werden nun deinetwegen leiden.*

Immer wieder blätterte sie in den Geschichten, die von Gottes Zorn und seiner Strafe für die Sünden der Menschen erzählten. Gottes Liebe schien so unerreichbar fern wie die Sterne. Und wieder einmal hatte sie Angst um die kleine Tikvah, die leise atmend in ihrem Bettchen schlief. Doch obwohl Rachel einer Panik nahe war und das Gefühl, verurteilt zu sein, nicht los wurde, versuchte sie betend gegen diese dunklen Wolken der Verwirrung und des Zweifels anzukämpfen. *Bestrafe mich nicht, Gott, indem du diesem Kind ein Leid antust! Lösche nicht Mosches tapferes, edelmütiges Leben aus, nur weil du mich für mein Unrecht bestrafen willst! Laß mich an seiner Stelle sterben! Oder bestrafe mich dadurch, daß du mir nicht erlaubst, bei ihnen zu leben. Aber tu ihnen kein Leid an, Herr!*

Als der Morgen dämmerte, überkam sie wieder die ihr schon so vertraute Welle der Übelkeit, an der sie seit Mosches Verhaftung regelmäßig litt. Schon bloßer Essensgeruch verursachte in ihrem Magen eine regelrechte Revolte. Ihr ohnehin zarter Körper verlor noch mehr an Gewicht, und sie wurde täglich schwächer. Vielleicht hat Gott meine Gebete erhört, dachte sie, und läßt mich langsam sterben, damit Mosche und Tikvah leben können.

Dann regte sich Tikvah in ihrem Bettchen, und Rachel zwang sich, aufzustehen und die Kleine zu versorgen. Doch während sie das schwindende Milchpulver mischte, wurde sie wieder von einer solchen Übelkeit erfaßt, daß sie sich über das Waschbecken beugen mußte. Schließlich konnte sie sich vor Schwäche und Schwindel nicht mehr auf den Beinen halten und sank zu Boden, wo sie liegend abwartete, bis der Schwindel vorüber war. Laß mich sterben, Gott! flehte sie. Hannah und Schoschanna werden Tikvah schon finden. Wenn du nur mich statt Mosche nimmst!

Aber Gott antwortete nicht auf ihre Bereitschaft, sich zu opfern. Statt dessen suchten sie wieder die alten Gespenster der Erinnerung heim und wurden in ihrer Anklage so übermächtig, daß sogar die Tage des Glücks mit Mosche in ihrer Erinnerung verblaßten. Da Tikvah inzwischen schreiend nach ihrem Frühstück verlangte, zog sich Rachel schließlich mühsam am Küchentisch hoch, einerseits dankbar, daß Schwindel und Übelkeit ein wenig nachgelassen hatten, andererseits aber enttäuscht, daß Gott sie nicht zu sich genommen hatte. Doch vielleicht wollte er sie ja nur länger leiden lassen.

Sie zog die Kleine um, fütterte sie und erzählte ihr, während sie sie in den Armen wiegte, wieviel besser es ihr gehen würde, wenn ihre Mama nicht mehr da wäre. Eine Zeitlang schlugen in ihr die Wellen des Zweifels so hoch, daß sie in Selbstmitleid zu ertrinken drohte: Wenn Mosche wirklich über mein Leben Bescheid wüßte, könnte er mich gar nicht lieben, dachte sie. Er hat sich nur selbst betrogen. Er bildet sich nur ein zu wissen, wer ich bin.

Als sie später das Kind badete, sprach sie nicht mit ihm und sang ihm auch nichts vor; sie weinte nur Tränen, die so ungezählt waren wie die Zweifel, die schließlich ihre Hoffnung zunichte gemacht hatten. Wenn Gott mich jemals angesehen hätte, dachte sie bei sich, hätte er sich von mir abgewandt. Und auch das wäre meine eigene Schuld.

Als Schoschanna später an die Tür klopfte, verhielt sich Rachel so still, daß die Alte glaubte, sie sei mit Tikvah zum Tipat Chalev gegangen, um ihre magere Frühstücksration abzuholen. Aber Rachel wiegte Tikvah nur still in den Schlaf. Dann legte sie die Kleine in ihr Bettchen zurück und öffnete die Kommode, um wohl zum hundertsten Mal

Mosches Tallith anzusehen. Er war zerrissen –, zerfetzt, genau wie all ihre Hoffnungen und Träume. Sie war eine Närrin gewesen zu glauben, daß ihr jemals Glück beschieden sein würde.

Auf dem Nachttisch lag Mosches Notizblock immer noch unberührt dort, wo sie ihn hingelegt hatte. Den Tallith an sich pressend, strich sie mit dem Finger über das Deckblatt, auf dem in großen Lettern PLÄNE stand. Sie schlug es nachdenklich auf und las unter Tränen seine Notizen: „Mit Gottes Hilfe können wir vielleicht die Bohnen bis ..."

„Ach, Mosche!" weinte sie. „Wozu soll das jetzt noch gut sein? Was soll uns das jetzt noch nützen?"

Ihre Tränen tropften auf die Seite und ließen die Schrift zerlaufen. Erschrocken tupfte sie das Blatt wieder trocken und wischte sich die Tränen von den Wangen. Kein Buchstabe sollte verdorben werden. Entschlossen, sich so weit zu beherrschen, um weiterlesen zu können, blätterte sie den Block durch und stieß dabei auf ein Gedicht. Es war von Mosche geschrieben, mit vielen Streichungen und Neuanfängen. Ihr Atem flog, und sie ging zum Bett, wo sie langsam niedersank.

„Meiner geliebten Rachel!
Vergib den stümperhaften Versuch, ein Gedicht für Dich zu schreiben, aber an diesem Morgen, als Du schlafend ..." Sie legte den Notizblock an ihre Brust und rief schluchzend seinen Namen! Dann schloß sie die Augen und hatte einen Moment das Gefühl, daß er ihr wieder einmal sehr nahe sei. Als sie sich etwas gefaßt hatte, las sie atemlos weiter und hörte dabei deutlich seine Stimme zu ihr sprechen:

... schlafend vor mir lagst, war mir, als habe ich noch nie etwas so Schönes wie dich gesehen. Mein Herz fließt über vor Liebe zu dir und Dankbarkeit gegenüber Gott, der mir ein solches Geschenk gemacht hat. Deshalb will ich versuchen, in Versen zu dir zu sprechen, obwohl ich kein Dichter, sondern nur Sprachwissenschaftler bin.

Es gibt Seen, in denen sich nicht der Himmel spiegelt,
Es gibt Sterne, die keine funkelnden Diamanten sind,
Es gibt Sonnenuntergänge, die die Phantasie nicht entzünden,
Aber ein tiefer Blick in Deine Augen
Läßt mein Herz schneller schlagen,
Meinen Atem heftiger gehen.

Es gibt Getränke, die keinen Durst löschen,
Es gibt Mahlzeiten, die kein Festessen sind,
Es gibt Schlaf, der keine Erfrischung bringt,
Aber eine einzige Umarmung, eine einzige Berührung von Dir
erfüllt mein Herz schon mit Liebe, meine Seele mit Frieden.

Es gibt Lieder, die keine Saite zum Klingen bringen,
Es gibt Gedichte, deren Bilder keine Kraft haben,
Es gibt Liebesgeschichten, deren Charaktere
keinen Widerhall in uns finden.
Aber auf der ganzen Welt ist es nur Deine LIEBE,
Die für mich so lebenswichtig ist, daß ich ohne sie
verloren bin.

Als sie die letzten an sie gerichteten Zeilen las, war es ihr, als müsse ihr gebrochenes Herz wiederaufleben, um von neuem brechen:
„*Aber all diese Worte, meine Geliebte, reichen nicht aus, um Dir zu sagen, wie echt und wirklich meine Liebe zu Dir ist. Es gibt keine Sprache, weder alt noch modern, die auszudrücken imstande ist, was mein Herz empfindet, wenn ich Dich sehe. Aber ich will dennoch versuchen, es auszudrücken: Kocham cie, Rachel. Ich liebe Dich in alle Ewigkeit, Mosche.*"

Rachel fuhr zärtlich mit dem Finger über die Worte, so, als streichle sie Mosches Gesicht. Sie wischte sich die Tränen fort und hörte nicht auf, die Worte zu lesen. „Ich danke dir, Mosche", flüsterte sie schließlich, als sei er bei ihr. „Auch ich liebe dich bis in alle Ewigkeit –" Weiter kam sie nicht, denn es war ihr, als müsse sie vor Tränen an den Worten ersticken. Als sie schließlich weiterzusprechen vermochte, wurden ihre Worte zu einem Bittgebet: „Herr Gott, ich bin umgeben von Wolken des Zweifels, der Furcht und der Verwirrung. Bist du noch da, Herr? Hast auch du mir einen heimlichen Brief geschrieben? Ich möchte es so gerne glauben, Herr! Aber du mußt mir dabei helfen!" Sie vergrub ihr Gesicht in den Händen und schluchzte: „Bist du noch da, Gott?"

25. Die Informanten

Jassar verneigte sich ehrerbietig vor seinem Vetter, dem Mufti. Dann raffte er sein Gewand über dem Arm zusammen und setzte sich auf einen der beiden Sessel vor dem reich verzierten Schreibtisch.

„Kadar hat uns berichtet, daß du deinen Dienst am Bab el Wad gut versehen hast", sagte Haj Amin und hob zum Zeichen seiner Freude ein wenig den einen Mundwinkel.

„Das habe ich nicht zu meiner, sondern zur Ehre des palästinensischen Volkes und des Hauses Husseini getan", erwiderte Jassar und schaute blinzelnd in das grelle Licht der Lampe. „Wir haben den Konvoi gleich nach der Pumpstation aufgehalten", fuhr er dann aufgeregt fort. „Vierzig jüdische Lastwagen! Gerhardt und ich waren ganz nah dran. Ich hab' die Mine gezündet, als der erste Wagen die Barrikade durchbrechen wollte. Diese Idioten!" Er klatschte begeistert in die Hände. „Sie sind so dicht hintereinander gefahren und haben sich so geschlossen an uns herangeschoben, daß sie ein einziges großes Ziel abgaben! Wir konnten sogar hören, wie sie sich über Funk unterhielten. Kommandeur Kadar ordnete an, daß unsere Männer sie ganz massiv angreifen sollten, um sie zu zwingen, die Fenster ihrer gepanzerten Lastwagen zu schließen. Wie sie im Inneren erstickt sein müssen! Nach der Schlacht haben wir festgestellt, daß die Toten bis auf die Unterwäsche ausgezogen waren. Einige flüchteten sich in den Wagen des jüdischen Kommandeurs. Er war ein tapferer Bursche, auch wenn er Jude war. Er hat viele gerettet, und dann ist er doch noch selbst getötet worden, als er mit seinem Fahrzeug über eine Mine fuhr."

„Wieviele Lastwagen sind entkommen?" fragte Haj Amin und kniff gespannt die Augen zusammen.

„Die Hälfte. Etwas mehr als die Hälfte. Einundzwanzig von Vierzig. Sie sind zurückgefahren. Den Rest der Wagen haben sie uns zurückgelassen. Säcke voller Mehl! Kisten mit Fleisch und Sardinen! Orangen! Die Einwohner aus den Dörfern Beit Masir, Sarins und Kastel haben alles weggebracht. Fast alles, denn einen kleinen Teil haben wir, deinem Befehl gemäß, hergebracht."

„Eine volle Wagenladung?" erkundigte sich Haj Amin. Er beugte sich erwartungsvoll vor und trommelte dabei ungeduldig mit den Fingern auf den Schreibtisch.

„Nicht ganz so viel. Vielleicht eine Menge, von der die Altstadtjuden ein paar Tage leben können. Nur eine Kleinigkeit."

Haj Amin räusperte sich. „Ich muß nämlich ein Versprechen einlösen, das ich Captain Stewart und der britischen Mandatsregierung gegeben habe. Die Menge wird wohl ausreichen, um sie an unsere Großzügigkeit glauben zu lassen. Eine spärliche Ration für die alten Rabbiner, was?" lachte er in sich hinein. „Das hast du gut gemacht, Vetter! Du lernst schnell, und wir sind mit unserem Verwandten zufrieden."

Jassar verneigte sich dankbar für die Anerkennung Haj Amins und sagte dann: „Aber nun möchte ich noch etwas anderes mit dir besprechen. Etwas noch Bedeutenderes, das dir Freude bereiten wird, Haj Amin. – Ich habe den Mann gefunden, der uns dabei helfen wird, die Jewish Agency zu zerstören."

Der Mufti beugte sich ruckartig vor und sah Jassar gebannt an. „Jemand aus der Agency selbst?"

„Nun, jedenfalls nahe genug, um hineinzukommen", erwiderte Jassar geheimnisvoll. „Er ist Fahrer bei der Botschaft der Vereinigten Staaten, arbeitet schon seit Jahren für die Amerikaner und möchte meine Schwester heiraten. Doch er verfügt nicht über die 600 Pfund, die mein Vater als Bezahlung verlangt, und deshalb..." Jassar ließ den Satz in vielsagender Weise unbeendet und grinste.

„Und deshalb..." wiederholte Haj Amin mit einem verständnisinnigen Nicken. „Es ist bekannt, daß ich gute Ehen begünstige. Wie lautet der Vorschlag des Burschen?"

„Er hat mit den Wächtern der Haganah an der Agency gesprochen. Sie hegen ihm gegenüber keinerlei Verdacht. Denn er fährt den Botschafter hin und her, ohne daß der Wagen einer Kontrolle unterzogen wird." Jassar unterstrich diese Worte mit einer schwungvollen Handbewegung und hob dabei vielsagend die Brauen, um die Unfehlbarkeit des Planes anzudeuten. „Er hat diesen Burschen sogar erzählt, wie dringend er die Mohar braucht, um meine Schwester zu kaufen."

„Und haben sie ihm irgendwie ihre Hilfe angeboten?" Haj Amin lehnte sich zurück und betrachtete seinen Vetter mit den wulstigen Lippen prüfend.

„Genau das! Du bist ein Mann von großer Weisheit, Haj Amin!" rief dieser überschwenglich und klatschte erneut in die Hände. Der Mufti hingegen stellte still für sich fest, daß er die übersprudelnde Begeisterung seines Vetters irritierend fand. „Er hat ihnen angeboten, ihnen leichte Maschinengewehre zu verkaufen! Da er die jüdischen Barrikaden ohne Durchsuchung passieren darf, kann er den Wagen direkt vor der Agency abstellen, um ihnen die Gewehre auszuhändigen. Dann wird er die Straße überqueren, um sich eine Schachtel Zigaretten zu kaufen, und wenn er verschwindet –" Jassar hob die Hände und schlug sie wieder mit einem schallenden Geräusch zusammen – „... wird auch die Jewish Agency vom Erdboden verschwinden!"

Haj Amin strich sich übers Kinn und lächelte mit zufrieden zusammengekniffenen Lippen. „Ich hoffe, daß die Juden den Preis, den sie für die Gewehre zahlen werden, angemessen finden." Seine kalten, blauen Augen funkelten gut gelaunt. „Ein brillianter Plan, Vetter!" Er seufzte befriedigt. „Und wir lösen unser Versprechen ein, das wir der Welt und den Juden gegeben haben: daß wir Jerusalem den Lebensnerv durchtrennen werden. Was für einen besseren Beweis könnte man dafür erbringen, als den Sitz der jüdischen Regierung vor ihren Augen zu zerstören? – Und du, Jassar, hast du genügend von Kommandeur Gerhardt gelernt, um diese Aufgabe allein bewerkstelligen zu können?"

Jassar sah betrübt auf seine ungeputzten Schuhe und meinte kleinlaut: „Ach, er läßt mich nicht genug von seinen geheimen Fähigkeiten wissen. Ich glaube, er wird wohl die Bombe konstruieren müssen, wenn der Plan gelingen soll."

„Es ist ein Zeichen von Ehrlichkeit, Jassar, wenn du zugibst, daß deine Fähigkeiten noch nicht voll entwickelt sind. Die meisten Menschen würden solchen Ruhm nicht mit einem anderen teilen wollen, selbst auf die Gefahr hin, einen Fehlschlag zu erleiden." Haj Amin hob die Hände, als wolle er Jassar segnen. „Allah wird dich dafür belohnen, und ich verspreche dir, daß dein Ruhm eines Tages den Gerhardts und sogar den Kadars übertreffen wird, wenn du in dieser Sache Erfolg hast."

„Du bist sehr gütig, Haj Amin! Ich hoffe, dem Hause Husseini eines Tages großen Ruhm im Kampf gegen die Zionisten bringen zu können."

„Dann arbeite weiter daran!" Haj Amin entfernte ein Fädchen vom Ärmel seiner Brokatjacke und fuhr dann fort: „Und sage deinem Freund, daß sich Haj Amin glücklich schätzen wird, ihn mit den 600 Pfund auszustatten, die nötig sind, um eine Tochter aus dem Hause Husseini zu heiraten. Und noch mehr. Er wird danach zweifellos eine andere Tätigkeit suchen. Vielleicht werden wir ihm einen Verwaltungsposten verschaffen, wenn Jerusalem die Hauptstadt der arabischen Nation von Palästina ist. Richte ihm das bitte aus, ja? Und sage ihm auch, daß er uns eine große Hilfe dabei ist, möglichst schnell den Tag herbeizuführen, an dem es keine Zionisten mehr in seinem Volk geben wird. Eines Tages wird man ihn als großen Patrioten feiern. Wie auch dich, Jassar, mein Vetter." Haj Amin hatte in einer Geste der Familienverbundenheit das vertrauliche „mein" statt des trennenden Plurals gewählt.

Im Bewußtsein dieser großen Ehre senkte Jassar errötend den Blick und nahm sich fest vor, sich des Vertrauens dieses großen Mannes würdig zu erweisen. „Es dürfte wohl früh genug sein, wenn ich morgen mit ihm spreche. Dann esse ich mit ihm zu Abend und schließe den Handel ab, bevor er Zeit hat, darüber nachzudenken. Ich werde ihn veranlassen, den Juden einen hohen Preis für die Gewehre abzuverlangen, so daß er das gemeinsame Leben mit meiner Schwester ohne finanzielle Einschränkungen beginnen kann."

„Und die Vereinigten Staaten werden unwissentlich unsere Komplizen sein. Der Plan ist in der Tat fehlerlos, Jassar", meinte Haj Amin und fuhr amüsiert fort: „Es ist wirklich eine Ironie des Schicksals, daß diese junge amerikanische Journalistin tatsächlich noch das Opfer ihrer eigenen Komödie wird. – Ach, haben wir dich noch nicht davon in Kenntnis gesetzt? Unser Diener Montgomery hat uns aus Amerika berichtet, daß das Mädchen bei dem Anschlag gar nicht ums Leben gekommen ist. Sie hält sich gegenwärtig in der Jewish Agency versteckt, um uns auf eine falsche Fährte zu locken."

„Aber ihr Sarg ... die Zeitungen haben so bewegte Nachrufe geschrieben. Warum das?"

„Vielleicht, um die Aufmerksamkeit der Behörden von ihrem Liebhaber, dem amerikanischen Piloten, abzulenken. Aber obwohl er lauthals verkündet hat, daß er nicht länger für die Zionisten tätig sein will, ist er in eben diesem Augenblick damit beschäftigt, Flugzeuge zu kaufen und wiederherzurichten. Für eine Fluggesellschaft, wie er sagt. Montgomery berichtet uns allerdings, daß er in Washington im selben Hotel wie dieser zionistische Verbrecher Dr. Weizmann abgestiegen ist."

Jassar verschlug es bei diesen Neuigkeiten den Atem. „So? Und warum bringt Montgomery diesen Meyer dann nicht ganz einfach um?"

„Unser Diener kennt sich besser in Intrigen aus als irgend jemand von uns, Jassar", bemerkte Haj Amin herablassend. „Es war immerhin Montgomery, der dem Deutschen Reich Informationen über die Pläne des britischen Generalstabs in Nordafrika lieferte. Ich habe schon vor langer Zeit die Erfahrung gemacht, daß er sich mit Leichtigkeit im Dunklen bewegt, um am Ende zum Licht der Information zu finden, das für uns von so unschätzbarer Bedeutung ist. Die Erklärung für sein Verhalten ist uns zwar noch nicht vollständig bekannt, aber wenn Meyer jetzt umkäme, würde er von den Juden auf jeden Fall einfach durch einen anderen ersetzt werden, und wir wären einer wichtigen Informationsquelle über die jüdischen Operationen beraubt."

„Aber was ist mit diesen Flugzeugen? Könnte es nicht sein, daß sie mit ihnen das Waffenembargo umgehen?"

„Das ist ebenfalls einkalkuliert worden. Die amerikanische Regierung erstickt in Regelungen und Vorschriften, und unser Freund Montgomery hat herausgefunden, daß sich diese Tatsache zu unserem Vorteil auswirkt. Denn kleine Beamte haben offensichtlich die Eigenart, äußerst gewissenhaft auf der Beachtung auch der geringfügigsten Gesetzesvorschriften zu bestehen. So genügte es schon, die entsprechende Regierungsabteilung darüber zu informieren, daß Meyers Flugzeuge nicht den Bestimmungen über kommerzielle Flugzeuge entsprechen –, und noch die Andeutung hinzuzufügen, daß sie vielleicht sogar illegalen Zwecken dienen, wie z. B. Waffentransporten in den Mittleren Osten." Er lachte kurz und hart auf. „Nun sind die Flugzeuge solange mit Startverbot belegt worden, bis sie in allen Einzelheiten den Erlassen der Regierung entsprechen. Ich glaube daher nicht, daß wir Grund haben, uns wegen Meyers Flugzeugen zu beunruhigen. Sie können auf keinen Fall früh genug fertig sein, um für uns irgendeine Bedrohung darzustellen. Zwar spenden die reichen, fetten Juden Amerikas Golda Meir reichlich Geld, aber die Realität zeigt, daß alles, was sie tut, zu spät kommt, um Jerusalem oder Palästina vor dem zu bewahren, was jetzt schon eine Tatsache ist. Wir haben sowohl die Stadt als auch das Land fest im Griff. Und so müssen sie gegen Fesseln ankämpfen, die ohnehin nicht gesprengt werden können."

Jassar nahm die Worte seines Vetters mit einer leichten Verneigung auf. „Dein Vertrauen macht mir Mut, Haj Amin. Dein Vertrauen in den Willen Allahs für unser Volk gibt mir den Mut zu kämpfen, bis auch der letzte Zionist aus Palästina verschwunden ist."

„Heute abend reise ich nach Damaskus ab", wechselte Haj Amin unvermittelt das Thema. Er legte seine Fingerspitzen aneinander und betrachtete eingehend den goldenen Ring, der seinen Zeigefinger zierte und in dessen Halbmond er sein Spiegelbild sah. „Dort werden wir mit der Arabischen Liga Gespräche über Waffenhilfe führen. Außerdem halten wir es für das beste, uns so lange nicht in der Stadt aufzuhalten, bis die Jewish Agency zerstört ist. Genau wie sonst, muß es auch diesmal den Anschein haben, als entspringe diese Tat keinem erkennbaren Grund außer dem der patriotischen Gefühle des einfachen Mannes. Es ist das beste, wenn ich während des Anschlags nicht in der Stadt bin und erst zu gegebener Zeit im Siegeszug heimkehre."

„Natürlich", pflichtete ihm Jassar bei, der darauf brannte, mit den Plänen für den nächsten Schritt zur Vernichtung der jüdischen Opposition fortzufahren. „Wir werden dir über Funk mitteilen, wenn es vollbracht ist."

Haj Amin entließ Jassar mit dem Segen Allahs. Dann nahm er seinen britischen Füller und schrieb eilig einen Brief an Kadar, der ihm so treu am Bab el Wad und im Dorf Kastel diente...

Mein treuer Diener Ram Kadar! Da Du der Kommandeur der Streitkräfte bist, die den Paß gegen die Zionisten verteidigen, haben wir das Gefühl, daß Deine Gegenwart beim Treffen der Arabischen Liga in Damaskus von großem Nutzen sein könnte. Wenn es stimmt, daß die Juden, wie Du glaubst, eine Großoffensive gegen den Paß planen, dann kann uns Deine Aussage sicherlich helfen, die Truppen und Waffen zu erhalten, die wir brauchen werden, um die Juden vernichtend zu schlagen... Komm bitte umgehend nach Damaskus und überlaß Gerhardt solange das Kommando über den Paß...

***

Das Geschwader der C-47 stand in Reih' und Glied vor dem Hangar der Service Airways auf dem Flughafen von Burbank. Martin, David und Michael hatten die noch fehlenden acht Vögel am Nachmittag zuvor von Ontario überführt, auf denen nun gut hundert Mechaniker wie Ameisen bei einem Picknick geschäftig herumkrochen. Werkzeuggeklapper erfüllte zusammen mit Gelächter und Flüchen die Luft, während aus den Flugzeugen Bänke, auf denen vorher Fallschirmjäger transportiert worden waren, herausgerissen und auf die Rollbahn geworfen wurden. Der Beauftragte des CAA war noch zweimal dagewesen, um sich vom Fortschritt der Umbauarbeiten zu überzeugen. Er hatte auch kein Geheimnis aus seiner Neugierde bezüglich der Existenzgrundlagen und der Ziele der Service Airways gemacht und bei seinen prüfenden, argwöhnischen Fragen kein Blatt vor den Mund genommen. Als David ihn durch das Flugzeug kriechen sah, hatte er die Möglichkeit einer Bestechung erwogen, aber instinktiv gewußt, daß dies ein Mensch war, der die Pflicht höher einschätzte als Geld und die Vorschriften höher als praktische Beweggründe. Hatte es schließlich nicht selbst der Präsident der Vereinigten Staaten abgelehnt, die CAA-Vorschriften zugunsten der Service Airways ein wenig zu beugen? Diesen kleinen Beamten zu bestechen, würde nur der Presse Munition in die Hand geben. Und irgendwie würde doch die Wahrheit ans Licht kommen. Der CAA hatte ja auch herausgefunden, daß diese Flugzeuge für Palästina bestimmt waren, und setzte nun alle Hebel in Bewegung, um den Abflug bis Mitte Mai zu verhindern, wenn die Briten aus Palästina abziehen würden.

In der Türöffnung des Hangars stand ein Schweißer über die blaue Flamme seines Schweißgerätes gebeugt und war damit beschäftigt, zusätzliche Treibstofftanks herzustellen, die in die C 47 eingebaut werden sollten. David plante nämlich, bei dem langen und langwierigen Transatlantikflug ohne Zwischenlandung auszukommen, da er es nicht riskieren wollte, einen Flughafen anzufliegen, der ihren Weiterflug verhindern könnte.

David sah, wie Martin braungebrannt und vital durch die Reihen der Flugzeuge schritt. Er ermunterte jeden Arbeiter, kannte viele beim Namen und erkundigte sich nach dem Fortschritt der Arbeit. David mochte diesen liebenswürdigen Mann und bewunderte seine Tüchtigkeit. Nein, es ist kein Zufall, dachte er, daß Martin mit von der Partie ist, nicht wahr? Wo du bist, Herr, gibt es keinen Zufall! Martin Feinsteinel war einfach genau der Mann, den David gebraucht hatte, um den Papierkrieg zu bewältigen, der mit den Service Airways einherging.

Martin blickte in Davids Richtung, winkte mit einem blauen Blatt und rief: "Heh, David! Ich glaube, ich habe den Mann gefunden, den du suchst."

Während David eingehend den Namen auf dem Blatt betrachtete, holte sich Martin ein Orangensoda aus einer Kühlbox neben dem Schreibtisch.

"Abraham Rosowsky?" fragte David erstaunt. "Klingt irgendwie russisch, oder?"

"Keine Ahnung." Martin öffnete die Flasche, nahm einen tüchtigen Schluck und wischte sich dann mit dem Handrücken über die Lippen. "Ich dachte eher, es klingt jüdisch. Als ich klein war, kannte ich ein Kind in unserer Gemeinde, das Rosowsky hieß."

"Welcher Araber sollte wohl so heißen?"

"Tja, darüber würde ich mir keine Gedanken machen. Der Kerl ist wahrscheinlich ein zweiter Mick. Vermutlich hat er ein Dutzend Pässe und fünfzehn Namen. Unter Umständen ist sogar Grady dabei, wer weiß? Na, auf jeden Fall ist Rosowsky der Name, den er für den Flug benutzt hat. Offensichtlich war er mit der Dame, die neben ihm saß, nicht verwandt."

David seufzte enttäuscht. „Tjaa. Danke." Dann wühlte er in einem Stapel von Ersatzteilanforderungen und Empfangsbestätigungen, die auf seinem Schreibtisch lagen, bis er ein Blatt fand, auf dem eine Nachricht stand. „Der Mossad", sagte er nachdenklich, „glaubt, daß wir beschattet werden. Daß ein Spion eingeschleust worden ist, wie er sich ausdrückt. Sie haben einen Agenten geschickt, der herausfinden soll, wer es ist. Es heißt, daß praktisch jeder Schritt, den wir unternehmen, dem arabischen Hochkommissariat von einer Person namens Montgomery übermittelt wird. Man glaubt auch, daß diese Sache mit dem CAA das Werk eines Informanten ist. Wir sollen auf der Hut sein bei dem, was wir tun. Vorsicht walten lassen."

Er sah stirnrunzelnd zu, wie Martin noch einen großen Schluck zu sich nahm. „Ich möchte gerne Hand an diese kleine Wanze namens Rosowsky legen und ihm die Wahrheit aus der Nase ziehen."

„David", sagte Martin mit ernster Stimme. „Bisher hat man unsere Arbeit nur verzögert. Aber hast du die Wochenschau gesehen? Ich meine, wenn dieser Bursche das ist, was wir glauben, dann führt er eine Kanone bei sich. Ich weiß nicht, was du vorhast, aber ich werde –"

„Das hab' ich schon getan", grinste David. „Ich hab' mir eine 45er bei einem Pfandleiher besorgt. Mir ist nicht bange davor, dem Kerl Auge in Auge gegenüberzustehen . . ." Er zögerte, weiterzusprechen. „Größere Sorgen mache ich mir allerdings, weil wir ihn aus den Augen verloren haben." Er kratzte sich am Kopf und sah Martin beunruhigt an. „Ich bin froh, daß ihr beide, du und Mick, mit von der Partie seid. Aber seht euch bloß vor, ihr beide! Ich glaube, es wäre wirklich eine gute Idee, wenn du eine Pistole bei dir trügst. Denn einer Sache bin ich mir sicher . . . wenn wir es schaffen, den CAA zu umgehen und diese Mühlen in die Luft kriegen, wohin sie schließlich gehören, werden die Araber sich an keine anderen Spielregeln mehr halten als an ihre eigenen."

26. Purim

Unter den wachsamen Augen Captain Stewarts und seiner Leute wurde einer der eroberten Konvoilastwagen am Zion-Tor ausgeladen und sein Inhalt auf Handwagen durch das armenische ins hungernde jüdische Viertel transportiert.

Rachel stand mit Tikvah im Arm neben Hannah und sah zu, wie die Jeschiva-Schüler die Ladung unter den stummen Blicken der Zuschauer entgegennahmen und Akiva diese mit beifälligem Nicken inspizierte.

Dov, Rabbi Vultch und sieben Mitglieder der Haganah verfolgten den Vorgang voller Geringschätzung von einem dunklen Fenster aus. Dieses magere Angebot würde auf keinen Fall lange vorhalten! Doch nachdem Dov blinzelnd aus dem inzwischen fertiggestellten Tunnel zum Vorratsraum Agajanians hervorgekommen war, hatte man beschlossen, der Allgemeinheit gegenüber Schweigen über die dortigen Getreidevorräte zu bewahren, bis die armseligen Gaben des Muftis ganz ausblieben. Dieser Tag würde zweifellos kommen, und dann würde man mit Hilfe der geheimen Reserven imstande sein, das Überleben des Viertels selbst in die Hand zu nehmen.

Doch in der Zwischenzeit wurden die Bewohner des Viertels häppchenweise mit den spärlichen Resten der am Bab el Wad zerstörten und geplünderten jüdischen Konvois hingehalten. Heute war Tanit Ester, der vierzehnte Adar, der Fastentag vor dem Feiertag Purim. Rachel wußte, daß die Lebensmittel ein Feiertagsgeschenk des Muftis waren, das den dankbaren Bewohnern an diesem Abend nach der traditionellen Verlesung der Esterrolle in der Synagoge überreicht werden würde. Anschließend durfte das Fasten gebrochen werden. Welch eine Ironie, dachte Rachel, während ein Handwagen mit Sardinenbüchsen vorbeirollte, daß dieser Feiertag an die Errettung der Juden vor Haman erinnert, der danach strebte, alle Juden zu vernichten, und daß wir in diesem Jahr Lebensmittel von einem Mann bekommen, der genau dasselbe beabsichtigt. Aber obwohl kein Zweifel daran besteht, daß uns der Mufti, wie Haman, nach dem Leben trachtet, gibt es doch immer noch Menschen, die darauf vertrauen, daß er uns verschonen wird, nachdem die Engländer abgezogen sind. Er durchtrennt mit der einen Hand unseren Lebensnerv und überzeugt dennoch die Welt von seinen guten Absichten, indem er uns mit der anderen Hand ein paar Brotkrumen zuwirft.

Als der letzte Karren vorbeirollte, flüsterten Akiva und Captain Stewart miteinander. Danach unterschrieb Akiva ein Blatt auf einem Klemmbrett, schob seine Brille hoch und sah Rachel scharf an. Darauf wandte er sich wieder Stewart zu und richtete ein paar Worte an ihn. Dieser sah sich mit hochgezogenen Brauen nach Rachel um und flüsterte wiederum Akiva etwas zu. *Ja*, dachte Rachel, *ich gehöre zu Mosche Sachar. Ich bin die junge Frau, der ihr ihn genommen habt. Und dies hier ist sein Kind. Warum nehmt ihr uns nicht auch noch mit? Das Leben habt ihr uns schon genommen!* Während sie Stewart herausfordernd ansah, fragte sie sich, ob er wohl eine Vorstellung von ihrem Schmerz und ihrem Zorn habe. Stewart tippte sich zu Akiva gewandt grüßend an die Mütze. Dann machte der Rabbiner auf dem Absatz kehrt und stapfte grußlos hinter dem Karren her in Richtung Nissan-Bek-Synagoge, den Blick starr nach vorn gerichtet und mit stolzem, selbstzufriedenem Gesichtsausdruck. Er hatte sein Volk und sein Viertel wieder einmal fest im Griff.

„Er ist eine Marionette", zischte Hannah, als er um die Ecke verschwand. „Eine Marionette in der Hand dieses Haman, des Muftis. Wenn er nicht aufpaßt, wird er uns alle noch an den arabischen Galgen bringen."

Bei diesen Worten zuckte Rachel schmerzlich zusammen. Mosche würde der erste sein, der an den Galgen kam. Man hatte die Nachricht von seiner Verurteilung über das in einem dunklen Keller heimlich installierte Radio aufgefangen. Danach hatte Rabbi Vultch den schweren Gang getan und Rachel mit ruhigen Worten die Mitteilung überbracht, die sie bereits seit Mosches Verhaftung geahnt hatte: *Er ist zum Tode verurteilt. Er und Ehud müssen zusammen sterben.* Sie hatte nicht geweint. Zuviele Tränen hatte sie schon in dunkler Nacht vergossen und Gott ihren Schmerz hinausgeschrien. Die Nachricht, die der Rabbiner ihr überbracht hatte, war nur eine Bestätigung ihrer dunklen Vorahnungen gewesen. Mosche würde vor ihr gehen und die Hoffnung mit sich nehmen, die sie seit ihrer Hochzeit gehegt hatte. *Wenn wir schon nicht auf dieser Erde zusammen leben können*, hatte sie ihm zugeflüstert, *dann werde ich Gott darum bitten, daß er uns in seiner Gnade wenigstens in seinem Reich Hand in Hand gehen läßt. Sonst könnte ich es nicht ertragen, nur einen Moment länger ohne dich zu leben und zu atmen.*

Aber noch lebte Mosche und war in seiner Gefängniszelle sicher vor dem Zorn der Massen, die zerfetzten, schlugen und zerstörten, ohne danach zu fragen, wie es sich in Wahrheit mit Schuld oder Unschuld verhielt. Im Augenblick lebte er noch, und so konnte auch sie weiteratmen, einen Tag lang, eine Stunde um die andere. Und vielleicht hörte er sogar die Worte, die sie ihm zuflüsterte, während sie allein im Bett lag. Nachts glaubte sie hundertmal im Traum seine Stimme zu vernehmen und betete noch im Schlaf darum, nicht aufwachen zu müssen. Und wenn die Morgensonne ihn ihr raubte, flehte sie Gott an, daß ein arabischer Heckenschütze sie vielleicht auf den Straßen sehen und ihr helfen würde, wieder in Mosches Armen zu schlafen – dieses Mal für immer.

Heute ist der Tag vor Purim, dachte sie, der Tag, an dem Ester ihr Volk vor dem Galgen bewahrt hat. *Wenn du einmal das Leben deines ganzen Volkes verschont hast, Gott, kannst du dies dann nicht auch bei einem einzigen Leben tun? Kannst du uns dann nicht Mosche zurückgeben? Tikvah und mir?*

Immer schon hatte der Schatten des Galgens das Leben in den Ghettos verdunkelt. Denn die Welt war voll von Menschen wie Haman, und es gab immer zu wenig Menschen wie Ester und noch weniger Tage, an denen man eine Rettung feiern konnte. Während Rachel der strengen, dunklen Gestalt Akivas nachsah, betrachtete Hannah die junge Frau prüfend. „Du bist ja aschfahl, Kind", sagte sie sanft und legte teilnahmsvoll ihre Hand auf Rachels Arm. „Und du bist noch dünner geworden." Sie schnalzte besorgt mit der Zunge. „Ißt du denn nicht die Rationen, die du erhältst? Du mußt essen! Wenn die Rationen auch klein sind, dürftest du doch nicht so viel an Gewicht verlieren!"

Rachel verschwieg Hannah, daß ihr der Schmerz um Mosche den Appetit geraubt hatte und ihr jeden Morgen, wenn sie aufstand, so schwindlig war, daß sich alles um sie drehte. „Ich esse ja", erwiderte sie daher leise.

Hannah sah Rachel wieder besorgt an, weil die zarten Wangenknochen so stark aus dem hübschen Gesicht hervorsprangen. „Geht es dir denn wirklich gut?" fragte sie.

Rachel nickte abweisend, ohne Hannahs Blick zu erwidern, und antwortete einsilbig: „Ja."

Tikvahs kräftiges, gesundes Aussehen stand in krassem Gegensatz zu dem Rachels. „Aber ich schlafe nachts schlecht", fügte sie unbehaglich hinzu, da Hannah nicht aufhörte, auf die dunklen Schatten unter ihren Augen zu starren.

„Du mußt versuchen, nicht daran zu denken, Rachel! Du hast ein Kind, um das du dich kümmern und für das du dich gesund erhalten mußt! Als mein lieber Mann von mir gegangen ist, Gott hab' ihn selig, glaubte auch ich, daß ich es nicht überstehen würde. Und ich wollte es auch gar nicht überstehen. Aber du siehst, ich bin immer noch hier ..."

Rachels Gesicht verzerrte sich schmerzlich bei diesen Worten. „Bitte! Bitte, Hannah! Es ist lieb von dir, daß du dir meinetwegen Gedanken machst, aber ..." Sie stockte und sah sie mit gequältem Blick an.

„Du bist doch noch jung. Du wirst nicht lange allein bleiben, Liebes." Hannahs Worte waren zwar gut gemeint, aber sie versetzten Rachel einen heftigen Stich ins Herz. Sie hätte aufschreien und ihren Zorn über den bloßen Gedanken hinausschreien mögen, daß sie jemals ihr Leben mit einem anderen Mann als Mosche teilen könne. Doch sie senkte nur den Blick und betrachtete versonnen eine Pfütze auf der gepflasterten Straße. „Es gibt Seen, in denen sich nicht der Himmel spiegelt", flüsterte sie, während sie an Mosches klaren, liebevollen Blick dachte. Im Wasser erkannte sie ihr eigenes Spiegelbild. *Ich möchte, daß du mich ansiehst, Liebes,* hatte Mosche sie an seinem ersten Tag nach seiner Flucht in die Altstadt aufgefordert, *und mir sagst, was du siehst.* Auf ihre Antwort, daß sie sich selbst in seinen Augen erkannte, hatte er gesagt: *Die Liebe ist der einzige Spiegel, den wir benutzen dürfen, um uns selbst und andere zu beurteilen. Wenn ich als Mensch schon imstande bin, dich so sehr zu lieben, dann wirst du im Spiegel der Liebe Gottes nicht nur Hoffnung und Freude, sondern sogar Gnade für dich finden.* Rachel dachte lange über diese Worte nach, während sie beobachtete, wie hinter dem ernsten jungen Gesicht auf der spiegelnden Wasseroberfläche die Wolken vorüberzogen. Und plötzlich empfand sie wieder, was sie bereits damals empfunden hatte, und ein glückliches Lächeln umspielte ihre Lippen: sie sah wieder einmal in den Spiegel der Liebe Gottes und erkannte sich selbst mit Mosche und Tikvah darin. „Hannah", flüsterte sie, „liebe Hannah, ich bin ja nicht allein! Selbst jetzt, da Mosche im Gefängnis und zum Tode verurteilt ist, bin ich nicht allein. Und ich werde es auch nie wieder sein!"

Hannah sah auf das Kind in Rachels Armen und glaubte, daß diese Trost darin gefunden habe. „Ein Kind ist etwas Beglückendes", sagte sie daher, ohne begriffen zu haben, was in Rachel vorgegangen war. „Aber vielleicht wird es eines Tages auch wieder einen jungen Mann für dich geben."

Diesmal hörte sich Rachel Hannahs Worte, die sie eben noch mit Schmerz und Zorn erfüllt hatten, ruhig an und lächelte nur traurig, während sie Hannah durch den Spiegel der Liebe Gottes betrachtete. „Solange Mosche noch lebt", erwiderte sie dann freundlich, „kann ich nur hoffen und beten, daß er eines Tages wieder der Mann sein wird, der mein Leben mit mir teilt."

„Selbstverständlich", pflichtete ihr Hannah bei und tätschelte ihr beruhigend die Schulter. „Selbstverständlich darfst du das hoffen. Das ist in deiner Lage nur natürlich." Sie sah zum Himmel hinauf. „Ach, wenn Gott uns eine solch große Simcha vergönnte, nu? Die große Freude und den Tag des Jubels, an dem wir Mosche und diesen großen Affen Ehud retten! Diesen Tag sollten wir dann zu einem Feiertag wie Purim erklären!" Dann wandte sie sich voller Trauer ab. „Aber ich glaube, Gott läßt sein Volk wohl keine Wunder mehr erleben."

„Aber warum denn, Hannah!" wandte Rachel ein. „Großvater hat gesagt, es ist Gottes größte Freude, Wunder aus dem Staub unserer Verzweiflung zu vollbringen. Darauf will ich hoffen!"

Sie sah wieder in die spiegelnde Pfütze. „Und darum werde ich noch beten, wenn sie schon am Galgen stehen. Und wenn sie ins Grab gelegt werden, dann werde ich an das wunderbarste Wunder von allen glauben: daß Gott für uns einen Platz in Seinem Reich bereithält, daß wir für immer und ewig zusammen sein können."

„Ach, ja. Das Leben ist kurz und voller Schmerz..." seufzte Hannah.

Rachel reckte sich und sah an den riesigen, grauen, drohenden Regenwolken vorbei zu dem kleinen, hellblauen, glänzenden Himmelsfenster, das diese freigelassen hatten. „Aber die Liebe ist doch am größten, Hannah, und voller Schönheit. Die Wolken werden vorüberziehen, und eines Tages werden wir sehen, daß der Himmel noch immer da ist. Blau und strahlend. Wir werden erkennen, daß er immer dagewesen ist – derselbe, unveränderliche Himmel, der nur eine Zeitlang hinter Wolken verborgen war. Wie Gott. Ich glaube daran, daß es ihm noch immer gefällt, Wunder zu vollbringen."

Hannah betrachtete sie verständnislos und zuckte hilflos die Achseln. Dann legte sie nachdenklich die Finger an die Lippen, in dem Bemühen, Rachels Worte zu verstehen. „Nun, Kind", sagte sie schließlich, „wir haben den Feiertag Purim vor uns. Und selbst wenn Gott vergessen sollte, neue Wunder zu vollbringen, so ist uns Juden doch jeder Anlaß recht, um die vergangenen zu feiern, nu?" Sie legte ihre Hand auf den Türriegel. „Möchtest du auf eine Tasse Tee hereinkommen? Wozu sollen wir hier stehen und alle Rätsel Gottes auf der Straße lösen?"

Rachel schüttelte ablehnend den Kopf: „Nein danke." Sie wollte allein sein und in Ruhe über die Dinge nachdenken, die Gott ihr an diesem Nachmittag eingegeben hatte. „Ich muß vor dem Gottesdienst noch einiges erledigen."

„Nun, bring dann deinen Korb mit, damit du deine Essensration abholen kannst!" riet Hannah noch. „Du bist zu dünn, Rachel. Zu dünn!"

Rachel nickte und merkte dann zu ihrer Überraschung, daß Captain Stewart immer noch neben der Barrikade stand und zu ihr hinübersah. Ihre Blicke trafen sich einen Moment, dann ging sie, obwohl Hannah vor Schreck den Atem anhielt, entschlossen auf ihn zu. Dabei strich sie Tikvah, die ihre innere Spannung spürte und sich unruhig in ihren Armen wand, über den Kopf und sagte beruhigend: „Pscht, meine Kleine!"

Einen Augenblick sah es so aus, als wolle Stewart davonlaufen, aber sie nagelte ihn mit ihrem Blick regelrecht fest.

Wenige Schritte vor ihm blieb sie stehen und sah ihn durchdringend an.

„Was wollen Sie?" bellte er schließlich, als ihm die Anklage in ihren Augen unerträglich wurde.

Rachel sprach zögernd, darauf bedacht, die englischen Worte sorgfältig zu setzen: „Ich habe Sie gesehen ... in der Nacht, in der Sie Schimon und Chaim dem Mob überließen", sagte sie ruhig.

Er hob herausfordernd das Kinn. „Ich weiß nicht, wovon Sie sprechen."

„Ich war dort oben", fuhr Rachel unbeirrt fort und zeigte auf eines der an der Grenze zwischen den beiden Vierteln gelegenen Dächer. „Schimon war der Vater dieses Kindes", brachte sie mühsam hervor.

Stewart sah an Tikvah vorbei. „Sie waren seine Frau? Ich habe nur meine Pflicht getan. Ihr Mann –"

„Nein", unterbrach ihn Rachel. „Schimons Frau ist auch tot. Sie starb in derselben Nacht bei der Geburt der Kleinen. Sie sind schuld an ihrem Tod!"

Stewart sah sie einen Augenblick verständnislos an. Dann erstand unvermittelt die Erinnerung an die weinende schwangere Frau vor seinem inneren Auge. „Ich ... ich ...!" stotterte er.

„Tikvah ist jetzt mein Kind", sagte Rachel leise und suchte wieder seinen Blick. „Und das Kind Mosche Sachars, meines Mannes, den Sie auch abgeholt haben."

Ihre Worte versetzten Stewart ganz offensichtlich einen Stich. „Ich tue nur meine Pflicht als Soldat in einer schwierigen Zeit, Madam", sagte er laut und stand stramm, als werde die britische Flagge vorbeigetragen.

„Sie sind doch aus Fleisch und Blut", sagte Rachel und sah ihm dabei prüfend ins Gesicht. „Ja, Sie sind doch ein Mensch, so wie wir auch. Aber Sie haben Ihre Seele verloren, Captain Stewart. Und meine hat die Pflicht, Mitleid zu empfinden und für einen Menschen zu beten, der so leer und bitter ist wie Sie. Möge Gott Ihnen gnädig sein!"

Stewart blitzte sie mit zornverzerrtem Gesicht an. „Ich brauche die Gebete einer Jüdin nicht! Und schon gar nicht die einer widerlichen Hure! Ja! Akiva hat mir alles über dich erzählt! Hitler hatte schon das Richtige vor! Fünf lange Jahre haben wir dafür gekämpft, euch Juden und das übrige Europa zu befreien. Fünf Jahre hat mein Bruder gegen Hitler gekämpft, und kaum ist er in Palästina, sprengen ein paar Juden das King David Hotel in die Luft und bringen ihn dabei um! Und wofür ist er gestorben? Für so ein Lumpenpack wie euch. Für Leute wie dich! Für Huren und geldgierige Juden." Stewart spuckte vor Rachel aus. Dann machte er auf dem Absatz kehrt und verließ in rasendem Zorn das Viertel.

Hannah lief eilig zu Rachel und legte ihr die Hand auf die Schulter. „Was für ein furchtbarer Mann! Der ist ja schon kein Mensch mehr. Komm, Rachel! Komm jetzt!"

„Wir müssen uns davor hüten, selbst Menschen wie ihn zu hassen, Hannah", flüsterte Rachel. „Sonst werden wir wie er." Ihr stiegen die Tränen in die Augen, denn sie wußte, daß dieser Mann, der Schimon ermordet und Mosche verhaftet hatte, das Opfer seiner Bitterkeit und seines unsinnigen Hasses war. „Ich werde für diesen Mann beten. Vielleicht ist ja noch ein Rest von Menschlichkeit in ihm."

* * *

In der Synagoge wurde an diesem Abend die Esterrolle verlesen, und die Kinder des Viertels buhten und stampften jedesmal, wenn der Name des bösen Haman erwähnt wurde. Während die uralte Geschichte von den Taten der Frau vorgetragen wurde, durch die Gott die Juden vor dem Tod bewahrt hatte, erhob sich unter den Zuhörern die Frage, ob der Gott, der Esters Volk gerettet hatte, nicht auch sie retten könne.

Nachdem einige Kinder noch ein Stück dargeboten hatten, ergriff Akiva das Wort. Er sprach von Versöhnung und davon, daß in den Tagen der Königin Ester keine Armee erforderlich gewesen war, um die Juden Persiens vor dem üblen Ansinnen Hamans zu schützen. Die kleine Gruppe der Haganah, die am Rand der Menge stand, mißbrauchte, Akivas Ansicht nach, die Macht Gottes, um Sein Volk in einer Zeit der Krise zu verteidigen.

Der Rabbiner machte eine ausholende Handbewegung und fuhr fort: „... Gott benutzte zur Ausführung Seines Planes Männer des Friedens! Männer wie Mordechai! Was wäre wohl geschehen, wenn das Volk durch den lärmenden Mob zur Gewalt aufgepeitscht worden wäre?" Er hielt inne und fixierte Dov, der ganz hinten stand. „Dann wären die Vorwürfe Hamans gerechtfertigt gewesen! Denkt an das Gemetzel, dem unser Volk ausgesetzt gewesen wäre, wenn es nicht schweigend seiner Errettung geharrt hätte ..."

Zustimmendes Gemurmel ging durch die Reihen. Akiva deutete auf die Berge von Lebensmitteln am Ende der Synagoge. „Seht ihr, was wir mit Geduld erreicht haben?" Bei diesen Worten erstarrte Dovs Gesicht, und seine schwarzen Augen blitzten Akiva zornig an. Und als dann noch überall zustimmende Laute durch die Reihen gingen, konnte er nicht länger schweigen.

„Geduld hat Millionen von uns den Tod gebracht!" übertönte er mit lauter Stimme das Geflüster der Gemeinde. „Wart ihr dort? War jemand von euch wie ich in Warschau?" Während sich betroffenes Schweigen ausbreitete, ging er durch die Menge, die ihm den Weg freimachte, zur Bimah. Dort wandte er sich den Menschen zu, und Rachel sah, daß er trotz seines schmächtigen Körperbaus seinem Vornamen Bär alle Ehre machte. Er sah weise aus und dabei gleichzeitig grimmig und unerschrocken. „Stumme Zeugen", rief er zum Himmel hinauf, „werden jetzt zu uns sprechen, damit wir die Wahrheit erfahren!" Er warf einen prüfenden Blick auf die Menge, während Akiva hinter ihm protestierte: „Sie! Sie unterbrechen den Gottesdienst! Gehen Sie auf Ihren Platz zurück, oder man wird Sie entfernen!"

„So, wie man auch Mosche Sachar entfernt hat?" fragte Dov Akiva unverblümt und fuhr dann unbeirrt fort: „Königin Ester wartete nicht untätig ab. Sie handelte!"

Akiva sah schweigend auf Dov hinunter, der mit bebender Stimme rief: „Ich bin in Warschau gewesen! Und ich sage euch, daß ich diese Worte der Beschwichtigung kenne! Denn dieselben Worte sind schon einmal gesprochen worden. Als wir den Nazis 10 000 Menschen anboten, um ihren Blutdurst zu befriedigen, sind diese Worte gesagt worden! Und auch als sich einen Tag später 5 000 Menschen auf dem Platz im Warschauer Ghetto versammelten, wurden diese Worte gesprochen. Frieden! Unsere Führer flehten um Frieden. Während jung und alt zusammengetrieben, in Viehwagen gepfercht, beraubt und vergast und verbrannt wurde, schrie unser Volk nach Frieden! Und unsere Führer flehten um Gnade und opferten dem Nazi-Gott Moloch immer noch mehr Menschen! Ich habe alles mit angesehen!" Die Menschen standen benommen und schweigend da. Akiva trat mit vor Haß glühendem Blick einen Schritt zurück. „Ich habe von einem Dach aus mitangesehen, wie mein eigener Vater auf dem Ghettoplatz auf die Ankunft der Lastwagen wartete. Auch er war Rabbiner, und er sagte zu den Menschen, die mit ihm zusammen warteten: ,Juden, seid nicht traurig! Denn heute werden wir den Messiah sehen! Darauf sollten wir anstoßen!'"

Dov fuhr mit versagender Stimme fort: „Und er nahm die Fünftausend tapfer mit sich, um mit ihnen zusammen in den Tod zu gehen. Aber selbst ihr Opfer genügte nicht. Und ich sage euch, an diesem Tag entschloß ich mich, Gott dadurch zu dienen, daß ich am Leben blieb! Dadurch, daß ich kämpfte, um anderen das Leben zu ermöglichen! Ihr müßt mir glauben, wenn ich euch sage, daß der Opfertod Mosche Sachars am Galgen die falschen Götter, die einen falschen Frieden anbieten, ebensowenig befriedigen wird wie der Tod von 5 000 Menschen den Hunger der Nazis nach jüdischem Blut. Mit dem Opfer eines einzelnen Lebens werdet ihr nicht die tausend Leben im jüdischen Viertel vor den Arabern retten. Denn nicht einmal fünftausend Tote vermochten in Europa sechs Millionen Juden vor dem Tode zu bewahren. Sie alle fanden den Tod, so, wie auch wir – und mit uns unser Viertel und unsere Lebensweise – den Tod finden werden, wenn wir uns nicht verteidigen!"

Schweißperlen standen dem kleinen Dov auf der Stirn, und Rachel war wie erstarrt. Sie empfand jedes Wort so, als sei sie es, die spräche. Während die Menge betroffen schwieg, schoben sich Mitglieder der Haganah durch das Gewühl und stellten sich neben Dov. „Wir möchten euch schützen. Wir sind die hauchdünne Grenze, die zwischen euch allen und dem langsamen Tod steht, der unweigerlich kommt, wenn man sich von leeren Versprechungen nährt!"

„Es sind keine leeren Versprechungen! Ihr seht doch, was wir hier haben. Lebensmittel!" schnauzte Akiva.

„Von einem jüdischen Konvoi geraubt", gab Dov scharf zurück,

„der am Bab el Wad aus dem Hinterhalt überfallen wurde! Der Mufti hat geschworen, der Stadt den Lebensnerv zu durchtrennen, und genau das tut er! Ihr eßt Brotkrumen, die mit jüdischem Blut erkauft sind! So, wie in Warschau mit jüdischem Blut ein Hinrichtungsaufschub erkauft worden ist. Aber wenn ihr euch nicht zusammentut, werdet auch ihr geopfert werden – auf Haj Amins Altar des Heiligen Krieges."

„Sie sind es, der geopfert werden sollte!" schrie Akiva und umklammerte dabei das Geländer um die Bimah so heftig, daß seine Knöchel weiß anliefen. „Sie leugnen die Macht Gottes! An diesem Feiertag, an dem wir uns an das Wunder der Errettung erinnern –"

„Gott hat sein Volk durch das Leben anderer gerettet, die bereit waren, für deren Verteidigung zu sterben! Haben die Rabbiner früher nicht davon gesprochen, daß Königin Ester vom König hätte getötet werden können, als sie sich ihm so kühn näherte? Mußte sie nicht ihren ganzen Mut zusammennehmen, um ihr eigenes Leben für das ihres Volkes anzubieten? Sie ging keinen Handel mit dem Teufel Haman ein. Nein! Sie stellte zuerst Gott ihre Sicherheit anheim und tat dann das, was ihrer Überzeugung nach das Richtige war – auch auf die Gefahr hin, selbst dabei den Tod zu finden!" Dov wandte sich an die Menge. „Das Wunder, das Gott vollbracht hat, besteht darin, daß ein unbedeutender Mensch das Rad der Geschichte ändert, indem er tut, was richtig ist; indem er den Mut findet, sich gegen den Teufel zu erheben und zu kämpfen! Unsere Heilige Schrift ist voll von solchen Menschen. David, der gegen Goliath kämpfte! Gideon, der gegen die Midianiter kämpfte! Mose! Joschuah! Alle Propheten! Ja, es stimmt zwar, daß einige dabei den Tod fanden, aber das wunderbarste aller Wunder ist doch, daß wir immer noch ein Volk in einer Welt sind, die uns seit je gehaßt hat! Und dieses Wunder ist durch diejenigen Menschen zustande gekommen, die an Gott glaubten und den Mut hatten, sich zu erheben und zu kämpfen!"

Rachel schloß ihre Augen und sprach ein Gebet für Dov, zu dem nun aus allen Ecken des Raumes Scharen junger Männer strömten. Rachel lächelte beglückt, als sie selbst Kinder darunter sah – unter anderem auch die Kepses und Joseph. Sogar zwei ältere Rabbiner traten aus der Menge hervor und schlossen sich den Männern an, deren Zahl sich inzwischen auf nahezu hundert belief. Und ein weißbärtiger Alter sagte mit hoher, zittriger Stimme: „Mosche Sachar hat uns eine Bezahlung für Gebete angeboten. Ich biete euch an, für die Rettung und Verteidigung zu beten. Wir wollen für die Altstadt und die Männer beten, die bereit sind, für das, was uns heilig ist, ihr Leben einzusetzen."

Akiva richtete sich empört auf und funkelte den alten Rabbiner an. „Und ich sage Ihnen, daß wir alles verlieren werden, wenn wir uns diesen Männern anschließen!"

„Und was soll uns das Gute, Rebbe Akiva", erwiderte der Alte, „wenn Gutes dabei geopfert wird? Ich bin mit Königin Ester!" rief er. „Ich werde dem König des Himmels meinen Fall vortragen, und wenn ich mein Leben verliere, dann habe ich wenigstens alles in meiner Macht Stehende für die Gerechtigkeit getan!"

Rachel spürte die Blicke der Frauen aus der Frauenabteilung der Synagoge auf sich, die sie ansahen, als erwarteten sie, daß auch Rachel das Wort ergreife. Aber sie schwieg. Es genügte, daß Dov gesprochen hatte. Gott hat seine Verheißungen an Israel nicht vergessen, dachte sie. Er wird sich freuen, daß es Menschen gibt, die bereit sind, für diese Verheißungen ihr Leben hinzugeben. Wie Ester. Wie Mosche. Sie schloß einen Moment lang die Augen, während ihr Worte in den Sinn kamen, die sie in Leahs Bibel gelesen hatte: Was nützte es dem Menschen, wenn er die ganze Welt gewönne und nähme dabei doch Schaden an seiner Seele? Dann richtete sie ihre Aufmerksamkeit wieder auf den Schlagabtausch der Argumente, die wie Gewehrfeuer hin und her gingen.

„Ich sage, Verhandlungen sind der einzige Weg –!"

„Verhandlungen sind der einzig sichere Weg in den Tod! Sie verhandeln mit einem Freund Hitlers!"

Ich war so jung, Herr. Ich wußte nicht, daß ich jeden Herzschlag mit einem Stück meiner Seele erkaufte. Wie sehr mußt du weinen, wenn du siehst, wie wenig dein Feind dazu braucht, um uns zu kaufen! Dein eigener Sohn wurde für dreißig Silberlinge verraten. Mosche ist für Brot verkauft worden. Wird deine Stadt nun für leere Friedensversprechungen verkauft werden? Du hast deine Verheißung, uns wieder an diesem Ort in einer Nation zu sammeln, nicht vergessen. Aber dennoch zweifeln wir, und viele von uns haben sogar vergessen, daß du uns überhaupt eine Verheißung gemacht hast. Ich möchte dir glauben, Herr, aber hilf du bitte dem Teil von mir, der noch zweifelt! Gib mir den Mut, den ich brauche, um darauf zu vertrauen, daß du noch immer hinter den Wolken des Zweifels bist!

An diesem Abend ging die Menge geteilter Meinung auseinander. Während die Männer nach dem Gottesdienst noch in kleinen Gruppen diskutierend auf den Stufen zur Synagoge standen, lief Rachel mit

Tikvah auf dem Arm und einem kleinen Korb mit einer Essensration eilig an ihnen vorbei in ihre einsame kleine Wohnung. Nachdem sie das Kind umgezogen und ins Bett gelegt hatte, nahm sie Mosches zerrissenen Tallith aus der obersten Schublade der Kommode. Sie betrachtete die klaffende Wunde, die ihn beinahe völlig zerstört hatte. „Ich werde dir vertrauen, Herr", sagte sie laut. „Und ich werde darauf vertrauen, daß es diese Nation geben wird, wie du es einst versprochen hast."

Dann nahm sie ihr Nähkörbchen zur Hand und flickte bei Kerzenlicht die ganze Nacht hindurch. Sie dachte daran, daß Mosche und sie unter dem Tallith getraut worden waren und wie stolz er ihn getragen hatte, während er sein Herz im Gebet zu einem unveränderlichen Gott erhob.

Bei der Arbeit erinnerte sie sich auch an das Leuchten auf Mosches Gesicht, als er ihr einen Abschnitt aus der Heiligen Schrift vorgelesen hatte, den sie bisher noch nicht wiedergefunden hatte: „Was kann uns scheiden von der Liebe Christi? Bedrängnis oder Not oder Verfolgung, Hunger oder Kälte, Gefahr oder Schwert? In der Schrift steht: Um deinetwillen sind wir den ganzen Tag dem Tod ausgesetzt; wir werden behandelt wie Schafe, die man zum Schlachten bestimmt hat. Doch all das überwinden wir durch den, der uns geliebt hat. Denn ich bin gewiß: Weder Tod noch Leben, weder Engel noch Mächte, weder Gegenwärtiges noch Zukünftiges, weder Gewalten der Höhe oder Tiefe noch irgendeine andere Kreatur können uns scheiden von der Liebe Gottes, die in Christus Jesus ist, unserem Herrn."

Diese Worte gingen ihr nicht aus dem Sinn. Und zum ersten Mal, seitdem Mosche abgeführt worden war, sah sie ganz deutlich ihr eigenes Spiegelbild im See der Liebe Gottes. Und sie wußte in ihrem tiefsten Inneren die Wahrheit dessen, was Mosche ihr gesagt hatte: Oh Gott, deine Liebe ist stärker als der Tod. Sie ist größer als meine Einsamkeit, und eines Tages wirst du wahrhaftig all meine Tränen trocknen.

27. Unerwartete Hilfe

Gut eingepackt, um sich vor dem kühlen Wind zu schützen, der heftig über die Bucht von San Francisco wehte, saßen David und Martin auf den großen Pollern, die den Kai am Fisherman's Wharf überragten. Die Flotte der Fischkutter schaukelte an ihren Anlegestellen, und auf dem grauen Wasser in der Bucht tanzten Schaumkronen. David vertrieb sich die Zeit, indem er die zehn Sekunden mitzählte, die es dauerte, bis sich das grelle Leuchtturmlicht auf dem Alcatratz-Gefängnis einmal im Kreis gedreht hatte. Es wirbelte herum wie ein zorniges Auge, das nach einem verwegenen Seemann Ausschau hält, der unvorsichtig genug wäre, sich unter der Golden Gate Bridge auf den aufgewühlten Pazifik hinauszuwagen.

Ein leichter Nieselregen setzte ein und überzog Haare und Jacken der beiden Männer mit einer feinen Perlenschicht. Eine Seemöwe ließ sich am Ende des Kais nieder und beäugte David und Martin mit vorgerecktem Hals. Dann schüttelte sie ihr Gefieder und erhob sich gemächlich in die Lüfte, um von dort aus kreisend nach einem Plätzchen Ausschau zu halten, an dem sie sich vor dem herannahenden Sturm schützen konnte.

„Bist du auch ganz sicher, daß er kommt?" wandte sich David an Martin.

„Er kommt schon noch", beruhigte ihn Martin, verschränkte die Arme und schlug fröstelnd den Kragen hoch. „Er ist ein verläßlicher Mann."

David stellte unbehaglich fest, daß die vier muskulösen Stauer, die am anderen Ende des Kais Kisten aus einem Kutter luden, immer wieder fragende Blicke auf ihn und Martin warfen, als überlegten sie, was die beiden Fremden dort wohl zu suchen hätten. Auch der kräftige Verkäufer mit der blutverschmierten Schürze im Fischladen auf der anderen Seite der Straße schaute bereits argwöhnisch zu den beiden Männern hinüber. David erwiderte offen den Blick des Mannes und beneidete ihn um die Tasse dampfenden Kaffees, die er in der Hand hielt.

„Ich könnte auch einen Kaffee vertragen", murmelte David. „Ich geb' deinem Colonel noch fünf Minuten, dann geh'n wir, Martin. Mir ist kalt."

Martin nickte und wiederholte unbeirrt: „Colonel Brannon ist ein verläßlicher Mann. Er kommt schon noch."

David sah auf die Uhr. Fünf nach fünf. Der sonst so geschäftige Kai schien an diesem Morgen wie ausgestorben. „Wahrscheinlich hat er verschlafen", meinte David mürrisch, der wehmütig an sein warmes Bett dachte. Sie waren die ganze Nacht gefahren, um sich mit einem Freund Martins, Charles Brannon, einem Oberst im Ruhestand, zu treffen, und nun ließ Brannon auf sich warten. Zugegeben, es waren erst fünf Minuten über die verabredete Zeit, aber diese wenigen Minuten reichten aus, um David in eine gereizte Stimmung zu versetzen. Bei ruhiger See wäre der Kai nun voller Fischer, die mit dem Abladen ihres Fangs zu tun hätten, so daß Davids und Martins Anwesenheit gar nicht aufgefallen wäre. Doch an diesem Morgen war der Kai fast menschenleer, und es machte David nervös, daß Martin und er den Argwohn der Stauer und des Fischverkäufers erregten. Er ertappte sich sogar dabei, wie er sich heimlich vergewisserte, ob er nicht etwa diesen bebrillten Mann entdecke, der sie durch ganz Los Angeles verfolgt hatte. Martins glühenden Schilderungen nach zu urteilen, war es der Oberst jedoch wert, daß man die Unannehmlichkeit auf sich nahm und auf ihn wartete, um ihn, wenn möglich, für ihre Sache zu gewinnen.

David schloß einen Moment fröstelnd die Augen. Als er sie wieder aufschlug, entdeckte er einen kleinen Mann in einem grauen Mantel, der auf dem menschenleeren Bürgersteig eilig in ihre Richtung ging und jeweils einen Bogen um die Pfützen auf dem unebenen Boden machte. Sein Gesicht war wegen seines schwarzen Regenschirms nicht zu sehen. „Da kommt jemand", sagte David leise. „Ist er das?"

Martin, der vor sich hin gedöst hatte, schüttelte sich, um wieder munter zu werden. Dann folgte er Davids Blick und erwiderte einsilbig: „Nee." Er starrte wieder auf die gesplitterten Planken des Kais und fügte hinzu: „Brannon ist ein stattlicher Mann. Richtig stattlich."

David veränderte unruhig seine Haltung, ohne den Blick von der sich nähernden Gestalt zu wenden, und wünschte, er könne dessen Gesicht sehen. Er erhob sich langsam, die Augen starr auf den schwarzen Schirm gerichtet und versucht, das Ding, das ihm den Blick auf das Gesicht des Mannes verwehrte, wegzureißen. Dabei malte er sich aus, wie er sich auf diesen Fußgänger stürzte, der es wagte, in aller Herrgottsfrühe über die Straßen zu gehen, und den unterwürfigen kleinen Spion entlarvte, der inzwischen zu einem Stachel in ihrem Fleisch geworden war. Schon machte er einen zögernden Schritt auf ihn zu. Doch in diesem Augenblick verließ der Mann den Bürgersteig, überquerte die Straße und betrat den Fischladen. David strich sich mit der Hand über den Mund und murmelte vor sich hin: „Ich werd' noch verrückt."

„Was?" fragte Martin überrascht.

„Ich sagte, ich brauch'n Kaffee", erwiderte David und ging dann ohne zu zögern, mit starr auf die Tür gerichtetem Blick und gesträubten Nackenhaaren, auf den Fischladen zu.

Martin rief hinter ihm her: „Bring mir auch eine Tasse mit, ja?"

David hob zustimmend die Hand und murmelte: „Vielleicht bring' ich dir sogar noch mehr mit." Er war überzeugt, daß der schmächtige Mann im Trenchcoat tatsächlich der Mann war, von dem sie beschattet wurden. Durch die Glastür konnte er dessen tropfenden Schirm an einem hölzernen Kleiderständer hängen sehen. David beschleunigte seine Schritte und sprang mit schneller schlagendem Puls über den Rinnstein. Der Mann stand mit dem Rücken zum Fenster und sprach mit dem Fischverkäufer. Als David die Tür öffnete und unter dem Läuten der Türglocke den Laden betrat, wandten sich die beiden Männer neugierig zu ihm um. David sah jetzt, daß der Fußgänger einen braunen Filzhut und eine Hornbrille trug, hinter der ihn warme, braune Augen forschend ansahen. Während David noch unschlüssig stehen blieb, strömte kalte Luft in den Laden, und der dünne Lippenbart des Mannes zuckte leicht unter seiner Knollennase.

Der Verkäufer sprach David in schwerem italienischen Akzent an: „Sie lassen Türr offen. Sie wollen rreinkommen?"

Der Falsche. Du bist ein Narr, Meyer, dachte David und kam peinlich berührt mit einem verlegenen Blick auf die beiden Männer der Aufforderung nach. „Mein Freund und ich hätten gerne einen Kaffee", sagte er.

„Kaffee?" fragte der Fischverkäufer enttäuscht. „Sie nurr wollen Kaffee haben?"

David blinzelte verlegen, beschämt darüber, daß er einen vollkommen unschuldigen Menschen hatte fertigmachen wollen. „Nun... hmm... vielleicht noch ein Pfund Lachs."

Er kramte in seinen Taschen nach Geld, während ihn der Verkäufer zufrieden angrinste und eilfertig bemerkte: „Natürrlich wirr haben Lachs. Was wollen Sie? Gerräucherrt oderr frrisch?"

„Geräuchert", erwiderte David und verspürte mit einem Mal tatsächlich Hunger.

David wartete, bis der kleine Mann bedient und sein Lachs eingepackt war. Dann legte er seine Scheine auf den Ladentisch und schob das Paket in die Tasche, während der Verkäufer noch zwei Tassen mit dampfendem Kaffee füllte. David versprach, die Tassen bald zurückzubringen, und ging zu Martin zurück. Dieser befand sich inzwischen in Gesellschaft eines großen, heiter aussehenden Mannes, der eine frische Gesichtsfarbe und leicht angegrautes, dichtes, dunkles Haar hatte.

„Charlie Brannon", stellte Martin stolz vor, und David bot dem gutmütig aussehenden Colonel sogleich seinen Kaffee an. „Ich hab' dir doch gesagt, daß er kommen würde", fügte Martin hinzu.

Colonel Brannon schüttelte David herzlich die Hand. „Sehr erfreut, einer Legende die Hand zu geben", sagte er dabei. „Ich wäre bei jedem Wetter gekommen!"

„Danke", erwiderte David. „Aber wir waren es ja, die mit Ihnen sprechen wollten."

Brannon wurde sogleich ernst und holte eine zusammengefaltete Zeitung unter seinem Arm hervor. „Martin hat mir bereits alles erzählt, Captain Meyer. Und ich habe tatsächlich schon ernsthaft erwogen, ob ich Ihr Angebot annehmen sollte –"

„Habe?" fragte David.

„Haben Sie denn das noch nicht gesehen?" fragte Brannon und klopfte vielsagend auf die Zeitung. David ergriff sie zögernd. Auf der Titelseite prangte groß die Schlagzeile: *WAFFENBOYKOTT GEGEN MITTLEREN OSTEN*. Und die darunter stehende Artikelüberschrift lautete: *U.S.-Soldaten verlieren Staatsbürgerschaft und Versorgungsbezüge*. David überflog die Spalten, sah Brannon dann mit gleichgültiger Miene an und meinte ungerührt: „Das ist nichts Neues für uns. Der CAA droht damit, uns die Flugerlaubnis zu entziehen, wenn wir uns nicht an seine Vorschriften halten. Das ist reine Schikane. Mehr nicht."

„Es ist etwas mehr als bloße Schikane, wenn einem die Pension gestrichen wird. Ich befinde mich im Ruhestand. Nach zwanzigjähriger Dienstzeit. Ich habe eine Frau und drei Kinder. Zwei davon im College. Ich kann es mir nicht leisten, meine Pension zu verlieren. So gern ich auch helfen möchte, Leute –"

„Bedrohungen sind wir alle ausgesetzt, Colonel Brannon. Aber Sie stehen in dem Ruf, einer der besten Staffelkommandeure gewesen zu sein. Einen Mann wie Sie könnten wir gut gebrauchen."

Brannon trank einen Schluck Kaffee und sah an den Fischkuttern vorbei aufs Meer hinaus. Seine Augen hatten die Farbe des Wassers. Er wiegte bedenklich den Kopf. „Als mich Martin anrief, hatte ich das Gefühl, unbedingt dabei sein zu müssen. Ich wollte mich wirklich gern mit Ihnen treffen. Aber dies hier ..." Er deutete auf die Zeitung.

„Wenn Ihnen der CAA Ihre Flugerlaubnis entzieht, was macht das schon aus? Ihre Flugzeuge können Sie noch immer irgendwoanders registrieren lassen – die meisten Schiffe hier sind sowieso in Panama oder Ekuador registriert –, aber wenn mir die Staatsbürgerschaft aberkannt wird, Jungs, dann ist das für mich das Ende. Zufälligerweise finde ich es nun mal ganz schön, Amerikaner zu sein. Und mein Leben und meine Loyalität kann ich nicht einfach in einem anderen Land registrieren lassen –" Weiter kam er nicht, denn er hielt verdutzt inne, als er sah, wie Davids Gesicht zu leuchten begann.

„Was haben Sie da gerade gesagt?" fragte David erstaunt.

„Ich sagte, ich möchte gerne helfen, aber wenn ich meine Staatsbürgerschaft verliere, dann kann ich –"

David schlug dem Colonel so hart auf die Schulter, daß dieser seinen Kaffee verschüttete. „Nein, das mein' ich nich'! Sondern das, was Sie da über das Registrieren von Flugzeugen gesagt haben. Das ist es! Panama!" David sah zu den Schiffen hinüber und strahlte über das ganze Gesicht. „Ich weiß nich', warum wir da nich' eher dran gedacht haben!"

Er sank laut lachend auf einen Poller. Brannon und Martin wechselten erstaunte Blicke.

***

Am nächsten Morgen führte David ein Ferngespräch mit dem Mayflower Hotel in Washington und berichtete Weizmann von der Taktik der staatlichen Bürokratie und von seiner Hoffnung, die Fluggesellschaft in Panama registrieren lassen zu können.

Er ließ Michael in Burbank zurück, weil dieser die Installation der Treibstofftanks in die C-47-Transporter überwachen sollte, und flog mit Martin Feinsteinel in einem viersitzigen Privatflugzeug über die dürre Landschaft Mexikos nach Mittelamerika, wo sie schließlich auf einer riesigen, leeren und von hohen Grasbüscheln überwucherten Rollbahn auf der pazifischen Landenge von Panama landeten.

Als sie ausgestiegen waren und in der brütenden Sonne standen, nickte Martin begeistert. Panama besaß nur zwei DC-4-Maschinen. Und der nicht erwähnenswerte Flugverkehr würde die Constellations und C-47-Transportflugzeuge, die der Grundstein zur Luftwaffe und zur Rettung einer jungen Nation sein würden, nicht beeinträchtigen.

Dutzende von leeren Hangars, die die Rollbahn säumten, und die Fenster der leeren Büroräume erinnerten daran, welch geschäftiges Treiben hier im Krieg geherrscht hatte, dem der Flughafen seine Existenz verdankte.

Drei kleine Privatmaschinen standen dicht zusammengedrängt in der Nähe der Empfangshalle, aus der gerade ein müde aussehender, dunkelhäutiger Mann trat. Er schirmte die Augen mit der Hand gegen die Sonne ab und überlegte offenbar, was die beiden Gringos wohl hergeführt haben mochte.

„Auf den ersten Blick", sagte Martin, während er sich den Schweiß von der Stirn wischte, „würde ich sagen, deine Idee hat uns..."

„... auf die gelbe Ziegelstraße nach Oos geführt", beendete David den Satz grinsend. „Ist das zu glauben? Und ich hab' mir schon Sorgen gemacht, weil ich befürchtete, hier könnte nicht genügend Platz zur Verfügung sein, um unsere Vögel auf den Boden zu bringen."

„Na, ich weiß ja, daß ihr Kampfflieger es gewohnt seid, auf einer Briefmarke zu landen. Aber ich sag' dir, hier ist sogar Platz genug für 'ne große Mühle. Wie meine Mutter sagen würde: ‚Oj Gewalt! Ist das ein Schiddech!'"

David lachte: „Eine eheliche Verbindung?"

„Klar! Die haben hier den Flughafen, aber keine Flugzeuge, stimmt's? Wir dagegen besitzen die Flugzeuge, dafür aber keine Rollbahn! Das ist ein echter Schiddech, Kumpel!"

Der dunkelhäutige Mann an der Tür der Empfangshalle bedeutete ihnen, einzutreten. Es war ihm zu heiß, in die pralle Nachmittagssonne hinauszugehen und zu fragen, was die beiden wollten.

Er trug eine fleckige Hose und ein schmutziges weißes Hemd mit offenstehendem Kragen. Er sprach zwar mit schwerem Akzent, beherrschte jedoch im übrigen die englische Sprache recht gut. „... Was wollen Sie, Seßors?" fragte er sie erstaunt, nachdem sie den Zweck ihres Hierseins erklärt hatten. „Sie wollen Ihre Flugzeuge herbringen? Nach Panama? Ai!" Er tippte sich mit dem Finger an die Stirn.

„Wie weit ist es von hier nach Panama City?" fragte David, der den erstaunten Blick des Mannes einfach ignorierte.

„Oh", erwiderte dieser, „das hängt davon ab."

„Wovon?" fragte Martin gereizt.

„Nun, wenn Sie laufen, brauchen Sie den ganzen Tag. Zehn Kilometer, nein? Wenn Sie den Bus nehmen, brauchen Sie vielleicht eine Stunde. Aber es gibt keine Busse mehr. In einem Taxi brauchen Sie zehn Minuten."

„Wo sind die Taxis?" David sah sich prüfend in dem armseligen Gebäude um und warf dann einen Blick auf den davor liegenden Parkplatz, auf dem ebenfalls hohe Grasbüschel wucherten.

„Es gibt auch keine Taxis." Der Mann setzte sich auf einen Holzstuhl und legte seine Füße auf eine Kiste. „Wollen Sie vielleicht ein Glas Tequila?"

„Nun ... wie ...!" stotterte David. „Wie kommen die Leute denn in die Stadt?"

„Niemand kommt mehr her, Seßor", sagte der Mann gähnend. „Nicht seit der Krieg zu Ende ist, Sie verstehen?"

„Wie kommen Sie denn dann nach Hause?" David fuhr sich über seine nasse Stirn und hielt sich hüstelnd die Hand vor den Mund, um den Schweißgeruch des Mannes, der lächelnd vor ihm stand, nicht einatmen zu müssen.

„Ich wohne nicht in Panama City", erwiderte dieser und goß sich seelenruhig ein Glas Tequila ein. „Ich wohne hier." Er machte eine vage Geste über die Rollbahn hin. „Aber vielleicht hole ich Ihnen ein Taxi", fügte er dann grinsend hinzu und zeigte dabei Zähne, die dringend einer Reinigung bedurften.

Martin flüsterte David verstohlen zu: „Ich glaub', er versucht uns klarzumachen, daß wir ihn bestechen sollen."

David sah ihn zunächst fragend an, langte dann in die Tasche und zog einen schweißgetränkten Dollarschein hervor. „Dann rufen Sie uns bitte ein Taxi, ja?"

Der Mann zuckte mit einem verächtlichen Blick auf den Schein die Achseln und erwiderte: „Taxis kosten sehr viel mehr als das, Seßor."

David bezwang das spontane Bedürfnis, den Mann am Kragen zu packen und ihn ein paarmal herumzuwirbeln, kramte nach einer Fünfdollarnote und wedelte dem Mann damit vor der Nase herum.

„Nein, Seßor", erwiderte dieser ungerührt. „Taxis kosten einen Dollar den Kilometer."

Nachdem der Fahrpreis schließlich ausgehandelt worden war, hatte David eine Vorstellung davon, wie in Panama Geschäfte abgeschlossen wurden: in bar und unter der Hand. Aber irgendwie hatte er das Gefühl, daß sie tatsächlich die perfekte Basis für ihre Operationen gefunden hatten.

Zwei Stunden nach dem Telephonanruf fuhr ein heruntergekommenes Taxi vor die Empfangshalle. Der mißmutige Fahrer, der ebenfalls so roch, als habe er seit Tagen weder Wasser noch Seife benutzt, ließ seine Fahrgäste seelenruhig warten und diskutierte mit dem Flughafenwärter in lautem spanischen Redeschwall den Fahrpreis, das Reiseziel und die Tatsache, daß man David und Martin ohne Schwierigkeiten ausnehmen konnte.

„Er sagt, Sie müssen ihm zwanzig amerikanische Dollar zahlen, weil er den weiten Weg hierher gekommen ist und Sie seine Siesta unterbrechen."

David nickte widerstrebend und zog einen Zwanziger aus der Tasche. „Na ja. Okay."

„Im voraus", fügte der Mann hinzu.

„Wenn wir angekommen sind", entgegnete David und setzte sich auf den Rücksitz, aus dem bedrohlich die Federn herausragten und tiefe Einbuchtungen notdürftig von einer Decke kaschiert wurden. „Heh, was ist das überhaupt für ein Taxi?" fragte er.

„Der Fahrer sagt, letzte Woche sind die Ziegen ins Auto gekommen und haben die Sitze aufgefressen", erklärte der Flughafenwärter, während er die Tür zuknallte. „Viel Glück, Seßors!" rief er noch. „Ich werde auf Ihr Flugzeug aufpassen, während Sie weg sind!"

„Für Geld, dessen bin ich sicher", murmelte David.

Die von tiefen Fahrrinnen zerfurchte Straße nach Panama City wies zwar noch einige Reste von Asphalt auf, war aber ansonsten von einer dicken Staubschicht überzogen, die den Männern den Atem benahm. Am Straßenrand standen Strohhütten und armselige Häuser; an den morschen Zäunen wühlten Schweine grunzend nach Futter, und im Schatten lagen alte Hunde schlafend neben ihren Herren.

Das Reiseziel der beiden Männer, die Handelskammer in Panama City, war ein niedriges, gekälktes Gebäude aus ungebrannten Lehmziegeln. Die Stadt hielt allem Anschein nach ihre Siesta. Denn es befand sich praktisch niemand auf den Straßen, und die heiße Nachmittagssonne schien unbarmherzig auf einen Park nieder, in dem Scharen von Menschen unter schattenspendenden Bäumen lagen und schliefen. Doch als David und Martin ausstiegen und dem Fahrer, der keine Miene verzog, sein Lösegeld zahlten, waren sie plötzlich umringt von zerlumpten Kindern, die die Hände aufhielten. In nahezu perfektem Englisch boten sie den Männern eine ganze Palette von Dingen und Diensten an, angefangen von Schuheputzen bis hin zur Gesellschaft hübscher junger Mädchen.

Als sie schließlich die Mauer der Kinder durchbrochen und über die Betontreppe ins Innere des Gebäudes gelangt waren, stieß David einen Seufzer der Erleichterung aus. Die Luft war erfüllt von geschäftigem Schreibmaschinengeklapper, und der Ventilator an der Decke verwirbelte die stehende Luft. Die Empfangsdame hinter dem langen Schalter sah auf und begrüßte sie freundlich in englischer Sprache.

„Kann ich Ihnen behilflich sein, meine Herren?"

„Ich weiß nicht", meinte David freundlich grinsend und lehnte sich auf den Schalter. „Ich habe die Erfahrung gemacht, daß es mich jedesmal etwas kostet, wenn ich ja sage."

Ihre braunen Augen funkelten amüsiert, als sie erwiderte: „Das ist hier jedoch nicht der Fall. Wenn Sie das Büro suchen, in dem sich die Unterlagen für den Kanal befinden, dann sind Sie an der richtigen Stelle."

„Nun, eigentlich sind wir hergekommen, um die Stationierung einer Fluggesellschaft hier in Panama zu besprechen", erwiderte David.

Bei diesen Worten sah sie die beiden fast ehrfürchtig an, sprang auf und rief: „Ach, du meine Güte! Wir haben Sie nicht so früh erwartet! Wir wollten eigentlich eine Begrüßungsabordnung zum Flughafen geschickt haben."

„Nun, hm..." meinte David und vergewisserte sich, daß ihnen niemand zuhörte. „Ich glaube nicht, daß jemand von unserem Kommen wußte." Er wandte sich hilfesuchend an seinen Kameraden: „Nicht wahr, Martin?"

„Oh doch! Sie müssen David Meyer sein, und Sie sind..." Sie blickte auf einen Notizblock, und David fiel plötzlich auf, daß die anderen Damen an den Schreibmaschinen ihre Arbeit unterbrochen hatten und sie neugierig anstarrten. „... Martin Feinsteinel? Sie waren bei TWA beschäftigt." Sie sah Martin an. „Und Sie sind der David Meyer. Wir haben nämlich einen Telephonanruf bekommen. Vom U.S.-Außenministerium. Sie sind doch ein Freund des Präsidenten."

„Des Präsidenten?" fragte David mit sich überschlagender Stimme.

„Ja, Präsident Trumans! Man hat uns davon in Kenntnis gesetzt, daß wir auf einen Anruf von Ihnen warten sollten." Dann wurde sie plötzlich hektisch und rief: „Du meine Güte! Ich muß ja Präsident Arias von Ihrer Ankunft unterrichten."

※※※

Zwei Tage später fuhr an der Empfangshalle des Flughafens in Panama eine elegante, schwarze Limousine vor, die von vier Fahrzeugen eskortiert wurde. In einem davon saßen der Präsident und der Verkehrsminister von Panama.

Ja, man war hocherfreut, eine neue Fluggesellschaft auf der Landenge in Panama stationieren zu dürfen. Formulare wurden ausgefüllt und unterzeichnet. Die Vorbereitungen würden nicht mehr als eine Woche, im Höchstfall jedoch zwei Wochen dauern. Dann wären die Flugplätze und Hotels Panamas bereit, die Mechaniker und die Besatzung der Service Airways aufzunehmen. *„Es macht sich doch bezahlt"*, meinte der Präsident von Panama später vertraulich zu David, *„wenn man einflußreiche Freunde hat, nicht wahr?"*

David hatte immer noch nicht herausbekommen, wie sich das Rad des Schicksals so plötzlich zu ihren Gunsten gedreht hatte, aber er sah zu dem strahlendblauen Himmel über Panama empor und dankte seinem Vater im Himmel dafür, daß er sich um die Einzelheiten gekümmert hatte. *Eine Woche oder höchstens zwei, Herr*, betete er. *Ich danke dir!*

28. Die Bombe

Die schlanke Limousine der amerikanischen Botschaft parkte so geschickt hinter einer arabischen Blechschmiede innerhalb des Damaskus-Tores, daß sie vom Markt aus nicht zu sehen war und Gerhardt ungestört Sprengkörper an dem Metallrahmen unter den Türverkleidungen anbringen konnte. Zu diesem Zweck waren alle vier Türen sowie die Kofferraumklappe geöffnet, so daß der Wagen wie ein abflugbereiter Käfer aussah. Jassar stand neben dem Meister des Todes und sah zu, wie dessen geübte Hände die Zündschnüre an eine Zeituhr anschlossen, die wiederum mit einem Kilometerzähler hinter dem Armaturenbrett verbunden war.

Unterdessen hielt der arabische Fahrer des Botschaftswagens zitternd und schwitzend einen braunen Sack in den Armen, in dem sich zwei leichte Maschinengewehre mit der dazugehörigen Munition befanden, für die die Jewish Agency einen unvorstellbar hohen Preis zahlen würde: 600 Pfund als Brautpreis für ein arabisches Mädchen und das Leben des Personals des schwer bewachten Gebäudes auf der King George Avenue. Auf diese Weise hoffte man den Zionisten die Illusion zu nehmen, daß sie Jerusalem halten könnten.

Nachdem jeder Zentimeter und jeder Hohlraum des Fahrzeugs mit dem tödlichen Sprengstoff vollgestopft war, der dicke Steinmauern in Schutt und Asche verwandeln würde, schraubte Gerhardt die Türverkleidung mit Jassars Hilfe schweigend wieder an.

Daraufhin ging er unter den verängstigten Blicken des Fahrers voller Stolz auf sein geheimes Handwerk um den Wagen herum und schlug die Türen nacheinander zu.

„Was ist, wenn etwas schief geht?" fragte der Fahrer mit bebender Stimme.

Gerhardt musterte ihn mit hartem, kaltem Blick und erwiderte: „Dann bist du ein Mann des Todes." Mit einem hämischen Lächeln fügte er hinzu: „Solltest du die Jewish Agency nicht rechtzeitig erreichen, bist du des Todes, weil der Wagen dann schon unterwegs in die Luft geht." Dann wurde er unvermittelt wieder ernst und starrte den Verängstigten drohend an. „Aber falls du deine Meinung änderst, wegläufst oder den Wagen stehen läßt, hast du dein Leben erst recht verwirkt..." – er machte einen Schritt auf ihn zu, und sein Gesicht war vor Zorn verzerrt – „...weil ich dich dann eigenhändig umbringen werde – und das mit dem größten Vergnügen. Kapiert?"

Der Fahrer wischte sich fahrig mit der Hand über den Mund, und seine Augen waren vor Entsetzen so weit aufgerissen, daß Jassar den Eindruck hatte, er werde zusammenbrechen, bevor der Plan überhaupt ausgeführt war. „Ja", hauchte der Fahrer schließlich. Und noch einmal: „Ja."

Gerhardt rieb sich zufrieden die Hände. „Gut. Dann haben wir unseren Beitrag zur Sache des Muftis und Palästinas geleistet", meinte er mit einem rohen Lachen, als wolle er sich über seine eigenen Worte lustig machen.

„Ich – ich –" stotterte der Fahrer. „Ich werde meine Pflicht tun, in der Hoffnung, daß Allah mich und unseren Führer dafür segnen wird."

Gerhardt lächelte grausam und meinte dann spöttisch: „Jassar hat mir erzählt, daß es gar nicht der Mufti oder Palästina sind, für die du das alles tust, sondern für eine Frau, hm?"

Der Fahrer senkte betreten den Blick und nickte. „Ich hoffe mich zu verheiraten."

Gerhardt lachte laut auf und spottete kopfschüttelnd: „Ach nein! Er hofft sich zu verheiraten!" Dann sah er den Fahrer unverhohlen an. „Was wir Männer so alles für eine Frau tun, wie? Heute wirst du Menschen, die dir vertraut haben, in den Tod schicken. Wegen des weichen Körpers einer Frau." Sein Gesicht nahm einen wilden Ausdruck an. „Heute werden Menschen, die dir vertraut haben, zerfetzt. Kopf und Arme werden ihnen abgerissen, Augen herausgerissen – nicht um deiner Begeisterung für Palästina oder Haj Amins, sondern um der Freude willen, die du mit einer Frau erleben willst!"

Der Fahrer verdrehte bei diesen Worten entsetzt die Augen. „Aber was ich tue, ist auch um –"

Gerhardt schüttelte verneinend den Kopf. „... um Palästinas willen? Hör dir den Lügner an, Jassar!" sagte er kalt. „Du tust das nur für dich selbst! Du wirst noch an ihre Gesichter denken, wenn du neben ihr liegst. Das versprech' ich dir! Und der süße Duft ihrer Haut wird ein Geruch des Todes sein. Eines Tages wird unser Volk dich und mich als Helden feiern, nicht wahr? Aber wir werden die Wahrheit wissen ... wir werden sie wissen ..."

„Gerhardt!" rief Jassar, den diese Worte an seine eigene Schuld und seinen eigenen Wahnsinn gemahnten. „Es ist genug!"

„NEIN!" schrie Gerhardt. „Der Tod sagt, daß es nie genug Fleisch gibt, um seinen Hunger zu stillen! Der Tod sagt, daß eines Tages selbst der begehrenswerte, weiche Körper dieser Frau alt ist und sterben und verfaulen wird und –"

Der Fahrer hielt sich die Ohren zu und rief: „Hör auf! Hör auf! Ich werde tun, was sich nicht ändern läßt!"

Jassar trat zwischen die beiden Männer und sah Gerhardt so entschlossen an, daß dieser laut und hysterisch auflachte. „Hast du schon mal meine Frau gesehen, Jassar? Hast du sie gesehen? Sie hat mich alles gekostet –"

„Hör jetzt auf, Gerhardt!" flehte Jassar.

„Ja! Ihretwegen hab' ich getötet. Und obendrein ist sie noch Jüdin! Und jetzt wollen die Engländer den Mann, der sie besitzt, töten! *Sie* werden ihn hängen! Nicht Friedrich Gerhardt, sondern sie werden ihn töten! Ich bin der Meister des Todes, und ein anderer wird den Spaß haben ..."

Jassar wandte sich ab und packte den entsetzten Fahrer fest am Arm. „Du darfst zu niemandem davon sprechen", sagte er warnend. „Geh jetzt! Tu, was du tun mußt, und dann wirst du meine Schwester bekommen. Aber versage nicht!"

Während sich der Fahrer hinter das Steuer des Botschaftswagens schob, richtete er seine Augen noch einmal starr auf Gerhardt und sagte dann mit erstickter Stimme zu Jassar gewandt: „Ich ... ich ... tue das, was ich tue, auch um Palästinas willen."

Jassar nickte. Während Gerhardt noch hinter ihm tobte, legte er dem Fahrer die Hand auf den Arm und sagte: „Dann wird dich Allah segnen. Allah akbar! Allah sei mit dir!" Als er sich umwandte, sah er, daß Gerhardt, der große Spezialist und Diener des Muftis, weinte wie ein Kind.

※※※

Bei der zweiten Sitzung der Arabischen Liga saß Kadar zur Rechten Haj Amins und führte mit minuziöser Genauigkeit die militärische Lage am Bab el Wad aus, während sich Ismael Pascha, der dunkeläugige Iraker, der von der Liga dazu auserwählt worden war, die vereinten militärischen Operationen gegen die palästinensischen Zionisten anzuführen, vollkommen desinteressiert die Fingernägel säuberte.

„... wenn die Zionisten den Durchbruch nach Jerusalem schaffen –"

„Aber bisher haben sie ihn ja nicht geschafft", unterbrach ihn Pascha kühl. „Eure Leute scheinen ausgezeichnete Arbeit zu leisten –"

„Ja! Mit Kameldung, den ihr uns aus der Westlichen Wüste herüberschickt! Wo sind die Feldgeschütze, die ihr uns versprochen habt? Wo die modernen Waffen?"

„Die Männer Palästinas, eure Männer, haben nicht die Ausbildung, um solche Waffen bedienen zu können. Was würde passieren, wenn die Juden eure Stellungen überrennen und die Waffen erobern würden? Dann müßten wir, die Streitkräfte der Arabischen Liga, sie unter noch größeren Menschenverlusten wieder zurückgewinnen."

Bei diesen Worten zuckten Haj Amins Wangenmuskeln in unterdrücktem Zorn. Es war nicht zu überhören, daß die Liga still und heimlich darüber entschied, daß ein arabisches Palästina kein unabhängiges arabisches Palästina sein würde. Haj Amin warf mit ruhiger Stimme ein: „Das heißt also mit anderen Worten, daß unsere Männer, die jetzt ihr Leben für die Nation Palästina einsetzen, dies tun, um den Weg für eure Streitkräfte zu ebnen? Wo sind die zusätzlichen Waffen, die ihr uns versprochen habt, damit wir Jerusalem, Haifa und Jaffa einnehmen können? Wo sind die versprochenen Waffen und Panzer?"

„In unserem Arsenal. Ihr habt alles, was ihr zum jetzigen Zeitpunkt braucht, und eure Guerilla-Taktik ist ja sehr effektiv. Außerdem wird die Liga Haifa, Jaffa, Tel Aviv und Jerusalem einnehmen, sobald die Briten das Land verlassen haben. Wenn die Briten abgezogen sind, werden wir diese Städte innerhalb weniger Tage besetzen."

Kadar sprang mit zornverzerrtem Gesicht auf und rief: „Ihr seid Verräter!" Er ging auf Pascha zu.

„Und du bist ein Narr!" konterte dieser. „Die Juden sind doch erledigt! Sie sind schon jetzt erledigt. Der Krieg ist gewonnen! Habt ihr nicht gehört, daß die Vereinten Nationen eine UN-Treuhandschaft vorgeschlagen haben, gegen die die Juden nicht einmal Widerspruch einlegen? Sie sind besiegt! Wozu sollten wir euch noch mehr Geld und Waffen liefern? Im Augenblick ist nichts weiter zu tun. Später wird es dann an uns sein, die Angelegenheit zu beenden!"

„Und ich will euch eins sagen", ergriff Haj Amin wieder mit tiefer, drohender Stimme das Wort. „Unser Diener in Amerika ist Zeuge davon, wie die Juden dort Flugzeuge kaufen und eine Luftwaffe aufbauen, mit der ihr es zu tun bekommen werdet, wenn wir sie jetzt nicht erledigen!"

„Du sprichst von Montgomery." Ein spöttisches Lächeln spielte um Paschas Lippen. „Montgomery ist auch der Meinung, daß die Juden eine Großoffensive planen, um die Straße nach Jerusalem zu öffnen. Ist es nicht so?"

Haj Amin nickte. „Am Paß Bab el Wad."

„Aber womit sollen die Juden denn kämpfen? Die Flugzeuge, vor denen ihr zittert, befinden sich alle in Amerika und können wegen des amerikanischen Waffenembargos nicht starten. Und die Juden verfügen über keine nennenswerten Waffen, Haj Amin. Was ihr besitzt, ist dem, was den Juden zur Verfügung steht, weit überlegen. Oder habt ihr etwa vor, mit Hilfe von Waffen und Panzern eure Brüder von der Arabischen Liga von den Grenzen Palästinas fernzuhalten?"

Bei diesen Worten erhob sich Haj Amin langsam und stellte sich neben Kadar, um die Mitglieder der Liga scharf ins Auge zu fassen. „Ihr seid Verräter! Ihr trachtet danach, unsere Nation zwischen euch aufzuteilen wie Schakale, die sich um den Kadaver einer Antilope streiten. Aber ich sage euch hier und jetzt, daß das Haus Husseini, wenn es sein muß, die Befreiung Palästinas von den Briten und den Zionisten auch im Alleingang erkämpfen kann. Wenn unsere einzige Waffe der Terror ist, dann wird die Welt uns so lange um Gnade anflehen – bis sich Palästina unter unserer Herrschaft befindet."

**

Vom britischen Offiziers-Club am Julian Way aus konnte man deutlich die Montefiore-Windmühle am anderen Ende des mit Felsbrocken übersäten Feldes sehen. Dahinter befanden sich der Turm des Davidsgrabs und der zerklüftete Abhang, der steil ins Hinnom-Tal abfiel. Auf den Zinnen des Teils der Altstadtmauer, der sich vom Jaffa- zum Zion-Tor wand, konnte Luke von seinem Platz am Fenster der Offiziersmesse aus winzige, ameisenähnliche Gestalten erkennen, die dort Wache standen. Diese hatten an diesem Morgen laute Jubelschreie ausgestoßen, als die Jewish Agency in Schutt und Asche gesunken war.

Im Offizierskasino trugen abgekämpfte Offiziere zu den Klängen einer Jimmy-Dorsey-Platte ihre Tabletts zu den leeren Tischen und setzten sich zum Essen nieder. Für die Mitglieder der britischen Streitkräfte war es nicht schwierig, an Lebensmittel heranzukommen. Denn im Gegensatz zu den Juden der Stadt, konnten sie frisches Fleisch und Obst bei den Händlern in den arabischen Souks erstehen, die einen blühenden Handel betrieben, indem sie ihre Waren sowohl den Briten als auch den Jihad-Moqhaden und den arabischen Freischärlern feilboten, die in großen Mengen in die Stadt geströmt waren, um gegen die Zionisten zu kämpfen. Die Essensreste aus dem Offiziers-Club wurden nach den Mahlzeiten unter den zerlumpten jüdischen Kindern verteilt, die sich erwartungsvoll um die Küchentür scharten. Vor drei Tagen hatte ein arabischer Heckenschütze, der auf das Dach der Windmühle geklettert war, um von dort aus Beute zu erjagen, in der Nähe des Offiziers-Clubs eine Jüdin verwundet und ihr Kind getötet. Daraufhin hatten sieben Soldaten unter Lukes Kommando das Kuppeldach der Windmühle gesprengt, um solche Zwischenfälle in Zukunft zu verhüten. Dennoch konnte Luke nicht umhin, sich wegen der Kinder, unter ihnen auch Jakov, Sorgen zu machen. Wenn er es eben konnte, kaufte er Lebensmittel zu horrenden Preisen auf dem Schwarzmarkt und steckte sie Jakov heimlich zu, der dann so schnell er konnte um das Gebäude herum und über den Julian Way wieder zurück nach Rehavia rannte. Luke fragte sich, ob der Junge an diesem Tag überhaupt kommen würde. Denn am Tag zuvor hatte er eine kleine Lammkeule zum Kochen und einen halben Brotlaib nach Hause getragen. Zudem blieben viele Juden nicht nur wegen des Bombenanschlags in den Häusern, sondern auch, weil sich herumgesprochen hatte, daß Mosche und Ehud ins Acre-Gefängnis überführt werden sollten.

Während Luke diesen Gedanken nachhing, polterten Stewart und drei rangniedrigere Offiziere betrunken und unter rohem Gelächter ins Offizierskasino. Stewarts und Lukes Blicke kreuzten sich. Stewart grüßte Luke lässig mit einem Handzeichen, und sein breites Grinsen ging dabei in ein süffisantes Lächeln über. Dann stieß er wieder ein lautes Gelächter aus. Luke wandte sich wortlos ab und richtete seine Aufmerksamkeit auf die länger werdenden Schatten der Altstadtmauer. Ebensowenig reagierte er, als sich Stewart ihm von hinten näherte und ihm bissig, aber mit triumphierendem Unterton in der Stimme, zurief: „Na, wenn das nicht Captain Luke-der-Jude Thomas ist! Haben Sie schon gehört, daß Ihr Genosse, Sachar der Zionist-Sozialist-Terrorist, am Mittwoch gehängt werden soll? Jawohl! Und haben Sie auch schon die Jewish Agency gesehen, Thomas? Die Araber sorgen ein wenig für Ausgleich, wie? Jaffa-Tor, King David Hotel." Schweigen legte sich über den Raum, doch Luke antwortete noch immer nicht. Nicht einmal die übliche Tischmusik des klappernden Bestecks war als Untermalung zu Stewarts frohlockender Stimme zu hören. „In zwei Tagen wird Ihr Archäologenfreund für den Bombenanschlag am Jaffa-Tor hingerichtet, Thomas! Was sagen Sie dazu?"

Obwohl Luke sich nach außen hin nichts anmerken ließ und dem

Anschein nach weiter unbeteiligt aus dem Fenster sah, spürte er, wie ihm langsam die Zornesröte ins Gesicht stieg. Stewart, stark nach Whisky riechend, ging auf Luke zu, legte diesem zunächst die Hand auf die Schulter und riß ihn dann mit einem Ruck herum. „Ich rede mit Ihnen, Captain Juden-Freund!"

Luke nahm Stewarts Hand mit der Behutsamkeit eines Mannes fort, der eine widerliche Kreuzspinne von einem teuren Stoff entfernt, und entgegnete ruhig: „Das wäre noch ein Mensch mehr, der für ein Verbrechen stirbt, das er nicht begangen hat, nicht wahr? Wieviele Menschen haben Sie schon eigenhändig dem arabischen Mob in der Altstadt ausgeliefert?"

Bei diesen Worten stürzte sich Stewart mit Gebrüll auf Luke. Doch dieser trat ruhig einen Schritt zur Seite, so daß der völlig betrunkene Captain zu Boden fiel. „Judenfreund!" schrie Stewart.

Da erhob sich ein großer, stattlicher Major und sagte: „Hören Sie, Stewart! Dies ist weder die richtige Zeit noch der richtige Ort zu solchen Auseinandersetzungen!"

„Er ist offensichtlich betrunken", sagte Luke so laut, daß der Major ihn hören konnte. Dann meinte er mit einem geringschätzigen Lächeln zu Stewart, der schwankend wieder auf die Beine zu kommen versuchte: „Mit einer Flasche Glennlivet können Sie Ihr Gewissen weder beruhigen noch betäuben, Stewart. Es sei denn, Sie hätten vor, sich darin zu ertränken. Sich selbst und das ganze Mandatsgerichtswesen."

„Was erlauben Sie sich!" schrie Stewart und versuchte erneut, sich auf Luke zu stürzen. Doch dieser wich ihm geschickt aus wie ein Torero, der mit einem rasenden Stier kämpft. So torkelte Stewart statt dessen gegen den Tisch, an dem eine Gruppe junger Offiziere saß, die daraufhin erschrocken das Weite suchte.

„Wieviele Mitglieder des Arabischen Hochkomitees waren dort, um über ihn zu richten?" fragte Luke den betrunkenen Offizier. Dieser richtete sich am Tisch auf, drehte sich schwankend zu ihm um und lallte: „Er war schuldig! Das ist erwiesen!"

„Schuldig? Wessen? Wieviele Menschenleben hat er gerettet? Sie haben doch die Aussagen der Zeugen gehört! Stewart, Sie versuchen immer noch, Rache an den Menschen zu nehmen, durch die Ihr Bruder vor zwei Jahren im King David Hotel umgekommen ist. Aber Mosche Sachar hat sich keines Vergehens schuldig gemacht."

„Wir haben Gesetze! Und die hat er gebrochen!"

„Er hat höheren Gesetzen gehorcht."

Stewart stand keuchend vor Luke. Seine Augen waren rot unterlaufen, und Schweiß rann ihm von der Stirn. „Er ist schuldig!"

Luke betrachtete ihn mitleidig und schüttelte langsam den Kopf. „Stewart, wenn ein Mann wie Mosche Sachar den Tod verdient, dann helfe uns allen Gott! Denn unsere eigenen Gesetze verurteilen uns vor einem höheren Richter."

Stewart ballte die Fäuste und verzog bei Lukes Worten das Gesicht, als sei er geschlagen worden. Dann fuhr er sich mit den Händen durchs Haar, wankte rücklings gegen den Tisch und wartete dort mit gesenktem Blick ab, bis sein Widersacher an ihm vorbeigegangen war.

Luke ging nach draußen, in die kalte Abendluft. Er hatte über diesem Zusammenstoß vergessen, seinen Mantel mitzunehmen, aber das war ihm einerlei. Der scharfe Wind tat seinem erhitzten Gemüt gut. Er lehnte sich an das Rohr, das das Vordach über dem Eingang zum Offiziers-Club abstützte und betete, nach Westen, in Richtung Rehavia gewandt, mit geneigtem Kopf ein kurzes Gebet für Howard, Jakov und den Großvater. In nur einer Woche würde er Palästina und Jerusalem verlassen. Sowohl das Land als auch die Stadt würden der sicheren Niederlage entgegengehen. Aber dennoch verspürte er kein Verlangen, nach England zurückzukehren, sein Privatleben zu beginnen. Denn sein Herz war hier! Bei Mosche und Rachel, bei Howard Moniger und dessen rothaariger Nichte. Der Gedanke, zu Hause ein friedliches Leben zu führen, kam ihm plötzlich wie die schlimmste aller Komödien vor. Wie konnte er Frieden in seinem Herzen haben, wenn andere so grausam und ungerecht litten? Hatte er nicht sein Leben lang gegen solches Unrecht gekämpft?

Es gibt ein höheres Gesetz, nicht wahr, Herr? Und du hast mich dazu berufen, dafür zu kämpfen. Er schlug gequält mit der Faust gegen das Rohr. *Aber was soll ich tun? Ich bin doch nur ein Mensch. Was kann ich schon ausrichten?*

Hinter ihm quietschte die Tür, doch er wandte sich nicht um, sondern sah weiter zum Horizont hin, aus Angst, daß man ihm seine Gedanken vom Gesicht ablesen könne.

Da sprach ihn jemand mit einem leicht schottischen Akzent an: „Capt'n Thomas, nich' wahr?"

Luke nickte: „Ja."

„Mein Name ist Fergus Dugan. Ich wollte Ihnen gern sagen, daß ich Ihre Gefühle verstehe. Meine Leute und ich haben heut' den Tag an der Jewish Agency verbracht, um zu helfen, und ich glaub', wir denken genauso wie Sie." Aus seinen warmen, braunen Augen sprach tiefempfundener Schmerz. „Sie haben den Fahrer von der amerikanischen Botschaft zwar noch nich' gefunden, aber ich wette, kein Mensch wird irgendwelche arabischen Professoren oder Ärzte für diese Tat vor Gericht stellen, wie sie es mit Mosche Sachar getan haben." Er schüttelte den Kopf. „Ich kannte Capt'n Stewart schon, bevor sein Bruder umgekommen war. Er war kein schlechter Mensch. Aber er hat vor lauter Rachegefühlen den Verstand verloren. Wie viele andere auch. Es ist nämlich nicht nur Mosche Sachar, den sie hängen, sondern der ganze Zionismus."

„Und leider haben sie gewonnen", erwiderte Luke und schaute den Julian Way hinunter zum Schutthaufen der Jewish Agency. „Sie haben die Moral der Zionisten gebrochen, das Rückgrat ihres Traums, Captain Dugan."

Beide Männer warteten schweigend, bis einige Offiziere mit gesenkten Blicken an ihnen vorübergegangen waren. Dann rückte sich Fergus die Mütze auf seinem krausen, roten Haar zurecht und stimmte Luke mit einem schwermütigen Seufzer zu: „Ja, Jerusalem ist am Ende. Mit diesem Waffenembargo gegen die Juden und bei unserer harten, ungerechten Behandlung der Haganah ist diese Teilung schon ein Witz." Er lächelte traurig. „Und das Merkwürdige daran ist, daß unsere Regierung sich noch darüber freut. Genauso, wie Stewart sich über den Tod eines unschuldigen Menschen freut. Ach", fuhr er kopfschüttelnd fort, „der Stolz des Menschen kann ein häßliches Tier sein. Der Ruhm Britanniens schwindet dahin ... Wir haben Indien an Ghandi verloren, und als dieser winzigkleine Mann ermordet worden ist, hat man in den Londoner Clubs darüber frohlockt. Und so wird man auch darüber frohlocken, wenn die Juden nun endgültig vernichtet werden."

Luke stimmte in jedem Punkt mit Fergus überein. Und es tat ihm wohl, daß er mit seinen Gefühlen nicht allein war. „Ich habe hier gestanden und mir den Kopf darüber zerbrochen, was ich tun könnte, um zu helfen ..." Er wußte, daß seine Worte gleichsam Verrat bedeuteten.

„So? Das haben Sie gedacht, Capt'n Thomas?" fragte Fergus, und sein Akzent nahm bei diesen Worten eine noch deutlichere Färbung an. „Wenn Sie daran denken, sich von Ihrem Gewissen leiten zu lassen, tja, dann kann ich Ihnen nur sagen, daß ich mit von der Partie bin!" Seine Augen hatten den verschwörerischen Blick eines Clan-Mitgliedes, das bereit ist, das schottische Hochland um jeden Preis gegen die einfallenden britischen Horden zu verteidigen.

Luke mußte trotz des ernsten Gesprächsinhaltes lächeln. „Kein Wunder, daß England solch große Schwierigkeiten hatte, Schottland zu erobern."

„Capt'n Thomas", sagte Dugan, und seine Stimme war mit einem Mal vollkommen ernst, „ich kenn' noch ein paar andere, die so denken wie ich. Ich glaub', wenn wir nicht alles daran setzen, um zu helfen, dann stechen wir Gott selbst ins Auge. Denn dieses Volk steht wahrhaft im Mittelpunkt Seiner Liebe."

* * *

Zum ersten Mal, seitdem Ellie Ben-Gurion kannte, machte er den Eindruck eines Besiegten. Seine Augen waren rot und verschwollen, denn er hatte geweint, als er von dem Bombenanschlag auf die Jewish Agency erfahren hatte. Dreizehn Tote! Dreizehn gute Freunde, die mehr als bloße Gesichter und Namen für ihn waren! Mit ihnen zusammen hatte er seine ersten Träume von einem Staat Israel geträumt.

Von dem im Schatten gelegenen Fenster seines Arbeitszimmers blickte er unverwandt auf das graue, sich in der Sonne spiegelnde Meer und den Hafen mit den britischen Kanonenbooten. Vor ihm auf dem Schreibtisch lag der Ordner mit Ellies Luftaufnahmen und dem Artikel, den sie über die katastrophale Lage Jerusalems verfaßt hatte.

Ohne den Blick vom Hafen abzuwenden, räusperte er sich und sagte leise zu Ellie: „Ein ausgezeichneter Artikel, wenn man davon absieht, daß Sie zu erwähnen vergessen haben, daß es in Jerusalem nur noch Lebensmittel für vier Tage gibt. Wußten Sie das, Ellie?" fragte er müde. „Nur noch für vier Tage. Und dann sind alle Reserven aufgebraucht."

„Ich wußte, daß es schlecht stand...", begann Ellie mit versagender Stimme und brach dann kopfschüttelnd ab.

„... aber nicht, daß die Lage so verzweifelt ist, nicht wahr?" beendete er den Satz für sie. Dann fuhr er auf seinem Drehstuhl herum, fixierte sie und wechselte mit seiner charakteristischen Schroffheit das Thema: „Ihre Photos von den Konvois sind beredter als Worte. Ich glaube, die amerikanische Öffentlichkeit wird auf diese Weise zumindest eine Vorstellung davon bekommen, gegen wen wir kämpfen. Aber man muß eine Belagerung durchgestanden haben... oder darin umgekommen sein... um wirklich zu wissen, was Hunger bedeutet."

Er stützte sein Kinn in die Hand und starrte an ihr vorbei auf das ledergebundene Buch mit dem Bericht des Flavius Josephus, des Geschichtsschreibers aus dem ersten Jahrhundert n. Chr. „Jerusalem ist ein dutzendmal belagert worden. Die schlimmste Belagerung fand wahrscheinlich 70 n. Chr. statt, als Titus die Stadt mit ihren rund zwei Millionen Einwohnern während des Pessachfestes umzingelte. Fast alle sind dabei umgekommen, und als die Stadt schließlich fiel, ist der verschwindende Rest in die Sklaverei geführt worden. Ich glaube, das war der Anfang des Ganzen hier ..."

Er machte eine Handbewegung zum Meer hin. „Das war der Anfang unseres Pessachgebetes ‚Nächstes Jahr in Jerusalem!'"

Die Stimme versagte ihm. Er schluckte schwer und fuhr dann etwas gefaßter fort: „Dieses Mal befinden sich nur hunderttausend Angehörige unseres Volkes in Jerusalem. Es ist beinahe wieder Pessach, und man sollte meinen, daß wir in der Lage sein müßten, Lebensmittel und Munition für bloße hunderttausend Menschen zu beschaffen!"

Ein trostloses Lächeln spielte um seine Lippen. „Ich hatte gehofft, daß Ihr Mann uns vielleicht dabei helfen könnte. Denn es gibt eine alte Redewendung, die lautet: Die Rettung kommt vom Himmel. Aber vier Tage sind alles, was uns noch bleibt, bis die Lebensmittel aufgezehrt sind und auch unsere Hoffnung zunichte ist."

„Soll ich den Artikel so abschicken, wie er jetzt ist?" fragte Ellie schließlich nach einer langen Zeit des Schweigens.

„Ich würde gern noch einen Gedanken hinzufügen." Der Alte strich sich mit der Hand über den Mund, als wolle er die Worte von den Lippen lösen. „Sie können noch erwähnen, daß die Mitglieder der Jewish Agency darin einwilligen, Jerusalem zur internationalen Stadt erklären und von den Vereinten Nationen verwalten zu lassen." Er sah ihr direkt in die Augen, als wolle er den Ausdruck der Trauer sehen, den diese Nachricht möglicherweise auf ihrem Gesicht hervorrief.

Ellie zeigte keinerlei Reaktion. Aber sie wußte, was diese Worte bedeuteten: Jerusalem war verloren; es bestand keine Aussicht mehr, daß die Stadt dem Ansturm der Araber widerstehen könnte. Für die jüdischen Einwohner blieb nun nur noch die Hoffnung auf einen Waffenstillstand und die Möglichkeit, daß die Vereinten Nationen die Regierungsgewalt ausüben würden. Doch damit war endgültig ein Traum zerplatzt. Wenn es überhaupt je eine Nation Israel geben würde, dann ohne die Hauptstadt Jerusalem. „Sonst noch etwas?" fragte Ellie trocken, denn es hatte keinen Sinn, sich in Trostlosigkeit zu ergehen.

„Sie könnten, wie gesagt, erwähnen, daß es nur noch Lebensmittel für vier Tage gibt", meinte der Alte mit düsterer Miene. „Daß die Menschen hungern und die Briten nichts tun, um sie zu versorgen. Aber", fügte er einschränkend hinzu, „bis der Artikel der Öffentlichkeit zugänglich ist, werden die Lebensmittel längst aufgebraucht sein."

Ellie machte sich ein paar Notizen, klappte dann ihren Block zu und sagte zögernd: „Mr. Ben-Gurion, mein Vater hat immer gesagt, so lange es Leben gibt, so lange gibt es auch Hoffnung."

Er lachte leise und erwiderte: „Ein gutes und sehr altes Sprichwort. Zweifellos von einem Juden, der darauf hoffte, heimkehren zu können. ‚Nächstes Jahr in Jerusalem!'"

„Sie haben sicher recht." Sie schämte sich wegen ihres abgedroschenen Tröstungsversuches.

„Und es ist natürlich noch nicht Pessach. Wir haben noch Lebensmittel für vier Tage." Der Alte sah auf seine Schreibtischunterlage und meinte dann zögernd: „Aber ich möchte noch etwas anderes mit Ihnen besprechen. – Denn ich möchte, daß Sie es von mir erfahren."

Ellie richtete sich mit einem Ruck auf, von jäher Angst um David erfaßt. „Was ist es? Ist David verletzt?"

Ben-Gurion erwiderte mit grimmigem Gesichtsausdruck: „David geht es gut. Nein, es geht nicht um David. Ich wollte Ihnen nur sagen, daß wir alles Menschenmögliche getan haben, um Mosche zu retten."

„Mosche?" Ihr Gesicht verfiel. „Warum? Was ist passiert?"

„Wir haben alles versucht, was auf diplomatischem Wege getan werden konnte. Ich hätte nicht geglaubt, daß es so weit kommen würde, selbst dann nicht, als er verurteilt wurde. Ich glaube, die Mandatsregierung läßt noch ein letztes Mal ihre Muskeln spielen..." Trostlos fügte er hinzu: „Es ist nicht Gerechtigkeit, woran sie interessiert sind –, sondern nur daran, das Arabische Hochkomitee zu beschwichtigen ..." Ellie starrte ihn verständnislos an. „Was ich zu sagen versuche, Ellie, ist, daß wir nichts mehr tun können. Mosche und Ehud werden ins Acre-Gefängnis überführt."

„Um dort umgebracht zu werden", sagte sie vernichtet. „Im Namen der Gerechtigkeit. – Wie kann das sein?" schrie sie auf. „Wie ist das möglich?"

Der Alte preßte die Hand gegen die Stirn. „Wir haben alles getan, was wir konnten" – er schüttelte fassungslos den Kopf –, „und es ist trotzdem nicht genug."

29. Der Schatten

Mit einer noch ungeöffneten Schachtel Popcorn in der Hand, saß David im ersten Rang von Graumanns Chinesischem Theater und verfolgte aufgeregt den Bericht der Wochenschau über den brutalen Bombenanschlag auf die Jewish Agency. Seine neben ihm sitzenden Begleiter, Angela, Michael und die beiden Feinsteinels, waren nicht minder entsetzt über diese furchtbare Tat. An der rußgeschwärzten Fassade des Gebäudes war deutlich zu erkennen, welch gewaltige Kraft die Explosion gehabt hatte, und es bedurfte nicht erst der erklärenden Worte des Berichterstatters, um Davids Magen revoltieren zu lassen. *„Dreizehn Menschen sind bei einem Anschlag umgekommen, der den Sitz der Jewish Agency in Jerusalem zu einem Drittel ..."*

David schaute gebannt auf die Überlebenden, die aus der Ruine hervorwankten. Zwar war der Film in schwarzweiß gedreht und das Blut auf Gesichtern und Kleidung dementsprechend nur schwarzgrau, aber in seiner Phantasie sah David die dicken Lachen unter den Sterbenden in schreiendem Hellrot. Und beim Anblick einer jungen Frau, die die Hände vors Gesicht geschlagen hatte und gebrochen neben der Leiche eines Mannes kniete, murmelte er fassungslos: „Das hätte Ellie sein können! Es hätte ..."

Angela legte sanft ihre Hand auf seinen Arm und blickte ihn einen Moment voller Mitgefühl an. Dann richtete sie ihre Aufmerksamkeit wieder auf das Geschehen. Dabei spielte ein Lächeln um ihren Mundwinkel.

Es folgte eine Großaufnahme von dem gequälten Gesicht David Ben-Gurions.

„Von seinem Hauptquartier in Tel Aviv aus hat Ben-Gurion die Tat als gemeinen, sinnlosen Mord verurteilt. Er bat die Vereinten Nationen, sich um einen Waffenstillstand in der Heiligen Stadt zu bemühen und Jerusalem um der Sicherheit der jüdischen Bevölkerung willen unter ihren Schutz zu stellen. Dies ist der erste Hinweis auf eine Kapitulation von seiten der Zionisten in Jerusalem."

Dann wurde Damaskus eingeblendet. Dort schritt die stolze und unheilverkündende Gestalt des Muftis im Schatten durch eine jubelnde Menge. „*Der Mufti von Jerusalem hat die Bitten der Juden und der Vereinten Nationen um einen Waffenstillstand ignoriert. Wie Ben-Gurion, hat auch er sein Hauptquartier von Jerusalem verlegt und leitet nun die muslimischen Aktionen von Damaskus aus. Er hat geschworen, die Heilige Stadt Jerusalem um jeden Preis von den Zionisten zu befreien und jeden, der ihm Widerstand leistet, zu vernichten."*

David betrachtete den Mann in den Brokatgewändern prüfend. Der Spitzbart und die helle Haut verliehen ihm das Aussehen eines für einen Maskenball verkleideten Menschen nordischer Abkunft. Um den Hals trug er das gleiche Halbmondmedaillon wie seine Diener. David stellte voller Erstaunen fest, daß diese Gestalt ein menschliches Wesen war – ein Mensch wie jeder andere. „Ich hatte irgendwie ein Monster erwartet", murmelte er. Auch diesmal berührte ihn Angela leicht am Arm und flüsterte ihm dann zu: „Jedes Monster hat etwas Menschliches an sich. Darum läßt sich die Menschheit auch so leicht täuschen, David."

Er nickte stirnrunzelnd, konzentrierte sich jedoch sogleich wieder auf die nächste Szene, die die noch qualmenden Lastwagen neben der Straße am Bab el Wad zeigte. Dann waren Scharen abgemagerter Kinder und dünner, erschöpfter Frauen zu sehen. *„Jerusalem ... hungernd."*

Bilder von Flüchtlingen in Polen, Frankreich und Italien tauchten in Davids Erinnerung auf, Bilder von hungernden Männern, Frauen und Kindern, die voller Hoffnung warteten, obwohl es längst keine Hoffnung mehr gab.

Bei der letzten Bildfolge betonte der Kommentator nachdrücklich die Worte *arabischer Racheakt ... Bombenanschlag am Jaffa-Tor*. Und David beugte sich gebannt vor, als eine abgemagerte, niedergedrückte Gestalt auf der Leinwand erschien: es war Mosche Sachar- schmutzig und ungekämmt, mit einer blutigen Wange, und er war gefesselt. Dann wurde ein anderes Bild von Mosche eingeblendet. Dieses Mal kam er durch die Walnußtür des Gerichtssaales, und der Kommentator erläuterte dröhnend: *„ ... wurde der prominente Archäologe wegen seiner Beteiligung an dem gemeinen Bombenanschlag am Jaffa-Tor zum Tode durch den Strang verurteilt ..."*

Damit ging die Wochenschau unter schmetternden Akkorden zu Ende.

„Hoffentlich hören wir bald von Panama", sagte David mit erstickter Stimme und noch ganz benommen von dem, was er soeben gesehen und gehört hatte. „Der Alte hatte recht. Wir nützen niemandem damit, wenn wir hier in den Staaten auf unserem Zeug sitzen."

„Aber im Augenblick könnt ihr doch gar nichts tun", protestierte Angela schwach. „David, deine Flugzeuge und deine Männer sind doch noch gar nicht fertig. Du kannst doch nicht jetzt schon die Staaten verlassen. Nicht, bis –"

„Feinsteinel!" zischte David über Angelas Einwände hinweg. „Haben die Burschen schon die Zusatztanks im ersten Vogel installiert?"

Man sah im flackernden Kinolicht Martins zustimmendes Nicken. „Heute morgen", flüsterte er. „Was ist los?"

„Kannst du unsere Aufgaben für ein paar Tage übernehmen?" fragte David in so durchdringendem Flüsterton, daß zwei Reihen hinter ihnen ein empörtes „Sch!" ertönte. Er blickte noch einmal kurz zur Leinwand, wo Soldaten gerade zu den Klängen von *She Wore a Yellow Ribbon* über einen Bergkamm ritten, und stand dann abrupt auf - nicht imstande, länger ruhig sitzen zu bleiben.

„Heh, du da vorne, du bist nich' aus Glas!" erklang es ärgerlich hinter ihm.

Nach kurzem Zögern sagte David laut zu seinen Begleitern gewandt: „Los, geh'n wir."

Die drei Männer und Angela folgten ihm mit Gesichtern, die teils Entschlossenheit, teils Verwirrung ausdrückten, die Treppen hinunter und durch die verzierte Eingangshalle nach draußen. David überquerte mit ausholenden Schritten den Bürgersteig und die Straße zum Hollywood Roosevelt Hotel, die Popcorn-Schachtel immer noch unberührt in der Hand haltend.

„Was ist los, Michael?" rief Angela und versuchte mit den Männern Schritt zu halten, indem sie sich bei Michael einhakte.

„Geh in dein Zimmer!" flüsterte dieser ihr hastig zu. „Ich glaub', wir fliegen noch heute nacht ab. Ich komm' gleich nach."

„Ach, Michael!" rief sie, als sie durch die Eingangshalle zum Lift hasteten. „Ich möchte mit euch kommen!"

Michael blieb stehen und ließ die anderen voranstürmen. Er nahm Angela in die Arme und sah ihr mitleidig in die Augen. „Ach, Häschen. Ich kann dich nich' mitnehmen. Es geht nich'." Er küßte sie zärtlich auf die Stirn und wischte ihr eine Träne von der Wange. „Geh jetz' rauf. Ich komm' gleich nach."

Dann folgte er David und den Feinsteinels zur Bar in der Eingangshalle. Sie straffte sich und blickte sich in der fast leeren Halle nach dem kleinen bebrillten Mann um, der ihr auf Schritt und Tritt gefolgt war, seitdem sie das Hotel zum ersten Mal betreten hatte. Doch er war nirgends zu sehen. Sie drückte auf den Aufzugknopf und wartete ungeduldig, bis sich die Türen öffneten. *Irgendwie*, dachte sie, *werde ich es schaffen, mitzukommen. Ich muß einfach mit!*

Der lange, dunkle Flur zu ihrem Zimmer war noch verlassener als sonst. Hier und dort hörte sie zwar hinter einer verschlossenen Tür Radioklänge, doch im übrigen erschien es ihr so, als sei sie allein in dem ganzen Gebäude. Sie blickte sich wieder um. Eine Art von Verzweiflung hatte sie erfaßt: Alle ihre Pläne waren vereitelt worden. Und einzig und allein wegen Davids Ungestümheit! *Ich muß einfach mit!*

Sie schloß die Tür auf und wurde von einem Chaos empfangen: der Inhalt der Schubladen war ausgeschüttet, das Bettzeug heruntergerissen, und die Matratzen waren aufgeschlitzt. Bevor sie aufschreien konnte, legte sich eine Hand fest über ihren Mund und zog sie ins Zimmer hinein. Dann wurde die Tür kraftvoll zugeschlagen und sie selbst in einen Kleiderberg auf dem Fußboden gestoßen.

Als sie um sich blickte, bemerkte sie Licht im Badezimmer und im Türrahmen den kleinen, bebrillten Mann, der sie die ganze Zeit geduldig beschattet und nur darauf gewartet hatte, daß sie einen Fehler begehen würde. Die dicke Brille saß ihm vorne auf der Nase, das Gesicht war pockennarbig und voller Pusteln. In der einen Hand hielt er ein Medaillon – einen mit vielen Diamanten besetzten silbernen Halbmond. Mit der anderen richtete er einen schweren Revolver auf ihr entsetztes Gesicht.

„Bitte nicht schreien, Miss St. Martain", sagte er, und seine dünnen Lippen verzogen sich zu einem Lächeln. „Sonst erschieße ich Sie, bevor wir Ihnen die Wahrheit aus der Nase gezogen haben."

„Wer sind Sie?" kreischte sie und hielt sich die Hand vor den Mund.

„Nun tun Sie mal nicht so!" Er lehnte sich an die Wand. „So unschuldig sind Sie doch nicht. Sie wissen ganz genau, wer ich bin." Das Medaillon baumelte in seiner Hand, und sein Schatten schwang wie ein riesiges Pendel über ihr Gesicht. „Und ich weiß auch, wer Sie sind."

Sie hob herausfordernd das Kinn und blickte dabei auf das glitzernde Schmuckstück in seiner Hand. „Ich weiß nicht, wovon Sie sprechen", stieß sie hervor.

„Nun, ich muß zugeben, daß Sie Ihr Handwerk viel besser verstehen als ich", sagte der Mann.

„Sie sind nicht bei Verstand!" schrie sie. „Lassen Sie mich gehen! Ich weiß nicht, was Sie wollen! Ich bin mit den beiden befreundet . . . das ist alles!"

„Und Michael Cohens Geliebte? Zweifellos wären Sie auch Davids Geliebte, wenn er Sie nicht verschmäht hätte." Er stieß ein leises Lachen aus und zeigte dabei eine Reihe gelber Zähne. „Oh ja! Sie verstehen Ihr Handwerk viel besser, als ich es je könnte. Aber ich bin hartnäckig. Man hat mich beauftragt, Sie zu beschatten. Die beiden Männer und Sie. Sie hatten mich fast zum Narren gehalten, Miss St. Martain", betonte er höhnisch.

„Ich bin Reporterin!" rief sie.

„Das sind Sie allerdings", lachte er. „Zweifellos kennt der Mufti jedes Wort, das Michael Cohen äußert, bevor er abends schlafen geht."

Sie schwieg, aber es zuckte um ihren Mund. „Was wollen Sie von mir?" fragte sie schließlich. „Ich weiß nicht, wessen Sie mich anklagen."

„Ja, Sie sind wirklich raffiniert", sagte er und deutete mit dem Revolver zur Kommode hin. „Wenn ich nicht Ihre Schubladen durchsucht und die Kleider gefunden hätte – Männerkleider –"

„Sie gehören Michael."

„Sie gehören Ihnen", sagte er bestimmt. „Zusammen mit der Schminke."

„Darf eine Frau nicht mal Schminke haben?"

„Theaterschminke?" fragte er lächelnd. „Haben Sie vor, den König Lear oder die Julia zu spielen? Ich bin überzeugt, weder die männliche noch die weibliche Rolle wird Ihnen schwerfallen. Ich war wirklich fasziniert, als ich Sie während der Vorstellungsgespräche als Zimmermädchen verkleidet sah. Und doch war ich mir noch nicht absolut sicher. Nein, ich war mir noch ganz und gar nicht sicher, wer Sie waren, bis ich heute abend dies hier fand." Er hielt das halbmondförmige Medaillon in die Höhe. „Sie sind Isabel Montgomery, geschätzte Dienerin Haj Amin Husseinis."

Bei diesen Worten wurden ihre Augen dunkel und hart wie der Stahl seines Revolverlaufs, und ihre Lippen verzogen sich haßerfüllt. „Und wer sind Sie, mein kleiner jüdischer Buchhalter? Wer sind Sie, daß Sie so etwas wissen könnten?"

„Mein Name, verehrte Dame, ist für Sie nicht von Belang. Ihnen mag genügen, daß ich dem jüdischen Mossad angehöre..."

„Dem zionistischen Geheimdienst."

„Ja. Ein Geheimdienst kann auch eine wirkungsvolle Waffe sein. Ihre Telegramme sind kühn und ziemlich direkt gewesen. Sie sind zu verwegen geworden, und ich glaube, das war Ihr Fehler."

Sie bewegte sich auf dem Kleiderberg. „Ich mache keine Fehler, Jude." Sie fuhr sich mit den Fingern durch die Haare, als wolle sie diese glätten. Als sie die Arme wieder sinken ließ, sprang eine kleine Flamme mit einem krachenden Geräusch wie von einer Platzpatronenpistole von ihren Fingern. Gleich darauf zersprang das linke dicke

Brillenglas des Mannes in tausend Stücke, und eine Kugel bohrte sich in das dahinter liegende Auge. Er hatte nicht einmal Zeit, überrascht zu sein. Er war in Sekundenschnelle tot.

Montgomery erhob sich langsam und machte sich, mit noch bebenden Händen und krampfartig zitternden Beinen, daran, seine Taschen zu durchsuchen. Sie zog einen Paß und einen Personalausweis aus seiner Anzugtasche hervor. Dann zerriß sie alles, um jeden Hinweis auf seine Identität zu unterbinden, und spülte seine Papiere in der Toilette fort. Anschließend riß sie sorgfältig ihre Bluse auf, so daß die Knöpfe im Zimmer umherflogen. Mit einem Blick in den Spiegel überzeugte sie sich davon, daß sie wie eine überfallene, mißhandelte und verängstigte Frau aussah, und nahm mit einem triumphierenden Lächeln den Telephonhörer ab.

„Bitte stellen Sie in die Bar durch", sagte sie ruhig, schloß konzentriert die Augen und sagte dann unter einer Flut von Tränen und mit einer von Entsetzen geschüttelten Stimme: „Michael Cohen, bitte. Es ist dringend!" Einen Augenblick später weinte sie in den Hörer: „Oh Michael! Komm schnell, Liebster! Bitte, der *Mann*! Dieser schreckliche Mann hat hier im Zimmer auf mich gewartet!"

* * *

Michael hielt die schluchzende Angela in den Armen, während David prüfend die Halsschlagader des still daliegenden kleinen Mannes befühlte. Beim Anblick des blutüberströmten Gesichtes erschauerte er und wandte sich ab. „Tot, Angela. Du meine Güte! Ich hab' einen 45er mit mir herumgeschleppt, und du hast das mit einer 22er Spielzeugpistole geschafft."

Angela barg mit einem klagenden Laut ihr Gesicht an Michaels Brust. Michael seufzte: „Was für ein Chaos! Sieh dir das an, Blechmann! Und noch dazu in ihrem Zimmer! Wir können sie nicht hierlassen!"

„David! Michael! Was soll ich tun? Bitte laßt mich hier nicht allein! Bitte nehmt mich mit!" flehte Angela unter Tränen.

David strich sich übers Gesicht. Mit einem pochenden Schmerz hinter seinen Schläfen betrachtete er die Verwüstung im Zimmer. Dann ging er ins Bad und wusch sich die Hände. Dabei murmelte er vor sich hin: „Was sie nur bei ihr gesucht haben?" Als er in den Spiegel sah, stellte er dunkle Schatten unter seinen Augen fest. *Du siehst alt aus, Kumpel,* sagte er zu sich selbst.

„Wir können sie mit all dem hier nicht allein lassen", rief ihm Michael zu.

„Es ist ein klarer Fall von Notwehr", erwiderte David. „Raub, versuchte Vergewaltigung. Morgen früh ist sie wieder auf freiem Fuß."

„Na hör mal!" schrie Angela auf. „Du hast eben doch kein Herz!"

Sie lehnte sich an Michael, und ihre Schultern wurden von Weinkrämpfen geschüttelt.

Michael warf David, der gerade aus dem Badezimmer kam und über die Leiche hinwegschritt, zornige Blicke zu. „Sie hat recht", sagte er mit harter, kalter Stimme. „Du sagst, es ist Notwehr. Sieh dir mal das Zimmer an! Meinst du etwa, der Mufti wird keinen Ersatzmann schicken, um sie endgültig auszuschalten, wenn die Bull'n sie wieder freigelass'n ham?" Er überschüttete David mit Schimpfnamen. „Wenn das Ellie wäre, würdest du sie mit ins Flugzeug nehmen und den ganzen Weg unterm Arm nach Palästina tragen!"

„Das ist was anderes!" entfuhr es David. Doch er wußte, daß er überstimmt war. Eine Frau hatte ihnen gerade noch bei ihrem Flug gefehlt!

„Was and'res für wen? Ich liebe Angela! Und ohne sie geh ich nirgendswo hin. Nicht nach dem, was passiert is'."

David stöhnte bei Michaels Worten auf. Dann warf er einen Blick auf die am Boden liegende Leiche und schüttelte resigniert den Kopf. „Das hab' ich mir gedacht", erwiderte er. „Das ist wirklich das Allerletzte auf der Welt, was wir brauchen. Tja. Na gut. Meinetwegen kann sie mit." Es gab nur einen Umstand, der diese furchtbare Situation etwas abmilderte: Die Leiche befand sich in Angelas Zimmer. So bestand die Möglichkeit, daß die Polizei den Tod des arabischen Spions nicht unbedingt mit David und Michael in Verbindung bringen würde. Zumindest blieb ihnen diese Hoffnung. „In Ordnung. Dann wollen wir mal. Martin und Mick müßten inzwischen den Reservetank gefüllt haben. Sie können hierbleiben, bis die Papiere von Panama kommen, und dann den Vogelflug nach Süden organisieren. Dagegen kann der CAA schließlich nichts einzuwenden haben." Mit einem resignierten Augenaufschlag murmelte er: ''45 bin ich als Held in dieses Land zurückgekehrt, und jetzt verlass' ich es wie ein Flüchtling. Ich hab' ganz starke Bedenken, ob der CAA mir jemals wieder eine Flugerlaubnis erteilen wird, wenn das hier eines Tages vorbei ist."

„Wer sagt, daß es vorbeigeht?" fragte Michael und strich Angela dabei liebevoll über die Schultern. „Süße", flüsterte er, „es wird alles gut. Du gehst mit mir. Niemand wird dir was antun. Du brauchst'n paar warme Sachen. Es wird kalt da oben sein. In Ordnung, Süße?"

Angela wischte sich die Augen und nickte. Mit von Leid und Entsetzen versteinertem Gesicht wühlte sie in einem Kleiderhaufen, der auf dem Boden lag. Sie fischte eine wollene lange Hose, einen dicken Rollkragenpullover und ein Paar hohe Stiefel aus dem Durcheinander und nahm sie unter den Arm. „Mehr will ich nicht", flüsterte sie heiser. „Das Blut ... sein Blut."

David nickte. „Solange dir klar ist, daß wir nicht in Rom zwischenlanden, um einen Einkaufsbummel zu machen."

Angela warf ihm einen vernichtenden Blick zu und ging dann in das Zimmer, das ihres mit Michaels verband.

„Sei nicht so streng mit ihr, Blechmann!", sagte Michael mit drohendem Blick. „Ich meine, was ich sage!" Er ging hinter ihr her und ließ David neben dem Toten zurück.

„Ich weiß nicht, was du hier gemacht hast, Kumpel", murmelte David zu dem Toten gewandt. „Aber es war ganz sicher die schlechteste Zeit, sich umbringen zu lassen."

Dann verließ auch er das Zimmer, sorgfältig darauf bedacht, die Tür gut hinter sich zu verschließen. Um Angelas willen hoffte er, daß das Zimmermädchen die Leiche erst finden würde, wenn sie schon unterwegs waren.

30. Die Entführung

Tikvahs Husten ließ Rachel aus einem unruhigen Schlaf auffahren. Verschlafen setzte sie sich auf und horchte auf die rasselnden Atemzüge und den Husten der Kleinen. Dann zündete sie mit bebenden Händen eine Kerze an.

Es war eiskalt im Zimmer, da es kein Kerosin mehr gab, um Feuer zu machen. Doch Rachel sprang aus dem Bett, ohne sich etwas überzuziehen, und betrachtete das Kind angstvoll beim Schein der Kerze. Es wandte unruhig den Kopf vom Licht weg, war jedoch zu elend, um mehr als einen schwachen Schrei von sich zu geben. Die Augen waren verschwollen, das Gesicht fiebrig gerötet und die Nase verstopft, so daß es nur noch keuchend durch den Mund atmete. Als Rachel die Kleine aufnahm, wußte sie, daß ihr schlimmster Alptraum Wirklichkeit geworden war: Tikvah war plötzlich schwer erkrankt, und es gab keinen Arzt, niemanden, der ihr helfen konnte.

Sie legte ihre Wange gegen die des Kindes und erschrak über deren glühende Hitze. Als Tikvah von einem weiteren Hustenanfall gequält wurde, packte Rachel sie warm in eine zweite Decke ein und nahm sie zu sich ins Bett. Dort setzte sie sich mit einem Kissen im Rücken aufrecht hin, hielt die Kleine an ihre Brust und klopfte ihr beruhigend auf den Rücken. „Mama ist ja bei dir, Tikvah, meine kleine Perle", sagte sie zärtlich. Aber die Hustenanfälle ließen nicht nach, und Rachel war schließlich wegen des bedrohlich wirkenden Zustandes der Kleinen so verängstigt, daß sie mit tränenüberströmtem Gesicht betete: *„Gott meiner Väter. Hast du dieses Kind nicht in meine Obhut gegeben? Bitte nimm ihm jetzt nicht das Leben, nur weil ich seiner nicht würdig bin! Oh Gott, es ist doch so klein und hilflos."*

Am liebsten hätte sie Schoschanna geholt, wagte jedoch nicht, die Kleine auch nur eine Minute lang allein zu lassen. Solange sie sie aufrecht hielt, schien ihr Atem etwas leichter zu gehen. Doch sobald die Kleine lag, wurde sie von so heftigen, krampfartigen Hustenanfällen geschüttelt, daß Rachel entsetzt aufschrie.

Sie blieb die ganze Nacht bei dem Kind, sang ihm Lieder vor, die schon ihre Mutter für sie gesungen hatte und wartete auf die Morgendämmerung, von der sie sich eine Besserung erhoffte.

✳✳✳

Mosche schlief unruhig im endlosen Dämmerlicht des Gefängnisses, das den Gefangenen schon lange jegliches Gefühl für Tag und Nacht geraubt hatte. Ein Alptraum quälte ihn: Rachel wurde tief im Inneren der Erde von Gerhardt gejagt, während er selbst gefesselt auf einem steinernen Altar lag und hilflos zusehen mußte. Schweißgebadet versuchte er zu schreien, brachte jedoch keinen Ton heraus. Dann hörte er bis in seinen Traum hinein, wie sich aus weiter Ferne schwere Stiefelschritte näherten, Schlüssel rasselten und er beim Namen gerufen wurde: „Sachar! Mosche Sachar!" Er fuhr erschrocken auf. Soldaten standen vor seiner Zelle.

„Was ist los?" murmelte er widerwillig, da er gerne gewußt hätte, wie sein Traum endete. Er setzte sich auf und hielt sich den Kopf. Dann hörte er, wie nebenan auch Ehud aufgerufen wurde.

„Aufwachen! Es geht ins Acre-Gefängnis!" schnauzte ein Wächter. „Aufstehen und Gesicht zur Wand!"

Immer noch benommen vom Schlaf, gehorchte Mosche und legte seine Hände über dem Kopf gegen die kalte Steinwand. Gleich darauf wurde krachend die Tür aufgestoßen, und zwei Soldaten traten ein, die Gewehre im Anschlag. Sie durchsuchten ihn unsanft. In der Nachbarzelle schimpfte Ehud lautstark über die Prozedur, die auch er über sich ergehen lassen mußte: „Glaubt ihr, daß mir in der Zwischenzeit Hörner gewachsen sind?" Mosche hätte über die Unsinnigkeit dieser Durchsuchung am liebsten laut gelacht. Aber er wußte, daß dieser Befehl seit dem Selbstmord der beiden anderen Häftlinge routinemäßig ausgeführt wurde.

Dann hieß es: „Schuhe anziehen!" Mosche gehorchte widerstrebend. Die Zunge seiner Schuhe hing lose heraus, da die Schnürsenkel aus demselben Grund vorsorglich entfernt worden waren. Er verspürte plötzlich das Bedürfnis, die Soldaten zu fragen, ob sie ihm nicht wenigstens jetzt seine Schnürsenkel zurückgeben könnten, da er doch sowieso am nächsten Morgen gehängt werden würde. Aber er schwieg und ersparte sich so eine weitere Erniedrigung. Er mochte allerdings nicht auf die Frage verzichten, ob er seine Bibel mitnehmen dürfe.

„Oh-ho! Der Attentäter vom Jaffa-Tor liest die Bibel!" spottete einer der Soldaten.

„Halten Sie den Mund!" fuhr ihn jedoch der Offizier an und nahm das kleine Buch in die Hand, das neben Mosches Pritsche lag. Er blätterte darin, als suche er auch dort nach Waffen, und ein weißer Briefumschlag fiel zu Boden.

„Das ist ein Brief", erklärte Mosche leise, „der Abschiedsbrief an meine Frau."

Der Offizier hob ihn auf, hielt ihn in das trübe Licht und las laut die Adresse: „An Frau Rachel Sachar. Zu Händen Professor Moniger. Rehavia, Jerusalem."

„Wenn jemand von Ihnen so freundlich wäre, den Brief an Professor Howard Moniger weiterzuleiten ...", bat Mosche.

„Natürlich", erwiderte der Hauptmann, dessen Stimme einen milderen Ton angenommen hatte, und steckte den Brief in seine Uniformtasche.

„Und wenn es geht, bitte auch noch meine Uhr", fügte Mosche hinzu. „Sonst habe ich nichts mehr. Aber ich bin sicher, daß sich meine Frau über meine Uhr freuen würde."

„Wie spät ist es überhaupt?" warf Ehud ein.

Der Offizier sah auf seine Armbanduhr. „Gleich halb zwei."

„Nachmittags oder nachts?" fragte Ehud.

„Nachts."

„Ihr kommt her und reißt einen einfach so aus einem gesunden Schlaf, um einen zum Hängen abzutransportieren!" schimpfte Ehud, während ihm die Handschellen angelegt wurden. „Ein Mensch sollte erst sterben, wenn er die Nacht gut durchgeschlafen hat!"

Mosche spürte, wie das Gewicht der Ketten, die seine Fußknöchel zusammenhielten, seine Füße an den Boden preßten. Einer der Soldaten legte ihm ebenfalls Handschellen an und stellte sie so eng ein, daß Mosche vor Schmerz aufschrie. Der Offizier befahl ungehalten: „Beiseite!", paßte die Handschellen selbst an und nahm den Schlüssel an sich.

Ihre Fesseln schwerfällig mit sich schleppend, umgeben von Wächtern, gingen Mosche und Ehud durch den Gang, und die schwarzen Streifen auf dem weißem Grund ihrer Sträflingsanzüge verschmolzen mit den Gitterstäben der Zellen. Die anderen Gefangenen hielten die Gitterstäbe umklammert und riefen Mosche und Ehud aufmunternde Worte oder Abschiedsgrüße zu: „Schalom! Schalom, Mosche Sachar! Schalom, Ehud! Gott mit euch! Nächstes Jahr in Jerusalem! Denkt daran!" Dann stimmte einer der Häftlinge das Schema an, in das die übrigen nacheinander einfielen: „Höre, oh Israel, der Herr, unser Gott, ist einzig! Und du sollst den Herrn, deinen Gott ..."

Ihr Weg führte sie an dem unbenutzten Exekutionsraum sowie an einem kleinen, trübe beleuchteten Büro vorbei zu einem massiven Eisentor, das mit einer dreisprachig abgefaßten Inschrift auf blauem Untergrund versehen war: *Zentralgefängnis Jerusalem*.

Auf der anderen Seite des Tores säumten endloser Stacheldraht und riesige Betonkegel die Straße. Sie waren vor Jahren aufgestellt worden, um die deutschen Panzer aufzuhalten, und markierten nun die Trennungslinie zwischen Juden und Arabern.

Mosche fröstelte, weil die kalte Nachtluft durch seine dünne Sträflingskleidung drang. Ehud dagegen schien sich wohlzufühlen. Er füllte seine Lungen genießerisch mit der frischen Luft und stieß einen Seufzer der Erleichterung darüber aus, daß er die Enge des Gefängnisses hinter sich gelassen hatte. Doch es blieb ihm nicht viel Zeit zum Genießen, denn schon wurden sie zu einem schwarzen, gepanzerten Lieferwagen geführt und von starken Händen unsanft in das dunkle Innere geschoben.

Kaum hatten sie sich einander gegenüber auf die harten Holzbänke an den Längsseiten des Wagens gesetzt, wurden die Türen zugeknallt. Stockfinstere Nacht umfing sie.

„Was meinst du, werden sie uns über Ramallah und Nablus ins Acre-Gefängnis bringen?" fragte Ehud, während die Stimmen der im Führerhaus sitzenden Soldaten gedämpft durch die Stahlplatten zu ihnen drangen. Dann sprang röhrend der Motor an, und gleich darauf fiel der schwache Schein von Scheinwerferlicht durch die sich unterhalb der Wagendecke befindenden Sehschlitze ins Wageninnere.

„Das ist zwar der direkte Weg", erwiderte Mosche Ehuds Frage, „aber er führt ausschließlich durch arabisches Gebiet. Deshalb werden sie es wahrscheinlich für sicherer halten, die nördliche Route zu nehmen."

„Sicherer für wen?" spottete Ehud. „Sicher ist nur, daß die Engländer der Freude beraubt werden, uns hängen zu sehen, wenn wir den Arabern in die Hände fallen. Und ich will dir eins sagen: Ich ziehe es vor, am Ende eines Stranges zu baumeln, als Zentimeter für Zentimeter von arabischen Messern aufgeschlitzt zu werden."

Schließlich setzte sich der Lieferwagen ruckend in Bewegung, und das Getriebe ächzte, als der Fahrer die hakenden Gänge wechselte. Mosche schloß die Augen und lehnte sich gegen die gepanzerte Wand. Dabei verfolgte er im Geiste die Kurven des Weges, auf dem sie aus der Stadt gebracht wurden. *Jetzt passieren wir wahrscheinlich die St. George Road. Die amerikanische Kolonie liegt rechts, Sheikh Jarrah und die arabische Festung sind vor uns. Hier zweigt die Straße zur Hebräischen Universität ab. Wie oft bin ich schon diese Straße gefahren – an glücklicheren Tagen und bei Morgensonne! Nun biegen wir auf die Nablus Road ab. Ja, ich spüre die Fahrrinnen. Und wenn ich nach hinten sehen könnte, würde ich die Hadassah-Klinik erkennen* ... Während der Wagen langsam eine Steigung erklomm, erhob sich Mosche schwankend und zog sich mühsam zu dem schmalen Sehschlitz über seinem Kopf empor, um in die Nacht hinauszuspähen. Auf dem Dach der Hadassah-Kliniken prangte die große, hell erleuchtete Menorah, deren strahlende Lichter er lange versonnen betrachtete. Dahinter erkannte er die schwachen Umrisse der Hebräischen Universität. „Lebwohl!" flüsterte er mit erstickter Stimme. Er würde dieses Gebäude, das einen so wichtigen Platz in seinem Leben eingenommen hatte, nie wieder sehen.

In diesem Moment schaukelte der Wagen so heftig, daß Mosche das Gleichgewicht verlor und, begleitet vom rasselnden Geräusch seiner Ketten, die gegen die Stahlplatten des Fahrzeugs stießen, auf die Bank zurückfiel.

„Weißt du, was ich am meisten bedaure, mein Freund?" fragte Ehud, der sich durch dieses Geräusch ermuntert fühlte, das Schweigen zu brechen. Seine Stimme hatte einen wehmütigen Klang angenommen. „Ich bedaure, daß wir nicht das Ende der Geschichte erleben werden! Ob ich sterbe, ist mir eigentlich so ziemlich egal. Wenn ich nur wüßte, daß mein Tod einen Sinn hat ..."

Mosche antwortete nicht. Seine Gedanken waren wieder in der Altstadt, bei Rachel. Und er war dankbar, daß Ehud in der Dunkelheit seine Tränen nicht sah. *Sie niemals in diesem Leben wiederzusehen ...*

„Schläfst du?" fragte Ehud.

Doch Mosche ließ sich auch diesmal auf kein Gespräch ein. Er wollte jeden Moment seiner kostbaren Zeit nutzen, um sich noch einmal Rachels Worte, ihren Anblick und das Gefühl, von ihren Händen berührt zu werden, zu vergegenwärtigen.

Unterdessen verengte sich die Straße zu einem verschlungenen, einspurigen Pfad, und es verging fast eine Stunde, in der keiner der beiden Männer sprach. Schließlich vernahm Mosche Ehuds tiefe, regelmäßige Atemzüge, die ihm sagten, daß dieser eingeschlafen war. Die schaukelnden Bewegungen des Wagens begannen auch Mosche in einen traumähnlichen Zustand zu versetzen, und als sie durch die arabische Stadt Ramallah und weiter durch Samaria in Richtung Nablus fuhren, ließ seine Anspannung langsam nach. Er spürte, daß der Fahrer in den niedrigsten Gang geschaltet hatte. Und er wußte auch, daß man auf diesem Abschnitt der Strecke äußerste Vorsicht walten lassen mußte, da die Straße auf einem so schmalen Grat verlief, daß nur wenige Zentimeter zwischen Sicherheit und Katastrophe entschieden.

Plötzlich ruckte der Wagen heftig und kam mit quietschenden Rei-

fen zum Stehen. Mosche und Ehud wurden auf den Boden geschleudert. Ehud fluchte und rief entrüstet: „Was für ein Sturm!"
Arabisches Stimmengewirr drang zu ihnen herein. Dann ertönten Gewehrsalven, und die beiden hörten Fahrer und Wächter rufen: „Aus dem Weg! Fort!"
Mosche setzte sich auf und stieß sich dabei den Kopf an der Trennwand zum Führerhaus. „Was ist los?" rief er. Es wurde eine in der Trennwand befindliche Klappe geöffnet, und hinter einem Gitter tauchte das Gesicht des Fahrers auf. „Ein Kamel. Da vorn auf der Straße is' ne Gruppe von Beduinen. Sie sagen, sie könn'n das Vieh nich' dazu bringen, sich von der Stelle zu bewegen. Albert hat schon versucht, es mit Schüssen zu erschrecken, aber –" In diesem Moment hörten sie eine rauhe Stimme deutlich in Arabisch sagen: „Eure Gefangenen her, sonst seid ihr des Todes!" Der Fahrer erstarrte vor Entsetzen.

Er hob die Hände und rief in panischer Angst: „Nicht schießen!"
Dann wurde er aus dem Wagen gezerrt, während ein Gewehrlauf durch das Gitter auf Mosche und Ehud gerichtet wurde. Ehud faßte Mosche ergeben bei den Händen und sagte: „Das wär's also, mein Freund. Schalom!"

Gleich darauf wurde das Türschloß aufgeschossen und die Tür, begleitet von dem Schrei „Allah akbar!", aufgerissen. Die beiden Männer wurden von starken, dunkelhäutigen Gestalten in Keffijahs herausgezerrt.

„Tötet uns nicht! Erschießt uns nicht!" flehte der britische Wächter, der vor dem Wagen stand. Mosche und Ehud wurden mit Gewehrkolben und -läufen an den Rand des Abhanges getrieben. „Wir haben sie!" rief eine arabische Stimme. „Sie sind in unseren Händen!"

Der Fahrer jammerte erneut. „Nehmt sie, nicht uns!"
Dann rief eine in Beduinengewänder gekleidete Gestalt in gebrochenem Englisch: „Engländer nicht töten! Genug, daß Allah hat uns ausgeliefert zionistische Verbrecher Sachar und Komplize!" Ein schriller Jubelschrei zerriß die Nacht. Mosche sah noch, wie Fahrer und Wächter hastig in den Wagen kletterten und die Türen hinter sich zuschlugen, bevor er mit einem heftigen Tritt eine Böschung hinuntergestoßen wurde. Als er sich wieder aufrichtete, sah er, daß mehrere Gewehrläufe auf ihn gerichtet waren.

„Schalom, Ehud!" rief er noch, da vernahm er bereits die Schüsse, die Ehuds Tod bedeuten mußten.

Ein gellender, langgezogener Schrei ertönte, während der Lieferwagen mit heulendem Motor davonbrauste. Dann wurde der Gewehrlauf, der eben noch auf Mosches Hals gezielt hatte, in die Höhe gehalten, und in Richtung der offenen, wild hin und her schlagenden Hintertüren des davonjagenden Lieferwagens abgefeuert. Mosche schloß die Augen und bereitete sich betend auf den Ruck vor, der seinem Leben ein jähes Ende bereiten würde.

Doch statt dessen wurde er dicht von arabischen Gewändern umringt und hörte, wie Ehud die Männer des Muftis verfluchte. *Er ist noch nicht tot, dachte Mosche. Sie wollen uns also langsam sterben lassen.*

Einen qualvollen Augenblick lang herrschte beklemmende Stille. Dann rief eine Stimme mit unverkennbar englischem Akzent von der Straße herunter: „Er's weg, Leute. Un' er hat den Wagen ganz schön gescheucht." Darauf folgte schallendes Gelächter, und Mosche wurde eine karierte Keffijah ins Gesicht geworfen.

„Tut mir leid, daß ich dich zu Tode erschreckt habe, alter Junge", vernahm er dann Lukes amüsierte Stimme. „Aber es gab keine andere Lösung. Jetzt müssen wir erst einmal schnell diese Ketten loswerden. Denn ganz bestimmt wird bald eine Streife kommen, um nach euren Leichen zu suchen. Wir schlagen uns am besten querfeldein in Richtung Tel Aviv ..."

31. Die Flucht

Gefolgt von Michael und Angela eilte David mit einem dicken Bündel Navigationskarten in der Hand neben Martin auf die C 47 zu, die startbereit und mit vollen Zusatztanks auf der Rollbahn von Burbank stand und in der grellen Sonne dunkle Schatten warf. „Ich habe keinen Flugplan aufgestellt", sagte David zu Martin. „Was euch betrifft, so wißt ihr alle nur, daß ich zu einer Instrumentenüberprüfung gestartet und nicht mehr zurückgekommen bin, verstanden?"

Martin nickte. Dann deutete er mit dem Daumen nach hinten zu Angela, die atemlos mit Michael Schritt zu halten suchte, und fragte mit gesenkter Stimme: „Ist es dir wirklich ernst damit, eine Frau mitzunehmen?"

„Mit der Leiche in ihrem Zimmer haben wir gar keine andere Wahl", erwiderte David. „Entweder ich nehm' sie mit, oder Michael springt ab." Er wechselte das Thema. „Aber nun was anderes! Sowie du etwas von Panama hörst, holst du die Jungs hier weg! Startet und fliegt einfach davon, klar? Sieht so aus, als ob die andere Besatzung ein faules Spiel spielen würde, Martin –" Er duckte sich unter dem Flügel durch. „In der Zwischenzeit aber haltet euch an die Vorschriften des CAA! Ich hab' einen Brief hinterlassen, in dem ich dir alle Vollmachten übertrage, falls irgendwas passieren sollte. Sag auch unseren Kontaktleuten in Los Angeles Bescheid! Sie sollen Rom benachrichtigen, daß wir in rund vierundzwanzig Stunden ankommen. Das wäre morgen vormittag. Sag ihnen auch, daß die Leute in Rom den Tankwagen bereithalten und die Männer in Prag von unserer Ankunft informieren sollen! Ich hab' keine Lust, in der ganzen Tschechoslowakei nach dem Zeug zu fahnden, das wir schließlich bereits bezahlt haben: Die Lastwagen sollen in Prag zum Verladen bereitstehen."

Mick und Michael öffneten die Tür zum Frachtraum und halfen Angela hinauf. Martin schüttelte David zum Abschied die Hand und sagte herzlich: „Massel Tov, Kumpel. Und laß die Kraftstoffanzeige nicht aus dem Auge, hörst du?"

David erwiderte den Handschlag mit festem Griff und schwang sich dann ins Flugzeug. „Wenn wir es nicht schaffen sollten", sagte er heiter, „werdet ihr beide, du und Mick, die Luftwaffe eines nichtexistierenden Staates erben!"

„Paß ja auf dich auf, Kamerad", rief Martin zu ihm hinauf. „Ich komm' auch ohne solche Probleme aus!"

Dann fiel die schwere Tür zum Frachtraum zu und wurde von

innen verriegelt. Angela lehnte sich gegen die Wand, schaute blinzelnd in die Dunkelheit und fühlte prüfend nach dem schmalen, flachen Ledergürtel unter ihrem locker sitzenden Pullover.

„Du setzt dich besser", sagte David zu ihr, als er auf dem Weg ins Cockpit an ihr vorbeiging. „Es wird ein langer Flug werden."

„Setzen, wohin denn?" gab sie patzig zurück.

„Irgendwohin. Das ist ein Transportflugzeug und kein Luxusdampfer. Wir müssen das beste daraus machen." Er ließ sich hinter dem Armaturenbrett nieder und führte zusammen mit Michael die Vorflugkontrolle durch. Schließlich heulten die Motoren auf und sprangen nacheinander knatternd an.

Während sie über die Rollbahn fuhren, sprach David mit dem Kontrollturm und erhielt die Starterlaubnis.

„Wann werden wir ankommen?" rief Angela fragend von hinten.

„Irgendwann im Laufe des morgigen Tages", antwortete ihr David zwischen den Anweisungen, die er vom Tower erhielt.

„Ja", fiel Michael ein und lächelte ihr über die Schulter zu. „Du hast doch sicher schon von den langsamen Chinaklippern gehört? Diese Mühlen hier sind nicht viel schneller – sie stehen fast in der Luft. Dreihundertzehn Stundenkilometer! Das bedeutet, daß wir den Sonnenaufgang über dem Atlantik erleben werden, stimmt's? Noch eine Zwischenlandung zum Auftanken in Kuba, und das wär's auch schon auf dem Weg nach Rom." Besorgt fügte er hinzu: „Hat jemand dran gedacht, Butterbrote mitzunehm'n?" Unter den Stößen der Rollbahn überschlug sich seine Stimme. Gleich darauf hob das Flugzeug langsam ab, und man hörte, wie das hydraulische Fahrwerk eingezogen wurde. Angela schreckte bei dem ungewohnten Geräusch zusammen und rief verängstigt: „Was war das?"

„Nichts Besonderes", lachte David. „Wir haben gerade auf dem Weg nach oben ein paar Orangenbäume gestreift." Er stieß Michael übermütig in die Rippen, und dieser stimmte in sein Gelächter ein.

Allerdings sahen sie nicht das grüblerische Gesicht der Dienerin des Muftis, die hinter ihnen im dunklen Frachtraum saß, nachdenklich auf ihre Hinterköpfe starrte und jeden einzelnen Schritt überlegte, den sie unternehmen würde, um sowohl die beiden als auch deren Fracht in die Hände des dankbaren Muftis auszuliefern.

***

Mosche und Ehud zogen sich bis auf die Unterwäsche aus und warfen die Sträflingsanzüge in eine tiefe Schlucht. Dann streiften sie die für sie mitgebrachten, abgetragenen Beduinengewänder über, die sowohl das Aussehen als auch den Geruch von echten Kameltreibergewändern hatten.

„Wunderbar!" rief Fergus und streckte den beiden die Hand entgegen, um sie zu begrüßen. „Wie meine liebe Mutter sagen würde: Ihr riecht wie Lazarus am dritten Tag nach seinem Tod!"

Mosche hatte bei diesen Worten spontan das Gefühl, er müsse sich kratzen, während Ehud zufrieden das Kinn hob und meinte, daß die Gewänder zwar angenehm röchen, aber noch besser riechen würden, wenn man sie mit Fischdärmen einriebe.

Nachdem sich die kleine Gruppe der neun Retter den beiden vorgestellt hatte, sah Mosche, daß Ehud die Männer mißtrauisch beäugte, da diese allesamt britische Namen trugen und mit britischem Akzent sprachen. „Kein einziger Jude darunter", flüsterte er ihm heimlich zu.

Doch Hamilton, Smiley und Harney schlugen ihm burschikos auf den Rücken und erinnerten ihn an jene Nacht am Zion-Tor, als der Bombenanschlag auf die Linie Zwei verübt worden war und sie ihn und eine hübsche junge Dame in die Altstadt begleitet hatten. Sofort hob sich Ehuds Laune. Er war also wieder unter alten Freunden, auch wenn sie keine Juden waren.

„Un' was is' aus der jung'n Dame geword'n?" fragte Smiley, während Mosche und Ehud ihre schnürsenkellosen Schuhe mit abgerissenen Stoffstreifen zubanden.

„Sie ist vor einem Monat Mosches Frau geworden", flüsterte Ehud unüberhörbar, während er sich seine Keffijah überwarf. „Und sie haben eine entzückende kleine Tochter!" Er ließ den britischen Soldaten mit seinem Staunen über ein derartiges Wunder allein und ging mit großen Schritten zu Luke, der von einem Felsen aus den Rücklichtern des Lieferwagens nachsah, der auf der kurvenreichen Straße dem nächsten Dorf zustrebte.

„Wir dürfen keine Zeit verlieren", sagte Luke mit sorgenvollem Tonfall. „Ich gebe uns nicht mehr als eine Stunde. Dann wird eine Unzahl von Soldaten über diese Hügel schwärmen, um nach euren Leichen zu suchen."

Mosche fügte leise hinzu: „Aber auch nach euch werden sie suchen. Ihr wißt ja selbst, daß euch nach dieser Tat die Todesstrafe erwartet."

Luke schwieg. Nur zu deutlich wurde ihm bewußt, was er alles geopfert hatte. Die Heimat, das Vaterland, die berufliche Laufbahn –

die Arbeit eines ganzen Lebens: all das hatte er in einem einzigen Augenblick aufgegeben. Und seinen Begleitern ging es nicht anders. Nach kurzem Zögern sagte er jedoch knapp und voller Überzeugung: „Es war schon richtig!"

Dann hielt er nach einem Pfad Ausschau, auf dem sie über das felsige, unwegsame Gelände in Richtung Tel Aviv gehen konnten. Ehud hielt die Nase in den Wind, sog die Luft tief ein und stellte dann laut fest: „Zum Meer geht es hier entlang, Leute. Ich riech' es ganz deutlich."

Beim Licht einer kleinen Taschenlampe kletterten die Männer ins Ajalon-Tal hinunter. In den arabischen Siedlungen, die an ihrem Weg lagen, heulten vereinzelt Hunde auf, wenn sie Witterung von ihnen bekommen hatten. In einigen der kleinen Häuser gingen daraufhin die Lichter an. Dann lagen die Männer jedes Mal mit angehaltenem Atem auf dem harten, kalten Boden und warteten ab, bis die Fejadien, die in die Dunkelheit hinausgetreten waren, um nach dem Rechten zu sehen, wieder in ihren Häusern verschwunden waren.

Mosches Knöchel waren von den Schuhen wundgescheuert, als ein Lichtschimmer am Horizont sie vermuten ließ, daß eine Stadt vor ihnen lag. „Tel Aviv", sagte Mosche erklärend. Und als sie einen weiteren Hügel überwunden hatten, blinkten ihnen tatsächlich die Lichter der Stadt entgegen.

An den hinter ihnen liegenden Hängen konnte Mosche allerdings auch schon die ersten Suchlichter der Briten ausmachen, die das Gebiet nach ihren Spuren durchkämmten, und in rund eineinhalb Kilometern Entfernung hielten vier Scheinwerferpaare vermutlich an einem Straßenrand.

„Taschenlampe aus!" zischte Luke. Sie ließen sich schnell in einen Bewässerungsgraben gleiten und tappten im Dunkeln weiter. Als Mosche aufblickte, sah er wohl ein Dutzend weiterer Lichter näherkommen, und der Wind trieb Wortfetzen zu ihnen herüber. „... drüber ... hierher ... was gesehen ..."

„Weiter, Jungs", drängte Ham. Er hängte sich seine Maschinenpistole um und trieb die anderen wie ein Hirtenhund vor sich her. „Duckt euch!" kommandierte er leise und fügte warnend ein „Sch!" hinzu, als jemand einem Kameraden etwas zuflüsterte.

Suchlichter glitten über die steinigen Hänge, die sie gerade heruntergekommen waren, und die Hunde auf den Höfen heulten ihren lauten Protestgesang. Nun gingen in allen Häusern die Lichter an, und die Bauern, die vorhin nur vorsichtshalber kurz nach draußen getreten waren, gingen jetzt ernsthaft daran, ihr Land abzusuchen.

Mosche drängte sich der Gedanke auf, daß das Exekutionskommando im Acre-Gefängnis Hochbetrieb haben würde, wenn man sie fände.

Sie duckten sich so tief sie konnten und hasteten weiter, ohne auf die Bodenbeschaffenheit zu achten. Morast drang in Mosches Schuhe und quoll zwischen seinen kalten Zehen hindurch. Rund zweihundert Meter von ihnen entfernt ging die Tür einer armseligen Hütte auf, und ein kleiner, zornig kläffender Hund sprang über das ungepflügte Feld auf sie zu. Je näher er an sie herankam, desto lauter kläffte er. Und als er den Graben erreicht hatte, lief er immer auf gleicher Höhe mit ihnen, wobei er von oben auf die unter ihm entlanghastenden Männer hinabblickte. Dadurch zeigte er den Ort, an dem sie sich gerade befanden, so genau an, als markiere ein leuchtender Pfeil ständig ihre Position auf einer Landkarte. Die Suchlichter, die eben noch in fünfhundert Metern Entfernung ziellos hin und her geirrt waren, schwenkten nun zielstrebig in ihre Richtung. Bei einem hastigen Blick über den Grabenrand entdeckte Mosche auch noch einen Bauern, offensichtlich der Besitzer des Hundes, der abwartend vor seiner Haustür stand.

„Camad! Wer ist dort?" rief er auf Arabisch.

Verzweifelt rief Mosche ihm leise auf Arabisch zu: „Bruder! Im Namen Allahs! Schick deinen Hund weg! Die Engländer sind hinter uns her!"

„Camad!" rief da der Bauer. „Camad! Sie gehören zu den Jihad! Laß sie in Ruhe! Camad!"

Das ungebärdige kleine Tier jaulte noch einmal widerwillig, bevor es gehorsam zu seinem Herrn zurücklief. Der Bauer rannte indessen auf einen kleinen aus Zweigen gefertigten Pferch zu und stieß mit dem Fuß das Tor auf, worauf sich etwa zwanzig verwirrt blökende Schafe über das Land verstreuten. „Camad!" rief der Bauer den Hund an seine Arbeit. Aber dieser war schon dabei, die lärmenden Schafe routiniert vor sich her zu treiben. Dann rief der Mann in den Graben hinein: „Die dummen Engländer werden denken, daß der Hund wegen der Schafe gebellt hat. Allah segne euch, Brüder!"

Keiner der hastig vorwärtsstolpernden Männer war in der Lage, etwas zu erwidern, und Mosche vermutete, daß seine Begleiter genauso Blut und Wasser geschwitzt hatten wie er. „Und Allah segne auch Camad", flüsterte er keuchend, während die Briten auf die Schafherde stießen und von dem hilfsbereiten Fejadien wieder nach Norden geschickt wurden.

***

Hoch über Texas sah David gähnend auf seine Armbanduhr. Entsprechend seiner *Ellie-Zeit*, wie er es nannte, würde in Palästina gleich die Morgendämmerung beginnen. Ellie würde gerade die Augen aufschlagen und ihn in Südkalifornien in friedlichem Schlaf wähnen. *Wenn ich wieder zurückkomme, nehme ich sie mit*, entschied er. *Es ist wirklich lächerlich! Statt Ellie bei mir zu haben, wie es mein sehnlichster Wunsch ist, fliege ich mit einer wildfremden Frau um die halbe Welt.*

Michael und Angela lagen im Frachtraum und schliefen fest. In einer Stunde würde er Michael wecken und sich selbst anschließend den nötigen Schlaf gönnen.

Ein heftiger Wind drückte das Flugzeug über die südliche Grenze der Vereinigten Staaten. In Flugrichtung konnte David bereits die blinkenden Lichter von Dallas ausmachen, und er dankte Gott, daß sie ihren Zeitplan so gut einhalten konnten. Inzwischen würden die Leute in Burbank anfangen, sich Sorgen zu machen. Ein Pilot konnte nicht einfach zu einer Instrumentenüberprüfung losfliegen und nicht mehr zurückkommen, ohne daß dies einen kleinen Wirbel verursachte. *Tja*, dachte er, *das wird mich meine Lizenz kosten. Ich hoffe nur, daß Palästina für mich eine Alternative ist. Sonst bin ich heimatlos.*

Er fragte sich, ob der kleine Araber, der tot in Angelas Zimmer lag, noch einen Komplizen hatte, der ihre Gegner davon in Kenntnis setzen konnte, daß er in einem Transportflugzeug mit unbekanntem Ziel davongeflogen war. Er war froh, daß er keinen Flugplan zusammengestellt hatte, denn er hatte kein Bedürfnis, in Kuba von den Handlangern des Muftis empfangen zu werden.

Das monotone Dröhnen der Motoren schläferte ihn derart ein, daß er sich nach einer aufmunternden Unterhaltung sehnte. Er gähnte herzhaft und versuchte wach zu bleiben, indem er seine Gedanken auf Ellie und die kleine Suite in der Jewish Agency konzentrierte. Er fragte sich, ob auch dieser Raum bei der Explosion zerstört worden war, und eine jähe Welle des Zorns ließ ihn seine Müdigkeit vergessen. Da vernahm er plötzlich hinter sich, ganz dicht an seinem Ohr, eine weiche Frauenstimme: „David?" Es war Angela, die ihm die Hände auf die Schultern legte und seine verspannten Muskeln sehr routiniert und so wohltuend massierte, daß er behaglich aufstöhnte. „Du bist so angespannt", sagte sie in einem verführerischen Tonfall, der ihn unangenehm berührte.

„Das muß ich auch", erwiderte er kühl und nahm ihre Hand von seiner Schulter. „Wenn du so weitermachst, schläferst du mich vollends ein, und wir werden in Bolivien, Alaska oder sonstwo wieder aufwachen."

Sie setzte sich auf den Kopilotensitz und betrachtete die roten und grünen Lichter auf dem Armaturenbrett. „All diese Instrumente!" bemerkte sie in schmeichlerischem Erstaunen. „Wie kannst du dir nur merken, wofür die alle sind?"

„Vielleicht erklärt dir das Michael eines Tages", erwiderte David, dem es nun schon leid tat, daß er sich nach Gesellschaft gesehnt hatte. „Du könntest eigentlich Michael aufwecken, damit ich mich ausruhen kann."

Doch Michael war schon von sich aus erschienen. Er gähnte noch verschlafen und rieb sich die Augen: „Ja, Blechmann? Jetz' bin ich wohl dran, wie?"

„Ja." David war die Situation peinlich, nicht nur um Michaels, sondern auch um seinetwillen. Was war das nur für eine Frau, die Michael im Sturm erobert hatte?

„Na, dann geh mal nach hinten und halte auch dein Nickerchen."

David glitt auf den Kopilotensitz hinüber. „Ach, ich bleib' lieber hier, wenn du nichts dagegen hast." Er rollte eine Decke zusammen, polsterte damit die Cockpitwand und lehnte sich dagegen. In dieser unbequemen Stellung schlief er ein.

32. Jehudits Plan

Schoschanna schnalzte mit der Zunge und legte noch einmal prüfend die Hand auf die Stirn des Kindes. „Oj!" sagte sie besorgt. Und noch einmal: „Oj!"

Rachel sah sie mit banger Miene an und stützte ihren Kopf verzweifelt in die Hände. „Wie können wir ihr nur helfen, Schoschanna?" fragte sie flehend.

„Hier? Im jüdischen Viertel? Liebes Kind, wir haben nicht einen einzigen Arzt unter uns, geschweige denn irgendeine Medizin, mit der man eine so schwere Krankheit behandeln könnte! Ich bin eine alte Frau, und ich habe so etwas schon manches Mal bei Kindern und alten Leuten gesehen. Das ist der Engel des Todes, Kind."

„Nein!" schrie Rachel entsetzt auf. Ihr war, als habe ihr jemand einen Schlag versetzt.

„Vielleicht ist es Gottes Wille, daß sie heimgerufen wird, in Abrahams Schoß, zu ihrem Vater und ihrer lieben Mutter", flüsterte Schoschanna. „Hier in der Altstadt können wir nichts anderes tun als Schiwa zu sitzen und das Kaddisch zu sprechen."

„Oh Gott!" Rachel sank vor dem Bett des Kindes auf die Knie. „Bitte nimm *mein* Leben! Nimm *mich*, aber nicht das Kind!"

Schoschanna seufzte erneut und legte Rachel die Hand auf die Schulter. „Was dich betrifft, so ist es wohl Gottes Wille, daß du allein leben und leiden sollst. Ich werde Rabbi Vultch rufen."

Rachel schwieg und betrachtete ihre kleine, kostbare Perle durch einen dichten Tränenschleier. Mit welch einem Lebenswillen hatte dieses Kind sie erfüllt, als ihr Leben düster und trostlos gewesen war! Sie legte ihre Hand an Tikvahs Wange und sang mit erstickter Stimme ein Lied aus ihren Kindheitstagen:

> *Geist und Körper sind dein,*
> *Oh himmlischer Hirte mein;*
> *Mein Hoffen –*

Sie schluchzte auf. Doch sie faßte sich wieder und zwang sich, das Lied, das eine beruhigende Wirkung auf Tikvah zu haben schien, zu Ende zu singen:

Mein Hoffen, meine Gedanken, meine Ängste-,
Du siehst sie all;
Du bestimmst meinen Weg, meine Schritte kennst Du.
Wenn Du mich nur hältst, komme ich nimmer zu Fall.

Schoschanna ging hinaus und kehrte nach kurzer Zeit mit dem zutiefst besorgten Rabbi Vultch zurück. Ihm folgten Dov und Joseph, die ängstlich an der Tür stehen blieben. Resigniert und verbittert zugleich, saß Rachel mit dem sichtlich schwächer gewordenen Kind in den Armen auf dem Boden. Der Rabbiner kniete sich neben sie und prüfte Tikvahs Temperatur, indem er behutsam die Hand an ihre Wange legte. Dann sahen seine braunen Augen Rachel mit dem mitleidigen Blick eines Mannes an, für den der Tod eines Kindes nichts Neues ist.
„Wie lange geht es ihr schon so?" fragte er flüsternd.
„Seit ein paar Stunden, Rabbi. Es fing mitten in der Nacht an. Sie hatte vorher nur einen leichten Schnupfen, und letzte Nacht –" Ihre Stimme war ein mitleiderregender Schrei um Verständnis.
„Wir können hier nicht viel tun, Rachel. Wir können nichts tun..."
„Das habe ich ihr auch schon gesagt", sagte Schoschanna mit zitternder Stimme. „Oj! So ein Unglück!"
Das Kind hustete. Rachel preßte es voller Verzweiflung enger an sich und wiegte es in den Armen.
Joseph räusperte sich und ergriff zögernd das Wort. „Ich glaube, sie hat eine Lungenentzündung. Mein Bruder hatte letztes Jahr auch eine Lungenentzündung und ist fast daran gestorben. Mein kleiner Bruder Aaron. Aber Mama hat ihn nach Hadassah gebracht. Da gibt es ein Wundermittel. Es ist etwas ganz Neues und heißt Penicillin. Das haben sie Aaron gegeben, und dann ist er am Leben geblieben. Ihr habt ihn ja selbst im Tipat Chalev gesehen."
Alle blickten erstaunt auf Joseph, nur Rachel senkte den Kopf, aus Angst, vergeblich auf ein Wunder zu hoffen. Joseph hielt den Blicken der anderen stand und sagte bestimmt: „Das ist die Wahrheit!"
„Wie soll ich sie denn aus dem Viertel herausbekommen?" fragte Rachel verzweifelt. „Sag mir doch, wie ich sie nach Hadassah bringen soll!"
„Es gibt einen Mann, der helfen könnte", meinte Rabbi Vultch. „Es steht in seiner Macht zu helfen, aber ich glaube nicht, daß er es tun wird. Es ist Akiva. Er könnte mit Captain Stewart sprechen. Doch leider kommt noch hinzu, daß Stewart uns erbittert haßt." Er legte wie-

der die Hand auf das Kind und fuhr fort: „Aber ich kann mir genausowenig vorstellen, daß Akiva den Wunsch haben sollte, dir zu helfen, Rachel. Er hat dich vor der Gemeinde totgesagt und dich aus unserer Mitte verbannt. Dir zu helfen, würde bedeuten, daß er öffentlich deine Existenz zugibt."

„Dann bitten Sie ihn doch nicht um meinet-, sondern um des Kindes willen", flehte Rachel. „Bitte – beeilen Sie sich!"

* * *

Als die Fliehenden nach einem dreißig Kilometer langen Fußmarsch den Stadtrand von Tel Aviv erreicht hatten, waren Mosches Knöchel von seinen schlecht sitzenden Schuhen völlig blutig gescheuert. Die Männer hatten inzwischen ihre Beduinengewänder abgestreift und eilten nun in den nördlichen Teil der noch schlafenden Stadt. Die Soldaten unter Luke Thomas' Kommando verbargen ihre kostbaren Waffen in einer Sandgrube und vertrauten sich nun Mosches Ortskenntnissen an. Nur so hatten sie eine Chance, dem Tod durch ein britisches Erschießungskommando zu entgehen, einem Ende, das unweigerlich auf sie wartete, wenn sie entdeckt würden. Trotz solch fataler Aussichten hatte sich keiner der Männer von dem Vorhaben abschrecken lassen, weder Ham, Smiley und Harney, die Mosche bereits von früher kannte, noch die übrigen, ihm unbekannten Männer. Denn sie besaßen ein feines Gespür für Gerechtigkeit und hatten so viel Ungerechtigkeit mitansehen müssen, daß sie es nicht länger hatten ertragen können.

„Wir sind jetzt Flüchtlinge", raunte Luke Mosche leise zu, während sie an dem windigen Strand standen und beobachteten, wie der Himmel über dem Mittelmeer allmählich heller wurde. „Willst du uns in den Dienst deines Landes aufnehmen?"

„An diesen Ufern haben die Heimatlosen eine Heimat gefunden", sagte Mosche laut und schaute dabei jeden der Männer prüfend an. „Und weil wir dazu beigetragen haben, sind wir alle zu Ausgestoßenen geworden. Ich kann euch daher keine Sicherheit geben, aber ich kann euch anbieten, daß ihr euch, wenn ihr wollt, eine Heimat erkämpfen könnt."

Daraufhin streckten die Männer, die nun in einem engen Kreis zusammenstanden, zur Besiegelung ihres Vorhabens ihre Rechte in die Mitte, und als die Sonne den dämmrigen Horizont durchbrach, schworen sie alle einer noch ungeborenen Nation die Treue.

„So, Leute", beschloß Luke das kleine Zeremoniell. „Als ich noch bei der britischen Armee war, hatte ich den Rang eines Offiziers und war euer Befehlshaber. Aber nun finde ich, sollten wir besser Mosche gehorchen." Er wandte sich diesem zu und salutierte zackig. Die anderen folgten seinem Beispiel. Mosche erwiderte die Ehrenbezeugung und deutete dann über den Strand hinweg in Richtung der Stadt, wo allmählich die Lichter verloschen.

Eine knappe Stunde später klopften sie erschöpft und hungrig an die hellgrüne Tür des winzigen Hauses am Strand, in dem Fanny Goldblatt wohnte, eine alte Freundin Ehuds und Mosches. Die Männer mußten endlos lange Minuten warten, bis sie eine ängstliche Stimme vernahmen.

„Wer ist da?"

Ehud räusperte sich und antwortete dröhnend: „Ich bin zum Frühstück gekommen, meine geliebte Fanny. Und ich habe Freunde mitgebracht!"

Kurz darauf eilte Fanny, die beinahe so breit war wie die Küchentür, geschäftig zwischen Herd und Wohnzimmertisch hin und her, an dem die Männer dicht gedrängt zusammensaßen und sich ebenso schnell über ihre Frühstücksblintsen und den Kaffee hermachten, wie sie für Nachschub sorgen konnte. Während Fanny ihre Gäste derart emsig umsorgte, überschüttete sie vor allem Mosche mit Fragen, die dieser auch gewissenhaft beantwortete. Zwischendurch tätschelte er sie immer wieder glücklich, wenn sie ihn herzlich mit ihren drallen Armen umschlang und überschwenglich ausrief: „Als ob du aus dem Grabe zurückgekehrt wärst! Wie glücklich wäre deine Mutter, Gott hab sie selig, dich lebendig und mit dieser entzückenden Rachel Lubetkin verheiratet zu sehen! Oj! Und das Letzte, was ich heute morgen im Radio gehört habe, war, daß du von einer Bande von Arabern entführt und getötet worden seist!"

Er tätschelte sie beruhigend: „Nicht von Arabern, Fanny."

Smiley, Ham und Harney strahlten ihre Gastgeberin an.

„Und auch nicht von Juden", ergänzte sie und strich Fergus wohlwollend über das krause Haar. „Aber dennoch von netten Kerlen, nu?"

„Kannst du sie für ein, zwei Tage bei dir aufnehmen?" fragte Mosche, während er sich den Käse und die Blaubeeren schmecken ließ.

„So lange du willst", erwiderte sie und goß den Männern Kaffee nach, die ihre Fürsorge mit Dankesrufen und Komplimenten belohnten. „Auch Ehud?" Sie zwinkerte Ehud zu, der ihr gutmütig brummend die Tasse hinhielt.

„Ich muß dringend das rote Haus anrufen", sagte Mosche unvermittelt, „um mit jemandem in Verbindung treten, der Ben-Gurion in Jerusalem erreichen kann."

„Jerusalem!" rief Fanny erstaunt aus. „Der Chef ist doch schon seit Wochen hier in Tel Aviv! Du bist nicht mehr auf dem neuesten Stand der Dinge, mein Lieber! Und vor zwei Tagen ist die Jewish Agency zerstört worden. Hat dir das keiner gesagt?"

Neun Männer hoben den Kopf und sahen sich verdutzt an. „Die Jewish Agency?" fragte Mosche fassungslos. „Zerstört?"

Luke schluckte schwer und meinte dann erschrocken zu Mosche: „Ich hätte mir nicht träumen lassen, daß du nichts davon gehört hast, alter Junge. Dreizehn Menschen sind dabei umgekommen. Aber glücklicherweise sind Ben-Gurion und Ellie ..."

Mosche und Ehud ließen klappernd ihr Besteck fallen. „Ellie Warne?" fragte Mosche ungläubig. „Sie lebt?"

„Warum hat uns das denn niemand erzählt?" begehrte Ehud in jähem Zorn auf. „Wir sind doch schließlich nur im Gefängnis gewesen und nicht etwa auf dem Mond!"

„Es tut mir leid", entschuldigte sich Luke. „Ich nahm an, daß ihr über die Geschehnisse informiert würdet."

Während Fanny wieder mit einem Tablett Blintsen durch die Schwingtür kam, begann Luke mit einem Bericht über die Ereignisse der vergangenen Wochen. „David ist inzwischen in Amerika und versucht, die Luftwaffe in die Luft zu bringen – entschuldige das kleine Wortspiel. Aber es scheint, daß er dabei wenig Glück hat. Ungeschminkt gesagt, falls meine Meinung in dieser Beziehung überhaupt von Belang ist, ihr könnt – das heißt, wir können – nicht warten, bis seine Flugzeuge oder Waffen endlich hier eintreffen. Es muß sofort etwas für Jerusalem getan werden! Denn alle Berichte machen deutlich, daß die jüdischen Teile der Stadt kurz vor dem Verhungern sind. Ben-Gurion hat die Vereinten Nationen bereits um einen Waffenstillstand gebeten."

Mosche seufzte. Ihm war der Appetit vergangen. „Wir waren so nah dabei, und doch scheint es, als ob wir am anderen Ende der Welt gewesen wären. – Als ich verhaftet wurde, waren die Lebensmittelvorräte in der Altstadt tatsächlich fast aufgebraucht. Allerdings hatten wir noch einen kleinen Trumpf in der Tasche. Inzwischen muß die Lage dort verzweifelt sein ... Aber Jerusalem aufgeben ..."

„Die Altstadtbewohner erhalten dann und wann ein paar Krumen vom Tisch der Reichen, immer nur die Reste von geplünderten jüdischen Konvois", erklärte Luke.

„Etwa von Akiva ausgeteilt?" geiferte Ehud.

Luke nickte bedächtig. „Ich bin leider nicht darüber informiert, wie es hinter den Altstadtmauern aussieht, auch nicht, wie es Rachel geht. Ich wollte keine Aufmerksamkeit auf sie lenken, indem ich nach ihr fragte."

Mosche nickte und erhob sich dann langsam. Er nahm den Telefonhörer ab und wählte die Nummer des roten Hauses. Am anderen Ende meldete sich eine entfernt klingende Stimme. „Ich möchte mit dem Chef sprechen", sagte Mosche ernst. Man hörte, wie die Stimme etwas fragte und dann verstummte. „Sag ihm, daß Mosche Sachar ihn sprechen möchte", antwortete Mosche. „Sag ihm, daß ich in Tel Aviv bin."

* * *

Rabbi Vultch stand vor Rabbi Akiva, der hinter seinem großen Schreibtisch saß und ihm mit einer ausholenden Geste ungerührt mitteilte: „Ja, ihr Mann ist gestern nacht getötet worden. Von den Arabern, wie es heißt."

Rabbi Vultchs Gesicht verzog sich schmerzlich vor Mitleid mit Rachel.

„Und Sie sagen, das Kind ist mitten in der Nacht krank geworden?" erkundigte sich Akiva.

Vultch nickte geistesabwesend. Seine Gedanken waren noch damit beschäftigt, Mosches Tod zu verarbeiten. Welchen Schmerz würde dies über Rachel bringen! „Ja."

„Nun gut. Wissen Sie, Rabbi, jeder würde es so sehen, daß dies ein Gottesurteil, eine Bestrafung für die Gottlosigkeit dieser Frau ist, nu? Ihr Mann war Terrorist und sollte ohnehin gehängt werden. Aber den Mann und das Kind in derselben Stunde zu verlieren ... das ist das Urteil des Allmächtigen."

Rabbi Vultch senkte betroffen den Kopf und wollte nicht glauben, was er da hörte. „Soll das heißen, daß Sie Rachel Sachar nicht helfen wollen, ihr Kind zur medizinischen Versorgung in die Neustadt zu bringen?" fragte er mit fester, zorniger Stimme. „Sie wollen nicht mit dem Engländer sprechen?"

„Ich will damit sagen, daß ich nichts gegen den Willen Gottes unternehmen kann. Auch wenn diese Person in die Neustadt eskortiert würde, bliebe das Kind dennoch dem Tod geweiht, und dann hätte ich den Captain vergebens bemüht. Sollen seine Männer etwa ihr Leben riskieren, nur um das Kind einer Prostituierten durch das arabische Viertel zu begleiten? Kann ich das guten Gewissens veranlassen?"

„Noch ist das Kind nicht tot. Und in der Neustadt gibt es eine Medizin, die ihm das Leben retten könnte –"

„Auch in der Neustadt gibt es keine Medizin", unterbrach ihn Akiva barsch und ungeduldig. „Und selbst wenn es welche gäbe, so entspricht es doch nicht dem Willen Gottes, daß das Kind in der Obhut einer solchen Frau aufwächst."

Rabbi Vultch wandte seinen zornigen Blick nicht von dem stattlichen, grauhaarigen Bürgermeister der Altstadt, bis dieser mißmutig seine Brauen zusammenzog und energisch sagte: „Genug jetzt! Ich habe noch Verwaltungsaufgaben zu erledigen. Ich bin sicher, daß Sie den Weg nach draußen auch ohne meine Hilfe finden." Mit diesen Worten ergriff er demonstrativ einen Stapel Papiere und blätterte darin. Rabbi Vultch machte auf dem Absatz kehrt und knallte die Tür hinter sich zu. In der Eingangshalle blieb er noch einen Augenblick schwankend stehen und rieb sich mit zittriger Hand über die Stirn, um seinen Zorn zu zügeln.

Da spürte er, wie ihn jemand zögernd am Ellbogen berührte. Es war Jehudit Akiva. „Rabbi Vultch?" flüsterte sie heiser. „Bitte!" Sie legte den Finger an die Lippen, bedeutete ihm, ihr durch den langen Flur in die Küche zu folgen, und schloß dort leise die Tür hinter ihm. „Das Kind ist krank?" flüsterte sie. „Tikvah?" Aus ihrem jungen, verhärmten Gesicht sprach tiefe Besorgnis. „Ich möchte Ihnen gerne helfen –, bitte!"

Sie deutete auf das Telephon an der Wand.

„Wie kannst du uns denn helfen, Jehudit?"

„Bitte hören Sie zu!" flehte sie. „Wir haben eine Direktverbindung zum britischen Hauptquartier. Rufen Sie dort an! Sprechen Sie mit der Stimme meines Vaters, und sagen Sie ihnen, daß Sie sich beeilen sollen. Berichten Sie ihnen von dem Kind! Und teilen Sie ihnen mit, daß Sie Ihre Tochter – also mich – als Begleitung mitschicken wollen. *Bitte!*" flehte sie und sah sich dabei gehetzt um. „Beeilen Sie sich! Bevor er etwas merkt!" Sie nahm den Hörer ab und drängte ihm das Gerät auf. Das ungeduldige Tuten schien den Raum zu erfüllen.

„Ja bitte?" meldete sich eine Stimme mit unverkennbar britischem Tonfall.

Vultch zögerte. Doch als er in Jehudits flehendes Gesicht sah, wußte er: *Es gibt keine andere Möglichkeit!* „Hier spricht Rabbi Akiva. Ich möchte mit Captain Stewart verbunden werden..."

33. Aus dem Grab erstanden

Mosche duschte und rasierte sich, dann zog er die dunkelblaue Hose und den dicken Wollpullover an, die er für seine Touren auf der Ave Maria bei Fanny deponiert hatte. Als er zusammen mit Ehud, Luke und Fergus über die hölzerne Uferpromenade ging, sah er von Kopf bis Fuß aus wie ein Sardinenfischer, der mit seiner Besatzung unterwegs ist. Luke trug ebenfalls Ersatzkleidung von Mosche, wohingegen Fergus seine britische Zivilkleidung mit einem Regenmantel kaschiert hatte. Ehud fühlte sich in seinen ausgebeulten Hosen, seinem schweren Kolani und seiner Fischermütze, die er endlich wieder tragen durfte, pudelwohl. Nur eins fehlte ihm, das all die Jahre, die Mosche ihn kannte, zu ihm gehört hatte. Ehud Schiff ging an den Ufern seines Heimathafens entlang, ohne daß ihn jemand erkannte. Denn auf Mosches Drängen hin hatte er sich den grauen Bart abrasiert, der schon seit langem sein Erkennungszeichen war.

„Besser ein Jude ohne Bart", hatte er sich schmerzlich in das Unvermeidliche gefügt, „als ein Bart ohne Jude!"

Nun strich er sich über seine verunstalteten, kahlen Wangen und murrte über seine Nacktheit. Doch als die vier an einem Zeitungsstand vorüberkamen, war Ehud dafür dankbar: Auf der Titelseite der Post prangten große Bilder von ihm und Mosche in dichten Bärten! Daneben stand ein Artikel über die Entführung und den Mord an ihnen.

Während Mosche mit den anderen weiterging, zog Ehud seine Mütze tiefer ins Gesicht und kaufte mit verstellter Stimme ein Exemplar bei dem kurzsichtigen Händler, der schon seit Jahren an dieser Ecke Zeitungen verkaufte. „Eine Schande, der Tod dieser beiden Burschen", begann Ehud ein Gespräch mit ihm.

„Ach ja!" entgegnete der Verkäufer, während er das Wechselgeld herausgab. „Wirklich ein tragischer Fall! Professor Sachar war ein wunderbarer Mensch! Aber dieser Ehud Schiff, Gott hab ihn selig, war ein Windbeutel –, obwohl er sicher das Herz auf dem rechten Fleck hatte."

Ehud warf ihm einen zornigen Blick zu und riß ihm die Zeitung aus der Hand. „Wie können Sie nur so schlecht von dem Toten sprechen?"

„Wer spricht denn schlecht von ihm?" fragte der Mann erstaunt. „Man erzählt sich nur, daß es Ehud Schiffs großer Mund war, der die Hälfte der Stürme auf dem Mittelmeer verursacht hat!"

„Ha! Das werde ich mir merken!" rief Ehud erbost und stapfte mit großen Schritten davon.

Mosche betrachtete Ehud belustigt von der Seite und meinte mit unterdrücktem Lachen: „Es ist doch ein Trost zu wissen, daß man dich vermissen wird, oder?" Ehud antwortete nicht und ging den Rest des Weges bis zum roten Haus murrend neben ihm her.

Dort angekommen, wollte Mosche gerade an die Tür klopfen, als diese schon aufgerissen wurde und Ellie ihm unter Tränen in die Arme fiel. „Ach, Mosche!" rief sie aus und zog ihn herein. „Mosche!" Sie schlang wieder die Arme um ihn und drückte ihre feuchte Wange gegen seine. „Wir dachten schon alle, du wärst vorige Nacht umgebracht worden! In den Nachrichten hieß es..."

Überglücklich, sie wiederzusehen, strich er ihr übers Haar und küßte sie zärtlich auf die Stirn. „Ja... in den Nachrichten hieß es aber auch, daß du vorigen Monat beim Bombenanschlag auf die Post umgekommen seist. Rachel und ich –"

Da entdeckte Ellie Luke und ohne Mosche ausreden zu lassen, wandte sie sich ihm in tränenreicher Glückseligkeit zu. „Und Sie", rief sie und umarmte den stolzen, redlichen Captain. „Sie und Ihre Männer haben Mosche gerettet, wurde mir gesagt. Gott segne Sie, Luke! Gott segne Sie für das, was Sie getan haben..."

Er tätschelte sie unbeholfen und stieß ein nervöses Lachen aus. „Nun ja", sagte er und errötete vor Verwirrung, „wir haben alle nur getan, was getan werden mußte..." Er räusperte sich. Ellie löste sich verlegen von ihm und trat einen Schritt zurück.

„Entschuldigen Sie", meinte sie. „Es ist nur, weil..." Wieder versagte ihr die Stimme.

Mosche strich ihr zärtlich übers Haar, als sei sie seine kleine Schwester. „Schon gut, kleine Schickse", sagte er leise. „Ich selbst habe genauso Freudentränen vergossen, als ich hörte, daß du lebst und in Sicherheit bist. Ehud und ich haben es erst heute morgen erfahren, und als ich von Rachel getrennt wurde, trauerte sie immer noch um dich."

„Es ist schön zu wissen, daß man vermißt wird", entgegnete Ellie und lächelte unter Tränen. Doch dann fragte sie lachend: „Aber wo ist überhaupt dieser alte, stinkende Bär von Captain?" Dabei sah sie sowohl Fergus als auch Ehud mit höflichem, aber unbeteiligtem Lächeln an.

Ehud schnaubte erbost und wollte seinen nicht mehr vorhandenen Bart kraulen. „Nun, hier bin ich ja!" rief er aus. „Ich bin es, kleine Schickse! Auch aus dem Grab erstanden!"

Mit einem glücklichen Aufschrei umhalste Ellie nun auch Ehud und ließ ihren Tränen noch einmal freien Lauf.

Ehud strich ihr tolpatschig über den Rücken. Dann schob er seine Unterlippe vor und seufzte zufrieden: „Ach ja! Es ist schön zu wissen, daß es jemanden gibt, der einen vermissen würde."

Bei diesen Worten verdüsterte sich Mosches Gesicht, und er sagte leise: „Kleine Schwester, Rachel trauert ganz furchtbar um dich. Ich war bei ihr, als die Nachricht durchkam, daß du tot seist. Und nun berichten die Zeitungen, daß ich nachts von arabischen Banditen entführt und ebenfalls getötet worden sei. Bevor wir weitersprechen, muß ich in den Funkraum. Sie muß die verschlüsselte Nachricht erhalten, daß wir beide leben. Ich weiß, wie sie empfindet, und es tut mir so leid, daß sie ..."

Ellie strich diesem einfühlsamen, liebevollen Mann ergriffen über die Wange, nahm ihn dann bei der Hand und führte ihn die Kellertreppe hinunter in ein winziges Badezimmer, in dem das Funkgerät gut versteckt war.

※ ※ ※

An die Stelle des Hochgefühls, das die Wiedersehensfreude bei Mosche ausgelöst hatte, trat jedoch bald abgrundtiefe Niedergeschlagenheit, als er sich, die Landkarte von Palästina vor Augen, zusammen mit den anderen Ben-Gurions Darstellung der Sachlage anhörte.

„Da der Mufti und das arabische Hochkomitee das Waffenstillstandsangebot der Vereinten Nationen abgelehnt haben, bedeutet das nur eins –"

„Welche Veranlassung hätte der Mufti auch, das Angebot anzunehmen, wenn er doch die Schlacht um Jerusalem so eindeutig gewinnt?" unterbrach ihn Luke ernst. „Er wünscht doch gar nicht, daß die Stadt von den Vereinten Nationen verwaltet wird. Er will sie ja nur für seine eigenen Zwecke nutzbar machen."

Mosche brachte diesen Gedanken zu ihrem logischen Ende: „Und deshalb werden die Juden auch aus der Stadt getrieben, dem Hungertod überlassen oder einfach vernichtet."

Ben-Gurion nickte und händigte ihm die Liste der Lebensmittelvorräte aus. Mosche fand, daß er stark gealtert wirkte. „Seitdem du diese Liste aufgestellt hast", sagte Ben-Gurion, „sind wir nicht imstande gewesen, die Lücken aufzufüllen."

Mosche betrachtete die Liste mit versteinerter Miene und fragte dann ungläubig: „Die ganze Zeit über hat die Altstadt keine einzige Lebensmittellieferung bekommen?"

Ben-Gurion verzog schmerzlich das Gesicht und verneinte kopfschüttelnd. „Wir haben bereits Pläne zur Evakuierung unseres Volkes ausgearbeitet, die morgen dem Sicherheitsrat der Vereinten Nationen vorgelegt werden, da wir die UN-Truppen für den Rückzug brauchen." Bitterkeit und das Gefühl der Niederlage sprachen aus seinen Worten.

Fergus starrte auf den roten Kreis um Kastel und die blutrote Linie, die den Bab el Wad markierte. „Ein Israel ohne Jerusalem", sagte er leise, „ohne Zion!"

„Nun, meine Herren", Ben-Gurion richtete sich mit finsterer Miene auf, „es scheint für uns in diesem Punkt keine Alternative zu geben. Wir müssen an hunderttausend Juden denken! Verglichen mit den sechs Millionen, die wir erst vor kurzem verloren haben, erscheint diese Zahl zwar unbedeutend, aber es sind immerhin hunderttausend von denen, die uns noch verblieben sind. Die Schlacht um Jerusalem ist vorbei. Endgültig vorbei!"

Luke sah nachdenklich zur Decke und wog die Worte des Alten mit zusammengekniffenen Augen ab. Schließlich fragte er: „Wie viele Leute haben wir in der Haganah?"

„Über den ganzen Jischuv verteilt, wenn man die Alten, die Jungen und die Frauen in der Bürgerwehr dazurechnet, vielleicht tausend." Mit starrem Lächeln fügte er hinzu: „Die Wirklichkeit sieht allerdings so aus, daß nur ein Bruchteil davon bewaffnet ist."

Luke hakte nach: „Wie viele Leute sind es genau, die bewaffnet sind und gegebenenfalls kämpfen könnten? Anders ausgedrückt, wieviele könnten wir konkret bis morgen abend zusammenziehen, ohne daß wir den Schutz der restlichen Siedlungen aufgeben müßten?"

„Mit Waffen und ein wenig Munition..." Ben-Gurion dachte nach und nahm eine andere Liste zu Hilfe. „Die Kibbuzim können keinen einzigen Mann entbehren. Haifa vielleicht zweihundert. Und Tel Aviv noch einmal zwei- oder dreihundert. Außerdem sind da noch die Leute aus Jerusalem selbst. Aber die Munition ist knapp." Er griff in seine Schreibtischschublade und nahm Ellies Luftaufnahmen heraus. „Sehen Sie hier!" Er reichte Luke die Bilder. „Zweitausend Araber halten den Bab el Wad. Und dabei sind die Bilder von letzter Woche. Nehmen Sie mal ein Bild von unten aus dem Stoß!"

Luke fand die Vergrößerung von einem Dutzend Araber, die sich um die Leiche eines auf der Straße liegenden Juden geschart hatten. Jeder Jihad-Moqhade hielt eine Waffe in der Hand.

Der Alte ließ den Männern genügend Zeit, alle Details zu erfassen.

„Automatische Gewehre", sagte er schließlich knapp. „Und sehen Sie sich die Patronengurte an, die sie umhaben! Wenn wir gegen die ankommen wollen, muß jede unserer Kugeln treffen. Jede Kugel aus einem Dutzend verschiedener antiker Gewehre, die wir aus dem ganzen Land zusammengesucht haben." Er legte bewußt eine Pause ein. „Natürlich besitzen wir auch ein paar neue Waffen, wie zum Beispiel die beiden leichten Maschinengewehre, die wir dem Fahrer des amerikanischen Botschaftswagens abgekauft haben!" fügte er mit beißendem Spott hinzu. „Nein, ich bedaure, wir müssen sparen, wo wir können – jede Kugel und jeden Mann müssen wir bis zu dem Tag aufsparen, an dem die Briten abziehen. Und dann werden wir kämpfen, hoffen, beten und darauf warten, daß die Flugzeuge uns die Rettung bringen."

Mosche ordnete die Photos und legte sie an die Kante des Schreibtischs. „Dann ziehen wir uns also aus Jerusalem zurück", faßte er die Ausführungen mit heiserer Stimme zusammen.

Der Alte nickte schweigend, und über den Raum legte sich eine bedrückende, nachdenkliche Stille. Plötzlich klopfte es kräftig an der Tür, die gleich darauf stürmisch von einem jungen Mann geöffnet wurde. Er hatte wohl im Eifer seine Brille hochgeschoben und hielt Ben-Gurion hastig ein Blatt entgegen. „Entschuldigen Sie, Chef", berichtete er. „Das ist gerade aus Rom durchgegeben worden. Es ist noch nicht getippt, aber ich dachte mir, Sie würden es vielleicht sofort sehen wollen."

Der Alte brummte zwar mißbilligend über die Unterbrechung, winkte den jungen Mann jedoch heran. Aber kaum hatte er ihm das Blatt aus der Hand genommen, brauste er auf: „Das ist ja noch nicht einmal dekodiert!"

Der junge Mann nahm es wieder an sich und las laut vor: „Balaam schwebt Latein Detroit Caleb Delilah Kiefer Wodka." Dann schaute er lächelnd auf, als wäre alles sonnenklar.

„Nun?" fragte der Alte und schlug ungeduldig mit der Hand auf den Schreibtisch. „Was hat das zu bedeuten?"

„Ganz einfach! Balaam ist David Meyer. Schweben bedeutet Fliegen. Latein Detroit steht für Lateinamerika. Ford ist ein C-47-Transportflugzeug. Caleb ist Michael Cohen und Delilah eine Frau. Kiefer steht für Waffen ..."

Der Alte dachte kurz nach und sagte dann: „Weiter."

„Und Wodka steht für Tschechoslowakei. Alles zusammen genommen bedeutet dann also: David Meyer fliegt von irgendeinem Ort in

Lateinamerika in einer C 47 in die Tschechoslowakei, um dort Waffen zu holen", erklärte der junge Mann mit strahlenden Augen und einem jubelndem Unterton in der Stimme. „Ich dachte mir schon, daß diese Nachricht Sie interessieren würde!"

Der Alte saß mit einem Ruck kerzengerade und fragte elektrisiert: „Wann? Wann findet dieses Wunder statt?"

Der junge Mann erwiderte erstaunt: „Nun, in diesem Moment, nehme ich an, Chef. Sie hätten das Telegramm nicht abgeschickt, wenn er nicht schon unterwegs wäre."

***

In den nächsten Stunden wurde im roten Haus fieberhaft überlegt, welche Möglichkeiten es gab, Jerusalem zu unterstützen.

„Wenn wir imstande wären, dreitausend Tonnen Lebensmittel in die Lagerhäuser von Jerusalem zu bringen, könnten wir uns wohler fühlen", sagte Mosche und ging noch einmal seine Zahlen durch.

„Dreitausend Tonnen?" fragte ein Assistent den Alten entsetzt. „Wieviele Lastwagen braucht man, um so viel zu transportieren?"

„Mindestens dreihundert", erwiderte Mosche nach kurzem Nachdenken.

„Unmöglich!" Der Alte schüttelte den Kopf. „Wir haben nicht mehr als sechzig zur Verfügung."

Ehud saß auf der anderen Seite des überladenen Schreibtisches und verzehrte gerade ein koscheres Salami-Brot. „Nicht zur Verfügung?" dröhnte er mit vollem Mund. „Wo setzen Sie denn Ihre Prioritäten, Mann? Haben Sie noch nie was von Seeräubertum, Entführungen oder Zwangsmaßnahmen gehört? Stellen Sie mir ein paar Männer zur Verfügung, dann werden wir in Tel Aviv von der Straße holen, was wir brauchen! Jerusalem soll seine Lastwagen haben und auch die dazugehörigen Fahrer, ob sie wollen oder nicht! Das wär' doch gelacht!" schnaubte er. „Dreihundert oder fünfhundert, Jerusalem soll sie haben!"

Ein Dutzend Männer schaute in sprachlosem Erstaunen auf Ehuds massige Gestalt in ihrer Mitte.

„Wieviele Haganahrekruten brauchen Sie dazu?" fragte der Alte schließlich.

„Zwanzig", schnaubte Ehud mit herausfordernder Miene.

„Wollen Sie damit sagen, daß Sie vorhaben, Lastwagen und Fahrer zu entführen?" protestierte der Assistent.

„Für einen Kapitän ist es kein Problem, ein Schiff und die dazugehörige Besatzung zu finden, wenn er aus dem Holz ist, aus dem Piraten geschnitzt sind." Bei diesen Worten schlug er sich an seine enorme Brust. „Das haben Mosche und ich schon vor langer Zeit bewiesen!" Er schaute sich um. „Ich brauche nur zwanzig Männer. Aber so groß wie ich selbst, wenn ich bitten darf! Und so stark und niederträchtig wie Hafenarbeiter!"

Nach einmütiger Abstimmung wurde Ehud ermächtigt, nach eigenem Ermessen Männer und Lastwagen für den Dienst der Haganah zu rekrutieren. Mit Hilfe Hamiltons und Smileys wurden zwanzig der kräftigsten Haganahrekruten bewaffnet auf den Hauptboulevard der Stadt geschickt. Dort wurden den Fahrern privater Lastwagen Entschädigungen versprochen. Doch wenn alle Stricke rissen und sie sich standhaft weigerten, sahen sie sich plötzlich mit einem Pistolenlauf konfrontiert. Der auf diese Weise zusammengestellte Konvoi sollte zunächst auf einem Fußballplatz untergebracht und anschließend zu einem bereits von den Briten verlassenen Armeestützpunkt am Stadtrand überführt werden.

Unterdessen beugten sich Luke und Fergus zusammen mit Mosche und drei weiteren Haganahkommandeuren über die Landkarten der Umgebung von Jerusalem, um ein Ablenkungsmanöver auszuarbeiten und festzulegen.

Luke betrachtete eingehend den schmalen Korridor, der von Tel Aviv durch arabisches Gebiet an Kastel vorbei nach Jerusalem führte. „Eintausend Soldaten müßten ausreichen, falls David nicht nur ein paar Spielzeuggewehre mitbringt. Denn ich glaube, wir überschätzen die Feuerkraft der Araber. Sie haben zwar alle Gewehre, aber auf all den Photos habe ich bisher keine Feldartillerie entdeckt. – Seht mal her!" Er breitete die Photos auf dem Tisch aus. Kleine, aus Steinhäusern bestehende Dörfer überzogen die dürren Hügel, und zerbrochene Zäune durchschnitten terrassenförmig die öde Landschaft zu beiden Seiten der Straße nach Jerusalem. „Die Wirkung der Belagerung ist in diesen kleinen Dörfern entlang des Korridors begründet. Die Straße wird von den Dorfbewohnern bewacht. Da sie keine Telephone besitzen, können Nachrichten nur zu Pferd oder zu Fuß übermittelt werden. Und sie kämpfen in Kastel, weil dort die Schlucht am tiefsten und die Straße am trügerischsten ist." Er betrachtete prüfend die Gesichter der drei Männer, die sich um ihn versammelt hatten. „Was meint ihr, wird wohl passieren, wenn wir den Angriff hier in Ramle, dicht an der Grenze zum jüdischen Gebiet wagen?"

Mosche äußerte seine Vermutung: „Wenn wir in Ramle angreifen, wird die Nachricht in alle Dörfer, auch nach Kastel, geschickt." Ein aufgeregtes Stimmengemurmel ging durch die Gruppe der Männer, die von der Einfachheit des Planes überwältigt waren.

„Und dann?" fragte Luke augenzwinkernd.

„Wird es sein, wie es immer ist", sagte ein Haganahkommandeur. „Die arabischen Jihads werden zu ihren Verteidigungsstellungen rennen."

„Genau!" bestätigte Luke und deutete auf Kastel, das hoch oben am Paß lag. „Und dann ist Kastel nur noch schwach gesichert und für einen relativ kleinen Stoßtrupp im Handstreich zu erobern. Dieser wird es einnehmen und den Paß für uns öffnen."

Mosche bestätigte nickend die klare Logik des Planes. Sein Blick kreuzte sich mit dem Ben-Gurions, und er entdeckte wieder das alte Feuer in dessen Augen. „Und wenn wir in Kastel sind, schickt Ehud den Konvoi durch den Paß nach Jerusalem."

„Und damit hat sich das Rote Meer wieder einmal gespalten", sagte Ben-Gurion hoffnungsvoll. „Wir werden diesen Plan nach dem tapferen Hebräer benennen, der als erster durch das Rote Meer ging, nachdem es sich gespalten hatte: Operation Naschon." Er wandte sich an den jungen Funker, der mit offenem Mund diesen genialen, aber waghalsigen Plan bestaunte. „Schick Weizmann ein Telegramm nach Amerika!" trug Ben-Gurion ihm auf. „Richte ihm aus, er soll dem Sicherheitsrat der Vereinten Nationen den Evakuierungsplan noch nicht vorlegen, und schreib ihm, daß wir mit letzter Kraft versuchen werden, Jerusalem zu halten." Er wischte sich lächelnd den Schweiß von der Stirn. „Bis dahin sammeln wir bereits unsere Truppen. Dann aber müssen wir warten, warten auf eine Nachricht von Ellies verrücktem Amerikaner, nicht wahr?"

„Es wäre hilfreich, wenn wir noch mehr Detailphotos von dem Gebiet um Ramle hätten", ergänzte Luke. „Von Zäunen, Hangterrassen, Olivenhainen und ähnlichem." Er blätterte die Photos von Kastel durch. „Die Bilder von der Umgebung um Kastel sind allerdings ziemlich vollständig." Er reichte sie Mosche.

Der Alte wandte sich ruhig an seinen Assistenten: „Holst du bitte Ellie aus der Küche? Und sag Bobby Milkin, daß wir einen Piloten brauchen!"

* * *

Als die kleine Piper über Tel Aviv aufstieg und über der Stadt kreiste, war der Morgendunst von der sengenden Nachmittagssonne längst aufgesogen worden, so daß der Blick völlig ungehindert über das Mittelmeer bis zum Horizont schweifen konnte.

Während Bobby brummelnd an seiner grünen Zigarre kaute, sah Ellie nach Norden über das Meer hinweg, in der Hoffnung, vielleicht Davids Flugzeug zu entdecken.

„Stimmt es, daß er aus dieser Richtung kommt?" schrie sie gegen das Dröhnen des Motors an.

„Ja. Aus'm Norden. Aber so früh kommt er nich'. Die sind wahrscheinlich noch nich' mal in Rom gelandet. Also strapazier' deine Augen nich' unnötig."

Obwohl sie sich immer noch nicht so recht an Bobbys rauhe Art gewöhnt hatte, nickte Ellie lächelnd zu Bobbys Kommentar. Sie konnte es sich aber dennoch nicht verkneifen, weiterhin sehnsüchtig den Horizont abzusuchen.

Wenige Minuten später hatten sie das Dorf Ramle erreicht, das aus einigen winzigen Steinhütten bestand und nur zwei größere Gebäude aufwies: die Moschee und das Haus des Muchtars. Bobby flog so dicht über die Häuser und die Köpfe der neugierigen Dorfbewohner hinweg, daß Ellie eine Serie von Nahaufnahmen machen konnte.

Sie konnte sogar deutlich die verschleierten Gesichter der Frauen erkennen, die ihre Wasserkrüge vom Kopf nahmen, um dem Flugzeug nachzusehen. Aufgeschreckte Schafe rannten blökend um ihre Pferche. Bauern brachten ihren Zorn über die geräuschvolle Piper mit drohend geschüttelten Fäusten zum Ausdruck und liefen dann schnell in die Häuser, um ihre Gewehre zu holen.

Als der erste Schuß abgegeben wurde, machte Ellie gerade das letzte von einem Dutzend Photos. Sie hörte zwar nicht das Knallen des Schusses, aber den Einschlag der Kugel in die Tragfläche. Bobby fluchte laut und zog das Flugzeug hoch, bis es außerhalb der Reichweite der Gewehre war.

Auch aus dieser Höhe waren Obstgärten und Steinmauern noch deutlich zu erkennen. Und selbst Ellies ungeübtes Auge sah, daß dieses Gebiet so gute Deckung bot, daß der Kampf für beide Seiten schwierig werden würde.

Dann überflogen sie mehrere kleine Dörfer, die die nun in einer Ebene verlaufende Straße säumten. Auch aus diesen Häusern schwärmten jedesmal die Dorfbewohner und erhoben drohend ihre Fäuste gegen das jüdische Flugzeug.

„Glaubst du, daß es so einfach sein wird, wie Mosche sagt?" fragte Ellie mit einem Blick auf das Loch in der Tragfläche.

Bobby bearbeitete seinen Zigarrenstummel und stieß ein kurzes, bissiges Lachen aus. „Glaub' mir, Süße", entgegnete er, „wenn es um den Tod von Menschen geht, dann is' gar nichts einfach!"

Er überflog die Dörfer ein zweites Mal, um die Miliz wissen zu lassen, daß „was im Busch" war, wie er sich gegenüber Ellie ausdrückte. Es bohrten sich auch noch einige weitere Kugeln in die Tragfläche, und während sie nach Tel Aviv zurückflogen, schüttelte Bobby Milkin nachdenklich den Kopf. „Mit diesen Löchern", sagte er laut, „wollen sie uns zeigen, wie ernst sie es meinen." Er stieß eine große Rauchwolke aus, die seinen Kopf einhüllte. „Nein, das wird nich' einfach werden!"

***

Rabbi Vultch eilte durch die schnell dunkler werdenden Altstadtstraßen zu dem Haus, in dem Rachel wohnte und sehnlichst auf ihn wartete. Am Treppenabsatz sah er sich verstohlen um, sprang dann die Stufen hoch, klopfte und trat ein, ohne auf eine Aufforderung zu warten.

Rachel wiegte das Kind in den Armen und sah mit aschfahlem Gesicht und angstvollem Blick zu ihm empor.

„Stewart kommt ins Viertel, um dich, das Kind und Jehudit abzuholen", sagte er hastig.

Sie stieß einen Seufzer der Erleichterung aus: „Dank sei Gott!"

„Nur ... Rachel, er kann erst morgen nacht kommen."

„Morgen! Das ist zu spät!" Sie preßte das röchelnde Kind fester an sich.

„Irgend etwas geht vor. Er wollte nicht sagen, was. Aber er kann auf jeden Fall erst morgen nach Einbruch der Dunkelheit kommen."

Das Kind hustete und atmete schwer. „Noch eine Nacht", flüsterte Rachel ergeben. „Sie ist so klein, so schwach und ... wie soll sie noch eine weitere Nacht überstehen?"

Rabbi Vultch schloß hilflos die Augen. Er hatte alles getan, was er konnte. Es blieb ihnen nichts anderes übrig. „Ich weiß nicht, Kind. Es tut mir leid."

Da klopfte es wieder an der Tür. Er öffnete sie einen Spaltbreit, spähte in die Dunkelheit hinaus und flüsterte dann erstaunt: „Jehudit?"

Rachel hörte, wie sie leise und ängstlich sagte: „Ich habe das hier gebracht. Für Tikvah. Ich muß jetzt gehen. Ich muß ..."

Während der Rabbiner zum Treppenabsatz ging und dort einen Korb aufnahm, verhallten ihre Schritte bereits wieder im Treppenhaus. Er brachte den Korb herein und öffnete ihn erstaunt. „Kerosin!" Überrascht hielt er eine Glaskaraffe in die Höhe. „Und Eukalyptusblätter und Kampferöl. Das wird reichen, um der Kleinen das Atmen solange zu erleichtern, bis wir sie wegbringen können. Ich werde schnell Schoschanna holen", ergänzte er nach kurzem Überlegen. „Wir dürfen noch nicht verzweifeln."

34. Montgomery

Der Flug in dem schwerfälligen Vogel zog sich eintönig und schleppend dahin.

David kaute lustlos an einer Tortilla, die er in Havanna bei der Zwischenlandung zum Auftanken zusammen mit Käse und einem Kasten Coca Cola erstanden hatte. Michael meinte mit einem gelangweilten Blick auf den glatten Spiegel des Atlantiks: „Wir hätten besser mit einer Connie fliegen sollen."

„Noch nicht fertig", erwiderte David lakonisch und trank einen Schluck Cola.

„Aber wir hätten wenigstens chinesisches Essen mitnehmen sollen", nörgelte Michael weiter, der seiner Tortilla ebenfalls keinen Geschmack abgewinnen konnte.

„Dafür sind wir am falschen Ende der Welt", entgegnete David abgespannt. Er warf nacheinander einen Blick auf das Armaturenbrett und auf die Landkarte, die einer riesigen Serviette gleich über seine Beine gebreitet war. Er entfernte stirnrunzelnd ein paar Krümel und wandte sich dann nach hinten zu Angela, die mürrisch aus dem Fenster starrte. „Heh, Angela", rief er, „möchtest du was Aufregendes hören?"

Sie warf ihm einen gelangweilten Blick zu und zuckte gleichgültig die Achseln.

„Tja, ich hab' gerade auf die Karte gesehen und festgestellt, daß wir es nicht mehr bis Rom schaffen. Nicht genug Treibstoff." Als sie nicht reagierte, fügte er hinzu: „Kannst du schwimmen?"

Ihre Interesselosigkeit steigerte sich zur Verachtung, als Michael nun ebenfalls nach der Karte griff, um selbst einen kritischen Blick darauf zu werfen. Kurz darauf bestätigte er lakonisch: „Du hast recht. Sieht ganz so aus, als würde der Treibstoff noch vor Marokko ausgeh'n."

„Schade", meinte David mit enttäuschtem Tonfall. „Eigentlich hatte ich vorgehabt, erst in Casablanca zum Auftanken zwischenzulanden."

„Ich bin doch nicht blöd", entgegnete Angela humorlos. „Wir können doch höchstens zweihundert Kilometer von den Kanarischen Inseln entfernt sein." Sie tippte auf die Karte. „Las Palmas hat einen wunderschönen Flughafen. Da bin ich schon mehrmals gewesen."

„Wenn ich das Ellie erzählt hätte", grinste David, „würde sie vor Angst schon nach der Schwimmweste schreien. Angela ist 'ne ganz Clevere, Michael. Du solltest gut auf sie aufpassen!"

„Das hab' ich dir doch schon immer gesagt", entgegnete Michael. Er zog Angela ans Cockpitfenster und zeigte hinaus. Aus dem in der spätnachmittäglichen Sonne glänzenden Meer erhob sich wie eine schimmernde Wolke der schneebedeckte Gipfel des Pico de Teide, des höchsten Berges der Kanarischen Inseln.

Bei diesem Anblick wurde Angela plötzlich gesprächig, wenngleich sich an dem gelangweilten Ausdruck ihrer Augen nichts änderte und ihre Stimme weder Wärme noch innere Anteilnahme verriet: „Die alten Seefahrer glaubten, der Teide sei das Ende der Welt und dahinter wohne ein furchtbares Ungeheuer, von dessen Klauen sie zerfleischt würden, sobald sie über diesen Punkt hinaus segelten. Vom Meer aus kann man den Berg hundertfünfzig Kilometer weit sehen, und daher kann man sich die Angst der Seeleute gut vorstellen... Hinter diesem Punkt lauert für unvorsichtige Reisende der Tod!"

David lachte über ihre Worte. „Angela, du solltest Hörspiele schreiben! Tu dich doch mit Orson Wells für den Krieg der Welten zusammen..." Er wandte sich zu ihr um, aber sie war bereits wieder in den Frachtraum zurückgekehrt, um den Gipfel des Teide ohne David Meyers Kommentare zu betrachten. In den letzten Wochen hatte sie einen tiefen Haß gegen ihn entwickelt. Sie haßte seine schnodderige Art und das starke Pflichtgefühl, das sich hinter seinem saloppen Grinsen und unverbindlichen Schulterzucken verbarg. Michael dagegen haßte sie wegen seiner geistigen Beschränktheit und der Leichtigkeit, mit der sie ihn sich hörig machen konnte. Dies unterschied ihn von David, der sich nach wie vor auf Distanz hielt. *Aber bald!* dachte sie. *Hinter dem Teide ist für sie die Welt zu Ende! Ich werde Haj Amin und Kadar bitten, sich für David etwas ganz Besonderes auszudenken. Michael dagegen wird genauso langweilig und uninteressant sterben, wie es seinem Wesen entspricht. Aber David... wir werden sehen, wie überlegen und edelmütig er am Ende noch ist.*

David umflog die Insel Gran Canaria und schaute auf den Hafen von Las Palmas hinunter. Dort lagen viele Schiffe vor Anker, die Zwischenstation machten, um auf ihrer Reise von Nordafrika kommend aufgetankt zu werden. Die grünen Vulkanhänge, die bis in die Wolken hineinragten, machten die Kanarischen Inseln zusätzlich zu einem reizvollen Aufenthaltsort für Touristen.

Die C 47 setzte sanft auf der Landebahn auf und wurde vom Tower in fremdländisch klingendem Englisch an mehreren Flugzeugen vorbei zu einem Hangar dirigiert, der am Ende der Landebahn lag. Sie hatten kaum angehalten, und die Propeller waren noch nicht ausgelaufen, da öffnete Angela bereits die Tür des Frachtraums.

Die beiden Männer folgten ihr, froh, wieder festen Boden unter den Füßen zu haben. David nahm dankbar zur Kenntnis, daß ihm zum ersten Mal seit fast zwölf Stunden kein Motorenlärm mehr in den Ohren dröhnte – so kurz dieser Zustand auch dauern mochte. Allerdings brummte ihm der Kopf vor Erschöpfung.

Angela streckte sich und sah zu der weißen Empfangshalle mit dem Flachdach hinüber, die sich in unmittelbarer Nähe des Flugzeugs befand. „Ich mach' mich eben ein bißchen frisch", sagte sie zu David und Michael, die bereits mit einem Mechaniker um den Treibstoffpreis feilschten, der in amerikanischen Dollar gezahlt werden sollte.

„Nur eine halbe Stunde, Schatz!" rief Michael hinter ihr her. „Bleib nicht zu lang'; und guck dich mal um, ob du was Vernünftiges zu essen auftreib'n kannst."

Ohne sich umzusehen, hob sie zustimmend die Hand und ging unter den beiden Palmen vor der Empfangshalle hindurch in das hell erleuchtete Gebäude. Dort drängten sich die Touristen – die meisten unverkennbar Spanier –, die gen Süden geflogen waren, um dem strengen Winter zu entfliehen, der immer noch den größten Teil Europas in seinen Klauen hielt. *Wie leicht wäre es,* dachte sie, *einfach in der Menge unterzutauchen! Wie wunderbar, wenn ich es umgehen könnte, weitere vierzehn Stunden mit diesen beiden Kerlen in einem Flugzeug verbringen zu müssen!* Aber sie würde bis zum Schluß bei ihnen aushalten, um Haj Amin ihre kostbare Fracht ausliefern zu können, die sie in Prag übernehmen würden. Und dann würde sie ihn dazu bringen, das Doppelte von dem zu zahlen, was die Juden dafür in Prag gezahlt hatten.

Sie sah sich in der Empfangshalle um und entdeckte einen Zeitungskiosk mit einem Zigarettenständer. Schon seit Wochen hatte sie sich keine John-Player-Zigaretten mehr kaufen können. Sogleich warf sie ihre Packung amerikanischer Lucky Strike in einen Abfalleimer und erstand in fehlerlosem Spanisch zwei Dosen John Player. Sie nahm eine Zigarette heraus und steckte die Dosen in ihre Handtasche. Einer verschlossenen Innentasche entnahm sie ein silbernes Feuerzeug, hielt es ins Licht und las die unter dem vergoldeten Anzünder eingravierte Inschrift: *Isabel Montgomery für treue Dienste und heldenmütigen Einsatz für das Deutsche Reich. Der Führer.*

Sie hatte das Feuerzeug allerdings nicht nur als Anerkennung für ihren Einsatz im Blitzkrieg bekommen, sondern auch als scherzhafte Anspielung. Denn obwohl sie in England geboren war – wenngleich als Kind australischer Eltern –, munkelte man, daß das einzig Britische an ihr die Vorliebe für John-Player-Zigaretten sei. Sie strich mit dem Finger über die Gravur und dachte: *Der Krieg ist immer noch nicht zu Ende.* Unzählige Male hatte sie sich Männern hingegeben, die keinen arischen Stammbaum hatten, immer getreu ihrem Gelöbnis, sich der Sache, der sie sich verschworen hatte, zu opfern „bis hin zum Tod".

Sie zündete sich die Zigarette an und steckte das Feuerzeug wieder in die Tasche. Dann wandte sie sich an den grauhaarigen Verkäufer hinter dem Tabakstand und fragte in heiterem Ton: „Wo kann ich ein Telegramm aufgeben, Seẞor?"

Er deutete auf eine geschlossene Tür am anderen Ende der Empfangshalle, über der das Firmenzeichen der Western Union hing. In dem Büro arbeitete eine zierliche Frau allein an einem einfachen Schreibtisch, auf dem sich Stapel von Formularen türmten. Die Frau machte einen gehetzten und nicht gerade freundlichen Eindruck. Ihr Büro war nicht nur der Sammelpunkt aller Nachrichten von Schiffen auf hoher See, sondern auch von Flugzeugen.

„Ich möchte sofort ein Telegramm nach Damaskus aufgeben", verlangte Angela.

Ohne aufzusehen, schob ihr die Angestellte ein Formular über den Tisch und deutete auf einen Behälter mit Bleistiften.

Montgomery zog es vor, ihre Botschaft nicht in Aramäisch, sondern in Deutsch abzufassen, das Haj Amin mühelos verstand.

>   Isabel Montgomery. Sicherheitsdienst.
>   An Haj Amin el Husseini.
>   *El Raji der Prophet* Damaskus Syrien.

Sie wußte, daß ihre Nachricht im Privatbüro des Großmuftis von Jerusalem Jubel auslösen und ihre Ankunft in nur mehr vierzehn Stunden ein Freudenfest in den Straßen von Damaskus zur Folge haben würde. Und sie wußte auch, daß die Zeit nicht mehr fern war, da alle, die für die Befreiung Palästinas von der „Judensau" kämpften, die Worte Himmlers auf den Lippen haben würden: *Wir werden das gnadenlose Schwert sein, das alle jüdischen Kräfte vernichtet, von deren Existenz wir wissen ... sei es heute, in Jahrzehnten oder erst in Jahrhunderten.*

Nachdem Angela ihren Text abgefaßt hatte, händigte sie der Angestellten das Blatt aus. Diese zählte die Buchstaben, ohne die Botschaft zu verstehen, und lächelte Angela so freundlich an, als habe sie ihre betagte Mutter mit dem Telegramm gebeten, ihretwegen abends nicht auf sie zu warten. Montgomery zahlte sechs amerikanische Dollar und legte zwei Dollar dazu, um sicherzustellen, daß ihr Telegramm noch vor allen anderen durchgegeben werden würde.

„So", sagte sie befriedigt, und damit kehrte das Lächeln Angela St. Martains zurück, während die Erscheinung Montgomerys verschwand. „Kann ich hier irgendwo für meine Freunde und mich etwas zu essen bekommen?"

Fünfundzwanzig Minuten später kehrte sie, heiter und erfrischt, mit einem Korb voller guter Sachen zu der aufgetankten C 47 zurück. Michael begrüßte sie mit einem Kuß und half ihr wieder ins Flugzeug. Sie wußte, daß nun die letzte Etappe ihrer Reise angebrochen war. Nur noch wenige Stunden zusammen mit diesen Juden und dann ... Damaskus!

***

Es war schon lange nach Mitternacht, als Montgomerys Telegramm in Damaskus eintraf.

Im Schutze seiner schwarzen sudanesischen Leibwächter, die mit verschränkten Armen vor der walnußgetäfelten Hoteltür seines dunklen, bedrückenden viktorianischen Hotelzimmers Wache standen, saß Haj Amin im Morgenmantel neben einer Lampe und las die Nachricht mit ungewöhnlicher Begeisterung.

BIN AUF DEM WEG NACH PRAG, UM VON JUDEN ERWORBENE WAFFEN, MUNITION UND FELDARTILLERIE ABZUHOLEN STOP ZWEIFELLOS FÜR JÜDISCHEN ANGRIFF AUF BAB EL WAD GEDACHT STOP WERDE JEDOCH FLUGZEUG, FRACHT UND BESATZUNG MORGEN GEGEN MITTERNACHT NACH DAMASKUS BRINGEN STOP ALLAH AKBAR UND IM GEDENKEN AN UNSEREN FÜHRER STOP MONTGOMERY

Nur wenige Minuten später wurde der erschöpfte Kadar aus tiefem Schlaf gerissen und zu Haj Amin gerufen. Der Mufti hielt ihm frohlockend das Telegramm entgegen. Als sich Kadar vor ihm verneigte, stellte er fest, daß er auf Haj Amins Gesicht selten einen solchen Ausdruck der Freude gesehen hatte.

„Wir haben unsere Antwort erhalten, Kadar!" rief Haj Amin und schwenkte lachend das Telegramm. „Diese Frau, dieser Dämon, der mit dir das Bett teilt! Sie ist von Allah gesandt!"

Kadar nahm das Telegramm und las lächelnd die selbstbewußten Worte. „Sie wird genau das tun, was sie sagt." Er blickte mit glänzenden Augen auf. „Sie hat noch nie versagt!" Dann las er die Worte noch einmal nachdenklich durch. „Danach sollte ich lieber zurückkehren. Wenn die Juden tatsächlich versuchen, den Paß zu überwinden, wie sie ankündigt, ist es besser, wenn ich mein Kommando in Kastel wieder übernehme."

Haj Amin schüttelte ablehnend den Kopf. „Das werden sie nicht versuchen – nicht, wenn ihre Waffen in unserer Hand sind. Bleib ruhig hier. Geh zu deiner Isabel, wie du es früher schon oft getan hast. Verweile noch. Ruhe dich im Anblick der Arabischen Liga zufrieden aus. Und dann nimm alles, was sie uns mitbringt, und vernichte die Zionisten endgültig! Vernichte sie als loyaler Palästinenser!"

***

Kurz vor Morgengrauen landete die C 47 in Rom. Claudio und Irving, die David bereits beim Hinflug auf dem römischen Flughafen kennengelernt hatte, begrüßten ihn herzlich und fuhren dann sogleich den Tankwagen herbei, der am Hangar bereitgestanden hatte. Bei einem kurzen Frühstück hörten sich David und Michael schweigend die neuesten Nachrichten an.

„Sieht so aus, als ob ihr die Staaten gerade noch rechtzeitig verlassen hättet", sagte Irving, der sich ein Hähnchen schmecken ließ. „Der Mossad berichtet, daß einer unserer Leute letzte Nacht umgebracht worden ist, als er die Spur eines arabischen Agenten verfolgte."

Michael sah stirnrunzelnd zu Angela, die die Nachricht ungerührt aufnahm. „Nun, Angela hat zumindest auch einen von ihren Leuten zu fass'n gekriegt. Ein kleiner Araber hatte sich in ihr Zimmer geschlichen, alles auseinandergenommen und versucht, sie umzubringen."

Irving betrachtete Angela mit neuem Interesse. Dann übersetzte er Claudio die Information, der ihr daraufhin einen respektvollen Blick zuwarf. „Ich hab' mich auch schon gewundert, warum ihr ein Weibsbild mitgebracht habt", bemerkte Irving anschließend.

Angela sträubten sich die Haare bei dem Wort *Weibsbild*, aber sie sagte sich, daß es sich nicht lohne, ein Wort darüber zu verlieren. *Nur noch ein paar Stunden ...*

***

Schließlich hatten sie die graue, verregnete Stadt Prag erreicht. David war noch nie ein Anblick derart willkommen gewesen wie das des strahlenden, bebrillten Avriel. Nach der UNO-Abstimmung über die Teilung Palästinas hatte dieser kleine Mann die Waffenmärkte Europas abgegrast und es geschafft, mit einem falschen Paß all das zu kaufen, was eine wohlausgestattete Infanterie brauchte: vom Kochgeschirr bis hin zum Rucksack war alles in Kisten mit der Aufschrift „Traktorteile" oder „Landwirtschaftsmaschinen" verpackt und in Lagerhallen verborgen worden. An einem kalten Wintertag im letzten Dezember waren David und Michael schon einmal bei ihm gewesen und hatten fünfzehn deutsche Kampfflugzeuge vom Typ Me 109 gekauft. Die Überführung ins Heilige Land mußte damals allerdings auf einen anderen Tag verschoben werden.

Als das Flugzeug ausrollte, standen schon vier volle Tankwagen bereit. Avriel hatte sich in den ersten Wagen gesetzt, um nicht im Regen stehen zu müssen. Doch als er David entdeckte, sprang er ungeachtet des Wetters heraus und winkte heftig mit beiden Armen. David erwiderte seinen Gruß mit einem herzlichen Lachen. Unterdessen ging der tschechische Waffenhändler mürrisch auf Avriel zu, der sogleich verunsichert wirkte, als er es bemerkte. Der Waffenhändler spannte einen Schirm auf und steckte sich eine Zigarette an, während Avriel unter dem weinenden Himmel stehenblieb, die Hände rang und sich umsah, als ob jeden Augenblick die neuen kommunistischen Machthaber kommen könnten, um die ganze kostbare Fracht zu beschlagnahmen: einhundertvierzig tschechische Maschinengewehre vom Typ M 34, siebenhundertdreißig Gewehre, mehrere tausend Magazine Munition, Granaten, ein zerlegtes Geschütz mit Brustwehr und achtzehn Panzerfäuste. Wenn David es allerdings recht bedachte, reichten all diese Mengen in keiner Weise aus, um gegen die gut ausgestatteten arabischen Armeen gewappnet zu sein, die nur darauf warteten, nächsten Monat in Palästina einfallen zu können. Aber es war immerhin ein Anfang. Und vielleicht reichten sie sogar aus, um Jerusalem zu halten.

David stieß ein Freudengeheul aus, als er Avriel erreichte, und schlug ihm kameradschaftlich auf die Schulter.

Während eine Kiste nach der anderen in der C 47 verladen wurde, fragte der tschechische Waffenhändler David, dem er offensichtlich eine größere Kompetenz auf flugtechnischem Gebiet zubilligte als Avriel: „Wie groß ist das Fassungsvermögen dieses Flugzeugs?"

David runzelte die Stirn und tat zunächst so, als habe er die Frage überhört. Dann wanderte sein Blick zu Michael, der nur die Achseln zuckte. „Sie haben zwei Kampfflieger vor sich", erwiderte David schließlich. „Das einzige, was mich interessiert, ist, daß diese Mühle hier jetzt einen leeren Frachtraum hat und nachher einen schön vollen Bauch haben soll."

Der Tscheche sah erstaunt zu Avriel. „Mein Gott, was seid ihr Syrer komisch! Habt ihr denn solch eine Eile, die Juden zu vernichten, daß ihr nicht abwarten könnt, bis eure Sachen vernünftig verschifft werden können? Diese Ladung bedeutet doch mindestens fünfhundert Kilo Übergewicht." Er ging zum Führerhaus des Tankwagens und holte ein Klemmbrett.

David flüsterte Avriel erstaunt ins Ohr: „Wir sind also Syrer?"

Avriel nickte. „Oder glaubst du etwa, daß Juden Waffen kaufen könnten?"

Der Waffenhändler kehrte mit dem Klemmbrett in der Hand zurück und blätterte die Rechnungen darauf durch. Avriel bedeutete David unterdessen, sich still zu verhalten.

„Warum verschiffen Sie den Überschuß nicht mit Ihrem anderen Auftrag?" fragte der Mann in gutem, akzentfreiem Englisch.

„Mit dem anderen Auftrag?" fragte Avriel erstaunt und warf einen Blick auf die Rechnung, die der Händler gerade studierte.

„Habe ich Ihnen das nicht schon gesagt? Zusammen mit dem großen Auftrag für Syrien, der " – er suchte die Seite – „ja, der schon nächste Woche abgeht. Wir haben einen Frachter für die Verschiffung bekommen. Diesen kleinen Überschuß könnten Sie ohne Schwierigkeiten an den anderen Auftrag anhängen." Er riß ein Notizblatt ab und reichte es Avriel, der es fasziniert überflog: Abdul Asis hatte sechstausend tschechische Gewehre und acht Millionen Magazine für die Arabische Legion gekauft, die binnen weniger Tagen verschifft werden sollten.

„Die Fracht geht aber von Fiume ab", meinte Avriel und deutete auf das Dokument. „Und der Bestimmungsort ist Beirut im Libanon, nicht Syrien. Nein, ich glaube, es ist das beste, wenn wir die Waffen einfach so transportieren, wie wir es vereinbart haben."

„Syrien – Beirut, das ist doch alles arabisch. Aber wie Sie meinen. Nur ist das trotzdem eine schwere Ladung für ein Flugzeug." Er sah David neugierig an. „Und sie haben noch nie Fracht geflogen?"

Doch David hatte sich bereits abgewandt, um die Motoren der C 47 zu inspizieren.

Inzwischen wurden alle Tanks randvoll gefüllt, da sie zweifellos jeden Tropfen Treibstoff brauchen würden, um ihr Ziel zu erreichen.

„Vielleicht sollten wir die Haubitze doch hierlassen", schlug Michael leise vor. „Denn die wird uns zusammen mit den vollen Zusatztanks todsicher in die Tiefe ziehen, Blechmann."

„Wenn wir die Maschine überhaupt hochkriegen", meinte David und befühlte prüfend die heiße Motorhaube, „schaffen wir es. Es hat schon Leute gegeben, die es mit fünf Tonnen Übergewicht geschafft haben. Es wird schon gehen."

Michel zuckte die Schultern, nickte zögernd und meinte dann augenzwinkernd: „Ich glaub', wir sollten wirklich keine Artillerie mit dem arabischen Schiff nach Beirut schicken. Denn es könnte ja sein, daß das Schiff von irgendeiner häßlichen jüdischen Bombe versenkt wird."

Unterdessen spazierte Angela über das Vorfeld, und ihr kastanienbraunes Haar glänzte dabei in der Sonne. Mit einem Blick zu ihr meinte Michael seufzend: „Sie ist noch ein Kapitel für sich. Ich hab' das Gefühl, daß ich sie mit all dem in was Schlimmes hineingezogen hab'."

David dachte kurz über Michaels Worte nach und meinte dann behutsam: „Ich hab' schon immer den Eindruck gehabt, daß sie mittendrin sein wollte. Und das ist sie nun – mitten im dicksten Schlamassel."

Während der Waffenhändler die Verladung überwachte, ging Avriel zu David und Michael, die neben der Tragfläche der Maschine standen, und steckte ihnen einen zusammengefalteten Zettel zu. „Sie wissen, daß ihr kommt", sagte er nervös. „Sie werden am Flugplatz von Beit Darras auf euch warten. Euer Code-Name ist Hassida, Storch." Er sah sich verstohlen um. „Die Araber wissen allerdings aus irgendeinem Grunde auch Bescheid. Außerdem berichtet der Mossad, daß einer unserer Leute letzte Nacht ermordet worden ist. Ihr seid gerade noch rechtzeitig herausgekommen."

„Davon haben wir schon gehört", erwiderte Michael grimmig.

„Ich kannte den Burschen sogar. Hat im Untergrund gearbeitet –" Avriel brach ab, als er Davids verwirrten Blick sah. „Was ist?" fragte er.

David kniff die Augen zusammen und starrte nachdenklich auf die Spitzen seiner ramponierten Schuhe. Martin hatte ihm erzählt, daß der Kerl, von dem sie beschattet worden waren, den Namen Rosowsky geführt hatte, diesen russisch klingenden jüdischen Namen. Ein unmöglicher Gedanke blitzte in ihm auf, und er sah unwillkürlich zu Angela hinüber, die auf sie zu schlenderte. Sie lächelte und winkte.

„Alles bereit?" fragte sie fröhlich. „Ich habe einen kleinen Rundgang gemacht. Ich fühle mich wie neugeboren. Beinahe schon zu Hause." Sie ergriff Michaels Arm und zwinkerte David vertraulich zu.

Unmöglich. David ließ den Gedanken wieder fallen. Sie bestiegen das beladene Flugzeug und bahnten sich zwischen den Kisten hindurch einen Weg zum Cockpit. Angela nahm hinter ihnen auf einer roten Wolldecke Platz und starrte auf die Stapel von Maschinengewehren, die ausgepackt worden waren, um Gewicht zu sparen.

Die Motoren sprangen hustend und röhrend an, und dann rollte der große Vogel schwerfällig zur Startbahn. „Bleib stehen!" wies David Michael dort an, da sie noch die Starterlaubnis abwarten mußten.

Als diese gegeben war, beschleunigte Michael das holpernde Flugzeug mit Vollgas, hatte jedoch Schwierigkeiten, die nötige Startgeschwindigkeit zu erreichen. Erst kurz vor Ende der Startbahn – Michael hielt bereits verkrampft die Luft an, und Angela klammerte sich ängstlich an seine Rückenlehne – hob der schwer beladene Vogel mühsam ab. Eine leere C 47 zu fliegen, war etwas völlig anderes als solch ein schwerfällig reagierendes, überladenes Mammut zu steuern. Der Rumpf ächzte und stöhnte, und der Steuerbordmotor stotterte. „Fetteres Gemisch, Michael", rief David.

Das Stottern ließ auch tatsächlich nach, als sie langsam über der Stadt kreisten und auf den Bürgersteigen unter ihnen winzigkleine, ameisenähnliche Menschen sahen. Während David das Flugzeug auf eine Höhe von zweieinhalbtausend Metern brachte, arbeitete Michael den Flugplan für die letzte Etappe ihrer Reise aus. „Wir werden erst nach Einbruch der Dunkelheit ankommen, Blechmann. Wir sollten endlich die Überprüfung der Instrumente vornehmen! Schließlich hab' ich keine Lust, bei der Landung gegen irgendwas Festes zu rasseln."

Wegen einer dichten Wolkendecke brach die Dunkelheit früh herein, und David spürte, wie sich die Muskeln zwischen seinen Schulterblättern verkrampften. Aber von jetzt an würde es weder für ihn noch für Michael Entspannung oder Schlaf geben. Denn um Palästina zu erreichen, würden sie beide ihr ganzes Können beweisen müssen.

Plötzliche Fallwinde schüttelten das Flugzeug und ließen es absakken, so daß es wie ein zorniger, bockender Bulle am Himmel entlangglitt. Sie flogen durch eine Sturmfront und trotz der eisigen Temperaturen, die in dieser Höhe herrschten, war David schweißgebadet und sehnte sich nach einer Dusche.

Während all dieser langen Stunden saß Angela regungslos und ohne ein Wort zu sagen hinter ihnen, so daß die beiden Männer ihre Gegenwart beinahe vergaßen. Doch als sie nach dem Südzipfel des Peloponnes Kreta überflogen, meldete sie sich mit leiser Stimme zu Wort.

„Wie lange noch?"

„Hör dir das an!" meinte Michael. „Jetzt wird sie quengelig wie ein kleines Kind."

„Nicht ganz." Angelas Stimme hatte plötzlich einen ungewohnt harten Klang, und Michael sah sich erstaunt um.

David räusperte sich und bezwang seine Erschöpfung. „Nicht mehr lange. Ägypten liegt im Süden. Und Palästina östlich davon. Vielleicht noch zwei Stunden. Vielleicht aber auch mehr."

„Geht es dir gut?" fragte Michael sie besorgt. Doch sie begegnete seinem fragenden Blick mit einem harten, kalten Lächeln.

„Und wie weit ist es von hier bis nach Damaskus?" fragte sie ungerührt weiter, ohne auf Michael einzugehen, und zog eine geladene Pistole unter der Decke hervor.

Michael stieß ein nervöses Lachen aus. „Was soll das?"

David hatte die Waffe zwar nicht gesehen, aber etwas in ihrer Stimme erfüllte ihn mit Entsetzen. Das Undenkbare blitzte wieder in ihm auf, und er wandte sich um, um ihr forschend ins Gesicht zu sehen. Es war von versteinerter Entschlossenheit. „Ich möchte nach Damaskus", sagte sie leise und mit unmißverständlichem Ernst. Jetzt sah auch David die Pistole.

Michael stieß erneut ein Lachen aus, es war ungläubig und furchtsam zugleich. „Nicht doch, Angela. Laß das!"

Ihre Miene blieb starr, die Stimme monoton. „Damaskus, wenn ich bitten darf!" Sie hob die Pistole und hielt sie Michael dicht unters Kinn.

„Hör auf, Witze zu machen, Angela!" sagte Michael nun zornig, aber zugleich ohnmächtig angesichts des kalten Pistolenlaufs.

„Sie macht keine Witze", stellte David fest und war selbst überrascht, wie ruhig seine Stimme klang. „Und sie heißt auch nicht Angela, nicht wahr? Und der kleine Bursche, den wir tot in deinem Zimmer zurückgelassen haben, war auch kein Araber. Er gehörte dem Mossad an und sollte auf uns aufpassen und herausfinden, wer Montgomery und wo die undichte Stelle war –"

„Nein!" schrie Michael. „Sag ihm, daß das nicht wahr ist, Angela!"

Montgomery lächelte. „Du bist ein heller Kopf, David. Am Anfang zwar ein bißchen schwerfällig, aber dann doch ganz helle."

„Angela –!" flehte Michael.

„Halt den Mund!" Sie drückte ihm den Pistolenlauf fester unters Kinn. „Du bist zwar eine großartige Informationsquelle, aber es wundert mich nicht im geringsten, daß man dir den Namen Vogelscheuche gegeben hat."

Michael starrte sie entsetzt an und begriff langsam die volle Wahrheit. Er blinzelte und schluckte schwer. Dann überkam ihn blindwütiger Zorn. Er stieß einen heiseren Schrei aus und wollte sich direkt über die Rückenlehne seines Sitzes hinweg auf sie stürzen. „Du! ..."

Ein ohrenbetäubender Knall erfüllte das Flugzeug. Michael Cohens Blut spritzte bis an die Cockpitscheibe, und die C 47 ächzte und schaukelte.

„Michael!" Davids entsetzter Schrei übertönte das Dröhnen der Motoren. „Lieber Gott! Gott – Michael!"

„Er ist tot!" schrie Montgomery. „Du Narr! Er ist tot!"

David sackte in sich zusammen, und kostbare Zeit verstrich, während er teilnahmslos aus dem Fenster des Flugzeugs starrte, das rapide an Höhe verlor. „Michael", sagte er tonlos. Montgomery befreite sich mit einem Tritt von Michaels Leiche, stürzte nach vorn und krallte ihre Fingernägel in Davids Gesicht. David sah sie an. Sie war voller Blut. Überall war Blut.

„Das Flugzeug, du Idiot!"

Im Nu hatten sie die Wolkendecke durchstoßen, und schon sahen sie das schwarze Mittelmeer dicht unter sich, da brachte David das Flugzeug endlich wieder unter Kontrolle. Der riesige Vogel segelte wie ein Pelikan dicht über der Wasseroberfläche weiter und bekam dann langsam wieder Auftrieb.

„Damaskus", zischte Angela warnend. „Dann wird dir vielleicht das Leben geschenkt, David Meyer!"

35. Warten

Die Nachricht von Mosches glücklicher Rettung hatte zwar den Empfänger der Haganah in der Altstadt nicht erreicht, da dieser nicht funktionstüchtig war, aber Rabbi Vultch hatte Rachel auch nichts von den grausamen Neuigkeiten erzählt, die er über Mosches Entführung gehört hatte. So konnte Rachel während der folgenden Nacht ganz in ihrer Sorge um Tikvah aufgehen, an deren bedrohlichem Zustand sich nichts änderte. Die Krankheit der Kleinen nahm sie derart mit, daß ihr ständig übel war und sie keinen Bissen mehr herunterbrachte.

Doch auch die zunächst endlos erscheinenden Stunden bangen Wartens gingen vorüber, und als sich die nächste Nacht über das jüdische Viertel senkte, fanden sich Dov, Rabbi Vultch, Hannah, Schoschanna und Joseph bei Rachel ein, um ihr Lebewohl zu sagen.

„Captain Stewart hat mir zugesichert, daß er gleich nach Einbruch der Dunkelheit kommt", meinte der freundliche Rabbiner beruhigend zu Rachel. „Jehudit wird auch bald hier sein."

„Die Ärmste", meinte Rachel, der es trotz ihrer Sorge um Tikvah noch gelang, sich in Jehudits Situation hineinzuversetzen. „Sie hat doch inzwischen ihre Schuld mir gegenüber tausendmal wiedergutgemacht. Sie setzt alles aufs Spiel."

„Ihr bleibt doch nichts anderes übrig, als zu gehen", meinte Vultch. „Sicher wird ihr Vater bald herausfinden, daß der Telephonanruf von seinem Haus aus getätigt worden ist. Schließlich gibt es ja sonst kein weiteres Haus im ganzen jüdischen Viertel, das über einen Direktanschluß zum britischen Hauptquartier verfügt."

Rachel sah mit tränenglänzenden Augen die Menschen an, die ihr inzwischen so nahestanden, und meinte niedergedrückt: „Wer weiß, wann wir uns wiedersehen werden."

„Bald", sagte Hannah. „Schon bald, wenn es Gottes Wille ist."

„Ich werde für euch alle beten. Und ich werde der Welt von eurem Mut erzählen."

Rabbi Vultch nahm seinen kleinen, ledergebundenen Sidur heraus und blätterte darin. „Es kann sein, daß wir uns auf dieser Welt nicht mehr begegnen. Aber wenn wir jetzt zusammen beten, wollen wir uns, wie Rabbi Jochanan sagt, der Gnade Gottes erinnern." Er hob seine Hände, um die kleine Gruppe zu segnen, und betete in psalmodierendem Gesang: „Singet Gott, lobsinget seinem Namen, machet Bahn vor ihm, der über den Wolken einherfährt, Jah ist sein Name, und jauchzet vor ihm. Darauf heißt es:" – er strich Rachel über den

Kopf – „Er ist der Vater der Waisen und der Annehmer der Witwen, Gott an seiner heiligen Stätte. Der Ewige, unser Gott, sei mit uns, wie er mit unseren Vätern gewesen, er verlasse uns nicht und gebe uns nicht preis. Ihr, die ihr dem Ewigen, eurem Gott, anhanget, lebet alle heute. Denn der Ewige tröstet Zion, tröstet alle seine Trümmerstätten . . ." Er hob Rachels Kinn an und sagte: „Sei getröstet, Tochter Zions, Gott ist noch mit keinem von uns Lebenden fertig." Dabei sprach aus seinen warmen, braunen Augen so viel Mitgefühl und Bewunderung für Rachel, daß sie ahnte, daß es vieles gab, was bisher unausgesprochen geblieben war, und so suchte sie in seinen Augen nach einer Antwort.

Es klopfte leise. Joseph öffnete. Jehudit stand mit einem Tuch um den Kopf und einem Bündel in der Hand vor der Tür und wagte nicht einzutreten.

Doch Rachel stand auf und streckte ihr die Hand entgegen. „Willkommen, Jehudit", sagte sie voller Wärme. „Willkommen zu Hause."

Das Mädchen überwand seine Hemmungen und ging langsam auf Rachel zu. Sie legte das Bündel auf den Boden, bevor sie Rachels Hand ergriff.

„Danke", hauchte sie verlegen. Aber als sie sich umsah, spürte sie die dankbare Anerkennung der anderen, ohne daß große Worte gemacht werden mußten. Sie streichelte das Kind behutsam und sagte: „Sie lebt noch. Gott sei Dank!"

Eine Zeitlang waren nur Tikvahs schwere Atemzüge in der Stille zu hören und verdrängten jeden anderen Gedanken.

Doch schließlich ging Rachel zur Kommode, nahm Moshes Tallith heraus und reichte ihn Dov. „Er gehörte Mosche", sagte sie aufgewühlt. „Bei seiner Festnahme ist er zerrissen worden, aber ich habe ihn geflickt, und nun gehört er Gott . . . der Heiligen Stadt Zion. Da ich vielleicht nie wieder hierher zurückkehre, möchte ich, daß du ihn an dich nimmst, Dov. In ein paar Tagen ist Pessach, und ich erinnere mich gut daran, wie mein Vater bei jedem Pessachfest den Wunsch ausgesprochen hat: *Nächstes Jahr in Jerusalem.* Wenn ihr in den nächsten Tagen das Pessachfest begeht, werde ich nicht dabei sein können. Aber von der Hadassah-Klinik aus kann ich die Spitze der Hurva-Synagoge sehen. Dorthin will ich am ersten Pessach-Tag bei Sonnenaufgang blicken. Und dann werde ich mit meinen Gedanken bei euch sein und für euch alle beten: *Nächstes Jahr in Jerusalem . . . in Freiheit! In Israel!"*

Dov strich behutsam über den Tallith. „Ich werde ganz bestimmt an deine Worte denken! Ich werde sie nicht vergessen, liebe Rachel."

„Gott sei mit euch allen", schloß Rachel. Es klopfte laut. „Gott..."
– sie zögerte –, „führe uns in glücklicheren Tagen wieder zusammen!"

Als Rachel und Jehudit aus dem Haus traten, wurden sie von einem Dutzend britischer Soldaten in ihre Mitte genommen. So gingen sie schweigend durch die gewundenen Gäßchen der Altstadt. Stewart sprach nur das Notwendigste. Rachel preßte Tikvah fest an sich und sah zur mondbeschienenen Kuppel der Großen-Hurva-Synagoge hinauf. *Oh Herr, denk an dein Versprechen, Zion zu trösten! Vergiß die Menschen nicht, Herr, die dich geliebt haben, obwohl sie nicht wußten, wer du bist...*

***

Dreihundert beladene Lastwagen fuhren um den großen Fußballplatz herum wie ein Planwagentreck, der sich in alten amerikanischen Siedlertagen vor der Nacht zu einer Wagenburg formierte. Am nördlichen Ende des Platzes schöpften Köche, die für dieses Unternehmen aus Tel Aviver Restaurants rekrutiert worden waren, Eintopf in Blechnäpfe. In der Mitte des Platzes brannten etliche Lagerfeuer, um die herum mißgelaunte Lastwagenfahrer sich in Gruppen sammelten und zusammen mit heimwehkranken Rekruten ihre Suppe löffelten. Luke schlenderte durch das improvisierte Lager und stellte kopfschüttelnd fest, wie jung und unerfahren diese Soldaten waren. Wenn Davids Flugzeug rechtzeitig mit den Waffen eintraf, war dies für viele dieser jungen Leute wahrscheinlich die letzte Mahlzeit ihres Lebens. Die jungen Menschen mochten sich dessen bewußt sein, denn man hörte kaum Gelächter in den kleinen Gruppen. Am vorhergehenden Nachmittag hatte dieses Unternehmen als aufregender Ausflug begonnen. Aber nun hatte der Gedanke an das, was vor ihnen lag, plötzlich alles schal und bitter werden lassen. Hinzu kam, daß diese Jungen und Mädchen, die meisten kaum über achtzehn Jahre alt, ihre in Koffern mitgebrachte persönliche Habe nun auf das reduzieren mußten, was in einen Rucksack paßte. Der Anblick eines jungen Mädchens, das sich weinend von einem Gedichtband trennte, griff Luke ans Herz. Er hatte bisher noch nie Frauen in seiner Truppe gehabt. Aber er wußte, daß es für den Feind keine Rolle spielen würde, ob er auf Männer oder Frauen schoß. Zu dieser Zeit, da Haj Amins Kriegsruf immer lauter ertönte, bestanden die Araber ohnehin nur noch aus Haß und Furcht. Sie waren zwar schlecht organisiert, aber andererseits mit der Waffe in der Hand groß geworden.

Bei seinem Rundgang stieß Luke auf ein junges Mädchen mit dunklen Zöpfen, das im Schneidersitz am Feuer saß und beim Schein der Flammen einen Brief auf einen Notizblock schrieb. Als Luke hinter ihr stand und ihr über die Schulter sah, fiel sein Schatten auf sie. Sie blickte zu ihm herauf und sah ihn mit warmen, lebhaften Augen lächelnd an.

„Ein Brief an meinen Freund!" rief sie aus. „Er hält den Kfar-Etzion-Kibbuz. Der Jihad tobt dort sehr heftig"

Luke nickte wissend und blickte dann ins Feuer. „Es war nicht meine Absicht, Sie zu stören." Er wollte nichts über diese entzückende junge Haganahkämpferin wissen. *Sie ist zu jung dafür*, dachte er traurig. *Aber sie sind immer zu jung.* Hinter Luke trank ein mürrischer Lastwagenfahrer seinen Kaffee und machte lauthals seinem Zorn über die Rekrutierung Luft. „Meine Frau erwartet ein Kind, und ich soll einen Lastwagen nach Jerusalem fahren! Das können sie mir doch nicht antun!"

Luke konnte sich ein Lächeln nicht verkneifen, als ein idealistischer Soldat, der zehn Jahre jünger sein mochte als der Fahrer, diesem den Mund verbot: „Diese Sache ist wichtiger als das Leben eines Mannes oder eines Kindes! Du sprichst wie ein Feigling!"

„Kann schon sein!" gab der Fahrer heftig zurück. „Besser ein lebender Hund als ein toter Löwe, wie ich immer sage!"

„Wenn alle so dächten wie du, gäbe es bald keine Hunde mehr."

Der junge Bursche hat zwar recht, dachte Luke, *aber es ist trotzdem der Lastwagenfahrer, der etwas vom Wert des Lebens versteht. Es ist ein Unterschied, ob man sich so sehr für eine große Idee begeistert, daß man bereit ist, sein Leben dafür einzusetzen, oder ob man für eine Frau und ein Kind lebt.*

Dann entdeckte er Mosche und Ehud, die, mit zwei Haganahkommandeuren in ein Gespräch vertieft, neben einem Lastwagen standen. Luke stand im Schatten und konnte Mosche auf diese Weise ungestört beobachten. Er hatte eine von Sorgen zerfurchte Stirn. *Und da steht ein Mann, der für eine große Sache kämpft und dennoch stark genug liebt, um sein Leben für eine Frau zu opfern*, dachte er. Ja, Mosche war zwar Soldat, aber er war auch ein Mann, der den Sinn des Lebens kannte. Luke betete inständig, daß Mosche in dieser Nacht am Bab el Wad nichts passieren würde. Dann straffte er sich und schritt auf die kleine Gruppe von Kommandeuren zu.

Als Mosche ihn erblickte, war er erleichtert und meinte: „Ich habe schon drei Leute ausgeschickt, um dich suchen zu lassen!" Er faßte Luke am Arm.

Luke sah erstaunt auf die Uhr. „Komme ich zu spät? Ich dachte, wir wollten uns erst wieder um neun treffen."

Ehud klopfte gegen den Lastwagen. „Ein paar Leute von uns sollen am Flugplatz warten. Wir dachten, du würdest gerne mitkommen, da du bei der Versorgungstruppe warst. Du kannst uns zeigen, wie wir die Waffen bedienen sollen."

„Ich hoffe, das war ein Scherz", erwiderte Luke mit einem unsicheren Lächeln. „Unsere Leute werden doch wohl wissen, wie man Waffen lädt und damit schießt?"

Mosche klopfte Luke auf den Rücken. „Mach dir nichts aus dem, was Ehud sagt", und zu Ehud gewandt: „Dies ist kein Abend, um Scherze zu machen." Er senkte seine Stimme. „Vor ungefähr einer Stunde ist aus Prag die Nachricht durchgegeben worden, daß das Flugzeug unterwegs ist. Das heißt, daß David und Michael wahrscheinlich zwischen eins und zwei in Beit Darras ankommen werden. Bobby Milkin hat sich den Flugplatz bei Tageslicht angesehen und ist der Meinung, daß noch einige Vorbereitungen getroffen werden müssen, bevor eine C 47 dort sicher landen kann. Wir bringen jetzt einen Arbeitstrupp dorthin."

„Und wo ist Ellie?" erkundigte sich Luke.

„Am Flugplatz, wo sonst? Sie hofft wahrscheinlich, daß irgendein magischer Wind David sechs Stunden vor der Zeit herbeiweht", sagte Mosche lächelnd. Und Luke merkte an Mosches Lächeln, daß er dabei an Rachel dachte. „Ich wünschte, es gäbe solch einen Wind!"

***

Beit Darras war ein Flugplatz, der der britischen Luftwaffe bis zum Ende des zweiten Weltkrieges als Stützpunkt gedient hatte. Er bestand nur aus einer kleinen, von Gras überwucherten und mit Löchern übersäten Rollbahn. Es gab auch keinen Kontrollturm, geschweige denn Elektrizität. Am Rande der Rollbahn befanden sich zwei hölzerne Hangars, in denen Treibstoffkanister gelagert wurden.

Als die unbeleuchteten Lastwagen vorgefahren waren, sprangen fünfzig Haganahkämpfer unter den Planen hervor und nahmen schweigend ihre Positionen am Rande der Rollbahn ein. Eine weitere Gruppe von vierzig Leuten begann mit der strapaziösen Arbeit, die Löcher aufzufüllen, während Mosche mithalf, im hinteren Teil eines Lastwagens das Funkgerät zu installieren. Ellie arbeitete bei der Instandsetzungsmannschaft, bis ihre Hände Blasen hatten, legte jedoch zwischendurch immer wieder eine Pause ein, um auf das sonore Brummen eines Flugzeuges zu horchen. Jedesmal stellte sie allerdings enttäuscht fest, daß es sich bei dem Geräusch um ein in der Ferne fahrendes Auto oder den Generator handelte, der getestet wurde. Sie hatte ihre beste Hose angezogen und sogar Zeit gefunden, ihre Haare aufzudrehen. Aber wenn sie daran dachte, daß David auf dieser gefährlichen Rollbahn landen mußte, fand sie ihr Äußeres vollkommen unwichtig. In Davids Armen würde sie sich immer hübsch fühlen!

Schließlich war die Rollbahn für die Landung vorbereitet und die Lampen aufgestellt und an den tragbaren Generator angeschlossen. Da irgendjemand so umsichtig gewesen war, eine riesige Thermoskanne mit Kaffee zu ihnen zu schicken, beendete Ellie ihren nächtlichen Dienst damit, dem dankbaren Bodenpersonal und den Wachen warmen Kaffee auszuschenken.

Kurz nach elf wurde zum ersten Mal eine Botschaft über Funk ausgestrahlt. „Hassida", rief der Funker. „Storch." – Keine Antwort. Die Männer, die die Rollbahn für den ersten jüdischen Flugtransport vorbereitet hatten, hockten sich auf den Boden und blickten erwartungsvoll zum wolkigen Himmel empor. Doch außer dem ständigen Ruf des Funkers „Hassida. Hassida. Bitte melden! Hier spricht Mama. Hassida..." war nur der Wind zu hören.

Als David nicht zum erwarteten Zeitpunkt eintraf, machte sich allgemeine Verzweiflung breit. *War alles vergebens? Die Männer, die Lebensmittel, die Ausrüstung und alles andere – war die ganze Mühe vergeblich gewesen?*

„Hassida..." Ellie saß stumm zwischen Mosche und Luke auf der Ladeklappe eines Lastwagens. „Hassida... Bitte kommen! Hier spricht Mama."

Mit einem verzweifelten Seufzer begann der Funker von neuem zu rufen und zu warten. Keine Antwort. „Hassida..."

„Was kann da nur passiert sein?" fragte Ellie tonlos. Tausend Bilder bestürmten sie: David über dem sturmgepeitschten Meer, sich an die Tragfläche eines abstürzenden Flugzeugs klammernd; die Munition in einem großen Feuerball explodiert, so daß jede Spur von David für alle Ewigkeit ausgelöscht war.

Mosche strich ihr beruhigend über die Hand. „Vielleicht liegt es auch nur am Funkgerät. Es kann sein, daß es nicht funktioniert." Er stand auf und rief dem Mann am Generator zu: „Mach die Leuchtsignale an, Samuel! Immer fünf Sekunden an und dann dreißig Sekunden Pause."

„In Ordnung", erwiderte dieser. Und binnen kurzem war die Rollbahn in grelles Licht getaucht. Fünf Sekunden lang waren die Gesichter des Bodenpersonals und der Wachen deutlich sichtbar. Dann wurden sie wieder von der schwarzen Nacht verschluckt.

„Hassida! Hassida. Hier spricht Mama. Bitte kommen, Hassida!"

Ellie ertappte sich dabei, daß sie leise bis dreißig zählte, bis die Lichter wieder angingen. Dann zählte sie bis fünf, und wieder ergriff die Dunkelheit von allem Besitz. „Hassida! Hassida!" ... *vier, fünf, sechs, sieben* ... „Mama!" .... *zehn, elf, zwölf* ... „Hassida! Bitte kommen, Hassida!" *Neunundzwanzig, dreißig .... David ... David. Hier spricht Ellie. David, kannst du mich hören, David? Ich warte hier auf dich, bete für dich ... neunzehn, zwanzig ...*

36. Der Flug des Storchs

Michaels Blut sammelte sich in einer kleinen Lache zu Davids Füßen. Neben der Spitze der rechten Tragfläche blinkten die Lichter von Tel Aviv. Doch mit der Pistolenmündung an seiner rechten Schläfe schenkte David ihnen keine Beachtung und steuerte das Flugzeug daran vorbei.

„Du solltest sie eigentlich inzwischen hören können", meinte Montgomery amüsiert, schaltete das Funkgerät ein und lachte befriedigt, als sie die verzweifelten Rufe hörte, die rauschend aus dem Empfänger der C 47 drangen.

„Hassida! Hier spricht Mama. Kannst du mich hören, Hassida?" Es entstand eine lange Pause, die mit atmosphärischen Störungen angefüllt war. „Hassida! Hassida! Hier spricht Mama! Bitte melden, Hassida!"

David fragte sich, ob man in Beit Darras das Stottern und Dröhnen der ermüdeten Motoren hören konnte. Er wußte, daß Ellie am anderen Funkgerät in Beit Darras auf eine Antwort wartete. *Mama, ich bin hier oben. Michael ist tot. Ich habe jemandem vertraut, dem ich nicht hätte vertrauen dürfen, und auch ich bin tot. Alles ist tot. Geh nach Hause, Mama! Begrab deine Träume! Niemand wird an diesem Passahfest durch das Rote Meer gehen.*

„Hassida! Hassida! Hier spricht ..."

Montgomery sah ihn mit schräg gestelltem Kopf schelmisch von der Seite an und lächelte, als ob sie gerade eine Partie Bridge gewonnen hätte. „Du bist so still, Blechmann."

Bei der Erwähnung seines intimen Spitznamens sah er sie derart zornig an, daß ihr Blick gefror.

„Bitte melden, Hassida ..."

Er nahm ihre Bemerkung aber schweigend hin und warf nur einen verächtlichen Blick auf die Pistole. Dann sah er wieder starr in die Nacht.

Sie stieß ein leises, grausames Lachen aus und berührte ihn mit dem Pistolenlauf leicht am Ohrläppchen. Er wich mit dem Kopf zurück, mußte es aber über sich ergehen lassen, daß sie mit der freien Hand über seinen Oberschenkel strich. „Hat der Blechmann etwa doch noch ein Herz?" fragte sie verführerisch. „Du weißt, daß ich lieber mit dir als mit Michael zusammengewesen wäre."

Angewidert von ihrer Berührung und bebend vor Zorn, stieß er verächtlich hervor: „Verschaffst du dir so dein Freizeitvergnügen?" Sie lachte erneut auf.

„Hassida. Hassida. Hier spricht Mama ..."

„Na, na, David, du willst doch wohl nicht behaupten, daß du nicht ein bißchen neidisch auf Michael warst! Ich habe doch gemerkt, mit welchen Blicken du mich angesehen hast ..." Sie strich erneut über sein Bein, und er schlug ihre Hand beiseite.

„Ich hab' mich immer gefragt, was er an so 'ner Nutte wie dir gefunden hat."

Sie lachte wieder – es klang immer noch sehr selbstbewußt. Dann machte sie es sich im Kopilotensitz bequem, ohne jedoch die Pistole von seinem rechten Ohr zu nehmen. „Das glaube ich nicht", erwiderte sie unbeeindruckt. „Aber wenn du dich dadurch besser fühlst ..."

„... bitte melden, Hassida! ..."

„Ich hätte dir gleich zu Beginn einen Tritt versetzen sollen –"

„Mit diesem Gefühl stehst du nicht allein da, David. Ich könnte dir eine ganze Reihe von britischen Offizieren nennen, die sehr erstaunt sein würden, Liebesbriefe von einer Frau aus Palästina zu bekommen, die sie aus Nordafrika kennen. Von einer Frau, mit der sie ein Verhältnis hatten und der sie während der Nord-Afrika-Offensive der Alliierten gegen Rommel militärische Geheimnisse anvertraut haben. Aber ich hatte auch Verhältnisse mit Amerikanern. Ich mag Amerikaner –"

„Dann wirst du wohl als nächstes die Briten erpressen, wie?" mutmaßte David mit einem prüfenden Seitenblick auf sie.

„Hassida hier spricht Mama ..." Der Ruf wurde immer schwächer.

„Es ist alles dokumentiert", meinte sie selbstgefällig. „Es ist erstaunlich, wie gesprächig ein Offizier werden kann, wenn er die Uniform abgelegt hat. Wir hatten den Krieg fast gewonnen –"

„Wir?"

„Das Deutsche Reich natürlich! Ihr Juden glaubt zwar, ihr hättet das Schlimmste überstanden, aber der Wunsch nach der Endlösung ist immer noch nicht aus der Welt geschafft. Genausowenig wie die Mehrzahl der deutschen Oberbefehlshaber, die immer noch unerkannt in Südamerika leben. Und schließlich setzt Haj Amin Husseini das Werk Hitlers in Palästina fort. *Palästina* wird der gemeinsame Schlachtruf sein, der die ganze Welt endlich gegen die Juden vereint." Sie fuhr langsam mit dem Pistolenlauf über sein Gesicht und seinen Oberkörper bis herunter zu seinem Oberschenkel. „Das wird dann das Ende sein! Die kleine Fracht, die wir Haj Amin bringen werden, um euer jüdisches Passahfest zu feiern, wird dabei helfen, das Ende noch schneller herbeizuführen."

Der Ruf von Beit Darras erstarb schließlich. „... spricht ... kommen ..."

David rann der Schweiß über den Rücken, und er lachte nervös. „Michael hatte schon recht mit seiner Meinung über dich. Du bist tatsächlich ganz schön gewitzt."

„So?"

„Du hast alle zum Narren gehalten, Angela. Wirklich clever! Ich habe dich zum Beispiel für eine ehrgeizige Reporterin gehalten, die auf den Pulitzer-Preis aus ist."

„Ich bin schon tausenderlei gewesen, Männer und Frauen, ein Dienstmädchen, ein Hirte, eine Hure..."

David widerstand der Versuchung, eine Bemerkung zu ihrer letztgenannten Rolle zu machen, und bemerkte nur: „Du hättest Schauspielerin werden sollen."

„Aber das bin ich doch, David! Nur hat der Krieg mir eine viel größere Bühne zur Verfügung gestellt, als es das Theater gekonnt hätte, findest du nicht auch?"

„Und was jetzt", fragte er direkt, als sie die Pistole langsam über seinen Brustkorb wieder nach oben zu seinem Hals gleiten ließ.

„Ich werde eine hohe Anerkennung für diese kleine Trophäe bekommen – und für dich. Und dann werde ich andere Dinge in Angriff nehmen ... vielleicht die kleinen Liebesbriefe, von denen wir vorhin gesprochen haben. Ich gehe jedenfalls davon aus, daß mir eine beträchtliche Pension zur Verfügung stehen wird." Sie lachte. „Ich habe sogar schon erwogen, ein Grundstück neben dem von Winston Churchill zu kaufen. Ihm bin ich bisher noch nie begegnet, und ich glaube, ich könnte ihn sympathisch finden." Plötzlich schlug ihr heiterer Tonfall wieder in einen Kommandoton um: „Fang an, nach Nordosten umzuschwenken!"

Gehorsam drehte David leicht ab und überflog das dunkle Jesreel-Tal in Richtung der kleinen Stadt Nazareth.

„Sehr gut", kommentierte sie. „Du bist ein Mann, der das Leben liebt. Das habe ich gleich gesehen." Der harte Klang in ihrer Stimme verlor sich wieder.

„Ich nehme an, deine Freunde in Syrien wissen Bescheid, daß wir kommen", fragte David.

„Natürlich."

„Dann ist es ja gut. Denn wir werden über die Golanhöhen fliegen, wo die Syrer alles an Panzern und Flakgeschützen stationiert haben, was das Arsenal der Arabischen Legion aufbieten kann. Wir haben dort bereits einige Beobachtungsflugzeuge verloren, und ich möchte nicht gerne eine Zielscheibe für sie abgeben, wenn du verstehst, was ich meine."

Montgomery lachte. „Ach, David. Der Mufti weiß doch, daß wir kommen. Deine Tricks bringen dich nicht weiter!"

„Ich wollte es Ihnen nur gesagt haben, meine Dame. Wenn ich mir nichts aus meinem Leben machte, befände sich dieses Flugzeug schon längst auf dem Boden. Aber dazu brauchte ich keine Hilfe durch syrische Flak."

„Tja", meinte sie mit einem ironischen Lächeln, „es wäre für uns alle schade, wenn diese Fracht verloren ginge. Aber ich glaube nur, daß du versuchst, mich zu übertölpeln, David. Genau wie in eurer amerikanischen Geschichte von Brer Rabbit und dem Fuchs, hm?" Sie lachte leise und stieß ihm dabei den Revolver heftig gegen die Brust. „Ich habe dem Mufti ein Telegramm geschickt", sagte sie drohend. „Sie wissen, daß wir kommen, Kadar und Haj Amin. Sie werden uns am Flughafen von Damaskus erwarten, und dort werden auch Lastwagen bereitstehen, um die Ladung zu unseren Leuten am Bab el Wad zu bringen."

Mit dem Gefühl der Verzweiflung versuchte David eine weitere Taktik. „Ich gebe dir Brief und Siegel darauf, daß die Jewish Agency den Preis, den du vom Mufti bekommst, überbieten würde. Laß mich umkehren, dann bekommst du alles, was du verlangst, und noch mehr..."

Sie lachte noch lauter und erwiderte kühl: „Und wahrscheinlich wird mir die Jewish Agency zusätzlich freies Geleit nach Syrien geben, damit ich dort für den Verrat an Haj Amin mit einer Kugel durch den Kopf belohnt werde?" Sie lachte über den absurden Vorschlag. „Du bist wirklich durch und durch Jude, David! Nein, danke."

David seufzte und schwieg, während sie am Funkgerät hantierte, um eine Funkverbindung mit Damaskus herzustellen.

„Wir sind noch zu weit entfernt", erklärte er.

Als sie die Nordspitze des Sees Genezareth überflogen, dachte er verzweifelt: *Mama, hier spricht Hassida. Ich habe es versucht...*

„Wann sind wir in Syrien?" unterbrach sie barsch seine Gedanken.

„In ein paar Minuten." Die Motoren dröhnten weiter, aber ein Blick auf die Kraftstoffanzeige sagte David, daß das Benzin fast aufgebraucht war. Es war gerade noch genug im Tank, um über die Golanhöhen nach Damaskus zu kommen. Gerade noch genug. *Es wäre nur ausgleichende Gerechtigkeit, wenn es nicht mehr reichen würde*, dachte

David, *und niemand die Waffen bekäme!* Einen Augenblick dachte er wieder daran, wie nah der harte Erdboden unter ihm lag und wie leicht es wäre, diesem Kampf ein Ende zu setzen. Doch er konnte Ellie nicht vergessen, und so zerbrach er sich den Kopf, wie er dieser ausweglosen Situation doch noch entrinnen konnte, ohne daß das Flugzeug in einem riesigen Feuerball an den felsigen Hängen unter ihnen zerschellte. *Gott, hier spricht Hassida ... Fünfundvierzig Minuten, und dann ist auf die eine oder andere Weise alles vorbei. Ich weiß, Gott, du willst nicht, daß die Waffen den Arabern in die Hände fallen, aber ich weiß keine andere Lösung.*

Doch dann warf er einen kurzen Blick auf Montgomery, und die Entscheidung war gefallen: *Besser ich nehme dieses Weibsstück mit, als daß ich mit einer Kugel im Kopf ende und sie es schafft, diese Mühle herunterzubringen.* Er beugte sich vor, um den Ladedruck der Steuerbordmaschine zu verändern.

„Was machst du da?" rief sie, als gleich darauf der Motor anfing zu spucken und zu stottern.

„Irgendwas stimmt mit dem Motor nicht", sagte er und verringerte weiter den Druck.

„Es war alles in Ordnung, bis du damit angefangen hast ... Hör auf damit!" Sie stieß ihm heftig die Pistole in die Seite. „Mach wieder alles so, wie es vorher war!"

Der Motor ruckelte und spuckte, und als sie die syrische Grenze überflogen, schoß ein feuriges Banner unter einer Motorkanzel hervor, und das Flugzeug kam heftig ins Trudeln. Lautes Donnern erfüllte das Cockpit, und der Himmel um sie herum erstrahlte in grellem Licht.

„Ich sagte, hör auf damit!" schrie sie erneut.

„Ich mach' ja gar nichts!" rief David zurück. Es war die syrische Flak, die das unbekannte Flugzeug, das im Tiefflug über die Grenze flog, beschoß. David kämpfte mit aller Kraft darum, das überladene, schwerfällige Flugzeug in dem knallenden Feuerwerk um sie herum unter Kontrolle zu halten. „Nun gut, mein Gott", murmelte David. „Nun gut, dann hilf mir eben nicht!"

Montgomery ergriff das Mikrophon des Funkgerätes und schrie hinein – zunächst in zornigem, verängstigtem Arabisch, dann deutsch und schließlich in Englisch: „Ihr Idioten!" schrie sie. Eine furchtbare Explosion erschütterte das Flugzeug. „Hier spricht Isabel Montgomery! Ihr Idioten! Ich bringe Waffen für den Mufti!"

Eine Serie von Leuchtspurgeschossen drang in den Rumpf der C 47 ein und durchlöcherte ihn. Treibstoff spritzte aus einer getroffenen Leitung.

„Ich dachte, du hättest gesagt, sie wissen –" Weiter kam David nicht, da er seine ganze Kraft benötigte, um das bockende Flugzeug unter Kontrolle zu halten, das so weit an Höhe verlor, daß das Artilleriefeuer unter ihnen deutlich zu erkennen war.

Schließlich wurde der Steuerbordmotor getroffen, und es blitzte eine helle Stichflamme auf. Metallteile flogen durch die Luft und zogen Funkenstreifen hinter sich her.

„Wir sind getroffen!" kreischte Montgomery. Der Vogel stöhnte und ächzte und wollte schon zur Todesrolle ansetzen, aber David stemmte sich noch einmal mit aller Macht gegen den Steuerknüppel und schaffte es nicht nur, den waidwunden Vogel unter Kontrolle zu halten, sondern sogar wieder hochzuziehen. *Nase hochhalten! Nase hoch!* Das Flugzeug vibrierte heftig, und der Erdboden zeichnete sich immer noch drohend unter ihnen ab. Ein weiteres Geschoß traf diesmal den hinteren Teil des Rumpfes. Wieder erbebte das Flugzeug. An der linken Tragfläche breitete sich Feuer aus. David, voll damit beschäftigt, das Flugzeug unter Kontrolle zu halten, rief Montgomery zu: „Bring die Propeller auf Segelstellung! Den Schalter auf –" Weiter kam er nicht, denn in einem hell aufzuckenden Lichtblitz sah er, daß Montgomery auf dem Kopilotensitz in sich zusammensackte. Sie war nur noch eine Masse von blutgetränktem Fleisch, und im Seitenfenster befand sich plötzlich ein riesiges Loch.

Wieder schüttelte sich das Flugzeug heftig. Eine Landeklappe und das Seitenruder waren getroffen. David setzte sein ganzes Geschick ein, das Flugzeug hoch zu halten. Gewehrsalven folgten, und vor ihm zeichnete sich drohend der dunkle Schatten eines Berges ab. Unter Aufbietung seines ganzen Willens versuchte er, nun ganz allein auf sich gestellt, den sterbenden Vogel zu bezwingen. „Gott!" schrie er gegen das Knirschen des bebenden Flugzeugs an. Als Antwort heulte nur kalter Wind durch das zerstörte Fenster. „Lieber Gott!" schrie David, unfähig, im Angesicht seines Endes, gegen das er sich noch verzweifelt wehrte, ein Gebet zu finden. „Nase hoch! Eine Dreißig-Grad-Kurve!" Jeden Muskel bis zum letzten angespannt und mit blutleeren Händen schaffte er es gerade noch um Haaresbreite, den Vogel über den Berghang zu ziehen.

Wunderbarerweise brachte er es fertig, einen Bogen zu fliegen. Montgomerys Leiche sackte rechts weg. Er keuchte vor Anstrengung. Der düstere Schatten des Berges glitt seitlich an ihm vorüber. Ein befreiender Schrei entrang sich seiner Kehle in einem kurzen Augenblick des Jubels darüber, dem Tod noch einmal entronnen zu sein. „Gott! Hier spricht Hassida! Gott! Bring mich zu Mama!"

* * *

Der britische Schützenpanzer schlängelte sich durch Scheikh Jarrah, einem arabischen Stadtteil der Neustadt von Jerusalem. Jehudit saß reglos und stumm neben Rachel, die das stöhnende Kind in den Armen hielt und dabei Stewart aus dem Augenwinkel beobachtete. Sein Gesicht wirkte von Schmerz gezeichnet.

Es drängte Rachel, etwas zu ihm zu sagen, doch sie hielt sich zurück und versuchte nur angestrengt, durch die Sehschlitze nach draußen in die Dunkelheit zu spähen. Schließlich konnte sie jedoch nicht länger schweigen und ergriff das Wort: „Ich möchte mit Ihnen sprechen. Um meines Kindes willen –"

Er unterbrach sie rauh: „Da Sie nun das jüdische Viertel verlassen haben, erwarten Sie bitte nicht, daß Sie wieder zurückkehren dürfen. Vorschriften sind Vorschriften. Wenn jemand das jüdische Viertel verläßt, ist das nicht wieder rückgängig zu machen. Rabbi Akiva weiß das, und er weiß auch, wie gefährlich das Altstadtviertel ist. Darum hat er Sie ja weggeschickt." Dann wandte er sich zornig an Jehudit: „Natürlich ist die Situation für Juden in der Neustadt auch nicht besser." Jehudit schluckte schwer und sah ihn nicht an. „Es heißt, daß Tel Aviv eine Großoffensive plant. Aber ich kann Ihnen nur sagen, daß wir Befehl haben, keinen Finger für euch zu rühren. Keinen einzigen Finger. Soll dieser Abschaum – diese Deserteure und Terroristen wie Ihr Mann – nur versuchen, an Kastel vorbeizukommen! Schaffen werden Sie es nicht!"

Rachel starrte ihn verständnislos an. „Wieso mein Mann?"

„Ich bin der Meinung, daß er sich zusammen mit diesem Verräter, diesem Luke Thomas, nach Tel Aviv durchgeschlagen hat. Schließlich hat man keine Leichen gefunden. Kein Indiz für eine Gewalttat. Die Fahrer, die ihn und Ehud Schiff ins Acre-Gefängnis bringen sollten, haben ja nur gehört, daß geschossen wurde."

Rachel blickte fragend zu Jehudit. Diese sah sie mit schmerzvollem Blick an und ergriff Rachels Hand. „Ach, du weißt ja nicht! Natürlich, du konntest ja nichts wissen", sagte sie leise. „Vor zwei Tagen ist der Polizeiwagen überfallen worden, in dem sich Mosche und Ehud befanden. Zuerst nahm man an, es seien Araber gewesen –"

Rachel rang nach Luft. Sie sah Jehudit entsetzt an und flüsterte: „Oh nein!"

Jehudit beeilte sich hinzuzufügen: „Aber nun heißt es, daß die Leute, die den Wagen überfallen haben, vielleicht gar keine Araber, sondern britische Deserteure waren, unter anderem ein Mann namens Luke Thomas, der die Altstadtgarnison befehligte, bevor Captain Stewart diesen Posten übernommen hat. Ich glaube nicht, daß du ihn kennst."

Rachel spürte, wie sich die Welt um sie zu drehen begann. Für sie bestand kein Zweifel daran, daß Mosche frei war, wenn Luke etwas damit zu tun hatte. Aber sie verriet weder durch ihre Mimik noch durch Worte, daß sie ihn kannte.

Stewart sagte bitter: „Dieser Thomas hat sich nie loyal gegenüber der Sache verhalten, die wir hier vertreten."

„Und was für eine Sache vertreten Sie, Captain?" fragte Rachel.

„Den Frieden!" stieß er hervor. Er bog in die Straße zur Hadassah-Klinik ein. „Ein unmögliches Geschäft, wenn Juden im Spiel sind."

Rachel schwieg. Stewart stieg als erster aus und wartete, bis auch Jehudit ausgestiegen war. „Dein Vater ist allerdings anders als die übrigen. Obgleich ich nicht begreife, warum er darauf bestand, daß du mit dieser Frau gehst."

Jehudit sah ihn freimütig an und erwiderte ohne Scheu: „Fragen Sie ihn doch, Captain Stewart! Morgen ist der Tag vor dem Passahfest, da ist er den ganzen Tag zu Hause. Dann fragen Sie doch!"

Daraufhin nahm Jehudit Rachel am Arm, half ihr durch die Tür des Krankenhauses und nahm ihr dann Tikvah ab. Rachel ging eilig zur Rezeption.

Mosche ist frei – vielleicht kommt er sogar nach Jerusalem! Sie mußte sich am Schalter festhalten. Die Tage der Sorge und der Aufregung zeigten plötzlich ihre Wirkung. Sie sah die Welt durch einen gelben Schleier. Die Dame an der Rezeption sah sie erstaunt an. Dann wurde ihre Miene besorgt. „Möchten Sie sich setzen?" fragte sie.

Tikvah hustete. Rachel faßte sich an die Stirn, ihre Beine gaben unter ihr nach. Sie hörte eilige Schritte hinter sich. „Mein Kind –" brachte sie gerade noch heraus. Dann wurde es dunkel um sie.

37. Das Wunder

Die Stunden verstrichen, ohne daß das angekündigte jüdische Flugzeug zu sehen war. Die Erklärung dafür fand sich schließlich, als Haj Amin die Nachricht überbracht wurde, daß syrische Streitkräfte ein großes Flugzeug beim Überfliegen der Golanhöhen in Richtung Syrien abgeschossen hatten. Der Mufti war rasend vor Zorn.

Nun standen die leeren Lastwagen auf dem kalten Flughafen von Damaskus und warteten auf eine Fracht, die nie geliefert werden würde.

Kadar stand schweigend neben dem zürnenden Palästinenserführer. Er hatte seine Hände krampfhaft gefaltet und nahm mit erstauntem Kopfschütteln zur Kenntnis, daß Montgomery zum ersten Mal, seitdem er sie kannte, versagt hatte.

„Die Syrer haben uns verraten!" rief Haj Amin aus. „Sie haben das Flugzeug zerstört, damit es uns nicht gelingt, die Juden zu besiegen! Diese Verräter! Die Arabische Liga hat das Volk Palästinas verraten!"

„Das Flugzeug ist zerstört", sagte Kadar mit ruhiger, resignierter Stimme. „Das war der Wille Allahs. Aber immerhin halten wir noch den Bab el Wad. Selbst wenn die Zionisten über Gewehre und Kanonen verfügen sollten, Haj Amin, sind ihnen unsere Jihad-Moqhaden zahlenmäßig so weit überlegen, daß sie den Paß auf jeden Fall halten und sie vernichten werden. Und darin werden wir einen sicheren Beweis für die Macht und den Willen Allahs sehen."

Haj Amin schritt vor den grellen Scheinwerfern eines Lastwagens erregt auf und ab. „Du mußt zum Bab el Wad zurückkehren, Kadar, und deine Truppen zum Angriff gegen die Zionisten sammeln – falls diese so verrückt sein sollten, doch noch eine Offensive auch ohne ihre kostbare Fracht zu wagen. Vernichte sie vollständig! Und wenn du schon dabei bist, mach Friedrich Gerhardt zum Märtyrer für unsere Sache! Er ist wahnsinnig und politisch für uns nicht mehr tragbar." Bei diesen Worten blitzte auch in Haj Amins Augen der Funke des Wahnsinns auf. Kadar verneigte sich schweigend, trat, immer noch ihm zugewandt, einen Schritt zurück und stieg dann in einen Wagen, der ihn im Eiltempo nach Jerusalem und weiter zu seinen Truppen am Bab el Wad bringen würde.

***

Bobby Milkin, der seit Stunden im Führerhaus eines Lastwagens geschlafen hatte, war der erste, der das Brummen der verkrüppelten C 47 in der Ferne vernahm. Er sprang auf und horchte in die schwarze Nacht hinein. Dann rief er: „Ich kann sie hören!"

„Hassida!" rief der Funker noch beschwörender. „Hier spricht Mama!"

Dann war, von lautem Knacken unterbrochen, eine schwache Antwort zu hören. „Mama, hier spricht Hassida. Ich bring' die Mühle runter!"

Ellie stieß einen Jubelschrei aus, als sie Davids ferne Stimme und das sich nähernde Motorengeräusch vernahm.

„Lichter an!" befahl Mosche, und Bobby rannte sofort ans Ende der Rollbahn.

Die Lichter flammten auf und strahlten die grauen Wolken an. Das Bodenpersonal und die Wachen jubelten. Bobby Milkin hob wie ein Chordirigent die Arme und brachte den Freudentaumel zum Schweigen. „Ruhe!" rief er gebieterisch und horchte auf das Geräusch. „Da stimmt was nich' mit der Klein'!"

„Mama, hier spricht Storch", meldete sich David wieder. „Wir haben den Steuerbordmotor eingebüßt, und die Hydraulik an den Landeklappen ist zerschossen. Wir brauchen viel Platz, um ins Nest zu finden."

Eine kalte Hand griff nach Ellies Herz. David, der sonst vom Fliegen immer so fröhlich und leichthin sprach, hatte einen Unterton in seiner Stimme, der ihr Angst machte.

Bobby Milkin fluchte und brüllte das Bodenpersonal an: „Zurück! Die verdammte Kiste läßt halb Palästina hochgehen, wenn se nich' richtig landen kann!"

„Mama, hörst du mich?" fragte David besorgt. „Egal, wieviel Platz ihr da unten für mich habt, es wird nich' reichen. Räumt das Feld! Wir haben den Bauch voller Munition."

Ellie sprang zusammen mit Mosche und Ehud ins Führerhaus eines Lastwagens, und sie fuhren hinter einen Weinberg, der rund hundert Meter entfernt lag. Dann wendete Ehud den Wagen, so daß dessen Scheinwerfer auf die winzige Rollbahn leuchteten, auf der David seine Rutschpartie veranstalten würde. Die anderen Lastwagenfahrer fuhren hinter Ehud her, beleuchteten jedoch unachtsam nur den Weinberg, als sei dieser ebenfalls Teil der Rollbahn. Es wurde deutlich, wie gefährlich nahe die baufälligen Hangars der Rollbahn standen. Hinten im Lastwagen rief der Funker noch immer: „Hassida! Hier spricht

Mama! Wir geben euch reichlich Platz. Aber ihr werdet jemandem die Weinernte des nächsten Jahres verderben!"

„Ich seh' eure Lichter, Mama", erwiderte David. „Ich bring' sie runter." Aus den dunklen Wolken klang drohend das Motorengeräusch. Ellie versuchte die Konturen des Flugzeugs zu erkennen, konnte aber nur den Weinberg und die Rollbahn sehen. Dann drang Davids Stimme durch die atmosphärischen Störungen: „Ihr habt also einen Weinberg, auf dem ich landen kann. Das klingt ja erheblich weicher als ein Olivenhain."

„Vorsicht mit den Hangars, Hassida", warnte der Funker. „Sie sind voller Treibstoff!"

„Und das sagt ihr mir erst jetzt!" stöhnte David. „Trotzdem, ich bring' sie jetzt runter, Leute!"

Ellie hätte am liebsten die Augen vor dem furchterregenden Anblick geschlossen, der sich ihr bieten würde, wenn Davids C 47 ohne Fahrwerk auf der Rollbahn landete, aber sie konnte es nicht und rannte sogar zur Rollbahn. Dabei flehte sie inständig: *Gott, hier spricht Ellie. Hilf ihm, Herr! Hilf ihm!*

„Eineinhalb Kilometer südlich von euch, Mama. Ein bißchen Schlagseite nach Steuerbord. Ich versuch'... die Nase hochzuhalten." Aus Davids Stimme war deutlich seine körperliche Anstrengung herauszuhören. „Sachte, Kleine. Schön auf Kurs bleiben! Landeklappen raus, Jungs." Davids letzte Worte gingen im nahenden Motorengeräusch unter, und plötzlich erschien die Nase des riesigen Transportflugzeugs am anderen Ende der Rollbahn. Ellie schrie auf und hielt sich angstvoll die Hand vor den Mund. Die C 47 glitt tiefer und neigte sich dabei auf die Seite des zerstörten Motors. Dessen Propeller und die rechte Tragflächenspitze streiften den Boden. Dann setzte der Rumpf mit donnerndem Knall auf. Funken stoben auf. Metall schrammte mit lautem Getöse über den Erdboden und übertönte alle anderen Geräusche, einschließlich der Schreie der erregten Zuschauer. Das Flugzeug rutschte über die erleuchtete Rollbahn direkt auf die mit Treibstoff gefüllten Hangars zu. Doch plötzlich hob sich die Tragfläche noch einmal, wie von unsichtbarer Hand getragen, und das Flugzeug drehte sich qualmend, wobei die Tragflächenspitze den einen der hölzernen Hangars nur um Haaresbreite verfehlte. Dann krachte es durch einen niedrigen Zaun und rutschte wie ein schwerfälliger Albatros über die Wasserfläche, durch den Weinberg. Weinreben schlangen sich um Tragflächen und Propeller. Das Kabel der elektrischen Beleuchtung wickelte sich um die Nase des Flugzeugs, wurde mitgeschleift und riß ab. Die Rollbahn lag nun im Dunkeln, die Scheinwerfer der Lastwagen, die die gewundene Rutschbahn des dinosaurierähnlichen Fahrzeugs anstrahlten, stellten nun die einzige Beleuchtungsquelle dar. Die Männer brachten sich, so schnell sie konnten, in Deckung. Nur Ellie blieb wie angewurzelt mitten in der Bahn des auf sie zu schlitternden Flugzeugs stehen, als wolle sie ihm Einhalt gebieten. Fünfzig Meter, vierzig, dreißig ... Wie gebannt starrte sie auf die dunklen Cockpitscheiben, hinter denen sie Davids Gesicht wußte, das sie jedoch nicht zu erkennen vermochte. Fünfundzwanzig Meter, noch zwanzig –, und dann endete die knirschende Rutschpartie kaum fünfzehn Meter vor dem Lastwagen.

Einen Augenblick lang herrschte vollkommene Stille. Ellie, in stummem Schrei die Hand vor dem Mund gepreßt, stand wie ein unbeweglicher Schatten vor dem Flugzeug, dessen Nase hoch über ihr aufragte, und starrte zu den schwarzen Scheiben hinauf. Es roch nach verbrannter Farbe, und längs der Schneise, die das Flugzeug in den Weinberg gerissen hatte, war eine Reihe kleiner Feuer zu sehen.

„David!" brachte Ellie schließlich hervor. Und noch einmal „David!", ohne sich dessen bewußt zu sein, wie nah sie selbst dem Tod gewesen war. Die Propeller waren nur noch verbogene Metallarme, und die Spitze der rechten Tragfläche war abgerissen. „David!" rief sie wieder, während hinter dem Wrack eilige Schritte erklangen.

Das Licht der Scheinwerfer spiegelte sich am hinteren Teil der Pilotenkanzel. Langsam wurde eine Hand hinter der Scheibe sichtbar. „Er lebt!" rief Ellie und rannte zum Flugzeug.

Mosche, Luke und Ehud kamen hinterher. Die übrigen Männer stimmten in Ellies Jubelruf ein und scharten sich um das Flugzeug. „Holt die Feuerlöscher!" rief Mosche die Soldaten zur Besonnenheit auf. „Löscht die Feuer, bevor die ganze Fracht in die Luft geht!"

David winkte Ellie erschöpft zu. Eine dünne Blutspur rann ihm über die Wange wie eine Träne. Ellie weinte vor Freude, weil er nur leicht verletzt war. „David!" schluchzte sie. Aber ihr Ausruf wurde von den Rufen der herannahenden Haganahleute übertönt, die nun mit den Feuerlöschern herbeieilten. Einige von ihnen öffneten die Tür zum Frachtraum, stürmten an Bord und setzten David den unten stehenden Männern auf die Schultern. Singend und um ihn herum tanzend bereiteten sie ihm so einen Heldenempfang, während Ellie verzweifelt versuchte, die Reihen der freudetrunkenen Männer zu durchbrechen, um selbst zu David zu gelangen.

„Ellie!" rief da David, wieder zu sich gekommen, und suchte das

Meer der Gesichter nach ihrem ab. Schließlich hatte er sie entdeckt und streckte ungeachtet des jubelnden Empfangs, der ihm von den Männern bereitet wurde, sehnsüchtig die Arme nach ihr aus.

„David! Liebster!" rief auch sie. Dann wandte sie sich an Mosche, der inzwischen neben ihr stand: „Bitte, sag ihnen, daß sie ihn herunterlassen sollen!"

Mosche kletterte lachend auf die Tragfläche und bat mit erhobener Hand um Ruhe. Im Nu herrschte tiefes Schweigen, und alle sahen in der Erwartung zu ihm auf, daß er nun Davids heldenhafte Tat in einer Rede rühmen werde. „Brüder!" rief Mosche und blickte dabei in Davids glückstrahlendes Gesicht. „Unser Bruder möchte seine Frau begrüßen. Außerdem haben wir noch viel zu tun!" Unter weiteren Jubelrufen wurde David zu Ellie getragen und sicher auf der Erde abgesetzt. Dann standen sie stumm voreinander und sahen sich in die Augen.

Schließlich nahm David sie bei der Hand und verschwand langsam mit ihr in der Dunkelheit hinter dem Lastwagen. Dort zog er sie an sich und küßte sie auf Stirn, Wangen und die bebenden Lippen. „Gott allein weiß, wie sehr ich dich vermißt habe!" flüsterte er.

Unfähig zu sprechen, barg sie ihr Gesicht an seiner Brust und vergoß stille Freudentränen. So standen sie umschlungen, als seien sie allein auf der Welt, und nahmen nur wie aus weiter Ferne das geschäftige Treiben beim Entladen wahr.

Doch dann unterbrach Bobby Milkins Stimme jäh ihre zärtliche Versunkenheit. „Heh, Meyer!"

„Oh nein, Milkin", stöhnte Ellie und klammerte sich noch fester an David.

„Heh, Meyer!" rief Bobby wieder. „Heh, da is' ja 'ne Leiche drin! – Und Michael Cohen!"

David stöhnte auf: „Angela. Ich meine, Montgomery."

Während einige Männer weiterhin Waffen und Ausrüstung auf die bereitstehenden Lastwagen luden, legten andere die Leichen Isabel Montgomerys und Michael Cohens auf die Erde und deckten sie mit einem Leinentuch zu. Ellie lehnte es ab, sich den zerfetzten Körper der abscheulichen Dienerin des Muftis anzusehen, doch Luke Thomas hob das Tuch, um die Frau zu betrachten, die so viele Gesichter gezeigt und so viele Geheimnisse gelüftet hatte. „Irgendjemand wird Informationen über sie haben, sei es das amerikanische OSS oder der britische Geheimdienst. Zweifellos wird sie von irgendjemandem steckbrieflich gesucht."

„Sie hätte beinahe gewonnen", flüsterte David. „Aber als sie Michael umgebracht hat –" Er ließ den Satz unvollendet, und Ellie drückte beruhigend seine Hand.

„Du mußt dich jetzt erst einmal ausruhen, Liebster", meinte sie fürsorglich. „Wie lange ist es wohl her, daß du geschlafen hast?"

„Ich glaube, Jahre", erwiderte David und rieb sich müde die Stirn.

Ellie wandte sich an Mosche, der sie verständnisvoll ansah: „Kann uns jemand nach Tel Aviv zurückbringen?"

Mosche nickte und machte dem Funker ein Zeichen. „Setz sie am roten Haus ab!" sagte er. „Und dann komm wieder zurück, denn wir brauchen den Lastwagen noch. – David, ich hätte nie zu träumen gewagt, daß du eine solche Menge Waffen mitbringen würdest!"

„Tja." Davids Gesicht war vor Erschöpfung wie versteinert. „Tut mir nur leid wegen des Flugzeugs."

Während der zwanzigminütigen Fahrt nach Tel Aviv schlief David an Ellies Schulter. Und als sie schließlich am roten Haus angekommen waren, mußten Ellie und der junge Funker ihn mit vereinten Kräften ins Haus bugsieren, wo sie ihn sanft aufs Bett legten.

* * *

Während die Waffen unter den Männern verteilt wurden, meinte Mosche besorgt zu Luke: „Es wird nicht leicht werden, nicht wahr? Auch nicht mit all diesem Material." Er deutete auf den Stapel Gewehre. „Selbst damit werden wir viele dieser jungen Menschen verlieren, nicht wahr?"

Luke straffte sich und atmete die kalte Nachtluft tief ein. Die Soldaten gingen der Reihe nach an ihnen vorbei und griffen je eine Waffe und ein Magazin. „Es ist niemals leicht", erwiderte er leise. „Und es ist auch niemals leicht gewesen. Vor viertausend Jahren ist der Mann, nach dem du benannt worden bist, mit seinem Volk aufgebrochen, nachdem er vom Pharao die Erlaubnis bekommen hatte. Und heute nacht, denke ich, tun wir dasselbe."

„Du meinst, wir gehen durch das Rote Meer", lächelte Mosche. „Wie lange haben wir schon versucht, ins Gelobte Land zu kommen! Seit jeher hat mein Volk davon geträumt, nach Zion zurückzukehren."

„Es ist auch niemals leicht, das Rote Meer zu durchqueren, mein Freund. Und ich habe das Gefühl, daß es nun von diesen jungen Menschen abhängen wird, davon, was sie in den nächsten paar Tagen zu leisten imstande sind, ob diese Nation ... ob Zion leben oder untergehen wird. Dabei fällt mir ein, daß die Kinder Israels verängstigte Sklaven waren, als sie durch das Wasser gingen, aber dieses Land vierzig Jahre später als selbstbewußte Krieger betreten haben."

„Du hast recht", pflichtete ihm Mosche bei. „Merkwürdig. Ich hatte fast vergessen, daß wir bald das Passahfest feiern." In diesem Augenblick rumpelte ein riesiger Lastwagen heran, und Ehud steckte den Kopf zum Fenster heraus.

„Heh! Heh, Mosche! Luke! Seht euch mal die Stoßstange an, ja?"

Mosche las lachend die hebräischen Buchstaben, die sorgfältig auf die Stoßstange des Wagens gemalt worden waren, der drei Tonnen Matzen für das Passahfest enthielt.

„Was steht da?" fragte Luke, während Mosche Ehud mit einem Handzeichen zu verstehen gab, daß er gelesen hatte.

Mosche legte einen Arm um Lukes Schultern. „Wenn du ein Bürger Israels sein willst, mein Freund, werde ich dir wohl Hebräisch beibringen müssen, was?" Er lachte wieder und deutete auf die Stoßstange. „Darauf steht: DIESES JAHR IN JERUSALEM – IN FREIHEIT!"

***

Tikvah lag unter einem durchsichtigen Sauerstoffzelt und war an einen Tropf angeschlossen, der über ihrem Kopf hing. In langen Nachtstunden hatte das Kind, nach Luft ringend, um sein Leben gekämpft.

Sein ernster Zustand hatte sich seitdem zwar ein wenig gebessert, aber der Arzt hatte Rachel darauf hingewiesen, daß die Krise noch nicht überstanden war. Rachel saß neben dem Bettchen und betrachtete das schlafende Kind mit Tränen in den Augen. Feuchte, schwarze Haarsträhnen klebten ihm am Gesicht, und es atmete immer noch rasselnd und pfeifend. *Lieber Gott*, betete Rachel wohl zum tausendsten Mal, *du hältst dieses kleine Leben in deinen Händen. Du weißt, wenn der Sperling fällt, und du sorgst dich um jedes Lebewesen. So kann ich nur vertrauen und warten.*

Jehudit kam herein. Ihrem strahlenden Gesicht war anzusehen, daß sie eine freudige Überraschung zu berichten hatte.

„Ich habe deinen Großvater und Professor Moniger angerufen", sagte sie. „Sie sind hier."

Rachel erhob sich entgeistert, als der Großvater, Jakov und Howard, an Jehudit vorbei, das Zimmer betraten. Der Großvater kam ihr mit ausgebreiteten Armen und tränennassen Wangen entgegen.

„Rachel! Rachel! Liebes kleines Mädchen!" rief er bewegt und schloß sie in die Arme. Jakov umschlang wortlos ihre Taille und drückte sie fest an sich.

„Großvater!" rief Rachel beglückt. „Ich hatte schon Angst, daß wir uns in diesem Leben nicht mehr wiedersehen würden!"

Er strich ihr sanft über den Rücken, zog ein Taschentuch aus seiner Westentasche und meinte dann liebevoll: „Nein, nein, mein Kind. Unser lieber Professor hat sich rührend um uns gekümmert. Du hättest dir keine Sorgen zu machen brauchen. Er hat uns beide und auch diesen Schakal zu seiner Familie gemacht."

Rachel sah zu Howard Moniger, der strahlend neben der Tür stand. „Danke!" flüsterte sie bewegt. „Gott segne Sie, Professor Moniger!"

Er nickte verlegen und schloß die Tür. „Rachel", begann er dann leise. „Ellie hat sich gestern abend bei uns gemeldet."

Ein Ausdruck fassungslosen Erstaunens glitt über Rachels Gesicht. „Ellie? Ellie lebt?" Sie brach in Tränen aus und sank auf ihren Stuhl.

Howard sah sie entgeistert an. Er hatte nicht gewußt, daß Rachel nicht über Ellies Schicksal informiert war. „Es tut mir leid." Er breitete hilflos die Arme aus. „Ich ... ich ... nun, sie hatte gute Neuigkeiten für uns. Sie hat Mosche gesehen", fuhr er verlegen fort.

Rachel weinte bei diesen Worten noch heftiger, und Howard sah nun ernstlich besorgt aus. „Mosche!" weinte Rachel leise. „Und die kleine Ellie! Oh Gott, ich danke dir!"

Der Großvater nahm ein zweites Tachentuch aus seiner Tasche und reichte es Rachel. „Du brauchst sicher noch eins."

„Wo sind sie?" fragte Rachel unter Tränen. „Sind sie zusammen? Und wie geht es David?"

„Ellie und David sind zusammen in Tel Aviv", antwortete der Großvater behutsam. „Mosche kämpft momentan in der Schlacht um Kastel, um den Durchbruch nach Jerusalem zu schaffen."

Rachels Tränenstrom versiegte unvermittelt, und sie fragte: „Aber es geht ihm doch gut, ja?"

„Ja, natürlich", erwiderte Howard mit soviel Überzeugungskraft, wie er aufbringen konnte. „Ellie hat mit ihm gesprochen, und es geht ihm gut. Er ist voller Hoffnung. Er hat sie gebeten, uns mitzuteilen, daß er voller Zuversicht ist."

„Dann darf ich nicht weinen", meinte Rachel gefaßt. „Ich will stark sein und darum beten, daß Gott es mir vergönnt, ihn noch in diesem Leben wiederzusehen." Sie putzte sich die Nase.

Der Großvater betrachtete bewegt das Kind. „Dies also ist das Kind von Leah und Schimon? Das Kind, das Gott dir in Seiner Gnade geschenkt hat!" Er hielt seine alte Hand liebevoll über das Kind. „Dann bin ich also endlich Urgroßvater geworden."

Rachel stützte ihren Kopf gegen den Arm des Großvaters und ergriff seine Hand. „Die Ärzte sagen, daß sie noch um ihr Leben kämpfen muß, Großvater. Sie wissen immer noch nicht, ob sie es schaffen wird." Wieder stiegen ihr Tränen in die Augen.

„Ach", erwiderte der alte Mann, „das sagt die Welt auch von uns Juden seit Hunderten von Jahren. Und nun sagen sie das Gleiche von Zion, nu? Aber Gott hat seine Verheißung nicht vergessen, und er wird auch diese Kleine nicht vergessen. Wir werden für sie beten."

Während dieser Worte hatte Rachel den Blick nicht von dem Kind gewandt. Und plötzlich sah sie, wie dessen Augenlider zu flattern begannen und es seine blauen Augen aufschlug, unverwandt ins morgendliche Dämmerlicht blickte und sich leise greinend meldete. Rachel überkam angesichts dieser Äußerung seines Lebenswillens ein Gefühl tiefen Friedens.

„Ach, du meine Güte!" rief Howard in diesem Augenblick aus. „Das hätte ich ja fast vergessen." Er kramte in seiner Tasche und zog einen weißen Briefumschlag hervor. „Hier ist ein Brief für Sie von Mosche. Er hat ihn im Gefängnis geschrieben, und ein britischer Soldat hat ihn gestern bei mir abgegeben."

Rachel ergriff ihn ehrfürchtig. Sie betrachtete ihren Namen, der in Mosches unverkennbarer Schrift über dem Howards stand, und drückte den Brief an ihr Herz. In diesem Augenblick ergriff Jehudit zum ersten Mal das Wort und meinte leise zu Rachel:

„Geh nur! Ich werde solange bei Tikvah bleiben. Ich komme gut mit ihr zurecht. Geh und such dir ein stilles Plätzchen, um den Brief zu lesen!"

Rachel sah die anderen fragend an. „Ihr entschuldigt mich doch, ja?" Sie wischte sich entschlossen mit dem Handrücken die Tränen aus den Augen und trat auf den Flur hinaus. Als sie die Tür hinter sich geschlossen hatte und sich gerade leise über den Flur davonstehlen wollte, begegnete ihr Blick dem des Arztes, der sie untersucht hatte, während der Kinderarzt um Tikvah bemüht gewesen war.

„Frau Sachar"! rief er vom Schwesternzimmer herüber und winkte ihr zu. „Ich hätte gern kurz mit Ihnen gesprochen!" Sein sympathisches Gesicht war von den Sorgen und Strapazen der letzten Monate gezeichnet.

Rachel traf auf halbem Wege mit ihm zusammen. Er lächelte flüchtig, blätterte ein Klemmbrett mit Notizen durch und meinte dann ernst: „Wir haben inzwischen die Ergebnisse Ihrer Untersuchung vorliegen, Frau Sachar. Sie sind natürlich unterernährt. Wer ist das nicht in Jerusalem? Und bei einer schwangeren Frau werden natürlich alle Reserven des Körpers ihrem Kind zugeführt. Außerdem stellt es natürlich für Ihren Körper eine besonders große Belastung dar, wenn Sie so kurz nach einer Entbindung schon wieder schwanger sind ... Wie alt ist Tikvah doch gleich?"

Rachel sah ihn verständnislos an. „Tikvah ist zwar mein Kind, aber ich bin nicht ihre leibliche Mutter", erwiderte sie leise.

„Dann ist das also Ihre erste Schwangerschaft?" fragte er.

„Bin ich denn schwanger?" fragte sie entgeistert.

„Ja", meinte der Arzt nüchtern. „Und Jerusalem ist nicht gerade der beste Aufenthaltsort für eine schwangere Frau. Sie brauchen gutes Essen und Ruhe. Sie sind völlig erschöpft. So viel ist offensichtlich."

„Ich trage Mosches Kind unter dem Herzen!" sagte sie still verwundert. „Dann ..." Sie brach mitten im Satz ab und ging wortlos davon. Er kratzte sich erstaunt am Kopf und rief noch hinter ihr her: „Denken Sie bitte daran: Sie brauchen viel Ruhe und gutes Essen ..."

Epilog

Als im Osten die ersten Sonnenstrahlen hervorbrachen, saß Rachel oben in der Hadassah-Klinik und öffnete behutsam Mosches Brief. Weit im Westen, dort, wo der Bab el Wad lag, vermeinte sie dabei grollenden Donner zu hören.

So sprach sie erst mit geschlossenen Augen ein Gebet für Mosche und die Männer, die mit ihm zusammen für das Heil Zions kämpften, bevor sie den Brief auseinanderfaltete und ihn andächtig Zeile für Zeile las:

> *Meine geliebte Frau, meine einzige Rachel!*
>
> *Ich will heute nicht vom Sterben sprechen, sondern vom Leben. Es vergeht kein Augenblick, in dem Du nicht bei mir bist – mir zulächelst und Worte des Trostes und der Liebe zuflüsterst! Deshalb habe ich am Grunde meines Herzens nach Worten gesucht, um auch Dir in dieser Stunde der Trennung Trost spenden zu können. Und so möchte ich Dir sagen, daß ich ganz fest daran glaube, daß unsere Liebe Gottes Werk ist. Eine solche Liebe vollbringt Wunder an Kraft und Mut! Eine solche Liebe überdauert die Zeit und sogar den Tod! Denn unser Herr hat einmal gesagt, daß uns nichts von seiner Liebe trennen kann. Und da wir beide seiner Obhut unterstehen, kann uns also nichts auseinanderreißen: Ich trage dich immer in meinem Herzen, so, wie auch du mich in deinem trägst.*

Rachel lächelte errötend und legte die Hand auf ihren Leib. Ja, sie trug tatsächlich einen Teil von Mosche.

> *Und deshalb möchte ich, daß du dich an mich erinnerst, wie ich in glücklichen Stunden gewesen bin. Dies ist kein einfacher Kampf, aber eines Tages wird sich das Rote Meer wieder einmal für uns spalten.*
>
> *In Liebe, Mosche*

So zog die erste Dämmerung des Passahfestes über die Heilige Stadt herauf. In der Ferne erscholl das Schofar, das die Menschen zur Freiheit rief, wie es einst am ersten Morgen des Passahfestes geschehen war. Genau wie damals, ging es auch in dieser Zeit nicht ohne Wunder, nicht ohne daß sich das Rote Meer spaltete ...

Beim nächsten Schofarklang schirmte Rachel ihre Augen mit der

Hand ab, sah zur Kuppel der Großen Hurva-Synagoge hinüber und wartete darauf, daß Dov sein Versprechen einlösen würde. Plötzlich erhob sich ein leichter Westwind, und Mosches weißer, seidener Tallith entfaltete sich im Sonnenlicht zu einem strahlenden Banner. Eine himmelblaue Borte säumte seinen Rand, und in seiner Mitte prangte ein himmelblauer Davidsstern, der vor langer Zeit mit goldenem Faden darauf genäht worden war.

„Dieses Jahr in Jerusalem", betete Rachel. „Dieses Jahr in Freiheit..."

Erläuterungen und ergänzende Informationen

Ab: Die Monate Juli/ August. Die spätestens seit dem Exil gebrauchten biblischen Monatsnamen sind assyr.-babylon. Ursprungs und werden bis heute verwendet. Der jüd. Kalender basiert sowohl auf den Mondphasen (Monate) als auch auf dem Sonnenzyklus (Jahre). Ein reiner Mondkalender wäre unmöglich, da die jüd. Feste zwar nach Monaten datiert werden, gleichzeitig aber (da ihrem Ursprung nach Landwirtschaftsfeste) von den vom Sonnenjahr bestimmten Jahreszeiten abhängig sind.

Adar: Monatsname, Datum im Sonnenkalender: März.

Adoni: (jidd./ hebr.) Herr

Agnostiker: (zu griech. agnostos: unbekannt, nicht erkennbar). Vertreter des Agnostizismus, der Lehre von der Unerkennbarkeit des wahren Seins sowie des Göttlichen und Übersinnlichen.

Alamo: ursprünglich eine Franziskanerkapelle in San Antonio, Texas, die im Februar/ März 1836 von einer kleinen Gruppe texanischer Freiwilliger gegen die mexikanische Armee verteidigt wurde. Die Alamo-Kapelle wurde für die Texaner das Symbol heldenhaften Widerstands im Kampf um die Freiheit.

Alijah (hebr.: wörtl. hinaufgehen): die Ehre, aus der Torah zu lesen.

Apikorsim (hebr.): obwohl vom griech. Wort „Epikureer" (Genußmensch) abgeleitet, bezeichnet das Wort in der rabbinischen Literatur allgemein einen Ketzer, der die Autorität der *Torah* (s.d.) ablehnt.

Arabische Liga: loser pol. Zusammenschluß der arab. Staaten, gegr. am 22.3.1945 von den 7 Staaten: Ägypten, Irak, Jemen, Jordanien, Libanon, Saudi-Arabien, Syrien; Ziel der A.L. ist die kulturelle, pol., militär. und wirtschaftl. Zusammenarbeit aller arab. Staaten.

aschkenasische Juden/ Aschkenasim (Einzahl: Aschkenas): Juden, deren ursprüngliche Herkunft Osteuropa war und die z.T. über

Nord- und Südamerika, Südafrika und Australien nach Israel eingewandert sind. Ihre Umgangssprache ist das Jiddische (s.d.).

Armenier: Die Armenier sind monophysitische Christen, d.h. sie erkennen nicht die orthodoxe Lehre an, nach der Jesus zwei Naturen vereint. Sie stammen aus einem Gebiet, das heute zwischen der Armenischen Sozialistischen Sowjetrepublik und der Türkei aufgeteilt ist. Sie verweisen stolz darauf, das erste Volk gewesen zu sein, das sich offiziell zum Christentum bekannte (303 oder 309 n. Chr.). Das armenische Viertel ist in Wirklichkeit ein großer Klosterbezirk, der von einer hohen Mauer mit mehreren Toren begrenzt wird – eine Stadt in der Stadt. Die A. behaupten, Mohammed selbst habe ihnen dieses Gebiet übereignet. Der Völkermord an den Armeniern im Ersten Weltkrieg löste einen gewaltigen Flüchtlingsstrom aus. Auch in Jerusalem landeten auf diese Weise Tausende von Armeniern.

Baba: (aramäisch: „Pforte") Traktat aus der Mischna (Formulierung der Grundsätze des Judentums; erste autoritative Gesetzessammlung des nachbibl. Judentums). Sie behandeln die bürgerl. Rechte. Die Bezeichnung „Pforte" kommt wohl daher, daß im Osten die Richter am Tore saßen und auch sonst Dichter und Schriftsteller an den Toren der Vornehmen ihre Werke vortrugen. Man unterscheidet drei Pforten: B. Qamma (erste Pf.), B. Metzi'a (mittl. Pf.), B. Batra (letzte Pf.).

Bedecken der Kalle: Bedecken der Braut mit dem Brautschleier, Verschleierungszeremonie. Der Akt, bei dem der Bräutigam das Gesicht der Braut bedeckt, ist ein besonderes Symbol, der Ausdruck seines Besitzanspruchs auf die Partnerin, sozusagen eine blinde Übernahme von Verpflichtungen noch vor der eigentlichen Eheschließung.

Ben-Gurion, David: geb. 16.10.1886 in Plonsk/ Polen – gest. 1.12.73. Schon früh in der zionist.-sozialistischen Bewegung tätig; ging 1906 als Landarbeiter nach Palästina. 1935-1948 Leitung der *Jewish Agency* (s.d.). Er suchte im Zionismus die umfassende Lösung der jüd. Frage und forderte von allen Zionisten die Einwanderung. Zugleich hoffte er auf eine Einigung mit den Arabern, deren Rechte er zwar gewahrt wissen wollte, denen er aber keinen nationalen Anspruch auf Palästina zuerkannte.

jüdisches Beten: Seit der Zerstörung des Tempels (70 n.Chr.) hat das Gebet für die Juden an Bedeutung gewonnen. Als „Lobopfer der Lippen" ist es an die Stelle des nicht mehr möglichen Tempelopfers getreten. Jüd. Gottesdienst ist daher im wesentlichen Gebetsgottesdienst. Seit der Zeit des Babyl. Exils legen die Juden auch großen Wert auf das Gebet in der Gemeinschaft (s.a. *Minjan*). Zum Beten gehört auf jeden Fall eine Kopfbedeckung zum Zeichen der Demut vor Gott. Zum Morgen- und Abendgebet in der Synagoge trägt man den Gebetsmantel (s. Tallith). Beim Beten werden die Hände nicht gefaltet. Manche bewegen sich beim Beten rhythmisch hin und her. Der psalmodierende Sprechgesang bei Gebeten und Lesungen erinnert an liturgisches Singen im christlichen Gottesdienst.

Bevin, Ernest, engl. Politiker, *9.3.1881, gest. 1951-, 1945-51 Außenminister; setzte sich für eine starke europ. Koalition und eine Anlehnung an die USA ein. Förderte die Gründung der OEEC sowie die Schaffung der NATO.

Bimah: erhöhter Platz meist in der Mitte der *Synagoge* (s.d.), von dem aus die Torah (s.d.) verlesen wird.

Blechmann: Gestalt aus *Der Zauberer von Oos* von L. Frank Baum, die ihre Gliedmaßen wegen eines bösen Zaubers eingebüßt und durch Blechgliedmaßen ersetzen lassen mußte und auch noch ihr Herz verlor.

Borscht: eine aus Runkelrüben oder auch im Hochsommer aus Sauerampfer mit Knoblauch, Fleischstückchen und Knochen bereitete, süße oder saure, rote bzw. grüne Suppe, die in Osteuropa bei Slawen und Juden sehr beliebt ist. In ihrer einfachen Ausführung ist sie oft die tägliche Suppe der Armen.

Britisches Mandat: Völkerbundmandat. Großbritannien wurde durch das Palästina-Mandat, das ihm 1922 vom Völkerbund übertragen worden war, dazu verpflichtet, die „Errichtung einer Nationalen Jüdischen Heimstätte zu gewährleisten". Das Mandatsgebiet erstreckte sich rechts und links des Jordans und wurde von den Briten im Westen in Palästina und im Osten in ein autonomes arabisches Emirat, Transjordanien, geteilt, um den immer stärker werdenden Ansprüchen der Zionisten und der arabischen Nationalisten gerecht zu werden. Ein Ausgleich zwischen jüdischen und arabischen Interessen erfolgte dadurch jedoch nicht.

Challah, die: (Teighebe; s. Num 15,19f); Weißbrot für den Sabbat. Beim Backen dieses Brotes schneidet die Hausfrau ein Stück (ursprünglich eine Pflichtgabe für die Priester) vom Teig ab. Da der Genuß dieser Abgabe nur unter voller Wahrung der vorgeschriebenen rituellen Reinheit gestattet ist, aber diese seit der Tempelzerstörung und dem Aufhören der Opfergottesdienste keinem priesterlichen Abkömmling mehr zukommt, wird die Ch. heutzutage von der Hausfrau verbrannt, wobei sie einen Segen spricht.

Chassidim, die (hebr.: die Frommen; Einzahl: Chassid): Angehörige der jüngsten und volkstümlichsten religiös-mystischen Bewegung des Ostjudentums; im 18. Jh. in der Ukraine entstanden. Die Chassidim fordern einfältigen Glauben und ethischen Wandel, verbunden mit der Forderung nach Aufhebung des religiösen Wertunterschiedes zwischen rabbinischen Funktionären und Gelehrten und dem einfachen Volk: die Frommen eines jeden Standes können durch aufrichtige Gläubigkeit die Stufe von Gerechten erreichen. An diese wird die religiös-sittliche Führung der Gemeinde übergeben; ihre Würde ist erblich.

Chawer (jidd.): Freund, Genosse.

Chattel (jidd.): Habe, wertvolle Habe.

Chuppa, die: ein von vier Stangen getragener Baldachin, unter dem die Trauung stattfindet, ein Symbol für das Heim des Ehepaares, das sie als Heiligtum betrachten sollen. Trauhimmel für die Hochzeitszeremonie. Das Aufstellen der Ch. unter freiem Himmel ist ein alter Brauch in Israel als Symbol für das Versprechen des Herrn an Abraham, den Erzvater: „Sieh doch zum Himmel hinauf, und zähl die Sterne ... So zahlreich werden deine Nachkommen sein" (Gen 15,5). Nachdem der letzte Segensspruch gesagt ist, zertritt der Bräutigam ein Glas mit dem rechten Fuß. Dieser Vorgang ist als symbolische Identifikation mit dem Haus Israel als Ganzem zu verstehen, dessen Symbol – der Tempel – immer noch zerstört ist und dessen Bewohner größtenteils noch zerstreut in der Diaspora leben. Das Judentum betont die Bedeutung, sich mit Braut und Bräutigam zu freuen. Diese Freude ist eine Pflicht.

Eheschließung: eines der wichtigsten Feste im Leben eines Juden. Die Ehe wird als selbstverständlich angesehen; erst durch die E.schließung werden Juden wirklich vollwertige Mitglieder des Gottesvolkes, das auch durch sie erhalten werden soll. Deshalb ist die E. auch ein Ereignis für die ganze Gemeinde. Die E. selbst besteht aus zwei Vorgängen: 1) dem rechtlich bindenden Vorgang vor Zeugen durch a) „Geld" bzw einen symbolischen Brautpreis bzw. den Brautring; b) eine Urkunde (s. *Ketubbah*); 2) die religiöse Zeremonie unter der *Chuppa* (s. d.) in Anwesenheit von zwei Zeugen, traditionsgemäß unter Mitwirkung eines Rabbiners. Schon im Mittelalter setzte sich die zeitliche Verbindung beider Vorgänge durch.

Ester: Buch des alttestamentarischen Kanons, das die Geschichte einer Jüdin, Ester, am persischen Hofe erzählt, die die Gattin des Perserkönig Xerxes I. wird und einen Anschlag des Großwesirs Haman gegen die Juden vereitelt. Dieser war durch das Los (pur; s. *Purim*) auf den 13. Adar festgesetzt worden. Unter Einsatz ihres Lebens erwirkt E. nicht nur den Sturz Hamans, sondern auch noch den königlichen Erlaß, der den Juden erlaubt, sich ihrer Feinde zu erwehren. Dies geschieht im Perserreich am 13. und in der Hauptstadt Susa am 14. Adar, woraufhin der jeweils folgende Tag zum Festtag eingesetzt wird.

Felsendom: Moschee auf dem Gelände des einstigen herodianischen Tempels; ihre vergoldete Kuppel erhebt sich weithin sichtbar neben der der silberglänzenden El-Aqsa-Moschee. Beide erinnern daran, daß Jerusalem neben Mekka und Medina für Muslime die wichtigste Kultstätte ist.

Gebetsriemen (Teffilin, Phylakterien): Zwei schwarze Lederkapseln, die von männlichen Juden mit schwarzen Lederriemen am linken Arm (der Seite des Herzens) und an der Stirn festgebunden und beim Morgengebet der Wochentage getragen werden. Sie enthalten, auf Pergament geschrieben, die vier Bibelabschnitte EX 13, 1-10; 11-16; Dtn 6,4-9 und 11,13-21 und erfüllen damit das bibl. Gebot, daß die Torah „zum Zeichen an deiner Hand und zum Erinnerungsmal zwischen deinen Augen sein soll" (Ex 13,9). Sie werden als Symbol dafür getragen, daß man dem Schöpfer mit Herz und Kopf ergeben ist. Die Rabbiner haben genaue Vorschriften für die Anfertigung der G. erlassen, die bis heute befolgt werden.

Gideon: einer der im Richterbuch (Richter 6-8) beschriebenen, von Gott erwählten Führer in der Notzeit Israels nach der Landnahme um

1100 v. Chr. Die historische Bedeutung G.s liegt darin, daß er die „Söhne des Ostens", die nach den Israeliten in das Land Kanaan drängten, endgültig zurückgewiesen hat.

Gideon-Bibel: Eine in den USA in Hotelzimmern, Pullmannwagen etc. ausliegende, von einer Gesellschaft von Handelsreisenden, den Gideons, gestiftete Bibel.

Goj (Mehrzahl: Gojim; wörtlich „Volk"). Mit diesem Wort wird im allgemeinen ein Nichtjude bezeichnet. *Schabbes-Goj*: nichtjüdischer Diener, der in Judenhäusern die am Sabbat verbotenen Arbeiten erledigt.

Goniw, der (jidd.): Dieb.

Haganah, die (hebr.: „Verteidigung"): von 1920 – 1948 Selbstverteidigungsorganisation der *Jewish Agency* zur Zeit des britischen Mandats; ging bei der Staatsgründung im israelischen Heer auf.

Haj Amin Husseini: * 1895, im 1. Weltkrieg türkischer Offizier; 1921 von den Briten zum Mufti von Jerusalem ernannt, um ihn in ihre Politik einzubinden; 1926 Großmufti; 1937 aus Palästina ausgewiesen; knüpfte 1941 Beziehungen zu Hitler, wurde 1944 von den Alliierten in Frankreich interniert; entkam 1946 nach Kairo. Anführer arabischer Extremisten, die sich der im Palästina-Mandat formulierten Klausel, die die Errichtung einer jüdischen Heimstätte verbürgt, widersetzten. Er betrieb eine Terror- und Einschüchterungspolitik gegenüber Juden und mißliebigen Arabern und schürte die anti-jüdischen Aufstände von 1920, 1929 und 1936-39. 1948 zum Präsidenten des arabischen Nationalrates für Palästina gewählt; seit den 50er Jahren ohne politischen Einfluß.

Haman: Erzbösewicht des Esterbuches und Prototyp des Feindes des Judentums. Zahlreiche Volksbräuche sind mit H. verbunden, u.a. auch das Verbrennen einer H.-Puppe u.ä.

Hochzeit: Für Braut und Bräutigam ist der H.tag ein Versöhnungstag, an dem sie ein ganz neues Kapitel in ihrem Leben beginnen, ein Tag an dem sie vor sich Rechenschaft ablegen. Er gleicht in gewisser Weise einer Neugeburt. Es ist üblich, daß die Eltern der Braut dem Bräutigam am H.tag einen neuen Tallith schenken, in den er sich am Tag nach der H. für das Morgengebet einhüllt.

Irak: 1638 dem osmanischen Reich angegliedert. Im 1. Weltkrieg besetzten brit. Truppen gegen den Widerstand türk. und dt. Truppen das Land, 1920 wurde es brit. Mandatsgebiet. 1930 wurde der I. nominell selbständig, doch blieb die brit. Oberherrschaft bestehen.

Islam: nach syr. Terminologie wohl „Eintritt i. d. Stand des Heils", dann als „Unterwerfung" (unter den Willen) Gottes gedeutet, die zeitl. jüngste, weithin vom Judentum und Christentum abhängige Weltreligion, zw. 610 und 632 von *Mohammed* (s.d.) gestiftet.

Jarmulke, die (hebr./ jidd.): das kleine runde, auf dem Hinterkopf getragene Käppchen der Juden.

Jerusalem: J. ist seit bibl. Zeit der rel. Mittelpunkt des Judentums. Für die Christen ist es die Stadt der „Heiligen Stätten". Auch für die islam. Welt ist J. die heilige Stadt (arab: Al-Kuds: „die Heilige"). Die besondere Bedeutung, die J. für Judentum, Christentum und Islam hat, wird an drei markanten Bauwerken deutlich: dem Rest des *Tempels* (s.d.), der Grabeskirche und dem *Felsendom* (s.d.).

Jeschiva-Schulen: Schulen zum Studium der Torah und des Talmud. Bezeichnung für die traditionellen rabbinischen Lehrhäuser (s. *Rabbiner*) seit der Antike.

Jewish Agency: Vertretung des Gesamtjudentums bei der britischen Mandatsregierung. Die Hälfte der Sitze wurde von Mitgliedern der Zionistischen Organisation besetzt, die andere Hälfte von den amerikanischen Nichtzionisten. Präsident der J.A. war jeweils der Präsident der Zionistischen Organisation.

Jiddisch(e Sprache): entstand aus dem im Mittelalter sich ausprägenden Jüdisch-Deutschen und entwickelte sich in der slawischen Umgebung O-Europas zu einer eigenen Volkssprache. Das Jiddische ist noch heute häufig die Umgangssprache der *Aschkenasim* (s.d.). Der Wortschatz stammt aus dem mittelalterlichen Deutsch und dem Hebräischen; Satzstellung und Grammatik haben sich dem Slawischen angeglichen; die Schreibung erfolgt mit hebräischen Buchstaben.

Jihad, der (arab.: „Anstrengung"): der „Heilige Krieg" des Islam gegen alle Ungläubigen; wichtigstes Element der Verteidigung und der Ausbreitung des Islam. Er muß nicht notwendigerweise mit Waffen geführt werden, darf aber erst enden, wenn der Islam gesiegt hat!

Jihad-Moqhaden, die: die im Heiligen Krieg Kämpfenden. Diese haben im Jenseits hohen Lohn zu erwarten.

Jischuv, der (hebr.: „Besiedlung"): abgekürzte Bezeichnung für das jüdische Siedlungsgebiet sowie die Gesamtheit der jüdischen Bevölkerung in Palästina. Mit J. werden auch die im Bezirk einer Haupt- oder Muttergemeinde liegenden und zu ihr gehörenden Ortschaften bezeichnet.

Jom Kippur: (Jom ha-Kippurim: „Tag der Sühne", der Sühnungen) Versöhnungstag am 10 Tischri (September/ Oktober), der heiligste Tag des Jahres, letzter der zehn Bußtage. In bibl. Zeit der einzige Tag im Jahr, an dem der Hohepriester das Allerheiligste des Tempels betrat, um es mit Opferblut zu besprengen. In einer weiteren Zeremonie wurden die Sünden des Volkes symbolisch einem Bock aufgeladen, der als „Sündenbock" in die Wüste geschickt wurde (Lev 16-22). Seit der Zerstörung des Tempels nicht mehr möglich. Dem *J.K.* blieb aber der Sinn der Sühne für begangene Sünden. Daher nimmt das gemeinsame Sündenbekenntnis vor Gott (ihm geht private Wiedergutmachung und Bitte um Verzeihung unter Mitmenschen voraus) im Gottesdienst breiten Raum ein.

Joschuah: Nachfolger des Moses in der Führung der israelitischen Stämme nach Palästina; das bibl. Buch Josua berichtet über die Landnahme Israels.

Josephus Flavius (eigentlich: Joseph ben Mathitjahu): (?37 Jerusalem – ?100 A.D. Rom), jüdischer Geschichtsschreiber; wandelte sich nach Teilnahme am Aufstand der Juden zum hellenistischen Römer, schrieb eine „Geschichte des jüdischen Krieges" in griech. Sprache, um Interesse für das Schicksal des jüd. Volkes zu wecken. Dieses ist eine Hauptquelle für unser heutiges Wissen über die nachbibl. jüd. Geschichte.

Kaddisch, das (aramäisch: „heilig"): eines der häufigsten jüdischen Gebete zum Lob Gottes in der Hoffnung auf sein kommendes Reich sowie zur Erinnerung an die Toten; vielfach auch von Trauernden gebetet.

Keffijah, die: die aus einem Tuch bestehende Kopfbedeckung der Araber, die von einem Kopfband gehalten wird.

Ketubbah, die (hebr.: das „Geschriebene", der Ehevertrag): Urkunde über die ehelichen Vermögensverhältnisse, vor allem zum Schutz der Frau. Die vorgeschriebene Standard-K. setzt ein Minimum fest, das der Ehefrau bei Scheidung oder Witwenschaft zusteht, sofern sie diesen Anspruch nicht verwirkt. Darüber hinaus können weitere Bedingungen fixiert werden. Sie wird von Zeugen und vom Bräutigam unterschrieben und ist in aramäischer Sprache formuliert (der zur Entstehungszeit der K. herrschenden Umgangssprache), auf Pergament geschrieben und oft reich dekoriert.

Kibbuz, der (Hebr.; Mehrzahl; Kibbuzim): Agrarkommune, eine Siedlungsform, in der sich *Zionismus* (s.d.) und soziale Bewegung mischen. Alle Mitglieder tragen für das gemeinsame Eigentum, die gemeinsame Produktion, die Verteilung der Gewinne sowie die Erziehung der Kinder die gleiche Verantwortung. Diese Form entwickelte sich vor allem auch aus den praktischen Erfordernissen vor Ort: gegen Beduinen- und Araberüberfälle, Krankheiten und Seuchen und bei der schweren Siedlerarbeit bewährte sich eine Siedlungsform am besten, in der sich jeder für jeden einsetzt.

Kitel (jidd.): weißleinenes langes Hemd, das vom Mann bei der Hochzeit und am Seder, am Versöhnungstag über den Kleidern getragen wird. In diesem Gewand werden Juden auch beerdigt.

Koran, der (arab. qur'an: „das zu Rezitierende"): die heilige Schrift des Islam, enthält die von *Mohammed* (s.d.) verkündeten Offenbarungen, die diesem vom Engel (Gabriel) nach der im Himmel befindlichen Urschrift diktiert worden seien. Mit Gebeten, Predigten und rechtlichen Anweisungen stellt er die Grundlage der muslimischen Glaubens- und Sittenlehre dar.

koscher: rein, zum Genuß erlaubt. Speisevorschriften gehören zu den Regeln, die im jüd. Alltag eine große Rolle spielen und für die Juden in der ganzen Welt gelten. Die wichtigsten Regeln: Verbot des gleichzeitigen Genusses von Milch und Fleischprodukten; nach dem Verzehr von Fleisch sollen bis zum Genuß von Milchprodukten mindestens fünf, von Milchprodukten zu Fleisch zwei Stunden verstreichen. Die zum Essen erlaubten Tiere werden eingeteilt in: Säugetiere (mit gespaltenen Klauen), Fische (aber keine Muscheln, Aale, Schalentiere), Geflügel. *Koscher* ist das Fleisch, wenn es geschächtet, d.h. ausgeblutet, ist und eine halbe Stunde in Wasser gelegen hat. Fische und Eier gelten als neutral, d.h. sie dürfen zu Milch und Fleisch in gleicher Weise genossen werden. Das Geschirr wird streng getrennt benutzt.

Mamzer, der: eigentlich jedes Kind aus einer nichterlaubten Verbindung. Im Volksmund ein Schimpfwort.

Manna, das: durch ein Wunder vom Himmel gefallene Nahrung für die Israeliten in der Wüste nach ihrem Auszug aus Ägypten (nach 2. Mose 16,11ff).

Matzen, die (hebr., Einzahl: Mazzah; Mehrzahl: Mazzot): Ungesäuerte Brote (aus Weizenmehl ohne Sauerteig und Hefe), die während des *Pessach-Festes* (s.d.) verwendet werden (vgl. Ex 12,8.11.39) und daran erinnern, daß bei dem eiligen Auszug aus Ägypten keine Zeit mehr war, durchgegorenes Brot zu backen.

Meir, Golda: eigentl. Meyerson, * 1898 in Kiew, gest. 8.12.1978; seit 1906 in den USA, seit 1921 in Palästina; 1946-1948 Vorsitzende der pol. Abteilung der *Jewish Agency* (s.d.). 1969-1978 Ministerpräsidentin.

Menorah, die (hebr.: „Leuchter"): Bezeichnung insbesondere des siebenarmigen Leuchters im Heiligtum (Ex 25, 31ff; 37,17ff). Die M. wurde nach der Zerstörung des 2. Tempels eines der am häufigsten abgebildeten jüd. Motive. Eine M. ist offizielles Emblem des Staates Israel.

Messias: Juden gründen die Hoffnung auf das Heil Gottes nicht auf die Person Jesu Christi, sondern auf die im Alten Testament gemachten Zusagen Gottes an sein Volk. Allerdings gibt es schon in der Bibel verschiedene Antworten auf die Frage, wer und wie der M. sein wird. Nach Daniel 7,13-14 wird er in siegreicher, strahlender Glorie sein von Gott gegebenes Königsamt antreten; nach Sacharja 9,9 ist er ein

König, der in niedriger Demut zu wirken beginnt. Die Erwartung einer endzeitlichen Führer- und Heilsgestalt aus dem Hause David findet sich allerdings erst im nachbibl. Judentum. Die Bibel kennt nur verschiedene Vorformen dieser M.erwartung. Ursprünglich ist wahrscheinlich die rein politische Erwartung einer langdauernden Regierungszeit der Könige aus dem Hause David (2 Sam 22,51; Ps 18,51). Nach dem Tode Salomos ist diese Erwartung vor allem auf die Wiederherstellung des Hauses David gerichtet. In einem weiteren Stadium verlagert sich der Akzent auf die besonderen Qualitäten des erwarteten M., der Gerechtigkeit verwirklichen und ein Reich des Friedens und der Freiheit errichten wird. Jeder M.anspruch wird daran gemessen, ob solch ein weltumspannender Frieden verwirklicht wird. Viele Juden übertragen auch die Erwartung des M. als Einzelperson auf das jüdische Volk in seiner Gesamtheit: Israel insgesamt wird der M. für diese Welt sein. Nach christlicher Auffassung wird der M. in der Gestalt des Jesus von Nazareth gesehen. „Es ist aber eine Tatsache, daß es heute wie zur Zeit Jesu Menschen jüdischer Herkunft gibt, die Jesus als den Messias Israels und ihres Lebens bekennen" (Was jeder vom Judentum wissen muß, Gütersloher Verlagshaus, 4. Aufl. 1987, S. 178). Trotz aller Unterschiede in den messianischen Vorstellungen ist das Kommen des messianischen Heils als Hoffnung Israels immer Gegenstand jüdischen Betens.

Mesusah, die (hebr.: „Türpfosten"): Bezeichnung einer Pergamentrolle mit einer Inschrift aus Dtn 6,4-9 und 11,13-21, die in einer (oft verzierten) Kapsel am rechten Türpfosten der Zimmer eines jüd. Hauses befestigt wird. Haussegen. Die ursprünglich rein eth.-rel. Bedeutung der Inschrift wurde später dahin ergänzt, daß man von der M., wie bei einem Amulett, Schutz und Abwehr böser Geister erwartete, weshalb man zu den Inschrifttexten Engel- u. Gottesnamen und entsprechende Bibelverse hinzufügte.

Mikweh, die („Ansammlung" (von Wasser): Bassin, in dem die Frauen das rituelle Reinigungsbad nehmen. Die rituelle Waschung ist das üblichste Mittel der rituellen Reinigung oder Heiligung, und zwar je nach dem Grad der rituellen Heiligkeit einer Sache oder eines Ortes. Das Wasser ist ein Sinnbild für den Beginn der Schöpfung (Gen 1,2), den Urzustand der Welt. Durch ein rituelles Reinigungsbad, dessen Voraussetzung die säubernde Körperwäsche ist, wird der Mensch praktisch von neuem erschaffen. So ist ein Tauchbad in „lebendigem" (d.h. fließendem oder Regen-)Wasser vorgeschrieben nach festgestelltem Wund- und Blutfluß oder Aussatz und nach sexuellen Kontakten. Die Braut nimmt vor der Eheschließung ein Tauchbad, ebenso ein Nichtjude bei der Konversion.

Minjan, die (hebr.: „Zehnzahl"): Jüdischer Gottesdienst ist Laiengottesdienst und verlangt die aktive Beteiligung der Beter. Sein Hauptteil kann erst beginnen, wenn eine Zehnzahl von über 13-jährigen Männern versammelt ist. Das öffentliche Gebet in der Gruppe erhält gegenüber dem Gebet des einzelnen den Vorrang, selbst wenn der einzelne in der Gruppe kein vorbildliches Leben führt.

Mizwah, die (hebr.: „Gebot, Pflicht, Gottes Gebot"): ein Ausdruck für die relig. Forderungen und Pflichten. Im nachbibl. Judentum der gebräuchlichste Ausdruck für die religiöse Einzelforderung oder Pflicht, während *Torah* (s.d.) die Gesamtheit der Forderungen und Pflichten meint.

Mohammed (arab.: „der Gepriesene"): * um 570 in Mekka, gest. 8.6.632 in Medina. Um 610 Berufungserlebnis: durch Offenbarungen ekstatischer Art – die die Bekanntschaft mit jüd. und christl. Vorstellungen zeigen – wurde M. aus seiner bisherigen Tätigkeit (Kaufmann) herausgehoben. Inhalt der Offenbarungen war das Erlebnis des einen willensmächtigen Gottes (Allah) und dessen bevorstehendes Kommen zum Gericht. Der starke Widerstand der Mekkaner gegen seine nach der Berufung beginnende Lehrtätigkeit zwang M. 622 zur Flucht nach Medina. Dort festigte er durch Bündnisse mit den untereinander uneinigen Beduinenstämmen, Ausrottung der Juden und straffe pol. Organisation seine Stellung und gestaltete seine Offenbarungslehren aus. M. verstand sich als Prophet, der die Offenbarung Gottes in arabischer Sprache (Koran, s.d.) zu bringen habe, um das private und öffentl. Leben unter der Voraussetzung des „einen" Gottes zu erneuern. 630 konnte M. im „Heiligen Krieg" den Angriff auf das zum Heiligtum erklärte Mekka wagen und siegreich durchführen. Die daraus folgende Unterwerfung ganz Arabiens erlebte M. nicht mehr. Sein Grab befindet sich in der Moschee von Medina.

Moloch (hebr.: „König"): Nachdem das Reich unter den Nachfolgern König Salomos in ein Nord- und ein Südreich zerfallen war, übernahm der Norden fremdreligiöse Einflüsse, wie den Baal-Kult aus Tyros, der sogar Menschenopfer forderte (s. Lev 18,21; Jer 32, 35).

Moriah: Der Sage nach war dies der Fels, auf dem Abraham Isaak opfern wollte (s. auch Tempel). Gläubige Muslime meinen auf dem Felsen den Hufabdruck des Pferdes Mohammeds erkannt zu haben.

Mossad: jüdischer Geheimdienst.

Mufti: Sir Herbert Samuel, erster Hoher Kommissar Palästinas, machte den Urheber des arabischen Aufstandes und Hauptfeind des Zionismus, *Haj Amin Husseini* (s.d.), zum *Mufti von Jerusalem*, eine Stellung, die es vorher nicht gegeben hatte und die eigens für ihn geschaffen wurde. Sir S. dachte, mit diesem Schritt den Arabern entgegenzukommen und sie dadurch zu beruhigen. Sie machte Haj Amin jedoch zum uneingeschränkten Herrn aller palästinensischen Moslems. H. wurde mit dieser Position ermächtigt, die gewaltigen Einnahmen der islamischen Güter, Ländereien und religiösen Stiftungen zu verwalten und damit seinen eigenen Kampf gegen die Juden und England zu finanzieren, wobei er von der Mandatsregierung, die sich in religiöse Angelegenheiten nicht einzumischen hatte, kaum behelligt werden konnte. Da Jerusalem auch eine der heiligsten Städte des Islam ist, verstand H. es sehr schnell, sein Amt zu einer angesehenen Position in der gesamten moslemischen Welt auszubauen und damit auch alle anderen islamischen Länder für den religiösen Freiheitskampf der Moslems in Palästina zu begeistern.

Palästina: das biblische Kanaan. Für die Juden heißt das Land seit alter Zeit „Erez Israel", Land Israels. Infolge der beiden mißglückten Aufstände gegen die Römer (70 und 135 n.Chr.) wurde dem Land sein alter Name genommen und ihm die römische Bezeichnung „P." gegeben, die 1928, allerdings eingeschränkt auf das Gebiet westlich des Jordans, offizieller Name des Brit. Mandates wurde. Seine Lage am Knotenpunkt dreier Kontinente hat P. von jeher große strategische Bedeutung verschafft. Wer das Land beherrschte, beherrschte auch die Handelsstraßen zwischen Ost und West. Mit dem Aufstieg des Christentums und des Islam zu Weltmächten kamen Wellen neuer Eroberer, die im Namen ihres Glaubens oder ihrer Nation Ansprüche auf das Land erhoben. Heute ist „P." programmatischer Name für den nach einem eigenen Staat strebenden Teil der Palästina-Araber, der das Staatsgebiet Israels 1948, zum großen Teil freiwillig, verlassen hat und den Staat Israel bekämpft.

Passah (hebr. Pessach: „Vorübergehen", „Verschonung"): Fest zur Erinnerung an den Auszug aus Ägypten, bei dem die bibl. Erfahrungen des Volkes Israel (Auszug/ Exodus – Wüstenwanderung – Einzug in das verheißene Land) zum Grundmuster des Glaubens in der Gegenwart werden: Gott befreit aus der Bedrängnis, Gott führt durch die Not, Gott erfüllt sein Versprechen. Zur P.feier gehören bestimmte Segenssprüche und Lieder, die den Wunsch nach baldiger Erlösung durch den Messias ausdrücken und in dem Ruf gipfeln: „Nächstes Jahr in Jerusalem!"

Pikuach nefesch: „Errettung einer Seele". So heißt eine Tat, die zur Rettung eines Menschen aus Todesgefahr dient. Eine solche Tat darf und muß selbst am Sabbat oder an Feiertagen unternommen werden, auch wenn dadurch das strenge Gebot der Ruhe verletzt wird.

Purim: Gefeiert am 14./15 *Adar* (s.d.) zur Erinnerung an die Rettung der persischen Juden vor der Vernichtung (vgl. Est 9,20ff). Charakteristisch ist das Verlesen der Esterrolle im Synagogengottesdienst. Der Brauch, daß Kinder mit besonderen P.-Rasseln lärmen, wenn der Name des Judenfeindes *Haman* (s.d.) genannt wird, ist alt und wird bis heute praktiziert.

Rabbi (hebr.: ravvi): Titel, Anrede für verehrte jüdische Lehrer; Gelehrter; Träger dieses Titels. *Rabbiner*: kein „Geistlicher", sondern Experte der religionsgesetzlichen Bestimmungen, Gebote und Verbote (Schriftgelehrter); Richter, Prediger, oft zugleich auch Oberhaupt einer *Jeschiva* (s. d.).

Rebbe: Jiddische Form von Rabbi.

Rosch ha-schana (hebr.: Neujahr): Einer der höchsten jüd. Feiertage, gefeiert am 1. und 2. Tischri. Im nachbibl. Judentum herrscht der Gerichtscharakter vor. Zentrales Thema ist Gott als (richtender) König. Das Fest gilt als „Tag der Musterung aller Menschen" vor dem gerechten und barmherzigen Schöpfer. Charakteristisch sind die teils schmetternden, teils langgezogenen Klänge des *Schofar* (s.d.).

Saladin: Sultan von Ägypten u. Syrien, 1138-1193. Eroberte 1187 Jerusalem u. große Teile des Gebietes der Kreuzfahrer. Im Anschluß daran übernahmen die Moslems Jerusalem und vertrieben alle Christen. Die vormalig moslemischen Kultstätten erhielten wieder ihren ursprünglichen Status. Neue Moscheen und andere religiöse Einrichtungen wurden erbaut. Nach dem Abkommen zwischen S. und Friedrich II. im Jahre 1129 durften die Kreuzfahrer wieder nach Jerusalem zurückkehren, wurden aber 1244 endgültig aus der Stadt vertrieben. Unter der moslem. Herrschaft durften sich auch die Juden wieder in Jerusalem ansiedeln. Sie bildeten seitdem eine fortdauernde Gemeinde.

Samson (griech.; hebr.: Simson): im A.T. einer der im Richterbuch (Kap. 13-16) beschriebenen charismatischen Helden, kämpfte gegen die Philister; wurde nach dem Bericht des A.T. von seiner Geliebten verraten.

Sanhedrin (hebr.: „Rat", „Gerichtshof"; griech.: Synhedrion): oberste pol. und rel. Körperschaft in Palästina in griech.-röm. Zeit mit 71 Mitgliedern und Sitz in Jerusalem.

Schabbat (hebr.: „Ruhetag"), Sabbat: 7. Tag = Ruhetag zur Erinnerung an das Ruhen Gottes nach der Erschaffung der Welt (Ex 20,11) und an den Auszug aus Ägypten (Dtn 5,12-15). Der S. ist der Höhepunkt der jüd. Woche. Die ganze Woche lebt der fromme Jude auf den Sch. hin. Schon der Freitag, an dessen Abend der Sch. beginnt, hat festlichen Charakter. Man kauft gute Speisen, backt besonderes Brot (s. Challah) in Form eines Zopfes, schmückt die Wohnung, badet und zieht sich festlich an. Der Sch. soll wie eine Königin, wie eine Braut empfangen werden. Er endet am Samstagabend nach Eintritt der Dunkelheit. Die Frau, im jüd. Gottesdienst sonst ohne eigenständige Bedeutung, hat bei der häuslichen S.feier eine fast priesterliche Rolle: sie begrüßt den eintretenden S. mit dem Entzünden der beiden S.kerzen, über denen sie den Segen spricht. Das Sabbatmahl hat Gegenwärtigungsfunktion: Gedenken der Schöpfung und zugleich Ausblick auf die „Kommende Welt". Mahlgemeinschaft ist wegen der hohen Bedeutung der Gastfreundschaft (auch in sozialer Hinsicht) ein wichtiger gesellschaftlicher Faktor.

Schema (Schma' Jisrael: Höre Israel): jüd. Hauptgebet, benannt nach den Anfangsworten aus Dtn 6,4; besteht heute aus den drei Bibelabschnitten Dtn 6,4-9; Dtn 11,13-21 und Num 15,37-41, die von versch. Benediktionen eingerahmt sind. Es war ursprünglich Bestandteil der Tempelliturgie und wird im Synagogengottesdienst beim täglichen

Morgen- und Abendgottesdienst gebetet. Häufig von jüd. Märtyrern als Bekenntnis zum einen und einzigen Gott des Judentums gebetet, ist das Sch. ein verbreitetes Gebet während der Todesstunde geworden.

Schekina (hebr.: „Einwohnung Gottes): Gottesbezeichnung der talmudischen Literatur, speziell für den im Heiligtum, in der Gemeinde oder beim einzelnen gegenwärtigen Gott. Die mit der S. verbundenen Gottesvorstellungen sind sehr vielfältig und lassen sich auch nicht durchgehend harmonisieren. Manche Texte gehen davon aus, daß sich die S. nach der Zerstörung des 1. Tempels aus Israel zurückzog, andere, daß sie mit Israel ins Exil ging, wiederum andere, daß sie insbesondere in einer Gemeinde von Betenden anwesend ist.

Schickse, die (jidd.): Nichtjüdin.

Schiddech (jidd.): Heiratsvermittlung.

Schiwa, die (siebentägige Trauerwoche): Sie beginnt nach der Rückkehr vom Friedhof. Während dieser Zeit geht man keiner Arbeit nach und befreit sich von den tagtäglichen Kleinigkeiten, um sich ganz dem Gedenken des Verstorbenen widmen zu können. Das Haus wird nur am Sabbat verlassen. Während der Sch.tage bleibt die Haustür offen, als Zeichen für die Besucher, und damit die Trauernden, die im Sitzen trauern müssen, nicht zum Öffnen der Tür ständig aufstehen zu müssen.

Schläfenlocken: Die Haartracht der S. geht auf das Verbot des Kahlscherens an den Seiten (Lev 19,27) zurück, das in orthodoxen und chassidischen Kreisen bis heute üblich ist.

Schlimel (jidd.): Schimpfwort.

Schlak (jidd.): Taugenichts.

Schma' Jisrael: wird im täglichen Morgen- und Abendgebet gelesen. Der Anfangssatz ist auch das letzte Bekenntnis in der Todesstunde (s. a. *Mesusah*).

Schmuck (jidd.): blöder, einfältiger Mensch.

Schofar, der (hebr.): krummes, aus Widderhorn hergestelltes Blasinstrument. Erstmals erwähnt EX 19,16 bei der Erscheinung Gottes am

Sinai. Ursprünglich in der Tempelliturgie verwendet. Im Synagogengottesdienst ist das Blasen des S. auf die Zeit vor Neujahr und insbesondere das Neujahrsfest selbst sowie einen Gottesdienst beim Versöhnungstag beschränkt. Die Tonfolge für die einzelnen Gelegenheiten ist genau festgelegt und wechselt zwischen langgezogenen und auf- und abschwellenden, schmetternden Tönen. Der S. erinnert auch an den Widder, der an Isaaks Stelle von Abraham geopfert wurde, zum Zeichen dessen, daß Gott nicht das große Opfer verlangte. Außerdem erinnert das Blasen des S. an den Empfang der Torah auf dem Berg Sinai (Ex 24,7), wo der Bund zwischen dem Volk Israel und Gott erneuert wurde.

Sephardim/ sephardische Juden: Bezeichnung für die Juden Spaniens. Verfolgung und Unterdrückung, aber auch Handelsbeziehungen und Auswanderung führten dazu, daß sich sephard. Juden im ganzen Mittelmeerraum bis in den vorderen Orient ausbreiteten und prägend wurden (s. auch *aschkenasisches Judentum*). Bis 1920 stellten sie den Hauptanteil der jüd. Bevölkerung Palästinas dar. Die Sephardim unterscheiden sich durch ihre charakteristische Aussprache der hebräischen Gottesdienstsprache, durch Besonderheiten im Gottesdienst, durch eigene Umgangssprache, einen hebräisch-spanischen Dialekt, der die Grundlage des heutigen Hebräisch bildet.

Sidur, der: jüdisches Gebetbuch. Es ist Gottesdienstordnung, Gebet- und Gesangbuch in einem und enthält für Gemeinde, Kantor und Rabbiner die gleichen Texte, meist mit paralleler Übersetzung in der Landessprache.

Simcha (jidd.): Freude, freudiges Ereignis.

Strejmel, der: am Sabbat getragene flache Pelzmütze.

Synagoge: Bezeichnung für den Versammlungsort der Gemeinde. Man unterscheidet verschiedene Gebäudetypen. Die mittelalterlichen und neuzeitlichen S. weisen eine zentrale Stellung der *Bimah* (s.d.) auf. Es gibt keinen Altar, meist auch keine Orgel. Die S. ist in erster Linie der Ort, an dem sich die Gemeinde zum Gebet und zur religiösen Unterweisung versammelt, gleichzeitig jedoch auch (vor allem in der Diaspora und Palästina) das kulturelle und gesellschaftliche Zentrum der Gemeinde.

Synagogengottesdienst: Jüd. Gottesdienst ist ausgerichtet auf die *Torah* (s.d.). Charakteristisch für den S. (im Unterschied zum Tempelkult) war von Anfang an die Schriftlesung (Lesung aus der Torah und den Propheten), verbunden mit der Übersetzung in die Landessprache und der Schriftdeutung, die jeweils von Gebeten umrahmt werden. Der Gottesdienst ist nicht abhängig von der Anwesenheit einer Priester- oder Levitenfamilie oder eines *Rabbiners* (s.d.). Die Frauen sitzen meist getrennt auf einer über eine Treppe erreichbaren Frauengalerie.

Souk (arab.): überdachter Basar.

Tanit Ester (Fasten der Königin Ester): Königin Ester ruft das jüdische Volk zu dreitägigem Fasten auf, um reuige Umkehr zu halten und sich auf das erflehte Wunder der Errettung vorzubereiten (Est 4,16).

Tallith, der (hebr.): Gebetsmantel, viereckiges Tuch zum Umhängen aus Wolle, Baumwolle oder Seide; an den vier Enden werden die Schaufäden angebracht (vgl. Num 15, 38-41). Die Farbe ist weiß, meist aber mit einigen blauen Streifen. Ursprünglich war der T. ein gewöhnliches Bekleidungsstück und wurde erst nach dem Bab. Exil auf religiöse Zwecke begrenzt.

Talmud, der (hebr.: „Lehre"): eigentlich *Talmud Torah* (die von der Schrift/ Bibel ausgehende Belehrung). Sammlung der Gesetze und religiösen Überlieferungen des Judentums nach der Babylonischen Gefangenschaft. Wichtigstes nachbiblisches Buch, Gesetzeskodex.

Talmud Chachamim (Mehrzahl): hervorragende Talmudforscher von musterhafter Lebensführung.

Techinna, die (das Flehen; das Bittgebet; Mehrzahl: Techinnot): Inhalt und Sache sind an das Gebet Daniels (9,3ff) angelehnt; wie dort sind die T. meist mit einem Bekenntnis der eigenen Sündhaftigkeit verbunden.

Teilung: Da Großbritannien den Juden in der Balfour-Erklärung von 1917 zugesichert hatte, einer jüdischen Besiedlung in Palästina wohlwollend gegenüberzustehen und fast gleichzeitig auch den Arabern die Herrschaft über den gesamten Nahen Osten zugesagt hatte, kam es zu wachsenden Spannungen in diesem Gebiet. Bedingt durch den gegen sie gerichteten Terror der Untergrundorganisation Irgun und der arab. Terroristenverbände, brachte Großbritannien im April 1947 die Palästina-Frage vor die neu gegründeten Vereinten Nationen. Im November beschloß die Vollversammlung der UN die Teilung Westpalästinas (s. *Brit. Mandat*) mit Wirtschaftsunion der beiden Staaten sowie der Internationalisierung Jerusalems. Die Araber lehnten den Plan ab, obwohl ihnen Dreiviertel Westpalästinas zugesichert wurde.

Tempel: Nachdem König David die kanaanäische Stadt Jerusalem erobert und zur Hauptstadt seines Reiches gemacht hatte, baute sein Sohn Salomo fast 1000 Jahre v. Chr. dort über einen Felsen auf dem Berg *Moriah* (s.d.) den Tempel. Dieser Tempel wurde zum Zentralheiligtum, später sogar zum einzigen Heiligtum, an dem Opfergottesdienst stattfinden konnte, zum Mittelpunkt des jüd. Glaubens. An den drei Wallfahrtsfesten (Pessach, Wochenfest und Laubhüttenfest) zogen Juden von überallher zum T. Von den Babyloniern 586 v. Chr. zerstört, wurde er einige Generationen später wieder aufgebaut. Den von Herodes kurz vor der Zeit Jesu in großartiger Weise ausgebauten Tempel zertörten die Römer 70 n. Chr. bei der Eroberung Jerusalems. Nur die Stützmauern blieben erhalten, an denen traditionstreue Juden noch heute beten (Westmauer, auch „Klagemauer" genannt).

Torah (hebr.: „Weisung"): das Herzstück der hebräischen Bibel – das Alte Testament der Christen – die im engeren Sinne die 5 Bücher Mose meint, im weiteren Sinne die Lehre der Heiligen Schrift insgesamt. Nach orthodoxer Auffassung hat die Weisung, die Moses am Sinai empfing und die in den 5 Büchern Mose aufbewahrt ist, für die Juden eine ausschließliche und bindende Autorität. In der T. erklärt Gott seinen Willen: im engeren Sinne durch die zehn Gebote, im weiteren Sinne durch die 613 zusätzlichen „Pflichten" der 5 Bücher Mose. Nach weitverbreiteter Auffassung gab es daneben von Anfang an noch die mündliche Torah. Diese wurde aber jeweils erst dann formuliert, wenn neue Lebensumstände es erforderten (beispielsweise nach der Zerstörung des Tempels in Jerusalem das Problem des Gottesdienstes). Im Gottesdienst der Synagoge werden in jedem Jahr die 5 Bücher Mose vorgelesen. Dazu ist die T. in 54 Abschnitte eingeteilt.

Vogelscheuche: Gestalt aus *Der Zauberer von Oos* von L. Frank Baum, deren Kopf nur mit Stroh ausgefüllt ist und die daher keinen Verstand besitzt.

Weißbuch: Wegen des arabischen Widerstandes drosselten die Briten mit dem 1939 erschienen W. die Einwanderung der Juden auf jährlich 75000 Personen und untersagten jede weitere Einwanderung nach Ablauf von fünf Jahren. Den Palästinensern wurde für 1949 ein Palästinenserstaat garantiert. Die *Balfour-Erklärung* (s. *Teilung*) wurde damit indirekt aufgehoben. Nach den Bestimmungen des internationalen Mandats hätte das Weißbuch nur nach Bestätigung durch den Völkerbund Rechtskraft erlangen können. Die Mandatskommission des Völkerbundes stellte fest, daß die neue Politik in Widerspruch zu den Bedingungen der brit. Treuhänderschaft stand. Deshalb sollte der Völkerbundrat im September 1939 darüber entscheiden, was jedoch nicht geschah. Trotzdem wurden die Verfügungen Punkt für Punkt durchgeführt.

Weizmann, Chaim: Zionist und israel. Politiker. *27.11.1874 Motyli bei Pinsk, gest. 1.11.1952 in Revohot/Israel. Nach Studium in Deutschland seit 1903 als Chemiker in England; erwirkte 1917 die *Balfour-Erklärung* (s. *Teilung*) und schuf damit die Voraussetzung für das brit. Palästina-Mandat als Vorstufe eines Judenstaates. W. war einer der ersten, der die Bedeutung der arabischen Bevölkerung für den Zionismus erkannte und den friedlichen Ausgleich mit ihr suchte. 1920-1930 und 1935-1946 Präsident der Zionist. Weltorganisation, zeitweise auch der *Jewish Agency* (s.d.). Maßgeblich beteiligt an der Errichtung eines Staates Israel, dessen erster Staatspräsident er 1948-1952 war.

Zion: zentraler Berg im historischen Jerusalem, der dadurch besondere Bedeutung erlangte, daß König David Jerusalem zu seiner Hauptstadt und zum Mittelpunkt des Volkes Israel machte. Später wurde Zion mit dem Tempel identifiziert, dann mit ganz Jerusalem und schließlich mit dem gesamten Volk in Palästina. Bereits in der Babylonischen Gefangenschaft nach der ersten Zerstörung Jerusalems (586 v. Chr.) erwachte unter den deportierten Juden die Sehnsucht nach Rückkehr in das von Gott versprochene Land. Besondere Bedeutung erlangte die Zionssehnsucht, als nach 70 bzw. 135 n.Chr. das Land fast 2000 Jahre lang endgültig verloren schien.

Zionismus: knüpft an die alte Zionssehnsucht an. Als sich im 19. Jh. die neuzeitliche Form des Judenhasses, der Antisemitismus, herausbildete, wurde vielen Juden das Fehlen einer Heimat und die Verbundenheit mit dem Land der Väter verstärkt bewußt. Das Ziel der zionistischen Bewegung war es, den Juden zur Selbstachtung und zum Selbstbewußtsein eines eigenständigen Volkes zu verhelfen sowie die Achtung der Nichtjuden zu gewinnen. Eine völkerrechtlich abgesicherte Heimstätte der Juden sollte dies ermöglichen.

Verzeichnis der Bibelstellen und religiösen Zitate:

Herr aller Welten! Nicht ob unserer Frömmigkeit legen wir unsere Bitten vor dir nieder, sondern ob deines großen Erbarmens! Was sind wir, was unser Leben, was unsere Gnade, was unsere Frömmigkeit, was unsere Hilfe, was unsere Kraft, was unsere Stärke, was sollen wir vor dir sprechen, Ewiger, unser Gott und der Gott unserer Väter, fürwahr, alle Helden sind wie nichts vor dir, die berühmten Männer, als ob sie nie gewesen, die Weisen wie ohne Erkenntnis, die Einsichtigen wie ohne Verstand, denn die Menge ihrer Werke ist eitel und die Tage ihres Lebens nichtig vor dir, und der Vorzug des Menschen vor dem Tiere ist nichts, denn alles ist eitel (*Sidur Sefat Emet*, S. 6-7).

Du bist der Ewige, unser Gott, im Himmel und auf Erden und in den höchsten Himmeln der Himmel, in Wahrheit, du bist der Erste und der Letzte, und außer dir ist kein Gott. Sammle, die auf dich hoffen, von den vier Enden der Erde, daß alle, die geboren wurden, erkennen und wissen, daß du allein Gott bist über alle Reiche der Erde. (*Ebenda*, S. 8)

Singet Gott, lobsinget seinem Namen, machet Bahn vor ihm, der über den Wolken einherfährt, Jah ist sein Name, und jauchzet vor ihm. Darauf heißt es: Er ist der Vater der Waisen und der Annehmer der Witwen, Gott an seiner heiligen Stätte. Der Ewige, unser Gott, sei mit uns, wie er mit unseren Vätern gewesen, er verlasse uns nicht und gebe uns nicht preis. Ihr, die ihr dem Ewigen, eurem Gott, anhanget, lebet alle heute. Denn der Ewige tröstet Zion, tröstet alle seine Trümmerstätten ... (*Ebenda*, S. 196).

Am dritten Tag, im Morgengrauen, begann es zu donnern und zu blitzen. Schwere Wolken lagen über dem Berg, und gewaltiger Hörnerschall erklang. Das ganze Volk im Lager begann zu zittern (*Ex* 19,16).

... und wenn ihr vom Brot des Landes eßt, dann sollt ihr eine Abgabe für den Herrn entrichten (*Num*, 15, 19).

Höre, Israel! Der Herr unser Gott, der Herr ist einzig. Darum sollst du den Herrn, deinen Gott, lieben, mit ganzem Herzen, mit ganzer

Seele und mit ganzer Kraft. Diese Worte, auf die ich dich heute verpflichte, sollen auf deinem Herzen geschrieben stehen. Du sollst sie deinen Söhnen wiederholen. Du sollst von ihnen reden, wenn du zu Hause sitzt und wenn du auf der Straße gehst, wenn du dich schlafen legst und wenn du aufstehst (*Dtn*, 6,4 – 6,7; s. a. *Schma' Jisrael*).

Er fragte: Wer bist du? Sie antwortete: Ich bin Rut, deine Magd; breite deine Decke über deine Magd; denn du bist Löser (*Rut* 3,9).

... Wohin du gehst, dahin gehe auch ich, und wo du bleibst, da bleibe auch ich. Dein Volk ist mein Volk, und dein Gott ist mein Gott. Wo du stirbst, da sterbe auch ich, da will ich begraben sein. Der Herr soll mir dies und das antun – nur der Tod wird mich von dir scheiden (*Rut* 1, 16 – 17).

Doch ich, ich weiß: mein Erlöser lebt, als letzter erhebt er sich über dem Staub (*Ijob* 19, 25).

Laß sie (meine Feinde) büßen, o Gott, laß sie fallen durch ihre Anschläge ... (*Psalm* 5, 11).

Er stellt für die Völker ein Zeichen auf, um die Versprengten Israels wieder zu sammeln, um die Zerstreuten Judas zusammenzuführen von den vier Enden der Erde (*Jesaja*, 11,12).

Doch Zion sagt: Der Herr hat mich verlassen, Gott hat mich vergessen. Kann denn eine Frau ihre Kindlein vergessen, eine Mutter ihren leiblichen Sohn? Und selbst wenn sie ihn vergessen würde: ich vergesse dich nicht. Sieh her: Ich habe dich eingezeichnet in meine Hände, deine Mauern habe ich immer vor Augen. Deine Erbauer eilen herbei, und alle, die zerstört und verwüstet haben, ziehen davon. Blick auf und schau umher: Alle versammeln sich und kommen zu dir (*Jesaja*, 49, 14-18).

Wie unreine (Menschen) sind wir alle geworden, unsere ganze Gerechtigkeit ist wie ein schmutziges Kleid ... Niemand ruft deinen Namen an, keiner rafft sich dazu auf, festzuhalten an dir. Denn du hast dein Angesicht vor uns verborgen und hast uns der Gewalt unserer Schuld überlassen. Und doch bist du, Herr, unser Vater. Wir sind der Ton, und du bist unser Töpfer, wir alle sind das Werk deiner Hände (*Jesaja*, 64, 5-7).

Da kam ich an dir vorüber und sah dich, und siehe, deine Zeit war gekommen, die Zeit der Liebe. Ich breitete meinen Mantel über dich und bedeckte deine Nacktheit. Ich leistete dir den Eid und ging mit dir einen Bund ein – Spruch Gottes des Herrn –, und du wurdest mein (*Ezechiel* 16,8).

Weh euch, ihr Schriftgelehrten und Pharisäer, ihr Heuchler! Ihr seid wie die Gräber, die außen weiß angestrichen sind und schön aussehen; innen aber sind sie voll Knochen, Schmutz und Verwesung (*Matthäus* 23, 27).

Was nützt es dem Menschen, wenn er die ganze Welt gewinnt, dabei aber sich selbst verliert und Schaden nimmt? (*Lukas*, 9,25)

Was kann uns scheiden von der Liebe Christi? Bedrängnis oder Not oder Verfolgung, Hunger oder Kälte, Gefahr oder Schwert? In der Schrift steht: Um deinetwillen sind wir den ganzen Tag dem Tod ausgesetzt; wir werden behandelt wie Schafe, die man zum Schlachten bestimmt hat. Doch all das überwinden wir durch den, der uns geliebt hat. Denn ich bin gewiß: Weder Tod noch Leben, weder Engel noch Mächte, weder Gegenwärtiges noch Zukünftiges, weder Gewalten der Höhe oder Tiefe noch irgendeine andere Kreatur können uns scheiden von der Liebe Gottes, die in Christus Jesus ist, unserem Herrn. (*Römer*, 8-35-39).

Für jetzt bleiben Glaube, Hoffnung, Liebe, diese drei; doch am größten unter ihnen ist die Liebe (1. *Korinther*, 13, 13).

»Die Zion-Chroniken« ist eine großangelegte äußerst spannende Serie vor dem Hintergrund des Überlebenskampfes des jüdischen Volkes nach dem Holocaust. Die Autorin Bodie Thoene ist hauptsächlich für Filmproduktionen tätig. Ihre »Zion-Chroniken« – vor dem Hintergrund der jüdischen Staatsgründung spielend – besteht aus fünf Bänden.

Auf Deutsch liegen bisher vor:

Der Weg nach Zion
Edition C, Nr. E 72, 440 Seiten

Eine junge amerikanische Journalistin wird im Jahr 1947 in Jerusalem in lebensgefährliche Abenteuer verwickelt. Außerdem steht sie zwischen zwei Männern, die um ihre Liebe werben. Dabei entdeckt sie ein Volk, einen Geist und eine Person, die ihr Leben verändern.

Eine Tochter aus Zion
Edition C, Nr. E 73, 328 Seiten

Das Buch erzählt von Rachel, einer Jüdin, die das Nazi-Regime überlebte. Sie kehrt nach Jerusalem zurück, wo der Kampf um die Existenz der jungen Nation Israel zu Rachels persönlichem Überlebenskampf wird.

In Vorbereitung:
Licht über Zion

**Verlag der Francke-Buchhandlung GmbH
Marburg an der Lahn**

George MacDonald

Zu seinen Lebzeiten waren die Romane George MacDonalds Bestseller, gerieten allerdings Mitte des zwanzigsten Jahrhunderts völlig in Vergessenheit. Wie kein anderer beherrschte George MacDonald die Synthese aus fesselnder Handlung und geistlichem Inhalt. Die Neuauflagen sollen dem modernen Leser unserer Tage die Welt des George MacDonald wieder öffnen.

»Ich habe kein Buch geschrieben, in dem ich nicht George MacDonald zitiert habe.«
C. S. Lewis

Bisher sind erschienen:

Lady Florimel und der Fischer
Bestell-Nr. E 50, 312 Seiten

Das Geheimnis des Marquis
Bestell-Nr. E 51, 301 Seiten

Schatten über Oldcastle Hall
Bestell-Nr. E 52, 279 Seiten

Stürme über Kilkhaven
Bestell-Nr. E 53, 271 Seiten

Die Waise von Glamerton
Edition C, Nr. E 54, 352 Seiten

Des Pfarrers Tochter
Edition C, Nr. E 55, 256 Seiten

Eine Kindheit in Schottland
Edition C, Nr. J 15, 208 Seiten

Das Lied des Baronets
Reihe Apostroph, 268 Seiten

Der geheimnisvolle Raum
Reihe Apostroph, 322 Seiten

Verlag der Francke-Buchhandlung GmbH
Marburg an der Lahn